Premiere

생성형 영상 콘텐츠를 편집하는

프리미어 프로 + 소라 with AI

장윤제, 오창근 지음

길벗캠퍼스

장윤제(Chang, Yoonje) pknaugulp@gmail.com
중앙대학교 첨단영상대학원 예술공학 · 영상공학 박사
이화여자대학교 디지털미디어디자인전공 석사
2015년~현재 계원예술대학교 디지털미디어디자인과 교수

저서

『디자이너's PRO 실무 영상 편집』(길벗 2022), 『AI가 바꾸는 학교 수업 챗GPT 교육 활용』(성안당, 2023) 등 다양한 분야 집필

오창근(Oh, Chang Geun) artopera@gmail.com
서울대학교 지능형융합전공 박사과정 수료
독일 칼스루에 조형대학교(HfG Karlsruhe) 대학원 미디어아트 전공 졸업
서울대학교 미술대학 조소과 및 동대학원 석사 졸업
2019년~현재 경인교육대학교 미술교육과 교수

저서

『이토록 다채로운 컬러의 안목』(성안북스, 2020), 『무료 영상 편집 다빈치 리졸브』(홍릉과학출판사, 2021), 『디자이너's PRO 실무 영상 편집』(길벗, 2022), 『AI가 바꾸는 학교 수업 챗GPT 교육 활용』(성안당, 2023) 등 다양한 분야 집필

생성형 영상 콘텐츠를 편집하는

프리미어 프로+소라 with AI

Editing Generative Video Content
Premiere Pro+Sora with AI

초판 1쇄 발행 • 2025년 3월 31일 | **지은이** • 장윤제, 오창근 | **발행인** • 이종원 | **발행처** • (주)도서출판 길벗 | **브랜드** • 길벗캠퍼스
출판사 등록일 • 1990년 12월 24일 | **주소** • 서울시 마포구 월드컵로 10길 56(서교동) | **대표 전화** • 02)332-0931 | **팩스** • 02)323-0586
홈페이지 • www.gilbut.co.kr | **이메일** • gilbut@gilbut.co.kr |

기획 및 책임편집 • 신유진(backdoosan@gilbut.co.kr) | **표지·본문 디자인** • 강은경 | **제작** • 이준호, 이진혁
마케팅 • 박성용(psy1010@gilbut.co.kr) | **유통혁신** • 한준희 | **영업관리** • 김명자 | **독자지원** • 윤정아
편집진행 • 앤미디어 | **전산편집** • 앤미디어 | **CTP 출력 및 인쇄** • 예림인쇄 | **제본** • 예림인쇄

ISBN 979-11-407-1290-8 93000(길벗 도서번호 060140)
정가 29,000원

머리말

생성형 AI의 등장으로 콘텐츠 창작 전반에 걸쳐 큰 변화가 일어나고 있습니다. AI의 부정적 영향을 우려하는 목소리도 있었지만, 교육 및 산업 현장에서 AI는 이미 유용한 참고 자료로 활용되고 있습니다. 특히, 최근 강력한 영상 생성 도구인 소라의 등장으로 영상 제작 분야는 다시 한번 혁신을 맞이하고 있으며, 이에 따라 실무 현장에서 요구되는 영상 디자이너의 역량 또한 변화될 것입니다. 이러한 변화에 효과적으로 대응하기 위해서는 미디어 제작에 관련된 학습 방법 역시 새로운 방향으로 전환되어야 합니다. 이 책은 AI가 가져온 변화를 이해하고 미래의 콘텐츠 창작 환경을 대비하는 데에 기초적인 가이드가 될 것입니다.

강력한 영상 생성 도구, 소라

기존의 미디어 제작 교육에서는 콘텐츠 기획, 촬영, 편집, 후반 작업까지 프로세스를 주로 다루었다면, 앞으로는 AI를 활용한 영상 생성에 관한 교육이 필요합니다. 소라는 강력한 생성 기능을 갖추고 있으며, 앞으로도 지속적인 발전이 기대됩니다. 소라를 효과적으로 활용하기 위해서는 영상 생성의 특성을 깊이 이해하고, 특히 프롬프트 작성 원리를 숙지하는 것이 필요합니다. 이 책은 소라에 관한 이론과 활용법을 소개하고, 다양한 실습을 직접 체험하며 자신만의 창작 노하우를 익힐 수 있는 내용으로 구성되었습니다.

프리미어 프로와 AI를 활용한 영상 편집

어도비 프리미어 프로는 실무에서 가장 널리 쓰이는 대표적인 영상 편집 환경입니다. 개별적인 기능을 익히는 것만으로는 효과적인 활용이 어렵기 때문에 각 장에서는 이론적 이해를 기반으로 프리미어 프로의 핵심 기능을 익힐 수 있도록 체계적인 설명과 실습으로 구성하였습니다. 최근 프리미어 프로는 소스 영상 길이의 확장과 같은 AI 생성 기능을 지원하면서 기존 영상 편집의 한계점을 보완하고 있습니다. 앞으로 버전이 업데이트될 때마다 AI 기능이 더욱 고도화될 것이며, 영상 편집의 효율성과 창의성에 관련하여 큰 변화를 선도할 것으로 생각합니다.

이 책에서 소개하는 이론과 기능을 하나씩 학습하고 실습한다면, 급변하는 기술 환경 속에서도 새로운 기능을 수월하게 습득하고 확장할 수 있을 것입니다. 이와 함께 우수한 영상 편집 사례를 조사하고 분석하면서 영상 고유의 편집 기법을 익히는 과정도 병행해야 합니다. AI가 다양한 영상물을 생성할 수 있더라도, 가장 중요한 덕목은 좋은 콘텐츠를 준비하고 제작하는 각자의 안목에 달려있음을 잊지 마시기를 바랍니다.

장윤제, 오창근

목차

WEEK 03
프리미어 프로 인터페이스의 이해

WEEK 04
영상 편집을 위한 기본 기능

WEEK 05
실전 영상 편집 기법

WEEK 06
오디오 편집

WEEK 07
영상의 속도 변화와 리듬감 표현

WEEK 08
타이틀 디자인

WEEK 09
마스크와 트랙 매트를 이용한 합성 기능

WEEK 10
다양한 영상 합성과 효과 적용

WEEK 11
팀 프로젝트 협업, 에셋, 클라우드, 소셜 미디어 출력

WEEK 12
색 보정과 컬러 그레이딩 기법

WEEK 13
AI 영상 생성부터 편집까지, 프로젝트&포트폴리오 제작

책 내용을 따라할 수 있는 실습 파일과 온라인 제공 PDF는 길벗 홈페이지를 통해 제공됩니다. 길벗 출판사 홈페이지(www.gilbut.co.kr) 검색란에 '프리미어 프로', '소라'를 검색 → 해당 도서 자료실의 '실습예제' 항목 → 실습에 필요한 예제 소스를 다운받습니다.

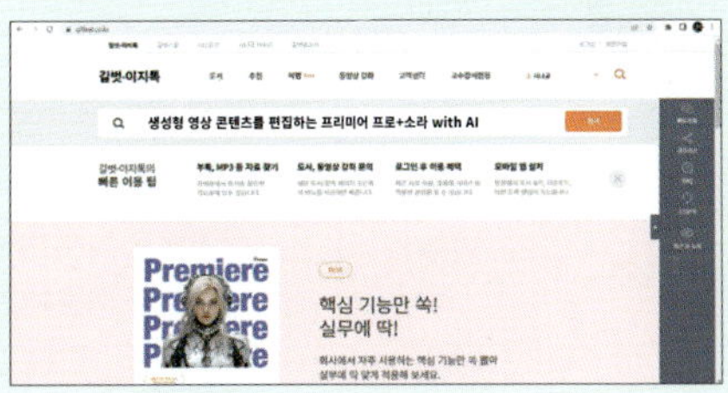

강의 계획서

1. 학습 개요

이 교재는 프리미어 프로의 핵심 기능과 생성형 AI 소라를 활용한 영상 편집 기법을 학습하는 과정으로 구성되어 있습니다. 15주간 진행되는 강의는 기초 개념부터 고급 기능까지 체계적으로 익힐 수 있도록 설계되었으며, 이를 통해 다양한 영상 제작 기술을 단계적으로 습득할 수 있습니다.

각 주차별 실습을 통해 기본 이론을 적용해 보고, 프리미어 프로의 자체 AI 기능뿐만 아니라 생성형 AI 소라로 생성한 영상을 다양한 편집 기법으로 가공하여 최종 결과물로 발전시키는 프로젝트를 수행합니다. 이러한 실무 중심의 접근 방식을 통해 전문적인 영상 편집 역량을 효과적으로 배양할 수 있습니다.

2. 학습 목표

소라의 이해	생성형 AI를 이해하고 소라의 특징과 활용 방법을 이해합니다.
소라 프롬프트 실습	소라 프롬프트 실습을 통해 생성 원리를 파악하고 연출하려는 영상에 근접하게 생성하는 실습을 합니다.
프리미어 프로의 이해	프로미어 프로의 기능과 인터페이스를 익히고 작업 환경에 익숙해집니다.
프리미어 프로 실습을 통한 영상 표현 기법의 효과적 습득	프리미어 프로 기능을 활용하는 예제들의 실습을 통해 영상을 완성하며 다양한 표현 기법과 특성을 익힐 수 있습니다.
프로젝트 기반 포트폴리오	AI를 활용한 영상 제작 프로세스 전 과정을 경험하며, 각 단계에서 필요한 지식과 기술을 습득하여 영상을 제작할 수 있는 능력을 함양합니다.

3. 수업 계획

주차별	챕터	주제
1주	WEEK 01	생성형 AI 영상 제작의 시작, 소라의 특징과 가능성을 탐구하고 영상을 생성하기 위한 프롬프트를 이해합니다.
2주	WEEK 02	소라 프롬프트 작성 및 영상 생성을 실습합니다. 소라의 기능을 이용하여 생성 영상을 수정 보완하는 연습을 합니다.

3주	WEEK 03	프리미어 프로 인터페이스를 이해하고, 작업 영역을 본인의 편의에 맞게 구성합니다. 새 시퀀스를 생성한 후, 영상 소스를 타임라인에 배치해 봅니다.
4주	WEEK 04	영상 편집의 기본 기능을 익혀봅니다. 컷 편집 도구를 활용하고, 프리미어 프로 또는 미디어 인코더를 사용하여 영상 파일로 내보내는 방법을 학습합니다.
5주	WEEK 05	부족한 영상 길이 늘리기, 소스 클립 가공, 교차 편집, 분할 화면 제작 등 실전 영상 편집에 필요한 기술을 실습합니다.
6주	WEEK 06	오디오 기술 규격을 알아보고, 어도비 익스프레스에서 음악을 생성하여, 프리미어 프로에 가져옵니다. 오디오 클립의 음량 조절, 내레이션 녹음, 어도비 오디션 활용 실습을 진행합니다.
7주	WEEK 07	영상의 속도 변화와 리듬감을 표현하기 위해 빠른 속도, 느린 속도, 역재생, 타임 리매핑 등 프리미어 프로의 속도 관련 기능을 학습합니다.
8주	중간고사	
9주	WEEK 08	영상 속 텍스트의 역할을 이해하고, 메인 타이틀 디자인, 반응형 자막 바, 텍스트 애니메이션, 음성 인식 자막 기능 등을 학습합니다.
10주	WEEK 09	영상 합성을 위한 마스크와 트랙 매트 기능을 학습하며, 각각의 특징을 익히고 활용 방법을 배웁니다.
11주	WEEK 10	영상 합성을 위해 키잉(Keying) 기법을 배우고, 스트로브 효과, 아날로그 효과, 글리치 효과 등의 다양한 영상 효과들을 학습합니다.
12주	WEEK 11	개인 프로젝트를 넘어 팀 프로젝트로 영상 콘텐츠를 제작할 때 필요한 프리미어 프로 설정과 함께, 크리에이티브 클라우드, 어도비 스톡, Frame.io 등 유용한 협업 기능을 학습합니다.
13주	WEEK 12	색 보정 기법과 컬러 그레이딩 기법을 이해하고, 기본 기능을 활용한 색 교정, 정밀 색 보정, LUT를 이용한 스타일 설정, 서로 다른 영상의 색 보정 기법 등을 학습합니다.
14주	WEEK 13	프로젝트 기반 포트폴리오를 제작하며, 영상 제작 과정의 준비부터 AI를 활용한 영상 기획, 생성, 편집까지 전 과정을 실습합니다.
15주	기말고사	

WEEK 01

생성형 AI 영상 제작의 시작, 소라

학 습 목 표

생성형 AI의 발전은 기존의 영상 제작 방식을 크게 변화시키고 있습니다. 전문적인 기술 없이도 누구나 AI를 활용해 영상 콘텐츠를 제작하는 시대가 되었습니다. 텍스트 입력만으로도 영상이 자동으로 생성되는 혁신적인 변화입니다. 새로운 영상 생성 시대로의 변화를 소라(Sora)의 작동 원리와 사용 방법을 숙지합니다.

1.1 영상 생성 AI의 특징

촬영 장비나 배우 없이 전문 기술이 없는 초보자도 AI를 활용하여 고품질 영상 제작할 수 있습니다. 텍스트 입력만으로 영상을 생성하는 AI는 마법사와도 같지만, 프롬프트를 어떻게 입력하는가에 따라 결과는 천차만별로 차이가 생깁니다. AI 영상 생성의 원리와 유형을 살펴보겠습니다.

AI 영상 생성의 가능성

AI 영상 생성 기술은 빠르게 발전하며 다양한 분야에서 활용되고 있습니다. 창작자들에게 새로운 가능성을 열어주는 기술은 다음과 같이 네 가지가 있습니다.

1. **텍스트-영상 변환**(Text-to-Video): 사용자가 텍스트를 입력하면 영상의 배경, 캐릭터, 움직임이 포함된 영상 장면을 자동으로 생성합니다. 현재 소라(Sora), Gen-2, Kling, Pika 등이 텍스트 내용을 영상으로 생성하는 대표적인 서비스 사례입니다.
2. **편집 및 합성**: 어도비 프리미어 프로(Adobe Premiere Pro)와 같은 영상 편집 프로그램이 최근 AI 관련 기능을 제공하기 시작했고, 향후 더 많은 기능이 추가되어 영상 제작의 프로세스를 크게 바꿀 것으로 보입니다.
3. **AI 음성 합성 및 내레이션**: 사용자가 텍스트를 입력하면 AI가 자연스러운 음성으로 생성합니다. 여러 가지 목소리 스타일을 선택할 수 있으며, 감정을 표현하는 기능을 포함합니다.
4. **AI 애니메이션 제작**: 기존의 애니메이션 제작 과정에서는 캐릭터 모델링과 모션 캡처 같은 전문적인 프로세스가 필요했습니다. 하지만 AI를 활용하면 애니메이션을 자동으로 생성하고 움직임을 추가할 수 있어 빠르게 원하는 애니메이션 모션을 얻을 수 있습니다.

NOTE

AI 영상을 생성할 때 한계점이 있습니다. 현재 수준에서는 인물의 얼굴 표정이나 손가락 등 세부적인 표현이 부자연스럽고 장면 사이의 일관성이 깨질 수 있습니다. 물과 조명 같은 물리적 표현에서도 사실성이 부족할 수 있습니다.

다양한 AI 영상 생성의 모델들

최근 다양한 AI 영상 제작 서비스가 등장하고 있는데, 그중에서도 챗GPT로 유명한 OpenAI에서 출시한 소라를 가장 주목합니다. AI 영상 제작 기능은 경쟁적으로 발전하는 추세여서 개인 창작 영상부터 영화 제작, 광고, 교육 영상 콘텐츠까지 앞으로 더 많이 활용될 것입니다. 현재 출시된 영상 생성 모델을 예시하면 다음과 같습니다.

❶ Sora(OpenAI): 고품질 시네마틱 영상을 생성할 수 있으며, 감정 표현과 복잡한 장면의 연출도 가능합니다.

❷ Gen-2(Runway): 텍스트, 이미지, 비디오 입력을 지원하며, 다양한 고품질 영상을 생성할 수 있습니다.

❸ Kling(Kuaishou Technology): 자연스러운 움직임과 물리적 특성 시뮬레이션에 강점을 보입니다.

❹ LumaAI(Luma AI): 3D 장면과 NeRF 기술을 활용해 입체적이고 독특한 영상을 생성합니다.

❺ Pika(Pika Labs): 빠른 개발 주기와 직관적인 인터페이스로 사용자 친화적입니다.

❻ Stable Video Diffusion(Stability AI): 텍스트 프롬프트 기반의 안정적이고 자연스러운 영상 생성을 지원합니다.

❼ W.A.L.T(Stanford & Google Research): 변환기와 확산 모델을 결합해 사실적이고 고해상도의 영상을 구현하는 것이 특징입니다.

모델	회사	특징	최대 분량	초당 프레임 수	해상도
Sora	OpenAI	고품질 시네마틱 비주얼, 복잡한 장면과 감정 표현 가능	최대 20초	30	최대 1080p
Gen-2	Runway AI	텍스트, 이미지, 비디오 입력 지원, 다양한 모드의 고품질 영상 생성	최대 16초	24	768×448, 1536×896, 4096×2160
Kling	Kling	자연스러운 움직임 구현, 물리적 특성 시뮬레이션	최대 2분	30	1080p
LumaAI	Luma AI	3D 장면과 NeRF 활용, 독특한 영상 생성	약 5초	1	1360×752
Pika	Pika Labs	사용자 친화적 인터페이스, 빠른 개발 주기	3~7초	8~24	1280×720, 2560×1440
Stable Video Diffusion	Stability AI	텍스트 프롬프트 기반 안정적인 영상 생성	2~4초	3~30	576×896
W.A.L.T	Google	변환기와 확산 모델 결합, 고해상도 사실적 영상 생성	약 3.6초	8	512×896

1.2 세계 모델과 소라

인공지능이 인간의 환경을 인식하고 학습된 정보를 바탕으로 합리적인 공간 예측을 처리하는 것이 세계 모델(World Model)의 기본 개념입니다. AI가 인간 세계를 인식하고 이해하는 방식과 유사하게 주변 환경을 내재화하여 모델링 하는 기술을 의미합니다. 이를 통해 AI는 단순히 주어진 데이터만 학습하는 것이 아니라 환경의 변화, 물리적 법칙, 인과관계 등을 추론하고 콘텐츠 요소의 예측과 동작 생성을 수행할 수 있습니다.

세계 모델의 핵심 요소

거대언어모델(LLM)이 인간의 언어를 이해하고 문장을 잘 지어내는 것처럼 세계 모델은 인간의 세상을 학습하고 시공간적으로 이해해서 가상의 세계를 재구성할 수 있습니다. 세계 모델은 일반적으로 다음과 같은 세 가지 핵심 모델 요소로 구성됩니다.

❶ **관찰 모델(Observation Model)**: 실제 환경의 인식 단계로 현실 세계의 데이터를 학습해서 내재적 재현(latent representation)으로 변환하는 과정입니다. 예를 들어, 카메라 이미지, 센서 데이터 등을 입력하여 인공 신경망을 통해 벡터 형태로 변환하는 인코더입니다.

❷ **변환 모델(Transition Model)**: 미래 예측 단계로 현재 상태에서 다음 상태를 예측하는 동적 모델입니다. 현실 세계의 물리적 법칙, 객체들의 관계, 환경의 변화 등을 학습하여 예측을 수행할 수 있습니다. 강화학습과 같은 AI 학습 모델에서 환경의 변화를 미리 시뮬레이션할 때 사용합니다.

❸ **생성 모델(Generative Model)**: 현실 세계의 재구성 단계로 내재적 재현(latent representation)으로부터 현실 세계 데이터를 복원하듯 생성하는 과정입니다. 예를 들어, 미래의 장면을 생성할 때 예측된 데이터를 시각적으로 출력하는 과정을 담당합니다.

NOTE

AGI(Artificial General Intelligence)는 일반 인공지능은 인간과 대등한 지능을 갖춘 인공지능을 의미하며, 특정 분야에 한정되지 않고 다양한 문제를 이해하고 해결할 수 있는 능력을 가진 AI를 말합니다. 세계 모델(World Model)의 개념은 AGI로 나아가는 핵심 기술 중 하나입니다.

세계 모델의 활용 분야

세계 모델은 다양한 분야에서 활용되며, 특히 강화학습, 로봇공학, 자율 주행, 생성형 AI와 같은 영역에서 중요한 역할을 합니다. AI 에이전트가 환경을 예측하고 학습하는 방식이 점점 정교해지면서, 세계 모델은 더욱 다양한 산업과 기술 발전에 기여하고 있습니다. 이러한 세계 모델의 주요 활용 분야를 살펴보겠습니다.

❶ 강화학습(Reinforcement Learning, RL): AI가 환경과 직접 상호작용을 하는 대신 세계 모델을 활용하여 환경을 시뮬레이션하면 학습 속도를 높일 수 있습니다. 예를 들어, OpenAI의 'Dreamer' 모델은 세계 모델을 이용해 강화학습을 촉진하였습니다.

❷ 로봇공학(Robotics): 로봇이 실제 환경에서 공간 요소를 학습하기 전에 가상 환경의 세계 모델에서 동작을 수행하고 테스트하는 데에 활용합니다. 예를 들어, 로봇이 장애물을 피하거나 새로운 물체를 다루는 방법을 미리 시뮬레이션하는 데에 사용됩니다.

❸ 자율주행(Autonomous Driving): 자동차가 주행 환경을 예측하고 도로 상황을 모델링 하여 최적의 경로를 결정하는 데에 활용됩니다. 예를 들어, 도로의 장애물 예측, 보행자의 움직임 예측, 교통량의 흐름 분석에도 사용됩니다.

❹ 생성형 AI(Generative AI): 영상 생성과 이미지 생성에 활용되며, 특히 소라 같은 모델도 세계 모델을 기반으로 동작합니다. 예를 들어, 과거 시공간의 프레임 정보를 분석하여 미래 장면을 예측하는 방식을 의미합니다.

세계 모델 기반 AI의 장점과 한계

❶ 장점: 세계 모델은 AI가 실제 환경에서 모든 데이터를 학습하는 대신 신경망 내부에서 시뮬레이션하기 때문에 데이터 효율성이 증가합니다. 신경망 학습 과정에서도 단순한 환경 패턴의 학습을 넘어서 미래 상태를 예측하거나 계획하는 추론이 가능합니다. AI 에이전트나 로봇을 직접 움직여서 실험하는 대신 세계 모델을 활용하여 실험하기 때문에 자원 활용 비용과 위험 부담이 줄어듭니다.

❷ 한계: 세계 모델은 실제의 물리적 법칙이나 환경 변화 요소를 모두 학습하고 인간과 세계의 복잡한 상호작용을 완벽하게 모델링 하지 못합니다. 따라서 실제 세계를 완벽하게 현실처럼 재현하는 것은 불가능합니다. AI가 학습한 데이터 내에서만 예측이 정확할 뿐 새로운 환경에서는 오류가 발생할 확률이 높습니다. 또한, AI가 복잡하고 정교한 세계 모델을 학습하고 유지하려면 높은 연산량이 필요하므로 전산 비용의 부담이 크다는 한계가 있습니다.

세계 모델의 성공 사례

세계 모델을 활용한 AI 기술은 이미 다양한 분야에서 성과를 보이고 있습니다. 연도별로 성공한 모델의 성공 사례를 살펴봅니다.

❶ Dreamer(Google DeepMind, 2019~2023): 세계 모델 기반의 강화학습 알고리즘으로 현실의 환경 요소 없이 내부 시뮬레이션만으로도 학습이 수월합니다. OpenAI Gym 환경에서 높은 성능 점수를 기록하였습니다.

❷ MuZero(DeepMind, 2020): 체스, 바둑, 아타리 게임에서 성공한 AlphaZero의 후속 모델로 물리적 환경을 학습하여 최적의 게임 전략을 생성합니다.

❸ Sora(OpenAI, 2024): OpenAI의 텍스트 기반 영상 생성 AI로 세계 모델을 활용하여 장면 안에서 인과관계를 유지하는 영상을 현실감 있게 생성합니다.

세계 모델을 활용한 소라의 작동법

소라는 세계 모델을 활용하여 영상을 생성하는 AI 모델입니다. 단순히 개별 프레임을 만드는 것이 아니라 시간에 따른 장면의 연속성과 인과관계를 유지하면서 영상을 생성합니다. 세계 모델의 세 가지 핵심 요소가 소라 모델에서는 어떻게 작동하는지 예시하면 다음과 같습니다.

❶ **관찰 모델**(Observation Model): 사용자가 텍스트 프롬프트(예: 도쿄의 붐비는 거리를 걷는 소녀)를 입력하면, 소라는 내재적 재현(latent representation)으로 변환합니다. 기존 영상 데이터와의 관계를 학습하여 장면의 맥락을 이해하고, 프롬프트 텍스트의 의미를 고려하여 영상의 배경, 등장인물, 오브젝트 등의 요소를 추출합니다.

❷ **변환 모델**(Transition Model): 소라는 단순한 프레임 보간(interpolation) 생성 방식이 아니라 세계 모델을 활용해서 물리적 변화와 인과관계를 고려하고 미래 프레임을 예측할 수 있습니다. 소라가 생성한 영상에는 사람이 뛰면 바람에 머리카락이 흩날리고 그림자가 바뀌는 등의 물리적 법칙이 반영됩니다.

❸ **생성 모델**(Generative Model): 최종적으로 영상을 출력하는 단계로 소라가 예측한 장면을 시각적으로 변환하여 연속적인 영상 프레임으로 출력합니다. 주인공과 함께 디테일이 살아있는 배경, 조명, 질감 등을 생성하여 사실적인 영상을 생성합니다.

1.3 소라의 특성

인공지능 영상 생성 모델 소라는 간단한 텍스트 입력만으로 유려한 영상을 생성합니다. 기존 생성 모델의 영상이 저해상도에 부자연스러운 동작을 보여 주었다면, 소라는 훨씬 자연스럽고 높은 품질의 영상을 생성합니다. 소라 모델의 장점과 한계 등 특성을 살펴보겠습니다.

소라의 주요 장점

❶ **카메라 없이 고품질 영상 제작**: 텍스트 입력만으로 영상을 자연스럽게 생성하기 때문에 카메라를 사용하는 촬영, 배우 섭외, 편집이나 합성 과정 없이도 고품질의 영상을 제작할 수 있습니다. 텍스트를 영상으로 변환(Text-to-Video)하는 세계 모델을 기반으로 작동합니다.

❷ **고해상도와 자연스러운 움직임**: 기존의 AI 영상 생성 모델은 해상도가 낮거나 부자연스러운 움직임을 생성하는 경우가 많았습니다. 소라는 1080p 해상도까지 지원하고 실사 촬영 수준의 영상을 생성합니다. 인물, 배경, 오브젝트가 자연스럽게 움직이며 복잡한 장면과 감정 표현도 가능합니다.

❸ **다양한 장르와 촬영 기법 지원**: 소라는 다양한 장르와 스타일을 지원하기 때문에 사용자가 요구하는 특정 장르(애니메이션, 다큐멘터리, 영화 스타일 등)를 생성 과정에 반영할 수 있습니다. 촬영 기법을 학습하였으므로 사용자가 지정하는 카메라 앵글, 조명, 색감 등 기술적인 조건도 적용할 수 있습니다.

❹ **일관된 캐릭터와 배경 유지**: AI 영상 생성 모델에서 우선 해결해야 할 문제는 장면의 변화에 따라 캐릭터의 외형이 변하는 등의 일관성 부족에 대한 부분입니다. 그러나 소라는 동일한 캐릭터와 배경을 유지하면서 연속적으로 영상을 생성할 수 있어 일관성에 대한 문제를 해결할 수 있습니다.

❺ **사용자 맞춤 수정 가능**: 소라가 생성한 동영상에 대해 사용자는 구체적으로 수정을 요청할 수 있으며 원래 영상의 변경 정도를 지정할 수도 있습니다.

소라가 초래한 영상 제작의 변화

❶ **영상 제작의 대중화**: 기존의 영상 제작 과정에는 전문 장비와 기술이 필요했지만, AI로 영상을 제작하게 되면서 누구나 쉽게 영상 크리에이터가 될 수 있는 영상의 대중화 환경이 조성되고 있습니다.

❷ **빠르고 효율적인 영상 제작:** 촬영, 편집 과정에서 AI의 도움을 받을 수 있기 때문에 기존 제작 환경보다 더 빠르게 영상 생성이 가능하고 영상 제작의 비용과 시간을 절감할 수 있습니다.

❸ **창작의 새로운 가능성:** 영상 크리에이터는 창의적인 기획과 연출에 집중할 수 있고 특수 효과(VFX) 기술에 의존했던 SF 영상도 제작할 수 있으므로 창작의 한계가 없는 새로운 가능성이 열렸습니다.

❹ **영상 산업의 패러다임 변화:** 기존의 영상 제작 업체, 특수 효과 스튜디오, 영화 업계에서 AI 활용도가 증가할 것으로 예상되며, 영상 산업 전체의 패러다임이 변화할 것입니다.

소라 생성 영상의 한계점

❶ **물리 법칙 및 논리적 일관성의 부족:** 소라와 같은 영상 생성 AI는 아직 현실적인 물리 법칙을 완벽히 재현하지 못합니다. 예를 들어, 중력의 작용, 관성의 표현, 충돌 반응 등에서 어색하고 비현실적인 움직임 발생할 수 있습니다. 캐릭터나 대상의 동작이 부자연스럽거나 일관성이 부족할 수도 있고, 문 열기 동작이나 손으로 물체 들어 올리기와 같은 대상들 사이의 상호작용이 부자연스러워 보일 때가 많습니다.

❷ **장면의 지속성 문제:** 분량이 긴 영상을 생성할 때 등장인물과 배경의 일관성을 계속 유지하지 못하는 경우가 많아서 캐릭터의 의상이나 헤어스타일 등이 바뀔 수 있습니다. 연속적인 장면을 생성할 때 복잡한 스토리는 잘 구현되기 힘듭니다. 또한, 카메라 앵글이 영상에 반영되더라도 주요 피사체를 다양한 각도로 촬영하는 듯한 연출은 아직 구현하기 어렵습니다. 이런 문제는 영상 편집 프로그램으로 보완해야 합니다.

❸ **복잡한 스토리 구현 문제:** 사용자의 구체적인 계획을 영상 생성에 완벽하게 반영하는 것이 어렵고, 생성된 영상을 부분적으로 수정하려 해도 랜덤한 영상 결과물로 생성됩니다.

❹ **스타일 및 예술적 연출 부족:** AI가 생성하는 영상은 기존 학습 데이터의 패턴을 기반으로 재구성하기 때문에 완전히 새로운 스타일의 창조는 불가능하고, 촬영 감독이나 전문가의 독창적인 연출 기법을 충실히 구현하기 어렵습니다.

❺ **프롬프트 입력의 한계:** 사용자가 입력하는 텍스트 프롬프트만으로 정밀한 연출을 지정하기 어렵습니다. 디테일을 정확히 반영하기 위해서는 프롬프트의 세밀한 조정이 필요하지만, 사용자가 개입할 수 있는 수준이 현재로서는 제한적입니다.

❻ **해상도 및 프레임 품질 제한:** 현재 생성되는 영상의 해상도는 1080p 정도로 제한적이며 고품질의 영상을 장시간 생성하기는 힘듭니다. 장면들 사이의 부드러운 전환 연결이 완벽하지 않아 일부 장면에서 어색한 움직임이 발생할 수 있으므로 사용자가 편집 작업으로 보완해야 합니다.

7 **지적 재산권 및 윤리 문제:** AI가 학습한 데이터에서 특정한 영상 스타일이나 장면을 구현할 경우 기존 영상의 저작권 문제가 발생할 가능성도 있습니다. 저작권 문제가 발생할 수 있는 부분을 소라에서 내부적으로 차단하고 있지만, 유명 인사나 애니메이션 캐릭터의 외형을 유사하게 생성하면 법적 문제가 발생할 수도 있습니다. 생성한 영상을 허위 정보, 가짜 뉴스, 딥페이크 등에 악용할 가능성도 있어서 윤리적 문제를 고려해야 합니다.

8 **음성 및 사운드 연계의 부족:** 현재 소라는 음성을 직접 생성하지 않으며 음향 효과나 배경 음악을 자동으로 삽입하는 기능이 없습니다. 사람들의 대화 장면이 있는 영상을 자연스럽게 생성하지 못하는 한계가 있습니다.

AI 영상 시대에 필요한 역량

생성형 인공지능 시대에 필요한 인재가 갖추어야 할 역량은 전통적인 교육과 분명한 차이가 존재합니다. 과거에는 정보를 암기하고 대입하는 방식의 역량이 강조되었다면, AI와 함께 살아가는 시대에는 더 창의적으로 계획하는 능력이 중요합니다. 특히 AI 영상 생성과 관련하여 미디어 크리에이터에게 요구되는 능력을 정리하면 다음과 같습니다.

1 **연출 및 창의적 역량:** AI 영상을 제작하는 경우 스토리텔링 역량을 갖추어서 감동적이고 몰입감 있는 영상 표현 능력을 갖추어야 합니다. AI가 생성한 영상에 창의적인 연출과 감성적인 요소를 더하는 연습도 필요합니다.

2 **비주얼 스타일 표현:** 영상 기법뿐만 아니라 미술, 색채학, 조명, 촬영 기법 등을 체계적으로 학습하여 세련된 영상 연출 능력을 강화해야 합니다. AI가 생성한 영상을 편집하고 가공하여 더욱 완성도 높은 결과물로 발전시키는 방법도 연구해야 합니다.

3 **AI 영상 프롬프트 최적화:** 최신 AI 영상 생성 도구의 고유한 활용법을 익히고, 텍스트 프롬프트를 입력하여 효과적인 영상을 생성하는 연습이 중요합니다. AI가 만들어 낸 영상의 한계점과 단점을 분석하고, 자신만의 프롬프트 최적화 방법을 연구하면서 세부적인 디테일, 장면 전환, 감성적 분위기 등을 정교하게 표현하는 방법을 익혀야 합니다.

4 **AI 영상 가공 기법:** AI가 생성한 영상에서 발견하는 부자연스러운 부분을 수정하는 편집 능력 향상하기 위해서 프리미어 프로, 애프터 이펙트 등의 영상 편집 소프트웨어 활용 능력을 충분히 연마해야 합니다. 장면 사이의 일관성 문제를 해결하고 어둡고 어색한 컬러를 보정하는 등 시각적 효과 기법을 연습하면서 AI가 생성한 영상과 실사 촬영된 영상을 자연스럽게 합성하는 방법도 연구할 필요가 있습니다.

5 **윤리 인식:** AI 생성 기술을 사용할 때 저작권과 윤리적 책임을 고려해야 합니다. AI 관련 윤리 기준을 준수하고 저작권 관련 법률과 정책 변화를 지속적으로 모니터링 해야 합니다.

1.4 소라 프롬프트의 이해

프롬프트(Prompt)란 사용자가 AI 시스템에 제공하는 입력 명령어로 AI가 콘텐츠를 생성할 때 참고하는 기본 요소입니다. 소라에 텍스트 기반의 프롬프트를 입력하면 해당 내용을 해석해서 영상으로 변환합니다. AI 영상은 기본적으로 랜덤하고 일관성 없는 속성을 가지고 있기 때문에 연출하기 어려운 제한이 존재합니다. 소라는 세계 모델을 활용해 영상을 생성하지만, 아직 기술적 과제로 인해 완벽하게 일관성을 유지하는 것은 쉽지 않습니다.

많은 한계에도 불구하고 몇 가지 구체적인 연출 전략과 프롬프트 작성 방식을 적용하면 캐릭터와 대상의 연속성을 어느 정도 유지할 수 있습니다. 프롬프트의 입력 방식에 따라 영상 생성 방향과 생성된 영상의 품질이 달라지므로 프롬프트의 생성 원리를 파악하고 연출하려는 영상에 근접하게 생성하는 것이 중요합니다.

프롬프트의 용도

- 어떤 종류의 영상을 생성할지 지정할 수 있습니다.
- 장면의 스타일, 분위기, 색감, 연출 방식 등을 정의할 수 있습니다.
- 특정 캐릭터, 배경, 오브젝트, 움직임 등을 상세히 설명할 수 있습니다.
- 영상 길이, 해상도, 카메라 앵글, 애니메이션 속도 등의 설정이 가능합니다.

효과적인 프롬프트 작성 팁

프롬프트는 AI 모델이 원하는 결과를 생성하도록 유도하는 핵심 요소입니다. 각 팁의 내용과 함께 생성된 이미지를 살펴보며 원하는 결과를 얻는 방법을 알아보겠습니다.

❶ **구체적으로 작성하기**: 캐릭터의 외형, 의상, 분위기를 명확하게 기술합니다. 예를 들어, “한 여자가 앉아 있다”라는 간략한 문구 대신에 “한 여자가 파리의 노천카페에서 커피를 마신다. 에펠탑이 멀리 보이고, 주변에는 사람들이 대화하고 있다. 따뜻한 아침 햇살이 비치는 장면”이라고 상세하게 입력하여 설명합니다.

❷ **스타일과 장르 지정하기:** 영상의 표현 스타일과 장르를 구체적으로 작성합니다. 예를 들어, "숲속을 뛰어다니는 여우"라고 입력하면 어떤 스타일로 생성될지 알 수 없습니다. 그 대신 "수채화 애니메이션 스타일, 울창한 숲속에서 장난스럽게 뛰어다니는 붉은 여우, 부드러운 붓 터치 느낌, 따뜻하고 포근한 색감 적용"이라고 입력하면 AI가 스타일과 분위기를 이해하여 사용자가 원하는 스타일에 가깝게 영상을 생성합니다.

③ **동작과 카메라 연출하기:** 줌인(Zoom-in), 로우 앵글(Low Angle), 슬로 모션(Slow Motion) 등 카메라 연출 기법을 입력합니다. 예를 들어, "우주선을 조종하는 파일럿"이라고 입력하면 생성될 영상의 구도와 카메라 연출을 알 수 없습니다. 그 대신 "SF 스타일, 우주 공간을 빠르게 비행하는 우주선 내부, 헬멧을 쓴 파일럿이 조종간을 조작하며 긴장된 표정, 카메라가 파일럿을 클로즈업하며 화면이 흔들리는 듯한 효과 적용"이라고 상세하게 카메라 연출 기법을 지정하면 장면을 구체적으로 생성할 수 있습니다.

④ **색감과 분위기 특징 추가하기:** 영상의 분위기를 결정하는 조명, 색감, 날씨 등을 표현하여 감성을 표현합니다. 예를 들어, "비가 오는 도시"라는 간략한 키워드보다 "누아르 스타일, 네온 불빛이 반짝이는 밤의 도시, 차가운 푸른 조명과 젖은 도로 위에 반사된 불빛, 우산을 쓴 남자가 조용히 거리를 걷는다. 감성적인 배경 음악이 흐르는 분위기"라고 묘사하면 더 정확한 영상을 만들 수 있습니다.

❺ **불필요한 요소 제외하기:** 프롬프트에 불필요한 요소를 "~를 포함하지 않고(do not include...)", "~을 제외(without...)"라고 입력하여 영상 생성에 원하지 않는 요소를 명시합니다. 예를 들어, "바닷가에서 파도 소리를 들으며 책을 읽는 남자, 강한 바람과 흐린 날씨를 제외하고 생성"이라고 입력하면 강한 바람과 흐린 날씨가 제외된 영상이 생성됩니다.

NOTE

소라 프롬프트 작성이 어렵다면 챗GPT를 활용하면 쉽게 해결할 수 있습니다. 원하는 이미지의 간단한 키워드와 스타일만 입력하면, 챗GPT가 이를 바탕으로 긴 프롬프트를 완성해 줍니다. 예를 들어, "중세 판타지 스타일의 웅장한 성"을 입력하여 요청했을 때 챗GPT는 성의 건축 양식, 날씨, 조명 효과까지 포함된 상세한 프롬프트를 생성해 줍니다. 또한, 영어 번역과 프롬프트를 더욱 자연스럽게 다듬거나 다양한 버전으로 변형하는 것도 가능해 초보자도 쉽게 활용할 수 있습니다. 이처럼 프롬프트 작성이 어려울 때 챗GPT를 사용한다면 원하는 영상을 더 빠르게 얻을 수 있을 것입니다.

1.5 소라 프롬프트 작성법과 예시

프롬프트 작성 팁을 모두 조합하면 프롬프트에 포함되어야 하는 정보를 '영상 형식', '캐릭터 정보', '배경 및 분위기', '카메라 연출', '조명 및 색감', '특수 효과 및 스타일', '추가적인 연출 정보' 등으로 정리할 수 있습니다. 모두 프롬프트에 포함될 필요는 없지만, 각 요소에 해당하는 세부 사항을 구체적인 예시와 함께 살펴보겠습니다.

영상 형식 지정

영상의 형식을 다양한 기준에 따라 분류할 수 있는데, 일반적으로 비주얼 스타일과 제작 기법을 중심으로 분류하면 다음과 같이 정리할 수 있습니다.

영상 형식	특징
실사	실제 촬영한 듯한 자연스러운 영상, 영화 같은 장면 연출
자연 다큐멘터리	야생 동물, 생태계, 자연환경을 사실적으로 표현
2D 애니메이션	손 그림 또는 디지털 페인팅 느낌의 애니메이션
3D 애니메이션	픽사·디즈니 스타일 또는 하이엔드 리얼리스틱 3D
모션그래픽	텍스트, 도형, 심플한 애니메이션 효과 중심

용어와 분류 기준을 참고하여 프롬프트를 더 자세하고 구체적으로 작성하면 됩니다. 또한, 프롬프트를 한글로 입력하는 경우 오류가 발생하여 원하는 영상이 나오지 않을 수도 있으므로 영어로 번역하여 입력하는 것이 좋습니다.

❶ 실사 스타일 영상 예시

AI

한글: 해변에서 서핑하는 남성, 영화 실사 스타일, 햇빛 반짝이는 물결, 부드러운 슬로 모션
영어: Man surfing on the beach, cinematic live-action style, sunlight sparkling on the waves, smooth slow motion

생성

❷ 자연 다큐멘터리 스타일 영상 예시

자연 다큐멘터리 스타일 예시에서는 한글과 영어 프롬프트를 비교해 봅니다. 그림과 같이 한글로 입력했을 경우, 사자가 생성되지 않은 오류가 발생합니다.

AI

한글: 야생의 사바나 초원에서 초원의 왕 사자가 포효한다. 일몰이 배경으로 펼쳐지고, 황금빛 하늘. 다큐멘터리 스타일 촬영, 부드러운 카메라 이동

생성

영어: A lion roars in the wild savanna grasslands. The lion is an animal. The sunset unfolds in the background, casting a golden sky. Filmed in a documentary style with smooth camera movement

생성

❸ 2D 애니메이션 스타일 영상

한글: 2D 애니메이션 스타일, 마법학교에서 훈련하는 소년, 빛나는 마법 구체, 판타지 분위기
영어: 2D Animation style, a boy training at a magic school, glowing magical orb, fantasy atmosphere

생성

❹ 3D 애니메이션 스타일 영상

한글: 3D 애니메이션 스타일, 고대 신전을 탐험하는 젊은 모험가, 벽에는 빛나는 룬 문자, 역동적인 조명과 풍부한 디테일
영어: 3D animation style, a young adventurer exploring an ancient temple, glowing runes on the walls, dynamic lighting and rich details

생성

캐릭터 정보

영상에 등장하는 캐릭터를 설정할 때는 다양한 요소를 고려해야 합니다. 캐릭터의 나이, 정체성, 외형적 특징뿐만 아니라, 표정과 감정, 포즈와 자세까지 세부적으로 정리하면 더욱 생동감 있는 캐릭터를 만들 수 있습니다. 이러한 요소를 체계적으로 정리하면 영상 속 캐릭터가 더욱 자연스럽고 설득력 있게 표현됩니다. 캐릭터 설정 시 고려해야 할 주요 요소를 정리하면 다음과 같습니다.

구분	특징	예시
나이	캐릭터의 나이에 따라 신체적 특징과 분위기가 달라짐	유아, 어린이, 청소년, 성인, 노인
정체성	캐릭터의 배경, 직업, 역할을 결정하는 요소	직업, 인종&문화, 세계관, 성격
외형적 특징	캐릭터의 신체적 특징과 스타일을 결정	체형, 헤어스타일, 눈 모양, 색상, 의상 스타일
표정 및 감정	캐릭터가 어떤 감정을 표현하는지에 따라 분위기가 크게 달라짐	행복, 슬픔, 분노, 놀람
포즈 및 자세	캐릭터의 행동과 동작을 통해 성격과 상황을 강조	자신감 있는 포즈, 긴장된 포즈, 공격적인 포즈, 유연한 포즈

❶ 나이 정보 포함

한글: 10살 소년이 모험을 떠나는 장면, 반짝이는 눈과 호기심 가득한 표정, 가벼운 옷차림과 역동적인 자세
영어: Scene of a 10-year-old boy embarking on an adventure, sparkling eyes and a curious expression, light clothing and a dynamic pose

생성

❷ 외형과 정체성 정보 포함

한글: 거대한 모험가, 근육질의 체형, 바람에 흩날리는 장발, 어깨에는 무거운 갑옷과 고급스러운 망토
영어: A grand adventurer with a muscular physique, long hair flowing in the wind, wearing heavy armor on his shoulders and a luxurious cape

생성

카메라 연출

영상 생성에서 카메라 연출은 장면의 분위기와 감정을 강조하고, 스토리텔링을 더욱 효과적으로 전달하는 핵심 요소입니다. 적절한 카메라 기법을 활용하면 시청자의 몰입도를 높이고, 캐릭터나 사건의 중요성을 부각할 수 있습니다. 카메라 연출은 샷의 크기, 구도, 움직임, 앵글, 초점, 특수 효과 등 다양한 기준으로 분류할 수 있으며, 각 요소를 적절히 조합하면 더욱 풍부한 영상 표현이 가능합니다. 이러한 연출 기법을 활용하여 영상의 메시지를 효과적으로 전달하는 방법을 살펴보겠습니다.

분류	특징	예시
샷의 크기	화면 내 피사체 크기 조절	롱 샷, 클로즈업, 익스트림 클로즈업 등
카메라 움직임	움직임을 통해 생동감 부여	스테디 캠, 팬, 틸트, 줌인/아웃, 트래킹 샷
카메라 앵글	시점과 감정을 조절	하이 앵글, 로우 앵글, 오버 더 숄더, 드론 샷
초점&심도	초점 조절로 주제 강조	얕은 심도, 깊은 심도, 랙 포커스
카메라 렌즈	렌즈에 따른 피사체 왜곡과 원근감 강조	광각 렌즈, 망원 렌즈, 어안 렌즈, 매크로 렌즈, 틸트-쉬프트 렌즈 등
특수 효과	독특한 연출을 위한 기법	슬로 모션, 타임랩스, 1인칭 시점, 크로마키 등

❶ 샷의 크기

AI

한글: 여성의 얼굴을 드라마틱 하게 클로즈업, 뺨을 타고 흐르는 눈물, 시네마틱 한 얕은 심도의 연출
영어: A dramatic close-up of a woman's face, a tear rolling down her cheek, cinematic shallow depth of field

생성

❷ 다양한 카메라 움직임 연출

AI

한글: 절벽 위에 서 있는 젊은 전사, 카메라가 위로 틸트되며 그의 뒤로 펼쳐진 광활한 산맥과 하늘이 드러나는 장면
영어: A young warrior standing on a cliff, the camera tilts upward to reveal the vast mountains and sky behind him

생성

한글: 하늘에서 미래 도시 거리로 극적인 틸트 다운, 분주한 사람들과 하늘을 나는 차량들로 가득한 장면
영어: A dramatic tilt down from the sky to a futuristic city street, filled with bustling people and flying cars

생성

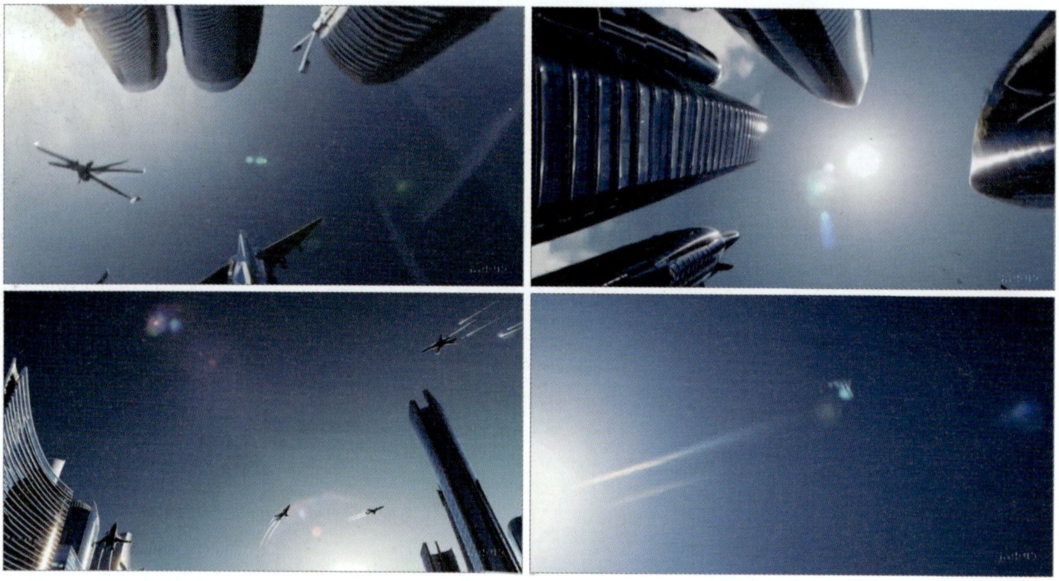

한글: 손에 들고 촬영하는 카메라가 전쟁으로 폐허가 된 도시를 달리는 병사를 따라가며 긴장감 넘치는 몰입감을 만들어 내는 장면
영어: A handheld camera follows a soldier running through a war-torn city, creating an intense, immersive experience

생성

AI

> **한글**: 부드러운 트래킹 샷이 네온 불빛이 가득한 사이버펑크 골목을 걷는 여성을 따라가는 연출
> **영어**: A smooth tracking shot of a woman walking through a neon-lit cyberpunk alley
>
> 생성

❸ 카메라 앵글 포함

AI

> **한글**: 드론 샷으로 거대한 마천루 사이를 미끄러지듯 이동
> **영어**: A drone shot gliding between towering skyscrapers
>
> 생성

❹ 렌즈 종류 반영

카메라 렌즈의 종류에 따라 영상의 느낌과 연출이 완전히 달라집니다. 각 렌즈는 시야각, 초점 거리, 깊이감 등을 달리 표현하며, 이를 통해 촬영된 장면의 분위기나 감정이 크게 변할 수 있습니다. 소라 프롬프트에 렌즈 특성을 반영하면 더 현실적이고 영화 같은 장면을 만들 수 있으며, 더욱 몰입감 있는 시각적 경험을 제공할 수 있습니다. 적절한 렌즈 선택은 영상의 미적 가치와 스토리텔링을 강화하는 데에 중요한 역할을 합니다.

AI

한글: 파리의 거리를 걷는 모델을 하이-패션 망원 렌즈로 슬로 모션 촬영한다. 카메라는 그녀의 우아한 걸음을 따라가며, 흐려진 도시의 불빛과 지나가는 자동차들이 압축되어 풍부한 시네마틱 배경을 형성한다. 바람에 부드럽게 휼날리는 그녀의 드레스는 스타일리시한 도시 풍경 속에서 매혹적인 시각적 초점을 만들어 낸다.

영어: A high-fashion telephoto shot of a model walking down a Parisian street in slow motion. The camera follows her elegant stride, with blurred city lights and passing cars compressing into a rich, cinematic backdrop. Her flowing dress moves gracefully in the wind, creating a mesmerizing visual focus against the stylized depth of the urban scene

생성

AI

한글: 도시의 스케이트 파크에서 트릭을 수행하는 스케이트 보더를 다이내믹한 어안 렌즈 샷으로 촬영한다. 극적인 왜곡 효과로 레일과 램프가 과장되어 보이며, 장면에 강렬한 에너지와 거의 초현실적인 느낌을 더한다. 카메라는 유려하게 움직이며, 공중에서 회전하는 스케이터의 동작을 따라 간다.

영어: A dynamic fisheye shot of a skateboarder performing a trick in an urban skate park. The extreme distortion makes the rails and ramps appear exaggerated, giving the scene a high-energy, almost surreal feel. The camera moves fluidly, following the motion of the skater as they flip mid-air

생성

생성

한글: 아나모픽 와이드 샷으로 황금 시간대 옥상에 서 있는 연인을 담는다. 그들은 드넓은 도시 스카이라인을 바라보며, 따스한 햇살이 몽환적인 분위기를 더한다. 부드러운 시네마틱 렌즈 플레어가 프레임을 가로지르며, 배경은 반짝이는 도시 불빛의 예술적인 보케로 흐려져 더욱 아늑한 분위기를 연출한다. 손을 맞잡은 두 사람을 따라 카메라는 천천히 뒤로 물러나며, 이 순간을 압도적인 시네마틱 디테일로 포착한다.

영어: An anamorphic wide shot of a couple standing on a rooftop at golden hour, overlooking the vast city skyline. The warm sunlight casts a dreamy glow, while soft, cinematic lens flares streak across the frame. The background is blurred into an artistic bokeh of twinkling city lights, enhancing the intimate atmosphere. As they hold hands, the camera gently pulls back, capturing the moment in stunning cinematic detail

한글: 한 방울의 빗물이 장미꽃잎 위로 떨어지는 숨 막히는 매크로 샷. 카메라는 섬세한 표면을 가로지르며 퍼지는 미세한 파동을 하나 하나 포착한다. 배경은 몽환적인 흐림 효과로 연출되어, 빛나는 물방울의 또렷한 디테일이 슬로 모션을 통해 더욱 매혹적으로 강조된다.
영어: A breathtaking macro shot of a single raindrop falling onto a rose petal, the camera capturing every intricate ripple as it spreads across the delicate surface. The background is blurred into a dreamy haze, emphasizing the crisp, glistening details of the water droplet in mesmerizing slow motion

생성

한글: 러시아워의 도쿄를 담은 매혹적인 틸트-시프트 샷. 마치 도시 전체가 작은 장난감 모델처럼 보이며, 자동차들은 구불구불한 도로를 따라 미니어처 장난감처럼 움직이고, 거리의 사람들은 분주한 인도를 오가는 작은 피규어처럼 보인다. 선택적 초점 효과가 꿈같고 초현실적인 분위기를 연출하며, 미니어처 세계에 들어온 듯한 느낌을 더욱 극대화한다.
영어: A mesmerizing tilt-shift shot of Tokyo at rush hour, the entire city appearing as if it were a tiny toy model. Cars move like miniature toys along the winding streets, and the people below look like tiny figurines navigating the busy sidewalks. The selective focus creates a dreamy, surreal effect, enhancing the sense of a miniature world.

생성

❺ 심도(Depth of Field) 묘사 예시

초점 길이가 얕고 깊다는 심도를 묘사합니다.

한글: 빈티지 카페에서 촬영된 시네마틱 클로즈업 샷, 따뜻한 촛불 빛이 여성의 얼굴을 부드럽게 비춘다. 배경은 은은하게 흐려지고, 반짝이는 전구 조명이 몽환적인 분위기를 더한다. 그녀의 눈은 반짝이며, 깊은 생각에 잠긴 듯 천천히 숨을 들이 쉰다.

영어: A cinematic close-up shot of a woman in a vintage café, her face illuminated by warm candlelight. The background is softly blurred, with gentle bokeh from fairy lights adding a dreamy atmosphere. Her eyes glisten as she takes a deep breath, lost in thought

한글: 해돋이 시간에 촬영된 그랜드 캐니언의 숨막히는 광각 샷, 깊은 심도로 선명하게 담아낸 장면. 전경에는 정교한 바위 형상이 드러나고, 멀리 펼쳐진 지평선은 황금빛 아침 햇살에 물들어 끝없이 이어진다. 거친 절벽부터 아래 흐르는 강까지, 모든 디테일이 선명하게 포착된다.

영어: A breathtaking wide-angle shot of the Grand Canyon at sunrise, captured with deep depth of field. The foreground reveals intricate rock formations, while the distant horizon stretches endlessly, bathed in golden morning light. Every detail, from the rugged cliffs to the flowing river below, is crystal clear

한글: 완벽하게 시어링된 스테이크 위로 셰프의 손이 섬세하게 바다 소금을 뿌리는 입맛을 돋우는 선택적 초점 샷. 따뜻한 주방 조명을 받은 소금 알갱이 하나하나가 빛나며, 지글거리는 고기의 질감을 더욱 돋보이게 한다. 부드럽게 흐려진 배경에는 신선한 허브와 향신료가 놓인 소박한 나무 테이블이 요리의 완성도를 더욱 깊이 있게 연출한다.

영어: A mouthwatering selective focus shot of a chef's hand delicately sprinkling sea salt over a perfectly seared steak. Each grain of salt catches the warm kitchen light, enhancing the texture of the sizzling meat. In the softly blurred background, a rustic wooden table with fresh herbs and spices adds depth to the culinary masterpiece

생성

한글: 매크로 클로즈업 샷, 잎끝에 아슬하게 맺힌 물방울. 초극단 얕은 심도가 물방울을 부각시키며, 그 안의 섬세한 반사가 놀랍도록 선명하게 드러난다. 배경은 부드럽고 다채로운 색감으로 녹아들며 몽환적인 분위기를 연출한다.
영어: A macro close-up of a droplet of water delicately balancing on the tip of a leaf. The ultra-shallow depth of field isolates the droplet, making the intricate reflections inside it mesmerizingly clear, while the entire background melts into a soft, colorful blur

생성

한글: 어두운 조명이 감도는 도서관에서 책더미 뒤에 몸을 숨긴 형사를 담은 시네마틱 샷. 카메라는 그의 날카로운 눈빛에 초점을 맞추고, 전경과 배경은 부드럽게 흐려져 장면의 긴장감과 미스터리한 분위기를 극대화한다.
영어: A cinematic shot of a detective hiding behind a stack of books in a dimly lit library. The camera focuses on his intense eyes peering over the books, while the foreground and background are softly blurred, heightening the suspense and mystery of the scene

생성

❻ 카메라 연출과 특수 효과 포함

한글: 슬로 모션으로 펼쳐지는 사무라이들의 결투, 공중에 흩날리는 먼지 입자
영어: A samurai duel in slow motion, with dust particles flying in the air

생성

한글: 미래형 고층 건물의 건설 과정을 수개월에 걸쳐 담아낸 인상적인 타임랩스. 강철 구조물이 한 조각씩 지면에서 솟아오르고, 일하는 노동자들과 크레인은 빠르게 움직인다. 하늘 위로 구름이 빠르게 흐르고, 배경의 도시 풍경은 변화하며, 거리 아래에서는 자동차와 보행자들이 질서 속의 혼돈처럼 유기적으로 움직인다.
영어: A striking time-lapse capturing the construction of a futuristic skyscraper over several months. The steel framework rises from the ground, piece by piece, as workers and cranes move rapidly in fast motion. Clouds rush overhead, and the cityscape in the background evolves, with cars and pedestrians moving in synchronized chaos below

생성

❼ 크로마키 영상

생성

한글: 아름답고 우아한 여성 아나운서가 정면을 바라보며 설명하는 모습. 그녀는 세련된 빨간색 정장을 입고 있다. 자세는 단정하고 자신감 있으며, 표정은 친근하면서도 전문적인 느낌을 준다. 여성의 전신이 다 보이도록 설정되며, 뒷배경은 완전히 균일하고 깨끗한 초록색(크로마키)으로, 그림자나 반사광, 장비 같은 다른 요소가 전혀 보이지 않는 환경이다. 전체적으로 깔끔하고 전문적인 분위기를 유지하며, 자연스럽고 매끄럽게 표현된다.

영어: A beautiful and elegant female news anchor is seen explaining while looking directly at the camera. She is wearing a sophisticated red suit. Her posture is upright and confident, and her expression is warm yet professional. The full-body shot captures her entirely, with a perfectly uniform and clean green background(chroma key), free of any shadows, reflections, or equipment. The overall atmosphere is sleek and professional, with a smooth and natural presentation

조명과 색감

영상 생성에서 조명과 색감은 분위기와 감정을 결정하는 핵심 요소입니다. 적절한 조명과 색감을 활용하면 장면의 감정적 깊이를 더하고, 특정한 분위기를 강조할 수 있습니다. 조명 종류, 조명 방향, 색감 스타일로 분류하면 다음과 같습니다.

분류	특징	예시
조명 종류	빛의 성격과 강도를 조절하여 분위기 연출	소프트 라이트, 하드 라이트, 로우키 조명
조명 방향	조명의 위치에 따라 피사체의 입체감과 분위기 조절	프론트 라이트, 사이드 라이트, 백라이트
색감 스타일	색채와 대비를 조절하여 감성 표현	웜 톤, 쿨 톤, 네온 톤, 빈티지 톤

❶ 조명과 영상의 톤 지정

AI

한글: 누아르 탐정 장면, 흑백 톤, 강한 명암 대비 조명, 깊은 그림자
영어: A noir detective scene, black and white, high contrast lighting, deep shadows

생성

❷ 자연광과 분위기 지정

AI

한글: 황금 시간대의 석양 장면, 따뜻하고 부드러운 조명이 로맨틱한 분위기를 연출
영어: A golden hour sunset scene with warm, soft lighting, giving a romantic feel

생성

한글: 백라이트, 노을빛이 인물 뒤에서 비춰 따뜻한 후광 효과를 연출
영어: Backlight, the sunset glow illuminates the subject from behind, creating a warm halo effect

생성

프롬프트 요소 종합

프롬프트 예시들을 조합하여 종합적인 프롬프트를 작성할 수 있습니다. 다음의 분류에 맞춰 키워드를 정리한 후, 챗GPT를 활용하여 영어로 번역하거나 더 구체적이고 세부적인 프롬프트를 작성할 수도 있습니다. 다음은 [캐릭터 정보]+[배경 및 분위기]+[카메라 연출]+[조명 및 색감]+[특수 효과 및 스타일]+[추가적 연출 정보] 요소에 따라 키워드를 작성하고 챗GPT로 프롬프트를 생성해 분석한 예시입니다.

분류		예제 프롬프트	예시 요소
캐릭터 정보	캐릭터의 연령과 종족	"A young elven sorceress"	캐릭터의 나이(young), 엘프족(elven), 직업(sorceress)을 설정하여 캐릭터의 기초적인 정체성을 정의
	헤어스타일과 눈 색상	"long, flowing silver hair and deep sapphire-blue eyes"	캐릭터의 머리 길이(long), 스타일(flowing), 머리 색상(silver), 눈 색상(deep sapphire-blue)을 설명
	특징적인 의상과 액세서리	"wearing a black cloak embroidered with silver runes and a glowing blue crystal pendant"	의상(black cloak), 디테일(silver runes), 액세서리(glowing blue crystal pendant)로 캐릭터의 독특함 강조
	성격 및 태도	"her expression calm yet enigmatic"	표정과 태도(calm yet enigmatic)로 캐릭터의 성격과 분위기를 정의
배경 장소와 분위기		"She stands in an ancient mist-covered forest"	캐릭터가 있는 배경 장소(ancient forest)와 분위기(mist-covered)를 묘사
조명 스타일 및 색감		"The golden sunlight filters through the trees, blending with the ethereal blue mist"	조명(golden sunlight)과 색감(ethereal blue mist)을 통해 장면의 시각적 분위기 강화
카메라 연출		"The camera slowly zoom-in, capturing her delicate features and the way her cloak sways gently"	카메라 움직임(slow zoom-in)과 디테일한 포커스(delicate features, swaying cloak)를 설정하여 영화적 연출
특수 효과 및 스타일		"Fireflies hover around her, casting soft golden lights in the foggy air"	특수 효과(fireflies), 연출 스타일(soft golden lights)로 몽환적인 느낌을 강조
추가적인 연출 정보		"Cinematic lighting, 24fps, slow-motion fireflies, dreamy and mystical atmosphere"	영화적 연출(cinematic lighting), 프레임 속도(24fps), 슬로 모션(slow-motion fireflies), 분위기 설정(dreamy and mystical atmosphere)

정리한 프롬프트 요소들을 실제 영상 생성에 적용한 결과물을 살펴보겠습니다. 정리된 키워드를 기반으로 작성된 프롬프트를 활용해 소라에서 영상을 생성하며, 이를 통해 프롬프트의 구성 방식이 최종 영상의 분위기와 연출에 어떤 영향을 미치는지 분석할 수 있습니다.

또한, 프롬프트의 세부적인 조정에 따라 영상 스타일이 어떻게 달라지는지 비교해 보고, 보다 효과적인 프롬프트 작성 방법에 대해 고민해 볼 수 있습니다. 생성된 영상 이미지를 통해 AI가 어떻게 프롬프트를 해석하고 반영하는지 확인해 봅니다.

AI

생성

한글: 긴 은빛 머리카락과 깊은 사파이어 블루 눈을 가진 젊은 엘프 마법사. 그녀는 은빛 룬이 수 놓인 검은 망토를 걸치고, 푸르게 빛나는 수정 펜던트를 목에 걸고 있다. 신비로운 안개가 깔린 고대 숲 한가운데에 서 있으며, 차분하면서도 신비로운 표정을 짓고 있다. 주위에는 반딧불이 날아다니며 부드러운 황금빛을 뿌리고, 안개 속에서 환상적인 빛을 자아낸다. 황금빛 태양 광선이 나무 사이로 스며들며, 푸른 안개와 조화를 이루어 몽환적인 분위기를 연출한다. 카메라는 천천히 줌인하며 그녀의 섬세한 얼굴과 망토가 부드럽게 흩날리는 모습을 포착한다. 시네마틱 조명, 24fps, 슬로 모션으로 날아다니는 반딧불, 몽환적이고 신비로운 분위기

영어: A young elven sorceress with long, flowing silver hair and deep sapphire-blue eyes, wearing a black cloak embroidered with silver runes and a glowing blue crystal pendant. She stands in an ancient mist-covered forest, her expression calm yet enigmatic. Fireflies hover around her, casting soft golden lights in the foggy air. The golden sunlight filters through the trees, blending with the ethereal blue mist. The camera slowly zooms in, capturing her delicate features and the way her cloak sways gently. Cinematic lighting, 24fps, slow-motion fireflies, dreamy and mystical atmosphere

TIP 소라의 스토리보드 기능

소라의 강력한 기능 중 하나인 스토리보드 기능을 활용하면 일관된 스토리 흐름을 가진 영상을 제작할 수 있습니다.

1.6 영상 생성의 규격과 표준

영상의 규격은 여러 규격 요소에 따라 달라집니다. 규격 요소는 소라 프롬프트 입력 과정과 프리미어 프로에서 편집할 때 중요한 기준이 되며, 영상 프로젝트를 시작할 때 용도와 제작 환경에 적합한 규격을 선택해야 합니다.

해상도

해상도(Resolution)는 영상의 가로×세로 픽셀 수를 의미하며 영상의 선명도와 크기를 결정합니다.

해상도	픽셀 크기(가로×세로)	화면 비율	용도
SD(Standard Definition)	720×480(NTSC)	4:3	DVD, 아날로그 TV 방송
HD(High Definition)	1280×720(720p)	16:9	유튜브, 기본 HD 방송
Full HD(FHD)	1920×1080(1080p)	16:9	유튜브, TV 방송, 영화
Quad HD(QHD, 2K)	2560×1440	16:9	고해상도 스트리밍, 게임 영상
Ultra HD(UHD, 4K)	3840×2160(4K UHD)	16:9	넷플릭스, 영화, 고화질 콘텐츠
8K UHD	7680×4320(8K UHD)	16:9	초고해상도 영상

화면 비율

화면 비율(Aspect Ratio)은 영상의 가로와 세로의 비율을 의미하며 플랫폼과 용도에 따라 적합한 비율을 선택해야 합니다.

화면 비율	설명	사용 예시
4:3	과거 TV 표준 비율	아날로그 TV 방송, 클래식 영상
16:9	현재 대부분의 영상 표준	유튜브, TV, 영화, 스트리밍 플랫폼
21:9	시네마스코프(극장 비율)	영화, 넓은 화면 콘텐츠
1:1	정사각형 비율	인스타그램 피드 영상
9:16	세로형 비율	틱톡, 인스타그램 릴스, 유튜브 쇼츠
2.35:1	와이드 시네마	할리우드 영화, 극장 상영

프레임 속도

프레임 속도(Frame Rate, FPS)는 영상에서 1초당 보이는 프레임(이미지)의 개수를 의미하며 동작의 부드러움과 연출 방식에 영향을 줍니다.

프레임 속도(FPS)	특징	사용 예시
24fps	영화적인 느낌, 자연스러운 움직임	영화, 시네마틱 영상
30fps	표준 방송 및 온라인 영상	유튜브, TV 방송, 스트리밍
60fps	부드러운 움직임 강조	스포츠, 게임 영상, 액션
120fps 이상	초고속 촬영(슬로 모션)	슬로 모션, 특수 촬영

색상 포맷 및 심도

색상 포맷 및 심도(Color Format & Bit Depth)는 영상의 색상 정보 및 표현 가능한 색상의 범위를 결정하는 요소입니다. 컬러 비트가 높을수록 색상을 더 정밀하게 표현할 수 있습니다.

컬러 비트	색상 표현 가능 개수	용도
8-bit	약 1,600만 색상	일반 영상, 유튜브, 방송
10-bit	약 10억 개 색상	영화, HDR 콘텐츠
12-bit 이상	초고밀도 색 표현	영화, 광고, 고급 HDR 영상

비디오 코덱과 포맷

영상의 압축 방식(코덱)과 파일 포맷을 결정하는 요소입니다.

❶ 주요 비디오 코덱(Video Codec)

코덱	설명	사용 예시
H.264	가장 널리 쓰이는 표준 압축 방식	스마트폰, 유튜브, 온라인 스트리밍
H.265(HEVC)	H.264보다 더 효율적인 압축 방식	4K, 8K 영상
ProRes	고품질 편집용 코덱	영화, 전문 영상 편집
AVI	차세대 고효율 압축 코덱	유튜브, 넷플릭스 등

❷ 주요 파일 포맷(File Format)

코덱	설명	사용 예시
MP4	가장 널리 쓰이는 포맷(H.264/H.265)	유튜브, SNS, 스트리밍
MOV	고품질 영상 저장 포맷	애플 기기, 고해상도 영상
AVI	전통적인 동영상 파일 포맷	일부 윈도우 기반 프로그램
MKV	멀티 오디오 트랙 지원	영화, 고화질 영상

오디오 규격

오디오 규격(Audio Format)은 영상 오디오의 음질을 결정하는 요소이며 오디오 코덱과 샘플링 속도가 주요 요소입니다.

오디오 포맷	설명	사용 예시
AAC	고음질 압축 오디오	유튜브, 스트리밍
MP3	표준 오디오 파일	일반적인 음악, 음성
WAV	무손실 고음질	영화, 방송, 음악 CD
FLAC	고음질 무손실 압축	고음질(HiRes) 음악 감상

TIP 소라 영상 생성에 필요한 규격 정보

소라의 프롬프트 입력창에는 기본적으로 영상 비율, 해상도, 지속 시간 등을 포함한 다양한 영상 규격 설정 옵션이 제공됩니다.

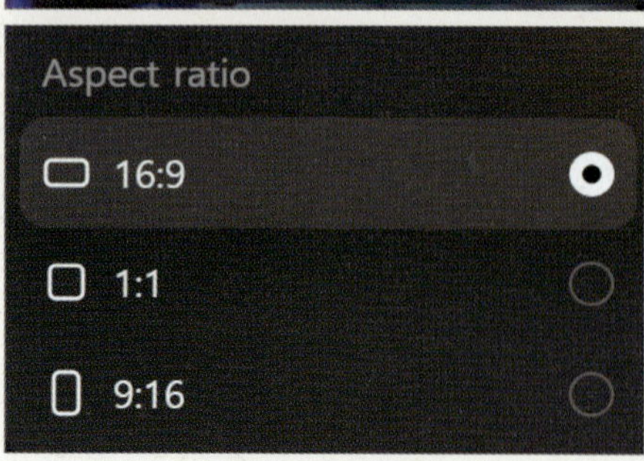

영상 비율을 설정하는 소라의 Aspect ratio

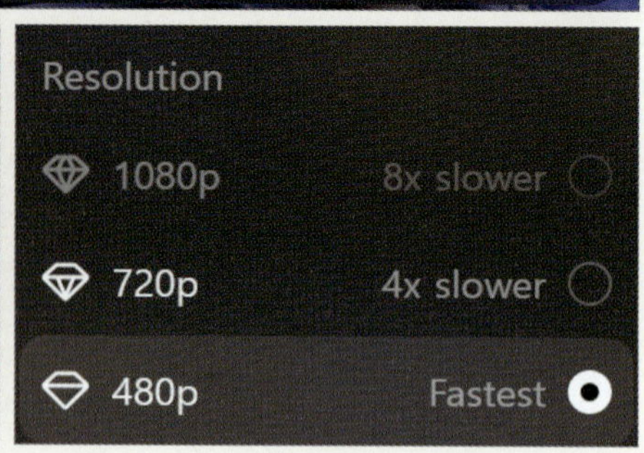

해상도를 선택할 수 있는 소라의 Resolution

연습 문제 |

01 다양한 AI 영상 생성의 모델들에 대해서 알아보고 주요 특징들을 비교해서 정리해 보세요. 소라의 특징과 장점도 조사해 보세요.

02 AI 영상 시대에 갖추어야 할 영상 디자이너의 역량은 무엇이라 생각하는지 팀별로 논의해 보세요.

03 카메라 연출(샷의 크기, 카메라 움직임 등)의 요소를 알아보고 적용된 영상 사례를 조사해 보세요.

04 아날로그 영상부터 초고화질 UHD 영상까지 영상 규격에 따른 해상도를 표로 정리해 보세요.

WEEK 02

소라를 이용한 영상 생성

학 습 목 표

프롬프트(Prompt)란 사용자가 AI 시스템에 제공하는 입력 명령어로, AI가 콘텐츠를 생성할 때 참고하는 기본 요소입니다. 소라 프롬프트 실습을 통해 생성 원리를 이해하고, 원하는 영상 스타일에 맞춰 영상을 작성 및 생성하는 실습을 진행합니다. 또한, 소라의 기능을 활용하여 생성된 영상을 수정하고 보완하는 연습을 합니다.

실습 예제 01

2.1 기본 영상 생성 실습하기

• **완성 파일** : 02\02_1\벤허_완성.mp4, 피겨스케이트_완성.mp4

챗GPT를 활용해 영화 같은 장면을 생성하고, 원하는 장면을 보다 구체적으로 계획하여 완성도를 높이는 방법을 알아봅니다. 또한, Remix 기능을 활용해 기존 장면을 변형하고 재구성하는 기법을 실습하겠습니다.

챗GPT로 영화와 같은 장면 생성하기

01 영화 벤허에서의 명장면을 생성하기 위해 챗GPT(chatgpt.com)에 접속합니다.

02 영화 벤허의 명장면을 뽑아보겠습니다. 챗GPT 입력창에 "영화 벤허의 명장면을 5장면 골라주세요"를 입력합니다.

영화 벤허의 명장면을 5개 골라주세요.

GPT

영화 벤허(Ben-Hur, 1959)의 명장면 다섯 가지를 선정해 보겠습니다.

1. 로마 군단의 배 노예 장면

설명: 유다 벤허는 배의 노예로 끌려가 로마 군함에서 노를 젓는 처지가 됩니다. 잔혹한 아리우스 사령관은

벤허의 투지를 시험하기 위해 속도를 점점 올리며 "전속력(Ramming speed)!"을 외칩니다. 노예들의 고통과 처절한 사투가 극적으로 그려지며, 벤허가 강인한 정신력을 지닌 인물임을 보여 주는 장면입니다.

2. 해전과 벤허의 구조

설명: 로마 함대와 해적들의 전투에서 벤허가 갇혀 있던 배가 침몰합니다. 그는 아리우스 사령관을 구출하고 바다 위에서 그를 지탱해 줍니다. 이 장면은 벤허의 용기와 인간애를 보여 주며, 이후 아리우스가 그를 양자로 삼는 계기가 됩니다.

3. 전차 경주(Chariot Race)

설명: 영화에서 가장 유명한 장면!

유다 벤허와 메살라가 로마 경기장에서 전차 경주로 맞붙습니다. 메살라는 반칙을 일삼으며 벤허를 공격하지만, 결국 자신의 전차가 뒤집히고 치명상을 입습니다. 15분 동안 펼쳐지는 이 숨 막히는 경주는 헐리우드 역사상 가장 위대한 액션 장면 중 하나로 꼽힙니다.

4. 메살라의 마지막 말

설명: 전차 경주에서 치명상을 입은 메살라는 병상에서 벤허를 마지막으로 만납니다. 메살라는 죽어가면서도 복수심을 버리지 않고 "네 가족은 살아있지만, 나병에 걸려 죽게 될 것이다!"라는 비극적인 사실을 폭로합니다. 벤허의 감정이 극적으로 흔들리는 명장면입니다.

5. 예수와의 만남(십자가 아래 장면)

설명: 나병에 걸린 어머니와 여동생을 치료받기 위해 예수를 찾아가는 벤허. 그러나 그는 이미 십자가형에 처해지고 있었습니다. 십자가 아래에서 예수의 죽음을 목격한 벤허는 놀라운 변화를 경험하고, 복수심 대신 용서와 사랑을 깨닫게 됩니다. 이 장면은 영화의 핵심 메시지를 전달하는 가장 감동적인 순간입니다.

이 5장면은 벤허의 성장과 복수, 용서, 인간애를 가장 극적으로 보여 주는 명장면들입니다.

03 이 중 하나의 장면을 소라 프롬프트로 생성하겠습니다. "3. 전차 경주(Chariot Race)를 소라 프롬프트로 작성해 주세요"를 입력합니다.

3. 전차 경주(Chariot Race)를 소라 프롬프트로 작성해 주세요.

GPT

"거대한 로마 전차 경주가 펼쳐지는 고대 경기장. 수만 명의 관중이 함성을 지르며 경기장을 가득 메운다. 경기장은 거대한 원형 극장으로, 붉고 금빛의 깃발들이 휘날리며 로마의 웅장한 분위기를 자아낸다. 모래로 덮인 트랙 위에서는 네 마리의 말이 이끄는 전차들이 굉음을 내며 질주하고, 빠른 속도로 휘몰아치는 먼지가 태양빛에 반사된다.

전경에는 유다 벤허가 하얀 말이 끄는 전차를 몰고 있다. 그는 강한 집중력으로 고삐를 단단히 쥐고 있으며, 표정에는 결연한 의지가 서려 있다. 그의 말들은 완벽한 조화를 이루며 힘차게 질주하고 있으며, 근육이 팽팽하게 당겨진다. 그의 시선은 옆에서 함께 달리는 숙적 메살라에게 고정되어 있다.

메살라는 검은 전차를 몰며 위압적인 표정으로 벤허를 밀어내려 한다. 그의 전차에는 무시무시한 스파이크 바퀴가 달려있어 상대 전차를 부수려는 의도가 분명하다. 경기장 곳곳에서는 다른 전차들이 충돌하고, 말들이 균형을 잃으며 전차가 전복되는 혼란스러운 장면이 펼쳐진다.

경주는 점점 치열해지고, 카메라는 말발굽이 땅을 강타하는 슬로 모션 장면, 벤허와 메살라의 클로즈업 표정, 그리고 경기장의 광활한 전경을 역동적으로 담아낸다. 수천 명의 관중이 숨을 죽이며 지켜보는 가운데, 벤허와 메살라는 마지막 결승선을 향해 필사의 질주를 벌인다. 긴장감이 최고조에 이르는 순간, 승부가 결정되며 역사의 한 장면이 완성된다."

04 이 프롬프트를 이용해서 소라에서 생성하겠습니다. 소라(sora.com) 사이트에 접속하고 생성한 프롬프트를 소라 입력창에 붙여넣기합니다. 영상 설정을 '16:9', '480p', '10s', '4v'로 설정하고 'Create Video' 아이콘(↑)을 클릭합니다.

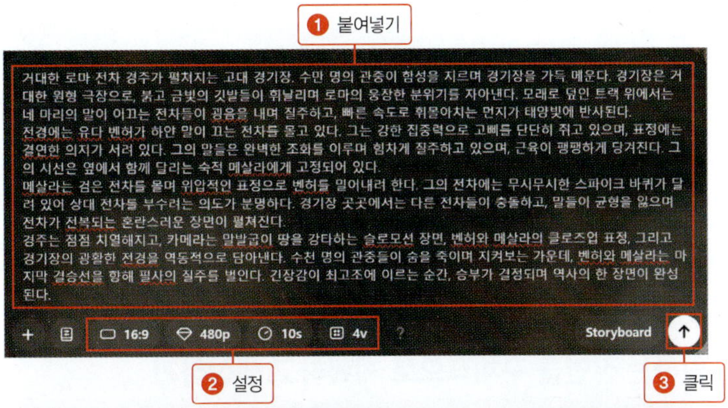

05 비디오가 생성되기 시작합니다. 생성될 때까지 기다립니다.

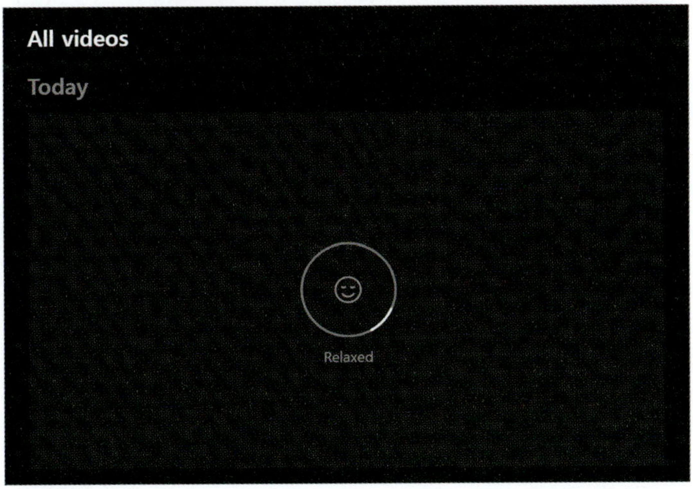

NOTE

소라로 영상을 생성하기 위해서는 OpenAI의 플랜을 구독을 해야 합니다. 소라의 구독은 챗GPT와 같이 사용할 수 있으며, 챗GPT Plus(월 20달러)와 챗GPT Pro(월 200달러) 플랜의 내용을 살펴보고 원하는 플랜을 구독하세요.

06 영상이 생성된 것을 확인할 수 있습니다. 만약 원하는 대로 생성되지 않았다면, 다시 생성해 보거나 프롬프트를 영어로 변경해 원하는 영상을 얻습니다.

원하는 장면을 구체적으로 계획하고 생성하기

01 소라는 프롬프트를 구체적으로 작성할수록 원하는 장면을 더 정확하게 생성할 수 있습니다. 따라서 장면 생성을 위해 구체적인 계획을 세우는 것이 중요합니다. 먼저, 머릿속에 떠오르는 장면을 정리하거나 참고할 이미지를 선정합니다.

NOTE

이번 실습에서는 이미지와 유사한 장면을 생성하는 과정을 진행합니다. 완전히 동일하게 재현하는 것은 어렵지만, 머릿속 이미지나 참고 이미지의 방향성에 최대한 맞춰 생성할 수 있도록 합니다.

02 프롬프트는 다음의 실습지를 활용하여 원하는 영상 이미지를 작성해 봅니다. 실습지는 [캐릭터 묘사]+[배경 및 분위기]+[카메라 연출]+[조명 및 색감]+[특수 효과 및 스타일]+[추가적인 연출 스타일의 정보]의 요소로 구성되었습니다.

공식 요소	참고 설명	프롬프트
캐릭터 묘사	나이, 정체성, 외형적 특징, 표정 및 감정, 포즈 및 자세	
배경 및 분위기	장소/환경, 시간대 및 계정, 분위기 및 감성	
카메라 연출	카메라 각도, 촬영 거리, 초점 및 심도	
조명 및 색감	조명 스타일, 색조 및 톤, 빛의 원천	
특수 효과 및 스타일	특수 효과, 아트 스타일, 텍스처 및 질감	
추가적인 연출 정보	시네마틱 조명, 24fps, 슬로 모션, 몽환적이고 신비로운 분위기 등	

03 예제에서는 다음과 같이 요소마다 프롬프트를 작성하였습니다. 프롬프트는 키워드만 포함하거나 간략하게 작성해도 됩니다. 필요하지 않은 요소는 생략해도 무방합니다.

공식 요소	참고 설명	프롬프트
캐릭터 묘사	나이, 정체성, 외형적 특징, 표정 및 감정, 포즈 및 자세 등	17살 되는 소녀, 피겨스케이트 선수, 하얀색 치마 선수복을 입고 있음, 우아함, 점프하고 피겨스케이트를 탐
배경 및 분위기	장소/환경, 시간대 및 계정, 분위기 및 감성 등	아침, 나무로 둘러 쌓여 있는 산속, 야외 스케이트장
카메라 연출	카메라 각도, 촬영 거리, 초점 및 심도 등	아이 레벨 샷, 풀 샷
조명 및 색감	조명 스타일, 색조 및 톤, 빛의 원천 등	전체적으로 밝은 스타일 조명
특수 효과 및 스타일	특수 효과, 아트 스타일, 텍스처 및 질감 등	
추가적인 연출 정보	시네마틱 조명, 24fps, 슬로 모션, 몽환적이고 신비로운 분위기 등	

04 간략하게 적은 정보들을 챗GPT를 활용하여 프롬프트를 다듬고 수정하여 생성하겠습니다. 챗GPT의 입력창에 '프롬프트' 항목에 작성했던 내용을 입력하여 다음과 같이 질문을 적습니다.

소라로 영상을 생성하려고 합니다. 다음의 키워드를 이용해서 프롬프트를 작성해 주세요. "17살 되는 소녀, 피겨스케이트 선수, 하얀색 선수복을 입고 있음, 우아함, 점프하고 피겨스케이트를 탐, 아침, 나무로 둘러 쌓여 있는 산속, 야외 스케이트장, 아이 레벨 샷, 풀 샷, 전체적으로 밝은 스타일 조명"

GPT

"17살의 소녀, 우아한 피겨스케이팅 선수가 산속에 자리한 야외 스케이트장에서 아름다운 연기를 펼친다. 그녀는 하얀색 드레스 형태의 선수복을 입고 있으며, 우아한 동작을 선보인다.

아침 햇살이 나뭇가지 사이로 부드럽게 스며들고, 차가운 공기가 투명한 얼음 위를 감싸며 빛난다. 그녀는 깊은 집중 속에서 스케이트를 타며 유려한 동작을 이어가고, 순간 점프를 하며 공중에서 우아한 회전을 보여 준 뒤 부드럽게 착지한다.

카메라는 아이 레벨 샷, 풀 샷으로 그녀를 담으며, 넓게 펼쳐진 얼음 링크와 주변의 울창한 숲, 그리고 빛이 반짝이는 겨울 아침의 분위기를 자연스럽게 녹여낸다. 전체적인 스타일은 밝고 따뜻한 자연광 조명으로 연출되며, 신비롭고 평화로운 겨울 풍경 속에서 그녀의 아름다운 연기가 더욱 빛을 발한다."

이 프롬프트는 캐릭터, 배경 및 분위기, 카메라 연출, 조명 스타일을 상세히 포함하여 원하는 장면이 잘 구현될 수 있도록 구성되었습니다.

05 챗GPT가 생성한 프롬프트에서 수정할 사항이 있으면 직접 수정하고 소라에 프롬프트를 입력하여 영상을 생성합니다.

Remix를 활용하여 영상 부분 수정하기

01 생성된 영상 4개의 영상 중 자신이 계획했던 분위기와 가장 가까운 영상을 선택하고 'Remix'를 클릭합니다.

02 현재 생성한 영상에서 옷 색상만 변경하기 위해 프롬프트 입력창에 "스케이트 복을 하얀색으로 변경해 주세요"를 입력하고 'Strong remix'를 클릭합니다.

> **NOTE**
>
> Strong remix는 영상에 큰 변화를 적용하는 기능이며, Subtle은 현재 생성된 영상에서 미세한 수정을 진행하는 기능입니다.

03 표시되는 Remix strength 메뉴에서 'Subtle'을 선택하고 <Remix> 버튼을 클릭합니다.

04 영상 생성이 완료된 후, 생성된 4개의 동영상 중 2개를 선택하라는 메시지가 나타납니다. 메시지를 클릭합니다.

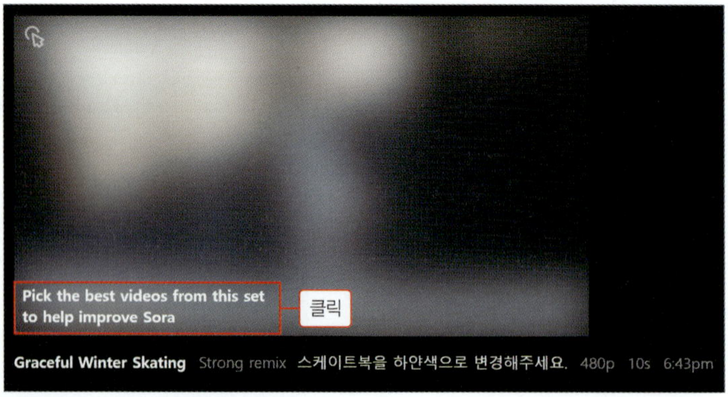

05 4개의 동영상이 표시됩니다. 이 중에서 생성하려고 했던 분위기와 가장 가까운 영상 2개를 선택하여 원하는 영상을 얻습니다.

NOTE

점프하거나 회전하는 장면과 같은 영상 생성 시 오류가 발생하거나 제대로 구현되지 않을 수 있습니다. 이러한 장면은 다른 동작으로 대체하거나, 부분적인 오류는 이후 편집을 통해 보완하여 활용하면 됩니다.

2.2 이미지를 활용해 동영상 생성하기

실습 예제 02

• **완성 파일** : 02\02_2\이미지활용_완성.mp4

챗GPT를 이용해 원하는 이미지와 프롬프트를 생성하고 소라 영상 생성에 적용해 봅니다. 아울러 Re-cut 기능을 활용하여 필요 없는 부분을 효과적으로 삭제하는 방법을 알아봅니다. 또한, Split 기능과 Slip 기능을 통해 불필요한 부분을 정밀하게 조정하는 과정을 실습합니다.

챗GPT로 이미지와 프롬프트 생성하기

01 소라는 동일한 프롬프트를 입력해도 결과가 예측할 수 없이 랜덤하게 생성되므로, 원하는 방향에 더욱 가깝게 만들고 싶다면 이미지를 업로드 후 영상을 생성하는 것도 좋은 방법입니다. 이를 위해 챗GPT를 활용하여 이미지를 생성하겠습니다. 챗GPT(chatgpt.com) 사이트에 접속합니다.

TIP **이미지를 생성하는 챗GPT**

챗GPT의 유료 버전에서는 달리(DALL·E)를 활용하여 이미지 생성 기능을 이용할 수 있습니다.

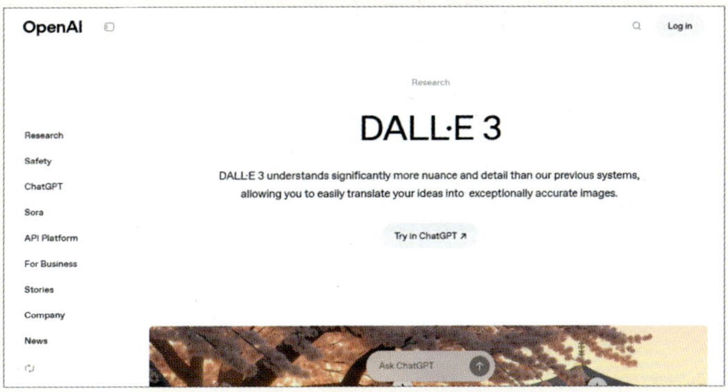

02 챗GPT 입력창에 만들려고 하는 이미지에 대한 프롬프트를 입력하고 Enter를 누릅니다.

커피 광고를 위해, 제품과 그 아래에 커피 콩이 가득 깔린 이미지를 제작하려고 합니다. 관련 이미지를 생성해 주세요.

GPT

여기 요청하신 커피 광고 이미지가 생성되었습니다. 제품과 그 아래 커피 콩이 깔려 있는 따뜻한 분위기의 이미지입니다.

03 생성된 이미지를 조금 변경하기 위해 다시 챗GPT에 요청 사항을 입력합니다.

커피 콩이 깔려있고 위에서 커피콩이 떨어지며, 패키지는 비닐 패키지로 변경해 주세요.

GPT

여기 요청하신 수정된 커피 광고 이미지입니다. 비닐 패키지 형태의 제품과 함께, 커피 콩이 바닥에 깔려 있고 위에서 떨어지는 역동적인 장면이 포함되어 있습니다.

04 이 이미지를 이용해 동영상을 만들 때 필요한 프롬프트를 챗GPT를 통해 생성하겠습니다. 다음과 같이 입력창에 입력하여 프롬프트를 생성합니다.

이 이미지를 이용해 커피 광고 동영상을 만들려고 합니다. 신선한 커피 콩들이 위쪽에서 아래로 떨어지는 영상을 생성하기 위해 프롬프트를 작성해 주세요.

GPT

다음은 신선한 커피 콩들이 위쪽에서 아래쪽으로 떨어지는 광고 영상을 위한 프롬프트입니다.

프롬프트: "고품질 커피 광고 영상. 화면 위쪽에서 신선하고 광택이 나는 커피 콩들이 서서히 떨어지며, 부드러운 조명을 받으며 아래쪽으로 쌓인다. 커피 콩이 공중에서 부드럽게 회전하며 자연스럽게 흩어지는 모습이 강조된다. 따뜻한 갈색 톤의 배경과 함께 부드러운 연기가 살짝 피어오르며 신선한 커피의 향을 연상시키는 분위기를 연출한다. 영상의 속도는 우아하고 느리게 설정되며, 콩이 쌓일 때 부드러운 충격 효과와 함께 자연스러운 질감이 강조된다. 고급스러운 커피 브랜드 광고 스타일로 제작."

05 추가적인 스타일을 지정하겠습니다. 실사 기반 스타일 영상으로, 카메라 움직임이 없는 스테디 샷으로 작성해 달라고 프롬프트 작성을 다시 요청합니다.

실사 기반 영상 스타일과 카메라가 정지해 있는 스테디 샷으로 작성해 주고 업로드한 이미지를 커피 제품 패키지로 활용한다는 프롬프트를 추가해 주세요. 이를 포함해서 프롬프트를 다시 수정해 주세요.

GPT

실사 기반 커피 광고 영상 프롬프트(스테디 샷 & 업로드된 이미지 활용 & 비닐 패키지 포함): "고품질 실사 촬영의 커피 광고 영상. 따뜻한 감성의 갈색 톤 배경에서 윤기 나는 신선한 커피 콩들이 위에서 천천히 떨어지며 바닥에 부드럽게 쌓인다. 화면 중앙에는 업로드된 이미지를 활용한 비닐 패키지의 커피 제품이 자리 잡고 있으며, 부드럽고 자연스러운 조명이 패키지를 감싸며 고급스러운 분위기를 강조한다.
카메라는 완전히 정지된 상태(스테디 샷, Steady Shot)에서 촬영되며, 화면이 단 한 순간도 움직이지 않는다. 프레임이 고정된 상태에서 제품과 커피 콩에만 집중하여 브랜드의 프리미엄 이미지를 강조한다. 고정된 화면 속에서 패키지 디자인, 커피 콩의 질감, 비닐 패키지의 미세한 반사광이 선명하게 표현되며, 시청자의 시선을 제품에 집중시키는 효과를 극대화한다.
추가적으로 슬로 모션 기법을 사용하여 커피 콩이 공중에서 회전하며 부드럽게 낙하하는 순간을 정밀하게 포착한다. 커피 콩이 바닥에 닿을 때 가벼운 먼지가 피어오르고, 은은한 연기가 퍼지며 신선한 커피 향을 연상시키는 감각적인 연출이 더해진다.
조명은 따뜻하고 자연스럽게 설정되어 커피 콩의 깊은 갈색감과 패키지의 질감을 더욱 돋보이게 한다. 카메라가 완전히 정지된 상태에서 촬영되므로, 화면의 흔들림 없이 고급스럽고 차분한 브랜드 이미지를 연출할 수 있다. 배경에는 은은한 카페 분위기의 사운드 혹은 감미로운 음악이 흐르며, 브랜드의 세련되고 감각적인 스타일을 강조하는 방식으로 제작된다."

06 소라(sora.com) 사이트에 접속합니다. <+> 버튼을 클릭하고 'Upload image or video'를 선택합니다.

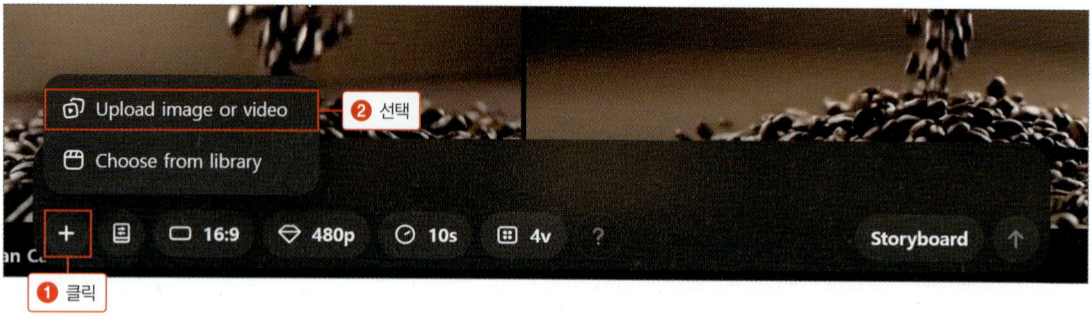

07 열기 대화상자가 표시되면 챗GPT에서 생성한 이미지를 선택하고 <열기(O)> 버튼을 클릭합니다.

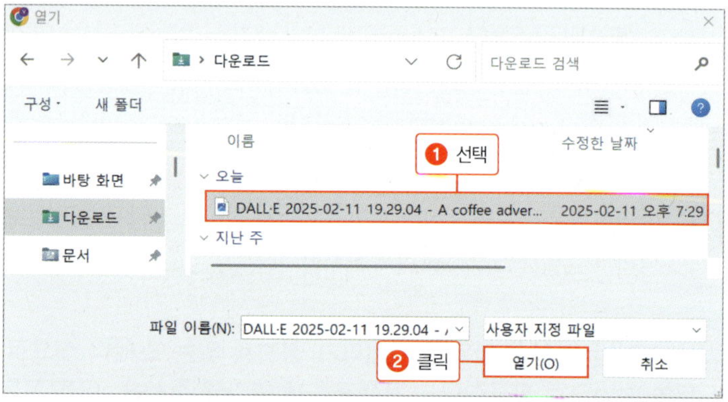

08 첨부된 이미지 아래로 챗GPT에서 생성한 프롬프트를 입력하고 'Create Video' 아이콘(↑)을 클릭합니다.

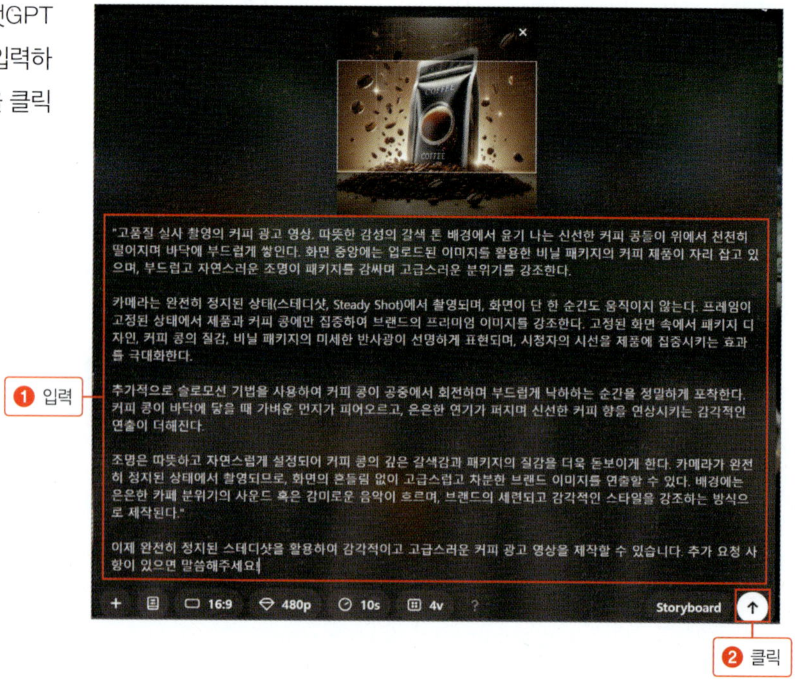

09 그림과 같이 프롬프트에 맞는 영상이 생성되었습니다.

Re-cut의 Split로 필요 없는 부분 삭제하기

01 4개의 영상 중 마음에 드는 첫 번째 영상을 선택하여 클릭합니다. 그림과 같이 선택한 하나의 영상이 보이면 하단에서 'Re-cut'을 클릭합니다.

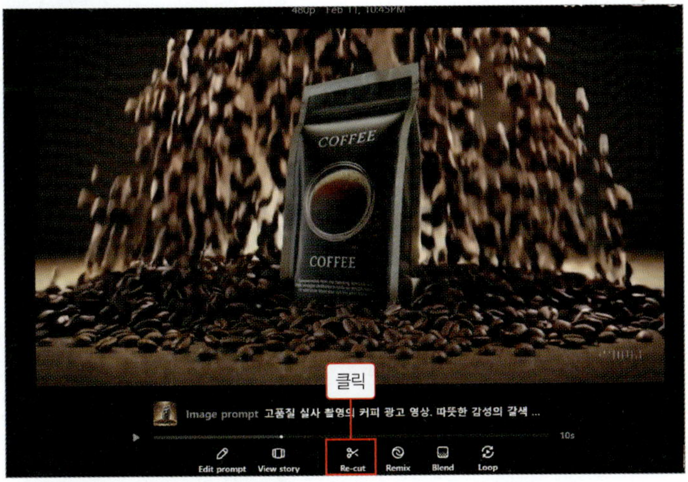

NOTE

Re-cut의 Split 기능은 영상의 특정 부분을 나누어 편집할 수 있도록 도와주는 기능입니다. 작업 중에 정확한 컷 포인트를 설정하고, 장면 전환을 자연스럽게 하거나 자른 후에도 전체적인 영상 흐름을 체크한다면 기능을 더욱 효과적으로 활용할 수 있습니다.

02 하얀색 시작 영역을 드래그하여 첫 번째 시작 지점을 0초에서 2초로 조정합니다.

03 <...> 버튼을 클릭하고 팝업되는 메뉴에서 'Split'를 선택합니다.

04 영상이 2개의 부분으로 나누어 졌습니다. 두 번째 뒷부분의 영상을 삭제하기 위해 뒷부분 영상을 선택하고 '휴지통' 아이콘(🗑)을 클릭합니다.

05 영상의 뒷부분이 삭제되면 'Create'를 클릭하여 편집된 영상을 생성합니다.

06 필요 없는 부분이 편집된 영상이 생성되었습니다.

Re-cut의 Slip으로 필요 없는 부분 삭제하기

01 마음에 드는 첫 번째 영상을 선택하여 그림과 같이 표시하고 하단에서 'Re-cut'을 클릭합니다.

02 영상에서 원하는 부분만 선택하기 위해 시작 지점을 0초에서 2초로, 끝 지점을 10초에서 7초로 드래그하여 조정해 변경합니다.

03 <...> 버튼을 클릭하여 팝업되는 메뉴에서 'Slip'을 선택합니다.

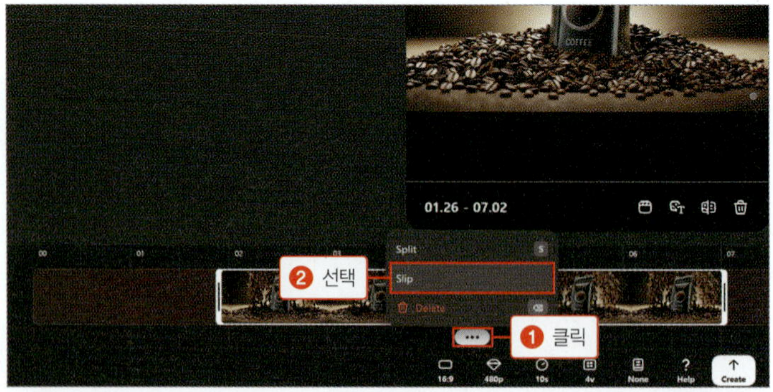

04 2초와 7초 사이에 영상이 선택되면 'Create'를 클릭하여 영상을 생성합니다.

05 2초와 7초 사이의 영상으로, 총 10초 분량의 영상이 생성된 것을 확인할 수 있습니다.

TIP Convert to text로 영상 변경하기

❶ 만일 영상 속 변경하고 싶은 부분이 있다면 'Convert to text' 아이콘(▣)을 클릭합니다.

❷ 그림과 같은 화면이 나타나며 텍스트를 입력할 수 있습니다. 문구를 수정한 후 'Create'를 클릭합니다.

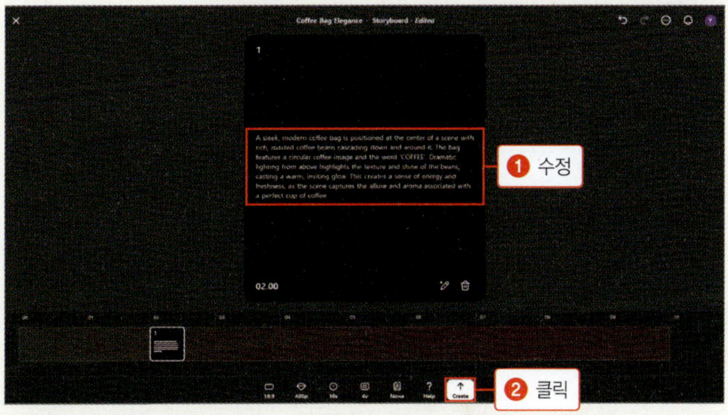

❸ 영상 속 레이아웃과 움직임이 동일하지만, 피사체인 패키지가 변경될 수 있으니 이점을 유의해야 합니다.

2.3 실습 예제 03 프리셋으로 스타일 변경하고 Loop로 자연스럽게 반복하기

• **완성 파일** : 02\02_3\수묵화_완성.mp4

미리 저장된 프리셋을 활용하여 영상의 스타일을 손쉽게 변경하고 Loop 기능을 적용해 자연스럽게 반복되도록 설정하는 방법을 알아봅니다. 이를 통해 매끄러운 전환과 일관된 스타일의 반복 효과를 연출할 수 있습니다.

01 숲속에서 자유롭게 뛰어다니는 호랑이를 수묵화 스타일로 생성하려고 합니다. 챗GPT의 도움을 받아 프롬프트를 생성하겠습니다.

"수묵화 스타일의 애니메이션, 호랑이가 숲속에서 뛰어다니고 있다." 프롬프트로 생성해 주세요.

GPT

"전통 수묵화 스타일의 애니메이션으로, 웅장한 호랑이가 울창한 숲속을 힘차게 뛰어다닌다. 부드럽고 흐르는 듯한 붓 터치가 호랑이의 우아하면서도 역동적인 움직임을 생동감 있게 표현한다. 안개가 고목 사이를 감싸며 신비로운 분위기를 더하고, 흑백의 조화로운 농담(濃淡)과 잔잔한 먹 번짐이 동양화의 고전적 아름다움을 강조한다."

02 소라에서 이 프롬프트를 입력하여 영상을 생성하겠습니다. 프롬프트를 입력하고 '▣' 아이콘을 클릭하여 Presets를 'None'으로 선택한 다음 'Create Video' 아이콘(↑)을 클릭합니다.

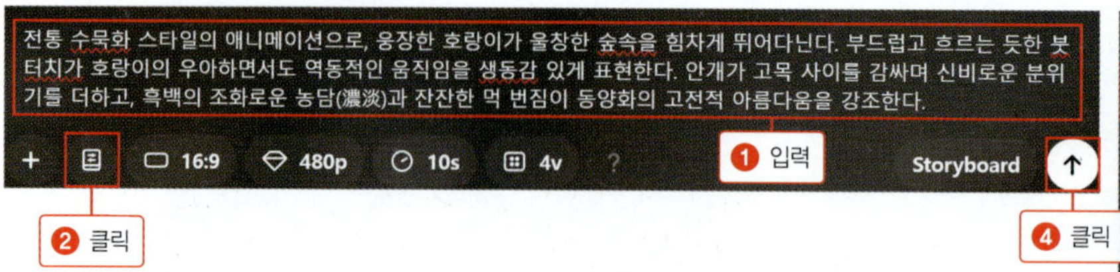

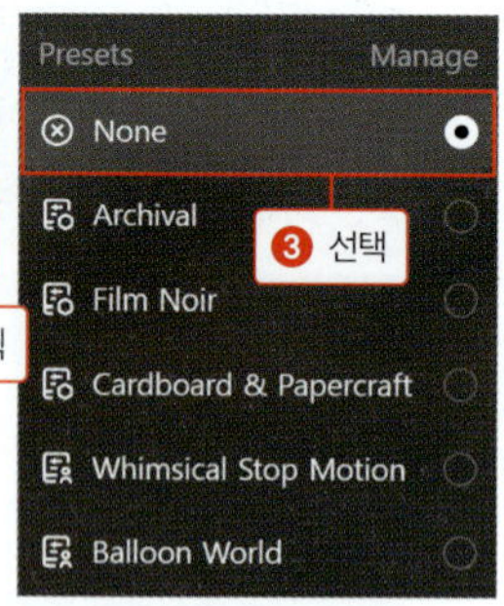

NOTE

Presets 팝업 메뉴에서 'Manage'를 클릭하면 Presets 창이 표시됩니다. 이 창에서는 일반적으로 기존에 등록되어 있는 스타일을 수정하거나 '+'를 클릭하여 원하는 프리셋을 추가할 수 있습니다.

03 수묵화 스타일의 영상이 생성되었습니다.

TIP Presets 스타일 알아보기

같은 프롬프트라도 Presets 스타일에 따라 영상이 다르게 생성됩니다. 스타일에 따라 어떤 영상이 생성되는지 살펴봅니다.

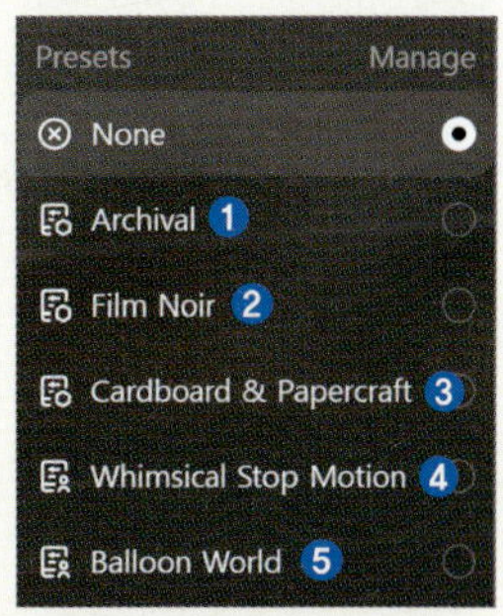

❶ Archival: 빈티지하고 다큐멘터리 같은 분위기를 표현할 때 적합한 스타일입니다.

❷ **Film Noir**: 흑백 느와르 영화 스타일로 드라마틱한 분위기를 강조합니다.

❸ **Cardboard & Papercraft**: 종이 공예 느낌의 독특한 그래픽 연출을 제공합니다.

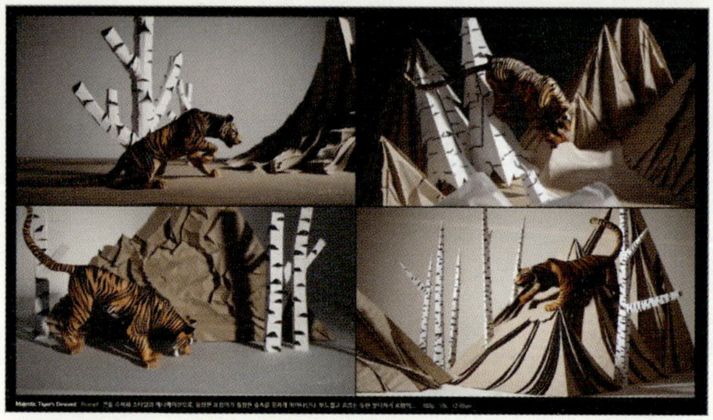

❹ **Whimsical Stop Motion**: 움직임이 끊긴 듯한 스톱모션 스타일로 독특한 매력을 제공합니다.

❺ **Balloon World**: 밝고 재미있는 분위기를 연출하는 생동감 있는 풍선 스타일입니다.

04 생성된 수묵화 스타일의 영상 중 마음에 드는 영상을 선택합니다. 예제에서는 두 번째 영상을 선택하겠습니다. 두 번째 영상이 보이면 'Loop'를 클릭합니다.

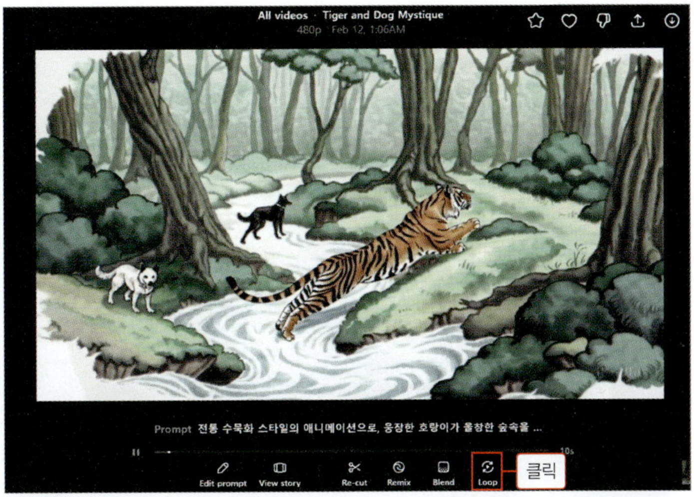

05 앞의 시작 막대와 뒤의 종료 막대를 조정하면 반복시킬 영상의 구간을 설정할 수 있습니다. 반복할 구간을 설정하고 Loop의 종류를 'Normal loop'로 설정한 다음 <Loop> 버튼을 클릭합니다.

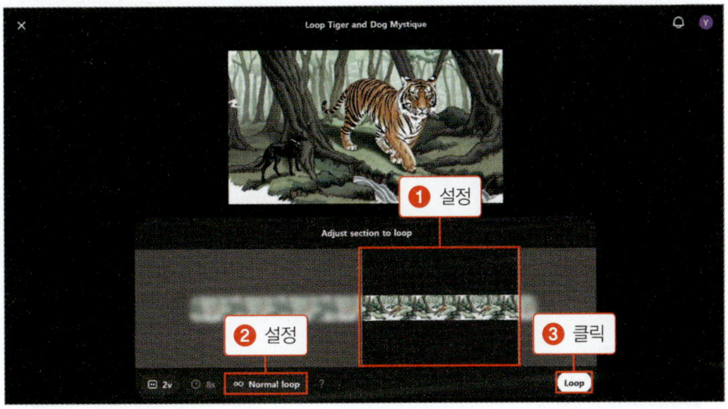

06 선택된 구간이 자연스럽게 반복되는 영상이 완성되었습니다.

TIP Long loop 오류 해결 방법

Loop 옵션을 'Long loop'로 설정한 후 생성할 때 오류가 발생하는 경우가 있습니다. 이는 생성될 영상의 길이가 10초를 초과하기 때문입니다. 이런 경우, 루프할 선택 범위를 더 좁게 조정하면 해결할 수 있습니다.

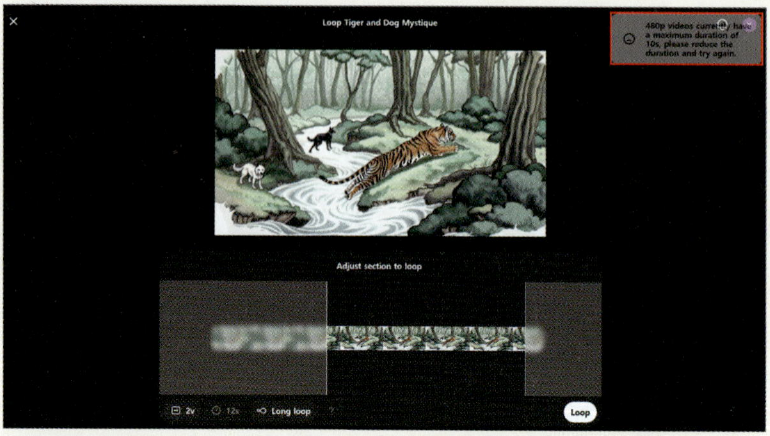

Long loop 오류

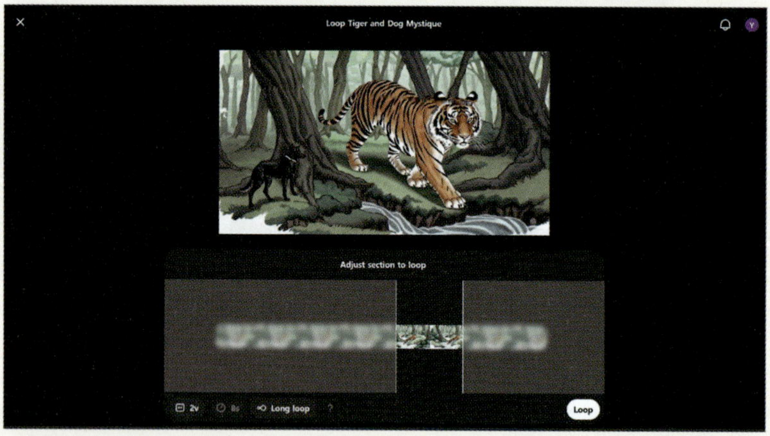

선택 범위를 좁게 조정하여 해결된 Long loop

2.4 Blend로 자연스럽게 영상 혼합하기

실습 예제 04

• **예제 파일** : 02\02_4\Enchanted Forest Dreams.mp4, Island of Desolation.mp4 • **완성 파일** : 02\02_4\Blend_완성.mp4

Transition 효과를 활용하여 부드러운 화면 전환을 연출하고, Blend 기능을 적용해 서로 다른 영상이 자연스럽게 이어지도록 조정하는 방법을 알아봅니다.

Transition으로 전환하기

01 Blend 기능은 2개의 영상을 자연스럽게 혼합하는 기능으로, 영상이 2개 필요합니다. 소라(sora.com) 사이트에 접속하고 프롬프트 창의 '+'를 클릭하고 'Upload image or video'를 선택합니다.

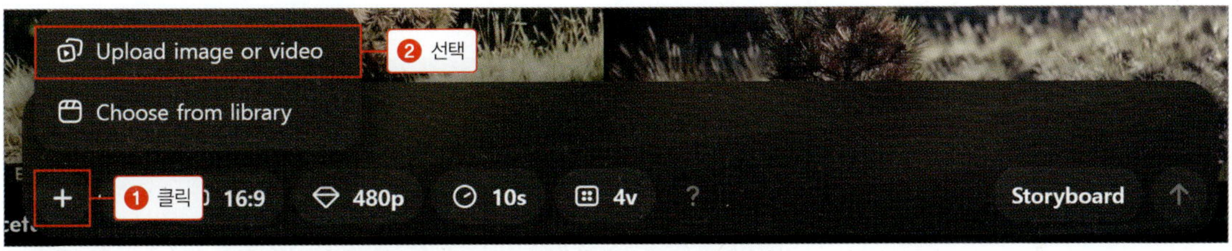

NOTE

전환이 자연스럽게 이어지도록 해야 하므로 2개의 영상은 비슷하게 움직이는 영상으로 선택해야 합니다.

02 열기 대화상자가 표시되면 02 → 02_4 폴더에서 'Island of Desolation.mp4' 파일을 선택하고 <열기(O)> 버튼을 클릭합니다.

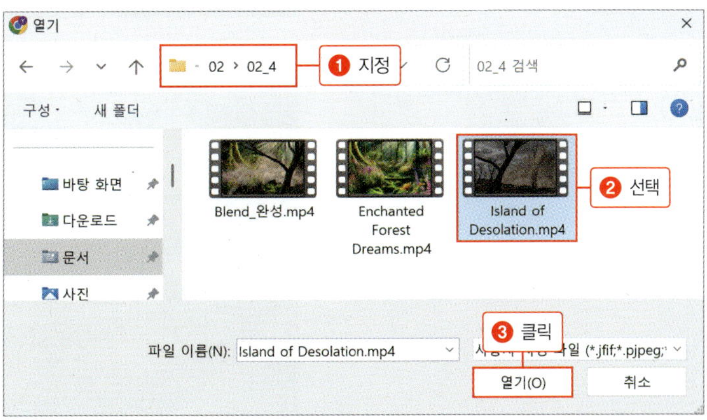

03 영상이 다음과 같이 업로드된 것을 확인하고 'Blend'를 클릭한 다음 'Upload video'를 선택합니다.

04 열기 대화상자가 표시되면 02 → 02_4 폴더에서 'Enchanted Forest Dreams.mp4' 파일을 <열기(O)> 버튼을 클릭합니다.

05 Blend 화면이 나타나면 Blend Curve를 'Transition Blend'로 설정하고 <Blend> 버튼을 클릭합니다.

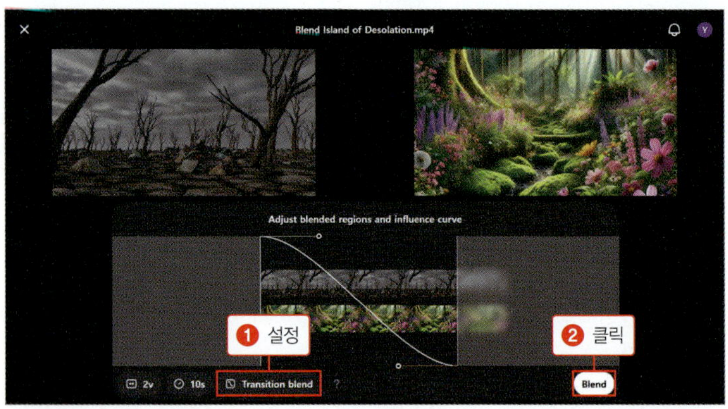

06 자연스럽게 전환되는 영상이 생성되었습니다.

TIP 소라의 Blend 기능 알아보기

소라의 Blend 기능은 여러 개의 프롬프트, 스타일, 장면을 조합하여 자연스럽게 연결된 하나의 영상으로 생성하는 기능입니다. 이를 활용하면 다양한 테마와 분위기를 결합하여 독창적인 결과물을 만들 수 있습니다.

Blend 기능의 주요 기능 및 옵션은 다음과 같습니다.

- **전환**(Transition): Seamlessly flow between clips
  서로 다른 클립 간에 부드러운 장면 전환을 적용합니다.
- **샘플링**(Sample): Influence a primary clip with another
  주요 클립(primary clip)에 다른 클립의 스타일이나 속성을 영향을 주어 자연스럽게 혼합합니다.
- **믹스**(Mix): Merge clips togeter
  클립을 하나로 병합하여 완전히 새로운 영상을 생성합니다.
- **사용자 지정 블렌드 곡선**(Custom Blend Curves): Set custom blend curves
  블렌딩 효과가 적용되는 방식을 직접 커스텀 설정할 수 있는 기능입니다.

그림과 같이 블렌드 영역 및 영향 곡선 조정(Adjust Blend Regions & Influence Curve)을 이용하면 영향 곡선을 조절하여 각 요소가 영상에 미치는 정도를 세밀하게 설정할 수 있습니다. 이를 통해 원하는 스타일이나 효과를 더욱 정교하게 조정할 수 있으며, 자연스러운 전환과 조합이 가능합니다.

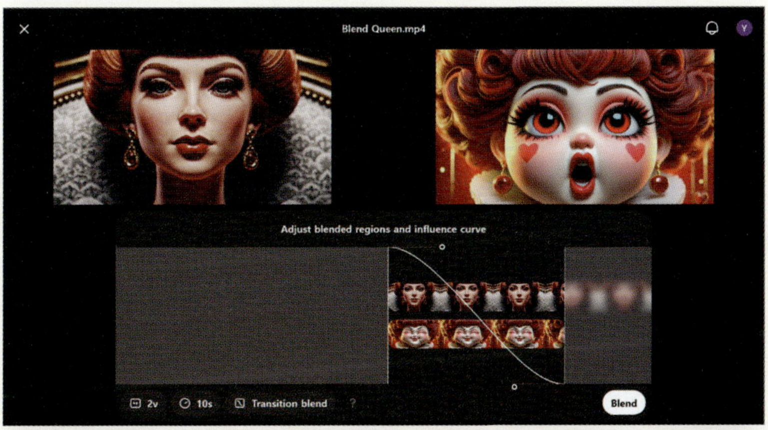

2.5 실습 예제 05 소라의 스토리보드로 영상 생성하기

• **완성 파일** : 02\02_5\스토리보드1~3_완성.mp4

스토리보드는 장면에 추가적인 장면을 생성할 때 유용하게 활용할 수 있습니다. 스토리보드 기능을 활용하여 영상의 흐름을 계획하고, 원하는 장면을 효과적으로 구성하는 방법을 알아봅니다.

01 챗GPT를 활용하여 프롬프트를 생성하겠습니다. 챗GPT(chatgpt.com)에 접속하고 다음과 같이 입력하여 소라 프롬프트를 생성합니다.

여우가 포도나무를 향해 걸어간다. 프롬프트를 생성해 주세요.

GPT "A sleek fox moves gracefully toward a grapevine, its ears perked up with curiosity. Its bushy tail sways gently as it steps forward, eyes focused on the ripe grapes hanging from the vine, while the leaves rustle softly in the breeze."

02 챗GPT에서 생성한 프롬프트를 소라에 입력하고 '▣' 아이콘을 클릭하여 Presets를 'Cardboard & Papercraft'로 선택한 다음 Aspect radio를 '16:9', Resolution을 '480p', Duration을 '10s', Variations를 '4v'로 설정한 후 'Create Video' 아이콘(↑)을 클릭합니다.

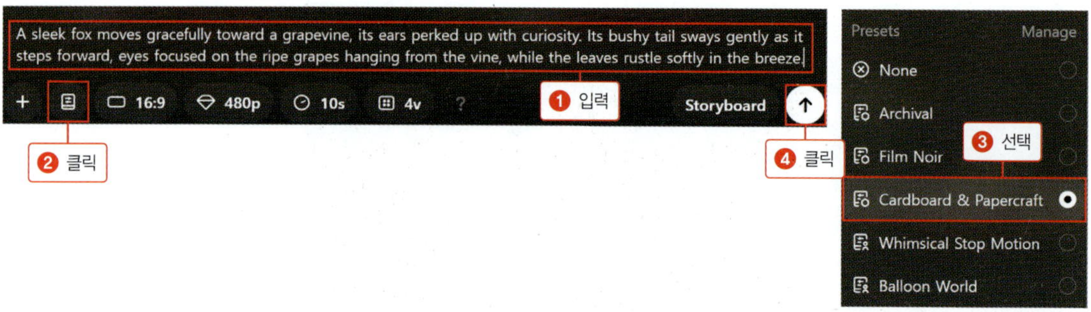

NOTE

Aspect radio는 영상의 비율을, Resolution은 영상의 해상도를, Duration은 영상의 시간을, Variations는 한 번에 생성될 영상의 수를 설정하는 옵션입니다.

03 4개의 동영상이 생성되면 이 중에서 마음에 드는 영상을 선택합니다. 예제에서는 첫 번째 영상을 활용하기 위해 첫 번째 영상을 선택하였습니다.

04 소라 프롬프트 입력창에서 'Storyboard'를 클릭합니다.

05 Storyboard 화면이 표시되면 'add an image or video'를 클릭합니다.

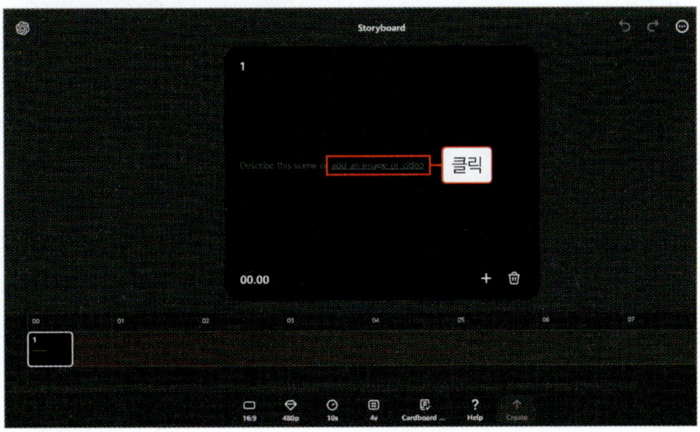

06 팝업 메뉴가 표시되면 'Choose from library'를 선택합니다.

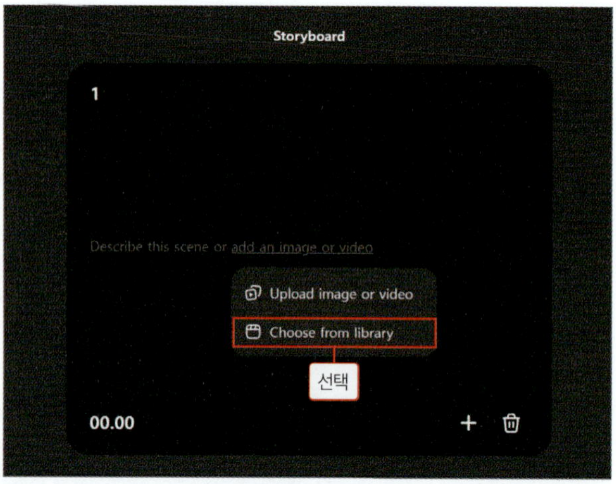

07 라이브러리가 표시되면 조금 전에 생성한 여우 영상을 선택합니다.

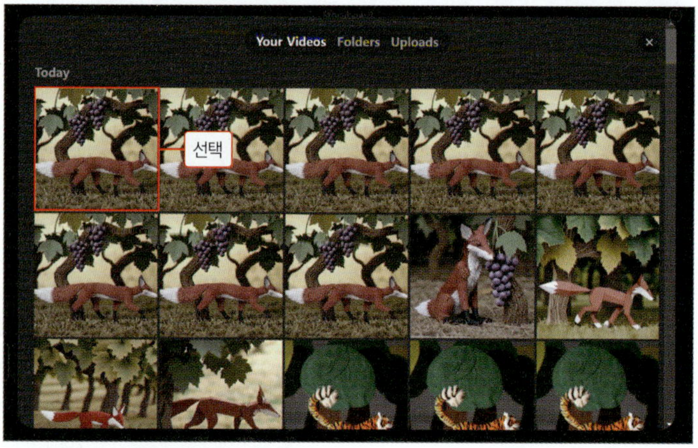

08 Storyboard 화면에 타임라인이 다음과 같이 표시됩니다.

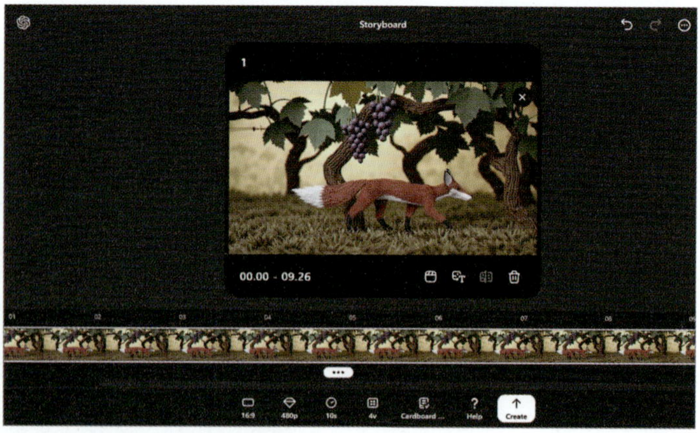

09 현재 영상에서 2초 정도만 필요하므로, 마지막 종료 지점을 10초에서 2초 12프레임으로 줄여서 조정합니다.

10 다음 장면을 생성하기 위해 타임라인의 5초 정보 부분을 선택합니다. 그림과 같이 카드형식의 두 번째 장면이 추가되었습니다.

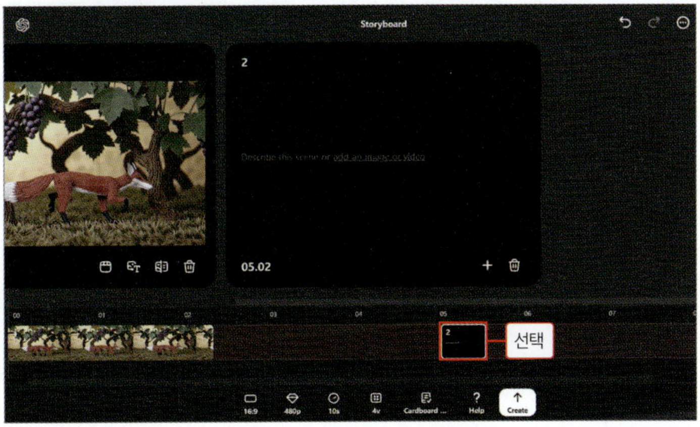

NOTE

장면과 장면 사이의 간격이 너무 좁으면 생성이 원활하지 않을 수 있습니다. 이번 예제에서도 첫 번째 장면은 2초, 두 번째 장면은 5초로 설정하여 충분한 간격을 두었습니다. 이를 참고하여 장면 생성을 진행하시기 바랍니다.

11 다음 장면의 프롬프트를 생성하기 위해 챗GPT 사이트로 이동하여 다음 장면에 대한 문장을 제시하여 프롬프트를 생성합니다.

"여우가 포도나무의 포도를 먹는다." 프롬프트를 생성해 주세요.

GPT

A curious fox approaches a grapevine and gently bites into a ripe cluster of grapes. Its sharp teeth pierce the juicy fruit as it savors the sweet taste, while its bushy tail flicks contentedly. The leaves of the vine rustle softly in the breeze, creating a peaceful, natural scene.

12 생성된 프롬프트를 복사하고 소라 스토리보드의 두 번째 장면에 붙여넣기한 다음 타임라인 아래에 있는 'Create'를 클릭합니다.

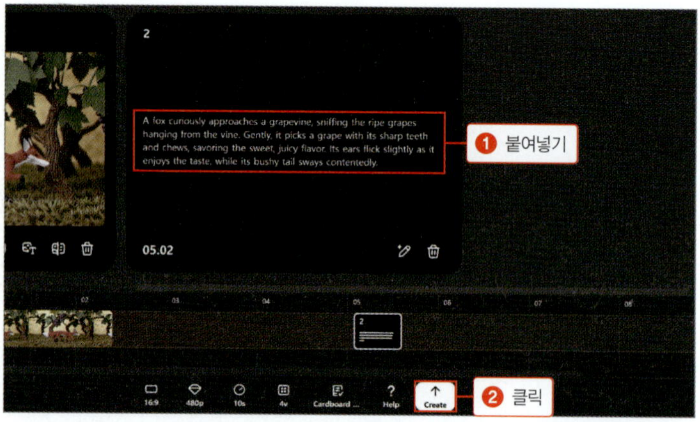

13 4개의 동영상이 생성되면, 생성된 동영상 중 포도를 먹는 모습이 가장 자연스러운 여우의 동영상을 선택합니다.

NOTE

영상이 원하는 방향으로 제대로 생성되지 않을 경우, 프롬프트를 수정하거나 장면 사이의 간격을 조정해 볼 수 있습니다. 또한, 장면 간 연결이 어색한 부분은 프리미어 프로와 같은 편집 프로그램을 활용하여 보완하면 됩니다. 스토리보드 기능의 가장 큰 장점은 동일한 캐릭터를 유지하면서 다양한 모습을 생성할 수 있다는 점입니다.

14 같은 방법으로 이어지는 장면을 추가로 생성하여 동일한 캐릭터를 유지해 자연스럽게 이어지는 영상을 완성합니다.

연습 문제 |

01 소라(sora.com) 사이트에 접속하여 회원 가입하고, 로그인하여 사용자 인터페이스를 탐색해 보세요.

02 영상 편집이 우수한 영화의 대표적인 장면을 찾아보고, 그 장면을 생성할 수 있도록 [캐릭터 묘사], [배경 및 분위기], [카메라 연출], [조명 및 색감], [특수 효과 및 스타일], [추가적인 연출 정보] 등의 순서로 소라 프롬프트 초안을 작성해 보세요. 챗GPT를 활용하여 작성한 프롬프트를 보완해 보세요.

03 02번에서 작성한 프롬프트를 이용해 소라에서 영상을 생성하고, 선택한 영화의 장면과 유사한지 비교해 보세요. 유사한 결과물이 나올 때까지 소라의 Remix와 Blend 기능을 활용하여 영상을 생성해 보세요.

WEEK 03

프리미어 프로 인터페이스의 이해

학 습 목 표

어도비에서 영상 편집 프로그램 프리미어 프로를 다운로드하여 컴퓨터에 설치해 보겠습니다. 프리미어 프로의 화면 구성과 인터페이스를 살펴보며 작업 영역(Workspaces)과 패널(Panels), 도구(Tools)들의 용도를 먼저 파악하고 편집 작업을 시작하겠습니다.

실습 예제 01

3.1 프리미어 프로 설치하기

프리미어 프로는 어도비 웹사이트에서 가입 등록을 완료하고 구독(Subscription)을 신청한 후에 설치할 수 있습니다. 구독 플랜 요금은 '개인' 사용자와 '학생 및 교사'의 신분에 따라 다른데, 학생은 1년간 할인된 금액으로 구독할 수 있습니다. 요금 청구 이전에 7일간 무료 체험 기회도 제공하고 있으니 우선 무료 체험 플랜으로 시작하면 유리합니다.

01 프리미어 프로는 어도비 사이트에서 회원 가입 후 구독 신청을 통해 체험판 사용을 시작할 수 있습니다. 어도비 사이트에 접속하기 위해 웹브라우저에서 'adobe' 또는 '어도비'를 입력하여 표시되는 'Adobe - 공식사이트'를 클릭합니다.

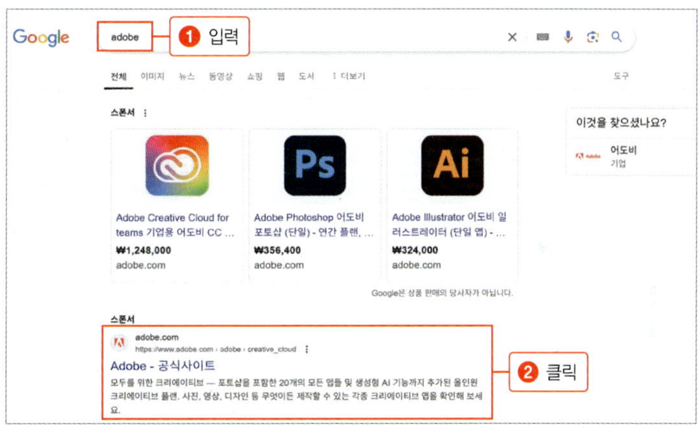

02 어도비 코리아 공식 사이트가 표시되면 화면 중앙에 있는 <무료 체험판> 버튼을 클릭합니다.

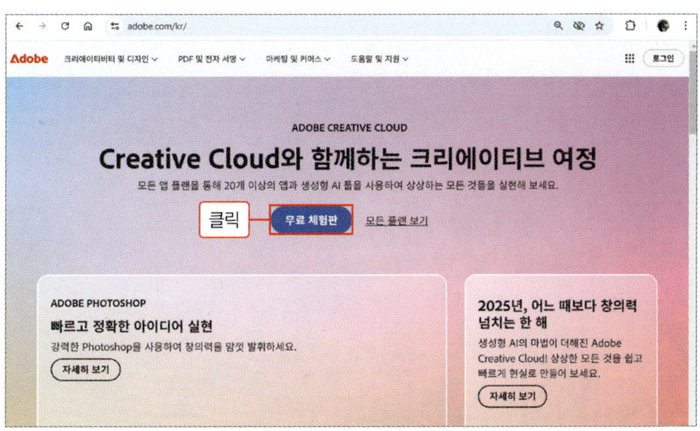

03 플랜 선택 창이 표시되면 자신에게 맞는 플랜과 구독을 선택한 다음 오른쪽 아래에 있는 <계속> 버튼을 클릭합니다.

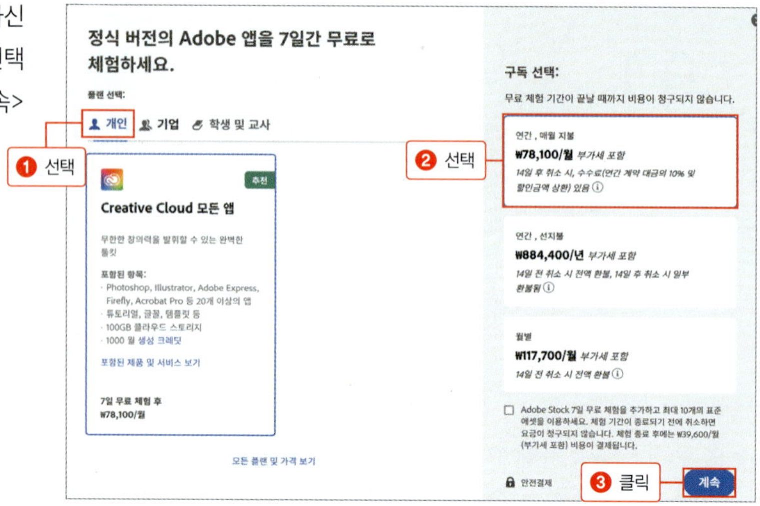

TIP 학생 또는 교원의 구독

학생이나 교원은 구독 플랜 창에서 [학생 및 교사] 탭을 선택하고 <계속> 버튼을 클릭하여 다음 단계로 진행합니다.

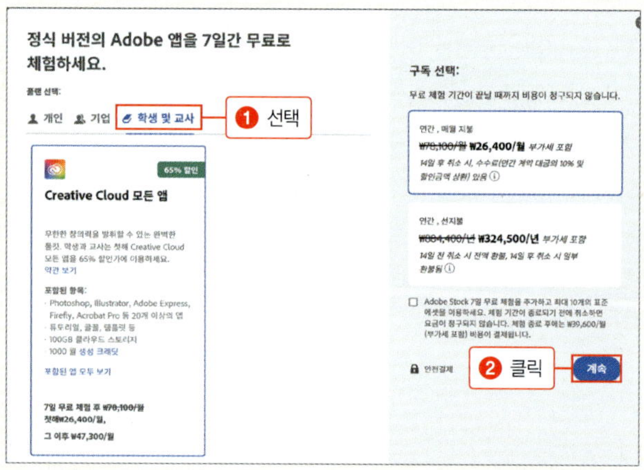

04 구독 절차 1단계 화면에서 관련 내용을 확인하고 <계속> 버튼을 클릭하여 다음 단계로 진행합니다.

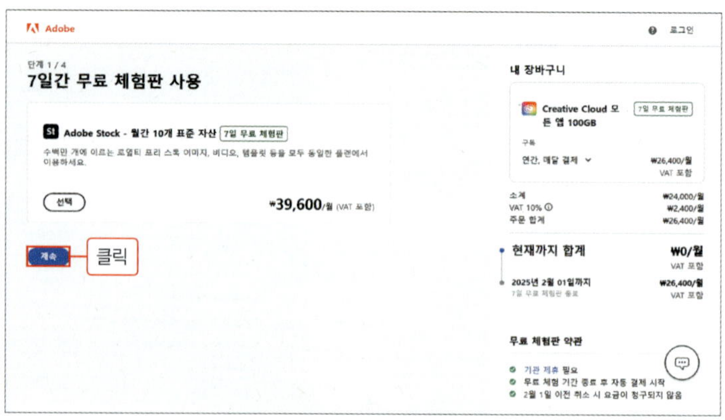

05 구독 절차 2단계 화면에서 어도비 회원 가입을 위한 이메일 주소를 입력하고 아래 필수 선택 사항을 체크 표시한 다음 <계속> 버튼을 클릭합니다.

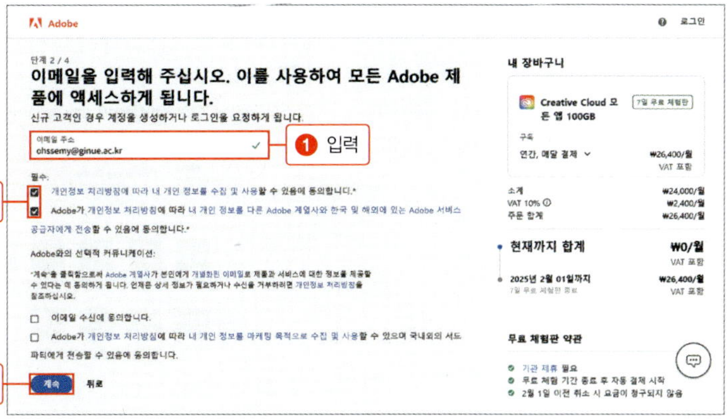

06 구독 절차 3단계 화면에서 결제 수단을 설정하고 <인증 단계로 진행> 버튼을 클릭합니다.

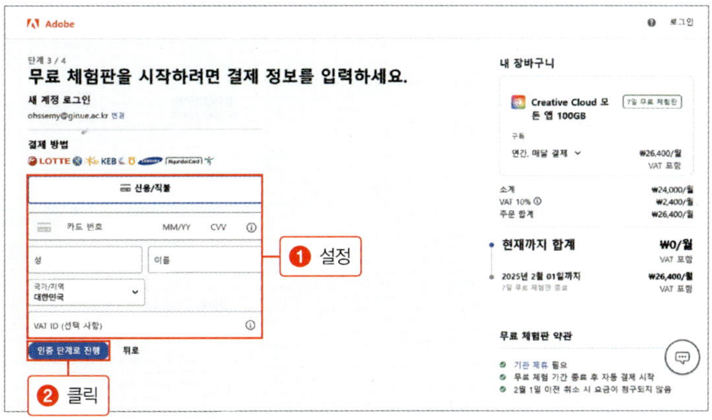

07 학생 또는 교원의 경우 구독 절차 4단계 화면에서 신분 정보를 설정하고 <무료 체험기간 시작> 버튼을 클릭합니다.

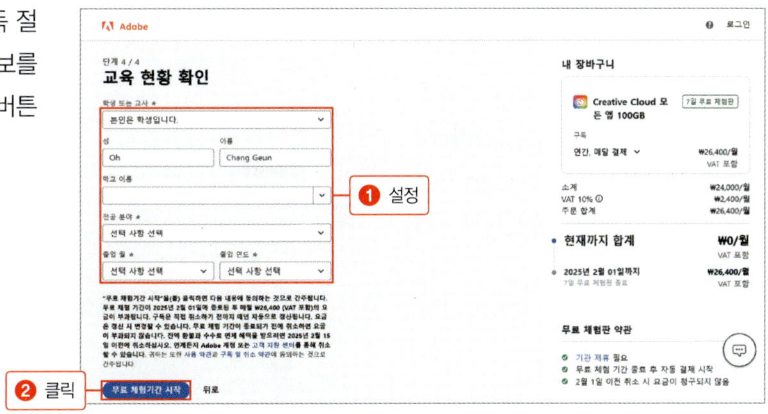

NOTE

무료 체험기간이 지나면 설정한 카드로 자동 결제가 되므로, 무료 체험판만 이용할 경우 7일이 지나기 전에 플랜 취소 화면에서 직접 취소를 해야 합니다. 플랜 취소 화면은 어도비 홈 화면의 '계정' → '계정 관리'를 클릭하여 표시되는 내 플랜 화면에서 <플랜 관리> 버튼을 클릭하고 취소할 플랜의 <플랜 취소> 버튼을 클릭하여 표시할 수 있습니다.

08 체험 구독 계약이 완료되면 자동으로 어도비 홈 화면으로 이동됩니다. 어도비 홈 화면은 크리에이티브 클라우드(Creative Cloud)와 구성이 유사합니다. 왼쪽 메뉴에서 [앱]을 선택합니다.

09 어도비 모든 앱 화면에서 프리미어 프로(Premiere Pro)의 <설치> 버튼을 클릭합니다.

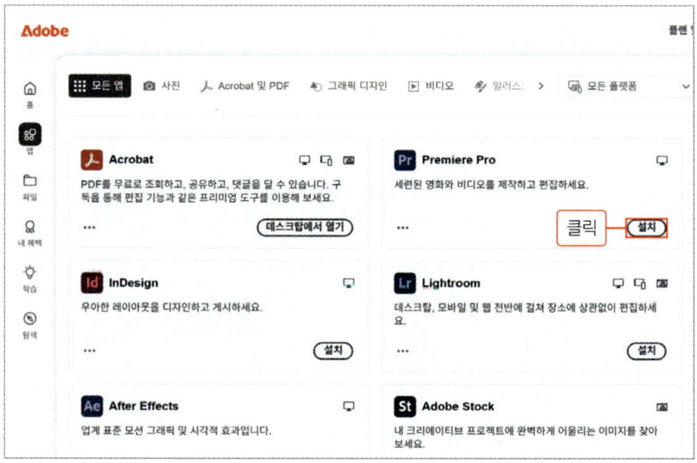

10 프리미어 프로 앱이 '설치 중'으로 표시되면 설치가 완료될 때까지 기다립니다. 컴퓨터 성능과 네트워크 속도에 따라 약 5분 정도의 시간이 소요됩니다.

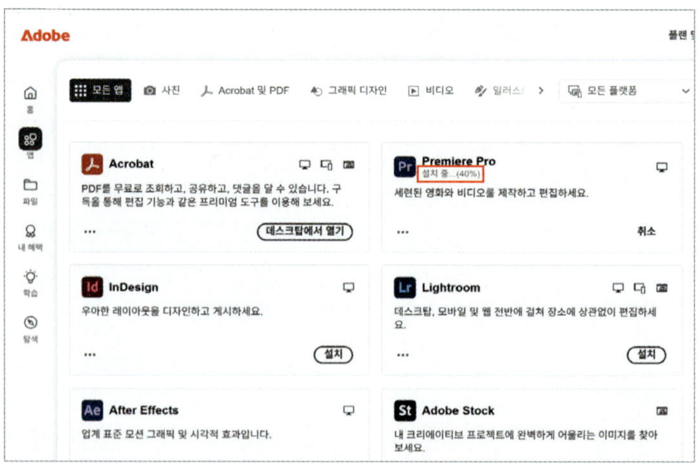

11 설치가 완료되면 프리미어 프로 앱의 <설치> 버튼이 <데스크탑에서 열기> 버튼으로 변경됩니다. <데스크탑에서 열기> 버튼을 클릭합니다.

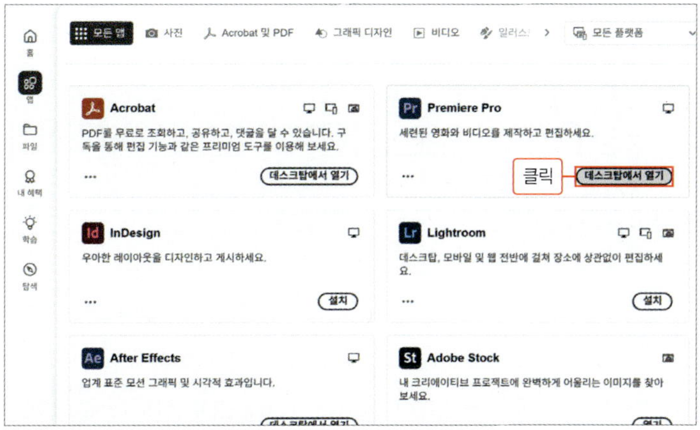

12 프리미어 프로가 실행됩니다.

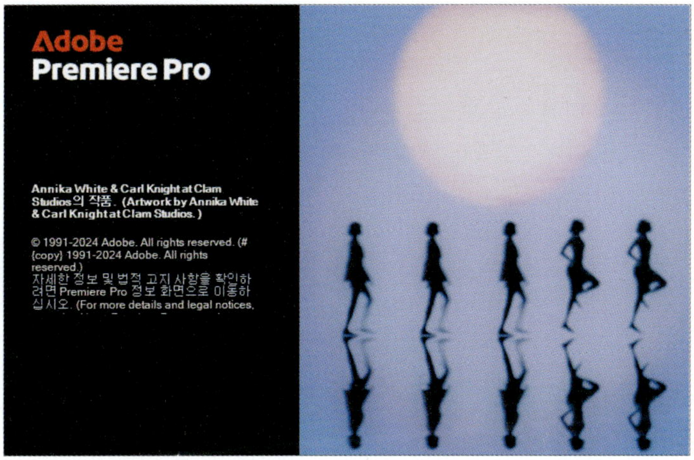

TIP 프리미어 프로의 영어판 설치

프리미어 프로 앱을 설치하기 전에 언어를 설정할 수 있습니다. 어도비 사이트의 홈 화면 또는 크리에이티브 클라우드(Creative Cloud) 앱의 오른쪽 위에 있는 사용자 계정 섬네일을 클릭하고 '환경 설정'을 선택한 다음 설정 창이 표시되면 〔앱〕 탭을 선택합니다. 탭에 있는 항목 중에서 기본 설치 언어를 '한국어'에서 'English(International)'로 지정하여 변경하면 프리미어 프로가 영어 버전으로 설치됩니다. 한국어 버전에서는 기능 용어가 어색하게 번역된 경우가 많으므로 기본 언어를 영어로 설정하고 앱을 설치하는 것을 추천합니다.

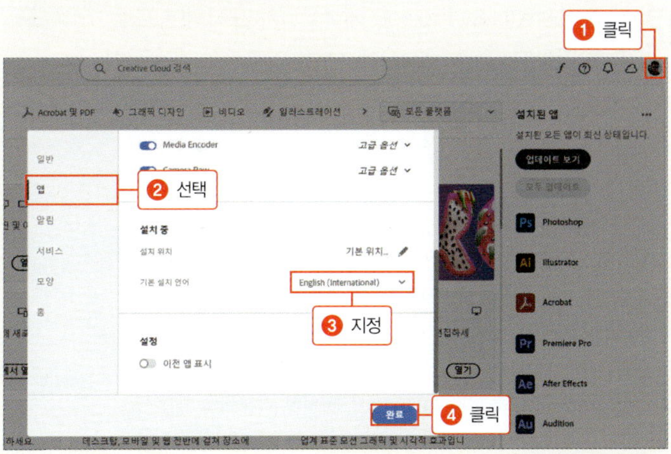

실습 예제 02

3.2 프리미어 프로 시작하기

프리미어 프로 앱을 컴퓨터에 설치하고 처음으로 실행해 봅니다. 이전에 프리미어 프로를 사용한 경험이 없다면 새 프로젝트(New Project) 설정을 거쳐서 프리미어 프로에 기본 제공되는 샘플 미디어(Sample Media) 클립으로 첫 편집 작업을 체험해 볼 수 있습니다.

01 프리미어 프로 앱을 실행하면 나타나는 프로젝트 창에서 <새 프로젝트(New Project)> 버튼을 클릭합니다.

02 새 프로젝트(New Project) 대화상자가 표시되면 프로젝트 이름(Project name)에 'UI'를 입력하고 <만들기(Create)> 버튼을 클릭합니다.

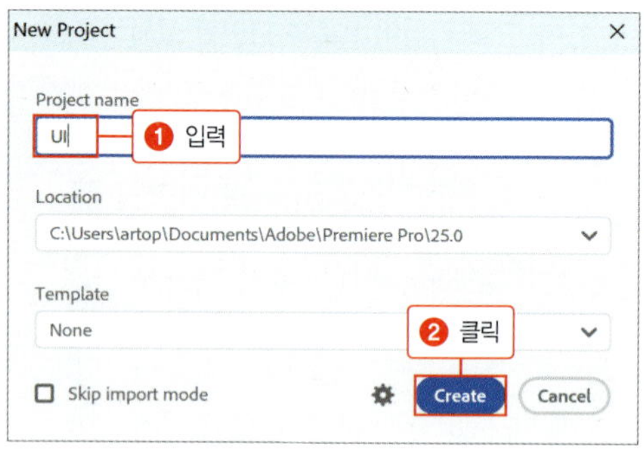

NOTE

새 프로젝트(New Project) 대화상자에서는 다음과 같은 기능들을 설정할 수 있습니다.

- **프로젝트 이름(Project name)**: 프로젝트의 이름을 설정합니다.
- **위치(Location)**: 프로젝트 파일이 저장될 폴더 위치를 지정합니다.
- **템플릿(Template)**: 미리 설정된 프로젝트 템플릿을 선택합니다.
- **가져오기 모드 건너뛰기(Skip import mode)**: 프로젝트 생성 시 기본 제공되는 '가져오기 모드(Import Mode)'를 건너뛰고 바로 빈 프로젝트로 시작합니다.

03 새 프로젝트를 시작하면 나타나는 〔가져오기(Import)〕 작업 영역에서 튜토리얼에 기본 제공되는 영상 클립들이 표시됩니다. 편집 연습을 하기 위해 마음에 드는 클립을 3개 정도 선택하고 <가져오기(Import)> 버튼을 클릭합니다.

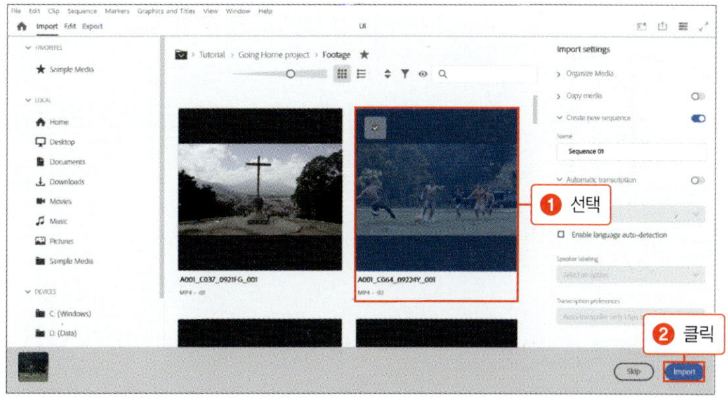

04 프리미어 프로의 〔편집(Edit)〕 작업 영역이 열리면서 선택한 클립들이 순서대로 타임라인(Timeline) 패널에 배치된 것을 확인할 수 있습니다.

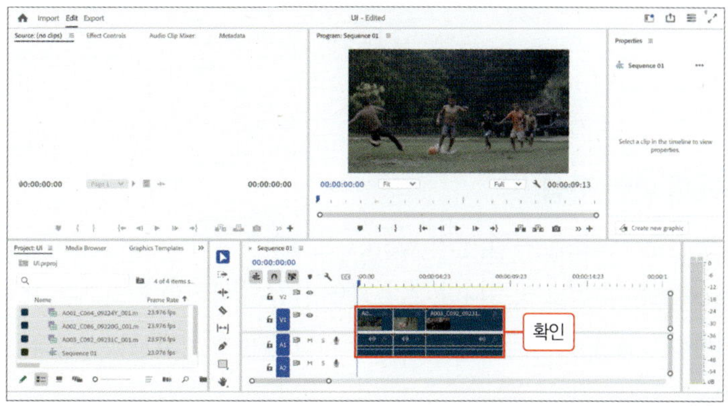

TIP **시퀀스 설정(Sequence Settings)**

시퀀스 설정을 변경하려면 메뉴에서 〔시퀀스(Sequence)〕 → '시퀀스 설정(Sequence Settings...)'을 클릭합니다. 시퀀스 설정(Sequence Settings) 대화상자가 표시되면 시간 기준(Timebase)을 '29.97 프레임/초(frames/second)'로 지정하고 비디오(Video) 항목의 프레임 크기(Frame Size)에 편집할 영상의 해상도 수치(FHD: 1920×1080/UHD: 3840×2160)를 입력해 설정한 다음 <확인(OK)> 버튼을 클릭해 변경한 설정을 적용합니다. 만약 영상 소스가 전문가용 카메라로 촬영된 것이라면 편집 모드(Editing Mode) 항목의 사전 설정 목록을 검토해서 일치하려는 포맷을 선택하면, 세부 설정도 함께 변경됩니다.

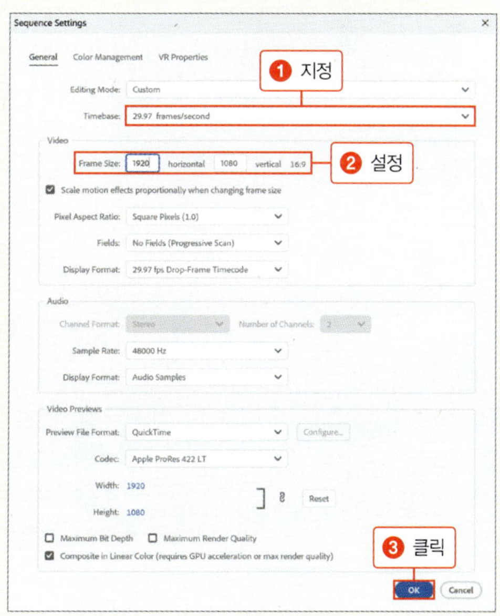

3.3 프리미어 프로 인터페이스와 패널

프리미어 프로 인터페이스는 어도비 앱들과 유사한 특성을 보이지만, 영상 편집에 필요한 패널(Panels)들로 구성되어 있습니다. 패널은 필요에 따라 추가하거나 생략할 수 있고, 크기와 위치를 자유롭게 변경할 수도 있습니다. 각 패널 영역은 패널 그룹(Panel Group)으로 여러 종류의 패널들이 묶인 경우도 있는데, 각 패널 명칭을 클릭하면 활성화됩니다.

전체 화면 구성

프리미어 프로는 작업 영역(Workspaces)에 따라 구성이 변하는데, 각 화면은 여러 패널로 구성된 인터페이스를 갖추고 있습니다. 프로젝트 설정을 마치면 시작되는 프리미어 프로의 편집(Edit) 작업 영역 중 '편집(Editing)' 인터페이스에서 각 패널 구성을 살펴보겠습니다.

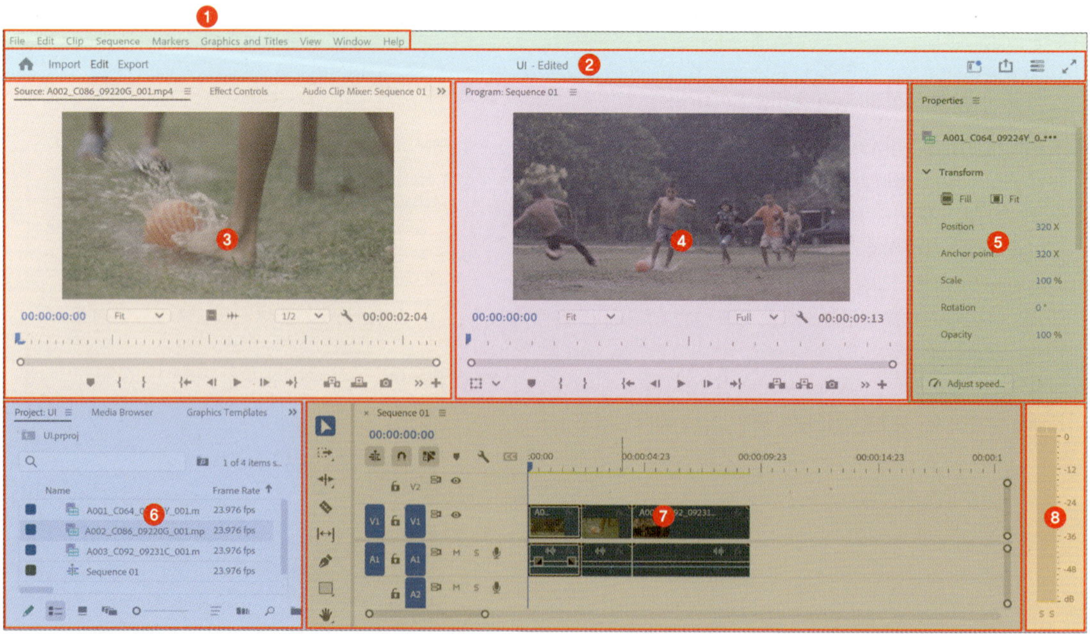

❶ **메뉴 바(Menu bar)**: 파일(File), 편집(Edit), 클립(Clip) 등 프로그램 명령 메뉴가 가로로 나열된 막대입니다.

❷ **상단 표시줄(Top bar)**: 왼쪽에는 홈(Home), 불러오기(Import), 편집(Edit), 내보내기(Export), 오른쪽에는 작업 영역(workspaces), 빠른 내보내기(Quick Export) 아이콘 등으로 빠른 접근을 제공하는 막대입니다.

❸ **소스 모니터(Source Monitor) 패널**: 편집에 사용할 미디어 소스를 확인하고 편집점 등을 지정하고 효과 컨트롤(Effect Controls) 등을 적용할 수 있는 패널 그룹입니다.

❹ **프로그램 모니터(Program Monitor) 패널**: 타임라인에서 편집 중인 결과를 표시하고 영역을 지정하는 모니터링 패널입니다.

❺ **프로젝트(Project) 패널**: 프로젝트 편집에 사용되는 소스 클립과 시퀀스 등을 관리하고 가져오는 패널입니다.

❻ **타임라인(Timeline) 패널**: 미디어 클립을 시간 순서에 따라 배열하고 편집하는 패널입니다.

❼ **오디오 미터(Audio Meters) 패널**: 타임라인에 배열된 미디어 클립의 소리 크기를 막대그래프 컬러로 표시하는 패널입니다.

❽ **속성(Properties) 패널**: 소스 패널이나 타임라인에서 선택한 구성 요소의 속성을 확인하고 위치나 크기 등 세부 사항을 설정하는 패널입니다.

TIP 인터페이스 컬러 변경하기

프리미어 프로에서 사전 설정된 기본 인터페이스는 '어둡게(Dark)'로 짙은 회색입니다. 인터페이스를 변경하려면 〔편집(Edit)〕 메뉴에서 '환경 설정(Preferences)'을 클릭하여 표시되는 대화상자에서 〔모양(Appearance)〕 탭을 선택합니다. 검은색으로 변경하려면 '가장 어둡게(Darkest)'를, 밝은 회색으로 변경하려면 '밝게(Light)'를 선택하여 컬러 테마(Color Theme)를 변경할 수 있습니다.

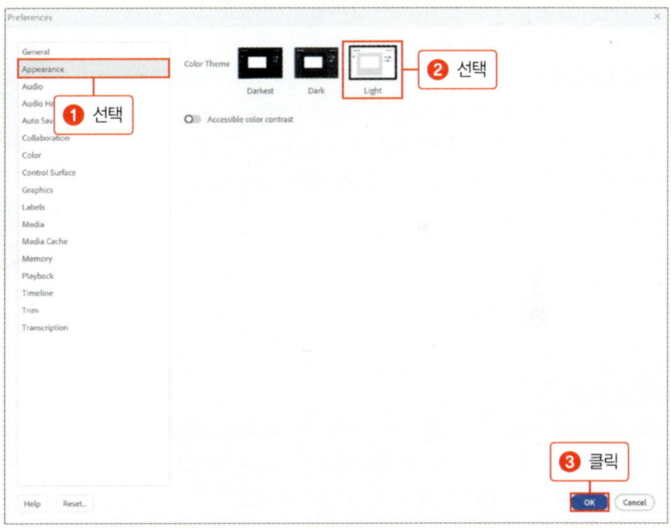

프로젝트 패널 그룹

화면 왼쪽 아래의 프로젝트(Project) 패널에서는 프로젝트를 구성하는 요소들을 관리할 수 있는데, 현재 프로젝트에 사용되는 시퀀스와 클립들이 표시됩니다. 이 패널의 상단에서는 프로젝트(Project) 패널 외에도 미디어 브라우저(Media Browser), 그래픽 템플릿(Graphics Templates), 라이브러리(Libraries), 정보(Info), 효과(Effects), 마커(Markers), 히스토리(History) 등의 패널이 탭 형식으로 나열되어 있는데,

탭으로 보이지 않더라도 '>>' 아이콘을 클릭하여 중첩(Stack)된 부분의 명칭을 클릭하면 해당 패널을 선택해 표시할 수 있습니다. 프로젝트(Project) 패널과 함께 그룹을 이루는 패널들의 용도를 간단히 알아보겠습니다.

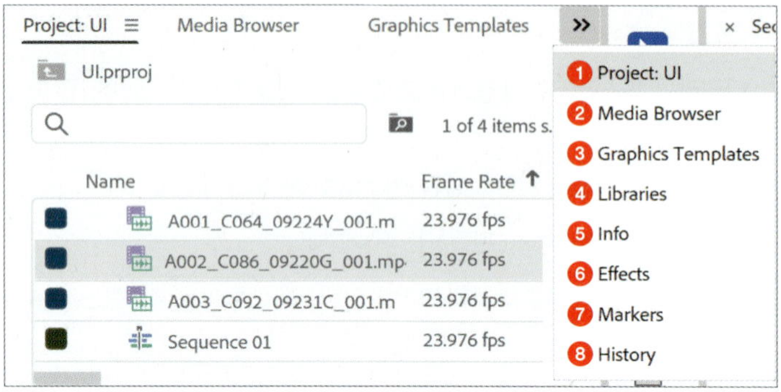

❶ **프로젝트(Project) 패널**: 현재 프로젝트를 구성하는 소스 클립과 시퀀스 등을 표시하고 관리합니다. 패널의 탭 부분에는 'Project: 명칭'으로 표시되고, 프로젝트의 구성 요소는 하단의 보기 선택에 따라 표시되는 방식이 달라집니다. 기본적인 목록 보기(List View)와 달리 아이콘 보기(Icon View) 상태에서는 클립들이 미리 보기 화면처럼 격자 포맷으로 크게 표시됩니다. 이 상태에서 클립 화면에 마우스 커서를 좌우로 이동하면 스크러빙(Scrubbing) 되면서 해당 시간 위치의 프레임 이미지가 표시됩니다.

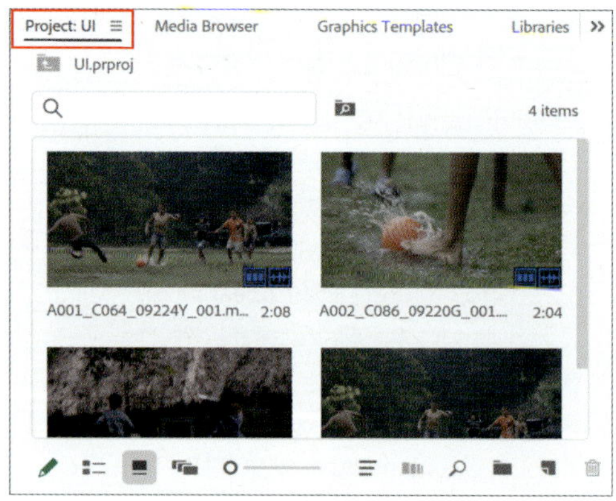

NOTE

스크러빙(Scrubbing)은 프리미어 프로에서 영상 클립의 내용을 마우스 좌우 움직임에 따라 해당 시간 위치의 이미지로 표시하면서 살펴보는 방법입니다. 프로그램 모니터(Program Monitor) 또는 소스 모니터(Source Monitor) 패널에서는 파란색 시간 표시 마커를 드래그하면서 영상 내용을 스크러빙 할 수도 있습니다.

❷ **미디어 브라우저(Media Browser) 패널**: 프로젝트에 사용하는 파일을 찾고 관리할 수 있는 패널입니다. 왼쪽에는 현재 불러온 소스 파일이 즐겨찾기 폴더로 먼저 표시되고, 그 아래 나열된 컴퓨터 저장소 경로에서 다른 파일과 폴더를 찾아볼 수도 있습니다.

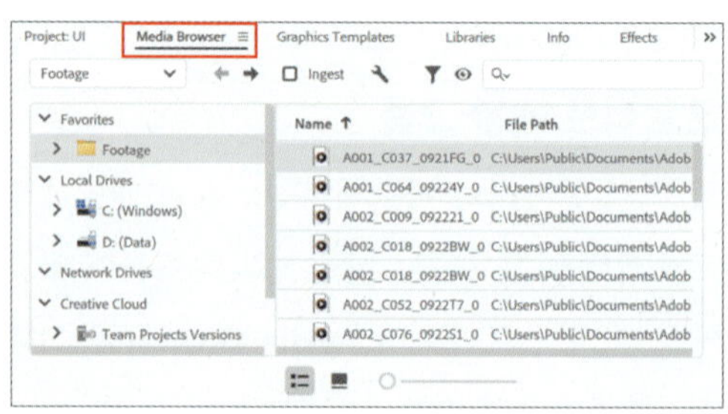

❸ **그래픽 템플릿(Graphics Templates) 패널**: 사전 설정된 타이틀(Titles)과 그래픽 요소들을 살펴보고 어도비 스톡(Adobe Stock)에서 라이브러리(Libraries)로 연결하는 패널입니다.

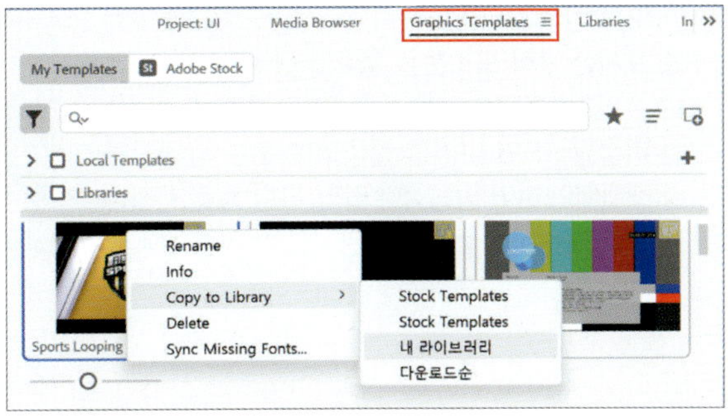

❹ **라이브러리(Libraries) 패널**: 어도비 스톡의 내 라이브러리에 저장된 그래픽, 영상, 모션 템플릿 등을 관리하고 가져올 수 있는 패널입니다.

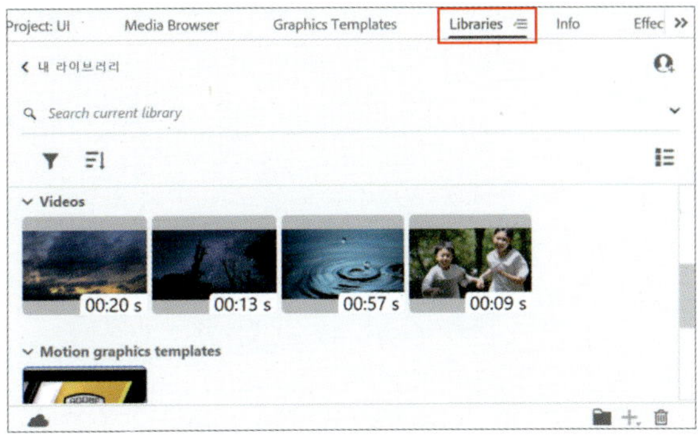

❺ **정보(Info) 패널**: 현재 선택한 영상 클립이나 구성 요소의 유형, 규격, 오디오 특성, 지속 시간 등 상세 정보를 확인하는 패널입니다.

❻ **효과(Effects) 패널**: 프리미어 프로의 다양한 효과들을 찾아보고 클립에 적용하는 패널입니다. 효과 목록은 사전 설정(Presets), Lumetri 사전 설정(Lumetri Presets), 오디오 효과(Audio Effects), 오디오 전환(Audio Transitions), 영상 효과(Video Effects), 영상 전환(Video Transitions) 등의 순서로 나열되어 있는데, 하위 항목을 열어서 찾아가는 방식으로 살펴볼 수 있습니다. 선택한 효과 이름을 타임라인(Timeline) 패널의 클립으로 드래그하면 효과가 적용됩니다.

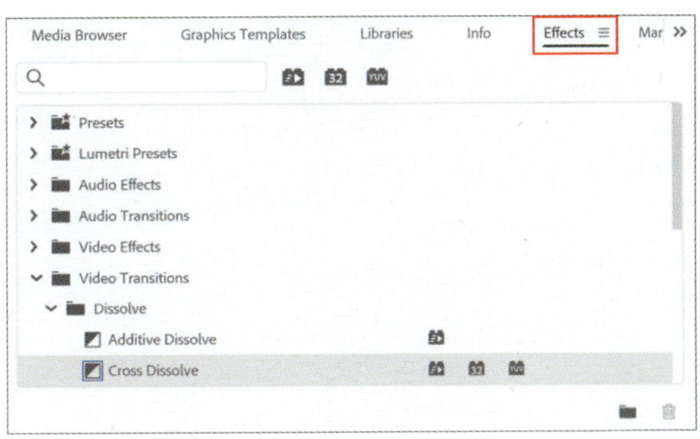

❼ **마커(Markers) 패널**: 프로젝트 소스 클립에 마커를 표시한 구성 요소들을 모아서 관리하는 패널입니다. 마커(Markers) 패널에 나열된 클립을 선택해서 더블클릭하면 마커를 설정할 수 있는 대화상자가 표시되어 마커 명칭이나 컬러, 유형 등을 지정하는 등 마커 속성을 변경하고 관리할 수 있습니다.

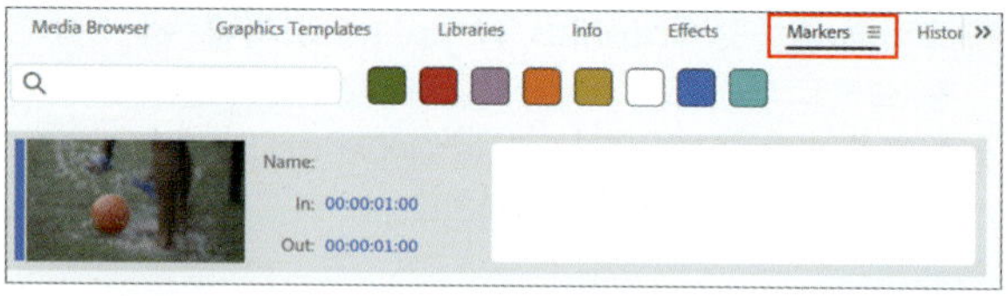

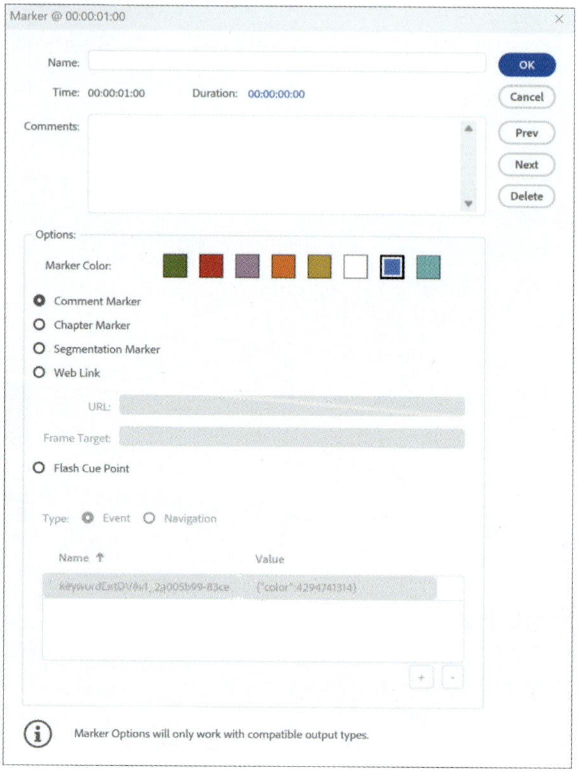

마커(Marker) 대화상자

❽ **히스토리(History) 패널**: 현재 프로젝트를 열고 작업한 사항을 기록하고 특정 작업 단계로 되돌아가거나 삭제하는 등 작업 과정을 관리하는 패널입니다.

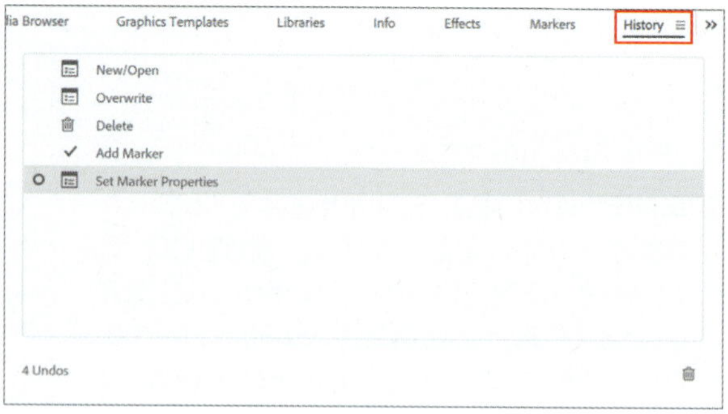

소스 모니터 패널 그룹

프로젝트(Project) 패널에서 특정 소스 클립을 더블클릭하면 바로 위에 있는 소스 모니터(Source Monitor) 패널에 선택한 영상이 표시됩니다. 소스 모니터(Source Monitor) 패널에서는 편집에 사용되는 영상, 그래픽, 오디오 등의 구성 요소를 미리 보고 마커나 편집 점을 지정하는 등 관리할 수 있으며, 모니터 화면 아래 아이콘들을 이용하여 소스 클립의 재생/정지와 타임라인으로의 삽입(Insert)/덮어쓰기(Overwrite) 같은 편집 방식도 선택할 수 있습니다. 소스 모니터(Source Monitor) 패널 상단에는 효과 컨트롤(Effect Controls), 오디오 클립 믹서(Audio Cilp Mixer), 메타데이터(Metadata) 등의 탭이 나열되어 있고 해당 명칭을 클릭하여 패널을 표시할 수 있습니다.

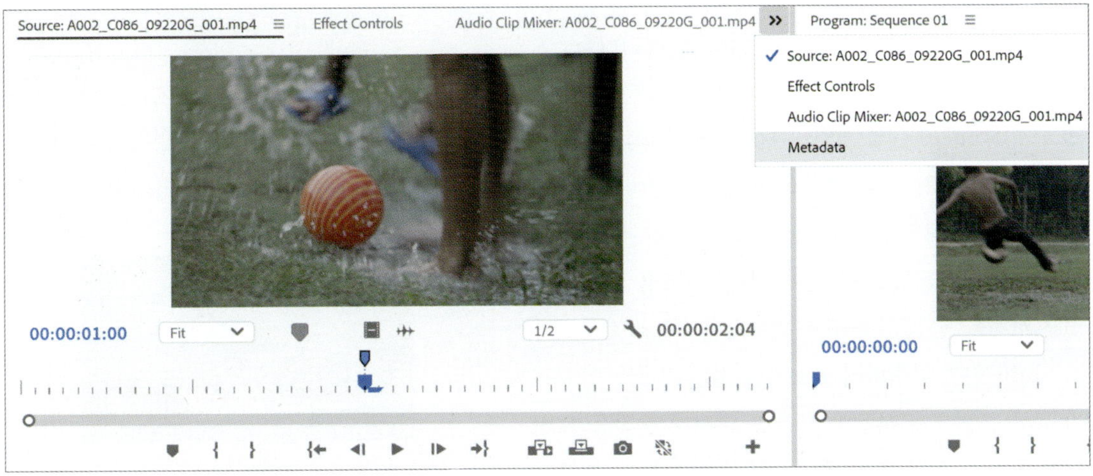

1 소스 모니터(Source Monitor) 패널에 클립 표시: 소스 모니터(Source Monitor) 패널에서는 프로젝트(Project) 패널에 불러온 영상, 그래픽, 오디오 등의 소스 클립의 내용을 확인해 보면서 마커를 표시하거나 타임라인(Timeline) 패널로 가져가기 위한 사전 작업을 수행할 수 있습니다. 프로젝트(Project) 패널에서 미리 보기 원하는 클립을 더블클릭하면 소스 모니터(Source Monitor) 패널의 화면 영역에 해당 클립이 표시됩니다.

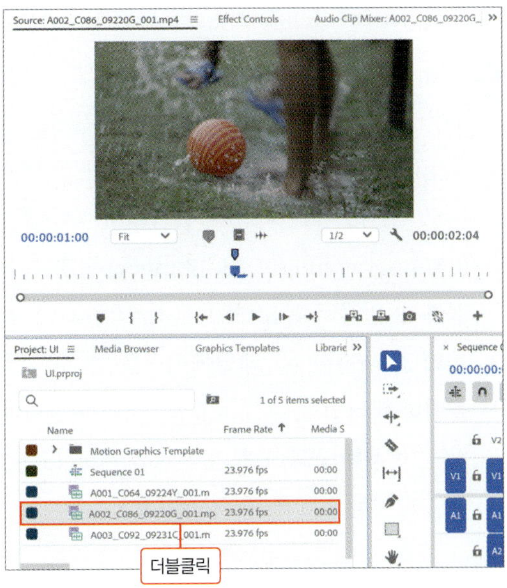

❷ **소스 모니터(Source Monitor) 패널의 버튼 아이콘:** 모니터에 표시된 소스 클립 아래에는 왼쪽부터 마커 추가(Add Marker), 시작 표시(Mark In), 종료 표시(Mark Out), 시작 지점으로 이동(Go to In), 1프레임 이전 단계(Step Back 1 Frame), 재생-정지 켜기/끄기(Play-Stop Toggle), 1프레임 다음 단계(Step Forward 1 Frame), 종료 지점으로 이동(Go to Out), 삽입(Insert), 덮어쓰기(Overwrite), 프레임 내보내기(Export Frame), 프록시 켜기/끄기(Toggle Proxies) 기능들이 나열되어 있습니다. 가장 오른쪽의 '+' 아이콘을 클릭하면 단추 편집기(Button Editor) 창이 표시되는데, 이 창에서 필요한 버튼을 드래그하여 추가할 수도 있습니다.

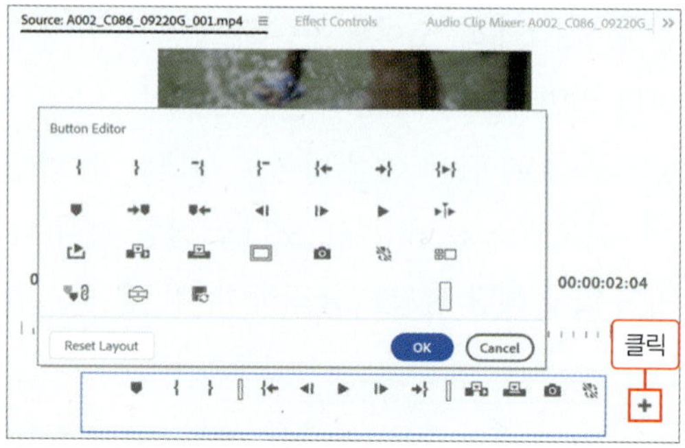

❸ **소스(Source) 클립 트리밍(Trimming):** 소스 모니터(Source Monitor) 패널에 편집할 클립을 표시하고 '재생-정지 켜기/끄기(Play-Stop Toggle)' 아이콘(▶)을 클릭하거나 재생 헤드(Playhead)를 이용하여 영상을 확인합니다. 편집으로 제시할 시작 부분에서 '시작 표시(Mark In)' 아이콘({)을 클릭하여 시작점을, 종료 부분에서 '종료 표시(Mark Out)' 아이콘(})을 클릭하여 종료점을 설정합니다. 이렇게 원본 클립에서 사용할 부분만 추려내는 것을 트리밍이라고 하는데, 트리밍 된 영역은 시간 눈금자(Time Ruler)가 짙은 회색으로 표시됩니다.

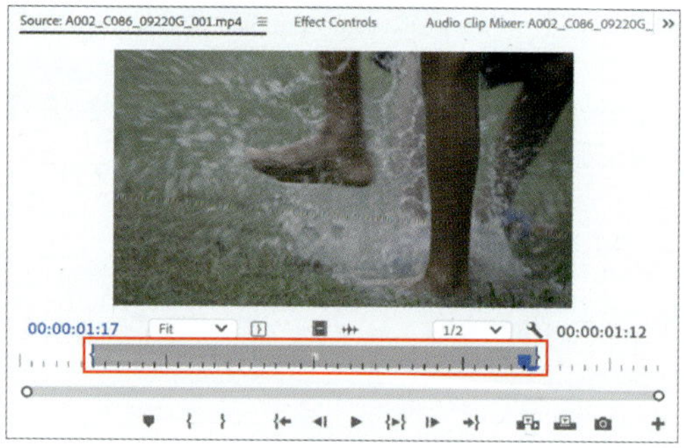

❹ **효과 컨트롤(Effect Controls) 패널:** 타임라인(Timeline) 패널에 배치된 클립에 효과를 적용하고 속성을 관리하는 패널입니다. 영상 클립에는 기본적으로 모션(Motion), 불투명도(Opacity), 시간 다시 매핑(Time Remapping) 등의 효과를 적용할 수 있고, 오디오 클립에는 볼륨(Volume), 채널 볼륨(Channel Volume), 패너(Panner) 등의 속성을 설정할 수 있습니다. 또한, 프로젝트(Project) 패널 그룹의 효과(Effects) 패널에서 선택한 효과를 더블 클릭하여 타임라인(Timeline) 패널의 클립에 적용하면, 적용된 효과가 효과 컨트롤(Effect Controls) 패널에 항목으로 추가 표시됩니다.

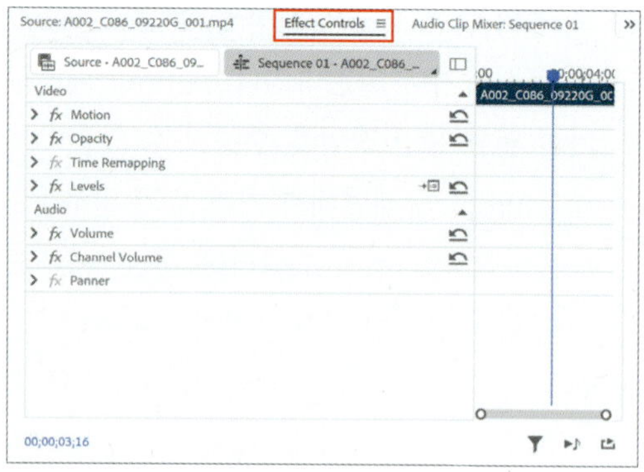

❺ **오디오 클립 믹서(Audio Clip Mixer) 패널**: 현재 시퀀스의 오디오 트랙별 믹서 레벨을 표시하고 좌우 밸런스와 음량을 조절하는 패널입니다. 소리를 끄는 '트랙 음소거(Mute Track)', 특정 오디오 트랙만 소리가 나게끔 설정하는 '솔로 트랙(Solo Track)', '키프레임 쓰기(Write keyframes)' 기능들이 중간에 배치되어 있습니다.

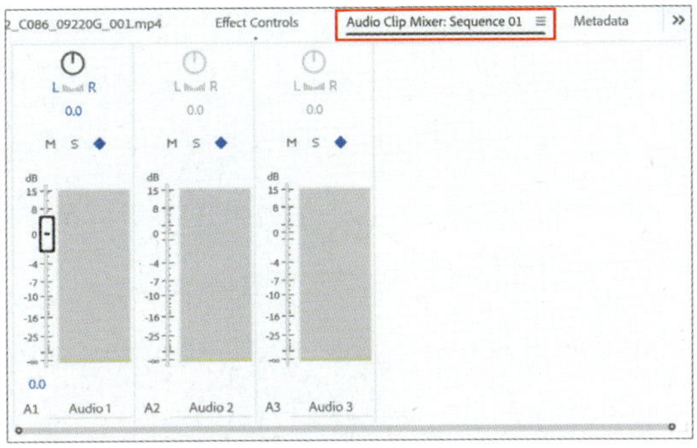

❻ **메타데이터(Metadata) 패널**: 프로젝트(Project) 패널이나 타임라인(Timeline) 패널에서 선택한 미디어 클립의 세부 정보와 속성을 입력하고 편집하는 패널입니다. 클립의 상세 정보뿐만 아니라 저작권 관리(Rights Management)와 같은 메타데이터를 입력하거나 확인할 수 있습니다.

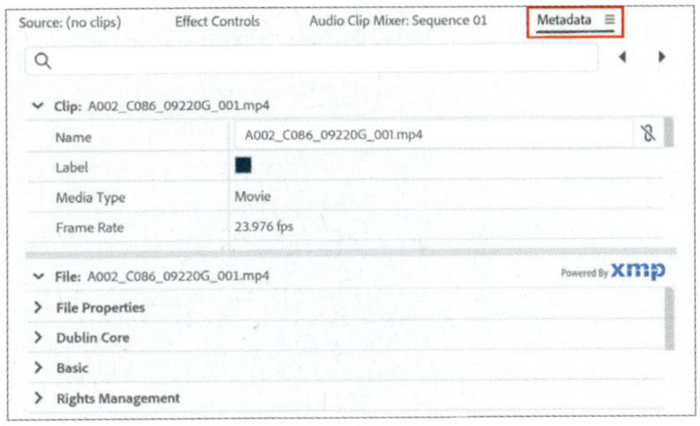

타임라인 패널

프리미어 프로의 영상 편집은 주로 타임라인(Timeline) 패널에서 작업하게 됩니다. 타임라인(Timeline) 패널 왼쪽에는 작업할 수 있는 도구를 선택할 수 있는 도구(Tools) 패널이 있고, 오른쪽에는 오디오 미터(Audio Meters) 패널로 구성됩니다. 타임라인(Timeline) 패널에는 프로젝트(Project) 패널에서 생성한 시퀀스(Sequence) 탭이 배치되는데, 왼쪽에는 트랙(Tracks)의 유형이 표시되고 오른쪽에는 트랙에 배치한 클립들이 시간 순서로 표시됩니다. 위쪽에는 시간 눈금자(Time Ruler)가 나열되어 있고, 아래쪽에는 보기를 확대 또는 축소하는 슬라이더가 제공됩니다. 시간 눈금자부터 오디오 트랙까지 수직으로 보이는 파란색 세로 선은 시간 위치를 표시하는 재생 헤드(Playhead)입니다.

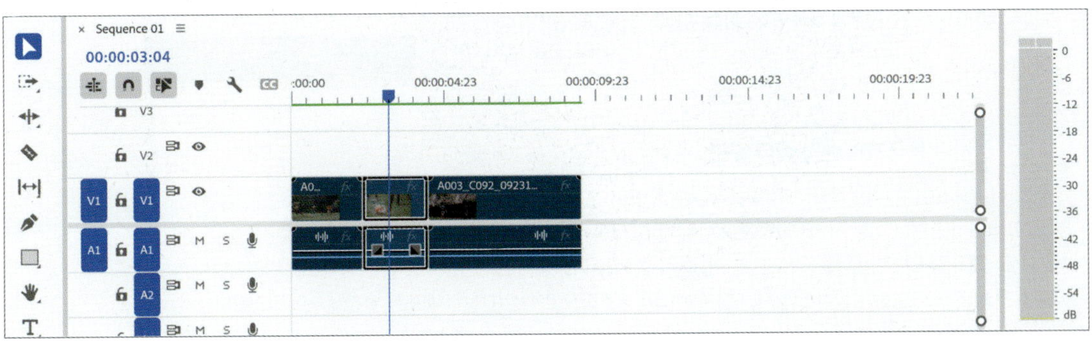

❶ **트랙 헤드(Track head) 영역:** 타임라인에는 현재 편집 중인 시퀀스(Sequence)가 표시되는데, 가로 방향의 줄은 트랙을 구분하는 선입니다. 각 트랙의 구분은 왼쪽에 열거된 트랙 헤드의 구분 번호로 알 수 있는데, 가운데 가로 선을 기준으로 영상은 V1, V2, V3 순으로 나열되고, 오디오는 A1, A2, A3 순서로 나열됩니다.

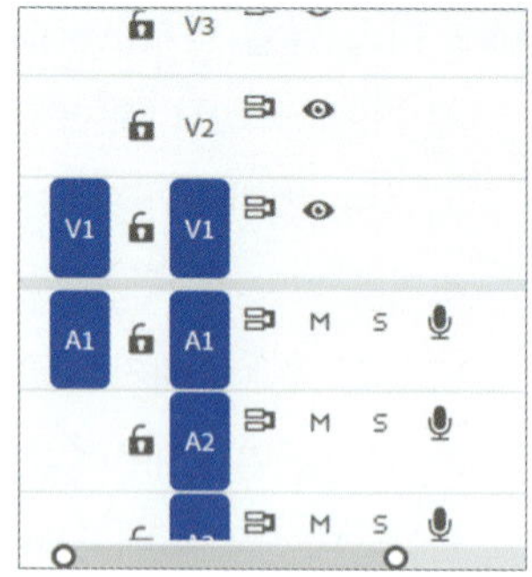

영상에 오디오가 포함된 클립을 타임라인에 배치하면 가장 왼쪽에 V1, A1 라벨이 파란색으로 활성화됩니다. 그 옆으로는 '트랙 잠금 켜기/끄기(Toggle Track Lock)', '트랙 대상 지정 켜기/끄기(Toggle the track targeting for this track)', '동기화 잠금 전환(Toggle Sync Lock)' 기능이 있습니다. 또한, 영상 트랙에는 '영상 표시 잠그기(Toggle Output Lock)' 기능이 있으며, 오디오 트랙에는 '트랙 음소거(Mute Track)', '솔로 트랙(Solo Track)', '음성 더빙 기록(Voice-over Record)' 기능이 배치되어 있습니다.

❷ **시퀀스 헤드(Sequence head) 영역:** 트랙 헤드 영역 위에는 시퀀스 이름(예: Sequence 01)과 함께 재생 헤드 위치(Playhead Position)를 나타내는 시간 표시기와 시퀀스 도구 기능인 '시퀀스를 중첩 또는 개별 클립으로 삽입 또는 덮어쓰기(Insert and overwrite sequences as nests or individual clips)', '타임라인에서 스냅(Snap in Timeline)', '연결된 선택(Linked selection)' 등이 활성화된 상태로 나열되어 있습니다. 이 기능들의 오른쪽에 있는 '마커 추가(Add Marker)'와 '타임라인 표시 설정(Timeline Display Settings)', '캡션 트랙 옵션(Caption track Options)' 등의 기능은 필요할 때 클릭하면 됩니다.

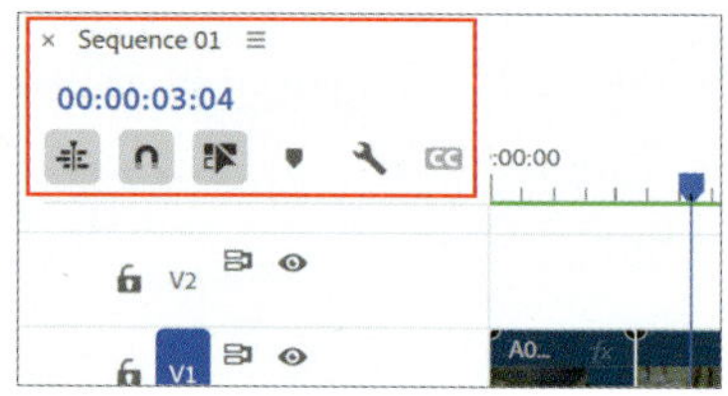

❸ **시간 눈금자(Time Ruler) 영역:** 시퀀스 헤드 오른쪽의 시간 눈금자 영역은 타임라인의 시간 스케일을 눈금 단위로 표시합니다. 시퀀스의 프레임 레이트가 NTSC 방식인 '29.97fps' 설정인 경우, 타임라인의 시간 스케일이 '00;00;04;24'와 같이 세미콜론(;) 구분 기호의 드롭 방식으로 표시됩니다. 참고로 24fps 또는 30fps 프레임 레이트 설정에서는 시간 단위 사이가 콜론(:)으로 구분됩니다. 시간 눈금자의 크기는 보기 슬라이더에 따라 변화하므로 고정된 간격이 아닙니다.

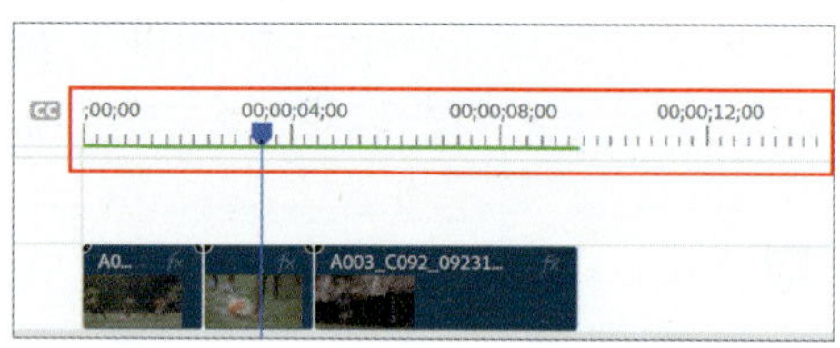

TIP 시간 눈금자의 렌더 상태 구분

눈금자 사이의 노란색 띠는 실시간 미리 보기를 위해 렌더가 권장되는 상황을 나타내고, 빨간색은 렌더가 필수적인 상황을 표시합니다. [시퀀스(Sequence)] 메뉴에서 '시작에서 종료까지 렌더링(Render In to Out)' 기능을 이용하면 렌더링한 이후에는 녹색으로 변경됩니다. 다만, 해당 구간에서 추가적인 효과 또는 변형 작업이 진행되면 다시 렌더가 필요하므로 색상도 노란색 또는 빨간색으로 변경됩니다.

❹ 타임라인의 스케일 슬라이더: 타임라인의 시간 표시 스케일을 늘리고 줄일 때는 하단 가로 방향의 슬라이더를 좌우로 드래그해서 변경하면 됩니다. 또한, 트랙에 배치된 클립의 섬네일 상하 크기를 변경할 때는 우측에 있는 세로 방향 슬라이더를 드래그하면 됩니다.

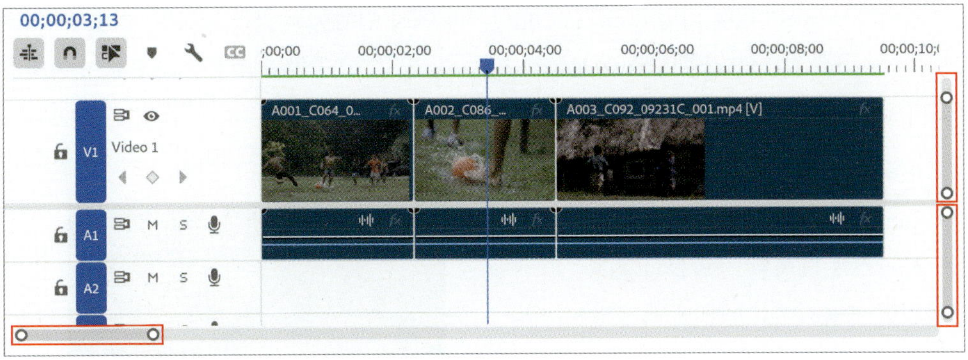

❺ 도구(Tools) 패널: 타임라인 왼쪽에는 타임라인 작업에 필요한 도구 아이콘들이 세로 방향으로 나열되어 있습니다. 위쪽부터 선택 도구(Selection Tool), 앞으로/뒤로 트랙 선택 도구(Track Select Forward/Backward Tool), 잔물결 편집/롤링 편집/속도 조정/리믹스 도구(Ripple Edit/Rolling Edit/Rate Stretch/Remix Tool), 자르기(Razor Tool), 밀어넣기/밀기 도구(Slip/Slide Tool), 펜 도구(Pen Tool), 사각형/타원/다각형 도구(Rectangle/Ellipse/Polygon Tool), 손/확대/축소 도구(Hand/Zoom Tool), 문자/세로 문자 도구(Type/Vertical Type Tool) 등이 표시됩니다.

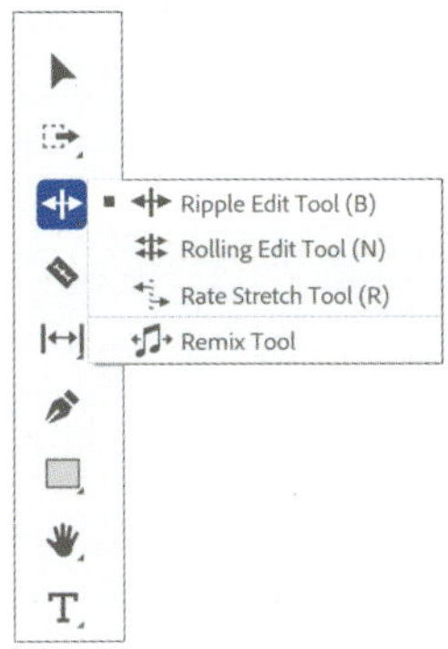

중첩(Stack)된 도구에 접근하기 위해서는 도구를 마우스 왼쪽 버튼으로 길게 클릭하면 접힌 목록이 표시됩니다. 타임라인에 필요한 도구를 선택하고 적용할 클립 위치로 마우스 커서를 이동하면, 커서가 도구 모양으로 바뀌는데 그 상태에서 클립에 클릭하면 도구의 기능이 적용됩니다.

❻ 오디오 미터(Audio Meters) 패널: 타임라인(Timeline) 패널의 오른쪽에는 세로로 긴 막대 모양의 오디오 미터(Audio Meters) 패널이 배치되어 있습니다. 오디오 신호가 있는 클립을 타임라인에서 재생하면 오디오 미터(Audio Meters) 패널의 녹색 막대그래프가 올라가면서 소리의 크기를 실시간으로 표시합니다. 대체로 -12~-6 데시벨(dB) 정도의 음량 수준이 적절한데, 그 이상으로 음량이 올라가면 그래프가 노란색에서 빨간색으로 바뀌며 최댓값이 표시됩니다. 큰 소리로 녹음된 클립은 효과 컨트롤(Effect Controls) 패널의 오디오(Audio) → 볼륨(Volume)에서 적절한 수준으로 낮추면 됩니다.

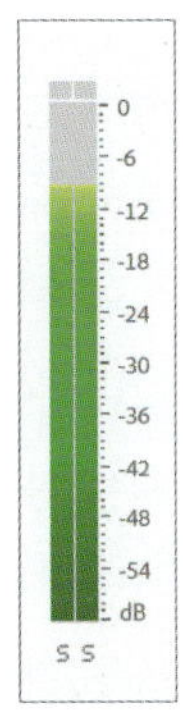

프로그램 모니터 패널

소스 모니터(Source Monitor) 패널의 오른쪽, 타임라인(Timeline) 패널의 위에는 소스 모니터(Source Monitor) 패널과 유사해 보이는 프로그램 모니터(Program Monitor) 패널이 있습니다. 프로그램 모니터(Program Monitor) 패널은 현재 타임라인(Timeline) 패널에서 편집하고 있는 내용을 모니터에 표시하고, 소스 모니터(Source Monitor) 패널과 유사하게 재생(Play/Stop) 등을 제어하는 기능들이 아이콘 형태로 나열되어 있습니다.

모니터 바로 왼쪽 아래에는 파란색 숫자로 재생 헤드(Playhead)의 시간 위치가 표시되고, 오른쪽에는 시퀀스에 배치된 클립들의 최종 시간이 회색으로 표시되며, 그 아래 시간 눈금자에도 재생 헤드(Playhead)의 위치가 파란색으로 표시됩니다. 모니터 아래 드롭다운 형태로 표시된 '맞추기(Fit)'를 클릭하면 영상 모니터의 크기를 조절하는 옵션이 표시되고, 오른쪽의 '전체(Full)'를 클릭하면 모니터의 해상도 품질을 '최대', '1/2' 등으로 지정할 수 있습니다.

속성 패널

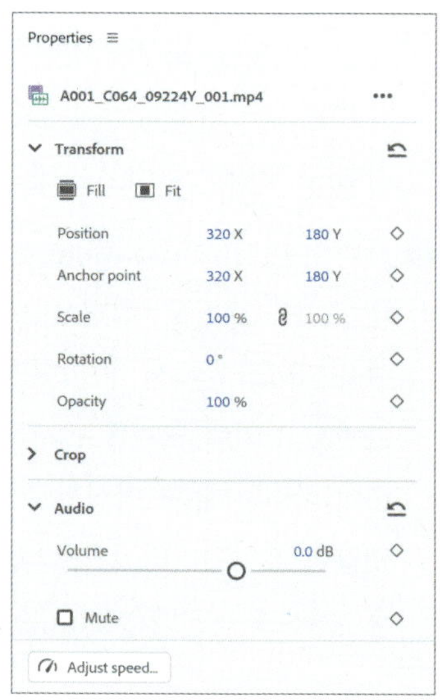

프로그램 모니터(Program Monitor) 패널 오른쪽에는 타임라인(Timeline) 패널에서 선택한 미디어 클립의 세부 정보를 표시하고 속성을 조절하는 속성(Properties) 패널이 있습니다.

변형(Transform) 항목에서는 영상이나 그래픽의 위치(Position), 앵커 포인트(Anchor point), 비율 조절(Scale), 회전(Rotation), 불투명도(Opacity) 옵션을 표시하고 변경할 수 있습니다. 자르기(Crop) 항목에서는 왼쪽(Left), 위쪽(Top), 오른쪽(Right), 아래쪽(Bottom)으로 잘라내는 비율을 표시하고 변경할 수 있으며, 오디오(Audio) 항목에서는 볼륨(Volume)을 원본 기준에서 변경할 수 있습니다. 패널 가장 하단의 <속도 조절(Adjust speed...)> 버튼을 클릭하면 클립 속도/지속 시간(Clip speed/duration) 대화상자가 표시되면서 해당 클립의 속도를 변경할 수도 있습니다.

3.4 프리미어 프로의 작업 영역

프리미어 프로 앱을 열면 기본적으로 편집(Edit) 작업 영역으로 시작하게 됩니다. 상단 탭 바(Tab bar) 영역 왼쪽에 'Edit' 글자가 짙은 색으로 활성화되어 있습니다. 가장 많이 사용하는 작업 영역인 홈(Home), 가져오기(Import), 편집(Edit), 내보내기(Export)가 제공되고, 세분화된 작업 영역은 오른쪽의 '작업 영역(Workspaces)' 아이콘(▭)을 클릭하면 메뉴 형태로 제공됩니다.

홈 영역

탭 바에서 집 모양의 '홈(Home)' 아이콘(🏠)을 클릭하면 프로젝트를 열고 관리하는 홈 영역으로 연결됩니다. 홈(Home)은 프리미어 프로를 시작할 때 가장 처음 표시되는 화면입니다.

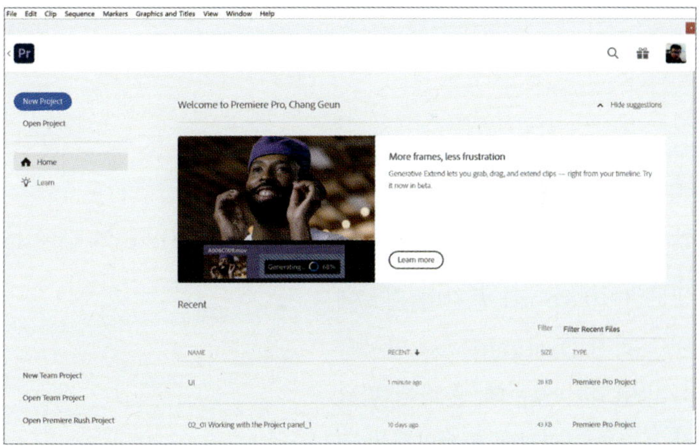

왼쪽에는 새 프로젝트(New Project), 프로젝트 열기(Open Project), 홈(Home), 배우기(Learn) 메뉴들이 제공되고, 오른쪽에는 환영(Welcome) 메시지와 함께 학습 자료를 제공하며, 그 아래에 최근(Recent) 작업했던 항목들이 나열되어 있어 작업한 파일을 바로 불러올 수 있습니다. 오른쪽 위에는 어도비(Adobe)에 등록한 사용자 계정 섬네일과 새로운 팁(New Tips...), 찾아보기(Search) 아이콘이 오른쪽부터 차례대로 배치되어 있습니다.

만약 홈 영역에서 이전 편집(Edit) 작업 영역으로 돌아가려면 왼쪽 위에 있는 '프리미어 프로(Pr)' 아이콘(Pr) 왼쪽에 있는 '돌아가기' 아이콘(<)을 클릭하면 됩니다.

가져오기 작업 영역

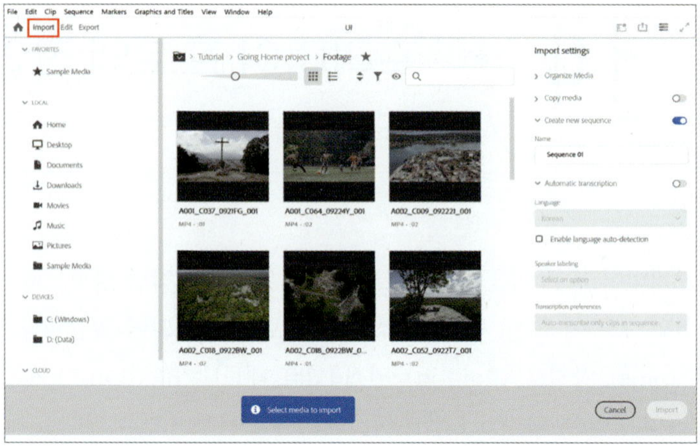

프리미어 프로에서 편집할 소스 미디어 파일을 불러올 때는 불러오기 작업 영역을 열고 필요한 파일을 선택해서 가져올 수 있습니다.

가져오기(Import) 영역의 왼쪽에는 미디어 파일에 접근할 수 있는 다양한 경로가 나열되어 있는데, 위부터 최근에 파일을 가져온 즐겨찾기(Favorites), 로컬(Local), 클라우드(Cloud) 등으로 분류되어 있습니다. 영역 가운데에는 최근에 가져온 파일이 있는 폴더의 영상, 그래픽, 오디오 클립들이 섬네일 형식으로 나열되어 있습니다. 필요한 클립들을 선택하고 아래 <가져오기(Import)> 버튼을 클릭하면 새로운 시퀀스로 타임라인에 배치됩니다. 오른쪽에는 가져오기 설정(Import settings) 항목들이 있는데, 필요한 클립들을 새로운 시퀀스로 가져오지 않고 기존 시퀀스에 추가하려면 가운데 있는 '새로운 시퀀스 생성(Create new sequence)'을 클릭하여 비활성화하면 됩니다. 그 아래에는 자동 언어 인식을 위한 설정 항목들이 나열되어 있습니다.

내보내기 작업 영역

현재 편집한 결과를 미디어 파일이나 유튜브(YouTube)와 같은 SNS로 내보낼 때 이용합니다.

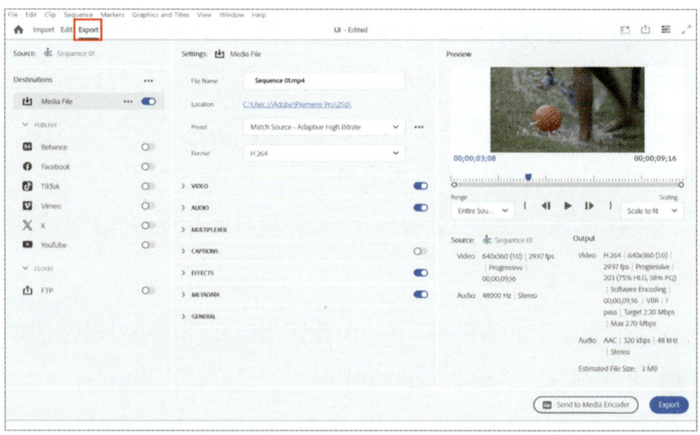

내보내기(Export) 공간의 왼쪽에는 목적지(Destinations) 항목들이 나열되어 있는데, 출력에 필요한 용도를 클릭하여 활성화하면 됩니다.

가운데 설정(Settings) 영역에서는 파일 이름(File Name), 위치(Location), 사전 설정(Preset), 포맷(Format) 등을 설정하고, 그 아래에서 결과에 포함될 영상

(Video), 오디오(Audio)와 같은 요소들을 모두 선택합니다. 오른쪽 미리 보기 영역에서는 영상 모니터에서 결과 이미지를 확인할 수 있고, 시퀀스의 일부 범위(Range)만 내보내기 설정하거나 화면 크기(Scale)를 맞추는 드롭다운 메뉴가 제공됩니다. 그 아래에는 현재 설정된 내보내기 세부 정보가 나열됩니다.

편집 작업 영역

프리미어 프로를 시작했을 때 기본 작업 영역은 '편집(Editing)' 환경입니다. 기본적인 편집은 이 영역에서 모두 해결할 수 있습니다만, 필요에 따라 다른 작업 영역 구성으로 변경해서 편집할 수도 있습니다. '작업 영역(Workspaces)' 아이콘( )을 클릭하면 편집 작업 영역의 세부 목록이 나타나는데, 옵션을 클릭하면 해당 인터페이스 구성으로 변경됩니다.

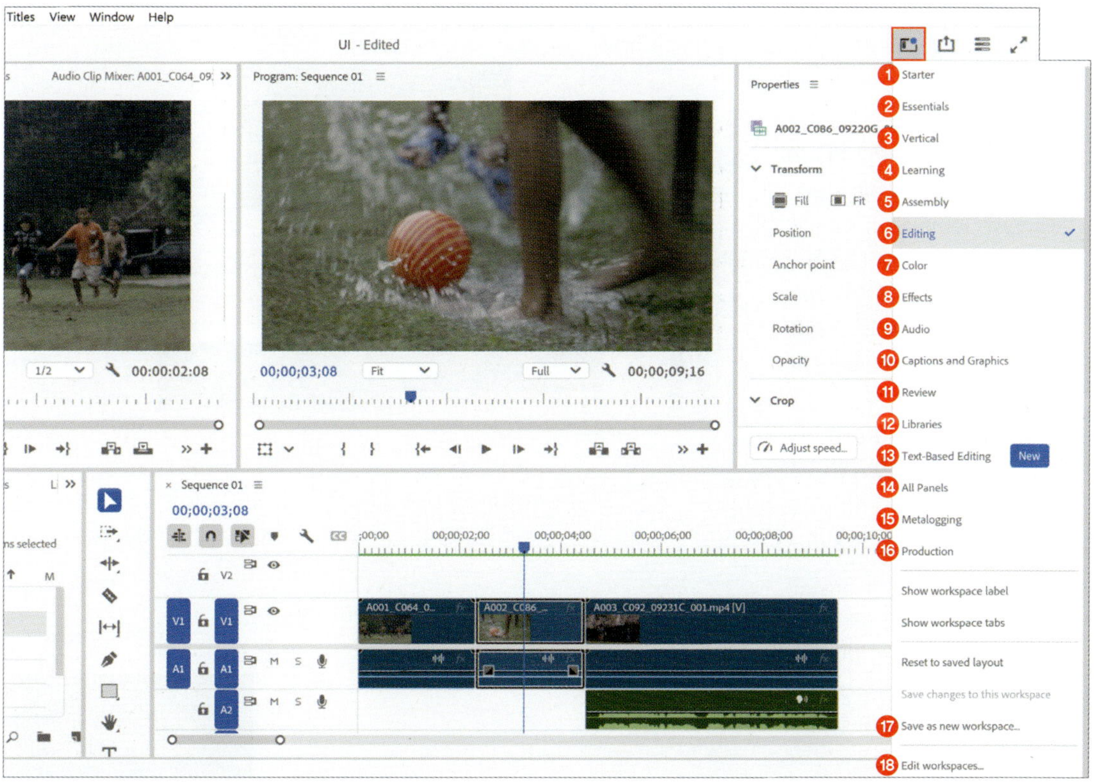

NOTE

작업 영역(Workspaces)은 사각형의 패널들로 경계가 나누어져 있습니다. 회색의 패널 경계선에 마우스 커서를 위치하여 드래그하면 패널의 영역 경계선을 변경할 수 있어, 편집 작업에 집중할 패널의 경계를 확장하여 크기를 늘리면 보기에 편합니다. 전문가들이 영상 편집에 고해상도 대형 모니터를 사용하는 이유도 작업 영역의 패널 내용을 온전히 표시할 수 있기 때문입니다.

❶ **스타터(Starter)**: 편집 초보자를 위해 단순화된 방식으로 일반적인 편집하기 공간과 비교하면 소스 모니터(Source Monitor) 패널이 생략되고 프로젝트(Project) 패널이 왼쪽 위로 이동된 구성입니다. 그 대신 타임라인(Timeline) 패널이 아래 전체를 넓게 차지해서 간단한 컷 편집 작업에 더 편리한 여건을 제공합니다.

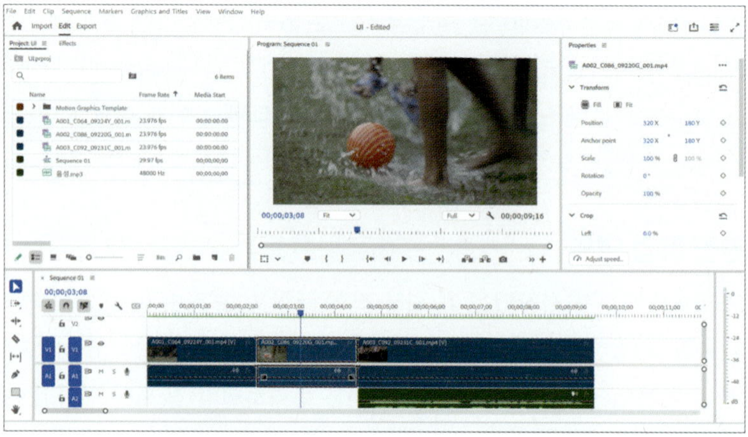

❷ **기본(Essentials)**: 프리미어 프로의 가장 핵심적인 편집 기능들에 빠르게 접근할 수 있도록 배치한 구성입니다. 왼쪽의 프로젝트(Project) 패널 위치에 효과(Effects), 그래픽 템플릿(Graphic Templates), Frame.io, 라이브러리 패널이 탭 형식으로 제공되고, 오른쪽에는 속성(Properties), 효과 컨트롤(Effect Controls), Lumetri 색상(Lumetri Color), 기본 사운드(Essential Sound), 텍스트(Text) 등의 패널을 제공합니다.

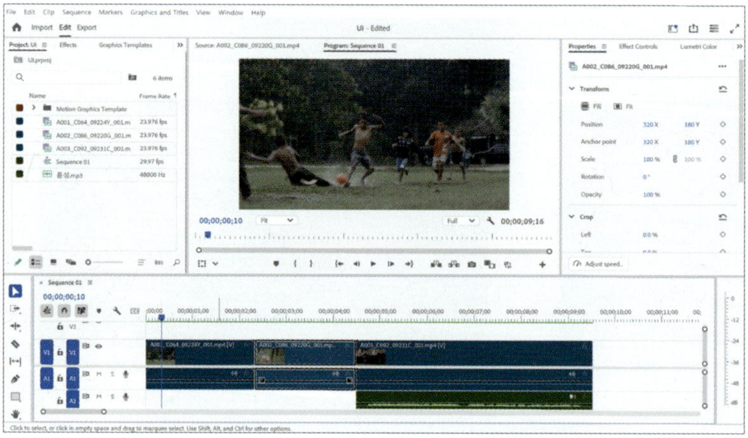

❸ **세로(Vertical)**: 소셜 미디어의 쇼츠나 인스타그램의 영상 콘텐츠처럼 세로로 긴 형태의 영상을 편집하기 위한 인터페이스 구성입니다. 소스(Source)와 프로그램 모니터(Program Monitor) 패널이 오른쪽에 세로로 길게 배치되어 세로형 영상을 확인하기 편리합니다. 속성(Properties) 패널이 가운데로 이동하고 타임라인(Timeline) 패널은 왼쪽으로 치우쳐서 좌우 폭이 줄어듭니다.

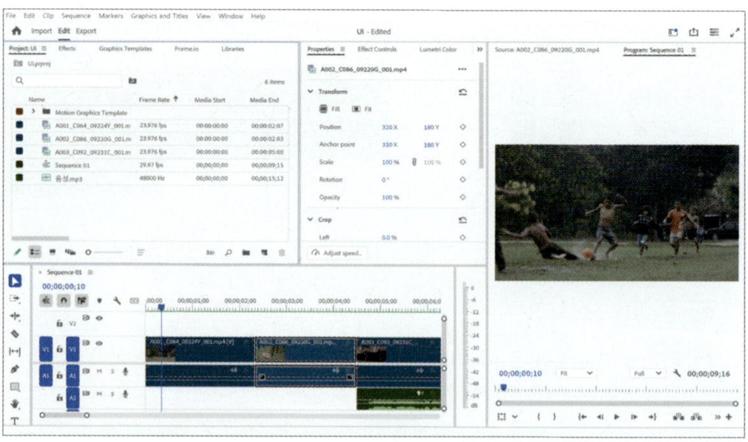

❹ **학습(Learning)**: 초보자를 위한 스타터(Starter) 영역과 비교하면 효과(Effects) 패널이 생략되고 튜토리얼 콘텐츠를 사용하기 편리한 인터페이스 구성입니다. 간단한 컷 편집 기능에 집중할 수 있어서 프리미어 프로의 편집 기능을 처음 배우는 사용자에게 적합합니다.

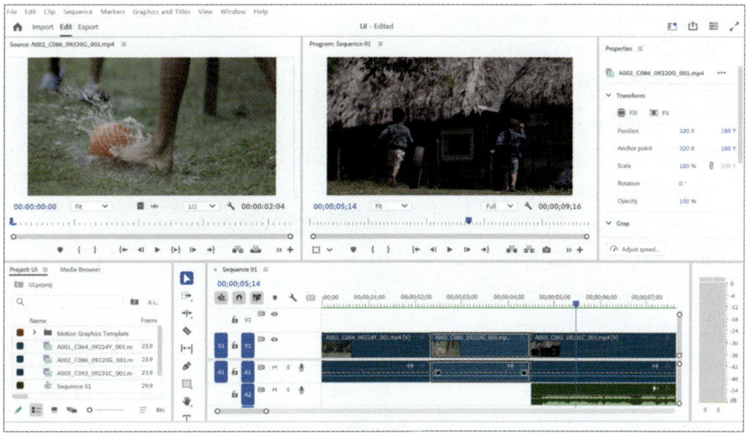

❺ **어셈블리(Assembly)**: 프로젝트(Project)와 미디어 브라우저(Media Browser), 마커(Markers) 패널 등을 왼쪽에 세로로 길게 배치하여 편집에 사용할 미디어 클립들을 미리 살펴보고 빠르게 가편집(Rough Cut)하기에 편리한 환경입니다.

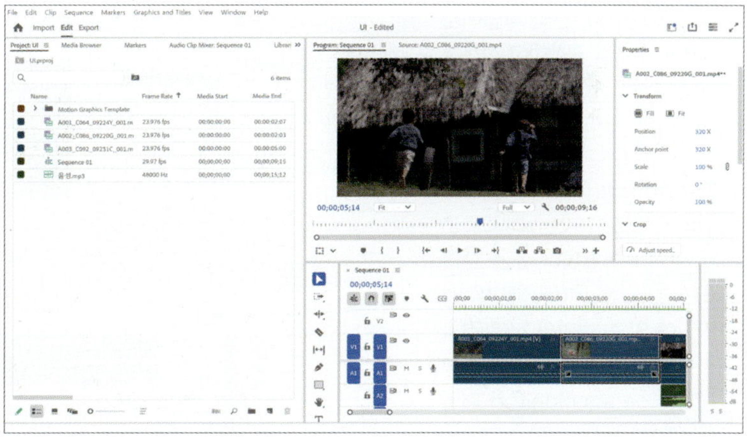

❻ **편집(Editing)**: 프리미어 프로의 영상 편집에서 가장 자주 이용하는 환경입니다. 왼쪽 위에 소스 모니터(Source Monitor) 패널, 그 오른쪽에는 프로그램 모니터(Program Monitor) 패널이 배치되어 있고, 가장 오른쪽에는 속성(Properties) 패널이 있습니다. 아래 왼쪽에는 프로젝트(Project) 패널, 오른쪽에는 타임라인(Timeline) 패널이 크게 자리합니다. 다양한 미디어 소스를 미리 보면서 컷 편집 작업을 수행하는 데에 최적화된 작업 영역입니다.

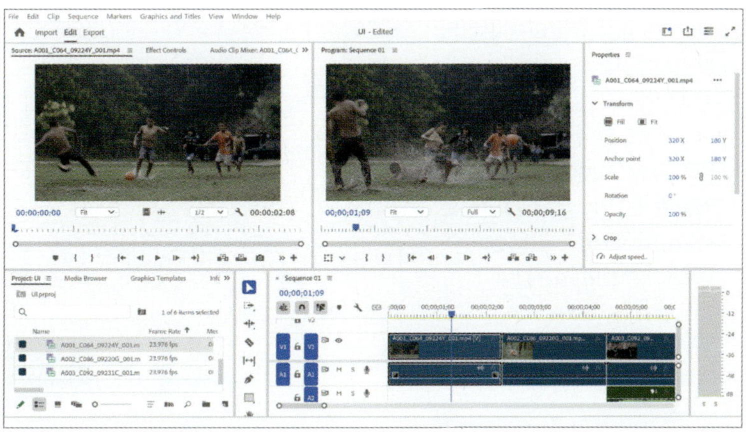

❼ **색상(Color)**: 영상의 색 보정과 컬러 그레이딩에 필요한 도구들을 전면에 배치한 인터페이스 구성 환경입니다. 왼쪽 위에는 현재 재생 헤드(Playhead)가 위치한 클립의 컬러 스펙트럼을 제시하는 Lumetri 범위(Lumetri Scopes)가 배치되어 있고, 오른쪽 패널에는 현재 시퀀스의 Lumetri 색상(Lumetri Color) 설정 항목들이 제공됩니다.

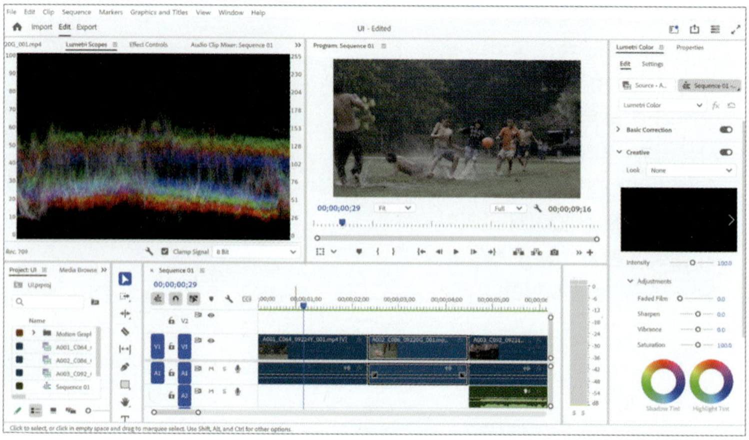

❽ **효과(Effects)**: 편집 작업에서 다양한 효과를 검색하고 적용하기 편리한 인터페이스 구성 환경입니다. 왼쪽 위에는 효과 컨트롤(Effect Controls) 패널이 전면에 배치되어 있고, 오른쪽 위에도 효과(Effects) 패널 목록이 먼저 제공됩니다. 소스 모니터(Source Monitor) 패널은 생략되어 있고, 효과의 적용 결과를 확인할 수 있는 프로그램 모니터(Program Monitor) 패널만 중앙에 배치됩니다.

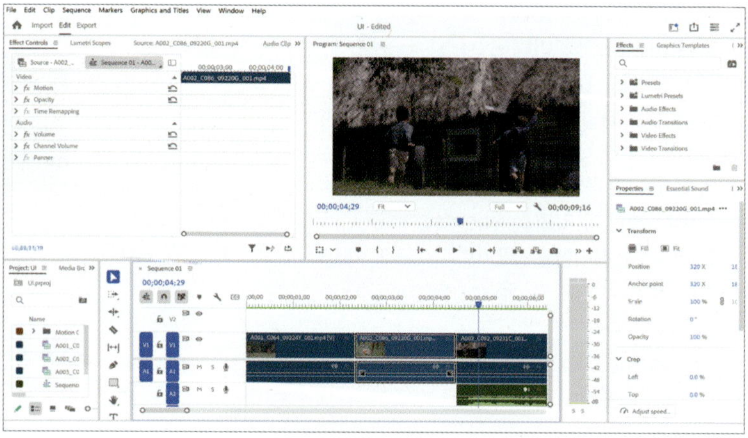

❾ **오디오(Audio)**: 오디오 클립을 편집하고 세부 속성을 변경하기 편리한 작업 영역 구성입니다. 가운데 왼쪽 위에는 오디오 클립 믹서(Audio Clip Mixer) 패널이 전면에 배치되고, 오른쪽에는 기본 사운드(Essential Sound) 패널이 제공됩니다.

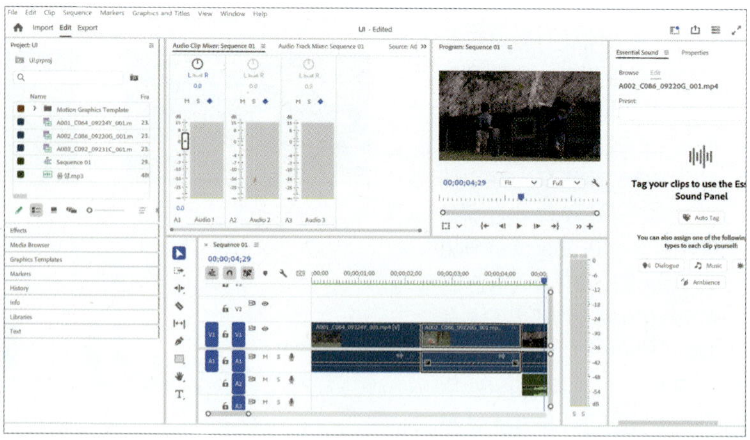

⑩ **캡션 및 그래픽(Captions and Graphics)**: 음성을 문자로 옮기는 기능과 자막을 제작하기 편리한 작업 영역입니다. 가운데 프로그램 모니터(Program Monitor) 패널은 작게 줄어들고 왼쪽 위에 텍스트(Text) 패널이 크게 배치되어 있습니다.

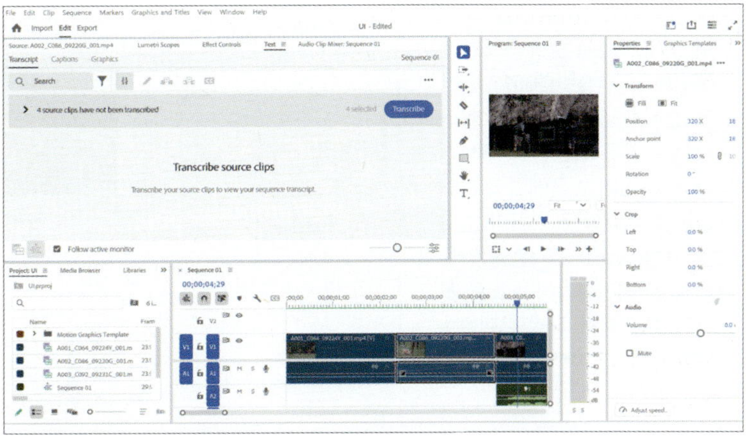

⑪ **검토(Review)**: 현재까지 편집한 결과를 확인하고 Frame.io 서비스에 게시하여 다른 사용자와 공유하고 검토하는 기능의 인터페이스 구성 환경입니다. 이 기능을 사용하기 위해서 Frame.io 서비스에 미리 가입해야 하는데 현재 프리미어 프로에서는 직접적인 연결이 원활하지 않아 웹브라우저에서 가입하는 것이 좋습니다.

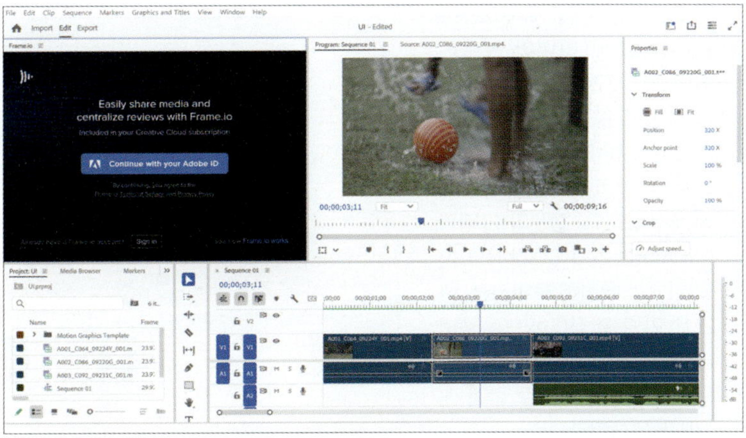

TIP **Frame.io 가입**

프리미어 프로를 설치할 때 가입한 어도비 계정으로 Frame.io 서비스에 간편하게 사용자를 등록할 수 있습니다. Frame.io의 구독 방식은 유료 플랜을 사용했을 경우 구성원 5명이 2TB 용량을 클라우드 드라이브로 이용할 수 있습니다. 무료(Free) 플랜도 구성원 2명이 100GB 용량의 클라우드 드라이브를 이용할 수 있으니 처음 사용자라면 무료(Free) 플랜을 이용하는 것이 좋습니다.

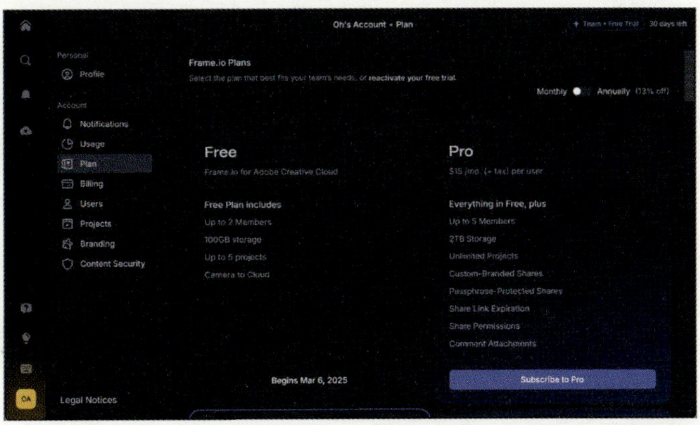

⑫ **라이브러리(Libraries)**: 어도비 스톡(Adobe Stock)의 에셋(Asset)과 템플릿(Templates)을 검색해서 프로젝트로 불러오거나 관리하는 환경 구성입니다. 어도비 스톡에서 미디어 클립을 내려받은 기록이 없다면 검색(Search) 기능을 이용해서 필요한 미디어 소스를 찾아볼 수 있지만, 유료 콘텐츠는 비용이 발생할 수 있습니다.

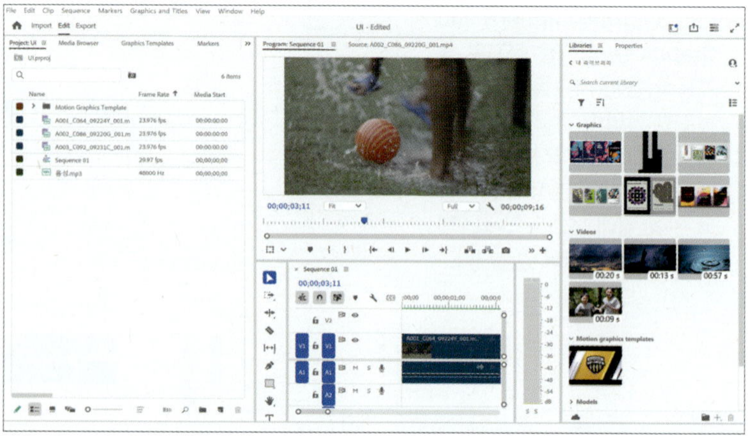

⑬ **텍스트 기반 편집(Text-based Editing)**: 프리미어 프로에 최근 추가된 작업 영역으로, 음성 클립을 텍스트로 기록(Transcribe)한 후 문자 기반으로 러프 컷을 편집하는 데에 유용합니다. 캡션과 그래픽(Captions and Graphics) 작업 영역과 유사해 보이지만, 텍스트 기반 편집(Text-based Editing)은 왼쪽에 텍스트(Text) 패널이 세로로 길게 배치되어 있습니다.

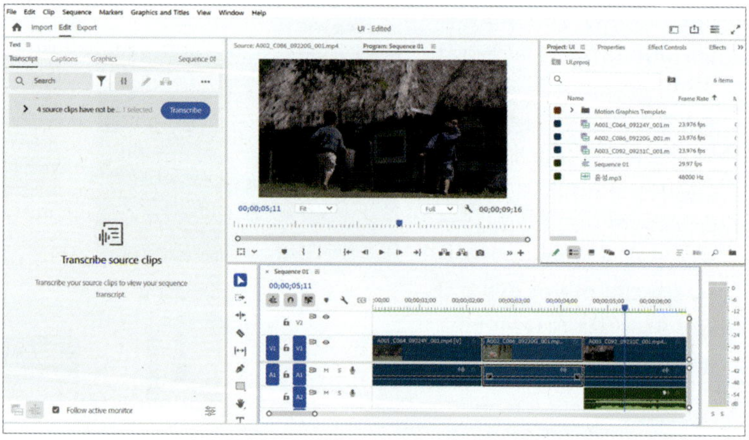

⑭ **모든 패널(All Panels)**: 모든 패널을 화면에 표시하는 작업 영역입니다. 왼쪽 위에는 효과 컨트롤(Effect Controls)과 Lumetri 범위(Lumetri Scopes), 오디오 클립 믹서(Audio Clip Mixer) 등의 패널들이 있고, 오른쪽에는 속성(Properties)과 정보(Info), 효과(Effects), 그래픽 템플릿(Graphic Templates) 등의 패널들이 배치되어 있습니다. 필요한 패널에 바로 접근할 수 있어서 다양한 패널을 오가며 작업하기 편리합니다.

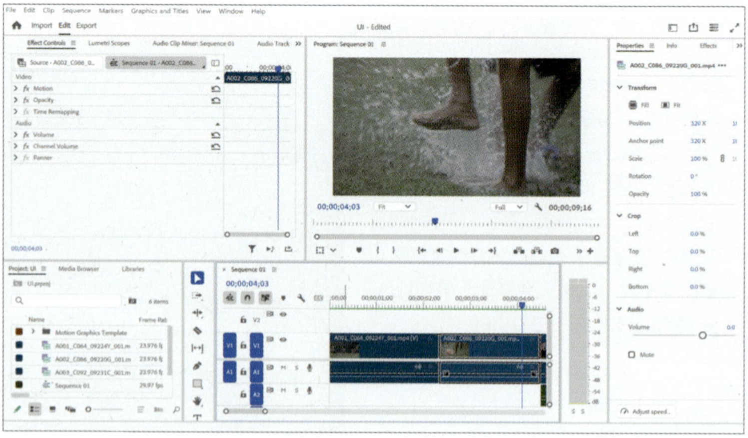

⑮ **메타로그(Metalogging)**: 프로젝트에 사용하는 미디어 클립들의 상세 정보를 확인하고 메타로그 데이터를 편집할 수 있는 작업 영역입니다. 오른쪽에는 메타데이터(Metadata) 패널이 세로로 길게 제공되고, 왼쪽 위의 넓은 영역에는 정보(Info) 패널이 표시되어 빠르게 정보를 파악해 접근할 수 있습니다.

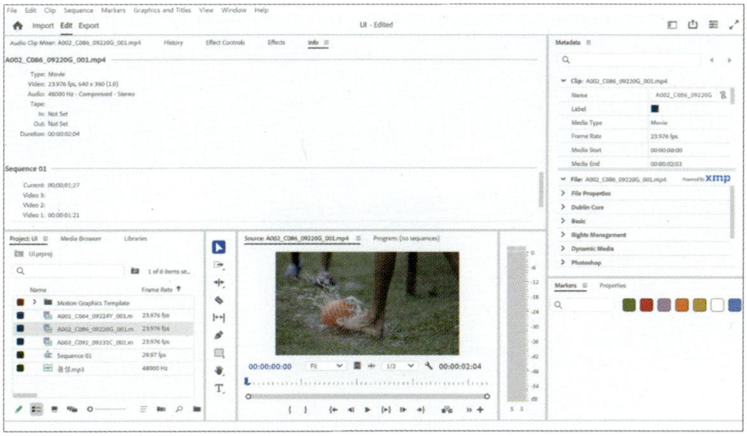

⑯ **프로덕션(Production)**: 여러 구성원과 공동 작업하기 위한 프로덕션(Production) 패널이 왼쪽에 길게 제공되는 작업 영역입니다. 만약 개인 프로젝트라면 프로덕션(Production) 패널이 아예 표시되지 않습니다.

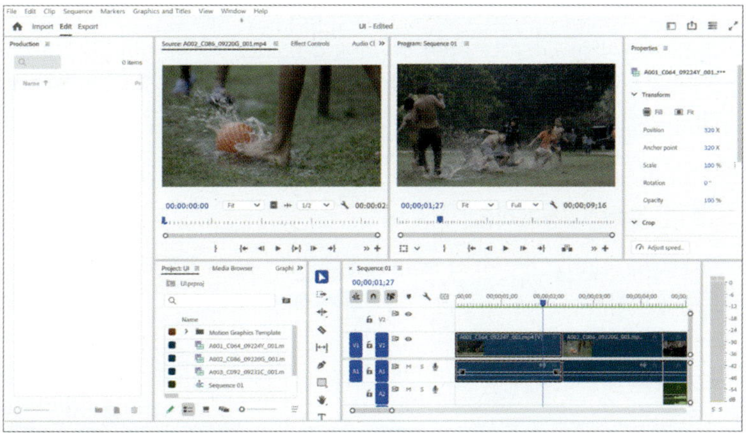

⑰ **새 작업 영역으로 저장(Save as new workspaces)**: 사용자가 패널의 구성을 변경하고, 자주 사용하고자 한다면 변경된 작업 영역을 새로 저장할 수 있습니다.

'작업 영역(Workspaces)' 아이콘( )을 클릭하고 '새 작업 영역으로 저장(Save as new workspaces)'을 선택하면 새 작업 영역(New Workspaces) 대화상자가 표시됩니다. 작업 영역의 이름을 입력하고 저장하면 나만의 작업 영역을 저장할 수 있습니다.

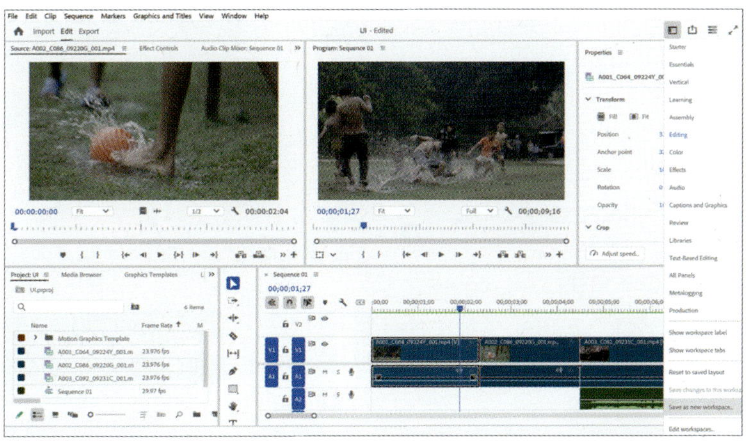

⑱ **작업 영역 편집(Edit workspaces...)**: 메뉴에서는 기존의 작업 영역을 숨기거나 추가하는 등 편집 작업이 가능합니다.

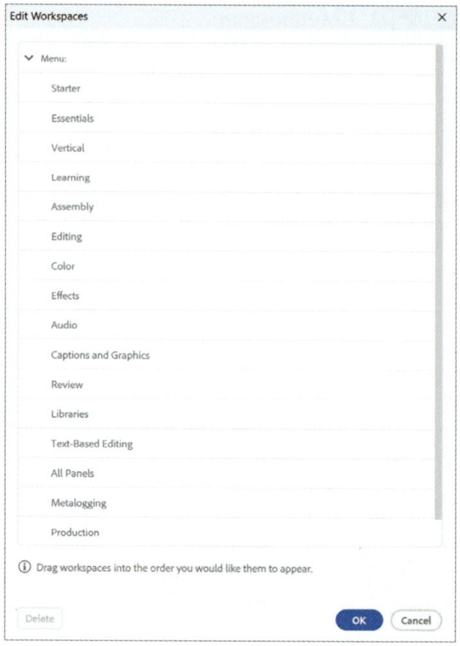

NOTE

만약 작업 영역의 패널 배치를 변경하다가 의도와 달리 혼란스럽게 변했다면 작업 영역(Workspaces) 목록 맨 아래에 있는 '저장된 레이아웃으로 재설정(Reset to saved layout)' 메뉴를 클릭하여 원래 상태로 복원합니다.

TIP **패널 고정과 이동**

작업 영역을 구성하는 여러 패널은 서로 위치를 바꾸거나 그룹을 옮겨 배치할 수 있습니다. 이동하는 방법은 패널 이름을 마우스로 드래그하여 원하는 위치에 가져다 놓으면 되며, 이때 패널을 옮길 수 있는 위치는 보라색으로 표시되어 이동의 편의성을 제공합니다.

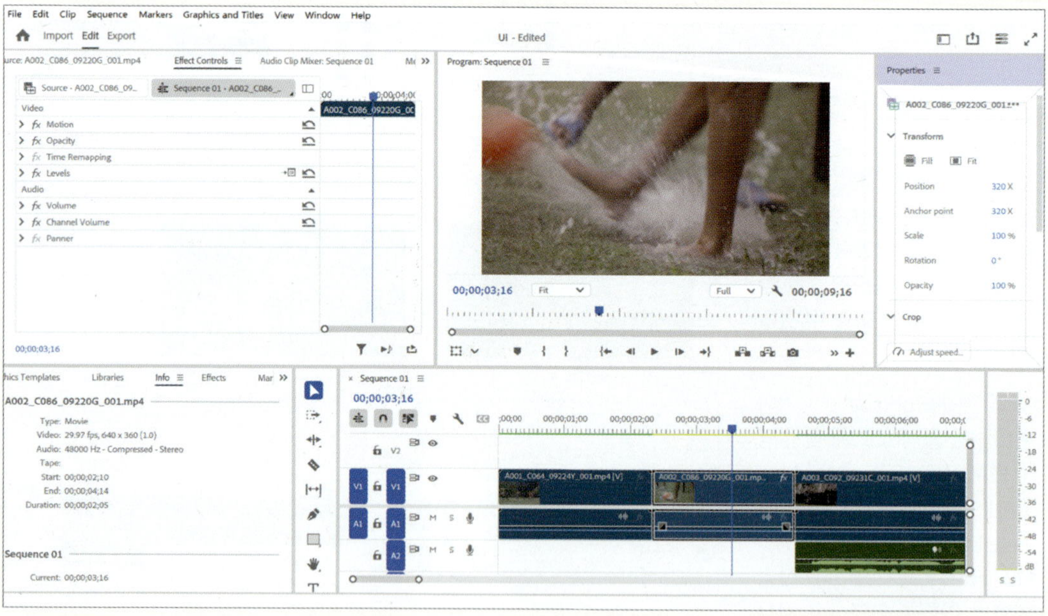

연습 문제 |

01 내 컴퓨터에 프리미어 프로를 설치하기 위해 어도비 크리에이티브 클라우드(Adobe Creative Cloud) 앱을 먼저 설치하고, 환경 설정에서 앱의 기본 설치 언어를 변경하여 프리미어 프로 영어판(English International)을 설치하세요.

02 프리미어 프로를 실행하고 새 프로젝트를 만들면서 학습(Learn) 영상 소스를 가져옵니다(Import). 타임라인(Timeline) 패널에 새 시퀀스(New Sequence)를 생성해서 영상 클립을 순서대로 배치해 보세요.

03 프리미어 프로의 작업 영역(Workspaces)을 '편집(Editing)'으로 설정한 후 각 패널을 여러분의 편의대로 재구성하고 새 작업 영역(Save as new workspace)으로 저장하세요.

WEEK 04

영상 편집을 위한 기본 기능

학 습 목 표

프리미어 프로의 기본 영상 편집 기능을 익힙니다. 컷 편집 도구를 활용해 불필요한 부분을 제거하고, 영상 길이를 조절하여 자연스러운 흐름을 만들어 봅니다. 또한, 화면 전환 효과를 사용해 영상의 자연스러운 연결을 실습하고, 최종적으로 영상 파일로 내보내는 방법을 학습합니다.

4.1 영상 편집 기초

기초 컷 편집

컷 편집은 영상 편집 과정에서 가장 기본이자 핵심이 되는 작업으로, 촬영된 영상을 불필요한 부분을 잘라내고 필요한 장면만 남기는 편집 기법입니다. 컷 편집을 통해 영상을 자연스럽고 흐름 있게 연결하여, 시청자가 이해하기 쉽고 몰입할 수 있도록 만듭니다.

불필요한 부분 제거

실수, 중복된 장면, 어색한 멈춤, 불필요한 공백 등을 제거하여 영상의 완성도를 높입니다.

영상 길이 조절

영상을 원하는 길이로 압축하거나 늘려 콘텐츠의 집중도를 유지합니다.

자연스러운 흐름 제공

장면 전환이 어색하지 않도록 연결하여 시청자가 자연스럽게 스토리를 따라가게 합니다.

기초 컷 편집 과정은 다음과 같습니다. 전체 영상을 검토한 후 필요 없는 부분을 컷 편집하고, 클립을 연결해 빈 공간을 제거합니다. 이어서 트랜지션과 효과를 추가해 영상의 흐름을 부드럽게 만들고, 마지막으로 오디오를 조정합니다.

소스 영상 가져오기

원본 영상을 편집 프로그램에 가져와 필요한 클립을 분류합니다.

불필요한 부분 자르기

말 실수, 중복된 대사, 긴 공백, 어색한 멈춤 등을 제거합니다.

장면 연결

앞뒤 클립을 자연스럽게 연결하여 스토리의 흐름을 유지합니다.

전환 효과 없는 자연스러운 연결

컷 편집에서는 보통 자연스러운 연결을 중요시하기 때문에 전환 효과(페이드, 디졸브 등) 없이도 클립이 자연스럽게 연결되는지 확인합니다.

프리미어 프로에서 활용할 수 있는 컷 편집 도구는 대표적으로 다음과 같습니다. 이 도구들은 영상 클립을 자르거나 세밀하게 조정할 때 사용되며, 작업 상황에 맞게 적절히 활용할 수 있습니다.

1. 자르기 도구(Razor Tool): 타임라인에서 영상을 자르기 위해 사용하는 가장 기본적인 도구로, 칼 모양의 아이콘이 표시되었을 때 원하는 클립을 클릭하면 해당 지점에서 영상이 2개의 클립으로 나뉩니다.
2. 잔물결 편집 도구(Ripple Edit Tool): 클립을 자른 후 빈 공간을 클릭합니다. 잔물결 편집(Ripple Edit) 도구를 사용하면 빈 공간이 자동으로 메워집니다.
3. 편집 추가(Ctrl+K(Windows)/Cmd+K(Mac)) : 타임라인에서 재생 헤드(Playhead)를 자르고 싶은 위치로 이동합니다. 선택한 위치를 바로 자를 수 있습니다.
4. 롤링 편집 도구(Roll Edit Tool): 두 클립의 컷 지점을 조정할 때 사용합니다. 컷 지점을 앞뒤로 움직여 편집 시간을 미세하게 조정할 수 있습니다.

영상의 화면 전환 기능

영상 편집에서 화면 전환(Transition)은 하나의 클립이 끝나고 다음 클립으로 자연스럽게 넘어갈 때 시각적 연결 효과를 주는 기술입니다.

영상을 편집할 때 단순한 컷 편집만으로도 영상을 이어 붙일 수 있지만, 화면 전환을 사용하면 영상이 더욱 부드럽고 흥미로워 보이는 효과를 얻을 수 있습니다. 하지만 과도하게 사용하면 영상이 산만해질 수 있으므로, 필요한 부분에 적절하게 사용해야 합니다. 화면 전환 기능들을 살펴보겠습니다.

디졸브(Dissolve)

한 클립이 서서히 사라지면서 다음 클립이 서서히 나타나는 효과입니다. 감정적인 장면, 시간 경과, 장면 전환 시 부드러운 연결이 필요할 때 사용합니다.

와이프(Wipe)

첫 번째 클립이 화면을 밀어내며 다음 클립이 나타나는 효과입니다. 다큐멘터리, 뉴스, 이벤트 영상 등에서 장면 전환 시 사용합니다.

슬라이드(Slide)

첫 번째 클립이 화면 밖으로 밀려나고 다음 클립이 슬라이드 되며 나타납니다. 활동적이고 역동적인 분위기를 연출할 때 주로 사용합니다.

줌(Zoom)

첫 번째 클립이 점점 축소되거나 확대되면서 다음 클립으로 전환되는 효과입니다. 비주얼적으로 강렬한 전환 효과를 줄 때 주로 사용합니다.

페이드(Fade): 페이드 투 블랙(Fade to Black), 페이드 투 화이트(Fade to White)

화면이 서서히 검은색 또는 흰색으로 변하면서 전환됩니다. 영상의 시작이나 종료, 장면 사이에 부드러운 전환을 줄 때 사용합니다.

영상의 리프레임

리프레임(Reframe)은 촬영된 영상의 구도를 수정하거나 피사체의 위치를 조정하여 화면의 중심을 재배치하는 작업을 의미합니다. 특히 세로 영상과 가로 영상 간의 변환 또는 피사체를 중심에 맞추는 작업에서 주로 사용됩니다. 프리미어 프로에서 리프레임을 적용하려면 자동 리프레임(Auto Reframe Sequence) 기능을 사용하면 됩니다.

리프레임이 필요한 상황은 다음과 같습니다.

세로 영상과 가로 영상 간 변환

스마트폰 세로 촬영 영상(9:16)을 유튜브 가로 화면(16:9)으로 변환할 때나 반대로 가로 영상을 SNS 용 세로 영상으로 전환할 때 사용합니다.

촬영 시 프레임 벗어난 피사체 보정

촬영 중 피사체가 화면 중심에서 벗어난 경우에 사용합니다.

피사체를 중심에 맞춤

인공지능(AI)을 활용해 피사체를 자동으로 중심에 맞추는 기능이 필요할 때 사용합니다.

영상 출력

영상 편집이 완료된 후 출력(Export) 과정은 최종 결과물을 파일로 저장하여 다양한 플랫폼(유튜브, 인스타그램, 웹 등)에 배포하기 위한 필수 단계입니다. 출력 시에는 영상의 파일 형식, 코덱, 해상도, 프레임 레이트, 비트레이트 등 여러 설정을 고려해야 하며, 올바른 설정을 통해 영상 품질과 파일 크기를 최적화할 수 있습니다.

❶ **출력(Export)**: 편집한 영상을 하나의 파일로 내보내는 과정입니다.

❷ **인코딩(Encoding)**: 영상 데이터를 특정 코덱을 사용해 압축하여 저장하는 과정입니다.

❸ **렌더링(Rendering)**: 편집 중 적용한 효과와 전환을 최종 영상 파일에 적용하는 과정입니다.

출력 시 설정 항목과 파일 형식은 다음과 같습니다.

• 설정 항목

설정 항목	설명	추천 값
파일 형식	영상 파일의 포맷(MP4, MOV 등)	H.264(MP4)
코덱	영상과 오디오를 압축하는 기술	H.264/HEVC(H.265)
해상도	영상의 가로, 세로 크기(픽셀 단위)	1920×1080(Full HD) 3840×2160(4K)
프레임 레이트	초당 보여지는 프레임 수	24fps, 30fps, 60fps
비트 레이트	영상의 데이터 전송 속도(영상 품질 결정)	10-15 Mbps(Full HD)
오디오 설정	오디오 코덱, 샘플링 속도 등	AAC, 48kHz, 320kbps

• 파일 형식

파일 형식	설명	사용 용도
MP4(H.264)	고화질을 유지하면서도 파일 크기가 작음	유튜브, SNS, 웹 배포
MOV	고품질, 대용량 포맷	방송, 영화 제작
AVI	압축률이 낮아 고화질 유지	영상 아카이브용
HEVC(H.265)	H.264보다 더 높은 압축 효율 제공	4K, 8K 영상 출력
WMV	Windows 전용 파일 형식	Windows 환경에서 사용

4.2 실습 예제 01 기본 포맷으로 시퀀스 만들고 미디어 불러오기

• **예제 파일** : 04\04_2 폴더 • **완성 파일** : 04\04_2\시퀀스만들기.prproj

영상 편집의 첫걸음은 시퀀스를 설정하고 필요한 미디어를 불러오는 것입니다. 기본 포맷으로 시퀀스를 만들고 미디어를 불러오는 과정을 따라해 보겠습니다.

01 프리미어 프로를 실행합니다. 스플래쉬 이미지가 나타난 후 홈 화면이 표시됩니다. 새로운 프로젝트를 만들기 위해 <새 프로젝트(New Project)> 버튼을 클릭합니다.

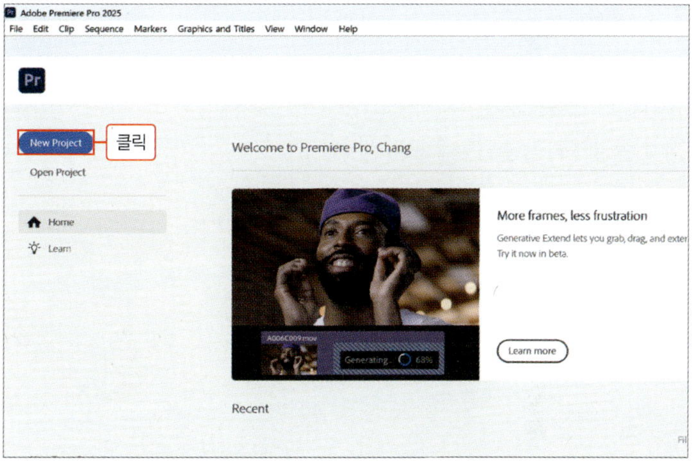

02 새로운 프로젝트(New Project) 대화상자가 표시되면 프로젝트 이름(Project Name)에 '시퀀스만들기'를 입력하고 <만들기(Create)> 버튼을 클릭합니다.

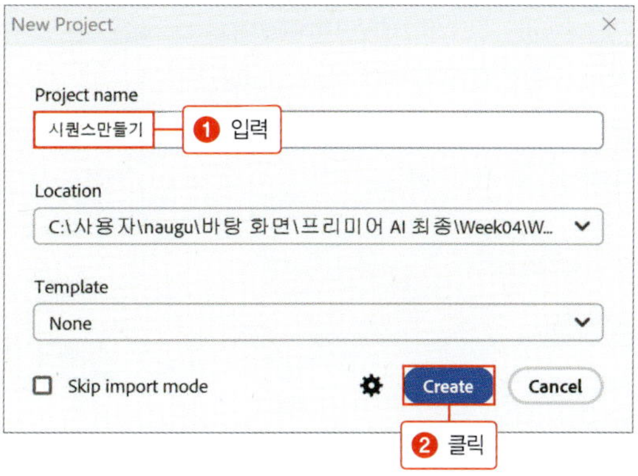

03 '시퀀스만들기' 프로젝트의 가져오기 설정(Import Settings)이 표시됩니다. 설정 변경이 필요 없다면 <건너뛰기(Skip)> 버튼을 클릭합니다.

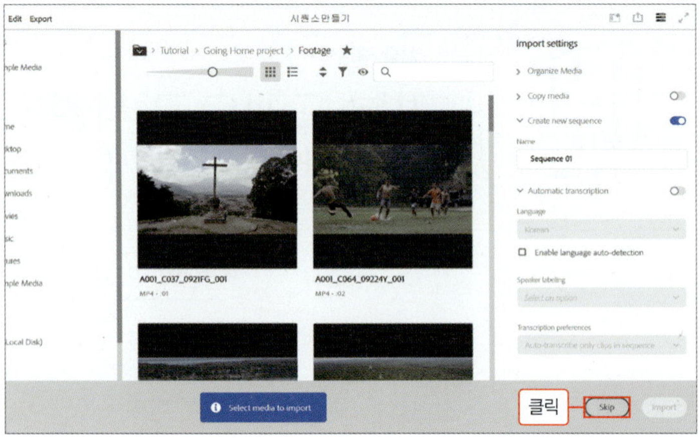

04 작업 화면이 표시됩니다. 프로젝트(Project) 패널에서 <가져오기(Import media)> 버튼을 클릭하고 Import 대화상자가 표시되면 04 → 04_2 폴더의 영상 클립들을 모두 선택하고 <열기> 버튼을 클릭합니다.

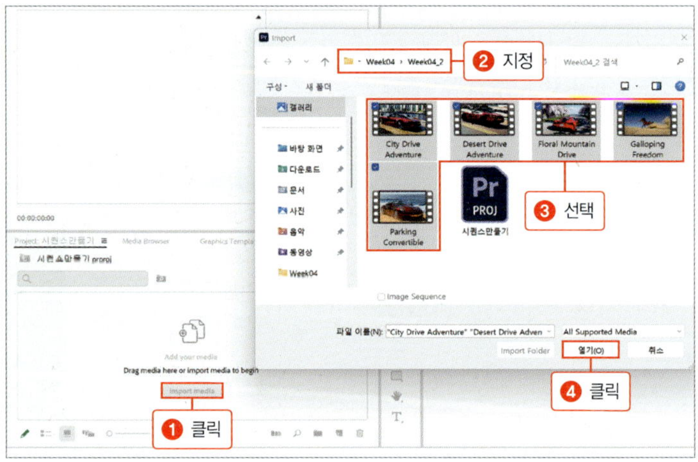

05 프로젝트(Project) 패널에서 'City Drive Adventure.mp4' 영상 클립을 타임라인(Timeline) 패널로 드래그하여 시퀀스를 만듭니다.

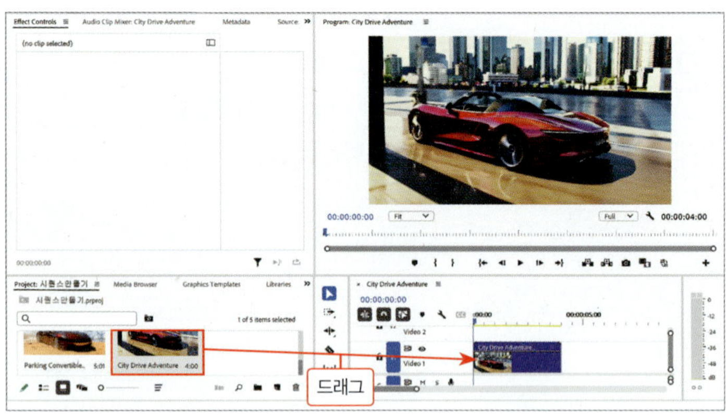

06 생성된 시퀀스의 이름을 변경하기 위해 프로젝트(Project) 패널의 'City Drive Adventure Sequence' 시퀀스에서 마우스 오른쪽 버튼을 클릭하고 '이름 바꾸기(Rename)'을 클릭합니다.

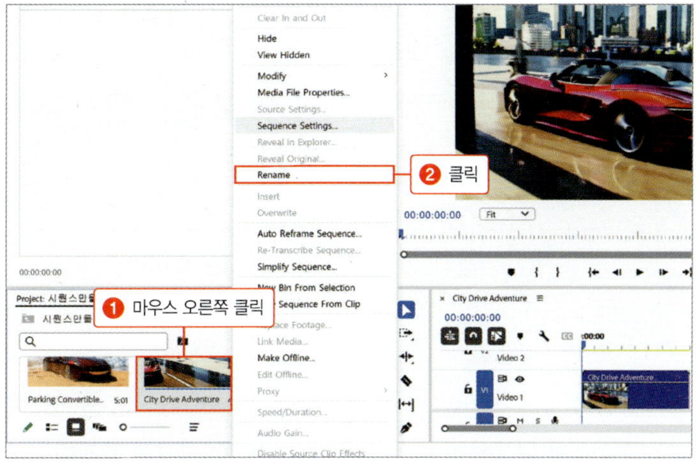

07 프로젝트(Project) 패널에서 직접 시퀀스 이름을 수정할 수 있으며, 원하는 이름으로 변경하면 됩니다.

TIP 생성한 시퀀스 설정 확인 및 변경하기

프로젝트(Project) 패널에서 시퀀스 클립을 선택하고 마우스 오른쪽 버튼을 클릭한 다음 '시퀀스 설정(Sequence Settings...)'을 클릭합니다. 표시된 시퀀스 설정(Sequence Settings) 대화상자에서 시퀀스의 속성을 확인하고 필요한 경우 변경할 수 있습니다

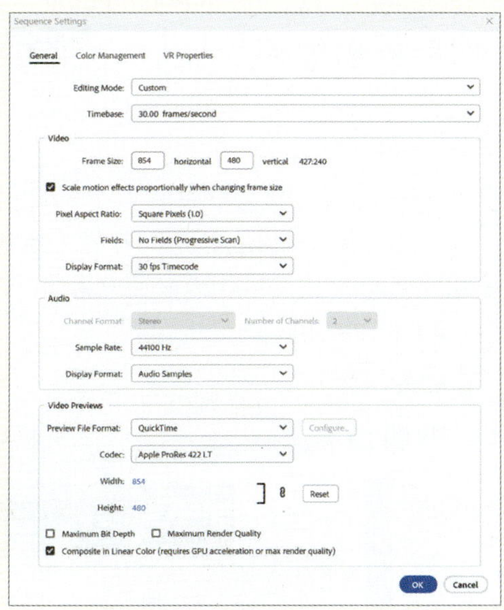

4.3

실습 예제 02

컷 편집 방식과 타임라인 작업 이해하기

• **예제 파일** : 04\04_3\컷편집.prproj

효율적인 컷 편집을 위한 타임라인 작업은 영상 편집의 기본입니다. 자르기, 삭제, 클립 조정 등 다양한 도구와 기능을 활용하여 타임라인 편집 기법을 실습해 봅시다.

자르기 도구로 컷 편집하기

01 컷 편집을 진행하기 위해 04 → 04_3 폴더에서 '컷편집.prproj' 파일을 더블클릭하여 실행합니다.

NOTE

직접 영상을 배치할 경우 'City Drive Adventure.mp4', 'Galloping Freedom.mp4', 'Desert Drive Adventure.mp4', 'Floral Mountain Drive.mp4', 'Parking Convertible.mp4' 순서로 배치합니다.

02 첫 번째 영상 클립의 검은색 테두리가 보이는 불필요한 부분과 차가 화면 밖으로 사라지기 전 부분까지를 자릅니다. 영상을 다음 영상과 연결하기 위해 첫 번째 영상 클립을 잘라내겠습니다. 타임라인(Timeline) 패널에서 재생 헤드(Playhead)를 '00:00:00:15'로 이동하고 도구(Tools) 패널에서 자르기(Razor) 도구()를 선택한 다음 영상 클립을 클릭하여 자릅니다.

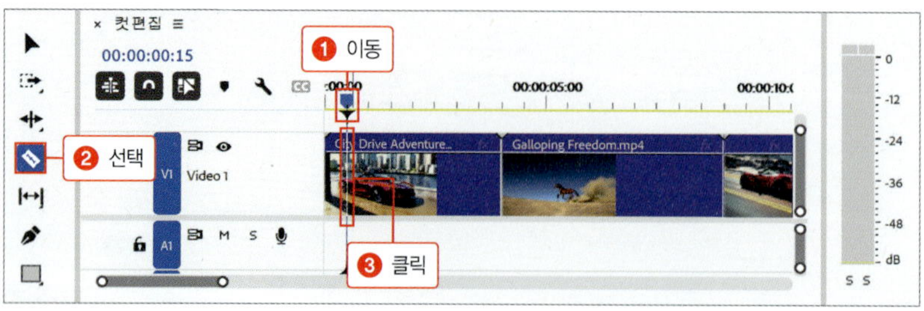

NOTE

영상 클립 위에 커서를 위치했을 때 자르기(Razor) 도구() 모양으로 변합니다. 이때 클릭하면 클립을 자를 수 있습니다.

03 같은 방법으로 재생 헤드(Playhead)를 '00:00:02:00'으로 이동하고 자르기(Razor) 도구(◈)를 이용하여 영상 클립을 자릅니다.

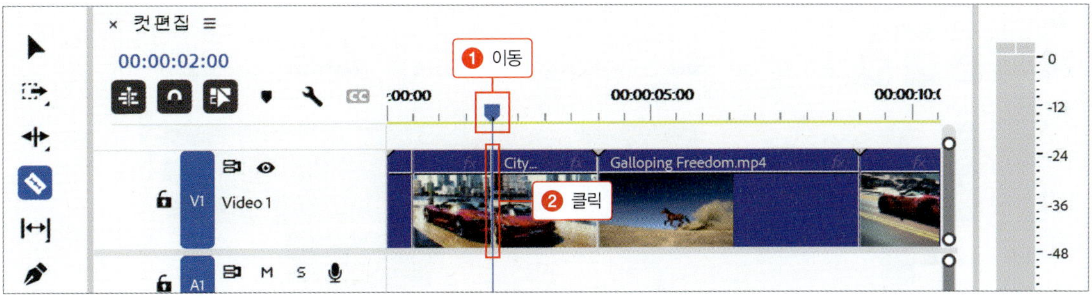

04 영상 클립을 자르고 난 후 3분할이 되면 도구(Tools) 패널에서 선택(Selection) 도구(▶)를 선택하고 분할된 영상 클립 중 첫 번째, 세 번째 영상 클립을 선택한 다음 Delete를 눌러 삭제합니다.

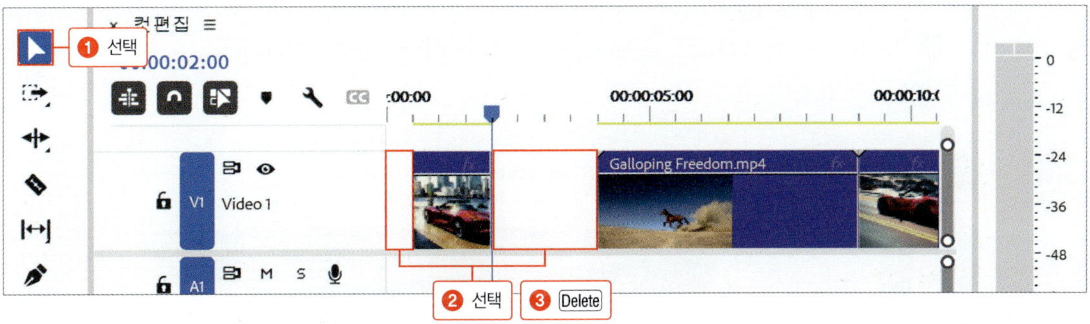

05 삭제한 영상 클립 사이에 2개의 빈 공간이 생겼습니다. 이 빈 공간에는 영상이 없기 때문에 검은 화면으로 보입니다. 도구(Tools) 패널에서 앞으로 트랙 선택(Track Select Forward) 도구(⇢)를 선택하고 'Galloping Freedom.mp4' 영상 클립을 선택하여 이후의 4개의 영상 클립을 한꺼번에 선택합니다.

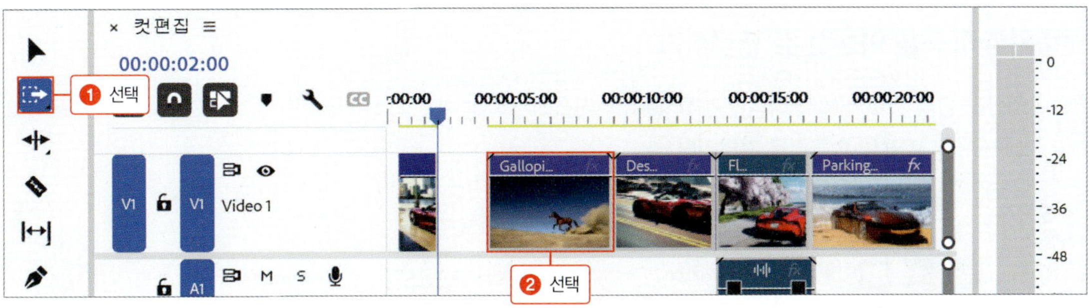

NOTE

빈 공간을 뒤의 영상 클립들을 앞쪽으로 배치하여 채우기 위해 선택(Selection) 도구(▶)를 이용해 영상을 하나씩 앞으로 드래그하여 배치할 수도 있지만, 뒤의 모든 영상을 한꺼번에 앞쪽으로 배치해야 한다면 앞으로 트랙 선택(Track Select Forward) 도구(⇢)를 사용하는 것이 좋습니다.

06 선택된 영상들을 왼쪽으로 드래그하여 'City Drive Adventure.mp4' 영상 클립 뒤에 배치합니다.

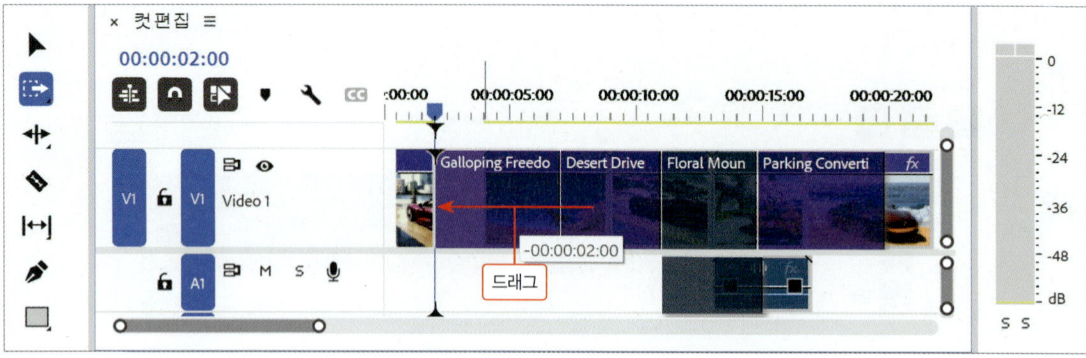

07 같은 방법으로 앞으로 트랙 선택(Track Select Forward) 도구(⇢)로 'City Drive Adventure.mp4' 영상 클립을 선택하여 5개의 영상을 한꺼번에 선택합니다. 앞쪽의 빈 공간을 없애기 위해 재생 헤드(Playhead)를 '00:00:00:00'으로 이동하고 선택된 영상들을 드래그하여 0프레임부터 배치되게 조정합니다.

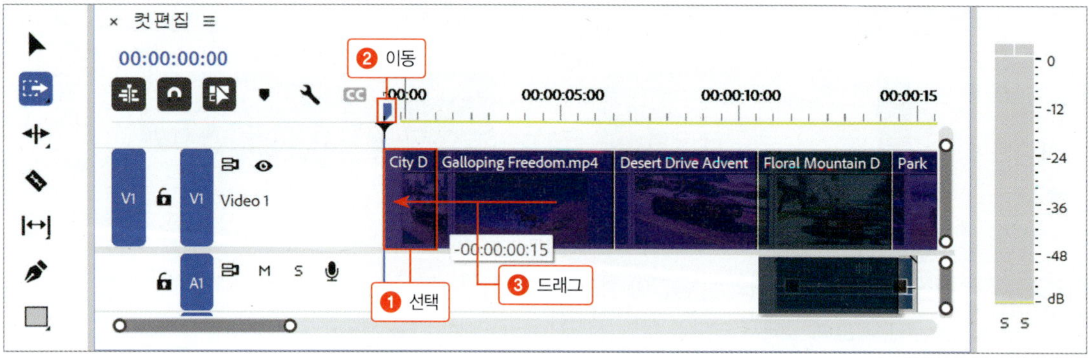

단축키와 도구를 이용한 컷 편집하기

01 영상 클립을 자르기 위해 타임라인(Timeline) 패널에서 재생 헤드(Playhead)를 '00:00:04:00'으로 이동하고 Ctrl+K를 눌러 영상 클립을 자릅니다.

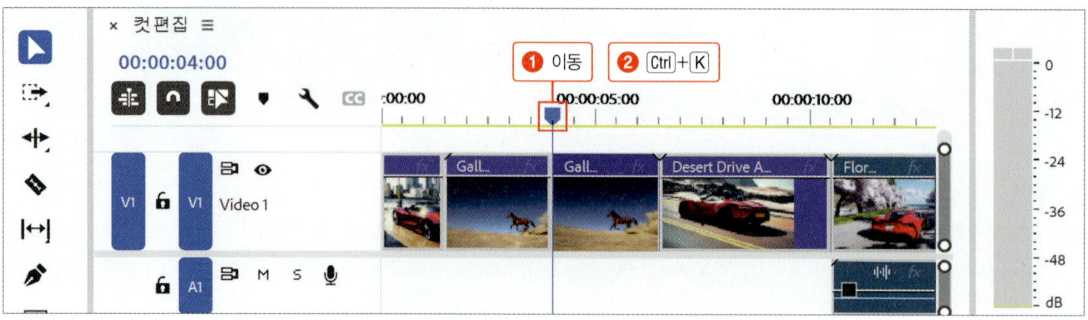

02 도구(Tools) 패널에서 선택(Selection) 도구(▶)를 선택하고 2개로 잘린 영상 클립 중 앞쪽 영상 클립을 선택한 다음 Delete를 눌러 삭제합니다.

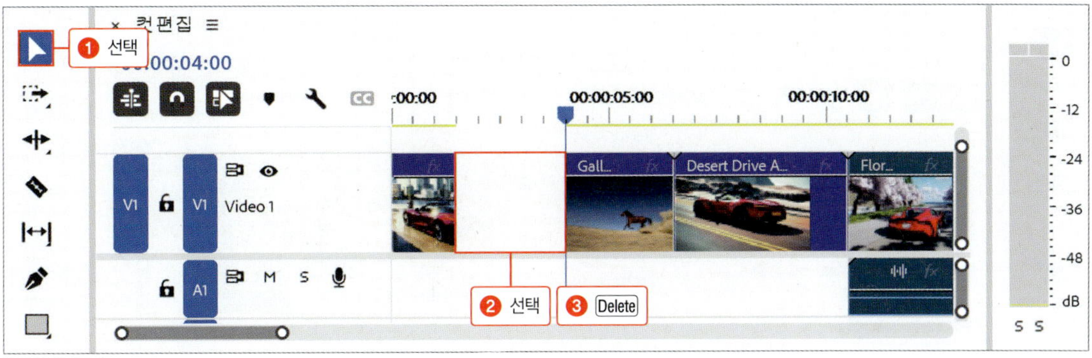

03 영상 클립을 삭제하여 생긴 빈 공간을 없애기 위해 빈 공간에서 마우스 오른쪽 버튼을 클릭한 다음 '잔물결 삭제(Ripple Delete)'를 클릭합니다.

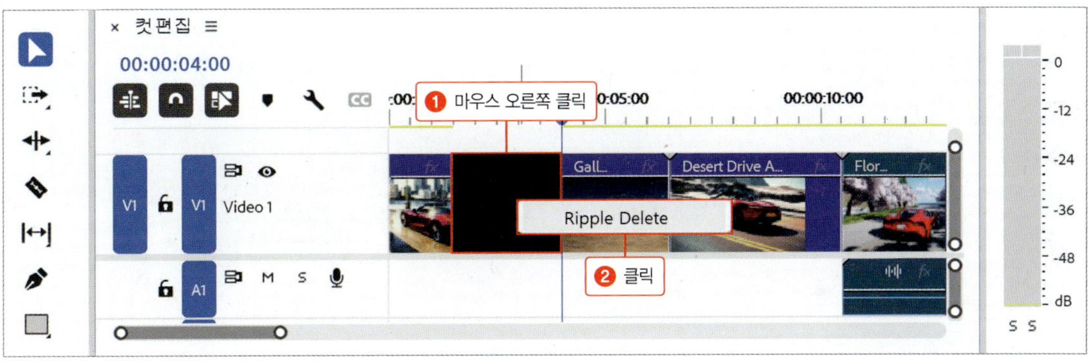

NOTE

잔물결 삭제(Ripple Delete) 기능은 빈 공간을 없애는 기능을 할 뿐만 아니라 영상 클립에도 바로 적용하여 활용 가능합니다.

04 그림과 같이 빈 공간이 삭제되면서 뒤에 있는 영상 클립들이 앞에 있는 영상 클립 뒤로 배치됩니다.

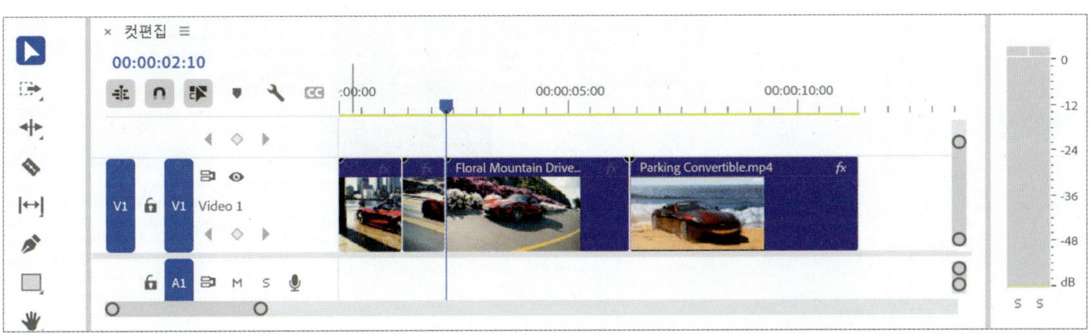

05 같은 방법으로 재생 헤드(Playhead)를 '00:00:05:00'으로 이동하고 위치해 있는 영상을 선택한 다음 Ctrl+K를 눌러 영상 클립을 자릅니다.

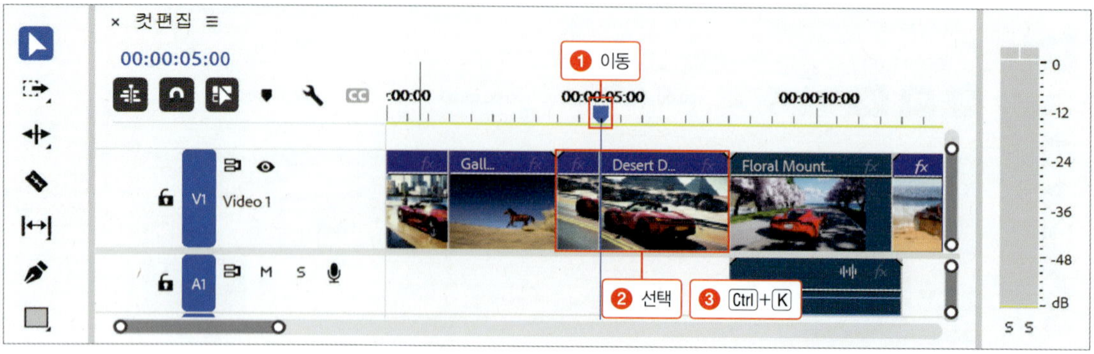

06 뒤에 있는 영상 클립을 선택하고 Shift+Delete를 눌러 잔물결 삭제(Ripple Delete) 기능을 적용합니다.

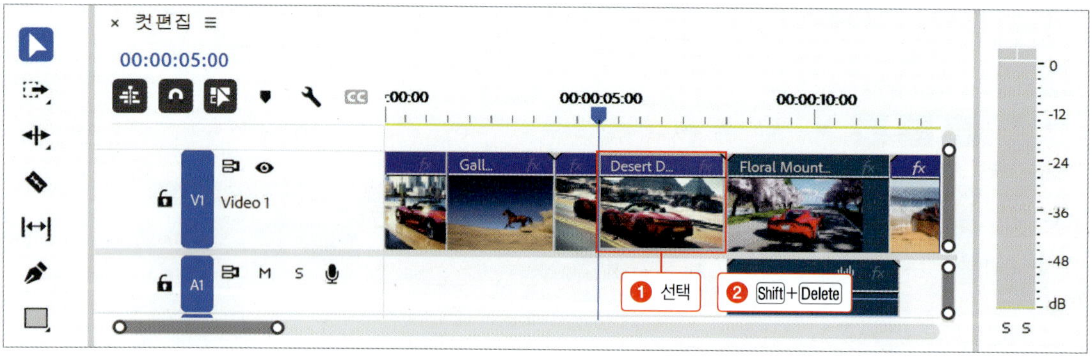

07 그림과 같이 영상 클립이 삭제되면서 삭제된 영상 클립 뒤에 있는 영상이 앞에 있는 영상 클립의 뒤로 배치됩니다.

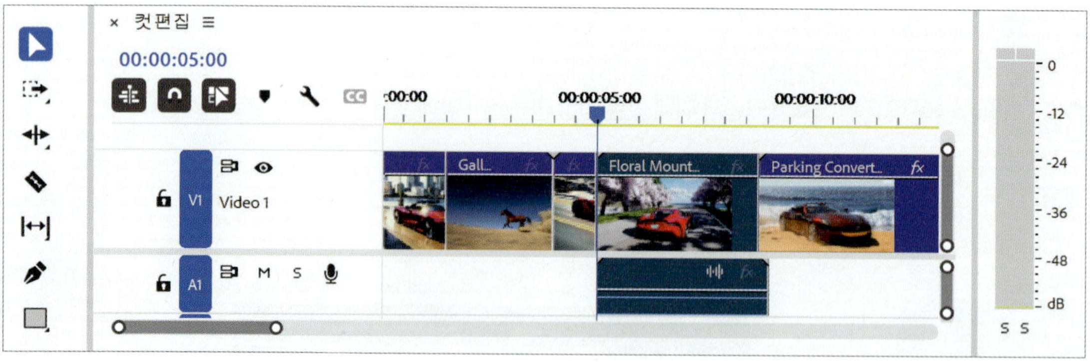

08 앞서 살펴본 잔물결 삭제(Ripple Delete) 기능 과정을 직관적으로 하는 도구를 사용하겠습니다. 도구(Tools) 패널에서 잔물결 편집(Ripple Edit) 도구( )를 선택합니다. 클립의 가장자리에 커서를 위치하여 노란색 커서가 표시되면 클릭 드래그하여 적용합니다.

NOTE

잔물결 편집(Ripple Edit) 도구( )를 이용하여 편집하면 빈 공간이 생기지 않고 클립들이 축소 또는 늘어나도록 편집할 수 있습니다. 또한, 클립을 늘리고 줄이는 데에 따라 전체 영상 길이가 변동됩니다.

09 이번에는 도구(Tools) 패널에서 롤링 편집(Rolling Edit) 도구( )를 선택합니다. 클립의 가장자리에 커서를 위치하여 빨간색 커서가 표시되면 클릭 드래그해 적용합니다. 롤링 편집(Rolling Edit) 도구( )는 프로그램 모니터(Program Monitor) 패널에 편집되는 영상 클립의 시간이 표시되기 때문에 정확한 편집 지점을 인지할 수 있습니다.

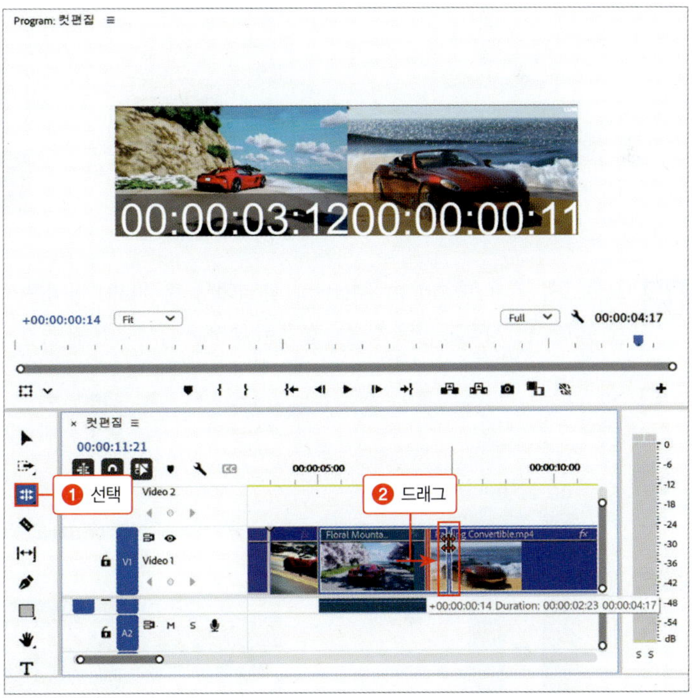

NOTE

롤링 편집(Rolling Edit) 도구( )를 사용하면 클립을 늘리고 줄이는 데에 따라 전체 영상 길이가 변동되지 않습니다.

제거, 추출로 영상 클립 삭제하기

01 타임라인(Timeline) 패널의 '컷편집' 시퀀스에서 'Parking Convertible.mp4' 영상 클립을 선택합니다.

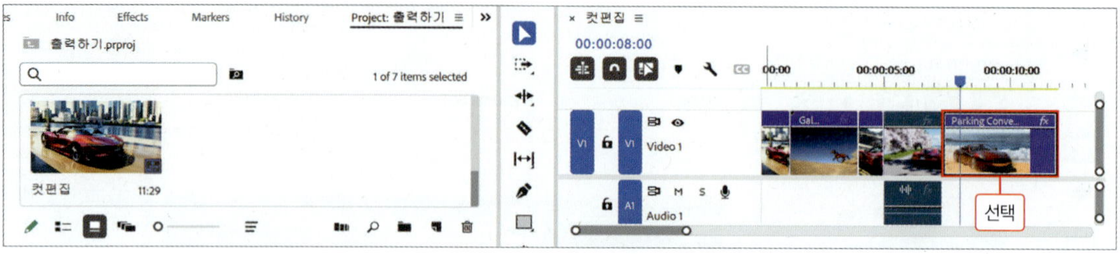

02 프로그램 모니터(Program Monitor) 패널의 '시작 표시(Mark In)' 아이콘(｛)과 '종료 표시(Mark Out)' 아이콘(｝)을 클릭하여 영상 클립에서 제거할 구간의 시작, 종료 지점을 설정합니다.

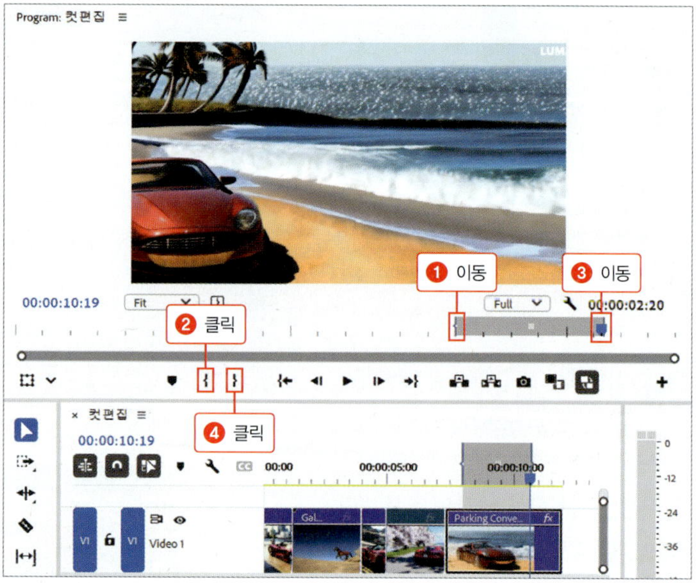

03 프로그램 모니터(Program Monitor) 패널에서 '제거(Lift)' 아이콘()을 클릭합니다. 타임라인(Timeline) 패널을 살펴보면, 시작과 종료 지점을 설정한 부분이 삭제되어 빈 공간으로 남습니다.

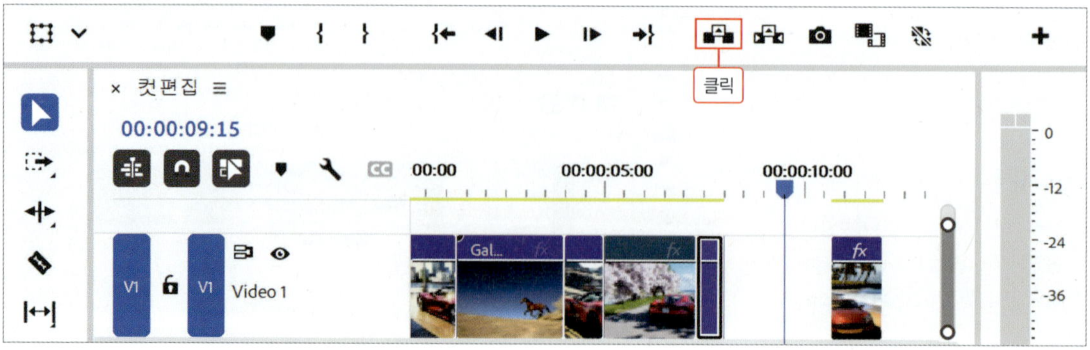

04 같은 방법으로 타임라인(Timeline) 패널에서 'Galloping Freedom.mp4' 영상 클립을 선택하고 프로그램 모니터(Program Monitor) 패널의 '시작 표시(Mark In)' 아이콘( )과 '종료 표시(Mark Out)' 아이콘( )을 클릭하여 시작과 종료 지점을 설정합니다.

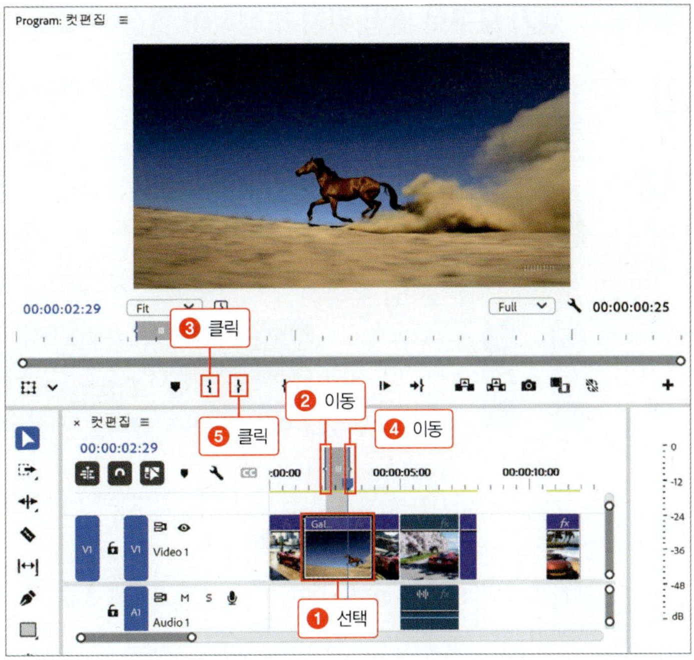

05 프로그램 모니터(Program Monitor) 패널에서 '추출(Extract)' 아이콘( )을 클릭합니다. 선택한 영상이 잘리고 빈 공간 없이 다음 클립이 배치되었습니다.

NOTE

추출(Extract) 기능은 연속된 컷 정리에 유용해 빠르게 다듬어진 영상 편집이 가능합니다. 특히 인터뷰 영상이나 브이로그 편집에서 필요 없는 부분을 제거할 때 유용합니다.

밀어넣기, 밀기 도구로 클립 위치 조정하며 편집하기

01 '컷편집' 시퀀스의 타임라인(Timeline) 패널에서 'Floral Mountain Drive.mp4' 영상 클립을 선택합니다.

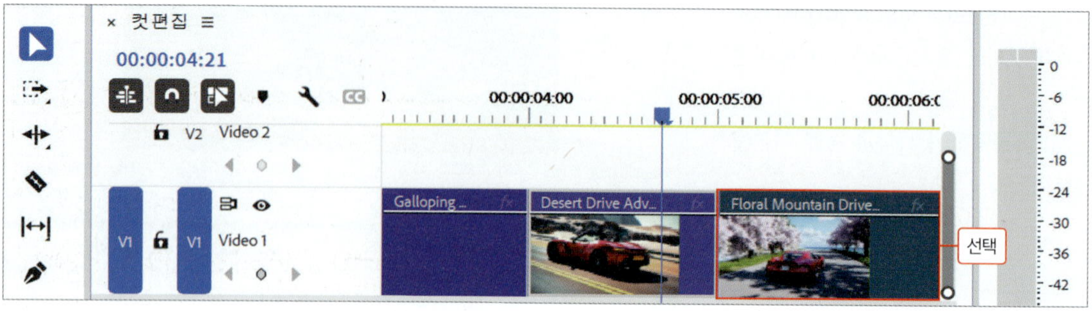

02 해당 영상 클립의 시작 지점과 종료 지점을 변경하기 위해 도구(Tools) 패널에서 밀어넣기(Slip) 도구(|↔|)를 선택합니다.

03 'Floral Mountain Drive.mp4' 영상 클립 위에 커서를 위치하여 밀어넣기(Slip) 도구(|↔|)가 표시되면 클릭하고 마지막 장면이 빨간색 자동차가 바다에까지 도달하도록 왼쪽으로 드래그하여 시작 지점을 '00:00:01:21', 종료 지점을 '00:00:03:29'로 설정하여 조정합니다.

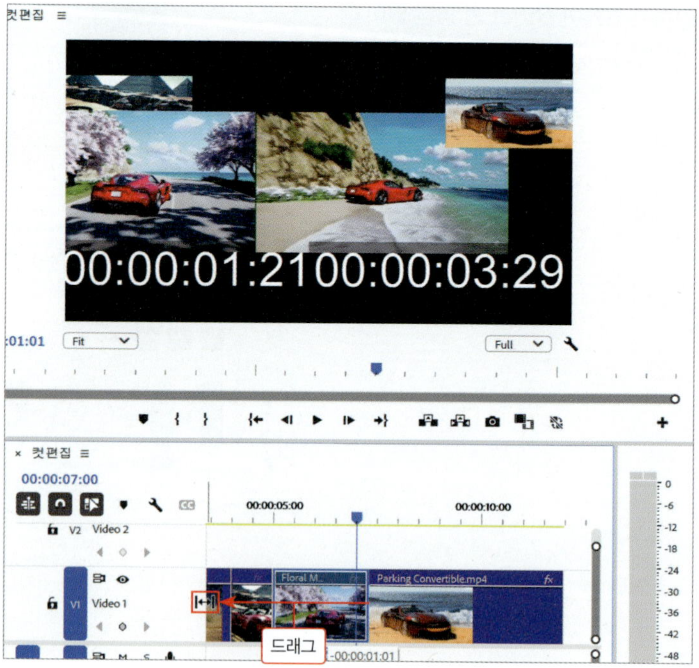

NOTE

프로그램 모니터(Program Monitor) 패널의 왼쪽 상단에는 이전 클립의 마지막 프레임이 보이고 오른쪽 상단에는 이후 클립의 첫 번째 프레임이 보입니다.

04 마지막 프레임 장면이 다음과 같이 변경된 것을 확인합니다. 밀어넣기(Slip) 도구()는 주변 영상 클립에 영향을 주지 않고 변경하는 영상 클립 자체의 시작 지점과 종료 지점만을 변경합니다. 이에 따라 전체 영상의 길이에도 영향을 미치지 않습니다.

밀어넣기(Slip) 도구로 영상 클립을 변경하기 전 마지막 프레임

밀어넣기(Slip) 도구로 영상 클립을 변경한 후 마지막 프레임

05 밀기(Slide) 도구()를 활용해서 선택한 클립의 위치를 변경하겠습니다. 도구(Tools) 패널에서 밀어넣기(Slip) 도구()를 길게 클릭하면 표시되는 하위 메뉴에 밀기(Slide) 도구()가 표시됩니다. 이 도구를 클릭하여 선택합니다.

06 커서를 클립 위에 위치하여 밀기(Slide) 도구()가 표시되면 클릭하고 앞쪽 클립의 종료 지점과 뒤쪽 클립의 시작 지점을 확인하면서 왼쪽으로 드래그하여 선택한 클립을 원하는 위치에 배치합니다. 왼쪽으로 드래그할수록 앞쪽 영상 클립이 짧아지고 뒤쪽 영상은 늘어납니다.

간격 닫기를 활용한 컷 편집하기

01 'Floral Mountain Drive.mp4' 영상 클립을 선택하고 '00:00:05:19'에서 Ctrl+K, '00:00:07:29'에서 Ctrl+K를 눌러 자릅니다.

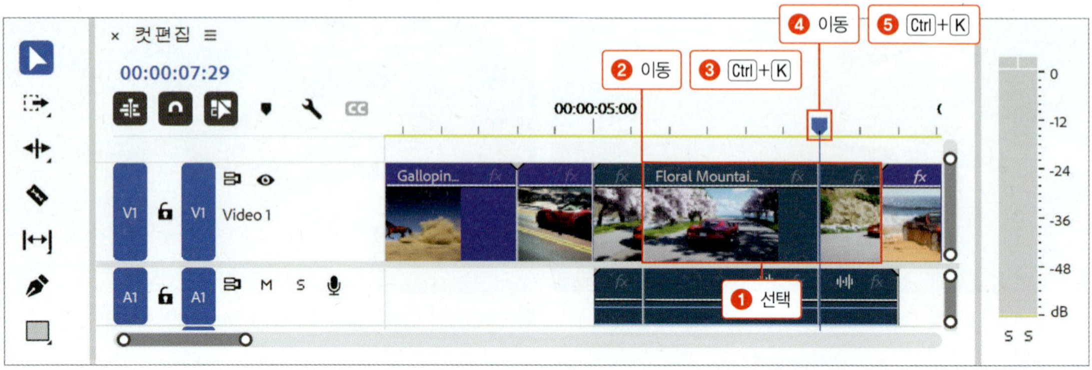

02 영상 클립이 3분할 되면 첫 번째, 세 번째 클립을 선택하고 Delete를 눌러 삭제합니다.

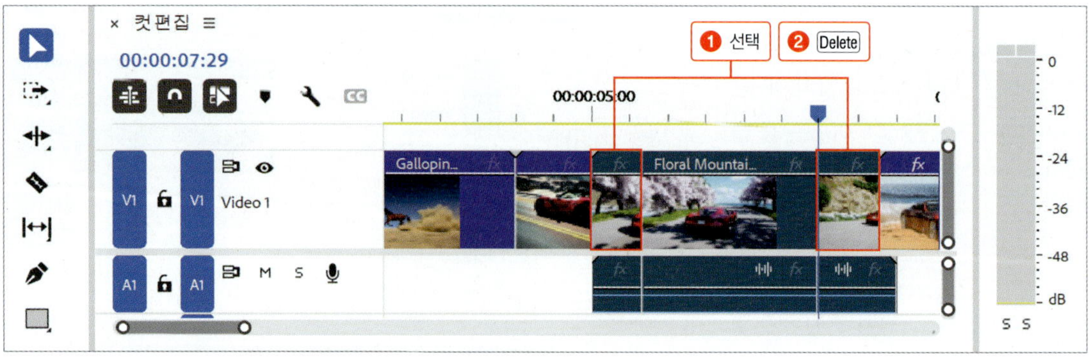

03 그림과 같이 2개의 빈 공간이 생긴 것을 확인할 수 있습니다.

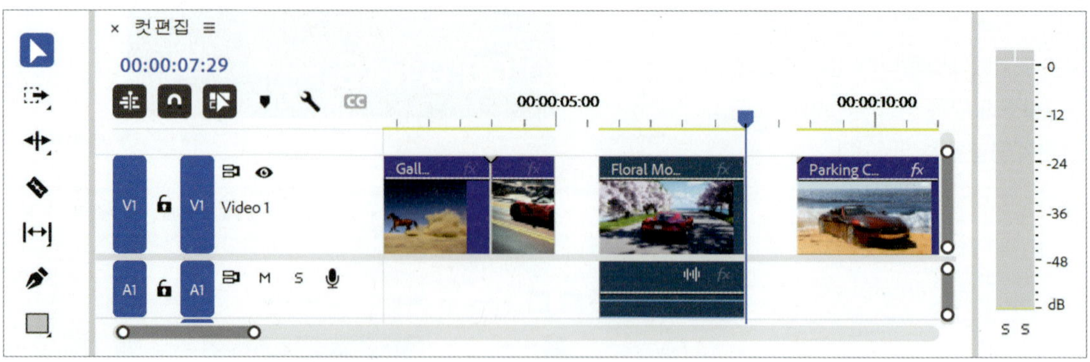

04 [시퀀스(Sequence)] 메뉴에서 '간격 닫기(Close Gap)'를 클릭합니다.

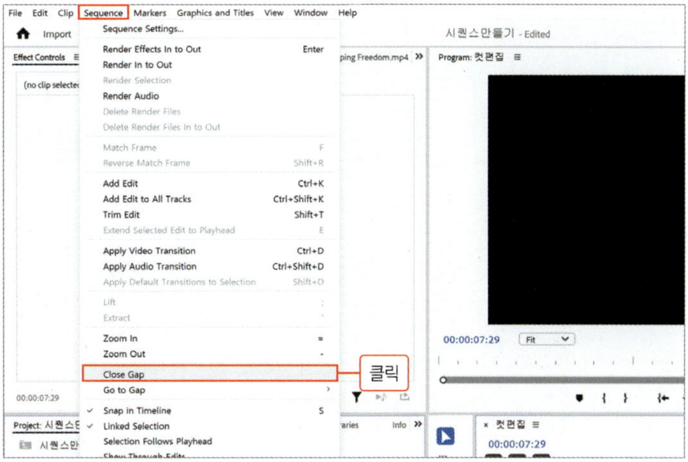

05 타임라인(Timeline) 패널의 빈 공간들이 모두 삭제되었습니다. 이처럼 간격 닫기 기능은 편집하다가 여러 개의 빈 공간이 생겼을 때 활용하면 유용한 기능입니다.

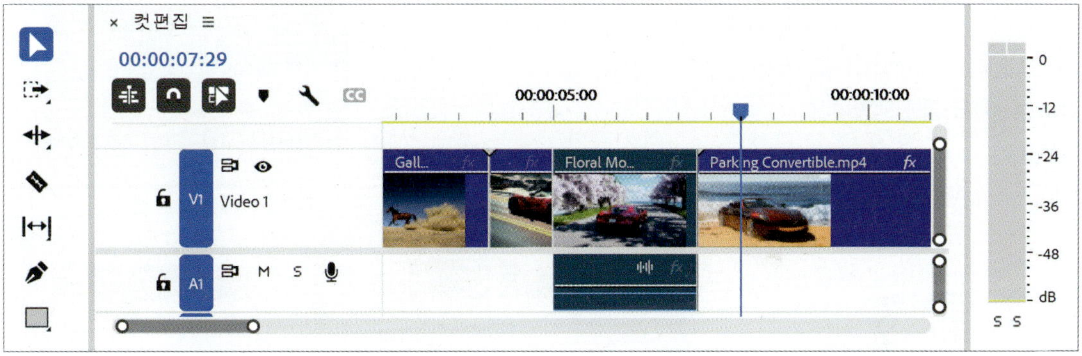

NOTE

직접 촬영한 영상에서 흔히 발생하는 손떨림 현상을 흔들기 안정화(Warp Stabilizer) 기능을 사용하여 보정할 수 있습니다. 이 기능은 흔들림이 있는 영상을 자동으로 분석하고 보정하여 보다 부드러운 화면으로 만들어 줍니다.

흔들기 안정화(Warp Stabilizer) 사용 방법

❶ 효과(Effects) 패널에서 '흔들기 안정화(Warp Stabilizer)' 효과를 검색합니다.
❷ 표시되는 효과를 타임라인(Timeline) 패널에 있는 흔들림이 있는 클립에 드래그하여 적용합니다.
❸ 자동으로 영상의 움직임이 분석 진행되면서 흔들림을 줄이는 작업이 수행됩니다.

다음과 같은 방법으로 분석이 완료되면 흔들리는 영상이 안정화됩니다. 단, 이 기능은 보완책일 뿐이므로 원본 영상을 촬영할 때 최대한 안정적으로 촬영하는 것이 중요합니다.

실습 예제 03

4.4 기본 트랜지션 적용하기

• **예제 파일** : 04\04_4\트랜지션.prproj • **완성 파일** : 04\04_4\트랜지션_완성.mp4, 트랜지션_완성.prproj

트랜지션(전환)은 장면 전환을 부드럽게 만들어 주는 중요한 요소입니다. 효과(Effects) 패널의 다양한 트랜지션을 활용해 화면 전환을 적용해 봅시다.

01 04 → 04_4 폴더에서 '트랜지션.prproj' 파일을 더블클릭하여 실행합니다. 프로젝트(Project) 패널이나 타임라인(Timeline) 패널에서 '트랜지션' 시퀀스를 선택합니다.

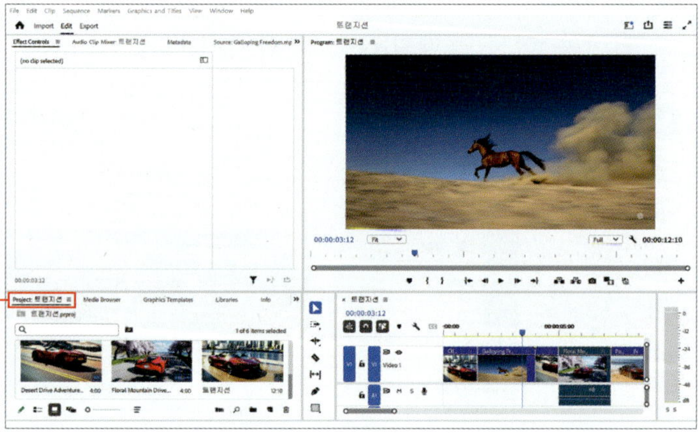

02 타임라인(Timeline) 패널에서 'City Drive Adventure.mp4'와 'Galloping Freedom.mp4' 영상을 트랜지션(전환) 효과를 사용해 자연스럽게 전환하겠습니다. 프로젝트(Project) 패널 위치에서 '>>'를 클릭하고 '효과(Effects)'를 선택합니다.

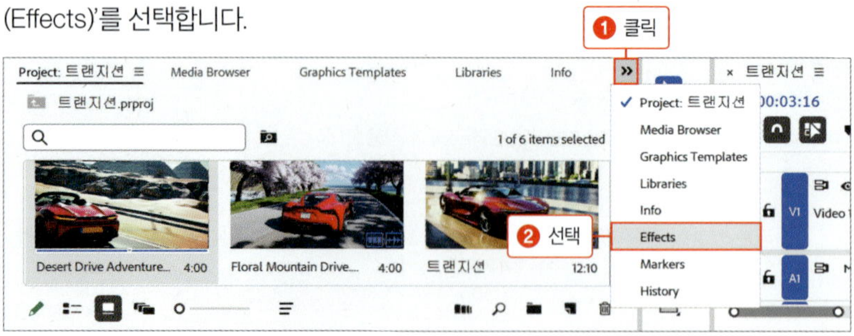

NOTE

예제와 다르게 효과(Effects) 패널이 오른쪽 그래픽 템플릿(Graphic Template) 패널의 위치에 있다면 드래그하여 이동하고, 보이지 않는다면 [창(Window)] 메뉴에서 활성화하세요.

03 2개의 영상 클립에 디졸브(Dissolve) 효과를 적용하겠습니다. 효과(Effects) 패널에서 비디오 전환(Video Transitions) → 디졸브(Dissolve) 폴더의 '교차 디졸브(Cross Dissolve)' 효과를 타임라인(Timeline) 패널의 'City Drive Adventure.mp4'와 'Galloping Freedom.mp4' 영상 클립 사이로 드래그합니다.

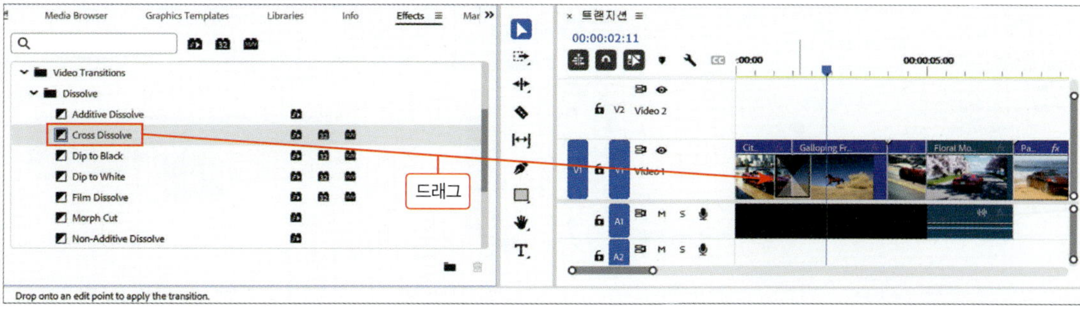

04 타임라인(Timeline) 패널에서 클립 사이에 적용된 '교차 디졸브(Cross Dissolve)' 효과를 선택하면 효과 컨트롤(Effect Controls) 패널에서 세부 사항을 조정할 수 있습니다. 지속 시간(Duration)은 기본적으로 1초이고, 변경 가능합니다.

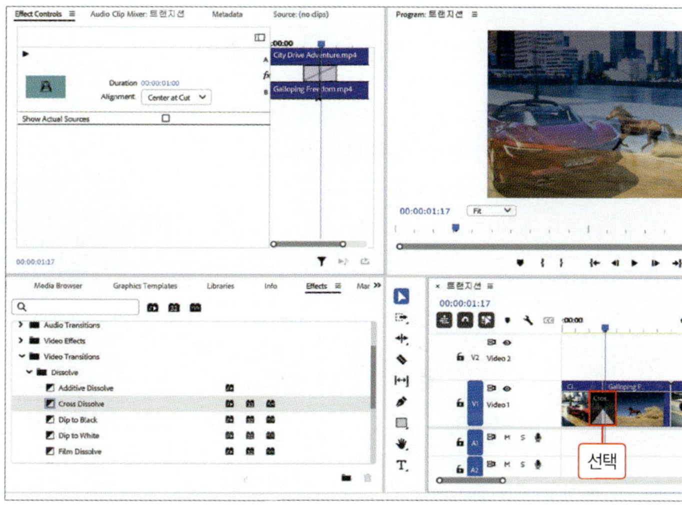

NOTE

적용할 영상 클립의 길이가 화면 전환 지속 시간에 비해 충분하지 않다면, 경고창이 표시될 수도 있습니다.

TIP **모든 클립에 동일하게 효과 적용하기**

클립 사이에 적용한 효과를 모든 클립에 동일하게 적용하고 싶을 때는 타임라인(Timeline) 패널에서 모든 영상 클립을 선택(Ctrl+A)하고 Ctrl+D를 눌러 비디오 전환 적용(Apply Video Transition)을 적용합니다. 이렇게 효과를 적용했을 때 모든 영상 클립의 앞뒤로 화면 전환 효과가 적용됩니다.

05 다른 화면 전환 효과도 적용하겠습니다. 효과(Effects) 패널에서 비디오 전환(Video Transition) → 몰입형 비디오(Immersive Video) 폴더의 'VR 조명 노출(VR Light Leaks)' 효과를 타임라인(Timeline) 패널의 'Galloping Freedom.mp4'와 'Desert Drive Adventure.mp4' 영상 클립 사이로 드래그합니다.

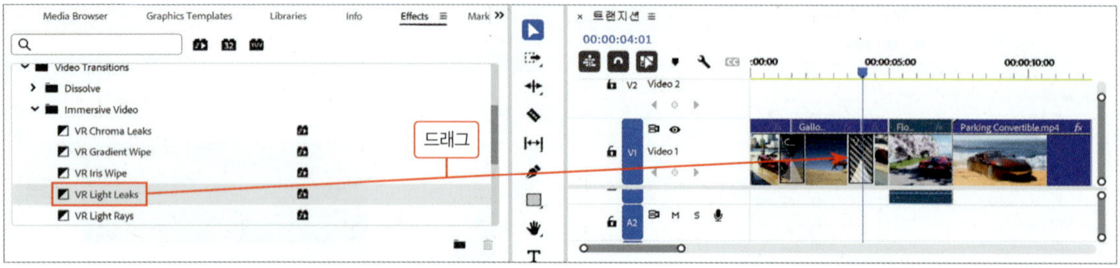

TIP **화면 전환 효과의 세부 항목 살펴보기**

화면 전환 효과 중 Slide 효과의 세부 사항은 다음과 같이 Image B Slide Over Image A의 방향을 클릭하여 정할 수 있습니다. 각 화면 전환 효과마다 세부 사항은 차이가 있을 수 있습니다. 이는 영상 클립 사이에 적용된 화면 적용 효과를 선택한 후 효과 컨트롤(Effect Controls) 패널에서 확인할 수 있습니다.

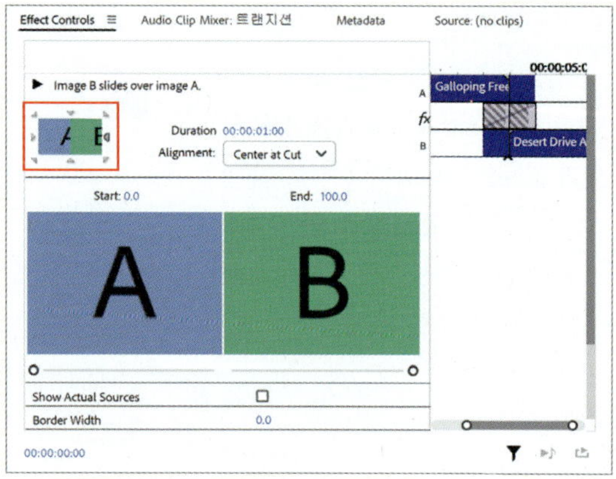

06 빛 효과 화면 전환이 적용됩니다.

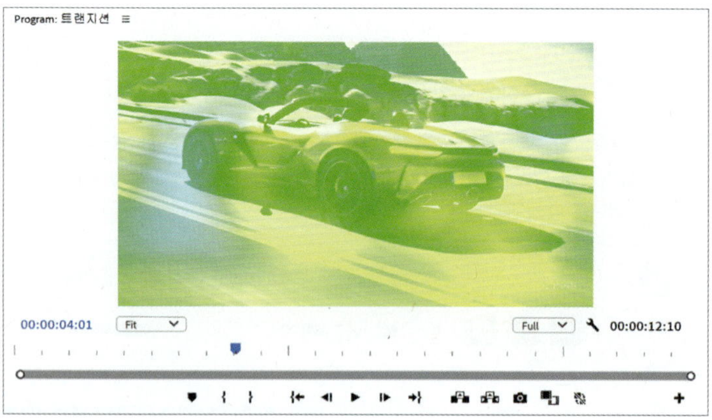

4.5 네스트, 언링크, 프록시 기능 이해하기

실습 예제 04

• **예제 파일** : 04\04_5\네스트.prproj, 프록시.prproj

효율적인 편집을 위해 네스트(중첩, Nest), 언링크(연결 해제, Unlink), 프록시(Proxy) 기능을 활용하면 작업 흐름을 크게 변화시킬 수 있습니다. 각 기능을 살펴보며 이해합시다.

네스트로 여러 클립을 하나로 묶기

01 04 → 04_5 폴더에서 '네스트.prproj' 파일을 더블클릭하여 실행합니다. 프로젝트(Project) 패널이나 타임라인(Timeline) 패널에서 '네스트' 시퀀스를 선택합니다.

02 타임라인(Timeline) 패널에서 Ctrl+A를 눌러 모든 영상 클립을 선택하고 마우스 오른쪽 버튼을 클릭한 다음 '중첩(Nest)'을 클릭합니다.

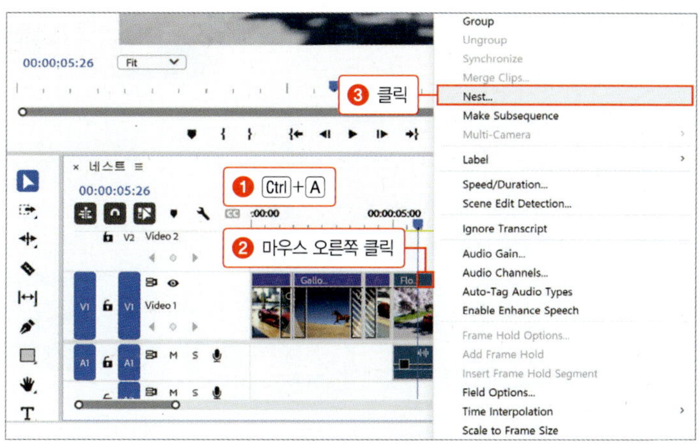

03 중첩된 시퀀스 이름(Nested Sequence Name) 대화상자가 표시되면 이름(Name)에 '네스트 01'을 입력하고 <확인(OK)> 버튼을 클릭합니다.

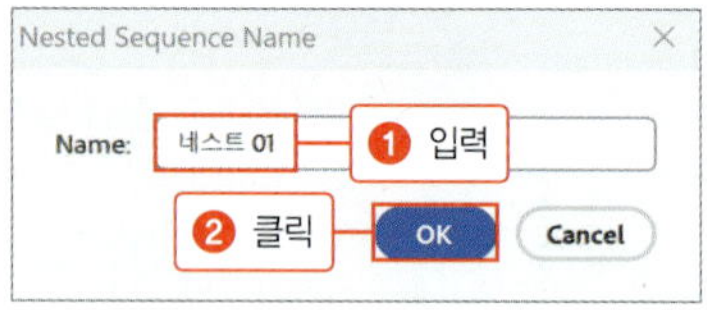

04 타임라인(Timeline) 패널의 모든 영상 클립들이 하나로 묶인 것을 확인할 수 있습니다.

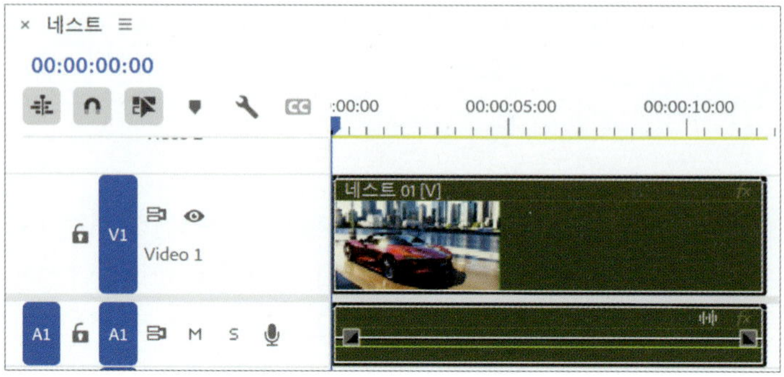

TIP **중첩(Nest)된 파일 확인하기**

프로젝트(Project) 패널 또는 타임라인(Timeline) 패널의 '네스트 01' 클립을 더블클릭합니다. 이러한 방법으로 타임라인(Timeline) 패널에서 '네스트 01' 클립의 원본 클립 소스들을 확인할 수 있습니다.

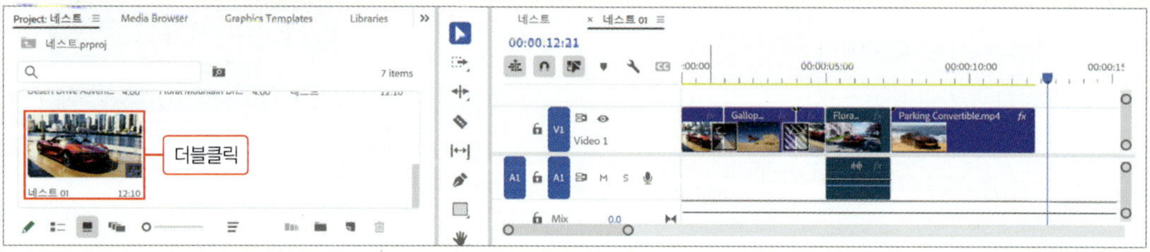

언링크로 연결된 클립을 해제하기

01 오디오 트랙(A1)에 있는 오디오 클립을 삭제하기 위해 오디오 클립을 선택하고 Delete 를 누르면 비디오 클립도 삭제됩니다. 오디오만 삭제하기 위해 영상 클립에서 마우스 오른쪽 버튼을 클릭하고 '연결 해제(Unlink)'를 클릭합니다. 이렇게 연결을 해제한 상태에서 오디오 클립을 삭제하면 영상 클립을 유지한 채 삭제할 수 있습니다.

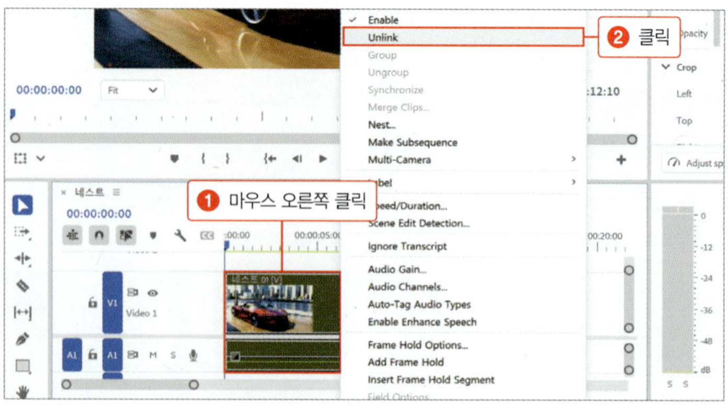

TIP 오디오 클립와 비디오 클립 연결하기

오디오 클립과 비디오 클립을 서로 연결하고 싶을 때는 연결할 클립 2개를 동시에 선택하고 마우스 오른쪽 버튼을 클릭한 다음 '연결(Link)'을 클릭합니다. 이렇게 연결(Link) 기능을 실행하고 클립을 이동하거나 삭제해 보면 2개의 클립이 연결되어 함께 이동하거나 삭제되는 것을 확인할 수 있습니다. 연결(Link) 메뉴는 2개의 클립이 연결 해제(Unlink)된 상태에서만 보입니다.

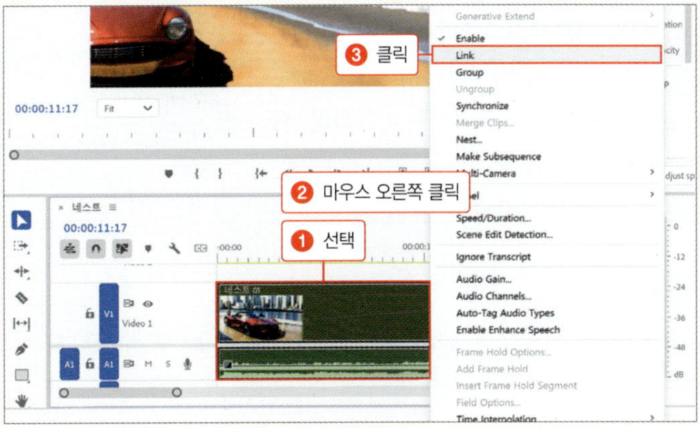

프록시 기능 이해하기

01 04 → 04_5 폴더에서 '프록시.prproj' 파일을 더블클릭하여 실행합니다. 프로젝트(Project) 패널이나 타임라인(Timeline) 패널에서 '프록시' 시퀀스를 선택합니다.

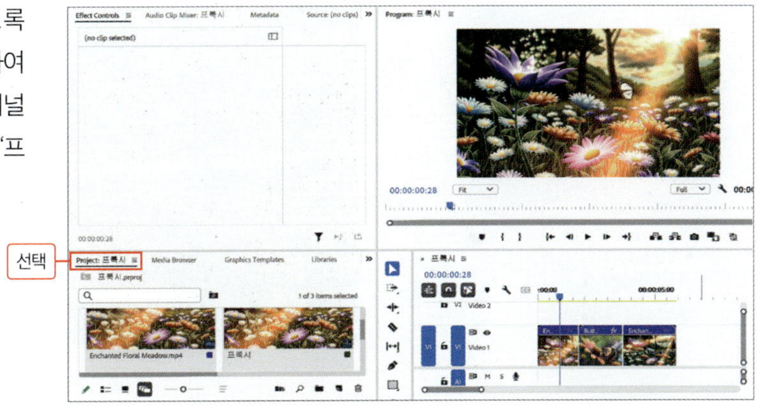

02 프록시 기능을 활용하기 위해 프로젝트(Project) 패널에서 'Enchanted Floral Meadow.mp4', 'Butterfly.mp4' 영상 소스를 선택하고 마우스 오른쪽 버튼을 클릭한 다음 '프록시(Proxy)' → '프록시 만들기(Create Proxies)'를 클릭합니다.

03 프록시 만들기(Create Proxies) 대화상자가 표시되면 형식과 사전 설정(Preset)을 기본으로 지정된 옵션(ProRes QuickTime Proxy)을 유지하고 저장 위치(Location)를 '프록시 폴더의 원본 미디어 옆(Next to Original Media, in Proxy folder)'으로 지정한 다음 <확인(OK)> 버튼을 클릭합니다.

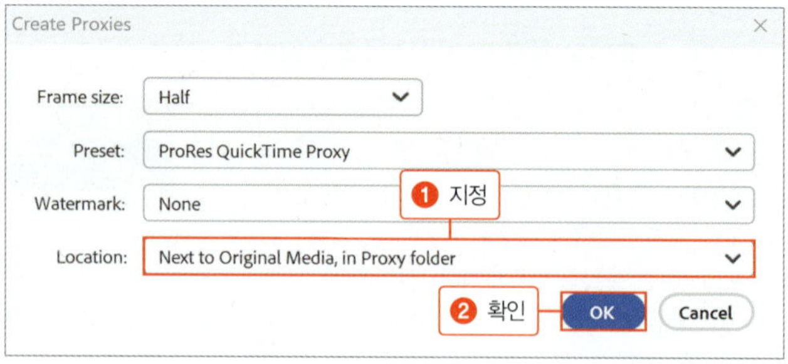

NOTE

프록시 편집은 영상 소스의 크기가 크고 해상도가 높아 편집할 때 끊기거나 미리 보기 재생에 어려움이 있을 때 활용하면 좋으므로 보통 영상 소스가 4K 영상일 때 많이 활용합니다.

04 어도비 미디어 인코더(Adobe Media Encoder)가 실행되며 자동으로 인코딩이 진행됩니다.

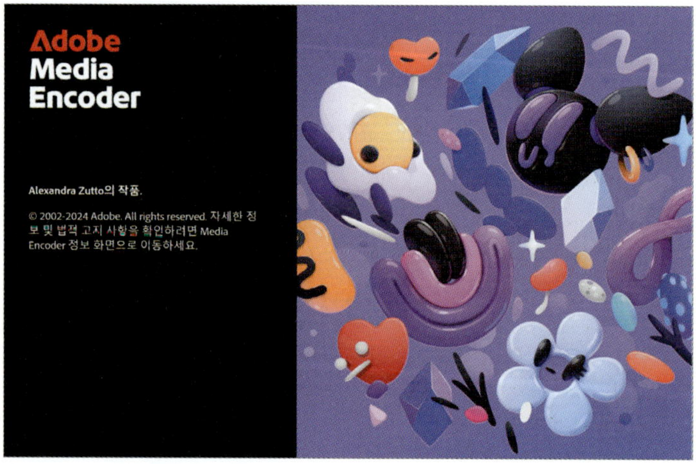

NOTE

미디어 인코더가 설치되어 있지 않으면 설치를 먼저 진행합니다.

05 미디어 인코더가 실행되면 그림과 같이 작업 화면이 표시됩니다. 출력 파일에서 저장 경로를 클릭하면 Proxies 폴더 안에 인코딩된 영상을 확인할 수 있습니다.

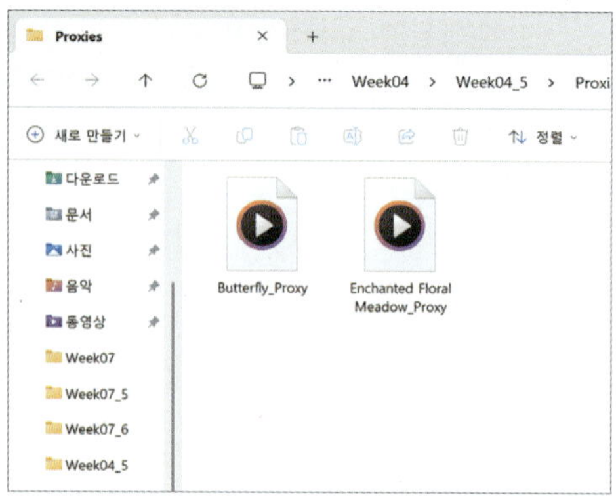

06 인코딩이 완료된 후 프리미어 프로의 프로젝트(Project) 패널과 타임라인(Timeline) 패널을 살펴보면, 영상 클립에 프록시 아이콘 마크가 표시된 것을 확인할 수 있습니다.

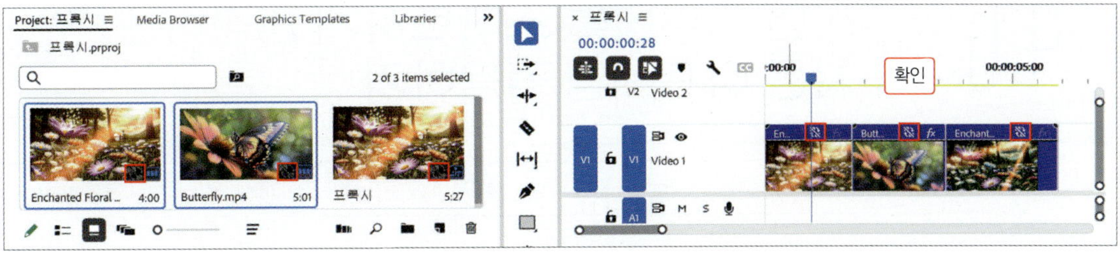

07 프록시 편집을 시작하기 위해 프로그램 모니터(Program Monitor) 패널에서 '프록시(Proxy)' 아이콘()을 클릭하면 저해상도의 영상이 미리 보기 됩니다. 이는 미리 보기 해상도만 낮아질 뿐, 렌더링 후 영상의 화질에는 영향을 미치지 않으므로 고해상도 영상을 편집할 때 지연이 수월해집니다.

TIP **형태 잘라내기(Morph Cut) - 점프 컷을 자연스럽게 연결하는 비디오 전환 효과**

형태 잘라내기(Morph Cut)는 프리미어 프로의 비디오 전환(Video Transitions) → 디졸브(Dissolve) 폴더에 있는 효과로, 점프 컷을 부드럽게 연결하여 보다 자연스럽고 세련된 인터뷰 영상을 만드는 데 유용합니다.

예를 들어, 인터뷰 영상에서 말하는 사람의 불필요한 부분을 편집으로 제거하면 점프 컷이 발생할 수 있습니다. 이러한 경우, 자연스럽고 연속된 시퀀스를 만들기 위해 부드러운 화면 전환을 사용해야 합니다.

클립의 불필요한 부분을 제거한 후 효과를 적용하면 점프 컷을 부드럽게 연결하여 인터뷰 영상을 더욱 자연스럽게 정리할 수 있습니다.

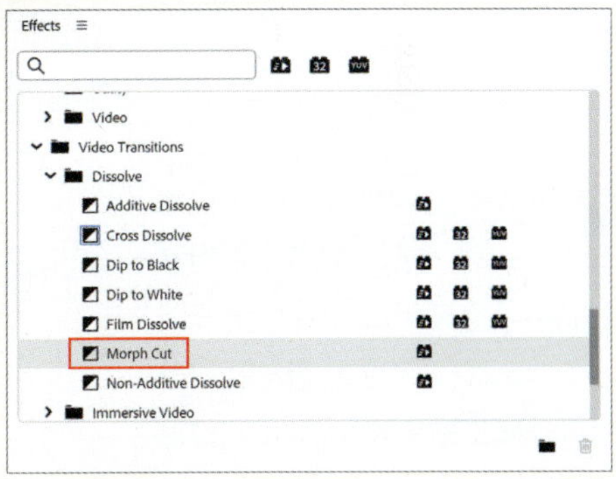

형태 잘라내기(Morph Cut) 사용 방법

❶ 효과(Effects) 패널에서 비디오 전환(Video Transitions) → 디졸브(Dissolve) 폴더의 '형태 잘라내기(Morph Cut)' 효과를 선택합니다.

❷ 타임라인(Timeline) 패널에 있는 클립 간의 점프 컷 구간으로 효과를 드래그하여 적용합니다.

❸ 자동으로 얼굴 및 배경을 분석하여 자연스럽게 이어지도록 보정합니다.

이 기능을 활용하면 인터뷰 영상의 흐름이 한층 부드러워지고, 더욱 전문적인 편집이 가능합니다.

4.6

실습 예제 05

화면 종횡비를 스마트하게 변경하는 자동 리프레임 적용하기

• **예제 파일** : 04\04_6\오토프레임.prproj • **완성 파일** : 04\04_6\오토프레임_완성.mp4, 오토프레임_완성.prproj

자동 리프레임(Auto Reframe) 기능은 다양한 화면 종횡비에 맞게 영상을 스마트하게 조정해 줍니다. 이 기능을 활용하여 화면 비율을 변경하는 방법을 알아봅시다.

01 04 → 04_6 폴더에서 '오토리프레임.prproj' 파일을 더블클릭하여 실행합니다. 프로젝트(Project) 패널이나 타임라인(Timeline) 패널에서 '오토리프레임' 시퀀스를 선택합니다.

02 가로로 긴 시퀀스의 화면을 세로로 긴 시퀀스 화면으로 변경하겠습니다. '오토리프레임' 시퀀스에서 마우스 오른쪽 버튼을 클릭한 다음 '시퀀스 세팅(Sequence Settings)'을 클릭합니다.

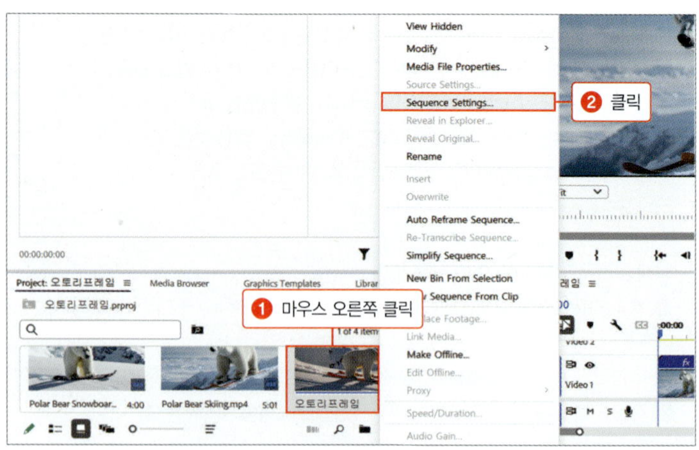

03 시퀀스 세팅(Sequence Settings) 대화상자가 표시되면 비디오(Video) 항목의 프레임 크기(Frame Size)를 '400', 가로(Horizontal)를 '480'으로 설정하여 5:6 비율의 세로로 긴 화면으로 크기를 설정하고 <확인(OK)> 버튼을 클릭합니다.

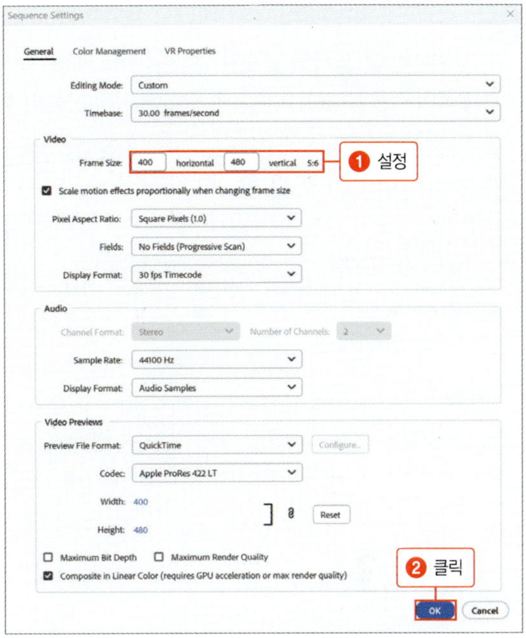

04 이 시퀀스에 대한 미리 보기 모두 삭제(Delete All Previews For This Sequence) 문구와 함께 경고 창이 표시되면 "미리 보기 파일 형식 또는 프레임 크기를 변경하면 모든 미리 보기 파일이 삭제됩니다. 이 작업은 되돌릴 수 없습니다."라는 메시지를 확인하고 <확인(OK)> 버튼을 클릭합니다.

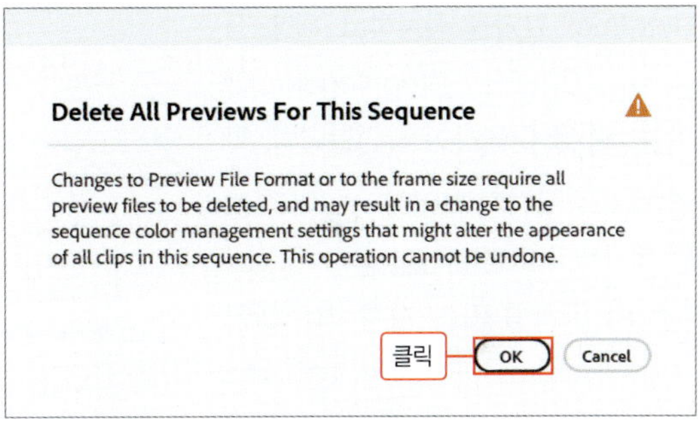

05 가로로 길었던 화면이 세로로 길어졌기 때문에 4초부터 화면 밖으로 피사체가 사라지는 것을 확인할 수 있습니다.

06 효과(Effects) 패널에서 비디오 효과(Video Effects) → 변형(Transform) 폴더의 '자동 리프레임(Auto Reframe)' 효과를 타임라인(Timeline) 패널의 'Polar Bear Snowboarding Adventure.mp4' 영상 클립으로 드래그하여 적용합니다. 비디오의 길이에 따라 분석의 시간이 경과될 수 있습니다.

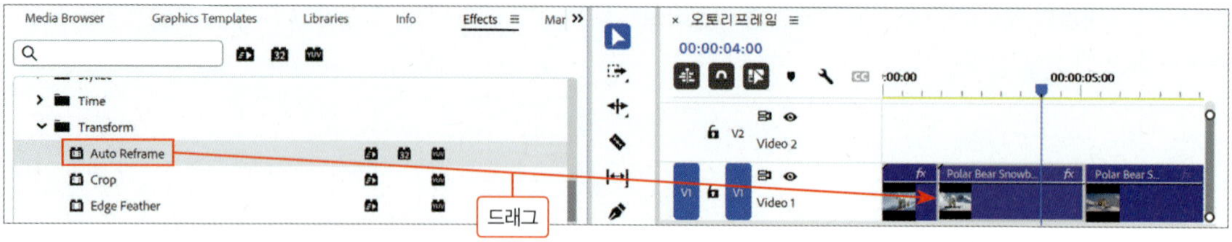

NOTE

효과는 클립에 바로 적용되지만, 만약 적용되지 않는다면 효과 컨트롤(Effect Controls) 패널에서 적용된 자동 리프레임(Auto Reframe) 항목의 <분석(Analyze)> 버튼을 클릭합니다.

07 같은 방법으로 'Polar Bear Skiing Adventure.mp4' 영상 클립에도 '자동 리프레임(Auto Reframe)' 효과를 적용하고 '재생-정지 켜기/끄기(Play-Stop Toggle)' 아이콘(▶)을 클릭하여 확인합니다. 화면 밖으로 사려져 화면에서 보이지 않던 피사체가 화면 안에서 움직이며, 피사체의 위치를 따라 자동 리프레임(Auto Reframe)이 적용된 것을 확인할 수 있습니다.

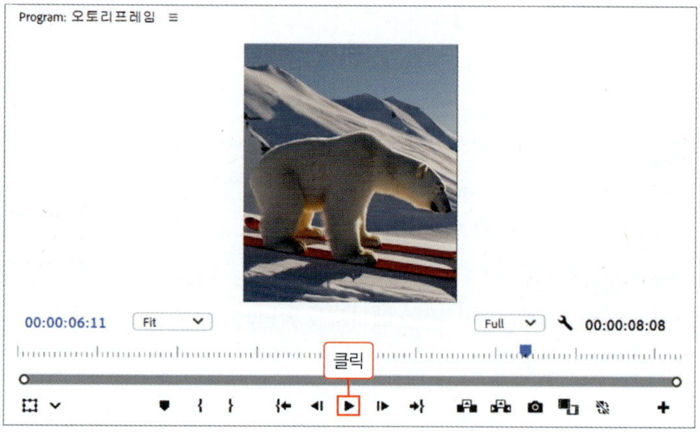

TIP 여러 개의 클립 소스에 자동 리프레임(Auto Reframe) 적용하기

여러 개의 클립 소스에 자동 리프레임(Auto Reframe)을 적용할 때는 프로젝트(Project) 패널의 시퀀스에서 마우스 오른쪽 버튼을 클릭한 다음 '시퀀스 자동 리프레임(Auto Reframe Sequence)'을 클릭합니다. 대화상자를 살펴보면 여러 개의 영상 클립에 적용된 것을 확인할 수 있습니다.

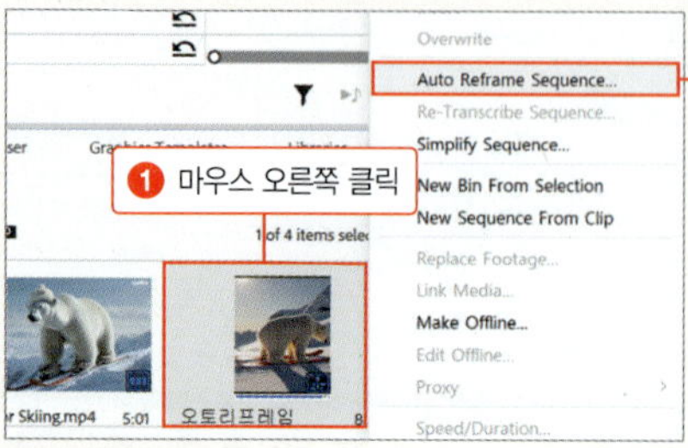

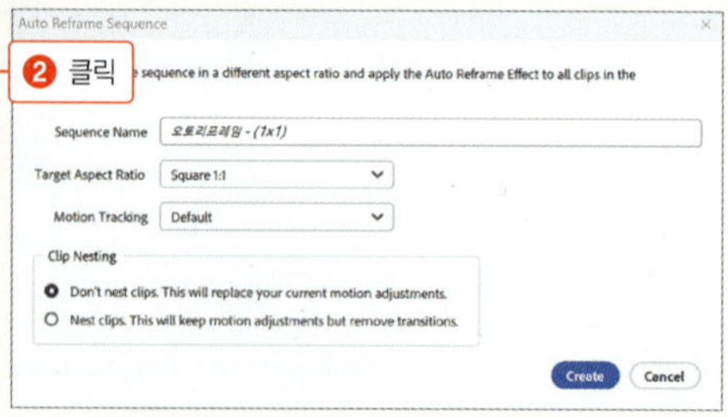

실습 예제 06

4.7 다양한 포맷으로 영상 출력하기

• **예제 파일** : 04\04_07\출력하기.prproj   • **완성 파일** : 04\04_07\트랜지션_완성.mp4, 트랜지션_완성.prproj

완성된 영상을 적합한 포맷으로 출력하는 것은 다양한 플랫폼에 맞춰 영상을 공유하는 데에 필수적입니다. H.264 포맷과 미디어 인코더를 활용해 효율적으로 영상 출력하는 방법을 알아보겠습니다.

H.264 포맷으로 출력하기

01 04 → 04_7 폴더에서 '출력하기.prproj' 파일을 더블클릭하여 실행합니다. 프로젝트(Project) 패널이나 타임라인(Timeline) 패널에서 '컷 편집', '트랜지션' 시퀀스가 있는 것을 확인할 수 있습니다. 선택된 시퀀스가 출력되므로 타임라인(Timeline) 패널에서 '컷편집' 시퀀스를 선택합니다.

02 메뉴에서 [파일(File)] → '내보내기(Export)' → '미디어(Media)'를 클릭합니다.

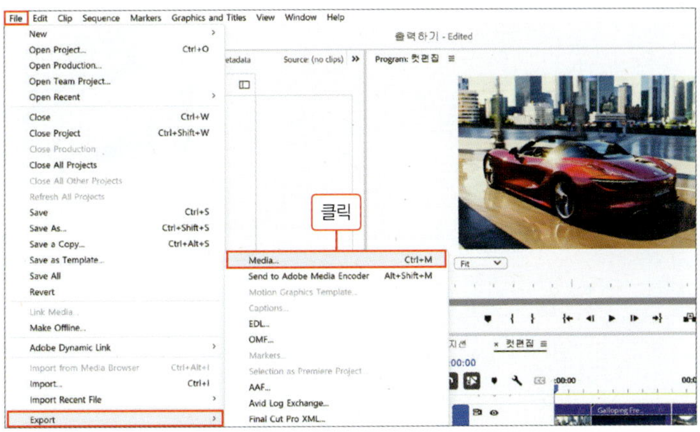

03 작업 영역이 내보내기(Export) 화면으로 전환되며 파일 이름(File Name)을 입력하고 위치(Location) 지정합니다. 사전 설정(Preset)을 '고화질(High Quality 1080 HD)', 포맷(Format)을 'H.264'로 지정합니다. 미리 보기(Preview) 항목에서 범위(Range)가 전체 소스(Entire Source)로 설정되어 있는 것을 확인하고 출력 설정(Output) 내용과 예상 파일 크기를 점검합니다. 확인이 끝나면 <내보내기(Export)> 버튼을 클릭합니다.

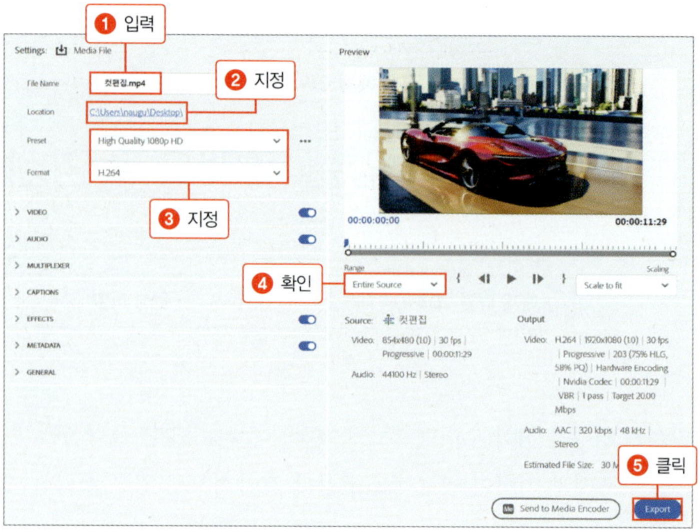

04 Encoding 트랜지션 대화상자가 표시되며 진행도가 표시됩니다. 인코딩이 끝나면 저장 위치에 영상 파일이 출력된 것을 확인할 수 있습니다.

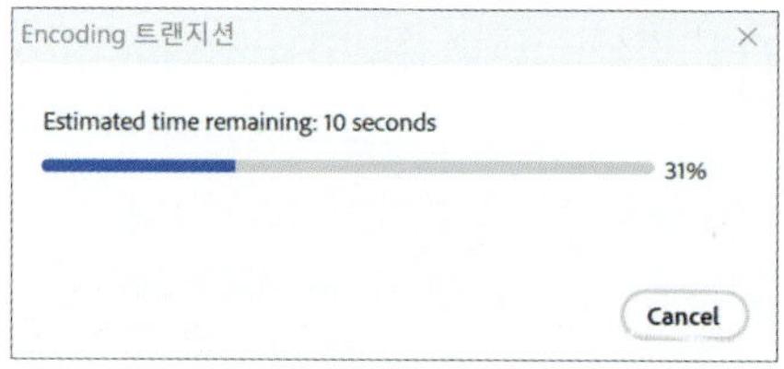

TIP **빠른 내보내기(Quik Export) 아이콘**

오른쪽 상단의 '빠른 내보내기(Quik Export)' 아이콘(⎙)을 클릭하면 H.264 포맷으로 빠르게 출력할 수 있습니다.

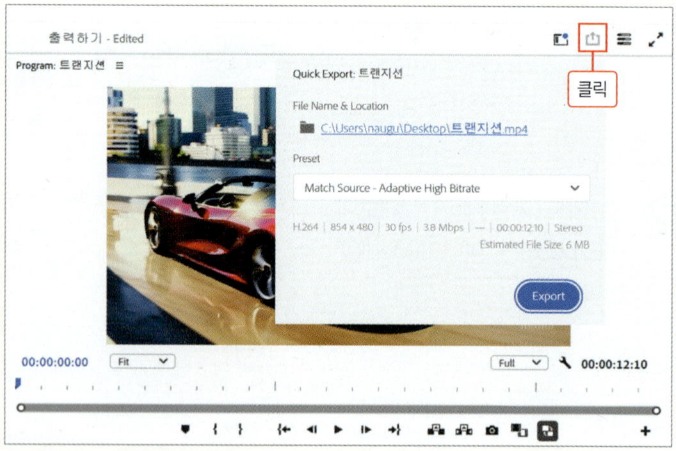

TIP **연속된 이미지(JPEG, PNG 등) 포맷으로 출력하기**

연속된 이미지 포맷으로 출력하려면 포맷(Format)을 JEPG, PNG 등 이미지 파일로 지정해야 합니다. 이때 주의할 점은 저장 위치를 지정할 때 새로운 폴더를 만들고 지정해야 합니다. 이는 연속된 이미지로 출력하는 경우 프레임 수만큼 많은 이미지들이 출력되기 때문입니다. 따라서 저장 위치를 잘못 지정하면 출력 이미지 관리가 어려워질 수 있습니다.

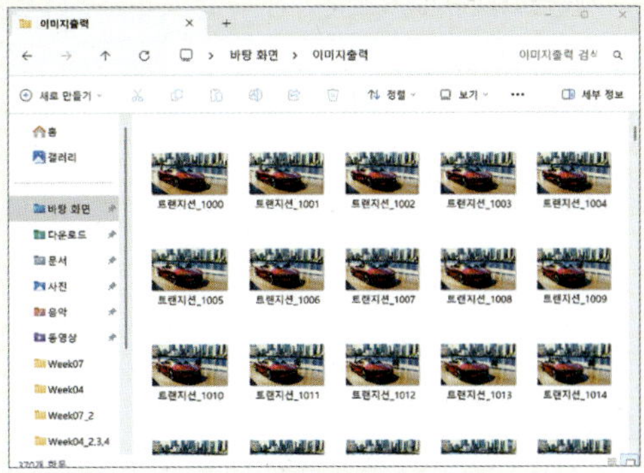

미디어 인코더를 활용하여 출력하기

01 메뉴에서 [파일(File)] → '내보내기(Export)' → '어도비 미디어 인코더로 보내기(Send to Adobe Media Encoder)'를 클릭합니다.

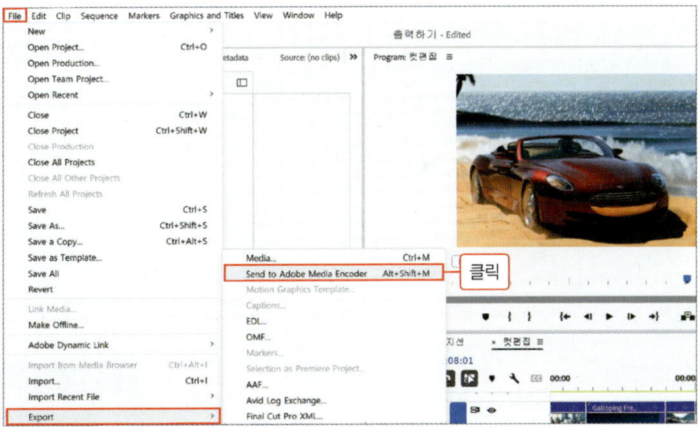

02 미디어 인코더가 실행되면서 타임라인(Timeline) 패널에서 선택했었던 시퀀스가 보입니다.

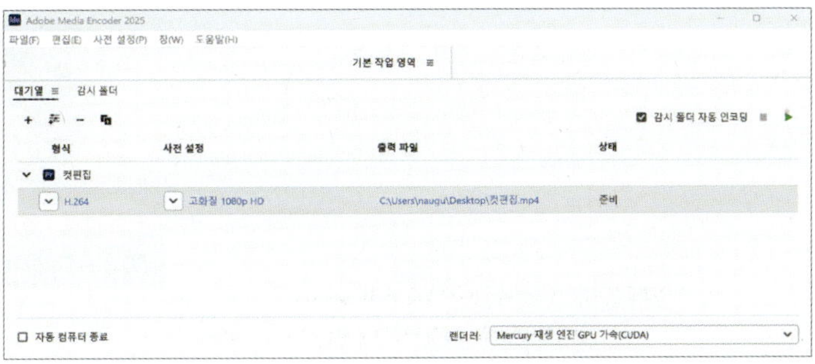

03 여러 개의 시퀀스를 한 번에 인코딩하기 위하여 시퀀스를 추가하겠습니다. 대기열의 '+' 아이콘을 클릭하여 열기 대화상자가 표시되면 원하는 시퀀스가 포함된 프리미어 파일(출력하기.prproj)을 선택하고 <열기(O)> 버튼을 클릭합니다.

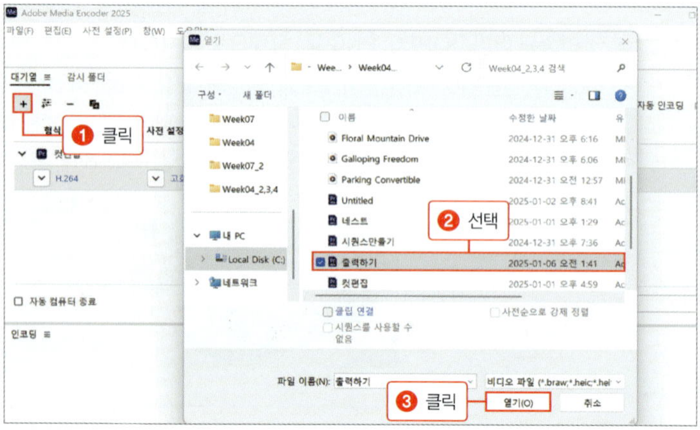

04 프리미어 파일 속 모든 시퀀스가 추가됩니다. 형식, 사전 설정, 출력 파일 등 각각 클릭하여 설정하고 대기열의 '시작' 아이콘(▶)을 클릭하면 인코딩이 시작됩니다.

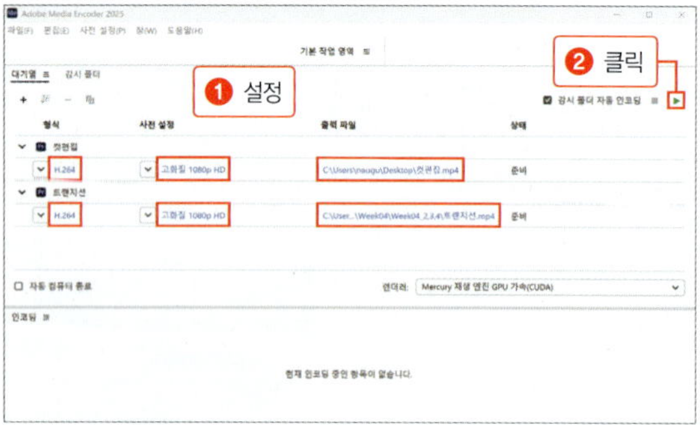

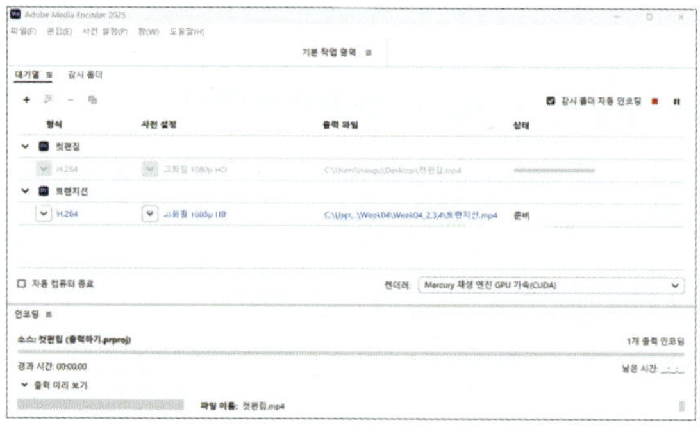

인코딩이 진행 중인 화면

05 인코딩이 끝나면 출력 파일의 파란색 경로를 클릭하여 저장 위치에서 출력된 영상을 확인합니다.

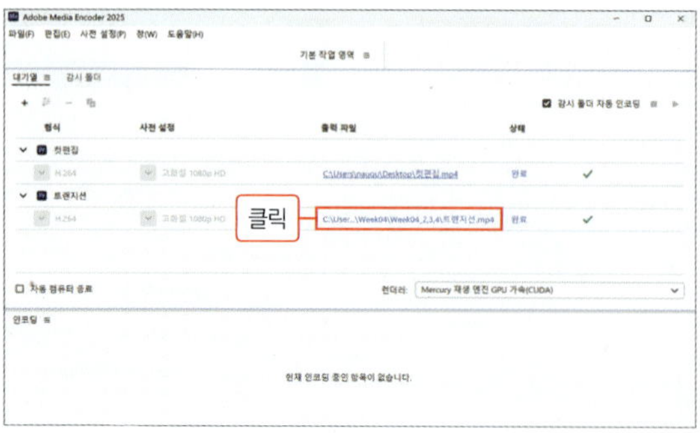

연습 문제 |

01 러닝타임 1분 분량의 영상을 제작하기 위해 소라에서 영상을 생성한 후, 프리미어 프로의 프로젝트(Project) 패널로 가져와 새 시퀀스(New Sequence)를 생성합니다. 이후 다양한 프리미어 편집 도구를 활용해 컷 편집을 시도해 보세요.

02 01번에서 진행한 컷 편집에 효과(Effects) 패널의 전환(Transition) 폴더에 있는 효과를 적용해 보세요.

03 컷 편집과 전환(Transition) 효과를 적용한 시퀀스를 H.264, MP4 파일 포맷으로 출력해 보세요.

WEEK 05

실전 영상 편집 기법

학 습 목 표

프리미어 프로의 실전 영상 편집 기술을 실습합니다. 소스 모니터(Source Monitor) 패널을 활용해 교차 편집을 실습하고, 새롭게 추가된 AI 기능을 이용하여 편집이 부족한 원본 소스 영상의 길이를 늘리는 방법을 학습합니다. 또한, 소스 클립 가공 및 분할 화면 제작 등을 통해 영상 클립을 변형하는 다양한 편집 기법을 실습합니다.

5.1 AI 기술을 활용한 실전 영상 편집

영상 편집은 촬영된 영상 클립이나 디지털 미디어 파일을 조합, 수정, 가공하여 완성된 영상을 제작하는 과정을 말합니다. 이는 영상의 흐름을 재구성하여 명확하고 효과적으로 메시지를 전달하는 중요한 과정입니다. 특히 AI 기술을 활용한 영상 편집은 기존의 수작업 중심 편집 과정을 변화시키며, 작업 효율성과 창의성을 동시에 높이는 특징을 가집니다. 현재 영상 편집에서 AI를 활용할 수 있는 부분으로는 소라를 이용한 맞춤형 영상 소스 생성, 프리미어 프로를 통한 자동 리프레임(Auto Reframe), 생성형 확장(Generative Expand), 색상 일치(Color Match), 자동 더킹(Auto Ducking), 생성형 AI를 통한 개체 추가 등이 있습니다.

AI 기술을 활용한 영상 편집 과정

영상 편집 과정은 소스 생성, 정리, 컷 편집부터 효과와 음향 조정, 최종 렌더링까지 단계적으로 이루어집니다. AI가 각 과정에서 어떤 역할을 하는지 간단히 알아보겠습니다.

❶ **소스 생성**: AI를 이용한 맞춤형 영상 소스를 생성합니다.

❷ **소스 정리**: 원본 영상, 이미지, 오디오 파일을 정리합니다.

❸ **컷 편집**: 필요 없는 부분을 제거하고 영상의 순서를 재구성하고 AI 기능을 활용합니다.

- **AI 기능**: 자동 리프레임(Auto Reframe), 생성형 확장(Generative Expand)

❹ **효과 추가**: 전환 효과, 텍스트, 자막, 시각적 효과 등을 삽입하고 AI 기능을 활용합니다.

- **AI 기능**: 색상 일치(Color Match), 생성형 AI를 통한 개체 추가

❺ **음향 조정**: 배경음악 삽입 및 음향 균형을 조정하고, AI 기능을 활용합니다.

- **AI 기능**: 자동 더킹(Auto Ducking)

❻ **최종 렌더링**: 편집된 영상을 파일로 출력합니다.

주요 컷 편집 기법

앞서 살펴본 편집 과정 중에서도 컷 편집은 영상 편집에서 가장 기본적이면서도 중요한 기법으로, 두 영상 클립을 연결하거나 전환할 때 사용됩니다. 컷 편집 기법은 상황과 의도에 따라 다양하게 변형될 수 있습니다. 주요 컷 편집 기법은 다음과 같습니다.

하드 컷(Hard Cut)

가장 기본적인 컷 편집으로, 한 장면에서 다음 장면으로 직접 전환합니다. 자연스럽고 직관적이며 대부분의 영상에서 사용하고 있습니다.

- **활용 예시**: 일상적인 대화 장면, 스토리 전개 중

점프 컷(Jump Cut)

동일한 장면 안에서 시간이나 공간의 점프를 보여 주는 편집 기법으로, 시간 단축, 긴박감 전달할 때 사용합니다.

- **활용 예시**: 몽타주, 인터뷰에서 불필요한 부분 제거

매치 컷(Match Cut)

두 장면이 시각적, 움직임 또는 주제로 이어지는 방식으로 기법으로, 연속성과 자연스러운 흐름을 강조합니다.

- **활용 예시**: 인물이 문을 여는 장면에서 다른 장소로 연결

크로스 컷(Cross Cut)

서로 다른 두 사건을 번갈아 보여 주는 기법으로, 두 장면의 동시성과 긴박감 전달합니다.

- **활용 예시**: 추격 장면, 전화 대화

효율적인 컷 편집 기능

프리미어 프로에서 컷 편집을 효율적으로 하기 위한 기능입니다. 소스 모니터(Source Monitor) 패널의 아이콘을 클릭하여 간단하게 진행할 수 있는 효율적인 컷 편집 기능은 다음과 같습니다.

삽입(Insert)과 덮어쓰기(Overwrite)

삽입과 덮어쓰기는 단어가 가진 의미 그대로 타임라인에 클립을 삽입하거나 덮어쓸 때 사용하는 기본 기능입니다. 일반적으로 A 사건과 B 사건의 장면을 교차 삽입할 때 사용합니다. 삽입(Insert) 기능은 기존 클립의 순서를 유지하면서 추가 장면을 삽입하고자 할 때, 기존 클립이 오른쪽으로 밀려나며 새 클립이 삽입되어 유용합니다. 덮어쓰기(Overwrite) 기능은 선택한 클립이 타임라인의 지정된 위치에 덮어쓰여 지며, 빠르고 효율적으로 장면을 교체하거나 수정할 때 유용합니다.

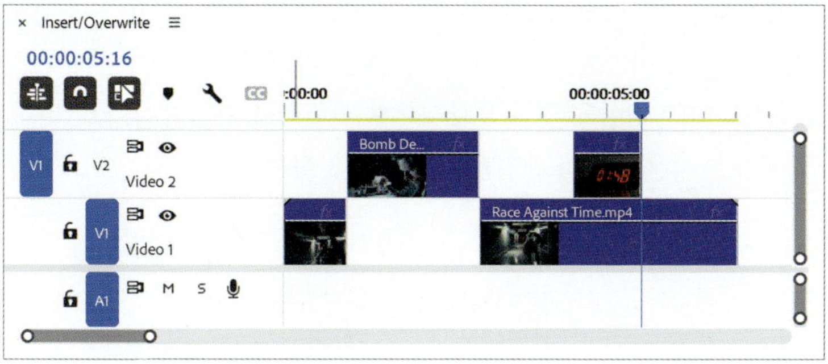

삽입(Insert)과 덮어쓰기(Overwrite)의 차이

멀티 카메라 편집(Multi-Camera Editing)

멀티 카메라 편집은 여러 카메라로 촬영된 장면을 동시에 편집할 수 있는 기능으로, 빠른 장면 전환을 구현하는 데 유용합니다. 여러 카메라 각도(또는 사건)를 하나의 멀티캠 시퀀스로 결합하며 복잡한 크로스 컷 작업을 직관적으로 수행할 수 있습니다.

멀티 카메라를 이용한 장면 편집

실습 예제 01

5.2 소스 모니터를 이용하여 교차 편집하기

• **예제 파일** : 05\05_2\교차편집.prproj • **완성 파일** : 05\05_2\교차편집_완성.mp4, 교차편집_완성.prproj

소스 모니터(Source Monitor) 패널을 활용하면 영상 클립을 효율적으로 관리하고 편집할 수 있습니다. 삽입(Insert)과 덮어쓰기(Overwrite) 기능을 사용해 교차 편집하는 방법을 진행하겠습니다.

영상을 삽입하기

01 05 → 05_2 폴더에서 '교차편집.prproj' 파일을 더블클릭하여 실행합니다. 프로젝트(Project) 패널이나 타임라인(Timeline) 패널에서 'Insert/Overwrite' 시퀀스를 선택합니다.

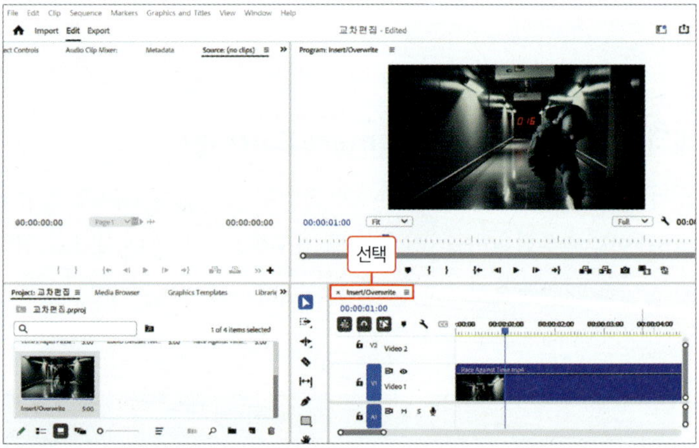

02 타임라인(Timeline) 패널에서 'Race Against Time.mp4' 클립의 00:00:01:00에 'Bomb Defusal Tension.mp4' 클립을 삽입하기 위해 프로젝트(Project) 패널에서 'Bomb Defusal Tension.mp4' 클립을 더블클릭하여 소스 모니터(Source Monitor) 패널에 보이게 합니다.

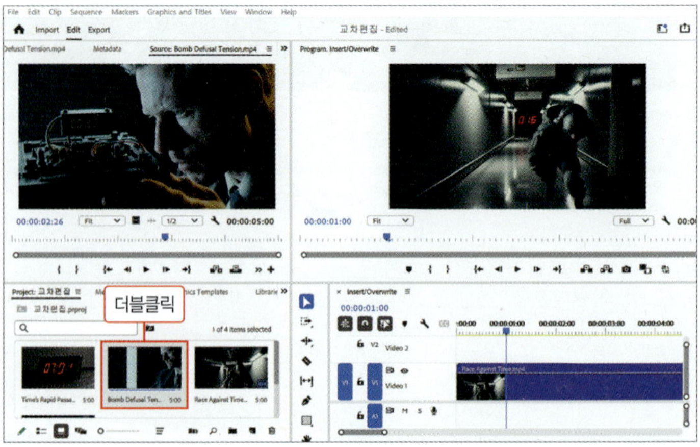

03 소스 모니터(Source Monitor) 패널에서 'Bomb Defusal Tension.mp4' 클립의 시작점과 끝점을 설정하기 위해 재생 헤드(Playhead)를 '00:00:01:00'으로 이동하여 위치하고 '시작 표시(Mark In)' 아이콘({)을 클릭하여 시작점을 설정합니다.

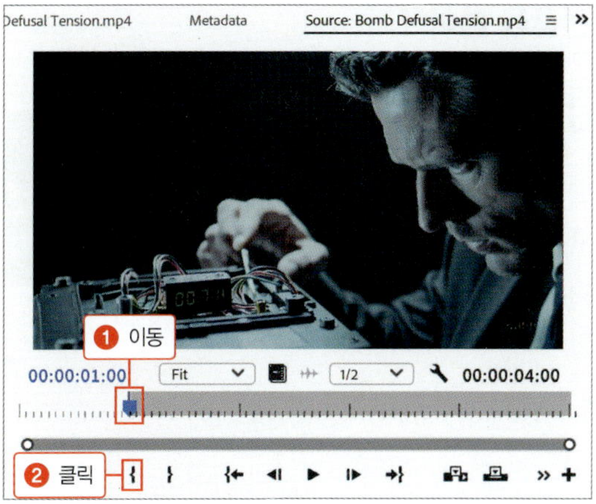

04 다시 재생 헤드(Playhead)를 '00:00:03:00'으로 이동하여 위치하고 '종료 표시(Mark Out)' 아이콘(})을 클릭하여 끝점을 설정합니다. 타임라인(Timeline) 패널에서 재생 헤드(Playhead)를 '00:00:01:00'으로 이동하여 위치하고 소스 모니터(Source Monitor) 패널에서 '삽입하기(Insert)' 아이콘( )을 클릭합니다.

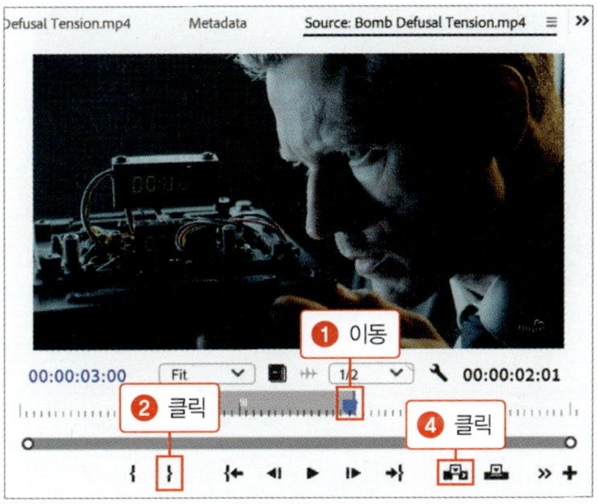

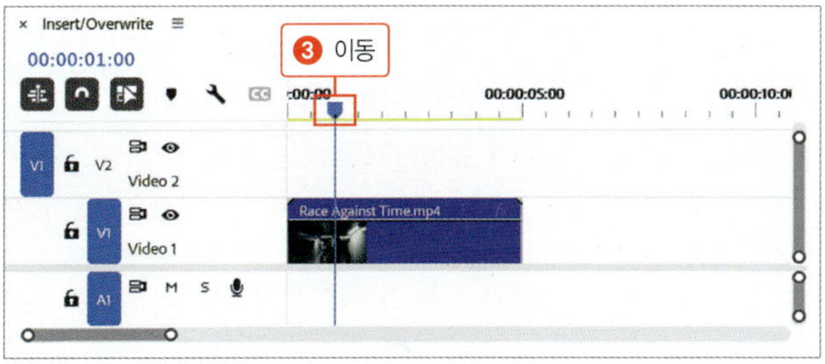

05 'Race Against Time.mp4' 클립의 '00:00:01:00'과 '00:00:03:00' 사이에 'Bomb Defusal Tension.mp4' 클립이 삽입된 것을 확인할 수 있고 전체 영상의 길이가 삽입된 영상의 길이만큼 늘어난 것을 알 수 있습니다.

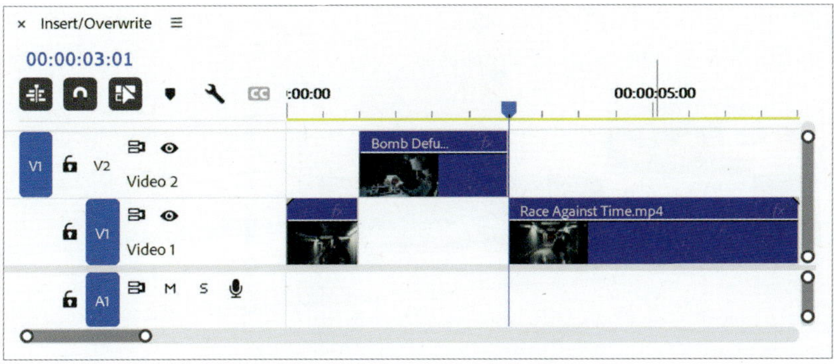

NOTE

트랙 헤드 영역에서 V2가 표시되어 있었기 때문에 V2 트랙에 삽입된 것을 알 수 있습니다.

영상을 덮어쓰기

01 00:00:05:00에 다른 영상을 덮어쓰기 위해 프로젝트(Project) 패널에서 'Time's Rapid Passage.mp4' 클립을 더블클릭하여 소스 모니터(Source Monitor) 패널에 보이게 합니다.

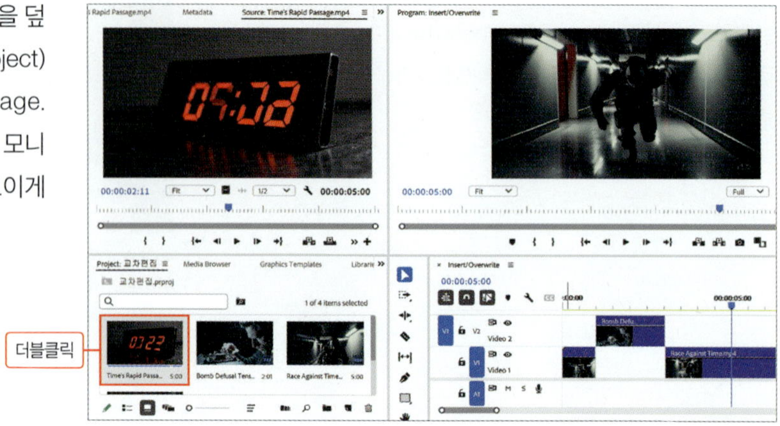

02 소스 모니터(Source Monitor) 패널에서 재생 헤드(Playhead)를 이동하고 아이콘을 클릭하여 시작 구간과 종료 구간을 설정합니다. 그림과 같이 '00:00:02:00'에 시작 표시(Mark In)를 설정하고 '00:00:03:00'에 종료 표시(Mark Out)를 설정합니다.

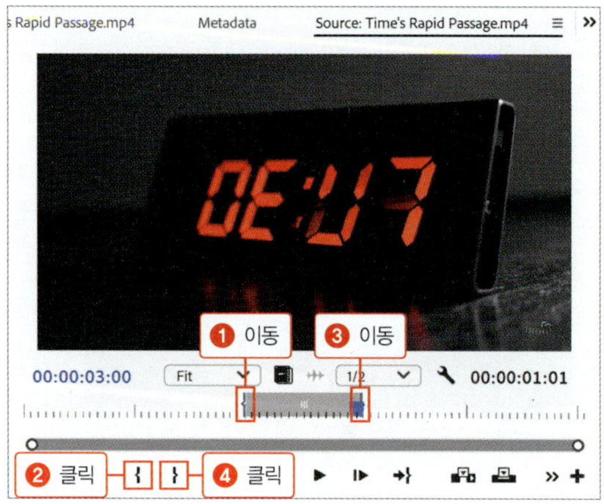

03 타임라인(Timeline) 패널에서 재생 헤드(Playhead)를 '00:00:04:15'로 이동하고 덮어쓰기(Overwrite) 기능을 실행하기 전에 트랙 헤드 영역에서 V2 트랙이 선택되어 있는지 확인합니다.

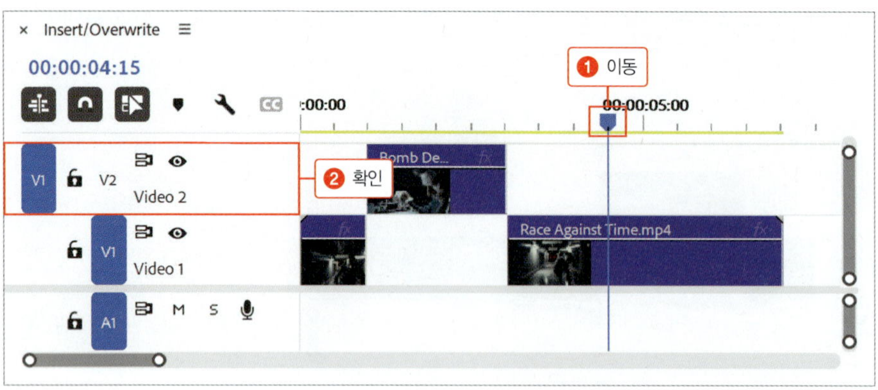

04 소스 모니터(Source Monitor) 패널에서 '덮어쓰기(Overwrite)' 아이콘(▣)을 클릭합니다. V2 트랙에 'AI 02.mp4' 파일이 덮어쓰기 된 것을 확인하면 영상의 전체 길이는 변함이 없습니다. 삽입하기(Insert)와 덮어쓰기(Overwrite)의 차이를 알 수 있습니다.

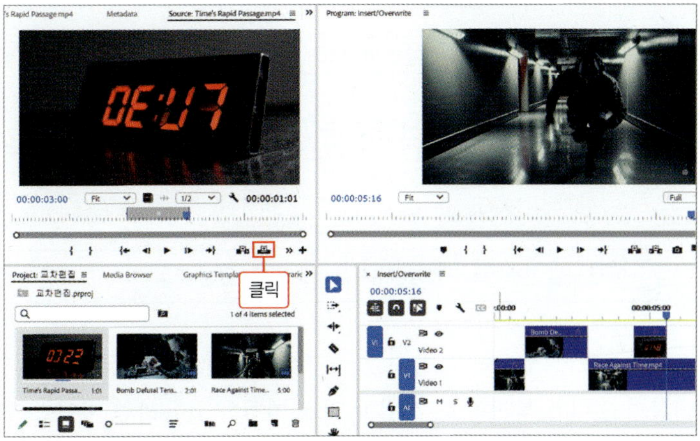

NOTE

교차 편집은 두 가지 이상의 장면을 번갈아 보여 주면서 긴장감이나 스토리의 흐름을 강화하는 영상 편집 기법입니다.

고려 사항 알아보기

❶ 서로 다른 장면을 연결할 때 주제나 긴장감을 유지할 수 있도록 명확한 연관성을 고려해야 합니다.
❷ 짧고 빠른 컷을 번갈아 사용하면 긴박감을 높이고, 느린 전환은 감정적 몰입도를 강화하는 데 효과적입니다.
❸ 동시에 진행되는 사건을 교차하면 긴장감이 극대화되며, 시청자의 몰입도를 높일 수 있습니다.
❹ 번갈아 보여 주는 장면 간의 길이 차이가 너무 크지 않도록 조정하여 자연스럽고 균형 잡힌 흐름을 유지해야 합니다.
❺ 비슷한 색감, 움직임, 사운드 등을 연결 고리로 활용하면 시각적·청각적 연속성이 유지되어 장면 간 전환이 더욱 부드러워집니다.

TIP **자동 저장(Auto Save) 기능**

프리미어 프로에서 자동 저장(Auto Save) 기능을 활성화하면, 작업 중 갑작스럽게 프로그램이 종료되더라도 작업 파일 손실을 방지할 수 있습니다.

〔편집(Edit)〕 → '환경설정(Preferences)' → '자동 저장(Auto Save)' 항목에서 자동 저장 주기를 설정할 수 있으며, 저장 경로도 확인 및 변경할 수 있습니다. 이처럼 프리미어 프로의 환경 설정(Preferences) 기능을 활용하면, 프로그램의 전반적인 작업 환경을 사용자의 필요에 맞게 조정할 수 있습니다.

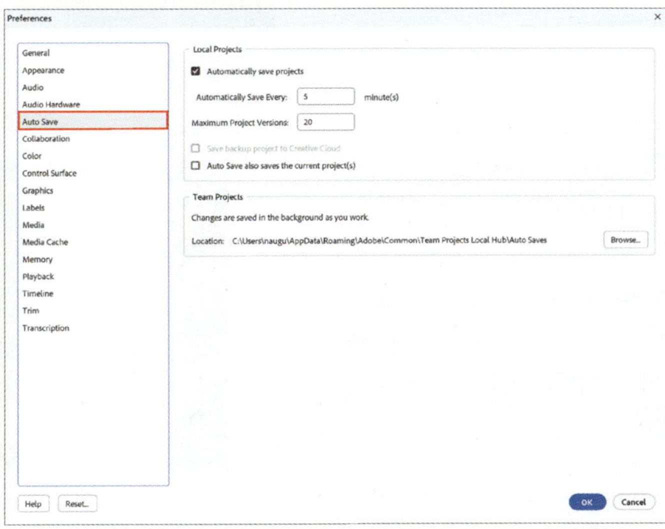

실습 예제 02

5.3 부족한 영상의 길이 확장하기

• **예제 파일** : 05\05_3\영상길이확장.prproj • **완성 파일** : 05\05_3\영상길이확장_완성.mp4, 영상길이확장_완성.prproj

영상의 길이가 부족할 때 적절한 편집 기법을 활용하면 자연스럽게 확장할 수 있습니다. 부족한 영상의 길이를 늘리는 방법을 알아보겠습니다.

01 05 → 05_3 폴더에서 '영상길이확장.prproj' 파일을 더블클릭하여 실행합니다. 프로젝트(Project) 패널이나 타임라인(Timeline) 패널에서 '영상길이확장' 클립을 선택합니다.

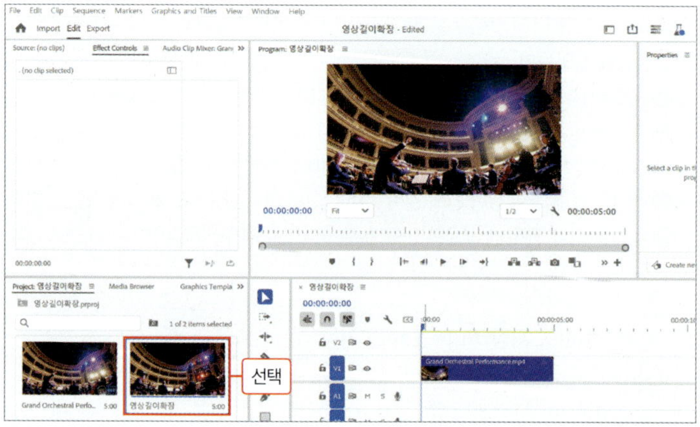

02 타임라인(Timeline) 패널에서 '00:00:00:00~00:00:00:25'를 살펴보면 영상 속 바이올린을 켜고 있는 사람의 오른쪽 손이 2개로 보여 잘못 생성된 것을 확인할 수 있습니다. 이처럼 AI를 이용해 영상을 생성했을 때 가끔 오류가 발생한 장면이 생성됩니다.

03 잘못 생성된 부분을 잘라내기 위해 타임라인(Timeline) 패널에서 재생 헤드(Playhead)를 '00:00:00:25'로 이동하고 'Grand Orchestral Performance.mp4' 영상 클립을 선택한 후 Ctrl+K를 눌러 영상 클립을 자릅니다.

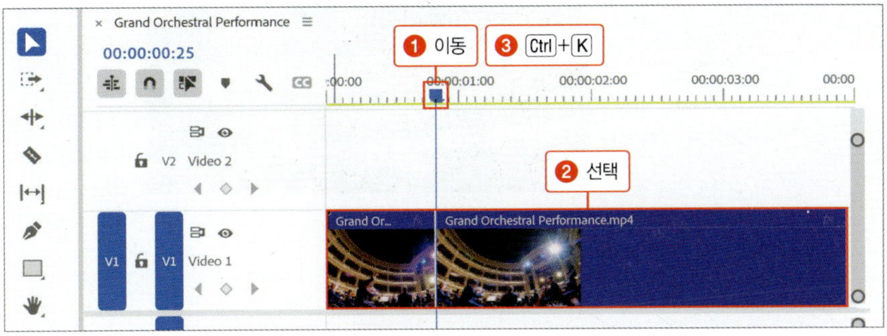

04 영상 클립을 자른 후 앞부분의 영상 클립을 선택하고 Delete를 눌러 삭제한 다음 영상 클립이 '00:00:02:00'부터 시작하도록 드래그하여 배치합니다.

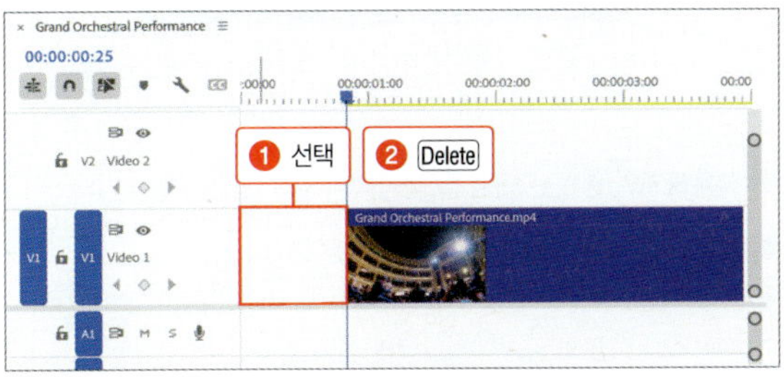

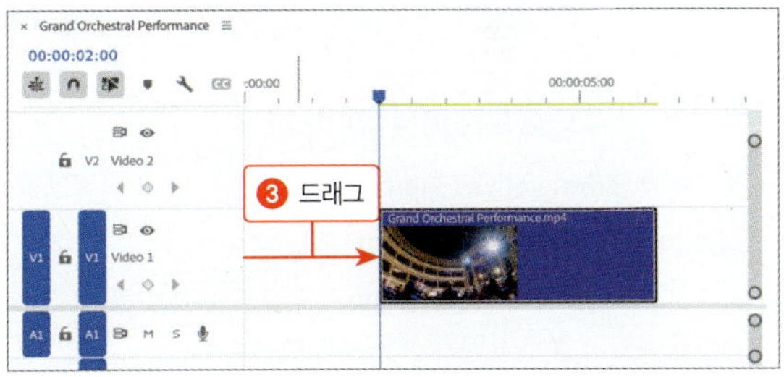

NOTE

이 작업은 앞의 영상 클립을 생성하기 위해 앞의 공간을 비워두고, 영상 생성은 최대 2초가 확장 생성되기 때문에 2초부터 시작하도록 배치하는 것입니다.

05 도구(Tools) 패널에서 생성형 확장(Generative Extensive) 도구( )를 선택하고 영상 클립을 앞으로 드래그하여 늘려줍니다.

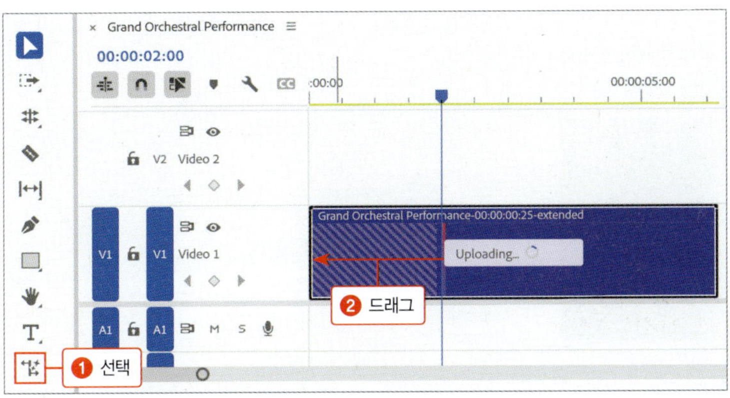

NOTE

생성형 확장(Generative Extensive) 도구( )는 현재 베타 버전에서만 제공되는 기능이므로, 정식 버전에는 도구가 표시되지 않을 수 있습니다. 이 도구를 사용하려면 크리에이티브 클라우드 앱에서 'Premiere Pro (Beta)'를 설치해 사용하세요.

06 영상이 추가로 2초간 생성된 것을 확인할 수 있습니다.

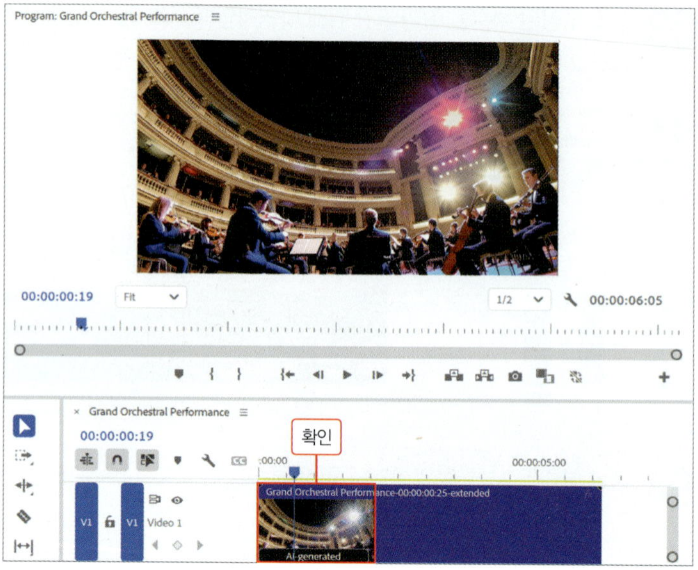

TIP **잘못 생성된 예시 살펴보기**

생성형 확장(Generative Extensive) 도구는 영상의 길이 확장을 위해 유용하지만 원하는 대로 잘 생성되지 않는 경우가 있습니다.

① 여러 명이 등장할 때 사람을 생성하는 경우

여러 명이 등장하는 장면에서 새로운 사람을 생성할 경우, 간혹 생성된 사람이 잘못 표현됩니다. 크게 어색하지 않는 경우도 있지만, 그림과 같이 오른쪽 끝에서 바이올린을 연주하는 인물의 경우 얼굴과 신체가 비정상적으로 표현된 사례가 있습니다.

② 해상도가 낮은 파일의 경우에는 사용 불가

생성형 확장(Generative Extensive) 도구( )는 기본적으로 1280×720 이상의 영상에서만 기능합니다.

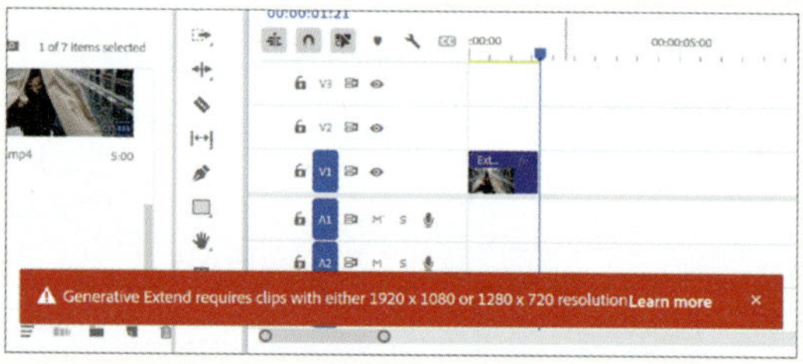

③ 세부 사항 디테일을 잘못 생성한 경우

AI 영상 생성은 손가락이나 복잡한 세부 요소에서 디테일이 부족하거나 뭉개져 보이는 문제가 발생할 수 있습니다.

5.4 멀티 카메라 편집하기

실습 예제 03

· 예제 파일 : 05\05_4\멀티카메라.prproj **· 완성 파일** : 05\05_4\멀티카메라_완성.mp4, 멀티카메라_완성.prproj

멀티 카메라 편집을 활용하면 여러 각도의 영상을 효율적으로 조합하여 더욱 다이내믹한 연출이 가능합니다. 멀티 카메라 편집 방법을 단계별로 알아보겠습니다.

01 05 → 05_4 폴더에서 '멀티카메라.prproj' 파일을 더블클릭하여 실행합니다. 프로젝트(Project) 패널에서 '영상소스' 빈(Bin)을 선택합니다.

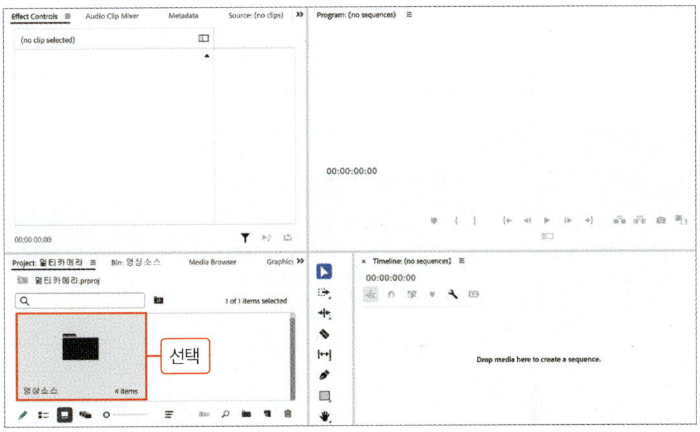

TIP **빈(Bin)의 내용 살펴보기**

빈(Bin)을 더블클릭하여 안을 살펴보면 멀티 카메라 편집에 사용될 영상 소스 4개가 들어있습니다.

02 '영상소스' 빈(Bin)을 선택한 상태로 오른쪽 마우스 버튼을 클릭하고 '멀티 카메라 소스 시퀀스 만들기(Create Multi-Camera Source Sequence...)'를 클릭합니다.

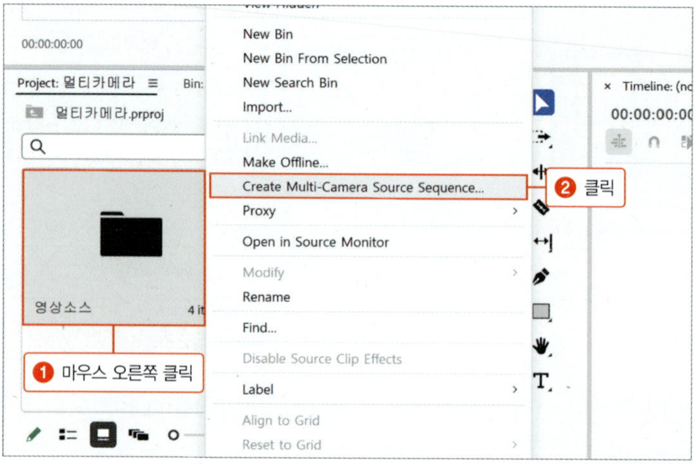

03 멀티 카메라 소스 시퀀스 만들기(Create Multi-Camera Source Sequence) 대화상자가 표시되면 점 동기화(Synchronize Point)를 '시간 코드(Timecode)'로 선택하여 4개의 영상이 시간 코드(Timecode)에 따라 동기화되도록 합니다. <확인(OK)> 버튼을 클릭하여 대화상자를 종료합니다.

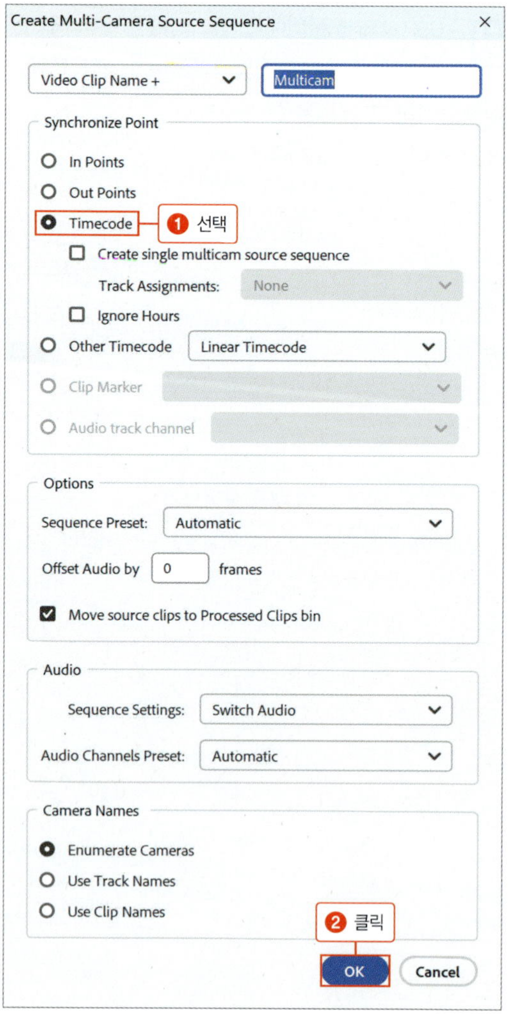

NOTE

음성이 있는 경우 '오디오 트랙 채널(Audio Track Channel)'을 선택하여 동기화시키면 영상 클립의 길이에 상관없이 음성에 따라 여러 개의 영상이 동기화됩니다.

04 '영상소스' 빈(Bin)을 더블클릭하여 안을 살펴보면 'Orchestra Spotlight.mp4Multicam' 클립이 생성된 것을 확인할 수 있습니다.

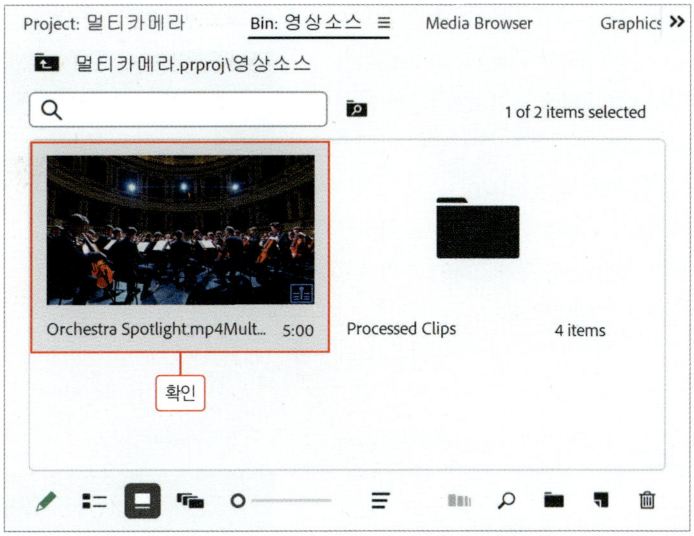

05 멀티 카메라 클립을 생성하기 위해 'Orchestra Spotlight.mp4Multicam' 클립에서 마우스 오른쪽 버튼을 클릭하고 '클립에서 새 시퀀스 만들기(New Sequence from Clip)'를 클릭하여 멀티 카메라 클립합니다.

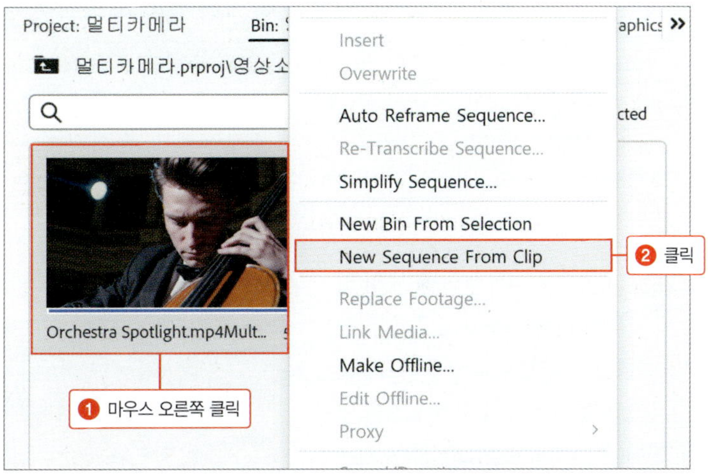

06 '영상소스' 빈(Bin) 안을 살펴보면 'Orchestra Spotlight.mp4Multicam' 시퀀스가 생성된 것을 확인할 수 있습니다.

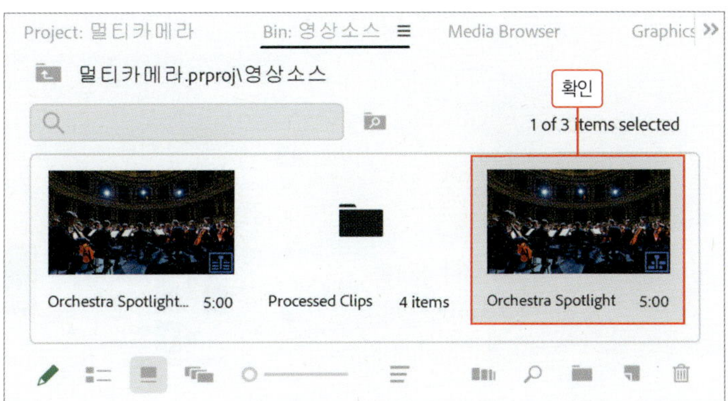

07 프로그램 모니터(Program Monitor) 패널의 '단추 편집기(Button Editor)' 아이콘(+)을 클릭하여 표시되는 메뉴에서 '멀티 카메라 보기 켜기/끄기(Toggle Multi-Camera View)' 아이콘(⊞)을 아이콘들이 있는 바로 드래그하여 추가하고 클릭하여 실행합니다.

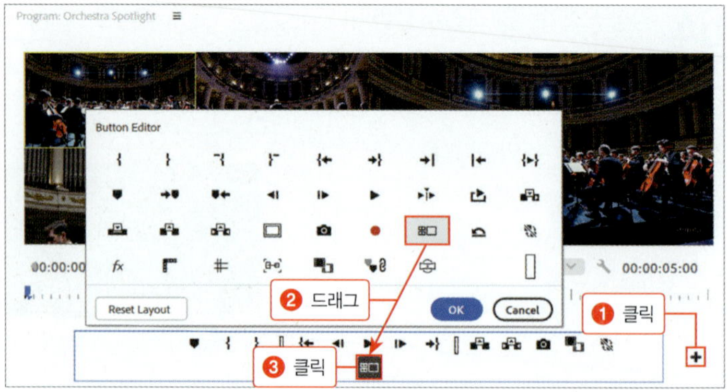

08 타임라인(Timeline) 패널에서 영상 클립을 선택한 후 [1], [2], [3], [4]를 누르면 화면이 각 소스 영상으로 변화합니다.

NOTE

영상 소스가 많은 경우 멀티 카메라를 이용하여 편집하면 다양한 소스로 영상을 풍부하게 연출할 수 있고 편리합니다.

09 그림과 같이 [Ctrl]+[K]를 눌러 영상 클립을 자릅니다. 각 잘려진 영상 클립의 부분들을 선택하고 [1], [2], [3], [4]를 이용해서 영상 소스를 변경합니다. 4개의 영상 소스들로 쉽게 편집되는 것을 확인할 수 있습니다.

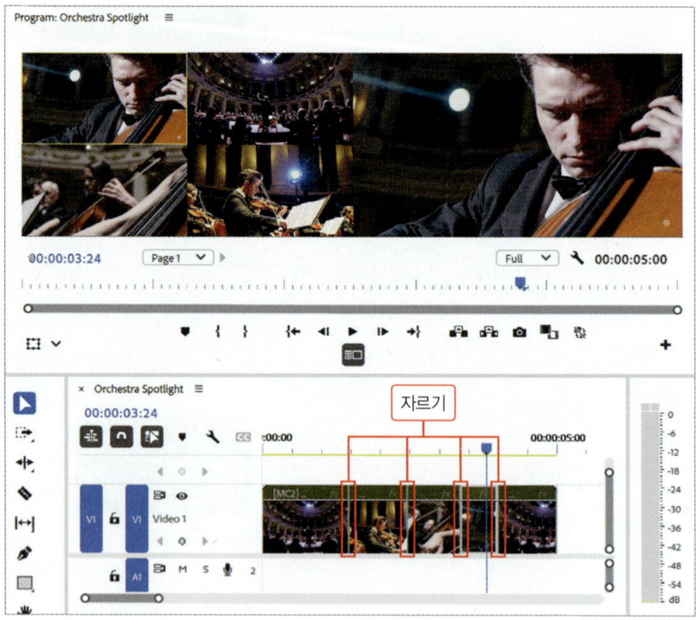

NOTE

사운드나 음성을 활용해 여러 영상을 동기화하면, 동일한 장면이 포함된 여러 영상을 효율적으로 편집할 수 있습니다.

실습 예제 04

5.5 소스 클립 가공하기

• **예제 파일** : 05\05_5\소스클립가공.prproj • **완성 파일** : 05\05_5\소스클립가공_완성.mp4, 소스클립가공_완성.prproj

소스 클립의 위치, 크기, 회전, 불투명도를 조정하면 장면 표현에 다양성을 구현할 수 있습니다. 기본적인 조정 방법을 익혀보겠습니다.

위치, 크기, 불투명도 조정하기

01 05 → 05_5 폴더에서 '소스클립가공.prproj' 파일을 더블클릭하여 실행합니다. 프로젝트(Project) 패널이나 타임라인(Timeline) 패널에서 '위치,크기,불투명도조정' 클립을 선택합니다. 피아노 치는 남자 위로 대형 화면이 보입니다.

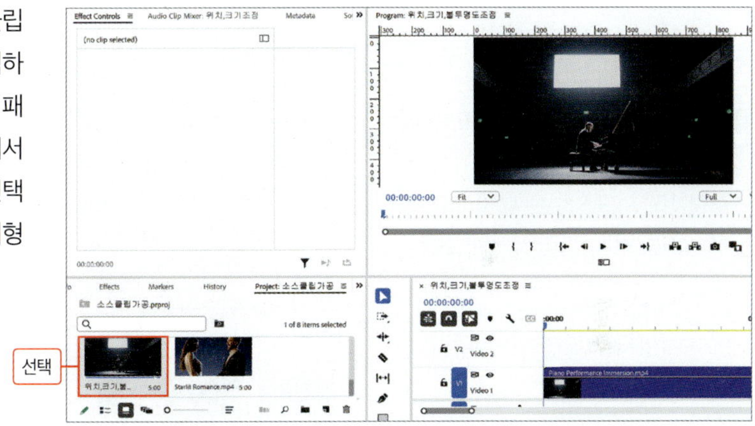

02 대형 화면에 맞춰 영상을 삽입하겠습니다. 프로젝트(Project) 패널에서 'Starlit Romance.mp4' 파일을 타임라인(Timeline) 패널의 V2 트랙으로 드래그하여 배치합니다.

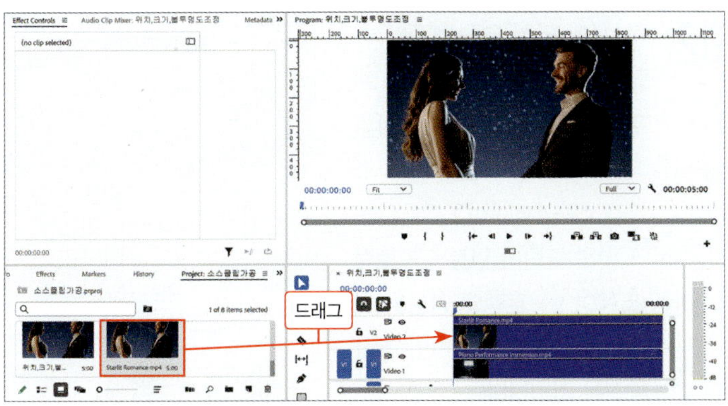

03 영상 클립의 크기를 폴라로이드 이미지에 맞게 수정하고 위치 변경을 통해 보이는 부분을 조정하겠습니다. 타임라인(Timeline) 패널에서 'Starlit Romance.mp4' 클립을 선택하고 효과 컨트롤(Effect Controls) 패널의 모션(Motion) 항목에서 위치(Position)를 '371', '111'로 설정한 다음 '균일 비율(Uniform Scale)'을 체크 표시 해제합니다. 높이 크기(Scale Height)를 '22%', 폭 크기(Scale Width)를 '25%'로 설정하여 영상의 위치와 크기를 조정하고 불투명도(Opacity) 항목에서 불투명도(Opacity)를 '98%'로 설정하여 대형 화면 안에서 자연스럽게 보이게 합니다.

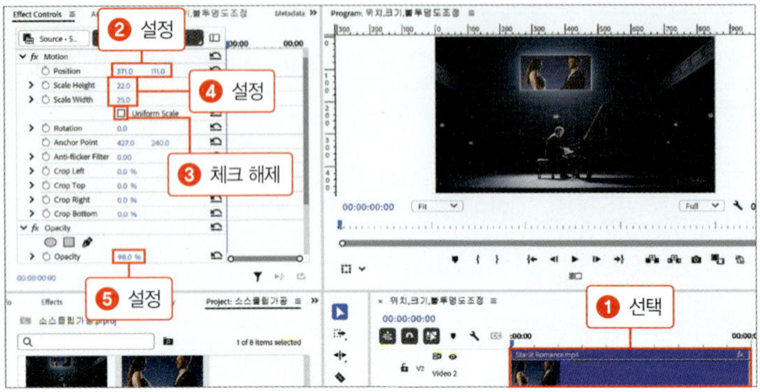

NOTE

균일 비율(Uniform Scale)은 원본 영상의 비율을 유지하도록 설정된 기능입니다. 이 기능을 해제하면 가로와 세로 크기를 개별적으로 조정할 수 있지만, 원본 영상의 비율에 크게 영향을 주지 않는 범위 내에서 사용하는 것이 좋습니다. 원본 비율을 변경하는 것은 권장되지는 않습니다.

영상과 이미지를 활용한 위치, 크기 조정하기

01 프로젝트(Project) 패널이나 타임라인(Timeline) 패널에서 '소스클립가공' 시퀀스를 선택하여 화면에 폴라로이드 이미지가 보이게 합니다.

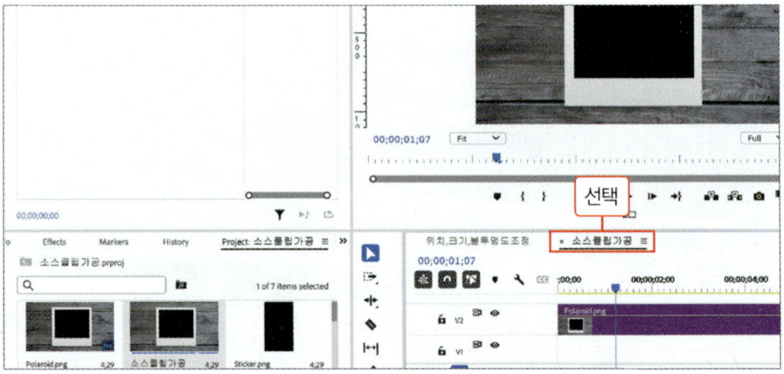

02 이미지에 맞춰 영상을 삽입하겠습니다. 프로젝트(Project) 패널에서 '위치,크기,불투명도조정' 파일을 타임라인(Timeline) 패널의 V1 트랙으로 드래그하여 배치합니다. 이는 'Polaroid.png' 클립이 있는 V2 트랙의 아래 트랙인 V1 트랙에 영상을 배치하여 뚫린 정사각형 안에서만 영상이 보이게 하는 것입니다.

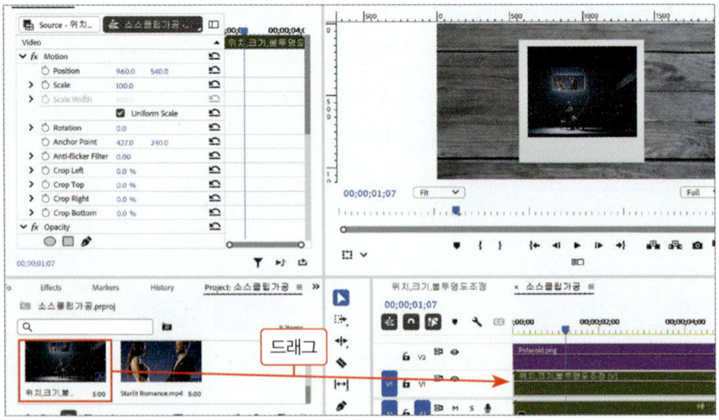

03 타임라인(Timeline) 패널에서 '위치,크기,불투명도조정' 클립을 선택하면 사진 위쪽에 검은색 부분이 보이는 것을 확인할 수 있습니다. 클립의 크기를 폴라로이드 이미지에 맞게 수정하고 위치 변경을 통해 보이는 부분을 조정하겠습니다. '위치,크기,불투명도조정' 클립이 선택된 상태로 효과 컨트롤(Effect Controls) 패널에서 위치(Position)를 '969', '483', 비율 조정(Scale)을 '140%'로 설정하여 폴라로이드 이미지 안에서 자연스럽게 보이도록 합니다. Spacebar를 눌러 재생해 다른 프레임에서도 잘 보이는지 확인합니다.

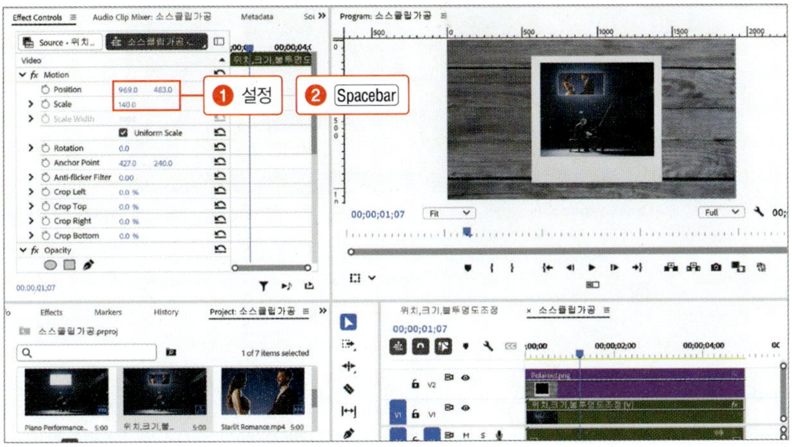

04 화면에 그래픽 이미지를 배치하겠습니다. 프로젝트(Project) 패널에서 'Postit.png' 파일을 타임라인(Timeline) 패널의 V3 트랙으로 드래그하여 배치하고 클립의 끝부분을 드래그하여 영상 길이 만큼 늘려줍니다.

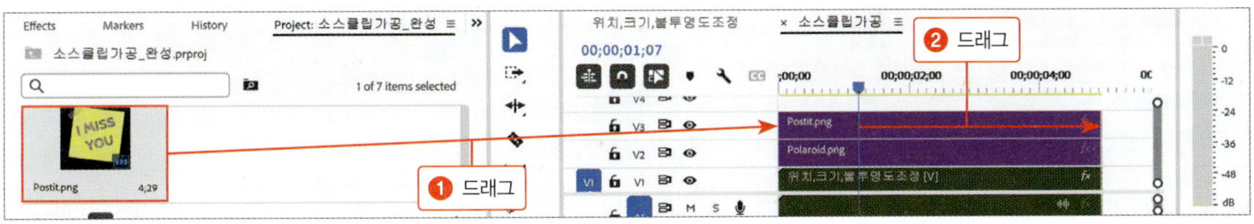

05 그래픽의 위치, 크기, 회전을 설정하기 전에 중심점을 변경하겠습니다. 왼쪽 상단으로 이동하기 위해 효과 컨트롤(Effect Controls) 패널에서 모션(Motion) 항목의 기준점(Anchor Point)을 '158', '94.6'으로 설정합니다.

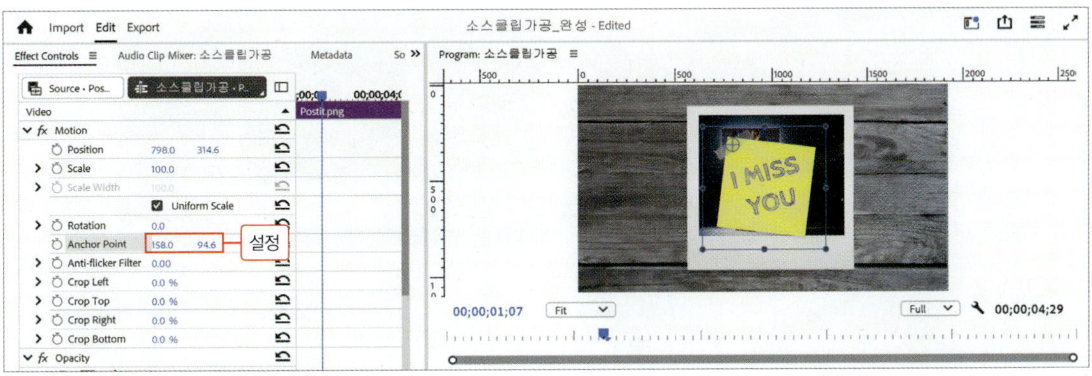

06 그래픽의 위치, 크기, 회전을 변경하여 화면에 적당한 곳에 배치하겠습니다. 'Postit.png' 클립이 선택된 상태로 효과 컨트롤(Effect Controls) 패널에서 위치(Position)를 '1322', '740.6', 비율 조정(Scale)을 '60%', 회전(Rotation)을 '-30°'로 설정하여 그래픽의 위치와 크기를 조정합니다.

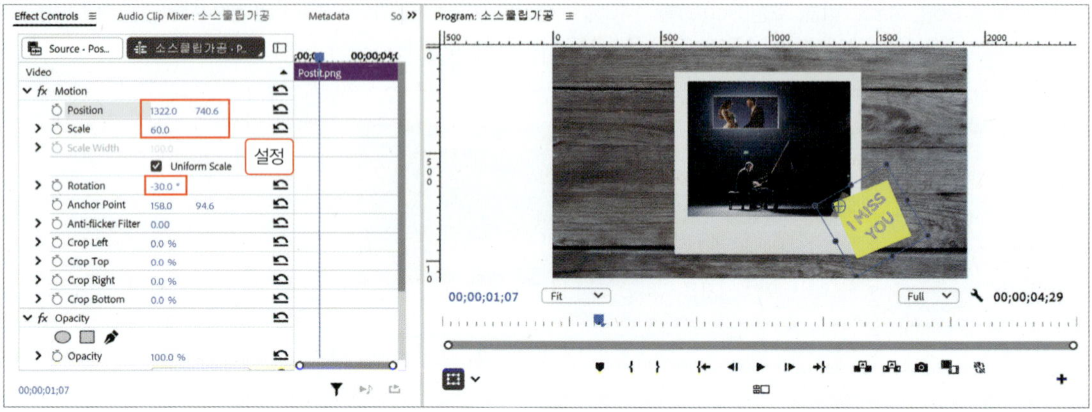

07 텍스트 그래픽도 화면에서 배치하겠습니다. 프로젝트(Project) 패널에서 'Sticker.png' 파일을 타임라인(Timeline) 패널의 V4 트랙으로 드래그하여 배치하고 클립의 끝부분을 드래그하여 영상 길이 만큼 늘려줍니다.

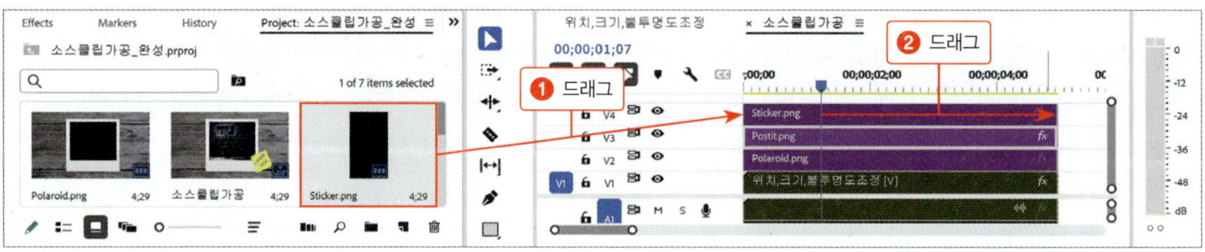

08 그래픽의 위치, 크기를 변경하여 화면에 적당한 곳에 배치하겠습니다. 'Sticker.png' 클립이 선택된 상태로 효과 컨트롤(Effect Controls) 패널에서 위치(Position)를 '295', '540'으로 설정하여 텍스트 그래픽 위치를 조정합니다.

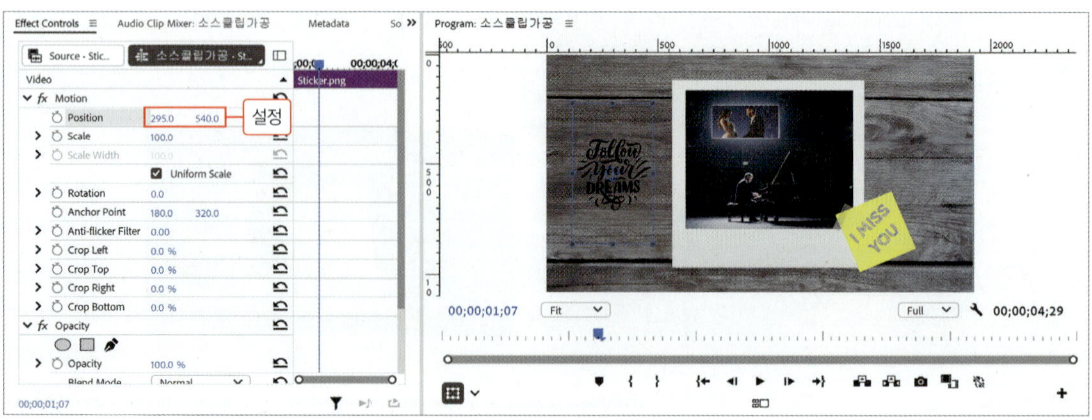

키프레임 이해하기

01 'Sticker.png' 클립의 불투명도(Opacity)를 변경하겠습니다. 타임라인(Timeline) 패널에서 재생 헤드(Playhead)를 '00;00;00;00'으로 이동합니다.

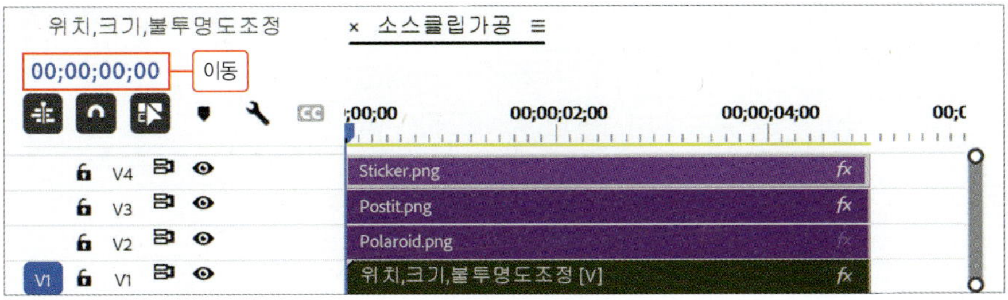

02 'Sticker.png' 클립이 선택된 상태로 효과 컨트롤(Effect Controls) 패널에서 불투명도(Opacity)를 '0%'로 설정하고 '애니메이션 켜기/끄기(Toggle animation)' 아이콘(⏱)을 클릭하여 키프레임을 추가합니다.

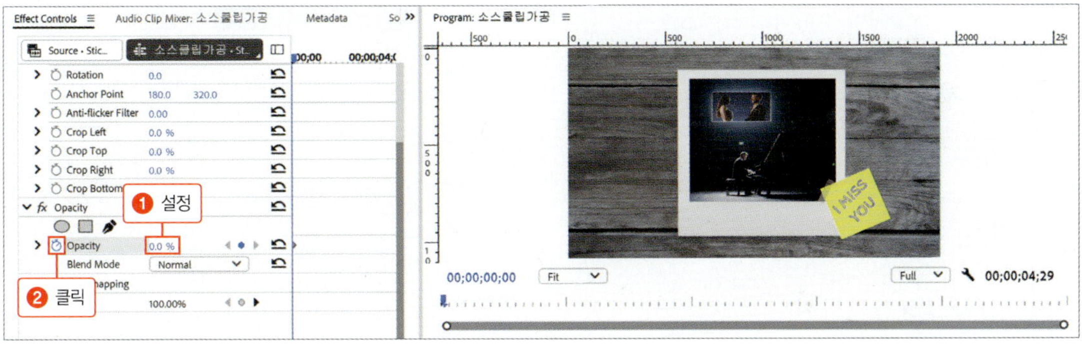

03 재생 헤드(Playhead)를 '00;00;01;00'으로 이동하고 불투명도(Opacity)를 '100%'로 설정하면 자동으로 1초에 키프레임이 추가됩니다.

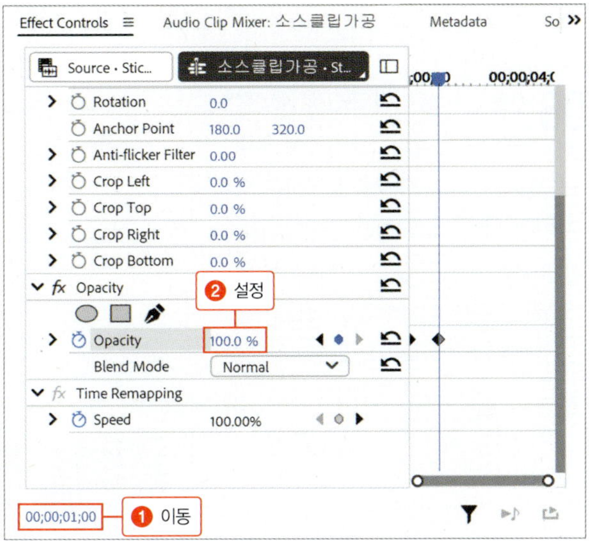

04 재생 헤드(Playhead)를 '00;00;02;00'으로 이동합니다. 앞서 생성한 2개의 키프레임을 드래그하여 선택하고 Ctrl+C를 눌러 복사한 다음 Ctrl+V를 눌러 복사한 2개의 프레임을 붙여넣습니다.

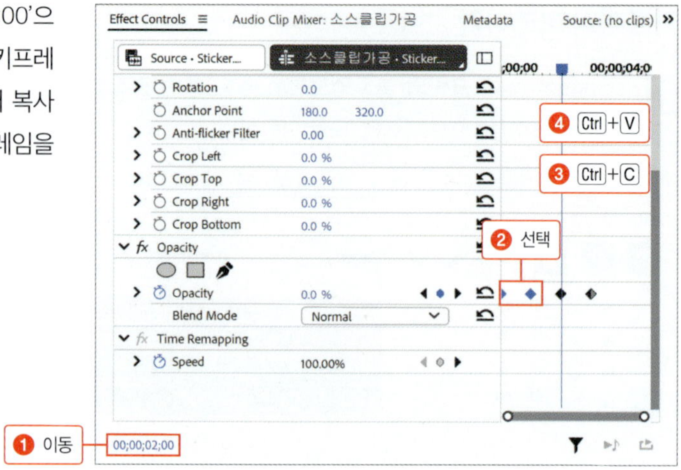

05 같은 방법으로 '00;00;04;00'에도 키프레임을 복사, 붙여넣기 하여 키프레임을 추가합니다. 이렇게 설정하면 불투명도(Opacity)가 0%에서 100%로 서서히 변해(보간)갑니다.

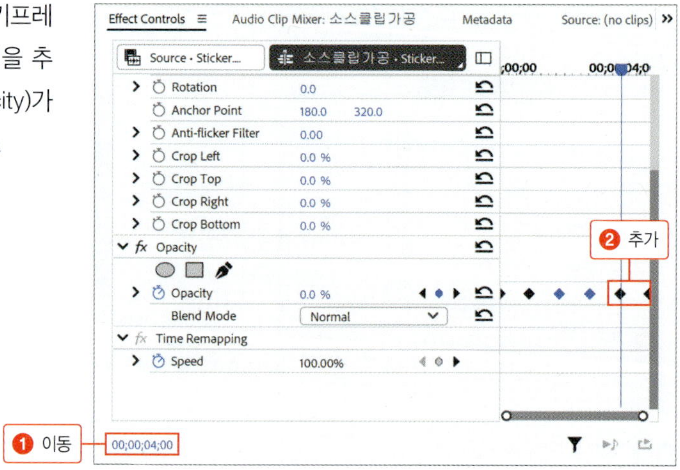

06 0초에서 불투명도(Opacity)를 '0%'로 설정하고 1초에서 투명도(Opacity)를 '100%'로 설정하여 바로 변경하는 애니메이션도 있습니다. 이를 구현하기 위해 모든 키프레임을 선택하고 오른쪽 마우스를 클릭한 다음 '고정(Hold)'을 클릭합니다.

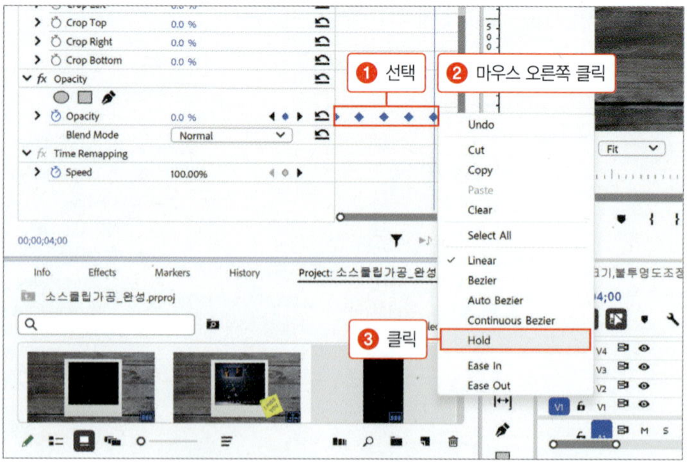

07 키프레임 모양이 바뀌면서 뚝뚝 끊기는 움직임을 확인할 수 있습니다.

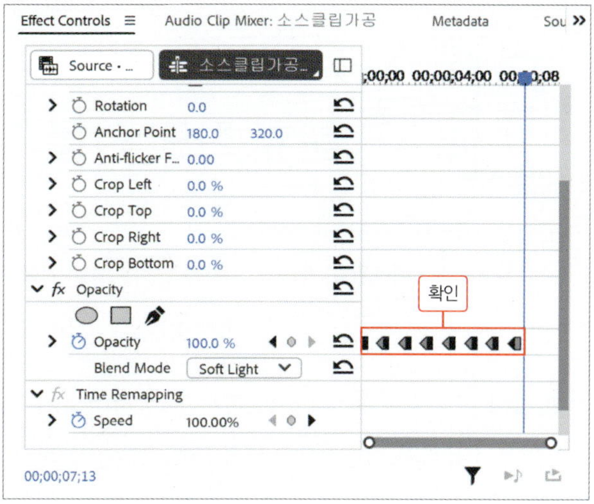

NOTE

고정(Hold) 기능은 스톱 모션과 같은 움직임을 표현하고 싶을 때 활용할 수 있습니다.

08 같은 방법으로 'Postit.png' 클립의 위치(Position), 회전(Rotation) 속성에도 키프레임을 적용하여 애니메이션을 진행하고 Spacebar를 눌러 완성된 모습을 재생합니다.

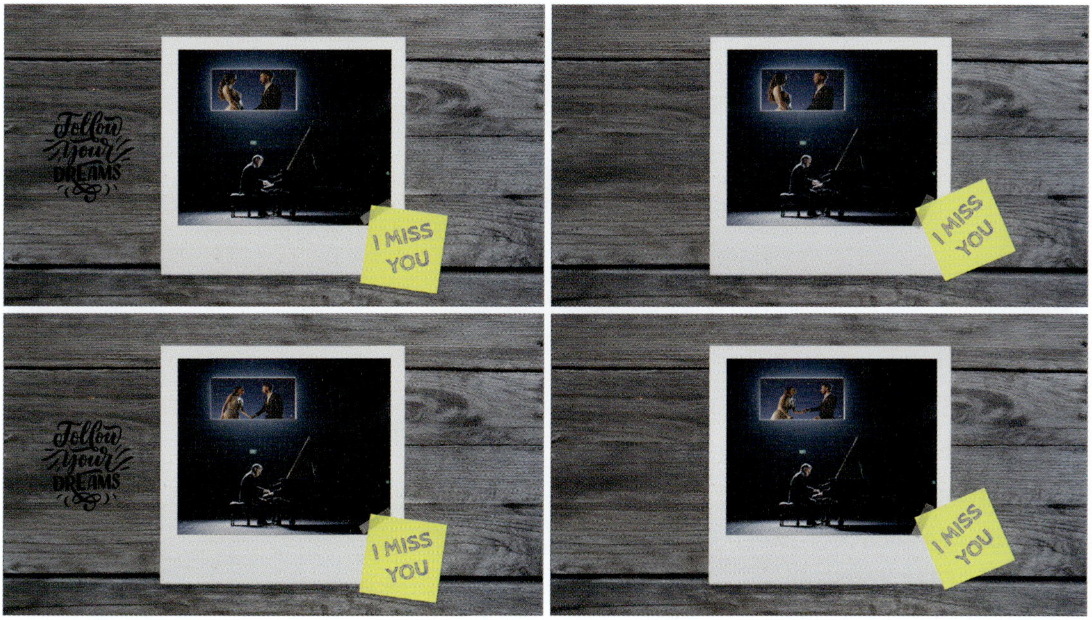

5.6 분할 화면 만들기

실습 예제 05

• **예제 파일** : 05\05_6\분할화면.prproj • **완성 파일** : 05\05_6\분할화면_완성.mp4, 분할화면_완성.prproj

분할 화면 효과를 활용하면 여러 영상을 한 화면에 배치하여 다양한 연출이 가능합니다. 분할 화면에 키프레임을 적용하여 역동적으로 연출하는 방법을 살펴보겠습니다.

2분할 화면 만들기

01 05 → 05_6 폴더에서 '분할화면.prproj' 파일을 더블클릭하여 실행합니다. 프로젝트(Project) 패널이나 타임라인(Timeline) 패널에서 '분할화면' 시퀀스를 선택합니다.

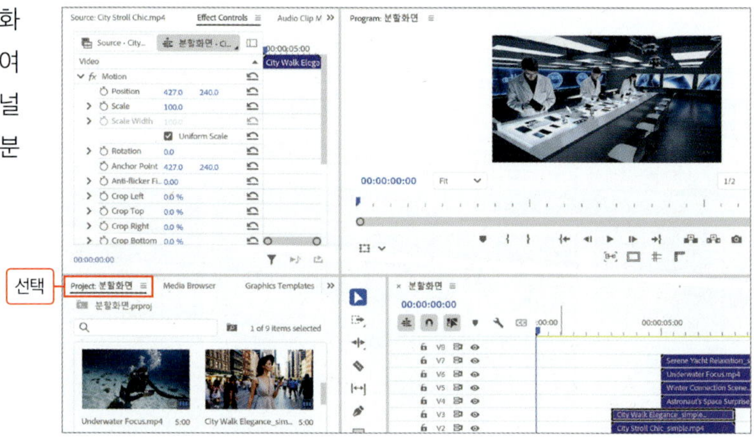

02 화면에서 2분할, 4분할을 위한 가이드를 설정하기 위해 Ctrl+R을 눌러 눈금자 표시(Show Rulers)를 활성화하고 프로그램 모니터(Program Monitor) 패널에 나타난 자(Ruler)를 드래그하여 화면 중심점에 가이드를 추가합니다. 이 가이드 선을 정확하게 배치하기 위해 마우스 오른쪽 버튼을 클릭한 다음 '안내선 편집(Edit Guide)'을 클릭합니다.

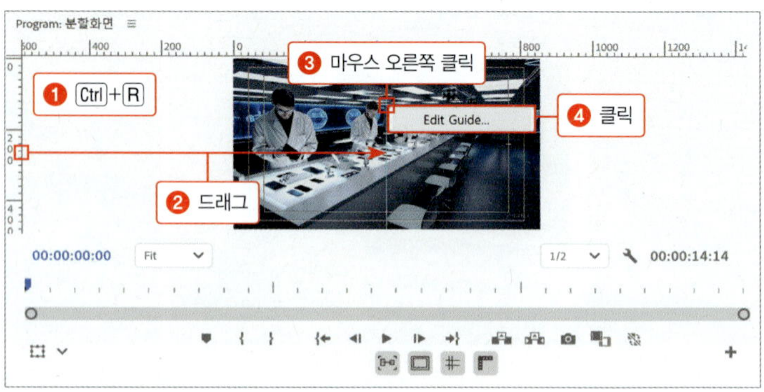

03 안내선 편집(Edit Guide) 대화상자가 표시되면 위치(Position)를 '25'로 설정하고 단위(Units)를 '백분율(Percent)'로 지정한 다음 <확인(OK)> 버튼을 클릭합니다.

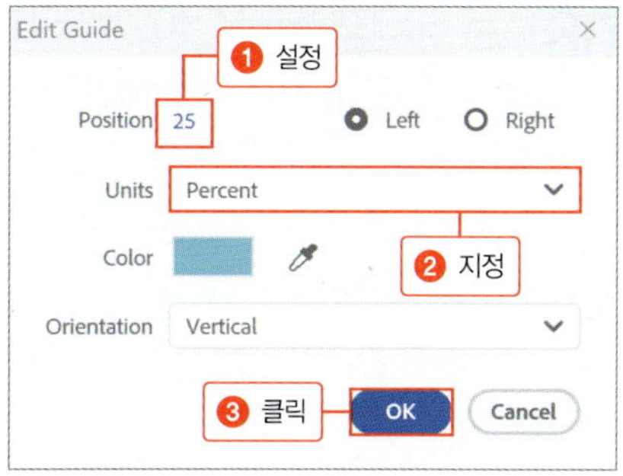

04 같은 방법으로 가로, 세로, 시작점과 끝점, 가운데에 가이드 선을 배치합니다.

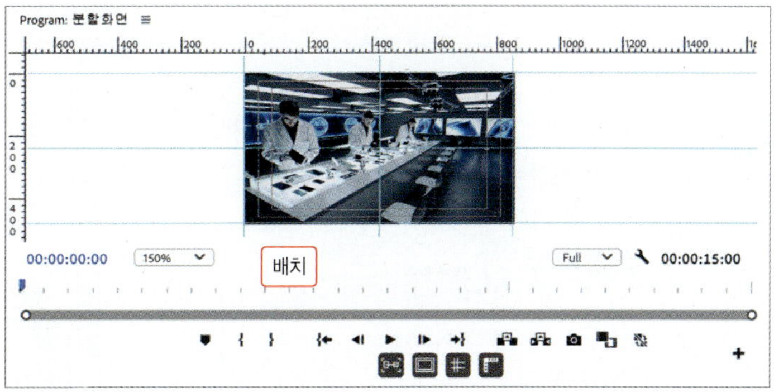

05 타임라인(Timeline) 패널에서 재생 헤드(Playhead)를 '00:00:03:12'로 이동하고 해당 프레임을 2분할합니다.

NOTE

2분할은 비율 조정(Scale)만으로 안되기 때문에 자르기(Crop) 기능을 사용해야 합니다.

06 'City Stroll Chic.mp4' 클립이 선택된 상태로 효과 컨트롤(Effect Controls) 패널에서 왼쪽 자르기(Crop Left)를 '35%', 위쪽 자르기(Crop Top)를 '0%', 오른쪽 자르기(Crop Right)를 '15%', 아래쪽 자르기(Crop Bottom)를 '0%'로 설정하여 1/2로 잘리도록 합니다.

07 'City Stroll Chic.mp4' 클립을 화면의 왼쪽에 배치하기 위해 효과 컨트롤(Effect Controls) 패널에서 모션(Motion) 항목의 위치(Position)를 '129', '240'으로 설정합니다.

08 오른쪽 영역의 영상 클립을 조절하겠습니다. V3 트랙의 '트랙 출력 켜기/끄기(Toggle Track Output)' 아이콘( )을 클릭하여 비활성화해 V2 트랙이 잘 보이도록 만듭니다.

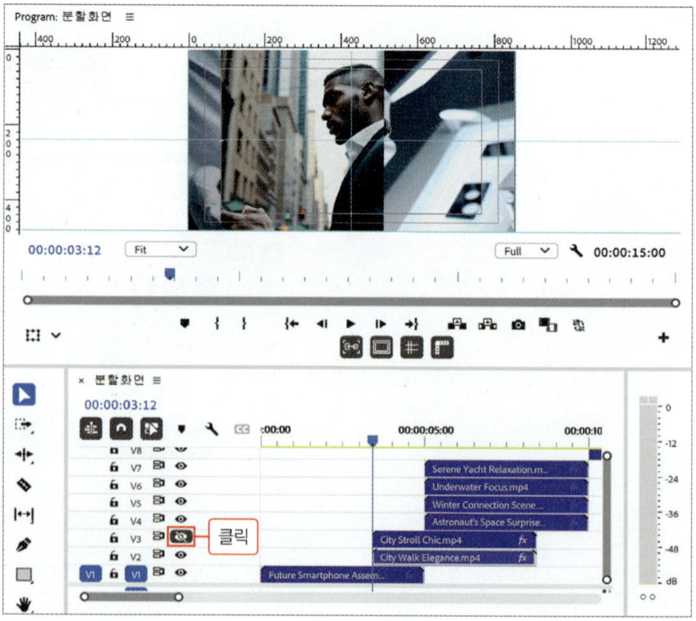

09 V2 트랙의 'City Walk Elegance.mp4' 영상 클립이 선택된 상태로 효과 컨트롤(Effect Controls) 패널에서 왼쪽 자르기(Crop Left)를 '10%', 위쪽 자르기(Crop Top)를 '0%', 오른쪽 자르기(Crop Right) '40%', 아래쪽 자르기(Crop Bottom)를 '0%'로 설정하여 1/2로 잘리도록 합니다.

10 타임라인(Timeline) 패널에서 V3 트랙의 '트랙 출력 켜기/끄기(Toggle Track Output)' 아이콘(👁)을 클릭하여 활성화합니다.

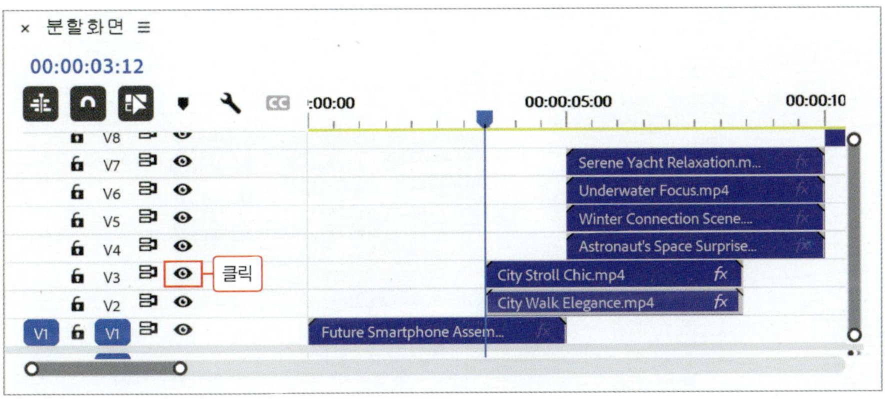

11 V2 트랙의 'City Walk Elegance.mp4' 영상 클립을 화면의 오른쪽에 배치하기 위해 선택된 상태로 효과 컨트롤(Effect Controls) 패널에서 모션(Motion) 항목의 위치(Position)를 '770', '240'으로 설정합니다.

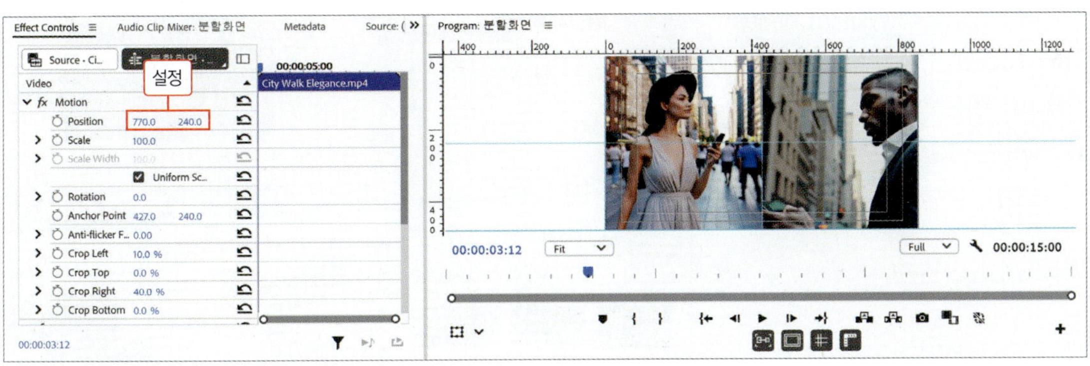

4분할 화면 만들기

01 4분할 화면을 만들기 위해 타임라인(Timeline) 패널에서 재생 헤드(Playhead)를 '00:00:05:00'으로 이동하고 'Serene Yacht Relaxation.mp4' 영상 클립을 선택합니다.

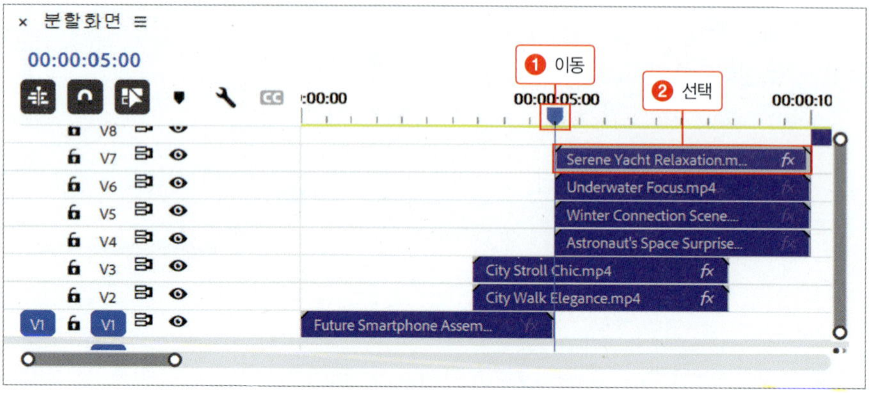

02 효과 컨트롤(Effect Controls) 패널에서 모션(Motion) 항목의 비율 조정(Scale)을 '50%'로 설정하여 영상을 가로세로 1/2로 줄입니다.

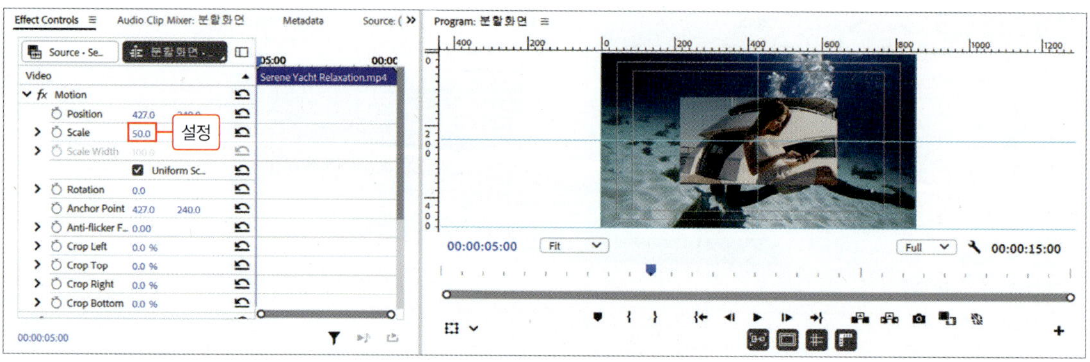

03 같은 방법으로 'Underwater Focus.mp4', 'Winter Connection Scene.mp4', 'Astronaut's Space Surprise.mp4' 영상 클립도 비율 조정(Scale)을 '50%'로 설정합니다.

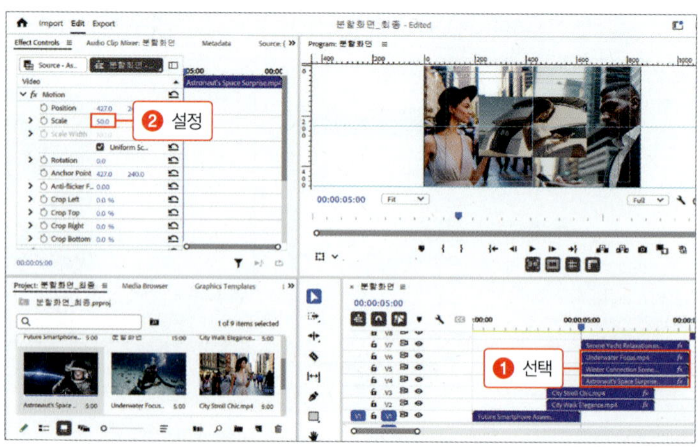

04 1/4로 줄인 영상 클립을 화면에 4등분 지점에 배치하기 위해 효과 컨트롤(Effect Controls) 패널의 모션(Motion) 항목에서 위치(Position)를 조정하겠습니다. 'Serene Yacht Relaxation.mp4' 클립을 '214.5', '120', 'Underwater Focus.mp4' 클립을 '214.5', '360', 'Astronaut's Space Surprise.mp4' 클립을 '640', '360', 'Winter Connection Scene.mp4' 클립을 '640', '120'으로 설정합니다. 4등분 분할 화면이 되었습니다.

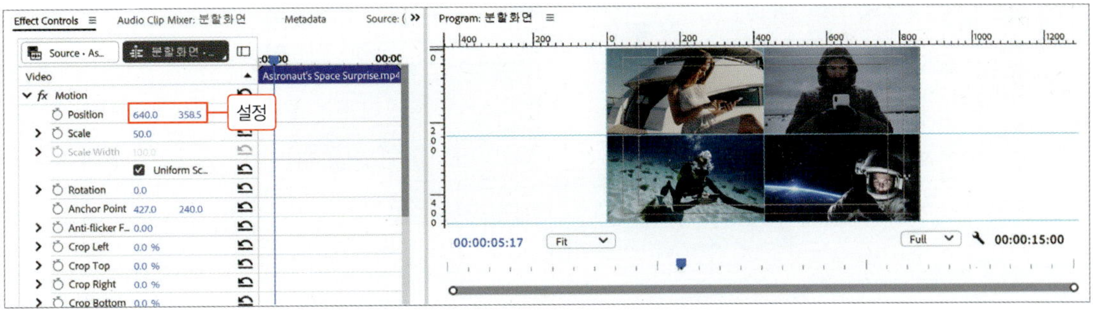

키프레임 적용하기

01 분할 화면에 키프레임을 적용하겠습니다. 타임라인(Timeline) 패널에서 재생 헤드(Playhead)를 '00:00:04:00'으로 이동하고 화면의 왼쪽 영상 클립인 'City Stroll Chic.mp4'을 선택합니다.

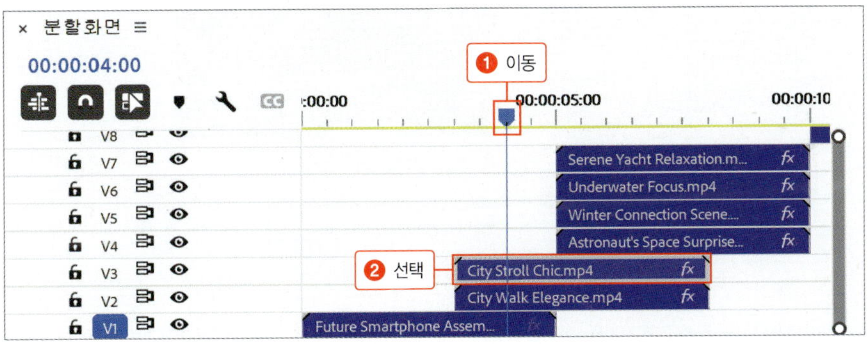

02 효과 컨트롤(Effect Controls) 패널 모션(Motion) 항목의 위치(Position)에서 '애니메이션 켜기/끄기(Toggle animation)' 아이콘(⏱)을 클릭하여 키프레임을 추가합니다. 같은 방법으로 'City Walk Elegance.mp4' 클립도 '00:00:04:00'의 현재 위치(Position)에 키프레임을 추가합니다.

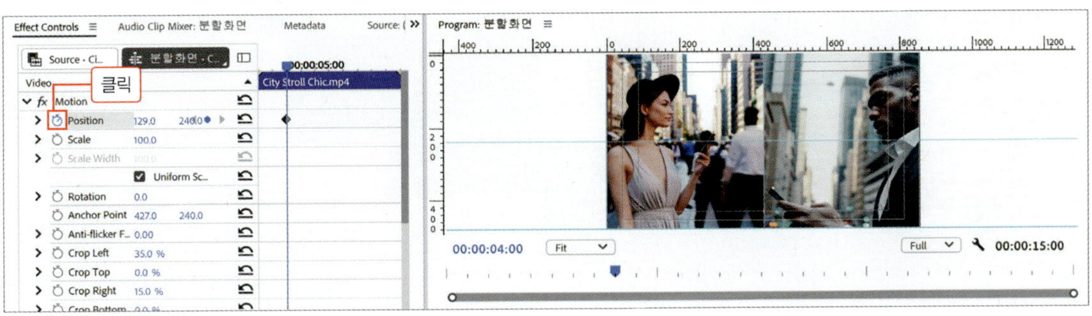

03 타임라인(Timeline) 패널에서 재생 헤드(Playhead)를 '00:00:03:00'으로 이동하고 화면의 왼쪽 영상 클립인 'City Stroll Chic.mp4'를 선택합니다.

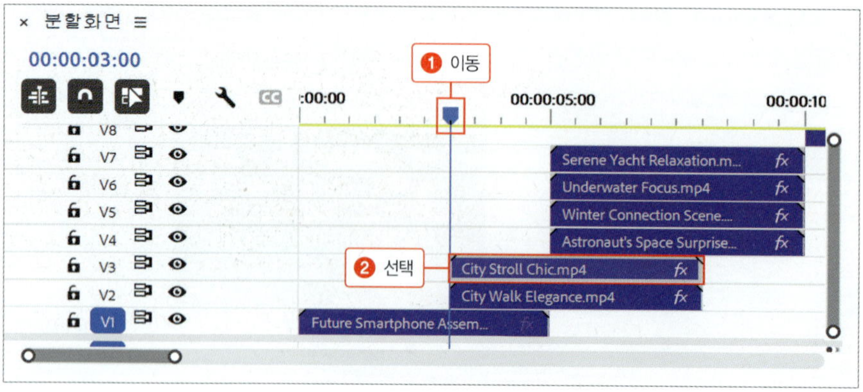

04 효과 컨트롤(Effect Controls) 패널에서 모션(Motion) 항목의 위치(Position)를 '129', '-240'으로 설정합니다. 3초에 키프레임이 생기면서 왼쪽 영상 클립은 위로 이동하여 화면에서 보이지 않게 됩니다.

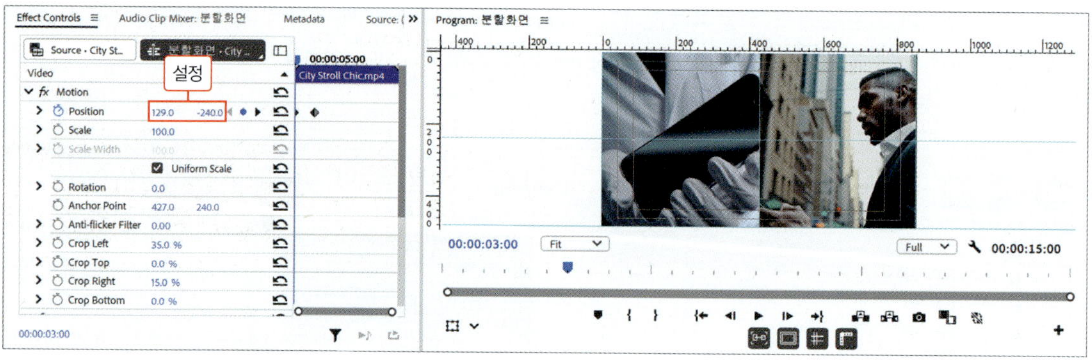

05 타임라인(Timeline) 패널에서 재생 헤드(Playhead)를 '00:00:03:00'으로 이동하고 화면의 오른쪽 영상 클립인 'City Walk Elegance.mp4'를 선택합니다.

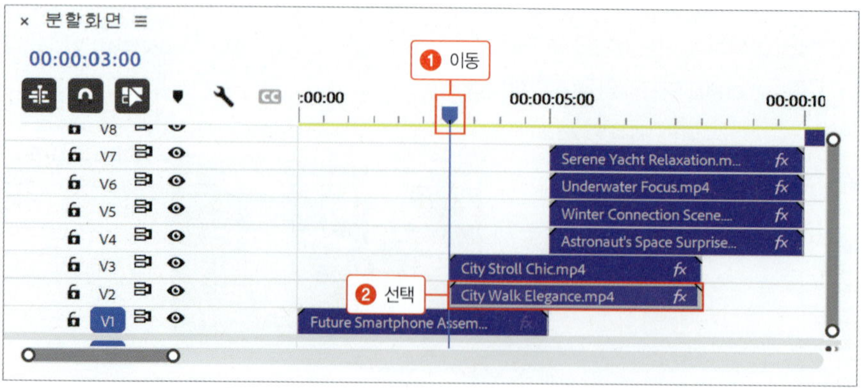

06 효과 컨트롤(Effect Controls) 패널의 모션(Motion) 항목에서 위치(Position)를 '770', '720'으로 설정합니다.

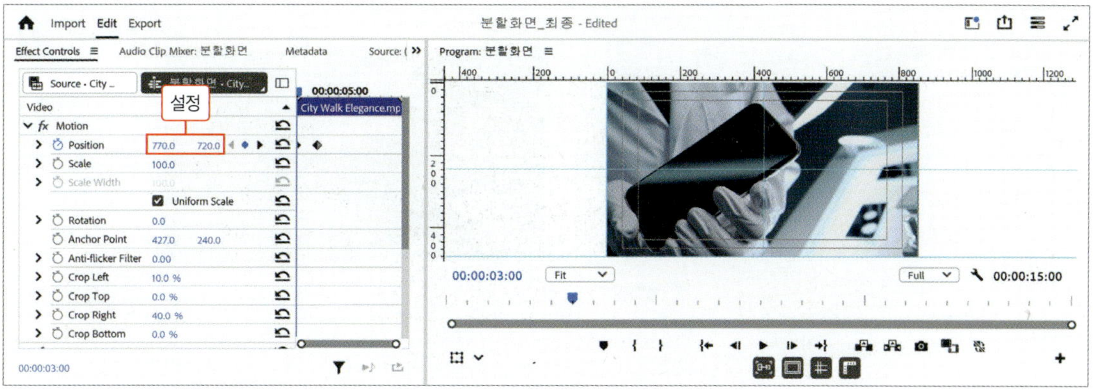

07 현재 설정한 애니메이션을 확인해 보면 왼쪽 영상 클립은 위에서 아래로 내려오고, 오른쪽 영상 클립은 아래서 위로 올라가는 애니메이션으로 설정되었습니다.

08 4분할 부분을 키프레임 애니메이션을 설정하겠습니다. 타임라인(Timeline) 패널에서 재생 헤드(Playhead)를 '00:00:05:15'로 이동하고 화면의 왼쪽 상단의 영상 클립인 'Serene Yacht Relaxation.mp4'를 선택합니다.

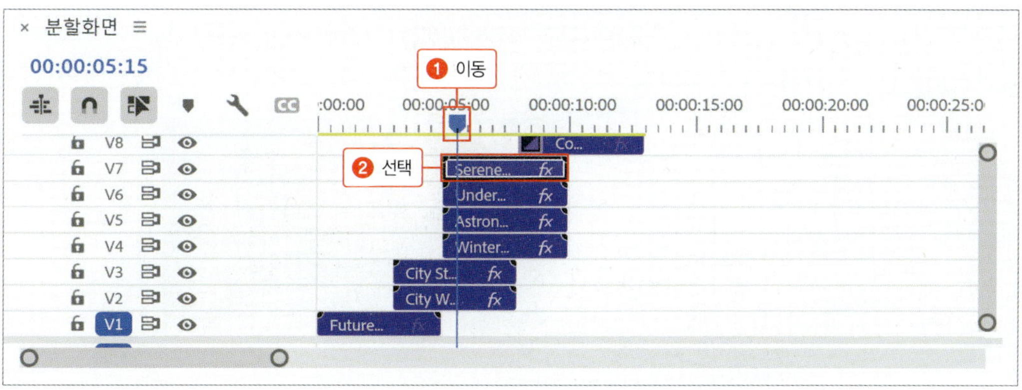

09 효과 컨트롤(Effect Controls) 패널에서 불투명도(Opacity) 항목의 불투명도(Opacity)를 '100%'로 설정합니다.

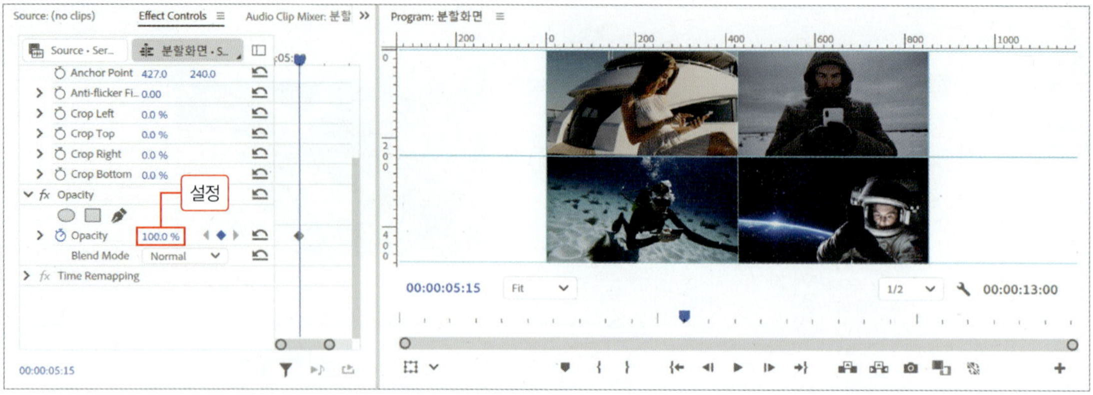

10 'Serene Yacht Relaxation.mp4' 클립이 선택된 상태로 재생 헤드(Playhead)를 '00:00:05:00'으로 이동합니다.

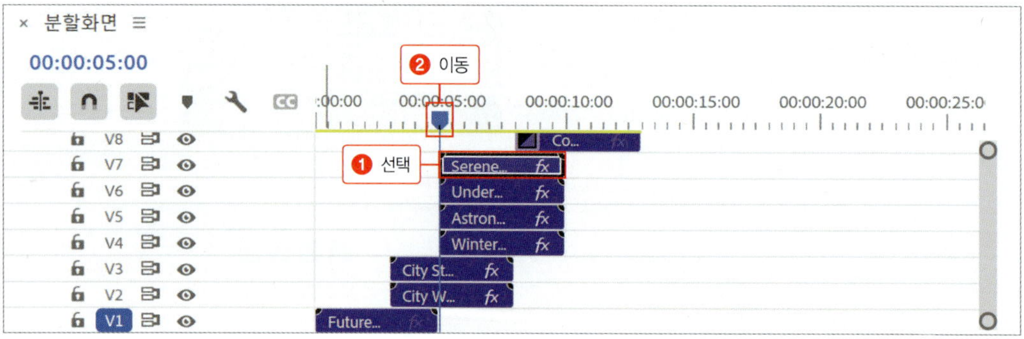

11 효과 컨트롤(Effect Controls) 패널의 불투명도(Opacity) 항목에서 불투명도(Opacity)를 '0%'로 설정합니다. 5초에 키프레임이 생성되고 영상이 보이지 않았다가 서서히 보이는 애니메이션이 적용됩니다.

12 같은 방법으로 불투명도(Opacity)를 설정하여 키프레임을 추가합니다. 'Underwater Focus.mp4' 클립을 5초 15프레임에서 '0%', 6초에서 '100%', 'Astronaut's Space Surprise.mp4' 클립을 6초에서 '0%', 6초 15프레임에서 '100%', 'Winter Connection Scene.mp4' 클립을 6초 15프레임에서 '0%', 7초에서 '100%'로 설정합니다. 순차적으로 나타나는 4분할 애니메이션이 완성되었습니다.

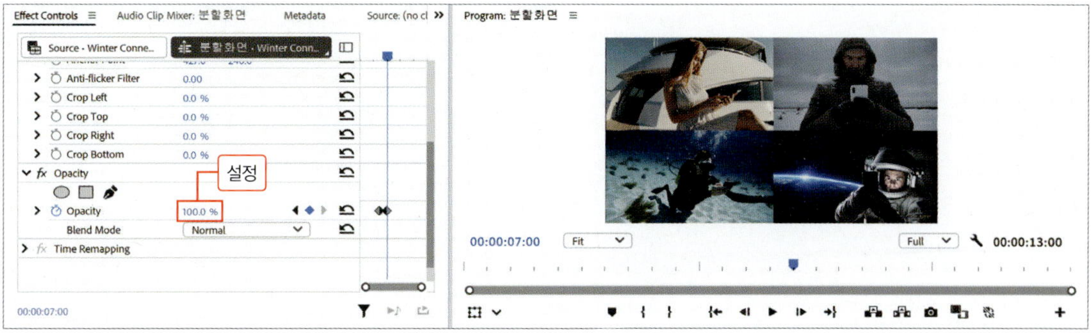

13 분할 화면 애니메이션은 아래의 영상 클립의 길이에 따라 어색해질 수도 있습니다. 완성된 영상을 재생해 보며 영상 클립의 배치를 조정합니다. AI로 생성한 마지막 16분할 영상이 자연스럽게 이어지도록 배치하고 효과(Effects) 패널에서 비디오 전환(Video Transition) → 확대/축소(Zoom) 폴더의 '교차 확대/축소(Cross Zoom)' 효과를 영상 시작 앞으로 드래그하여 적용해 앞의 영상과 자연스럽게 이어지도록 합니다.

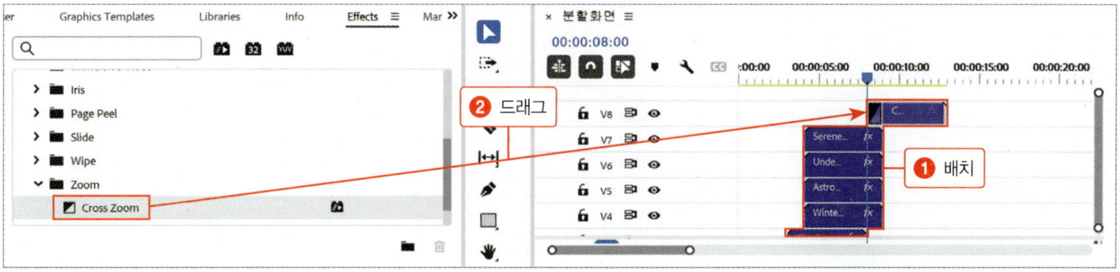

14 완성된 영상을 재생하고 확인합니다.

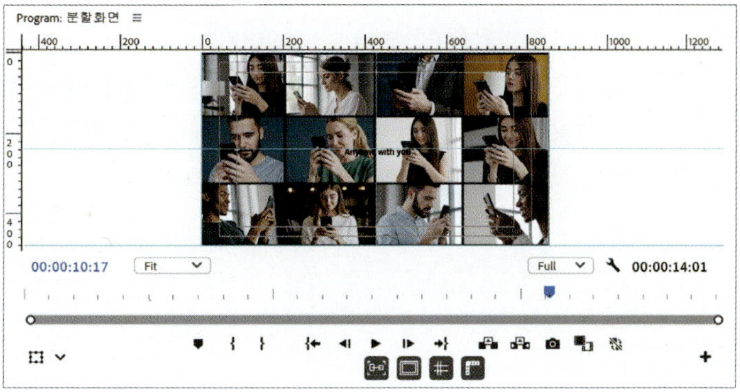

연습 문제 |

01 교차 편집에 관해 알아보고, 교차 편집 장면에 적합한 영상 소스를 소라에서 생성해 보세요.

02 01번에서 생성한 영상 소스를 가져와서 소스 모니터(Source Monitor) 패널의 삽입(Insert)과 덮어쓰기(Overwrite) 아이콘을 이용해서 타임라인(Timeline) 편집을 진행해 보세요.

03 무료 이미지 사이트에서 마음에 드는 이미지(JPG, PNG 등)를 다운로드하고 프리미어 프로에 불러온 다음 타임라인(Timeline) 패널에 배치합니다. 효과 컨트롤(Effect Controls) 패널에서 비율 조정(Scale), 위치(Position), 불투명도(Opacity)를 설정하고 키프레임을 추가해 보세요.

WEEK 06

오디오 편집

학 습 목 표

프리미어 프로의 오디오 편집 환경은 다양한 용도와 기능을 위한 도구를 제공합니다. 오디오 녹음과 편집을 위한 기술 규격을 이해하고 오디오 파일을 다루는 방법을 실습하겠습니다. AI를 이용한 음원 생성 방법부터 내레이션 녹음 기법, 기본 사운드(Essential Sond) 효과 적용, 오디션 활용 방법까지 살펴보겠습니다.

6.1 오디오 기술과 규격

프리미어 프로에서 오디오 편집 기능을 제대로 활용하려면 샘플 레이트(Sample Rate), 비트 깊이(Bit Depth), 코덱 및 파일 형식, 믹싱 원리 등 오디오 기법의 원리를 이해해야 합니다. 오디오 편집에 필요한 기본 개념부터 영상 제작에 적합한 규격을 이해하고 시작하겠습니다.

오디오 파일 규격

영상 편집에서 오디오는 영상을 돋보이게 만드는 요소이면서 정보를 전달하는 방식이기도 합니다. 오디오 음질을 유지하면서도 효율적인 편집이 가능하도록 용도에 따라 적절한 형식을 선택하는 것이 중요합니다. 일반적인 온라인 게시 용도의 오디오 규격은 심도(Depth) 16bit, 샘플 레이트 48kHz 형식을 주로 사용합니다. 다양한 오디오 규격에 관해서는 다음의 표를 참고합니다.

포맷	확장자	특징	용도
WAV(Waveform Audio)	.wav	다목적 포맷, 무손실(Lossless) 오디오와 44.1kHz~192kHz 고음질 지원	방송, 음악, 영화 사운드
AIFF(Audio Interchange File Format)	.aiff	무손실, 다목적 지원, Mac 친화적	음악 제작, 프로툴스 편집용
MP3(MPEG-1 Audio Layer 3)	.mp3	손실 압축(Lossy), 용량이 작음	웹, 유튜브, 스트리밍, 음악 감상
AAC(Advanced Audio Codec)	.aac	MP3보다 고음질, 압축 효율 높음	유튜브, 방송, OTT
FLAC(Free Lossless Audio Codec)	.flac	무손실 압축, 고음질 음원	음악 감상용
OGG(Vorbis)	.ogg	오픈 소스, 게임, 스트리밍	게임 사운드

오디오 기술 규격

디지털 오디오는 샘플 레이트와 비트 깊이에 따라 음질이 결정됩니다. 프리미어 프로에서는 샘플 레이트(Sample Rate) 48kHz와 심도(depth) 16bit 규격을 기본 설정으로 제공합니다.

❶ **샘플 레이트(Sample Rate)**: 초당 오디오 샘플링 횟수(Hz)를 의미하며, 수치가 높을수록 고음질을 보장합니다.

샘플 레이트	주파수 대역	용도
44.1kHz	22kHz	음악(CD 품질), 녹음
48kHz	24kHz	영상·방송 표준
96kHz	48kHz	영화, 고음질 오디오, 서라운드
192kHz	96kHz	하이엔드 오디오, 음악 녹음

❷ 비트 깊이(Bit Depth): 비트 깊이는 다이내믹 레인지와 함께 소리의 정밀도를 결정하는 요소입니다. 비트 깊이 수치가 높을수록 고음질을 보장합니다. 프리미어 프로에서는 16bit, 48kHz 규격을 기본으로 설정합니다.

비트 깊이	신호대잡음비(SNR)	용도
16-bit	98.09dB	CD 음악
24-bit	146.26dB	영상·방송 표준
32-bit Float	194.42dB~	전문 사운드 디자인

❸ 채널과 서라운드 사운드: 영상 제작에서는 모노(Mono), 스테레오(Stereo), 5.1 또는 7.1 서라운드 등의 다양한 오디오 채널 구성이 사용됩니다. 프리미어 프로는 기본적으로 스테레오 채널을 지원합니다.

채널 형식	채널 수	특징	용도
Mono(1.0)	1	단일 채널	내레이션, 인터뷰
Stereo(2.0)	2(L/R)	좌/우 분리 공간감	대부분의 영상 콘텐츠
Surround(5.1)	6	공간 사운드	영화, OTT
Surround(7.1)	8	확장된 공간 사운드	IMAX, Dolby Atmos

프리미어 프로 오디오 최적화

프리미어 프로에서 오디오 요소를 편집할 때 음량 키프레임, 기본 사운드(Essential Sound) 패널, 이퀄라이저, 노이즈 제거 등의 기능과 효과를 적용하면 소리의 품질을 높일 수 있습니다. 특히 기본 사운드(Essential Sound) 패널을 활용해서 오디오 클립을 선택한 후 대화(Dialogue), 음악(Music), 효과음(SFX), 앰비언스(Ambience) 중에서 사전 설정(Preset)을 적용하면 자동으로 노이즈 제거, 다이내믹 레인지 조정, 볼륨 조정이 가능합니다. 목소리를 녹음한 내레이션을 녹음한 후 '음성 강화 사용(Enable Enhance Speech)'을 활성화하여 음량(Loudness)의 밸런스를 맞추고, 배경 노이즈 제거 기능을 적용하면 품질을 높일 수 있습니다. 오디오 편집 진행 중에는 오디오 미터(Audio Meters) 패널을 관찰하면서 음량이 -2dB 이상으로 올라가 소리가 깨지지 않는지 점검합니다. 특정 효과음이나 음원을 전문적으로 세밀하게 가공하려면 오디션(Audition) 앱을 활용하면 됩니다.

6.2 익스프레스에서 음악 생성하기

• **완성 파일** : 06\06_2\어도비익스프레스_완성.mp4, 어도비익스프레스_완성.prproj

영상 편집에 필요한 음원을 무료 음원 사이트에서 찾아서 사용할 수 있지만, 찾는데 번거롭기도 하고 일일이 들어 보고 결정하려면 시간도 오래 소요됩니다. 어도비 익스프레스(Adobe Express) 환경에서는 GenreX Music AI 서비스를 지원하므로 필요한 음원을 무료로 생성해서 사용할 수 있습니다.

01 오디오 파일을 생성하기 위해 크리에이티브 클라우드 앱을 실행하고 상단의 검색 칸을 클릭하면 앱 및 서비스로 어도비 익스프레스가 추천됩니다. 여기서 <실행> 버튼을 클릭합니다.

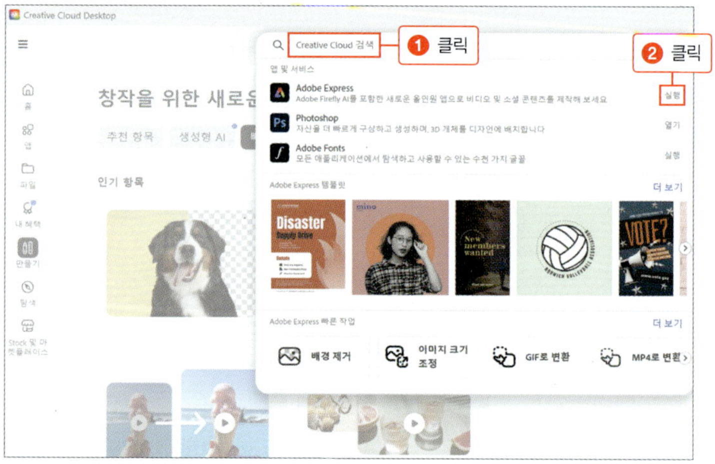

02 웹브라우저에 어도비 익스프레스 홈 화면이 표시되면 검색 칸에 'GenreX Music AI'를 입력합니다. 첫 단어인 'Genre'를 입력할 때 아래 추천 항목에 'GenreX Music AI'가 표시되는데, 이 항목을 클릭해도 됩니다.

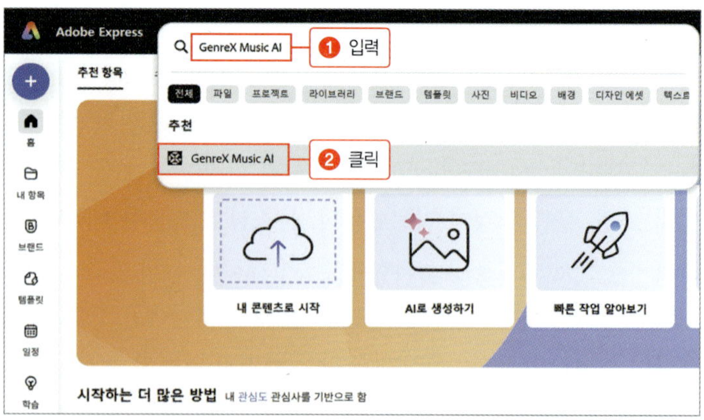

03 GenreX Music AI 팝업 창이 표시되면 <자세히 알아보기> 버튼을 클릭합니다.

NOTE

GenreX Music AI는 사용자가 텍스트 프롬프트를 입력하여 원하는 스타일과 분위기의 음악을 생성할 수 있는 추가 기능입니다. 어도비 계정만 있으면 프로그램을 설치하지 않고도 웹브라우저에서 손쉽게 음악을 생성할 수 있어 간편하고 편리합니다. 사용 약관에 대해 자세히 알아보려면 도움말 지원의 '사용 약관'을 클릭하여 자세히 알아보세요.

04 새로운 어도비 익스프레스 빈 페이지가 생성됩니다. 왼쪽에 〔GenreX Music AI〕 탭이 표시되면 아래에 있는 <+ 추가> 버튼을 클릭합니다.

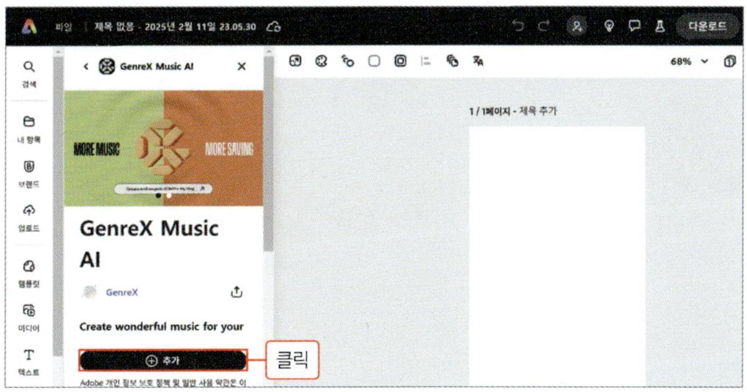

05 나의 추가 기능 탭에 GenreX Music AI 항목이 추가되고, 오른쪽에는 〔GenreX Music AI〕 탭이 표시되면서 Preview 샘플들과 함께 나타납니다. 오른쪽의 스크롤을 아래로 드래그하여 표시되는 <Start> 버튼을 클릭합니다.

NOTE

WEEK 06의 예제는 컷 편집 상태에서 오디오 클립을 다운로드하여 배치하는 실습이므로 필요한 영상 클립은 각자 준비해서 프리미어 프로의 타임라인(Timeline) 패널에 배치하고 본 실습을 진행합니다.

06 로그인을 할 수 있는 창이 표시되면 GenreX 계정을 만들기 위해 팝업 창에서 이메일 정보를 입력하고 <CONTINUE> 버튼을 클릭합니다.

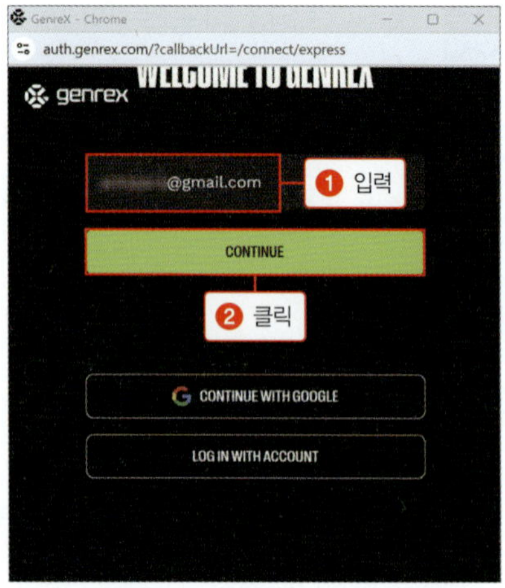

07 이메일로 도착한 패스워드를 복사해서 5분 이내에 ENTER ONE-TIME PASSWORD 칸에 붙여넣고 <LOG IN> 버튼을 클릭합니다.

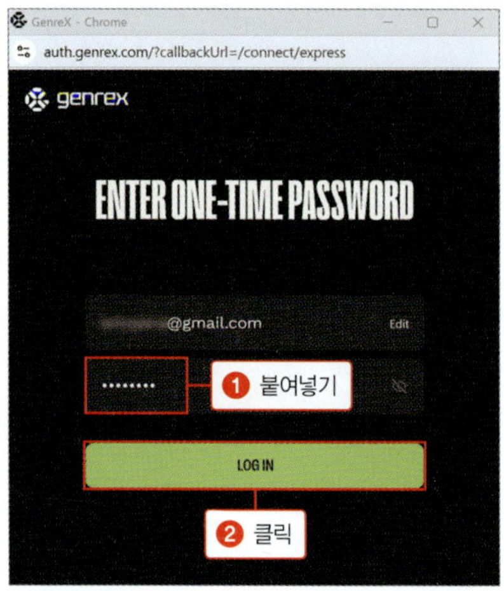

08 로그인이 수락되면 잠시 후 익스프레스 페이지 오른쪽의 [GenreX Music AI] 탭이 음악을 생성할 수 있는 작업 환경으로 변경됩니다.

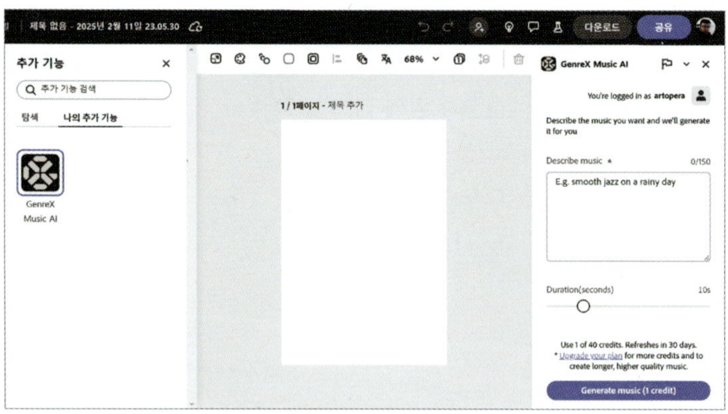

NOTE

익스프레스에서는 30일 동안 40 크레딧(credits) 분량을 무료로 이용할 수 있습니다.

09 [GenreX Music AI] 탭 가운데 Describe music 항목의 빈칸에 예시처럼 음악의 유형이나 분위기를 영어로 묘사해 입력하고 Duration(seconds) 슬라이더를 조절하여 프리미어 프로 프로젝트의 오디오 트랙에 필요한 시간을 지정한 다음 <Generate music(1 credit)> 버튼을 클릭합니다.

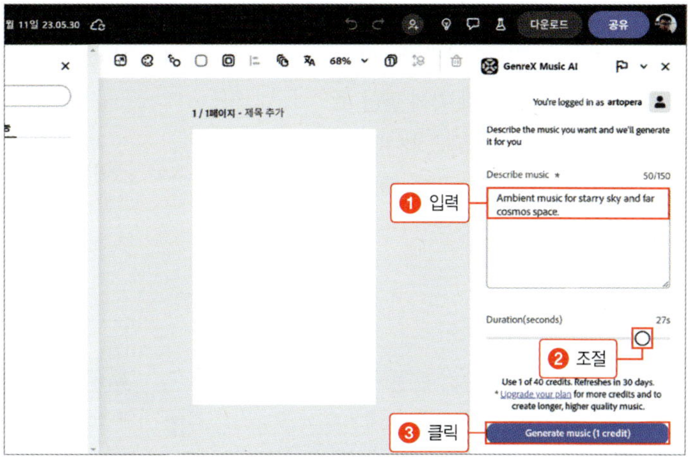

10 음악을 생성하는 Generating music 상태가 표시되며 다소 시간이 소요됩니다. 생성된 결과가 상자에 표시되면 '재생' 아이콘(▶)을 클릭하여 음악을 재생합니다. 결과가 마음에 들면 <Add to design> 버튼을 클릭하고, 마음에 들지 않으면 <Generate again> 버튼을 클릭해 다시 생성합니다.

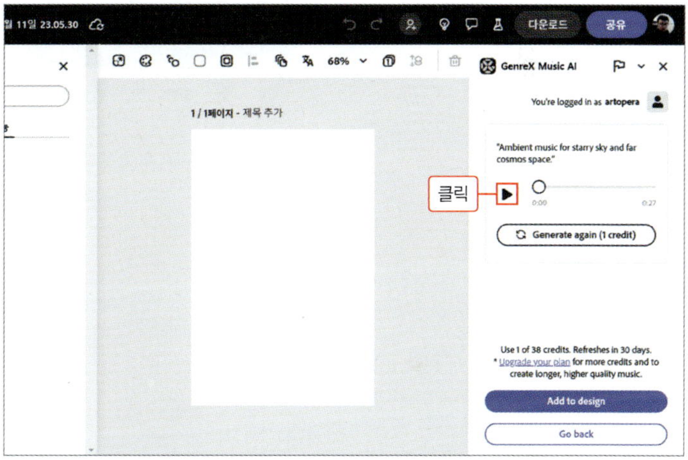

11 <Add to design> 버튼을 클릭했을 때, 익스프레스 페이지에 생성된 오디오 클립이 자동으로 배치됩니다.

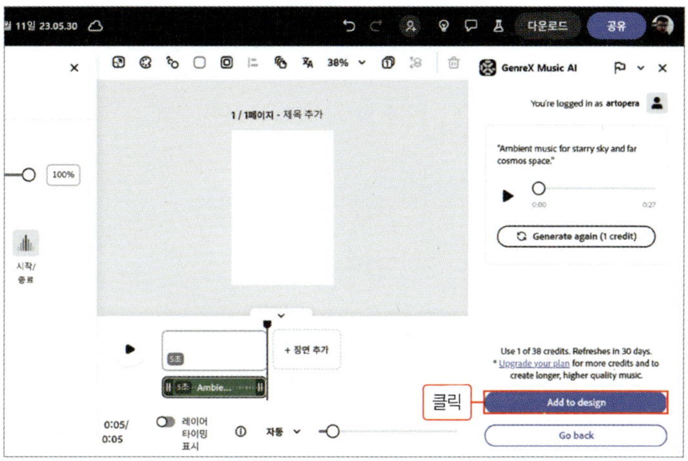

12 오디오 클립이 5초 분량으로 배치되어 있으므로 원래 생성한 시간만큼 시간을 증가하기 위해 영상 트랙의 오른쪽 끝부분을 드래그해서 늘리고 <다운로드> 버튼을 클릭합니다.

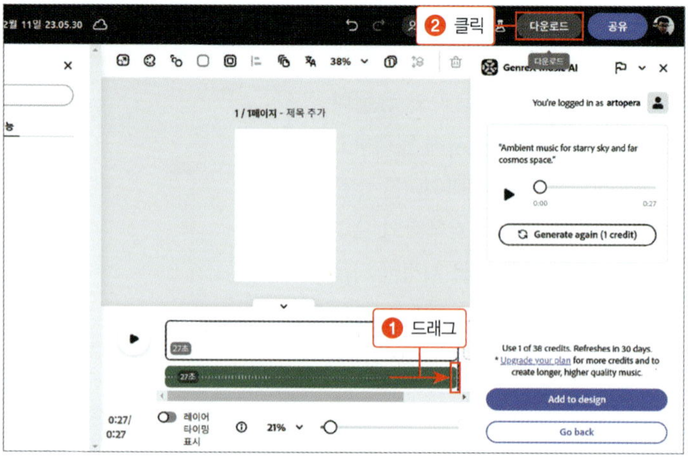

NOTE

오디오 트랙의 분량은 자동으로 증가합니다.

13 다운로드 설정에서 파일 포맷을 'MP4'로 지정하고 <다운로드> 버튼을 클릭합니다.

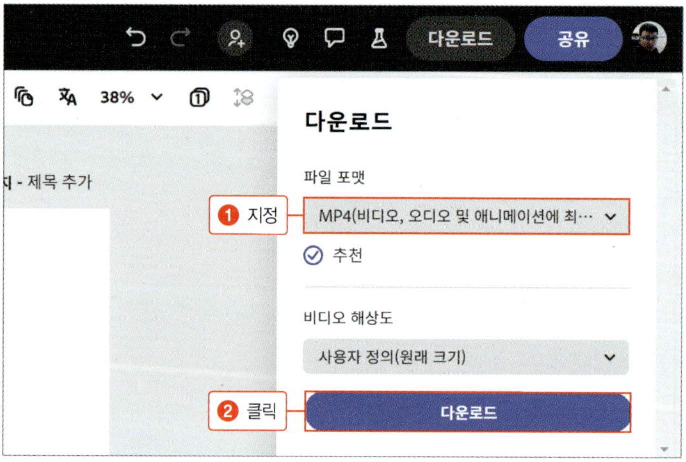

14 데이터를 생성하는 상태 창이 나타나면서 과정이 표시됩니다.

15 다운로드 파일이 준비되면 다른 이름으로 저장 대화상자가 표시됩니다. 위치를 지정하고 파일 이름을 입력한 다음 <저장> 버튼을 클릭합니다.

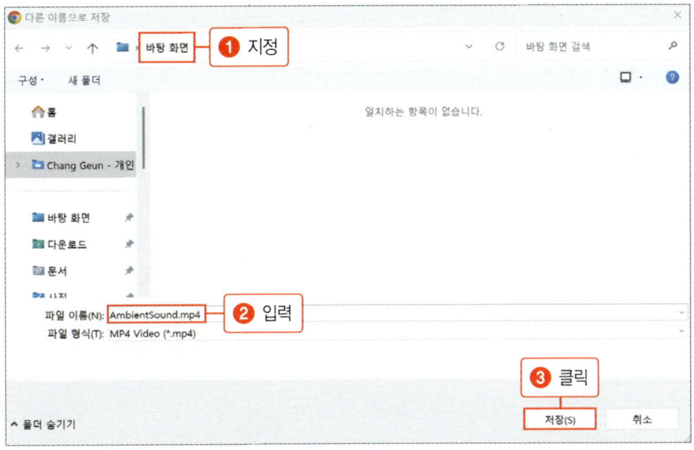

16 다운로드 완료한 MP4 파일을 프리미어 프로의 프로젝트(Project) 패널으로 불러오고 더블클릭해서 소스 모니터(Source Monitor) 패널에 표시한 다음 '오디오만 드래그(Drag Audio Only)' 아이콘(⧻)을 클릭합니다. 파형(waveform)이 표시되면 '재생-정지 켜기/끄기(Play-Stop Toggle)' 아이콘(▶)을 클릭하여 소리를 확인합니다.

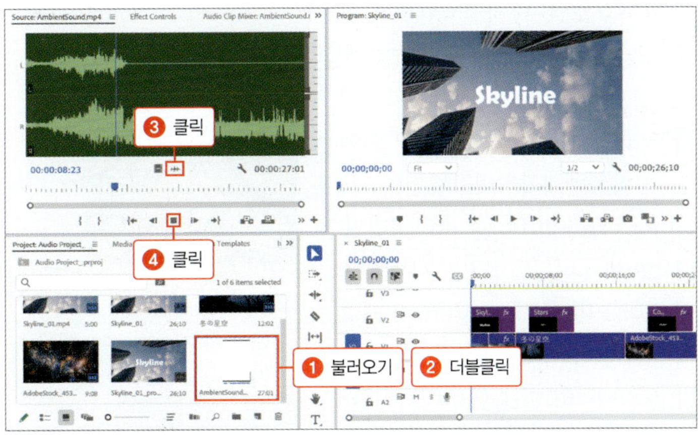

17 가져온 생성 음원은 영상 정보가 함께 있는 MP4 파일입니다. 타임라인(Timeline) 패널에 오디오 클립만 배치하기 위해 소스 모니터(Source Monitor) 패널에서 '오디오만 드래그(Drag Audio Only)' 아이콘(⧻)을 타임라인(Timeline) 패널의 A1 트랙으로 드래그하여 배치해 완성합니다.

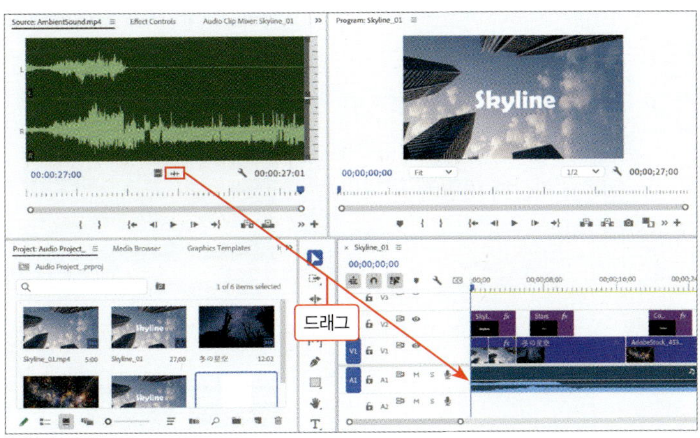

6.3 오디오 클립의 음량 조절하기

• **완성 파일** : 06\06_3\오디오클립_완성.mp4, 오디오클립_완성.prproj

영상과 오디오 클립으로 편집을 진행하면서 가장 기본적으로 다루는 작업은 음량(Volume)의 조절입니다. 녹음된 환경과 생성된 음원의 상태에 따라 음량이 고르지 않거나 소리가 작아서 수준을 높여야 할 상황도 발생합니다. 타임라인(Timeline) 패널의 오디오 트랙에 오디오 클립을 배치한 후 키프레임을 만들어 음량을 조절하는 방법을 실습하겠습니다.

01 클립의 음량을 조절하기 위해 이전 예제에서 이어서 진행하겠습니다. 타임라인(Timeline) 패널의 오디오 트랙에 배치한 음원을 재생해 보면 오디오 미터(Audio Meters) 패널에 음량 값이 막대그래프로 표시됩니다. 노란색부터 빨간색으로 그래프가 올라가면 소리가 너무 커져서 음질이 깨질 수 있으니 조정이 필요합니다.

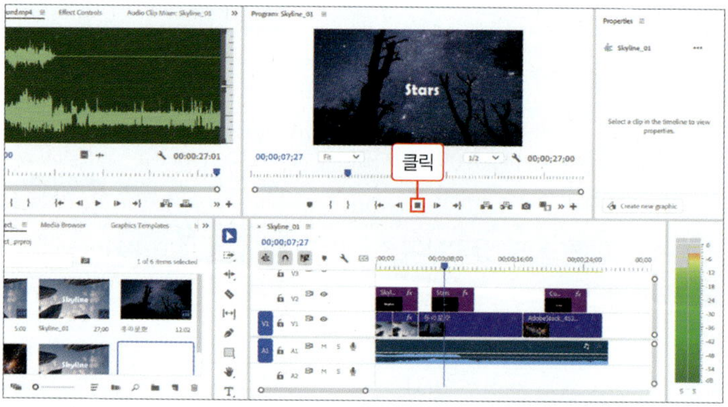

02 타임라인(Timeline) 패널의 A1 트랙 빈 부분을 더블클릭하여 오디오 트랙을 확장해 파형이 잘 보이게 조정합니다.

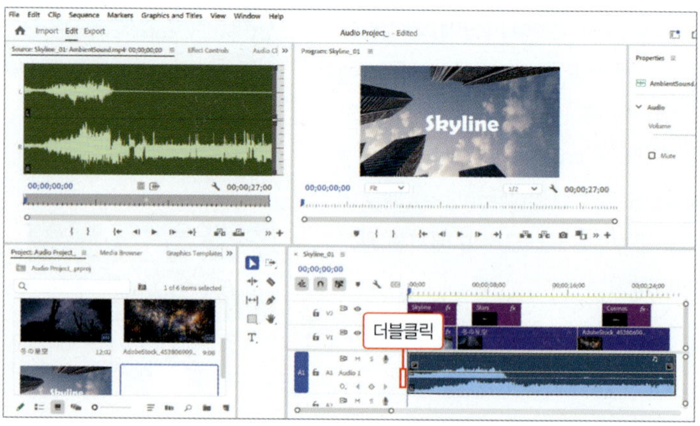

03 오디오 클립의 왼쪽 시작에는 사각형의 페이드 인(Fade In) 핸들, 오른쪽 끝에는 페이드 아웃(Fade Out) 핸들이 붙어 있습니다. 각각의 핸들을 안쪽으로 드래그해서 시작 부분과 끝부분의 음량을 1초 정도로 부드럽게 줄입니다. 클립의 양 끝에 커브 모양의 코사인 그래프가 표시됩니다.

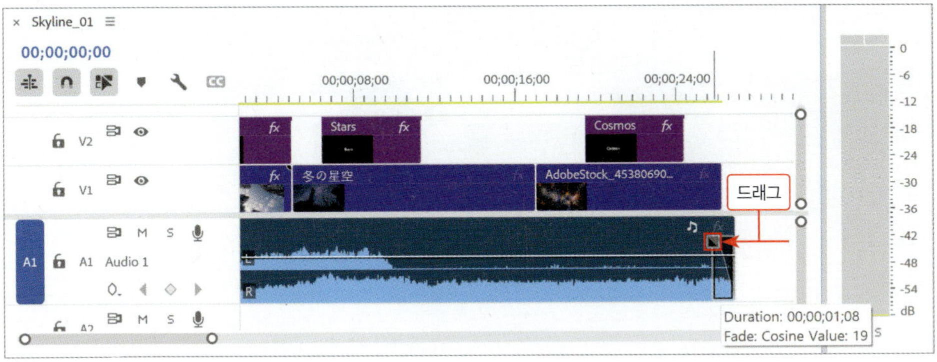

04 오디오 클립의 전제적인 음량을 줄이기 위해 클립 가운데 가로선을 약간 아래로 드래그합니다. 내리는 정도에 따라 마이너스 데시벨(-dB)이 표시되므로 수치를 참고하면 됩니다.

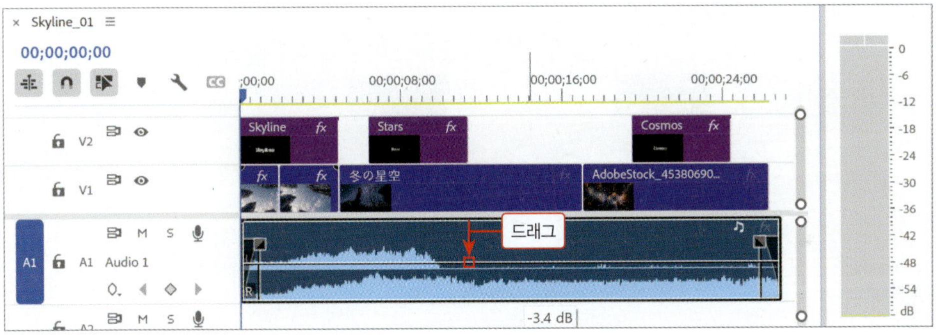

05 오디오 클립의 음량을 줄여야 하는 위치로 타임라인의 재생 헤드(Playhead)를 이동하고 왼쪽 오디오 트랙 헤더 영역에서 '키프레임 추가-제거(Add/Remove Keyframe)' 아이콘(◇)을 클릭합니다. 키프레임 아이콘이 파란색으로 활성화되고 오디오 클립의 재생 헤드(Playhead) 위치에 회색 마름모의 키프레임 표시가 나타납니다.

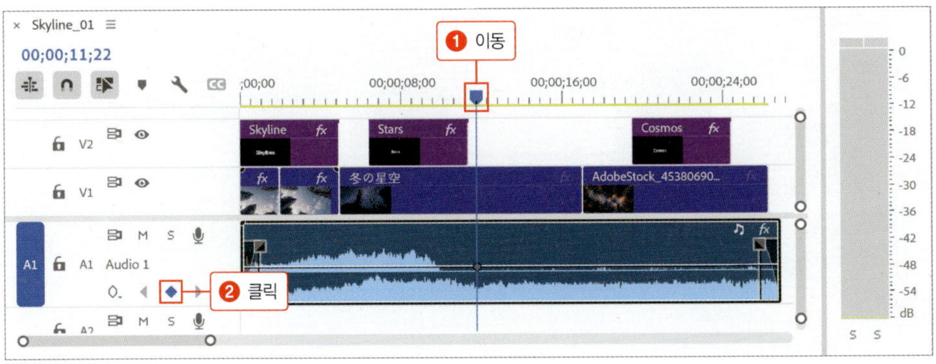

06 음량을 최솟값으로 지정할 위치로 재생 헤드(Playhead)를 이동하고 트랙 헤더 영역에서 다시 한번 '키프레임 추가-제거(Add/Remove Keyframe)' 아이콘(◇)을 클릭합니다.

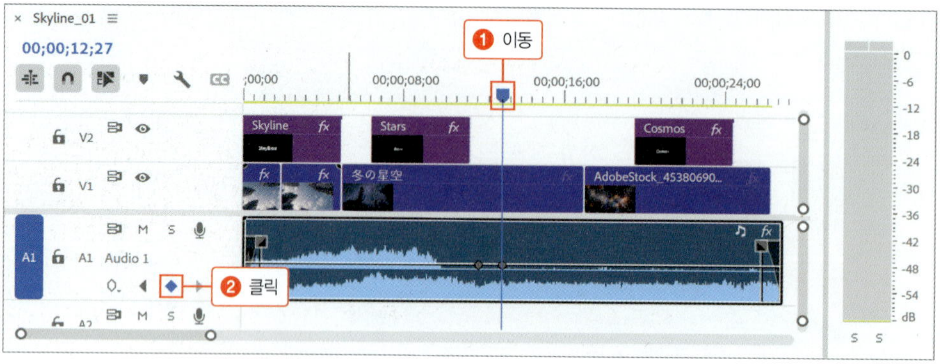

07 오디오 클립에 표시된 음량 기준선의 오른쪽 부분을 아래로 드래그해 뒷부분의 소리 크기를 줄입니다. 두 키프레임 사이의 가운데 영역은 자연스럽게 기울어진 그래프로 변형됩니다.

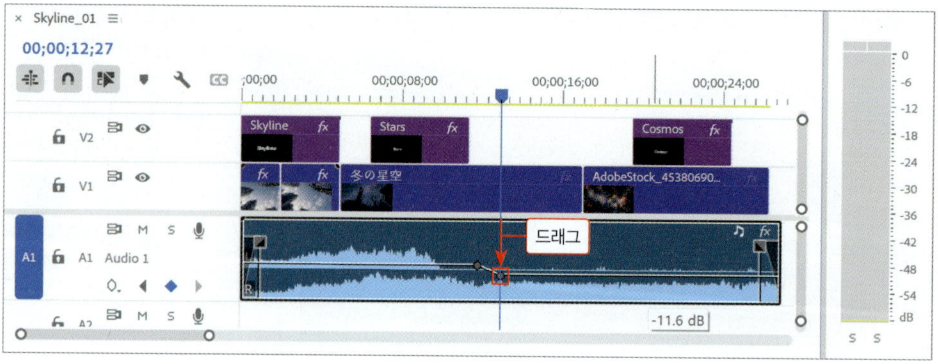

08 타임라인(Timline) 패널의 재생 헤드(Playhead)를 첫 시작 부분으로 이동하고 Spacebar를 눌러 전체적인 소리 크기의 변화를 확인합니다. 이때 오디오 미터(Audio Meters) 패널에 노란색과 빨간색이 표시되지 않는지 검토합니다.

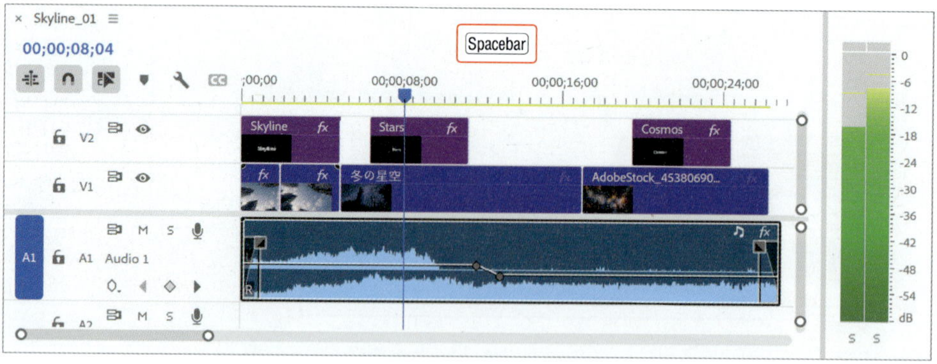

09 해당 오디오 트랙 전체의 음량을 작게 줄이거나 키우기 위해 메뉴에서 [창(Window)] → '오디오 트랙 믹서(Audio Track Mixer)'를 클릭합니다.

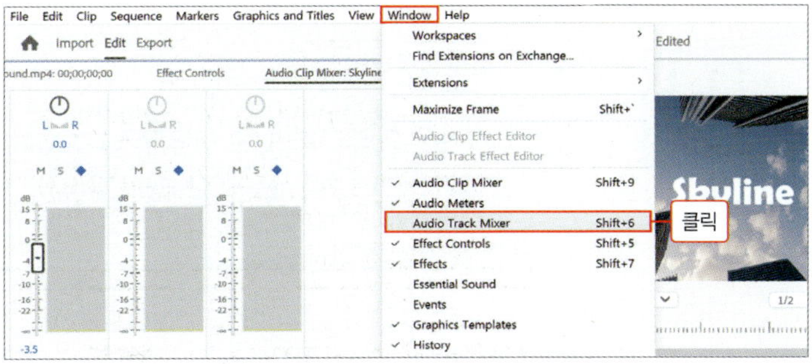

10 소스 모니터(Source Monitor) 패널 위치에 오디오 트랙 믹서(Audio Track Mixer) 패널이 표시됩니다. 오디오 클립이 배치된 Audio 1 트랙의 수치를 조정하거나 슬라이더를 드래그하여 트랙의 음량을 조정합니다.

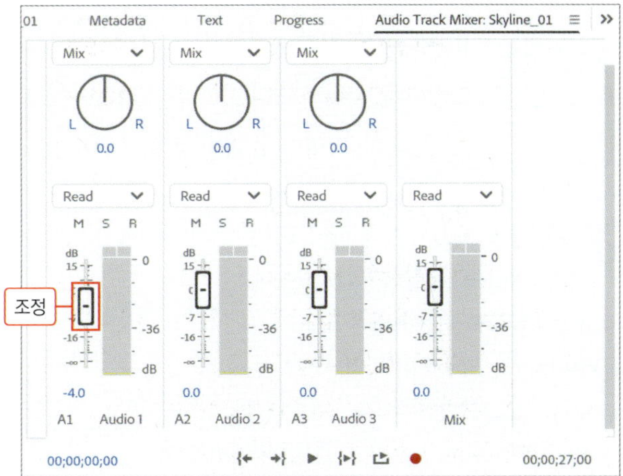

11 재생 헤드(Playhead)를 시작 부분으로 이동하고 Spacebar를 눌러 음량을 관찰하면 오디오 미터(Audio Meters) 패널에 노란색과 빨간색이 표시되지 않는 적정 수준임을 확인할 수 있습니다.

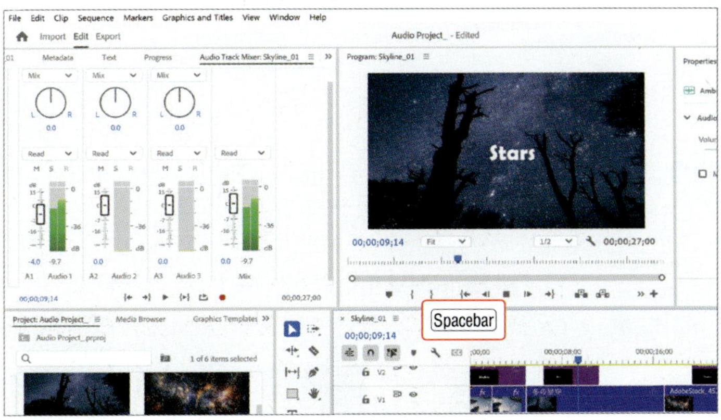

NOTE

타임라인에 배치한 오디오 클립의 음량을 조절하는 다른 방법으로는 효과 컨트롤(Effect Controls) 패널에서 오디오(Audio) 항목의 볼륨(Volume) 중 레벨(Level) 옵션을 표시해서 키프레임을 추가하고 값을 변경하는 방법도 있습니다. 타임라인(Timeline) 패널의 오디오 클립 가운데 표시되는 기준선이 효과 컨트롤(Effect Controls) 패널의 우측 영역에도 표시되므로 시각적으로 참고하면서 음량 조절 작업을 진행할 수 있습니다.

6.4

실습 예제 03

보이스 오버 녹음으로 내레이션 녹음하기

• **완성 파일** : 06\6_4\내레이션_완성.mp4, 내레이션_완성.prproj

해설이라는 의미의 내레이션(Narration)은 영상을 구체적으로 설명하면서 메시지를 전달하는 오디오 요소입니다. 프리미어 프로의 오디오 트랙에서 보이스오버 녹음(Voice-over record) 방식으로 내레이션 목소리를 실시간 녹음하고 필터 효과를 이용해 다듬는 과정을 실습해 보겠습니다.

01 음성을 녹음하기 위해 프리미어 프로를 실행하거나 이전 예제에서 이어서 진행합니다. 타임라인(Timeline) 패널에서 비어 있는 오디오 트랙(A2)을 찾아봅니다.

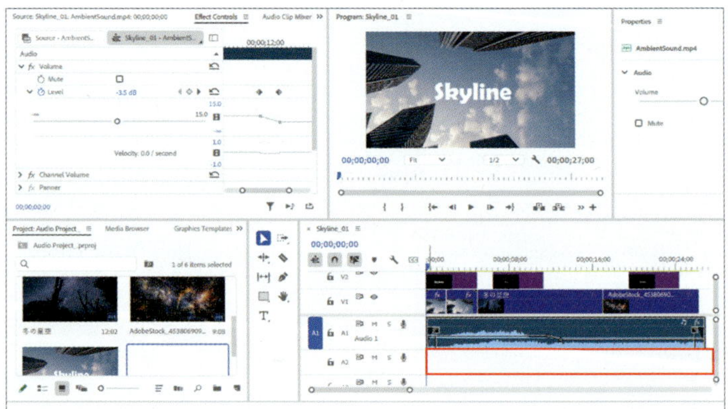

02 음성 내레이션 녹음을 시작할 위치로 타임라인의 재생 헤드(Playhead)를 이동하고 녹음할 오디오 트랙 A2를 클릭해서 활성화합니다.

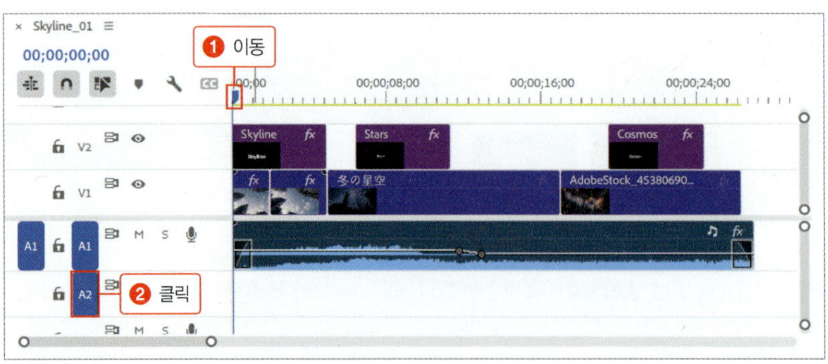

NOTE

이때 마이크 소리가 메아리치는 하울링 현상이 발생할 수 있으므로 일시적으로 컴퓨터의 스피커를 음소거합니다.

03 녹음을 시작하기 전에 컴퓨터에 마이크가 제대로 연결되어 있는지 확인하겠습니다. 컴퓨터 운영체제의 윈도우 설정 → 시스템 → 소리 설정의 입력 항목에서 연결된 마이크를 확인합니다.

NOTE

macOS에서 마이크 장치의 설정을 하려면, '시스템 설정' 앱을 열고 〔사운드〕 탭에서 '출력 및 입력'의 마이크 장치를 확인하면 됩니다.

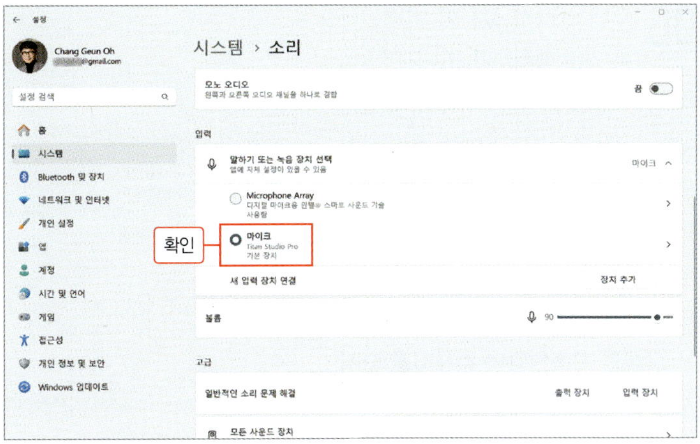

04 프리미어 프로의 메뉴 중 〔편집(Edit)〕 → '설정(Preferences)' → '오디오 장치(Audio Hardware...)'을 클릭합니다.

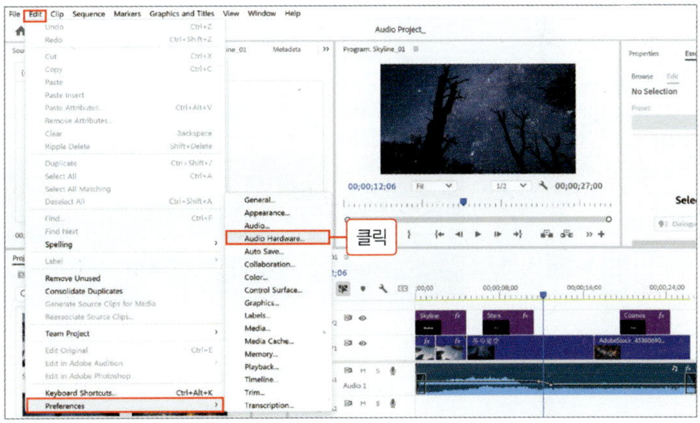

05 설정(Preferences) 대화상자가 표시되면 〔오디오 장치(Audio Hardware)〕 탭에서 기본 입력(Default Input)과 기본 출력(Default Output) 장치가 운영체제와 동일하게 설정되었는지 확인합니다. 만약 다르게 설정되어 있다면 장치 목록에서 올바른 장치를 지정하고 <확인(OK)> 버튼을 클릭합니다.

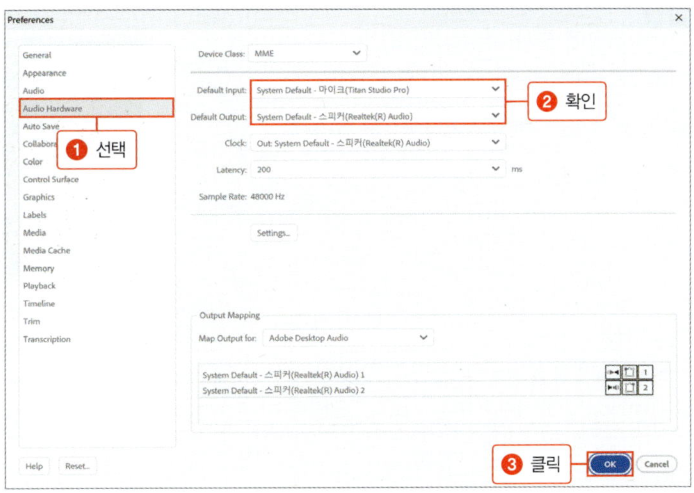

06 오디오 장치 설정이 변경된다는 경고 메시지가 표시되면 <예(Yes)> 버튼을 클릭합니다. 컴퓨터 운영체제 설정에서 지정된 입력, 출력 장치와 프리미어 프로의 설정이 다를 경우 이런 경고 메시지나 에러가 발생하므로 두 설정을 서로 일치시켜야 합니다. 스피커나 마이크가 제대로 작동되지 않는 오류가 지속된다면 컴퓨터를 다시 시작해서 문제를 해결해 봅니다.

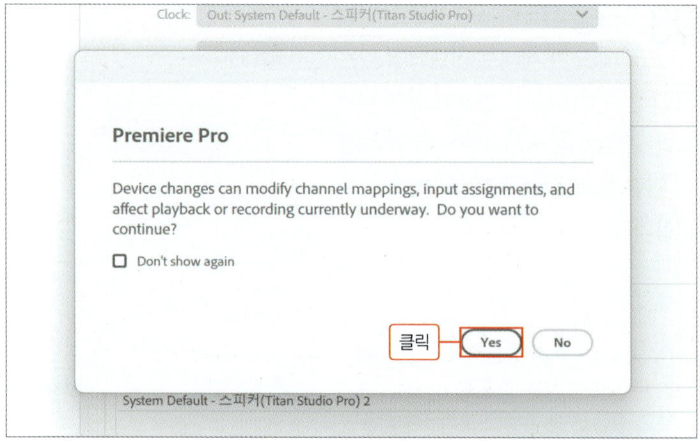

07 프리미어 프로의 타임라인(Timeline) 패널에서 A2 트랙의 '음성 더빙 기록(Voice-over record)' 아이콘( )을 클릭합니다. 마이크 아이콘이 빨간색으로 바뀌면 다시 한번 클릭합니다.

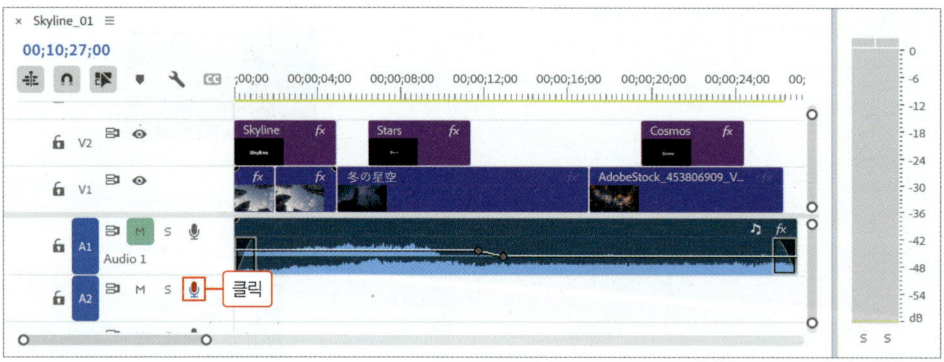

08 프로그램 모니터(Program Monitor) 패널에 숫자 3부터 카운트가 다운됩니다. 재생 헤드(Playhead)가 움직이기 시작하면 목소리를 내서 내레이션을 녹음합니다.

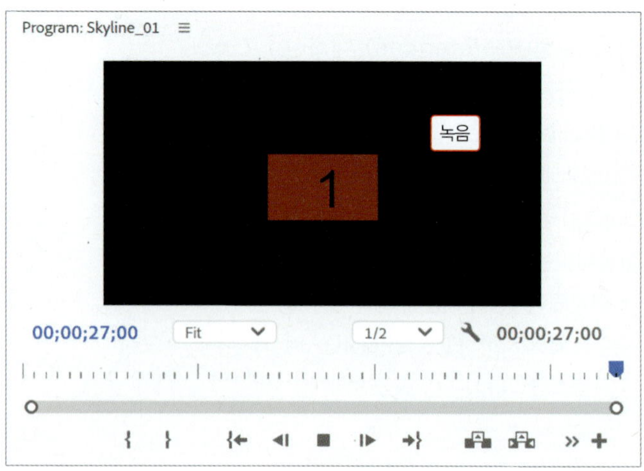

NOTE

녹음할 분량이 많다면 메모장과 같은 앱에서 내레이션 원고를 미리 작성한 후 참고합니다.

09 목소리 내레이션 녹음을 마치려면 다시 '음성 더빙 기록(Voice-over record)' 아이콘( )을 클릭합니다. 프로젝트(Project) 패널에 음성 파일이 자동으로 생성되고 타임라인(Timeline) 패널의 A2 트랙에도 배치됩니다.

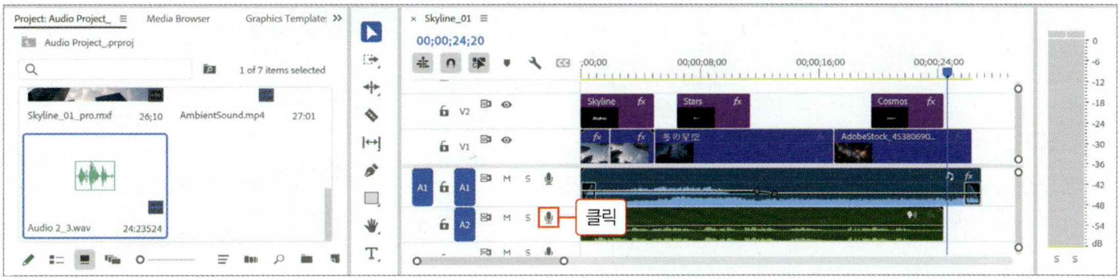

10 컴퓨터 스피커의 음소거를 해제하고 프리미어 프로에서 Spacebar를 눌러 A2 트랙에 녹음된 목소리를 재생해 봅니다. 오디오 미터(Audio Meters) 패널을 관찰하며 목소리의 크기가 적절한지 확인합니다.

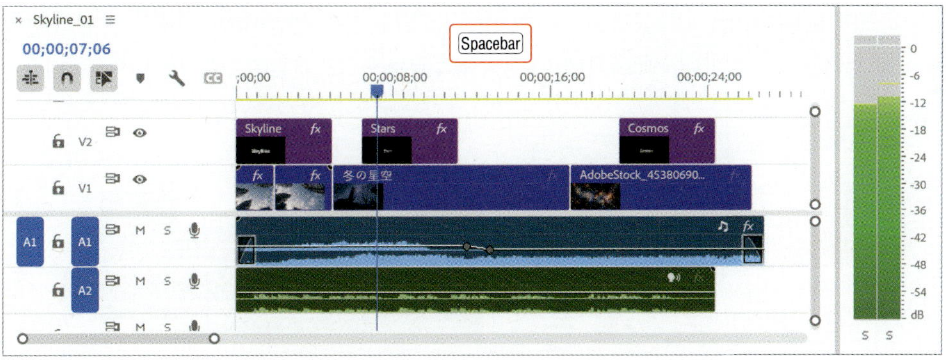

NOTE

내레이션 목소리의 음량 레벨이 -12dB~-6dB 사이를 유지하면 적절합니다.

11 목소리의 음량이 예상보다 작거나 크다면 내레이션 오디오 클립 가운데 음량 기준선을 드래그해서 수준을 조절합니다.

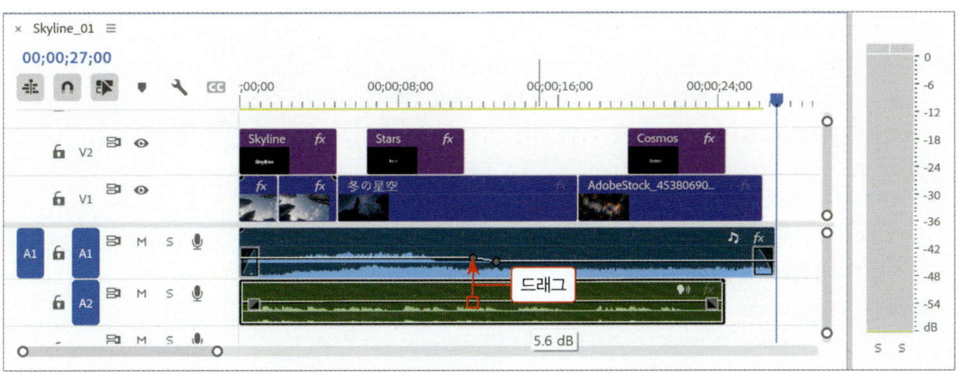

12 만약 내레이션에 미세한 노이즈가 섞여서 녹음되었다면 타임라인(Timeline) 패널의 내레이션 클립이 선택된 상태로 기본 사운드(Essential Sound) 패널의 〔편집(Edit)〕 탭에서 사전 설정(Preset)을 클릭하고 '노이즈 상태의 대화 정리(Clean Up Noisy Dialogue)'로 지정합니다. 내레이션의 배경 노이즈는 줄어들고 목소리가 크게 강조됩니다.

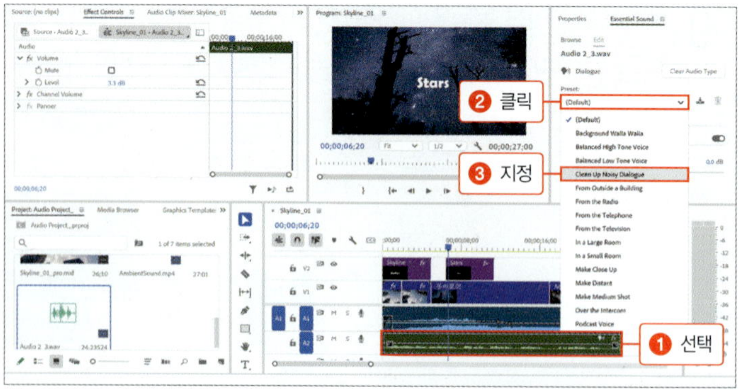

13 보완된 내레이션과 배경음악을 함께 재생해 보면서 음량의 차이나 공간감이 적절한지 검토합니다. 공간감을 좀 더 추가하려면 효과(Effects) 패널에서 오디오 효과(Audio Effects) → 반향(Reverb) 폴더의 '복합 방향(Convolution Reverb)' 효과를 타임라인(TImeline) 패널의 A1 트랙에 있는 오디오 클립에 드래그하여 적용합니다.

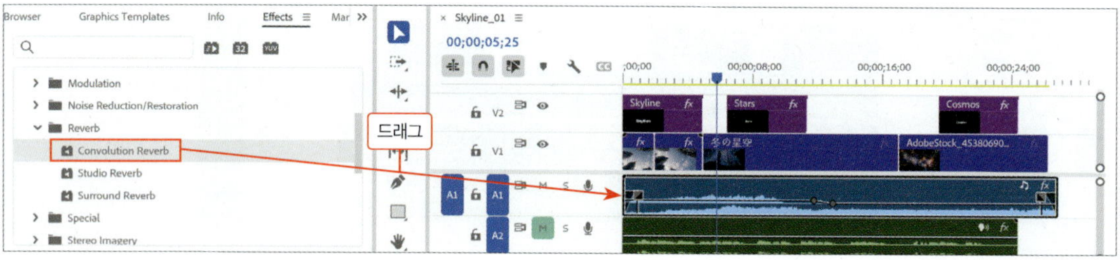

NOTE

반향(Reverb)은 소리의 잔향을 생성해서 공간감을 느끼게 해 줍니다.

TIP 기본 사운드(Essential Sound) 기능 제대로 활용하기

타임라인(Timeline) 패널에 오디오 클립을 추가하거나 내레이션을 녹음하면 속성(Properties) 패널 그룹에 기본 사운드(Essential Sound) 패널이 표시됩니다. 기본 사운드(Essential Sound) 패널에는 오디오 클립과 음성 클립의 품질을 향상하고 공간감 등의 효과를 적용하는 기능들이 포함되어 있습니다.

프리미어 프로의 오디오 트랙에서 내레이션을 녹음한 경우, 음성으로 인식해서 기본 사운드(Essential Sound) 패널의 음성 강화(Enhance Speech)를 적용할 수 있는데, 이는 목소리를 더 선명하게 만듭니다. 또한, 사전 설정(Preset) 항목에는 여러 가지 공간감 효과가 사전 설정되어 있어서 배경음악이나 효과음에 적용하면 소리에 생동감을 더할 수 있습니다.

배경음악 클립을 선택하면 자동 더킹(Auto Ducking)을 설정할 수 있는데, 이것은 배경 소리를 섬세하게 줄여서 목소리를 잘 들리도록 강조하는 효과입니다. 프리미어 프로의 작업 영역(Workspaces)을 '오디오(Audio)'로 설정하면 기본 사운드(Essential Sound) 패널이 길게 확장되어 세부적으로 설정하기 편리합니다.

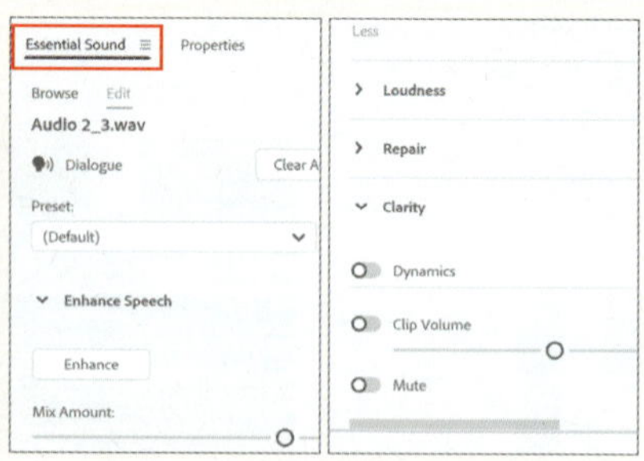

실습 예제 04

6.5 오디션 활용하기

• **완성 파일** : 06\06_5\ufo-transition-fxaudition.wav, 오디션활용_완성.prproj

프리미어 프로의 오디오 작업 영역에서도 많은 도구와 기능을 제공하고 있지만, 전문적인 오디오 편집과 음원 가공을 위한 심화 작업 환경으로는 오디션(Audition) 앱을 활용할 수 있습니다. 오디션에서 효과음을 세밀하게 편집하는 과정을 실습하겠습니다.

01 크리에이티브 클라우드 앱에서 오디션을 설치하고 실행합니다. 처음 실행했을 때 표시되는 Audition Learn 창의 'x'를 클릭하여 창을 닫습니다.

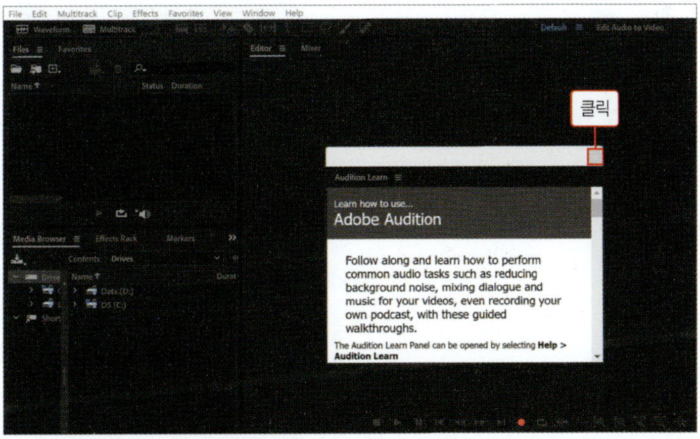

02 웹브라우저를 실행하고 픽사베이(Pixabay.com) 사이트에 접속합니다. [Sound Effects] 탭을 선택하고 필요한 효과음을 검색한 다음 다운로드합니다.

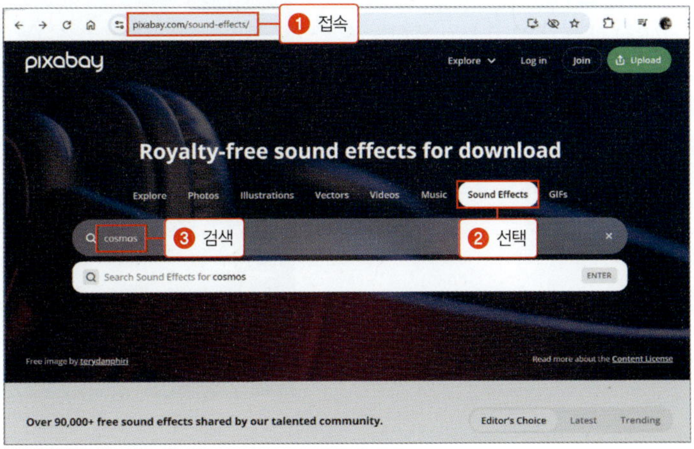

03 다운로드한 효과음 오디오 파일을 편집에 사용하는 경로의 폴더에 추가하고, 오디션의 미디어 브라우저(Media Browser) 패널에서 다운로드한 파일을 찾아 더블클릭합니다. 그림과 같이 편집기(Editor) 패널에 파형(waveform)이 크게 표시됩니다.

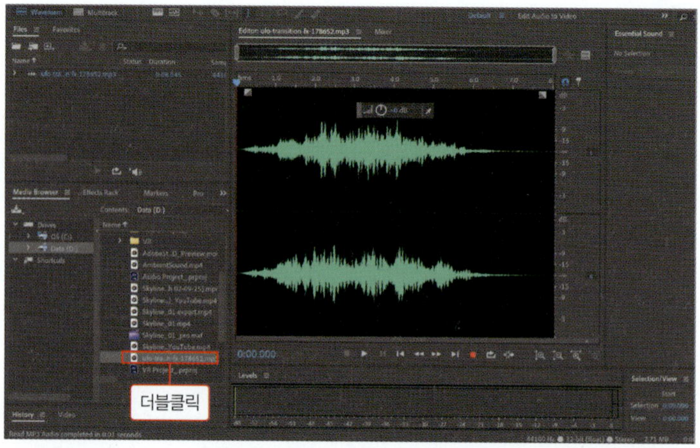

04 편집기(Editor) 패널 아래 나열된 아이콘들 중에서 '재생(Play)' 아이콘(▶)을 클릭하여 소리를 듣고 파형과 함께 하단에 있는 레벨(Levels) 패널의 미터를 확인합니다.

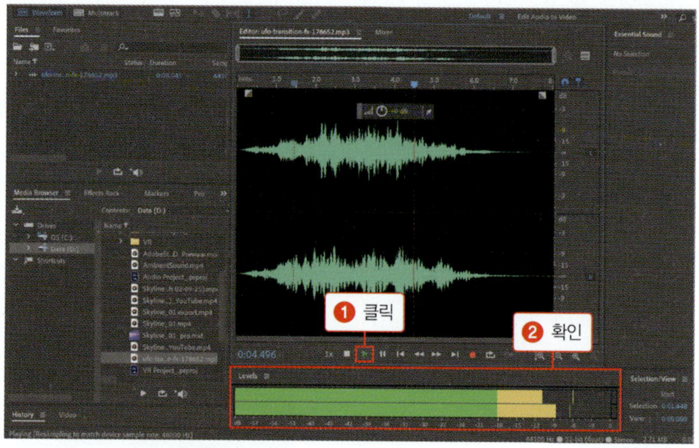

05 오디오 클립의 전체적인 음량을 줄이거나 키우려면 편집기(Editor) 패널 위에 표시된 음량을 드래그하여 설정합니다. 수치가 일시적으로 표시되므로 참고하면 됩니다.

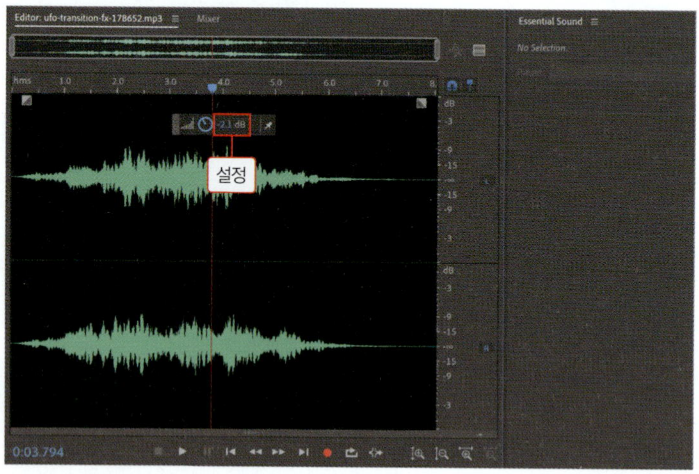

06 효과음의 뒷부분에만 '반향(Reverb)' 효과를 적용하기 위해 편집기(Editor) 패널에서 파형의 뒷부분을 드래그하여 마킹합니다. 효과 랙(Effects Rack) 패널을 표시하고 1번 버튼을 클릭한 다음 '반향(Reverb)' → '전체 반향(Full Reverb)'를 클릭하여 적용합니다.

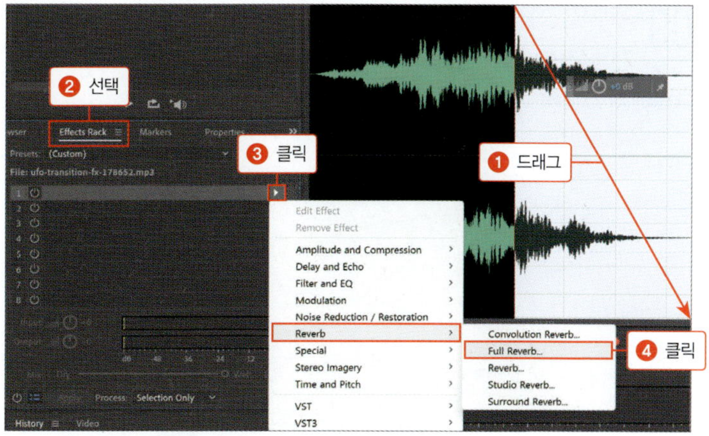

07 실시간 재생 문제에 대한 경고 창이 표시되면 <확인(OK)> 버튼을 클릭합니다.

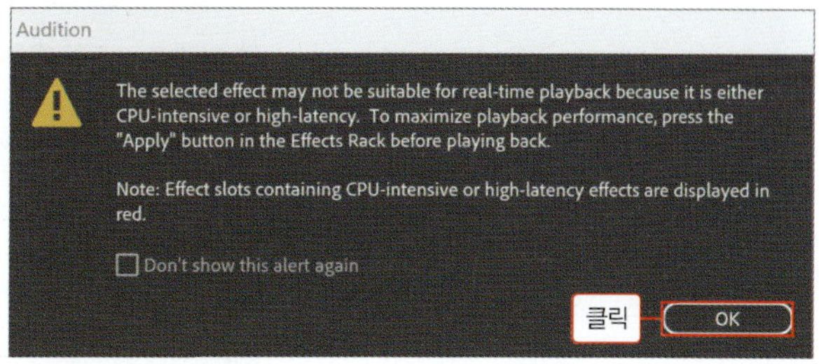

NOTE

이 경고 창은 컴퓨터 CPU의 부하 문제로 실시간 재생에 문제가 발생할 수 있으니, 적용(Apply)한 후 재생하면 지연(Latency)이 없을 것이라는 메시지입니다.

08 화면 가운데에 효과 랙 - 반향 전체(Rack Effect - Full Reverb) 대화상자가 표시됩니다. 반향(Reverb) 효과의 설정 항목들이 많고 복잡합니다. 하지만 음악의 세부적인 조절이 가능해 유용한 기능입니다.

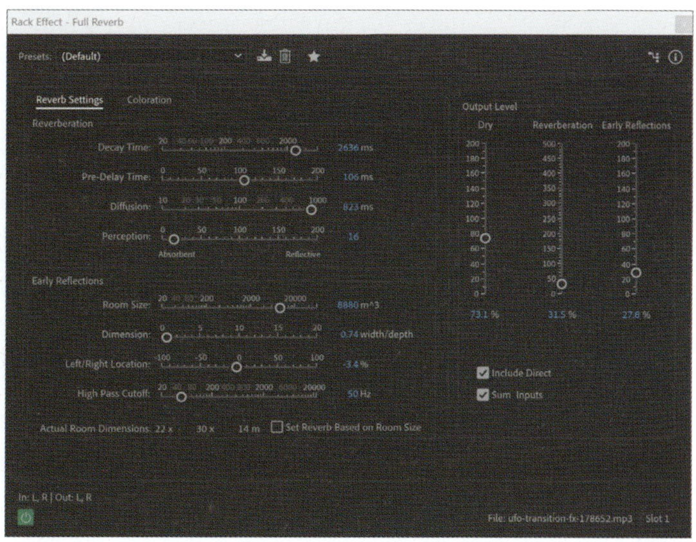

09 세부 설정을 모두 설정하기 어렵다면, '사전 설정(Presets)'을 클릭하고 표시되는 목록에서 적절한 기능으로 지정합니다.

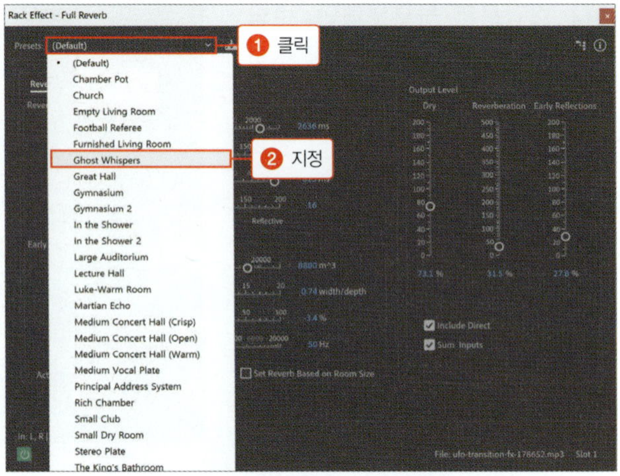

10 효과 랙 - 반향 전체(Rack Effect - Full Reverb) 대화상자를 닫고, 화면 왼쪽 효과 랙(Effects Rack) 패널의 아래에 있는 <적용(Apply)> 버튼을 클릭해서 효과를 적용합니다.

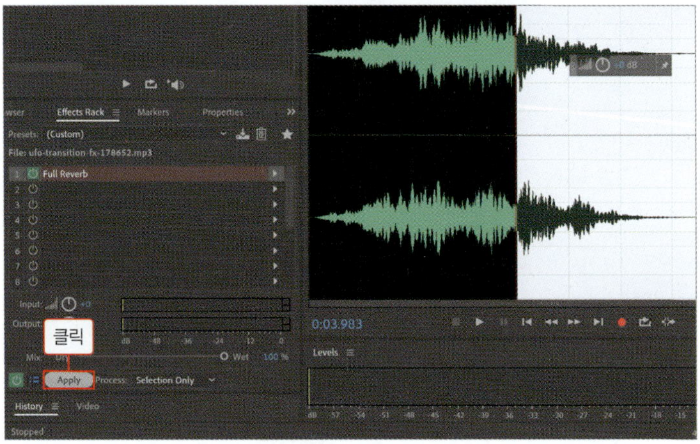

11 편집기(Editor) 패널에서 '재생(Play)' 아이콘(▶)을 클릭하여 소리를 재생해 보면서 파형의 뒷부분에 효과가 제대로 적용되었는지 확인합니다.

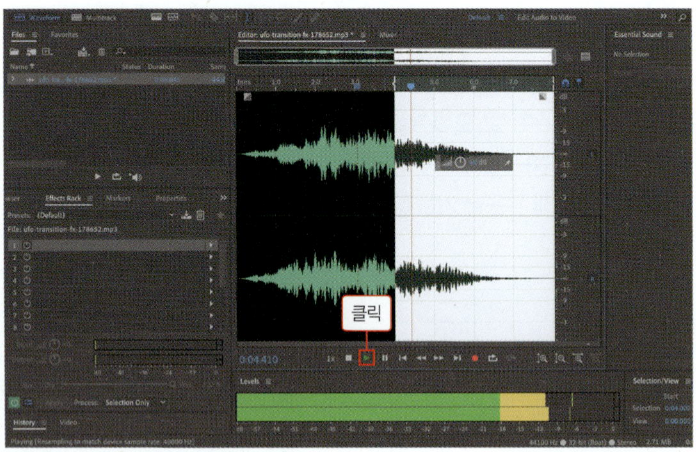

NOTE

만약 적용된 효과가 마음에 들지 않는다면 Ctrl+Z를 눌러 이전 단계로 되돌아가 수정합니다.

12 효과음의 뒷부분 파형에서 소리가 없는 부분이 길어 보이므로 해당 구간을 마킹하고 [Delete]를 눌러 삭제합니다.

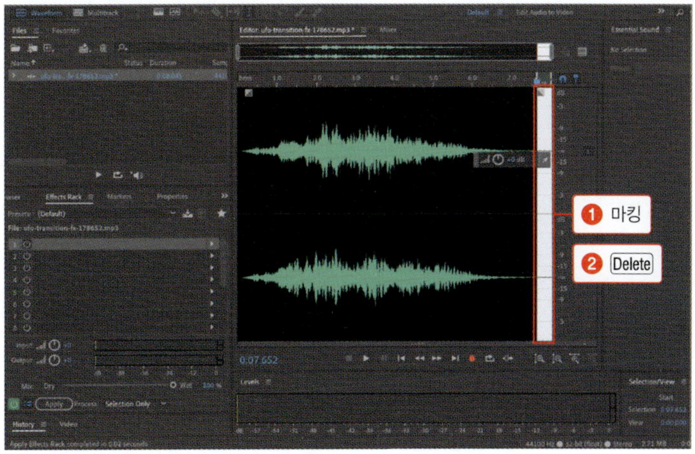

13 메뉴에서 〔파일(File)〕→ '다른 이름으로 저장(Save as...)'을 클릭합니다. 다른 이름으로 저장(Save As) 대화상자가 표시되면 파일 이름(File Name)에 저장할 이름을 입력하고 형식(Format)을 지정한 다음 <확인(OK)> 버튼을 클릭하여 저장합니다.

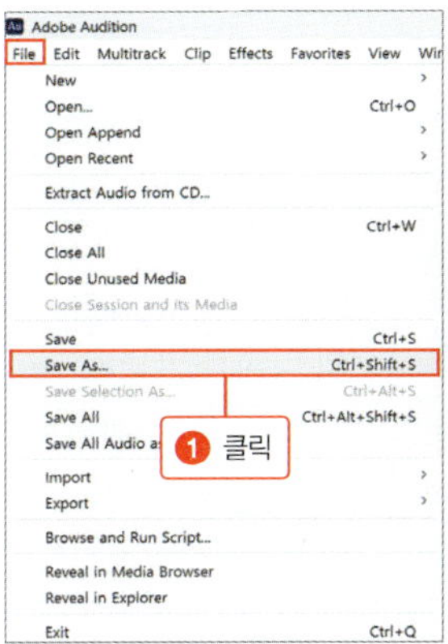

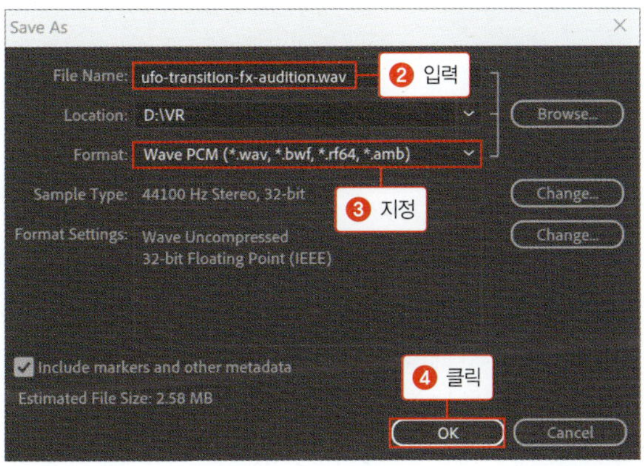

NOTE

압축률이 높은 MP3 대신 WAV 형식을 선택해도 됩니다.

14 프리미어 프로를 실행하고 프로젝트(Project) 패널에 저장한 WAV 파일을 불러온 다음 타임라인(Timeline) A3 트랙으로 드래그하여 배치합니다. 전체 오디오 트랙을 재생해 보고 트랙별로 음량 조정이 더 필요하다면 오디오 트랙 믹서(Audio Track Mixer) 패널에서 조정하여 완성합니다.

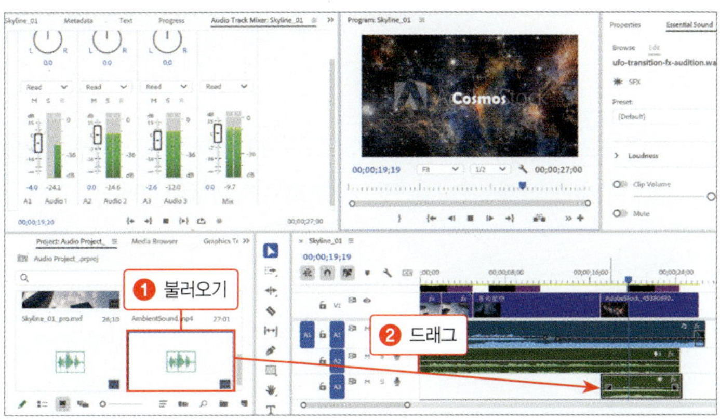

연습 문제 |

01 프리미어 프로의 새 프로젝트에서 기본적으로 설정되는 오디오 규격을 샘플 레이트(Sample Rate), 비트 깊이(Bit Depth) 순서로 설명하세요.

02 무료 음원 사이트에서 영상 편집에 사용할 2분 분량의 배경음악을 다운로드하고 프리미어 프로의 프로젝트(Project) 패널에 불러온 다음 키프레임(Keyframe) 추가 방식으로 음량(Volume)의 크기 변화를 4개의 다른 값으로 설정해 보세요.

03 2분 길이의 영상을 설명하는 내레이션 스크립트를 메모장 앱에 작성하고, 프리미어 프로의 타임라인(Timeline) 패널에 있는 오디오 트랙에 음성 더빙 기록(Voice-over record) 기능을 이용하여 녹음합니다. 녹음된 내레이션 클립에 기본 사운드(Essential Sound) 패널에 있는 음성 강화(Enhance Voice)를 적용해 보세요.

04 효과음으로 사용할 5초 내외 길이의 오디오 파일을 오디션에 불러오고 파형의 뒤쪽 2초 영역에 소리의 공간감을 추가하는 '전체 반향(Full Reverb)' 효과를 적용해 보세요.

WEEK 07

영상의 속도 변화와 리듬감 표현

학 습 목 표

영상의 속도와 리듬감은 시각적 경험의 몰입도와 감정적 효과를 결정짓는 중요한 요소입니다. 영상의 흐름과 감정을 효과적으로 전달하기 위해, 프리미어 프로의 다양한 속도 조절 기능을 활용합니다. 이를 통해 빠른 속도, 느린 속도, 역재생, 타임 리매핑 등을 사용하여 영상의 속도 변화를 자연스럽게 표현하고, 리듬감 있는 편집을 구현하는 방법을 학습합니다. 이러한 기법들은 영상의 긴장감이나 강조를 효과적으로 조절하는 데에 중요한 역할을 합니다.

7.1 영상의 속도와 리듬감

영상의 속도와 리듬감(Rhythm)은 서로 밀접하게 연관되어 있습니다. 속도 변화가 리듬감을 형성하며 관객에게 특정한 감정을 유발합니다. 영상 속도와 리듬감은 시각적 경험의 몰입도와 감정적 효과를 결정하는 중요한 요소입니다.

영상의 속도

영상의 속도는 영상 속에서 시간의 흐름을 표현합니다. 보통 1배속(1x)이라고 표현하는 정상 속도는 우리가 자연스럽게 인식하는 속도와 동일하며, 이를 기준으로 빠르게 진행되는 속도를 빠른 속도(Fast Motion), 느리게 진행되는 속도를 느린 속도(Slow Motion)로 인식합니다. 우리의 시각은 평상시 익숙하지 않은 움직임과 속도를 주목하는 경향이 있습니다. 따라서 메시지의 표현 방식에 따라 영상의 속도를 활용하여 시간을 왜곡하거나 특별한 효과를 연출해야 합니다.

❶ **빠른 속도:** 빠른 장면 전환과 짧은 컷의 연속은 긴 시간에 진행되는 일련의 사건을 압축해서 보여 주기도 하고 긴장감, 흥분, 혹은 에너지 등을 전달합니다.

❷ **느린 속도:** 느리고 긴 장면은 드라마틱한 장면을 강조하는 등 관객이 디테일에 집중하거나 감정을 느낄 시간을 제공합니다.

프리미어 프로에서는 속도(Speed)/지속 시간(Duration)을 통해 영상의 속도를 조절할 수 있습니다. 보통의 속도는 100%로 설정되고 이보다 숫자를 크게 설정하면(예: 200%, 2배속 빨라짐) 속도가 빨라지고 숫자를 작게 설정하면(예: 50%, 2배속 느려짐) 속도가 느려집니다.

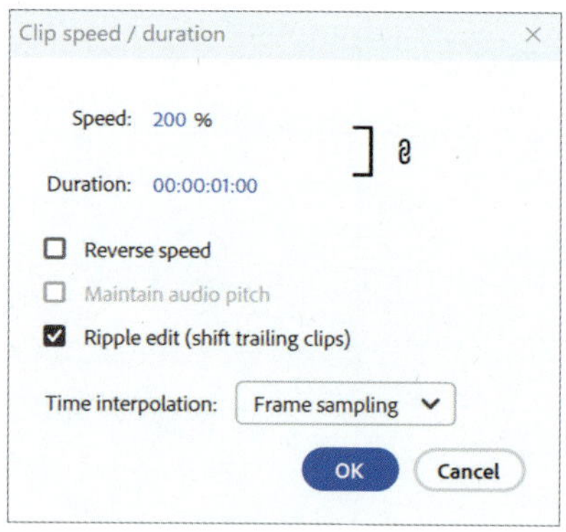

❸ **스텝 프린팅**(Step Printing): 특정 프레임을 반복해서 늘려 마치 시간의 흐름이 멈추거나 끊기는 듯한 느낌을 줍니다. 모션 블러(Motion Blur)와 느린 움직임을 동시에 연출할 수 있습니다. 이는 감정의 깊이를 강조하거나, 주인공의 고독과 도시의 빠른 흐름 등을 대조적으로 표현하는 데에 사용됩니다.

프리미어 프로에서 프레임 블렌딩(Frame Blending)은 매끄러운 영상 표현, 자연스러운 느린 속도를 목적으로 사용되고 있지만, 모션 블러 효과도 발생하여 스텝 프린팅과 같은 영상을 연출할 수 있습니다.

영상의 리듬감

리듬감은 영상 속의 움직임과 시간의 관계 속에서 발생하며 시각적 요소(컷, 움직임, 음악 등)가 조화를 이루며 만드는 패턴이나 흐름입니다.

1. **리듬 변화:** 속도의 변화를 통해 영상은 관객의 관심을 유지하고 주요 전환점을 강조합니다. 일관된 리듬은 안정감을 주지만, 갑작스러운 변화를 통해 긴장감이나 놀라움을 줄 수 있습니다.
2. **음악과의 조화:** 배경 음악이나 효과음과 컷 편집이 일치하면 영상의 감각적 몰입이 강해집니다. 이를 효과적으로 활용하기 위해 마커(Marker)를 활용하기도 합니다.
3. **시각적 패턴:** 화면 속 움직임(카메라 워크, 배우 동작)이나 색상의 변화가 일정한 리듬을 만들어 내는 것도 중요합니다.

타임 리맵핑(Time Remapping)

프리미어 프로의 타임 리맵핑은 영상 속도를 가변적으로 조절할 수 있는 기능입니다. 영상의 속도를 그래프 조정을 통해 부드럽게 가속하거나 감속시켜 장면에 리듬감을 부여할 수 있습니다.

키프레임을 추가하여 클립 내 특정 부분의 속도를 가변적으로 설정하고 두 키프레임 사이에 베지어 곡선을 추가하여 부드러운 속도 변화를 만들 수 있습니다.

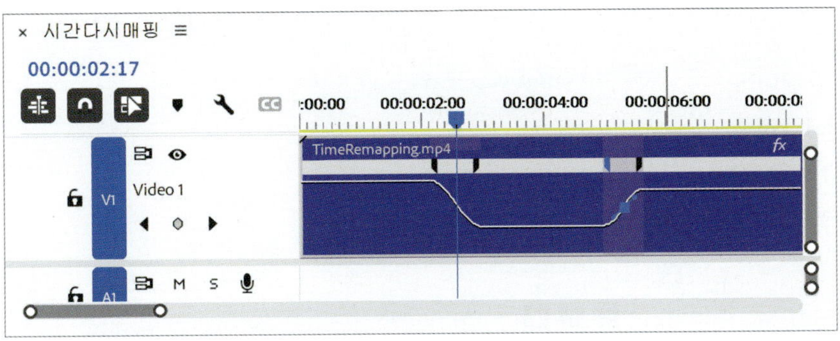

키프레임과 베지어 곡선을 추가해 만든 영상의 리듬감

7.2 실습 예제 01 속도/지속 시간으로 영상 속도 변경하기

• **예제 파일** : 07\07_2\영상속도변경.prproj
• **완성 파일** : 07\07_2\속도빠르게변경_완성.mp4, 속도느리게변경_완성.mp4, 역재생_완성.mp4, 영상속도변경_완성.prproj

영상 속도를 조정하면 장면의 분위기와 연출 효과를 극대화할 수 있습니다. 속도/지속 시간 기능을 활용하여 빠르게, 느리게, 그리고 역재생하는 방법을 알아보겠습니다.

속도/지속 시간 빠르게 변경하기

01 07 → 07_2 폴더에서 '영상속도변경.prproj' 파일을 더블클릭하여 실행합니다. 프로젝트(Project) 패널이나 타임라인(Timeline) 패널에서 '속도 변경하기' 시퀀스를 선택합니다.

02 타임라인(Timeline) 패널의 'Fast.mp4' 영상 클립에서 마우스 오른쪽 버튼을 클릭한 다음 '속도/지속 시간(Speed/Duration)'을 클릭합니다.

03 클립 속도/지속 시간(Clip speed/duration) 대화상자가 표시되면 영상의 속도를 빠르게 변경하기 위해 속도(Speed)를 '100%'에서 '400%'로 설정하고 <확인(OK)> 버튼을 클릭합니다. 지속 시간(Duration) 수치가 8초에서 2초로 줄어들며 변경됩니다.

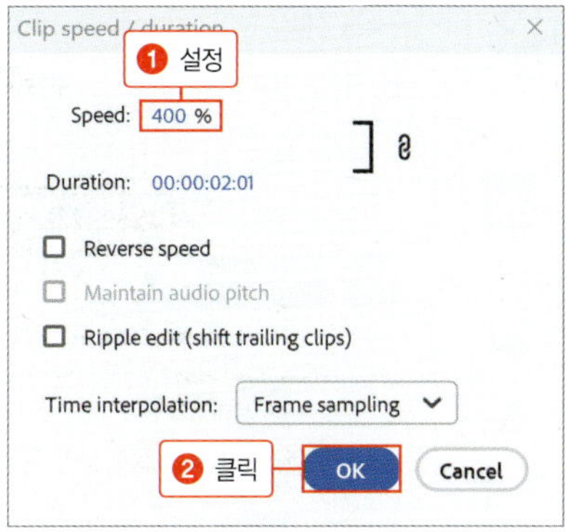

> **NOTE**
>
> 속도(Speed)의 기본 수치는 '100%'입니다. 속도(Speed)의 수치가 100%보다 커질수록 지속 시간(Duration) 수치는 줄어들고 영상의 속도는 원본 영상보다 빨라집니다. 반대로 속도(Speed)의 수치가 100%보다 작아질수록 지속 시간(Duration) 수치는 커지고 영상의 속도는 느려집니다.

속도/지속 시간 느리게 변경하기

01 프로젝트(Project) 패널이나 타임라인(Timeline) 패널에서 '클립 자른 후 속도 변경하기' 시퀀스를 선택합니다. 영상의 구간별로 속도를 변화시키기 위해 영상에서 변화가 큰 부분을 중심으로 영상을 자르겠습니다. 재생 헤드(Playhead)를 '00:00:03:15'로 이동합니다.

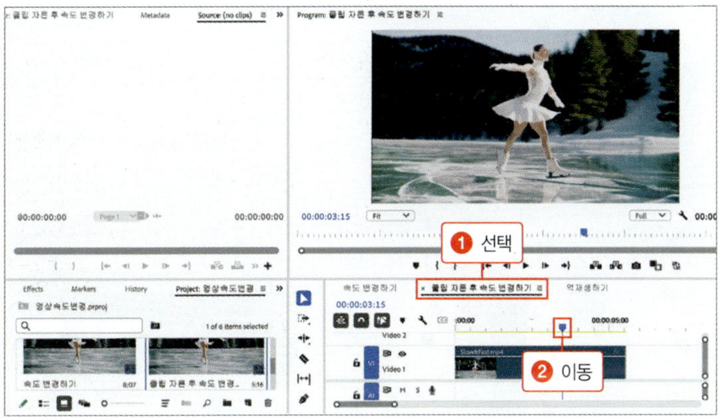

02 Ctrl+K를 눌러 영상 클립을 자릅니다.

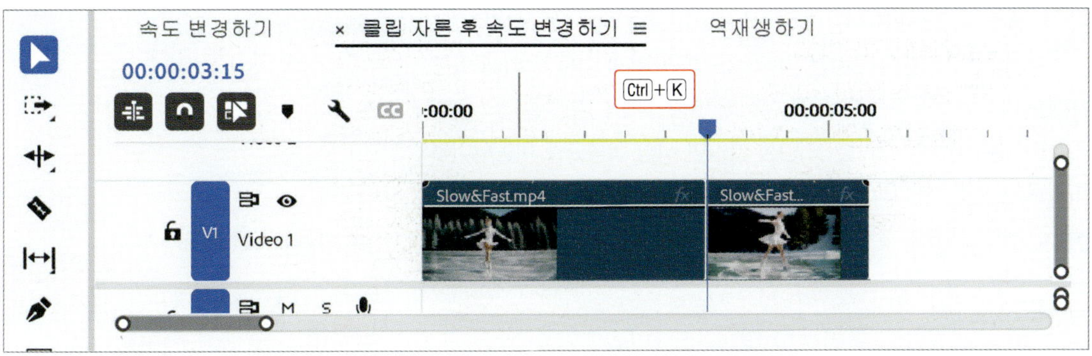

03 다시 재생 헤드 위치(Playhead Position)에 '00:00:04:00'을 입력하여 4초로 이동하고 Ctrl+K를 눌러 영상 클립을 자릅니다.

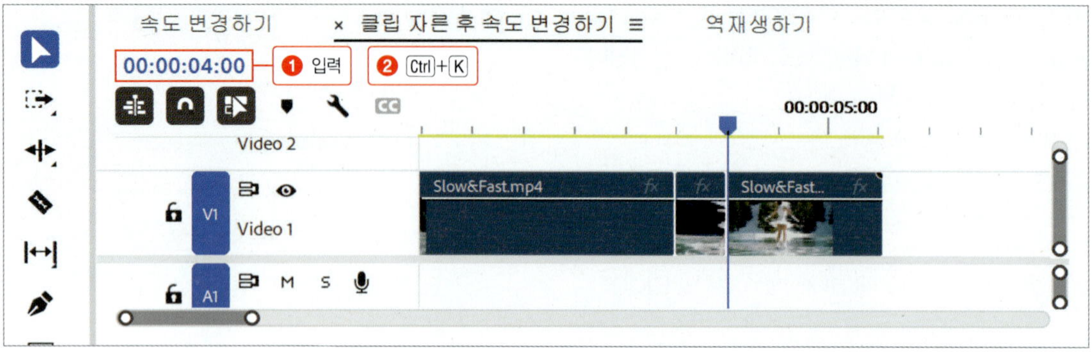

04 각 구간별 속도를 조절하도록 하겠습니다. 두 번째 구간(00:00:03:15~00:00:04:00)의 영상 클립에서 마우스 오른쪽 버튼을 클릭한 다음 '속도/지속 시간(Speed/Duration)'을 클릭합니다.

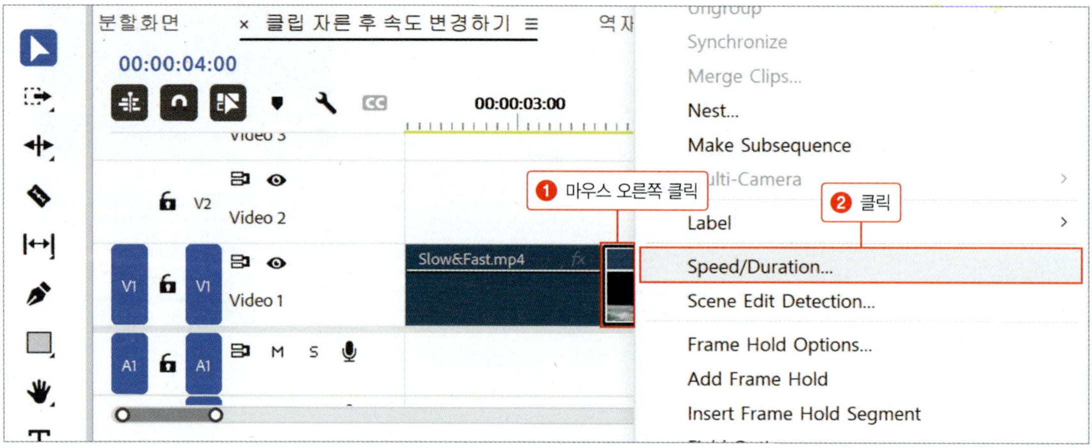

05 클립 속도/지속 시간(Clip speed/duration) 대화상자가 표시되면 두 번째 구간은 영상 속도를 느리게 만들기 위해 속도(Speed)를 '100%'에서 '30%'로 설정해 변경합니다. 영상 클립의 길이가 늘어나기 때문에 그만큼 뒷 영상 클립이 시간 뒤쪽으로 이동되어야 하므로 '잔물결 편집(Ripple edit (shift trailing clips))'을 체크 표시하고 <확인(OK)> 버튼을 클릭합니다.

NOTE

잔물결 편집(Ripple edit (shift trailing clips))은 빈 영역 없이 다음 클립이 바로 이어지도록 편집해 주는 기능입니다.

06 같은 방법으로 세 번째 구간 클립을 선택하고 클립 속도/지속 시간(Clip speed/duration) 대화상자를 표시합니다. 세 번째 구간의 영상의 속도를 2배 빠르게 변경하기 위해 속도(Speed)를 '100%'에서 '200%'로 변경합니다.

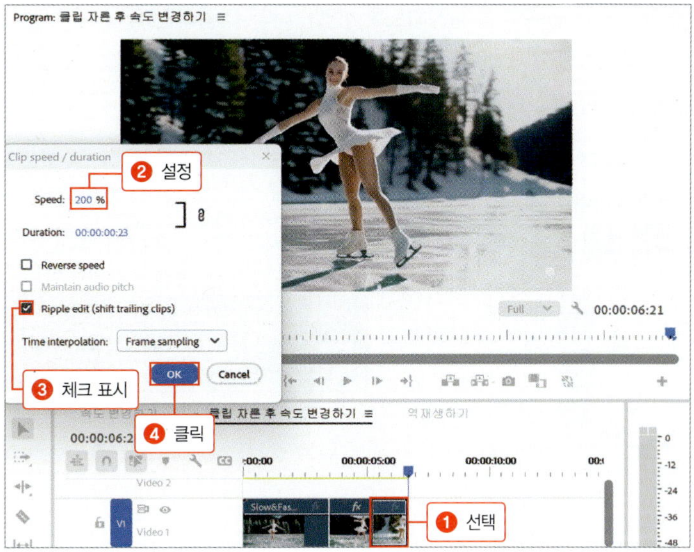

NOTE

영상의 속도를 2배로 변경하면 영상의 길이가 짧아지기 때문에 타임라인(Timeline) 패널에 빈 클립 영역이 생기지만, 마지막 클립이기 때문에 신경 쓰지 않아도 됩니다.

07 두 번째 클립은 속도가 느리게 변경되었고 세 번째 클립은 빠르게 변경되었습니다. 속도 변화에 따라 길이가 변동된 클립들이 차례대로 빈틈없이 잘 편집된 것을 확인하고, 재생하여 어색한 곳이 있으면 조정합니다.

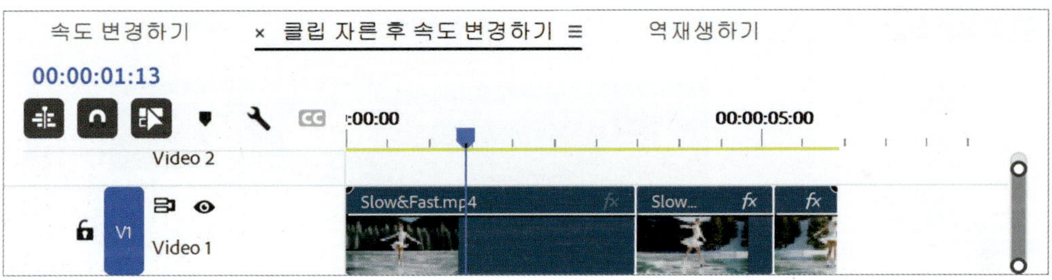

역재생하기

01 프로젝트(Project) 패널이나 타임라인(Timeline) 패널에서 '역재생하기' 시퀀스를 선택합니다.

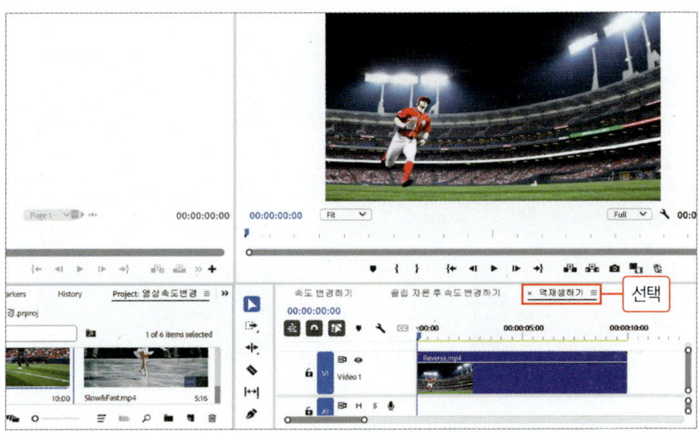

02 역재생할 구간을 설정하도록 하겠습니다. 타임라인(Timeline) 패널에서 'Reverse.mp4' 영상 클립을 선택하고 재생 헤드(Playhead)를 영상 속 인물이 넘어지기 직전인 '00:00:08:12'로 이동한 다음 Ctrl+K를 눌러 영상 클립을 자릅니다.

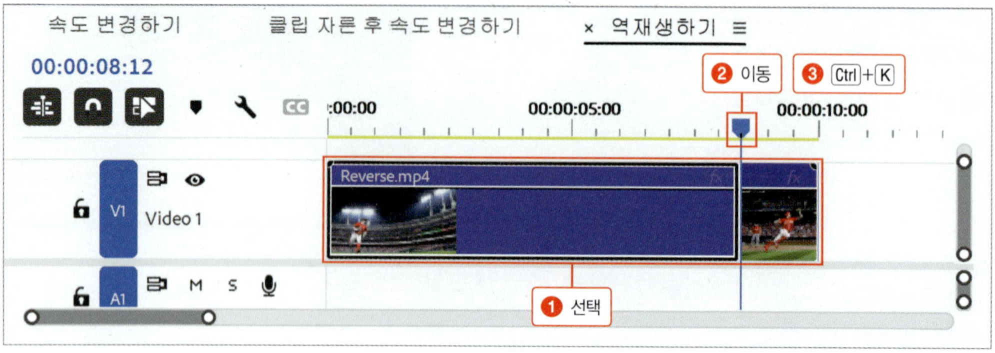

03 클립을 복제하여 역재생하기 위해 선택 도구(Selection) 도구(▶)로 두 번째 영상 클립을 선택하고 Alt를 누른 상태로 오른쪽으로 드래그하여 현재 영상 클립의 이후 시간으로 복제한 영상 클립을 배치합니다.

04 복제하여 생성한 세 번째 영상 클립에서 마우스 오른쪽 버튼을 클릭한 다음 '속도/지속 시간(Speed/Duration)'을 클릭합니다.

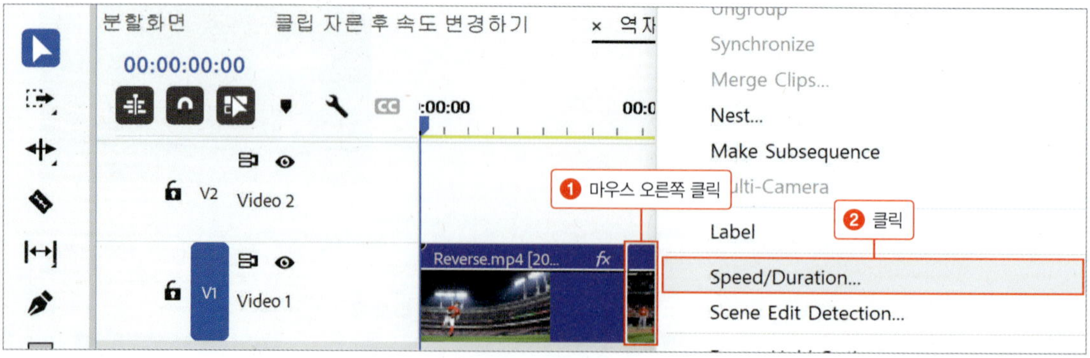

05 클립 속도/지속 시간(Clip speed /duration) 대화상자가 표시되면 속도(Speed)를 '100%'에서 '200%'로 변경하여 속도를 2배 빠르게 설정하고 '잔물결 편집(Ripple edit (shift trailing clips))'과 '뒤로 재생(Reverse Speed)'을 체크 표시하여 역재생 기능을 적용한 다음 <확인(OK)> 버튼을 클릭합니다.

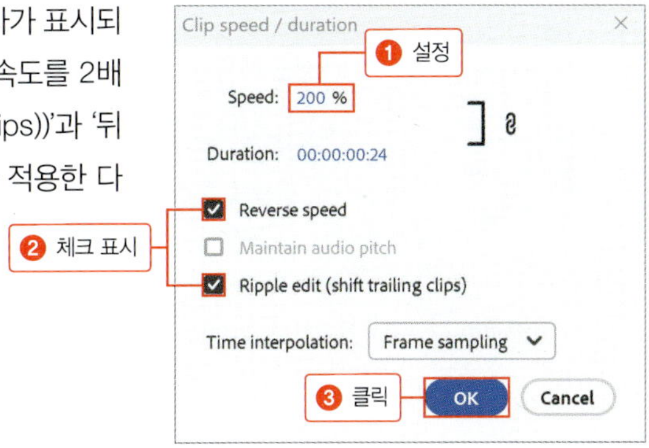

06 변경이 적용되어 클립의 길이가 짧아진 것을 확인합니다.

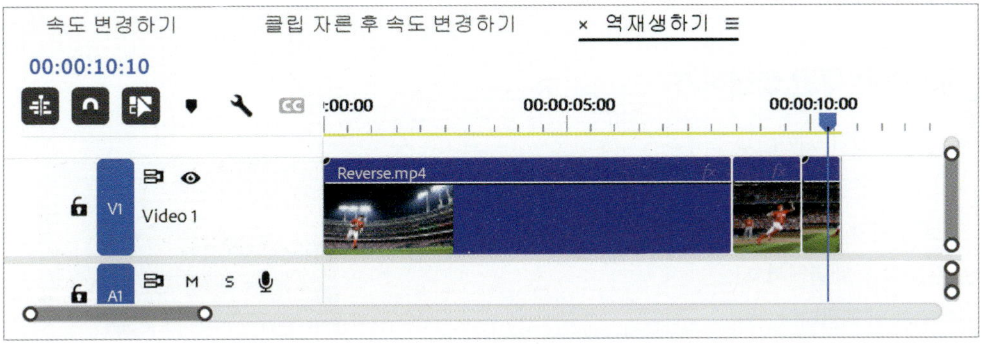

07 Spacebar를 눌러 재생을 해보면 역재생이 되는 것을 확인할 수 있습니다.

NOTE

역재생으로 거꾸로 시간이 되돌리는 것이지만, 잘 응용하면 촬영이 어려운 장면을 연출할 수도 있습니다. 예를 들어, 흩날리는 종이들을 모아 잡는 장면은 촬영을 통해 표현하기 어렵지만, 역재생을 통해 쉽게 연출할 수 있습니다.

7.3 실습 예제 02
영상의 구간별 속도 조절, 시간 다시 매핑 적용하기

• **예제 파일** : 07\07_3\시간다시매핑.prproj • **완성 파일** : 07\07_3\시간다시매핑_완성.mp4, 시간다시매핑_완성.prproj

영상의 속도를 구간별로 조절하면 더욱 자연스럽고 다이내믹한 연출이 가능합니다. 시간 다시 매핑 기능을 활용하여 속도를 자유롭게 조정하는 방법을 알아보겠습니다.

시간 다시 매핑 적용 구간 설정하기

01 07 → 07_3 폴더에서 '시간다시매핑.prproj' 파일을 클릭하여 실행합니다. 프로젝트(Project) 패널이나 타임라인(Timeline) 패널에서 '시간다시매핑' 시퀀스를 선택합니다.

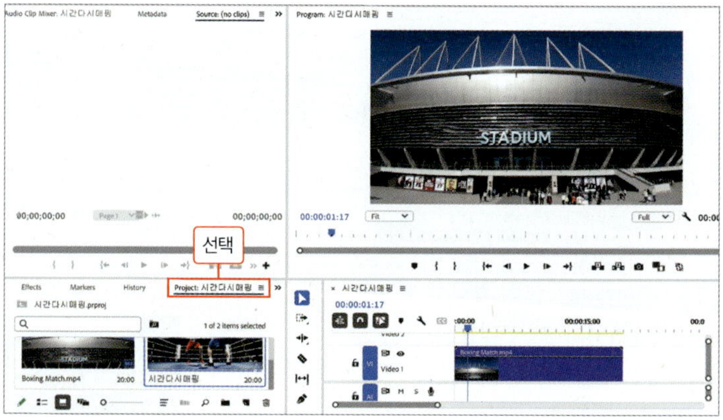

02 타임라인(Timeline) 패널에서 'TimeRemapping.mp4' 클립을 선택하고 영상 클립의 오른쪽 끝에 있는 'fx' 글자를 마우스 오른쪽 버튼으로 클릭한 다음 '시간 다시 매핑(Time Remapping)' → '속도(Speed)'를 클릭합니다.

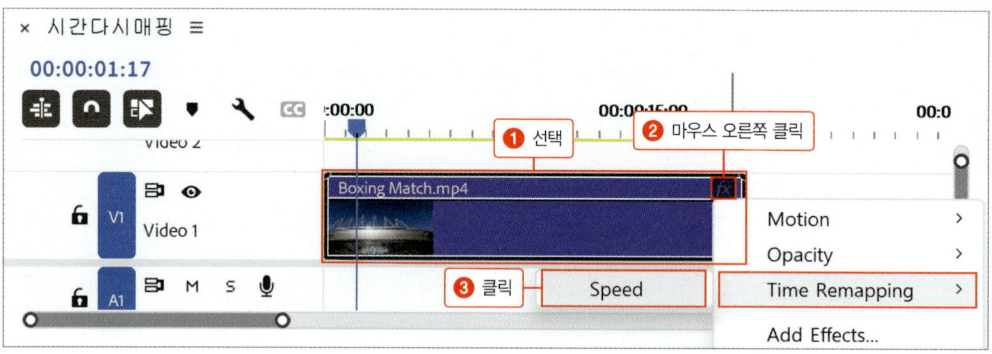

03 시간 다시 매핑(Time Remapping)의 세부 조정 사항을 타임라인(Timeline) 패널에서 더 잘 보이게 하기 위해 V1 트랙의 '트랙 출력 켜기/끄기(Toggle Track Output)' 아이콘(👁) 오른쪽 빈 공간을 더블클릭합니다. 트랙이 상하로 확장되어 작업이 편해집니다.

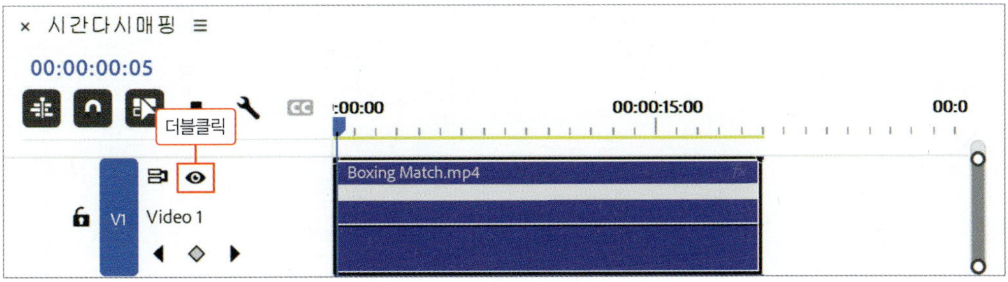

04 효과를 적용하기 위해 구간을 설정하겠습니다. 타임라인(Timeline) 패널의 재생 헤드 포지션(Playhead Position)에 '00:00:03:00'을 입력하여 재생 헤드(Playhead)를 3초로 이동하고 '키프레임 추가/제거(Add Remove Keyframe)' 아이콘(◇)을 클릭하여 키프레임을 추가합니다.

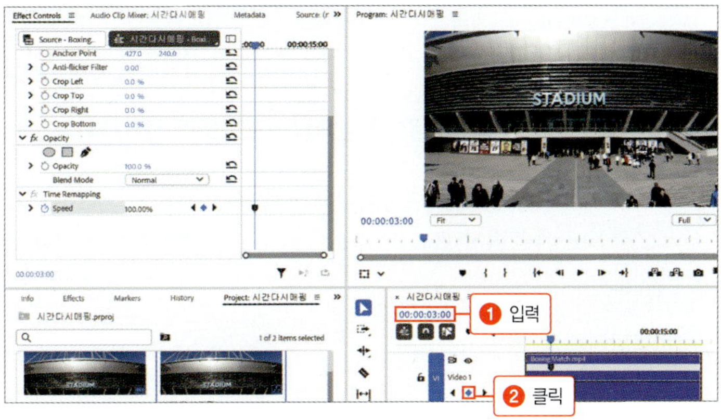

NOTE

Ctrl을 누른 채 속도 선을 클릭해도 키프레임을 추가할 수 있습니다.

05 재생 헤드 포지션(Playhead Position)에 '00:00:09:29'를 입력하여 재생 헤드(Playhead)를 9초 29프레임으로 이동하고 '키프레임 추가/제거(Add Remove Keyframe)' 아이콘(◇)을 클릭하여 키프레임을 추가합니다.

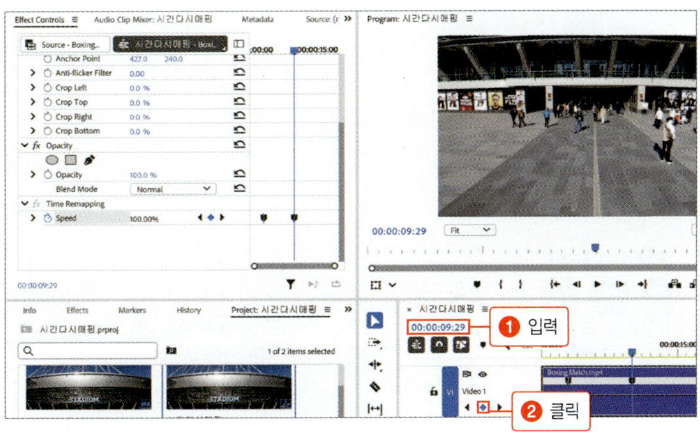

TIP **효과 컨트롤(Effect Controls) 패널에서 기능 확인하기**

시간 다시 매핑(Time Remapping)을 적용하고 나면 효과 컨트롤(Effect Controls) 패널에서 해당 기능을 확인할 수 있습니다. 시간 다시 매핑(Time Remapping) 항목을 확장하여 타임라인(Timeline) 패널뿐만 아니라 효과 컨트롤(Effect Controls) 패널을 동시에 확인하면서 작업하면 좋습니다.

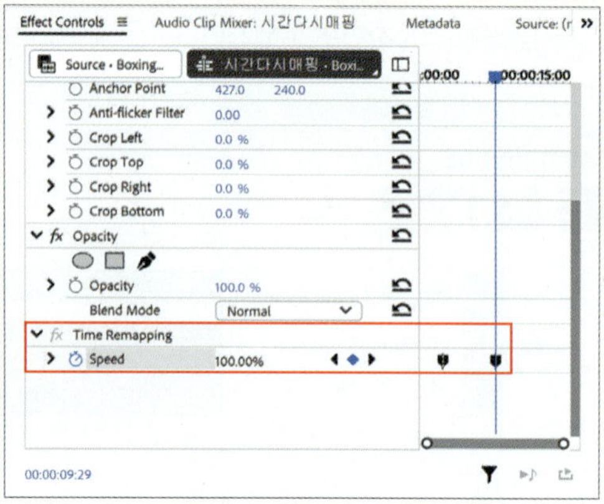

속도 그래프를 점진적으로 빠르게/느리게 조정하기

01 전체를 3개의 구간으로 나누었다고 보았을 때, 두 번째 구간인 '00:00:03:00'과 '00:00:09:29' 사이 구간의 속도를 빠르게 조정하겠습니다. 속도(Speed) 선에 커서를 위치하고 클릭한 다음 위로 드래그하여 500% 수치까지 높입니다.

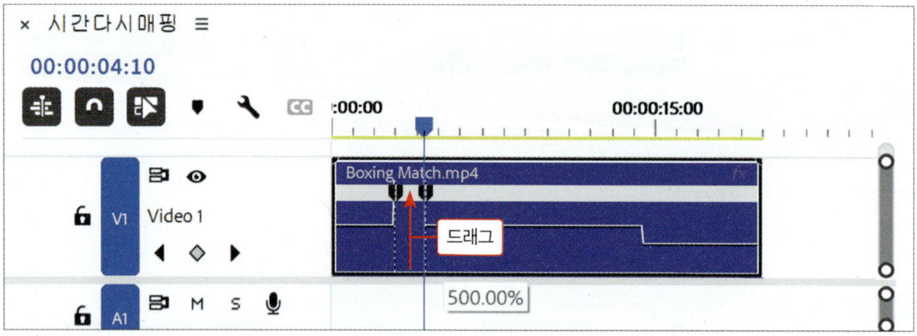

02 재생 헤드(Playhead)를 '00:00:10:00'과 '00:00:11:00'으로 각각 이동하고 '키프레임 추가/제거(Add Remove Keyframe)' 아이콘(◇)을 클릭하여 키프레임을 추가합니다.

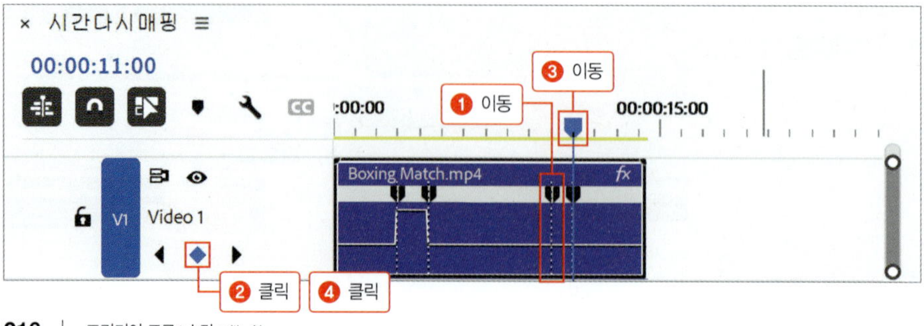

03 '00:00:10:00'과 '00:00:11:00' 사이 구간의 속도를 느리게 조정하겠습니다. 속도(Speed) 선에 커서를 위치하고 클릭한 다음 아래로 드래그하여 30% 수치까지 낮춥니다.

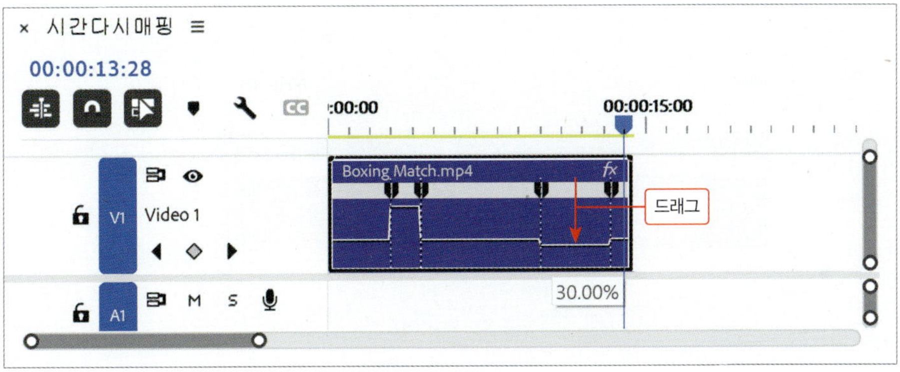

04 세 번째 구간을 속도(Speed) 선에 커서를 위치하고 클릭한 다음 드래그하여 300% 수치까지 높여 빠르게 조정합니다.

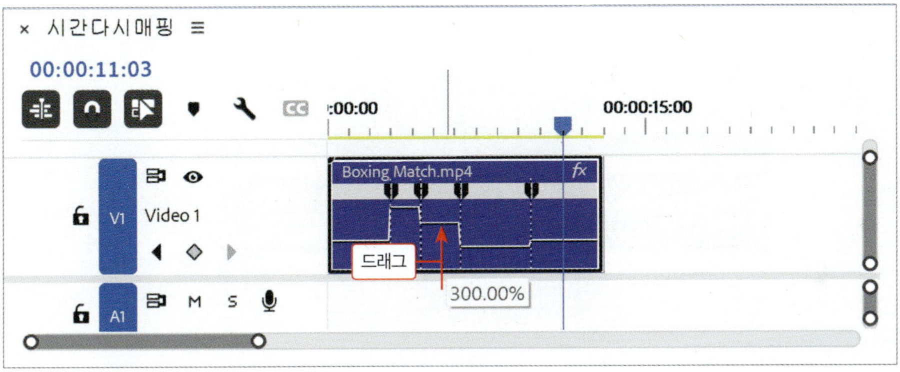

05 Spacebar를 누르면 빠르게 → 느리게 → 빠르게 재생되어 속도가 변하는 지점에서 급격하게 변합니다. 속도가 점차적으로 변하도록 만들기 위해서는 속도(Speed) 선을 완만하게 변경해야 합니다. 속도가 변경되는 프레임의 키프레임을 클릭하면 키프레임이 양쪽으로 쪼개져 있는 것을 확인할 수 있습니다.

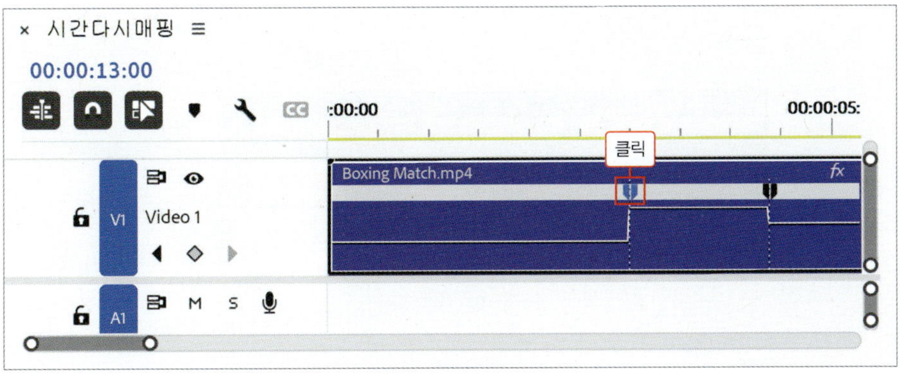

7 영상의 속도 변화와 리듬감 표현

06 왼쪽 키프레임을 선택하고 왼쪽으로 드래그합니다. 키프레임이 갈라지면서 직선의 변화가 완만해집니다.

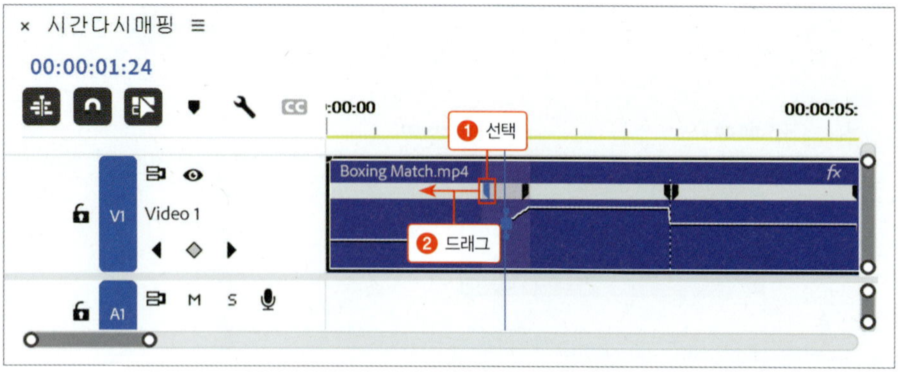

07 더 완만하게 만들기 위해 키프레임 중심으로 양쪽의 핸들을 클릭하고 드래그하여 그래프를 둥글게 조정합니다.

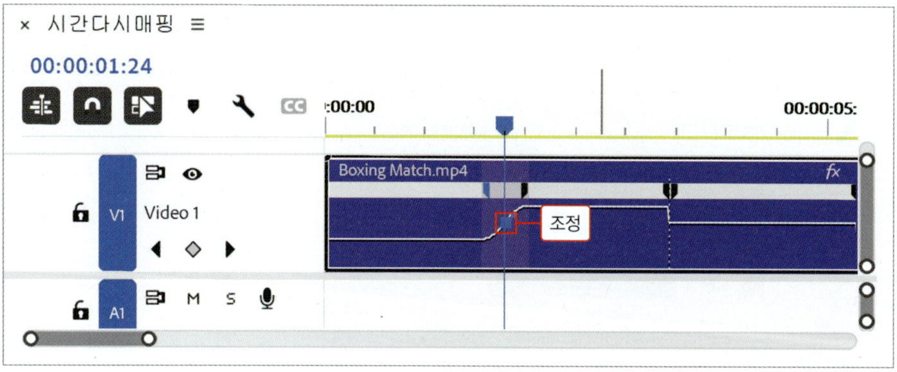

08 다른 키프레임도 같은 방법으로 조정합니다. Spacebar를 누르면 빠르게 → 느리게 → 빠르게 재생되는 영상을 확인할 수 있습니다.

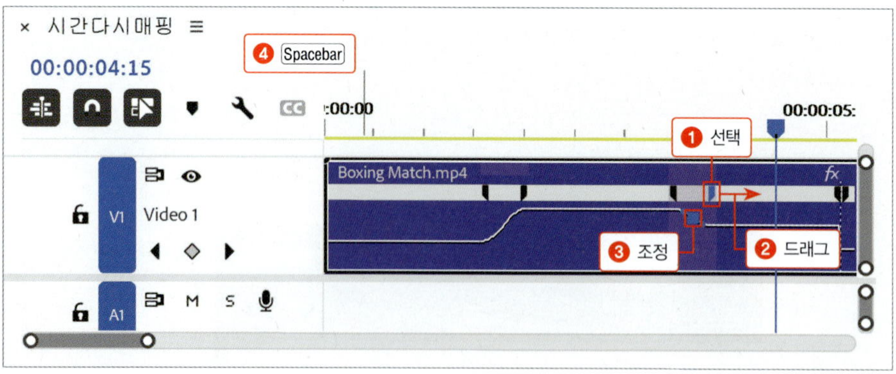

7.4 실습 예제 03 스텝 프린팅 효과 표현을 위한 프레임 블렌딩 적용하기

• **예제 파일** : 07\07_4\Serenity in Urban Chaos.mp4
• **완성 파일** : 07\07_4\Serenity in Urban Chaos_완성.mp4, Serenity in Urban Chaos_완성.prproj

스텝 프린팅 효과를 활용하면 움직임에 잔상을 남겨 독특한 시각적 효과를 연출할 수 있습니다. 프레임 블렌딩 기능을 적용하여 이 효과를 표현하는 방법을 알아보겠습니다.

01 프리미어 프로를 실행합니다. 새 프로젝트를 만들고 Project 패널에서 07 → 07_4 폴더의 'Serenity in Urban Chaos.mp4' 파일을 불러옵니다.

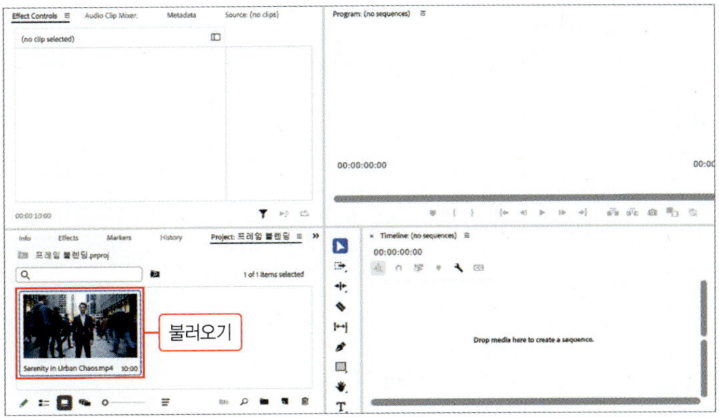

02 새로운 시퀀스(Sequence)를 만들기 위해 프로젝트(Project) 패널의 'Serenity in Urban Chaos.mp4' 파일에서 마우스 오른쪽 버튼을 클릭한 다음 '클립으로부터 새로운 시퀀스 만들기(New Sequence from Clip)'를 클릭합니다.

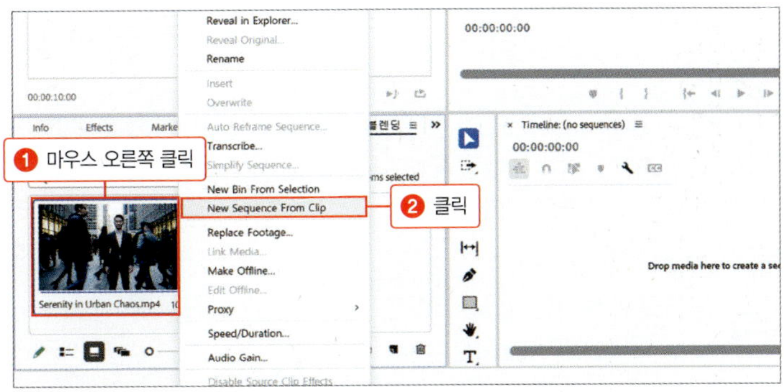

NOTE

이처럼 시퀀스(Sequence)를 생성하면 프레임 크기(Frame Size), 디스플레이 형식(Display Format) 등 선택한 영상의 속성과 같은 시퀀스가 생성됩니다.

03 프레임 블렌딩(스텝 프린팅) 효과를 연출하기 위해 프레임 레이트를 임의로 줄이는 방법 중 하나인 시퀀스 세팅(Sequence Setting)에서 프레임 레이트를 줄이겠습니다. 프로젝트(Project) 패널의 새로 생성된 시퀀스에서 마우스 오른쪽 버튼을 클릭한 다음 '시퀀스 세팅(Sequence Setting...)'을 클릭합니다.

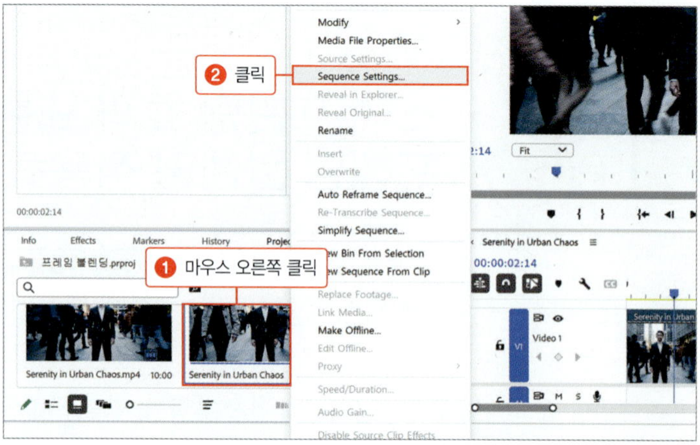

04 시퀀스 설정(Sequence Settings) 대화상자가 표시되면 시간 기준(Timebase)을 현재 설정되어 있는 '30.00 frames/second'보다 더 작게 설정해야 합니다. 드롭다운 메뉴를 클릭하고 '10.00 frames/second'로 지정한 다음 <확인(OK)> 버튼을 클릭합니다.

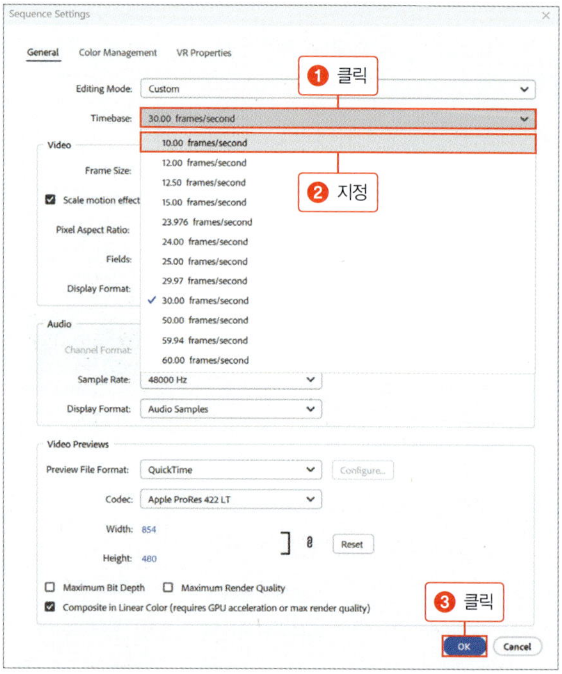

NOTE

프레임 레이트(Frame Rate) 조정을 통해 타임랩스(Timelaps)와 같은 효과도 연출할 수 있습니다.

05 영상을 재생하면 영상이 이전보다 부드럽지 않습니다. 영상의 속도를 변경하기 위해 타임라인(Timeline) 패널의 영상 클립에서 마우스 오른쪽 버튼을 클릭한 다음 '속도/지속 시간(Speed/Duration)'을 클릭합니다.

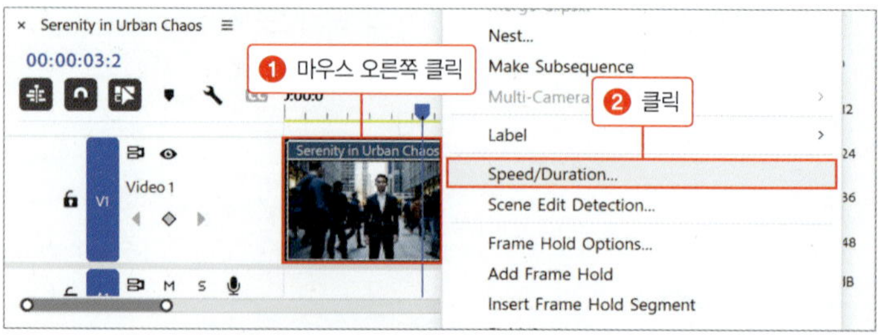

06 클립 속도/지속 시간(Clip speed/duration) 대화상자가 표시되면 속도(Speed)를 '500%'로 높게 설정하고 시간 보간(Time Interpolation)을 '프레임 혼합(Frame blending)'으로 지정한 다음 <확인(OK)> 버튼을 클릭합니다.

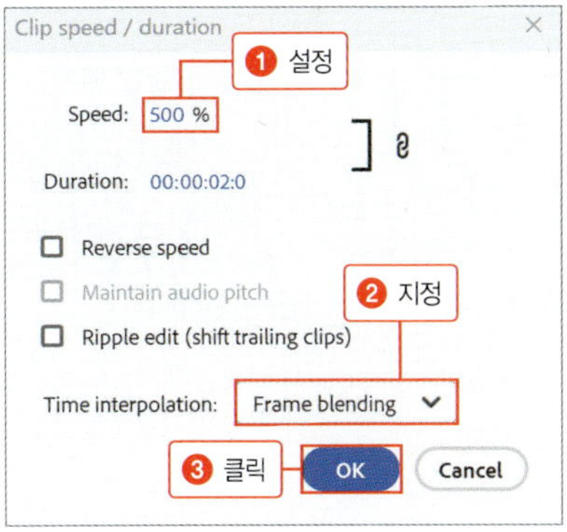

07 Spacebar를 눌러 영상을 재생합니다. 영상 속에서 움직이지 않는 피사체는 선명하게 보이고 움직이는 피사체는 블러(Blur) 처리되어 보이는 것을 확인할 수 있습니다.

TIP 빠르게 이동하는 피사체 연출하기

빠르게 이동하는 피사체를 표현할 때도 프레임 블렌딩과 같은 기법이 효과적일 수 있습니다.

7.5 실습 예제 04 AI로 스틸 이미지를 변형하여 영상 만들기

• **예제 파일** : 07\07_5\Chang Still Image.mp4
• **완성 파일** : 07\07_5\Chang Still Image_완성.mp4, Chang Still Image_완성.prproj

AI 기술을 활용하면 스틸 이미지를 자연스럽게 변형하여 영상으로 제작할 수 있습니다. 포토샵에서 AI를 이용해 이미지를 생성하고 변형한 후 프리미어 프로에서 영상화 방법을 알아보겠습니다.

스틸 이미지 추출하기

01 프리미어 프로를 실행합니다. 새 프로젝트를 만들고 프로젝트(Project) 패널을 더블클릭합니다. 가져오기(Import) 대화상자가 표시되면 07 → 07_5 폴더의 'Chang Still Image.mp4' 파일을 불러옵니다.

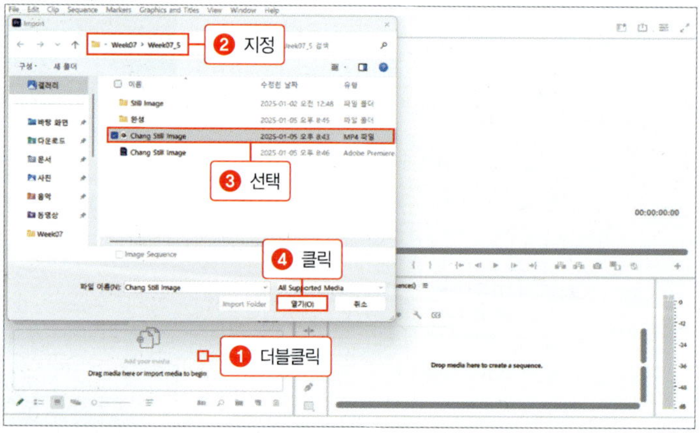

02 새로운 시퀀스(Sequence)를 만들기 위해 프로젝트(Project) 패널의 'Chang Still Image.mp4' 파일에서 마우스 오른쪽 버튼을 클릭한 다음 '클립으로부터 새로운 시퀀스 만들기(New Sequence from Clip)'를 클릭합니다.

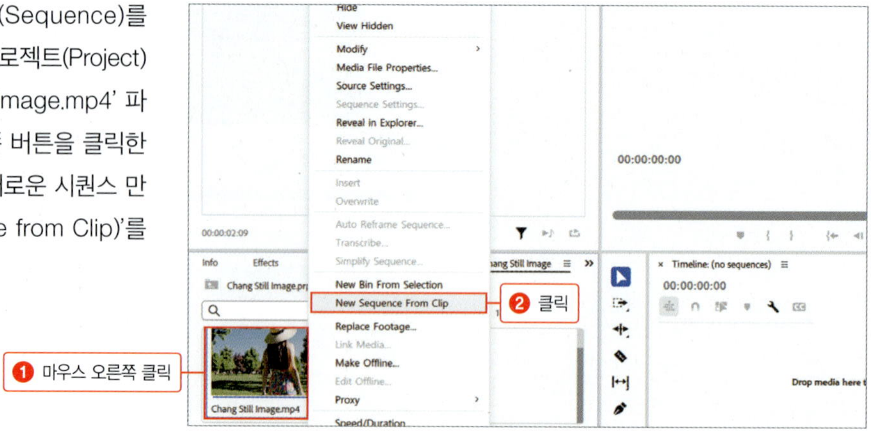

03 시퀀스가 생성되면 타임라인(Timeline) 패널에 'Chang Still Image.mp4' 영상 클립이 배치됩니다. 강조하고 싶은 장면의 영상을 몇 장의 스틸 이미지로 추출하겠습니다. 추출할 이미지를 표시하기 위해 마커를 활용합니다. 프로그램 모니터(Program Monitor) 패널의 재생 헤드(Playhead)를 '00:00:02:00'으로 이동한 다음 M을 눌러 마커를 설정합니다.

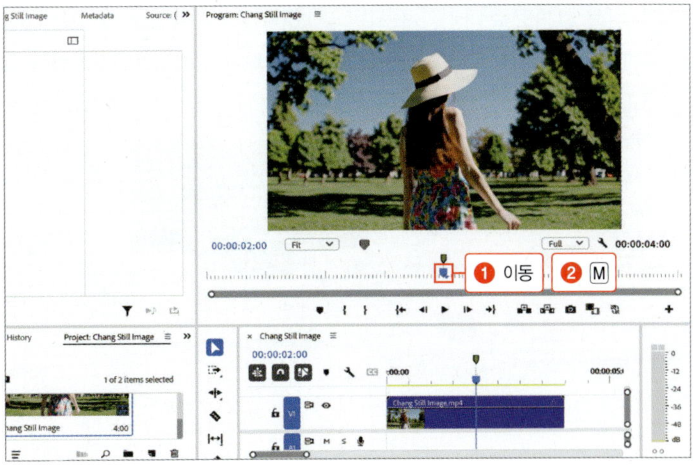

04 같은 방법으로 10프레임 간격으로 마커를 생성합니다. 예제에서는 '00:00:02:10', '00:00:02:20', '00:00:03:00', '00:00:03:10'에 마커를 생성하였습니다.

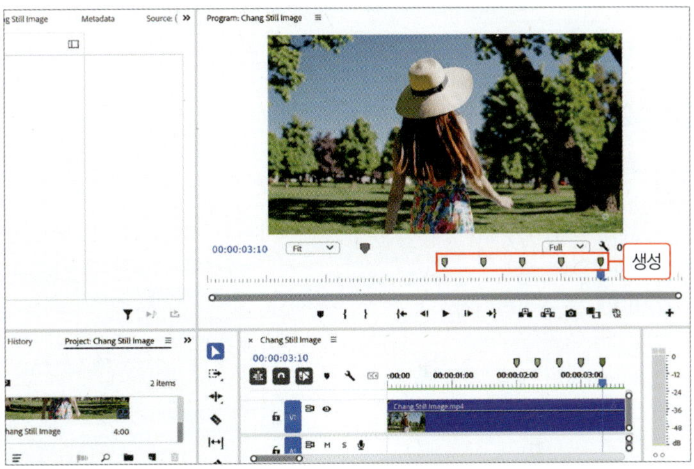

NOTE

→를 누르면 재생 헤드(Playhead)가 1 프레임씩 이동합니다.

05 표시해 둔 마커로 이동하여 정지 이미지를 추출하겠습니다. 재생 헤드(Playhead)를 '00:00:02:00'으로 이동하고 '프레임 내보내기(Export Frame)' 아이콘(📷)을 클릭합니다. 프레임 내보내기(Export Frame) 대화상자가 표시되면 경로(Path)를 원하는 폴더로 지정하고 <확인(OK)> 버튼을 클릭해 저장합니다.

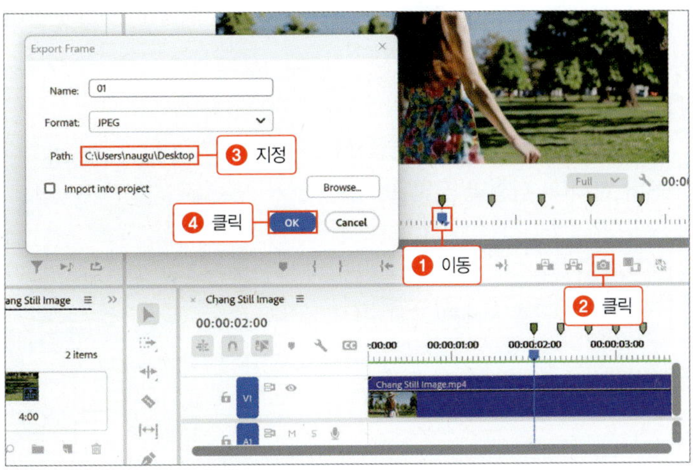

06 같은 방법으로 마커가 표시된 '00:00:02:10', '00:00:02:20', '00:00:03:00', '00:00:03:10'으로 재생 헤드(Playhead)를 각각 이동하고 '프레임 내보내기(Export Frame)' 아이콘(📷)을 클릭하여 스틸 이미지를 저장합니다.

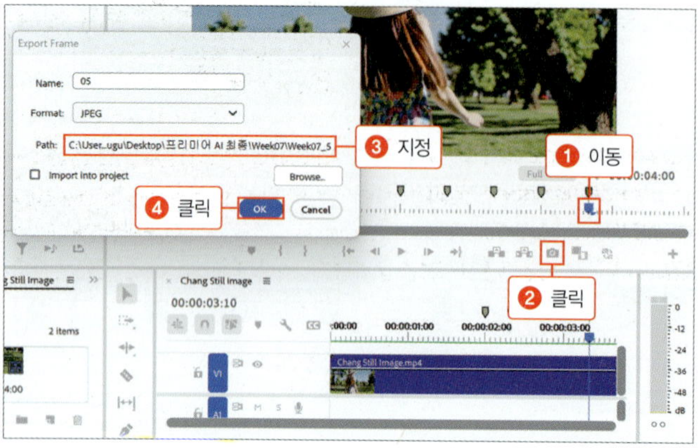

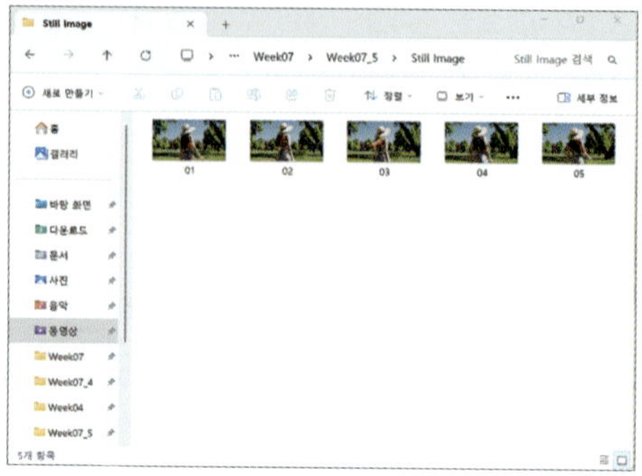

포토샵 AI 기능으로 의상 변경하기

01 추출한 스틸 이미지를 포토샵의 AI 기능을 활용하여 변형하겠습니다. 포토샵을 실행하고 저장한 '01.jpg' 이미지를 불러옵니다.

02 포토샵의 AI 기능을 활용하려면 먼저 적용할 부분을 선택해야 합니다. 상황별 작업 표시줄(Contextual Task Bar)에서 <피사체 선택(Select subject)> 버튼을 클릭하여 변경할 피사체를 선택합니다.

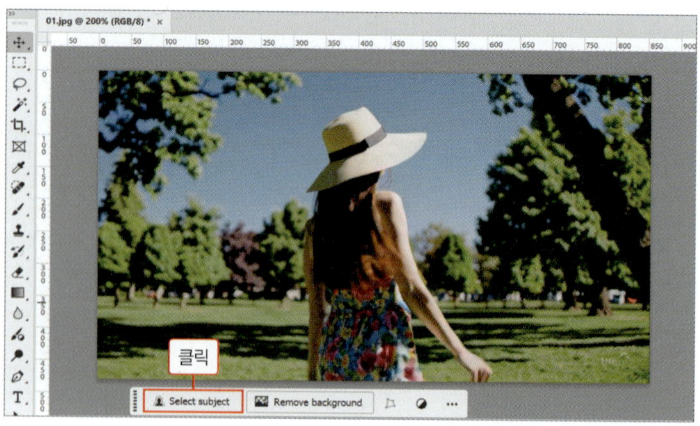

03 피사체가 선택 영역으로 지정되면 상황별 작업 표시줄(Contextual Task Bar)에서 <생성형 채우기(Generative Fill)> 버튼을 클릭합니다.

04 그림과 같이 상황별 작업 표시줄(Contextual Task Bar)에 입력창이 표시되면 '귀여운 캐주얼룩 여자의 뒷모습으로 변경해 주세요'를 입력하여 생성하고 싶은 이미지를 묘사하고 <생성(Generate)> 버튼을 클릭합니다.

05 생성(Generating) 창과 함께 진행률이 표시되면, 이미지가 생성될 때까지 기다립니다.

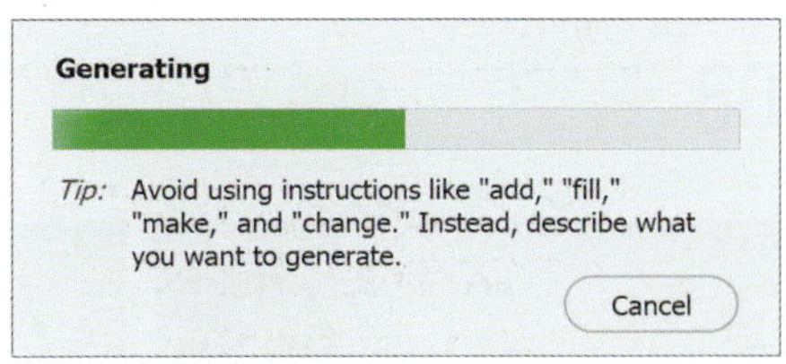

TIP 생성(Generating) 창의 팁

생성 창의 팁은 실행할 때마다 다른 문구로 나타납니다. 내용을 읽고 유용한 정보를 확인할 수 있어 작업에 도움이 됩니다.

- 100개 이상의 언어로 프롬프트를 작성할 수 있습니다.
- 더 정밀하게 제어하려면 생성하려는 모양에 그려서 선택하십시오.
- 변경할 항목만 선택하십시오. 생성 시 선택한 영역의 콘텐츠가 완전히 변경됩니다.

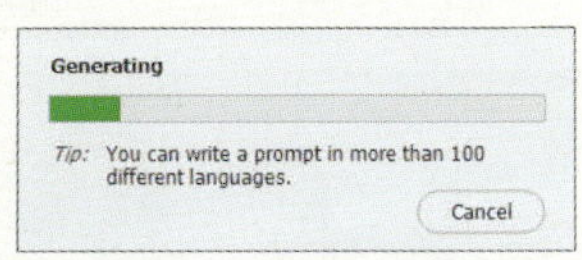

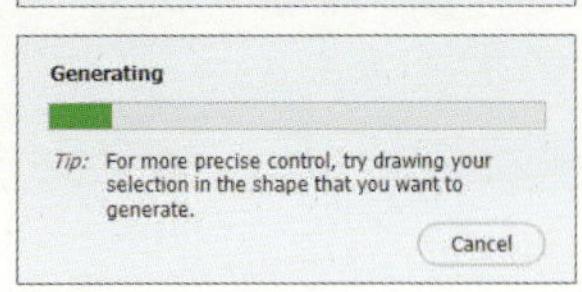

06 이미지가 생성되었습니다. 오른쪽의 속성(Properties) 패널을 보면 같은 프롬프트에서 베리에이션(Variation) 된 다른 이미지를 선택할 수도 있습니다. 살펴보고 원하는 이미지를 선택합니다.

07 메뉴에서 〔파일(File)〕 → '사본 저장(Save a Copy...)'을 클릭하여 생성한 이미지를 저장하고 싶은 위치에 '01_AI.jpg'라는 이름으로 파일을 저장합니다.

08 같은 방법으로 '02.jpg', '03.jpg', '04.jpg', '05.jpg' 파일도 AI로 작업합니다. 그림과 같이 다양한 옷 스타일로 스틸 이미지를 변경해 봅니다.

다양한 옷으로 변경되는 영상 편집하기

01 다시 프리미어 프로로 돌아와 프로젝트(Project) 패널에서 생성한 5장의 이미지를 불러오고 타임라인(Timeline) 패널에서 설정한 마커에 따라 5장의 이미지를 10프레임씩 배치합니다.

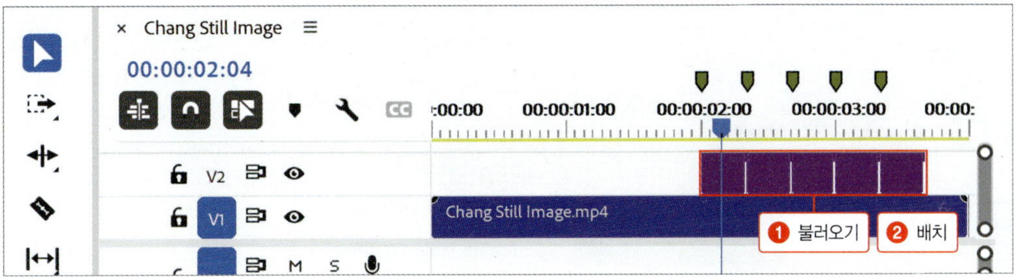

02 영상의 속도를 변경하기 위해 모든 영상을 하나로 합치겠습니다. Ctrl+A를 눌러 모든 영상을 선택하고 마우스 오른쪽 버튼을 클릭한 다음 '중첩(Nest)'을 클릭합니다.

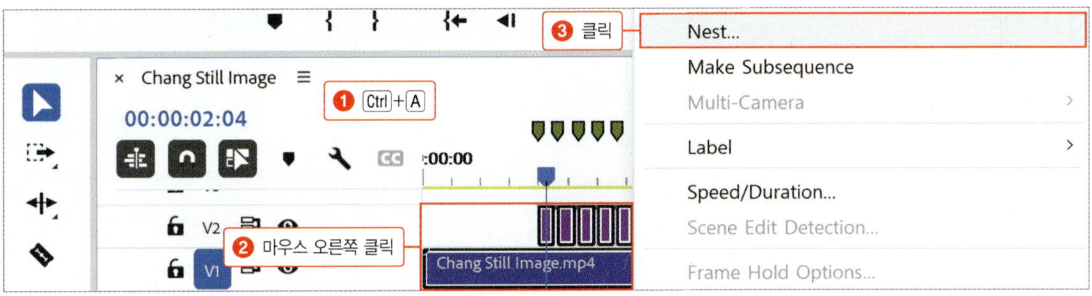

03 중첩된 시퀀스 이름(Nested Sequence Name) 대화상자가 표시되면 이름(Name)에 '속도조절'을 입력하고 <확인(OK)> 버튼을 클릭합니다.

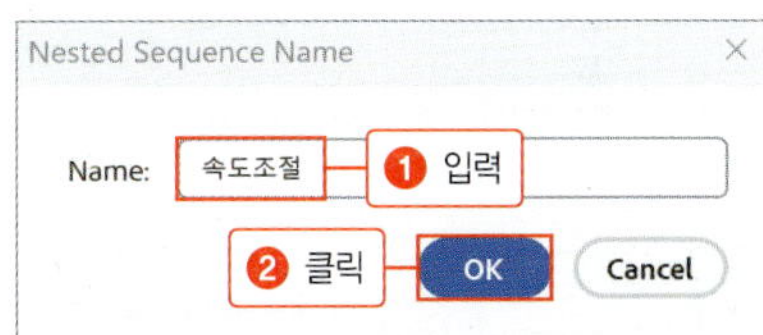

04 모든 영상 클립이 하나로 합쳐졌습니다. 속도를 변경할 구간의 클립을 자르기 위해 재생 헤드(Playhead)를 '00:00:02:00'으로 이동하여 Ctrl+K를 누르고, '00:00:03:19'로 이동하여 Ctrl+K를 눌러 클립을 자릅니다.

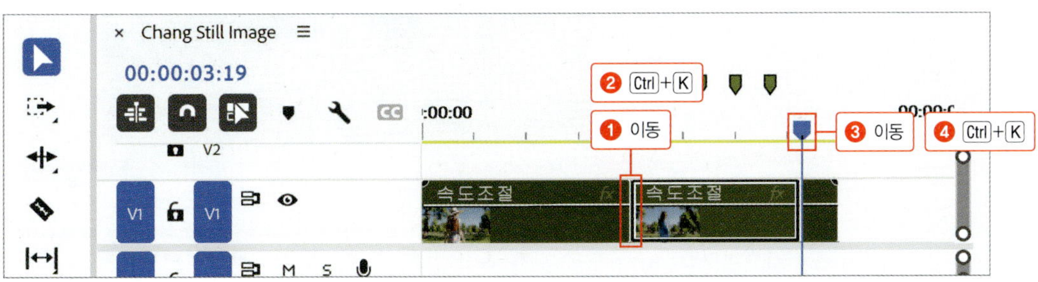

05 '00:00:02:00~00:00:03:19' 사이의 영상 클립의 속도를 변경하기 위해 두 번째 영상 클립에서 마우스 오른쪽 버튼을 클릭한 다음 '속도/지속 시간(Speed/Duration)'을 클릭합니다.

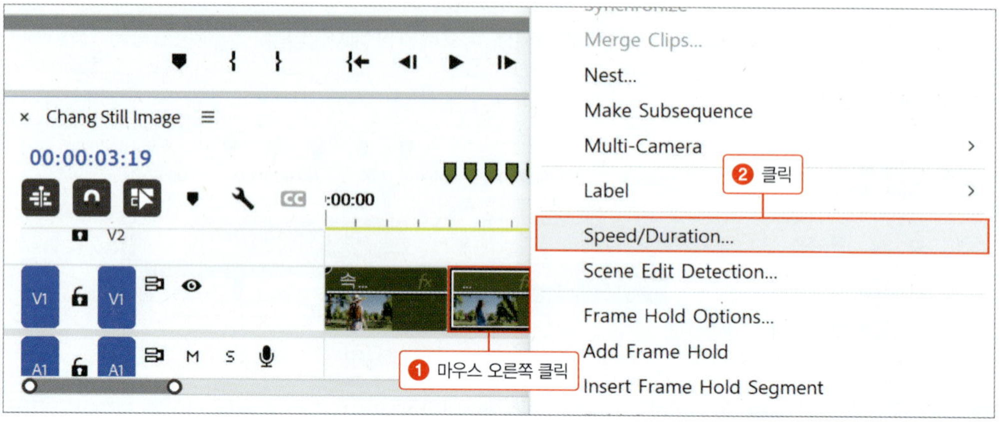

06 클립 속도/지속 시간(Clip speed/duration) 대화상자가 표시되면 속도(Speed)를 '300%'로 설정하고 '잔물결 편집(Ripple edit (shift tailing clips))'를 체크 표시하여 해당 구간을 3배 빠르게 조절합니다.

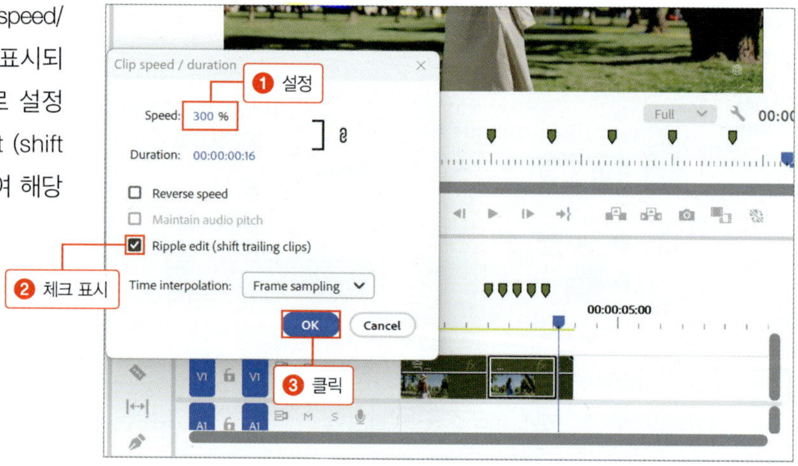

07 설정한 구간에서 다양한 옷으로 변경되는 영상이 완성되었습니다.

실습 예제 05

7.6 마커를 활용하여 음악에 맞추어 편집하기

• **예제 파일** : 07\07_6\마커활용.prproj • **완성 파일** : 07\07_6\마커활용_완성.mp4, 마커활용_완성.prproj

마커를 활용하면 음악의 리듬과 정확히 맞춰 영상을 편집할 수 있습니다. 마커를 사용하여 음악과 싱크를 맞추는 편집 방법을 알아보겠습니다.

7 영상의 속도 변화와 리듬감 표현

01 07 → 07_6 폴더에서 '마커활용.prproj' 파일을 더블클릭하여 실행합니다. 프로젝트(Project) 패널이나 타임라인(Timeline) 패널에서 '마커활용' 시퀀스를 선택합니다.

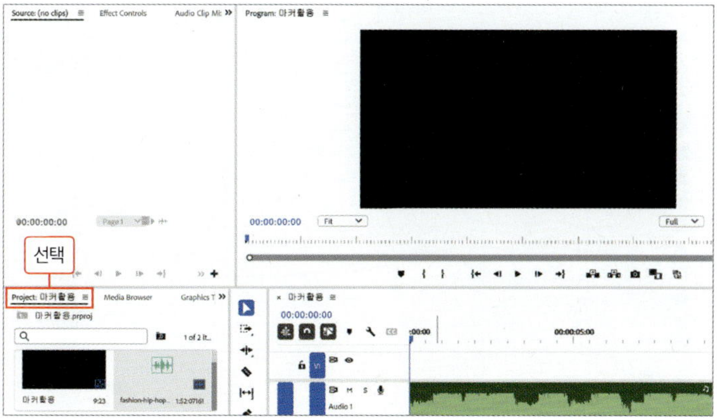

02 타임라인(Timeline) 패널에서 마커(Marker)를 추가하겠습니다. 오디오(Audio) 패널의 파형을 확인하면서 파형이 급격히 바뀌는 지점에서 '마커 추가(Add Marker)' 아이콘(▼)을 클릭하여 마커를 추가합니다.

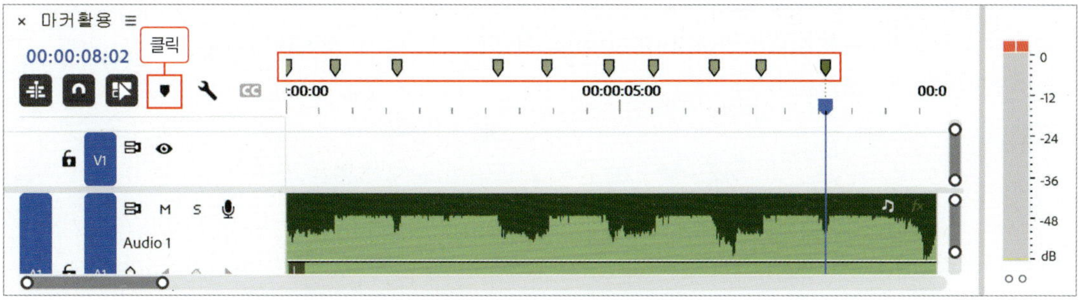

NOTE

M을 눌러도 동일하게 마커가 추가됩니다.

TIP 마커 추가(Add Marker)를 추가하기

'마커 추가(Add Marker)' 아이콘( )이 보이지 않을 경우에는 프로그램 모니터(Program Monitor) 패널에서 '단추 편집기(Button Editor)' 아이콘( )을 클릭하여 표시되는 팝업 메뉴에서 '마커 추가(Add Marker)' 아이콘( )을 타임라인(Timeline) 패널이나 프로그램 모니터(Program Monitor) 패널에 드래그하여 추가해 마커 기능을 손쉽게 접근할 수 있습니다.

03 재생 헤드(Playhead)를 '00:00:00:00'으로 이동합니다. 프로젝트(Project) 패널에서 '목록 보기(List View)' 아이콘( )을 클릭하여 보기 방식을 전환하고 '01.mp4~10.mp4' 파일을 번호 순서대로 선택한 다음 '시퀀스 자동화(Automate To Sepuence)' 아이콘( )을 클릭합니다.

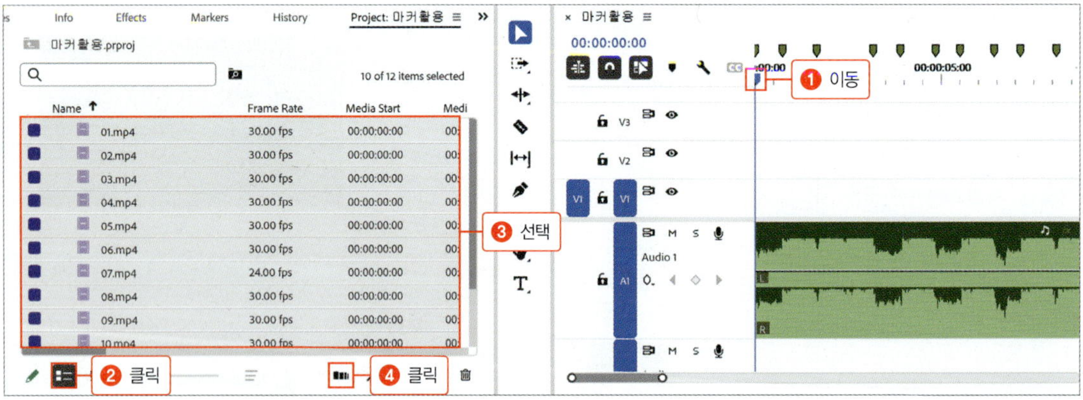

04 시퀀스 자동화(Automate to Sepuence) 대화상자가 표시되면 정렬(Ordering)을 '설정한 정렬(Selection Order)', 배치(Placement)를 '마커 있는대로 배치(At Unnumbered Markers)', 방법(Method)을 '덮어쓰기(Overwrite Edit)'로 지정한 다음 <확인(OK)> 버튼을 클릭합니다.

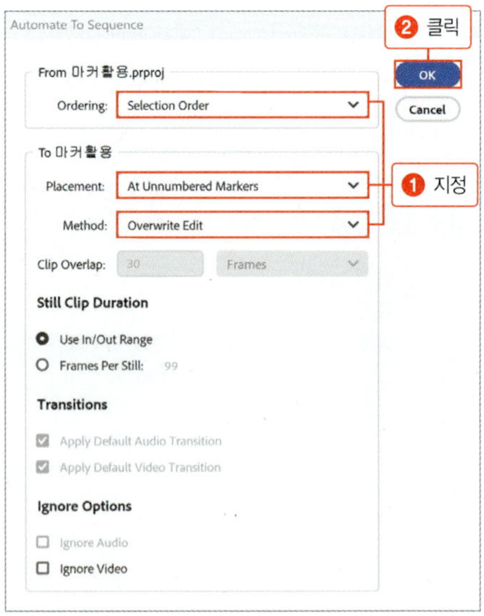

05 타임라인(Timeline) 패널에서 영상 클립이 선택한 순서대로 설정한 마커 위치에 배치된 것을 확인합니다. 스틸 이미지 길이 등 수정할 부분이 있다면 수정하여 완성합니다.

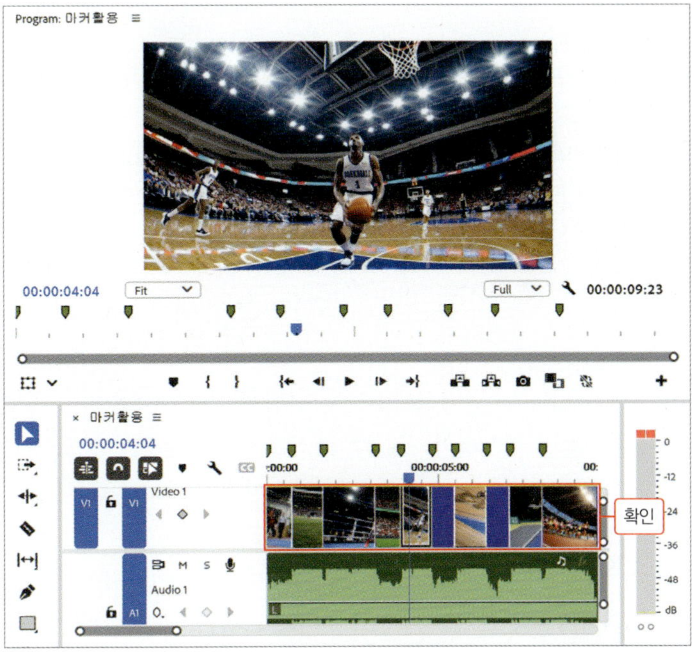

TIP 시퀀스 자동화 기능에서 영상 클립 활용하기

시퀀스 자동화(Automate to Sepuence) 기능에서 스틸 이미지가 아닌 영상 클립을 활용하는 경우, 배치된 각 영상이 첫 번째 프레임부터 재생됩니다. 원하는 부분부터 재생하려면 소스 모니터(Source Monitor) 패널에서 '시작 표시(Mark In)' 아이콘({)을 클릭하여 영상의 시작 부분을 설정합니다.

연습 문제 |

01 속도 변화 실습을 위한 효과적인 영상 소스를 구상하고, 소라에서 영상을 생성합니다. 생성한 영상을 프리미어 프로에 불러와서 타임라인(Timeline) 패널에 배치하고 영상을 빠르게, 느리게, 역재생 효과를 적용해 보세요.

02 효과적인 영상 소스를 구상하고, 소라에서 영상을 생성합니다. 생성한 영상을 프리미어 프로에 불러와서 타임라인(Timeline) 패널에 배치하고 '시간 다시 매핑(Time Remapping)' 효과를 적용해 보세요.

03 무료 음원 사이트에서 영상 편집에 사용할 2분 분량의 배경음악을 다운로드하고 음악의 분위기에 맞는 영상을 소라로 생성합니다. 해당 음악과 영상을 프리미어 프로에 불러와서 타임라인(Timeline) 패널에 배치하고 마커를 적용하여 음악에 맞춰 영상을 편집해 보세요.

WEEK 08

타이틀 디자인

학 습 목 표

타이틀은 시청자와의 소통을 강화하고, 중요한 메시지를 효과적으로 전달하는 데 필수적인 역할을 합니다. 텍스트를 통해 전달되는 정보는 시청자의 이해를 돕고, 영상의 분위기와 감정을 더욱 명확히 전달할 수 있습니다. 이를 위해, 영상 속 텍스트의 다양한 역할과 효과를 이해하고, 프리미어 프로에서 제공하는 여러 기능을 실습합니다. 메인 타이틀 디자인을 시작으로, 반응형 자막 바와 텍스트 애니메이션, 음성 인식 자막 기능 등을 활용하여 텍스트의 다양한 표현 방식을 실습하며, 영상에 적합한 텍스트 스타일과 효과를 적용하는 방법을 배웁니다.

8.1 영상과 텍스트

영상 속 텍스트의 역할

타이틀은 시청자와의 소통을 강화하고 메시지를 효과적으로 전달하기 위해 중요한 역할을 합니다. 영상 속 텍스트는 단순한 보조 요소가 아니라, 영상의 전달력을 극대화하고 시청 경험을 풍부하게 만드는 핵심 도구입니다. 이러한 텍스트는 다음과 같은 여러 기능을 수행합니다.

❶ **정보 전달:** 영상의 주요 내용을 요약하거나 보충 설명을 제공하여 시청자가 내용을 더 쉽게 이해할 수 있도록 돕습니다.

❷ **콘텐츠 강화:** 텍스트는 시각적 요소와 결합해 메시지를 더욱 강렬하게 전달할 수 있습니다. 효과적인 글꼴, 크기, 색상 조합은 영상의 분위기와 어울려 감정적 반응을 유도합니다.

❸ **접근성 개선:** 청각 장애가 있는 시청자나 소리를 들을 수 없는 환경에 있는 사람들을 위해 자막을 제공함으로써 더 많은 이들이 콘텐츠를 즐길 수 있게 합니다.

❹ **브랜딩 및 홍보:** 텍스트는 브랜드 로고, 슬로건 또는 웹사이트 정보를 포함해 기업이나 창작자의 정체성을 강화하는 데 사용됩니다.

❺ **참여 유도:** 영상 내 텍스트는 시청자에게 행동을 유도할 수 있는 '구독하기', '좋아요', '댓글 남기기'와 같은 콜 투 액션(Call to Action)을 포함하기도 합니다.

텍스트 디자인 시 고려 사항

영상 속 텍스트를 디자인할 때는 가독성과 심미성을 고려해 콘텐츠와 조화를 이루는 것이 중요합니다. 다음은 텍스트 디자인 시 고려해야 할 사항들입니다.

❶ 가독성 확보

- **글꼴 선택:** 가독성을 위한 글꼴은 꾸밈체 보다는 단순하고 명료한 글꼴을 사용합니다.
- **크기 조정:** 텍스트는 화면 크기에 맞게 적절히 키워야 하며, 너무 작으면 시청자가 읽기 어렵습니다.
- **색상 대비:** 배경과 텍스트 색상 간 명확한 대비를 유지해 눈에 잘 띄게 합니다.

❷ 텍스트 배치

- **중요 요소 피하기**: 인물의 얼굴이나 화면의 중요한 정보 위에 텍스트를 겹치지 않도록 배치합니다.
- **안전 구역**: 텍스트는 화면 중앙이나 안전 구역(Safe Zone) 내에 배치해 잘려 보이는 것을 방지합니다.

❸ 적절한 스타일링

- **일관성 유지**: 글꼴, 색상, 크기 등 스타일을 영상 전체에서 일관되게 유지합니다.
- **효과 과용 자제**: 그림자, 윤곽선, 애니메이션 등을 과도하게 사용하면 산만해 보일 수 있습니다.
- **배경 추가**: 읽기 어려운 배경 위에 텍스트를 넣을 때는 반투명 박스나 블러 효과로 텍스트를 돋보이게 적용합니다.

❹ 콘텐츠와의 조화

- **감정 전달**: 텍스트의 색상과 글꼴이 영상의 톤과 분위기에 맞아야 합니다.
- **지나친 텍스트 사용 자제**: 영상의 흐름을 방해하지 않도록 필요한 정보만 간결히 전달합니다.

❺ 시간과 애니메이션

- **노출 시간**: 텍스트가 화면에 표시되는 시간을 충분히 주어야 시청자가 읽을 수 있습니다. 일반적으로 2~3초 이상을 권장합니다.
- **애니메이션**: 텍스트 등장/퇴장의 애니메이션은 자연스럽게 설정하고, 지나치게 화려하거나 느린 애니메이션은 피합니다.

❻ 접근성 고려

- **자막 제공**: 텍스트를 음성과 일치시켜 청각 장애인이나 다국적 시청자를 배려합니다.
- **다국어 지원**: 영상의 시청 대상에 따라 텍스트를 여러 언어로 제공할 수도 있습니다.

프리미어 프로에서는 작업 영역(Workspaces)에서 캡션 및 그래픽(Cations and Graphics) 모드를 지원하여 자막과 그래픽을 작업을 진행하기 편리합니다. 또한, 텍스트(Text) 패널에서 음성을 자막으로 변환하고 해당 자막을 편집할 수 있는 기능도 제공합니다.

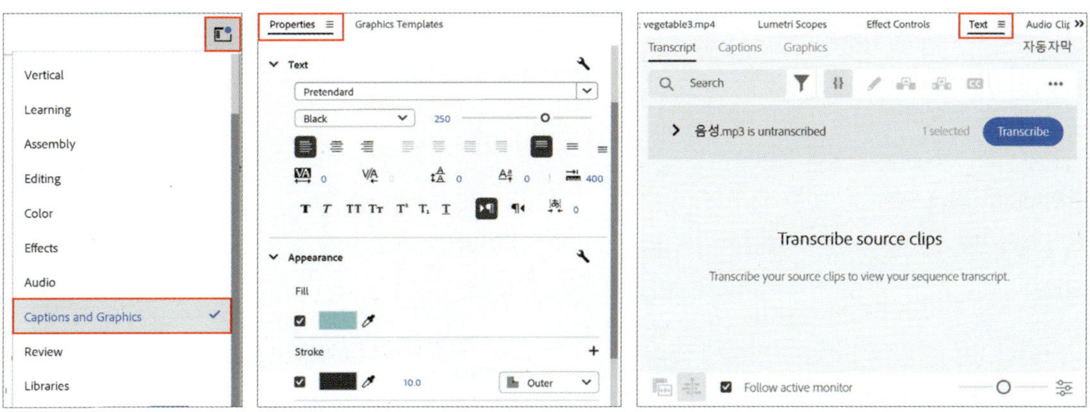

8.2

실습 예제 01

메인 타이틀 디자인하기

• **예제 파일** : 08\08_2\메인타이틀.prproj • **완성 파일** : 08\08_2\메인타이틀_완성.mp4, 메인타이틀_완성.prproj

메인 타이틀 디자인은 영상의 분위기를 결정하는 중요한 요소입니다. 텍스트를 설정하고 스타일을 적용하여 타이틀을 만드는 방법을 알아보겠습니다.

텍스트 추가하고 설정하기

01 08 → 08_2 폴더에서 '메인타이틀.prproj' 파일을 더블클릭하여 실행합니다. 프로젝트(Project) 패널이나 타임라인(Timeline) 패널에서 '메인타이틀' 시퀀스를 선택합니다. 오른쪽 상단의 '작업 영역(Workspaces)' 아이콘(◫)을 클릭하고 '캡션 및 그래픽(Cations and Graphics)'을 선택하여 타이틀을 디자인하기 좋은 레이아웃으로 설정합니다.

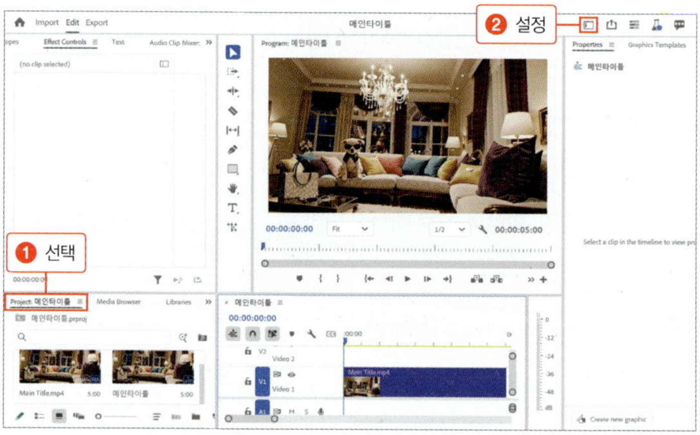

02 텍스트를 입력하겠습니다. 도구(Tools) 패널에서 문자(Type) 도구(T)를 선택하고 프로그램 모니터(Program Monitor) 패널의 화면을 클릭합니다. 빨간색 텍스트 상자가 나타나 텍스트를 입력할 수 있는 상태가 되었습니다.

03 텍스트("What's in my bag")를 입력하고 도구(Tools) 패널에서 선택(Selection) 도구(▶)를 선택하여 텍스트의 스타일을 변경할 준비를 합니다.

04 텍스트가 선택된 상태에서 속성(Properties) 패널의 텍스트(Text) 항목에서 글꼴(Font)과 글꼴 스타일(Font Style)을 'Pretendard', 'Black'으로 지정하고 글꼴 크기(Font Size)를 '70'으로 설정해 텍스트 스타일을 수정합니다.

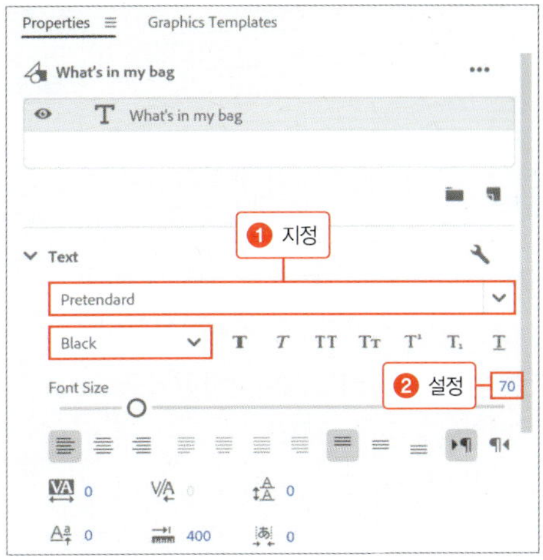

05 모양(Appearence) 항목에서 칠(Fill)을 '민트색(#81D8D0)', 선(Stroke)을 '고동색(#4B1C10)'으로 지정하고, 폭(Stroke Width)을 '5', '외부(Outer)'로 설정하여 텍스트 주변으로 선을 생성합니다.

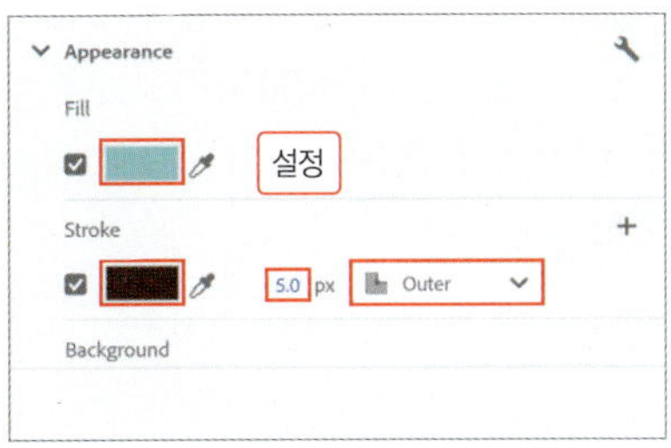

06 '어두운 영역(Shadow)'를 체크 표시하고 색상을 '검은색(#240E10)'으로 지정한 다음 불투명도(Opacity)를 '100%', 각도(Angle)를 '135', 거리(Distance)를 '10', 크기(Size)를 '10', 흐림 효과(Blur)를 '0'으로 설정합니다.

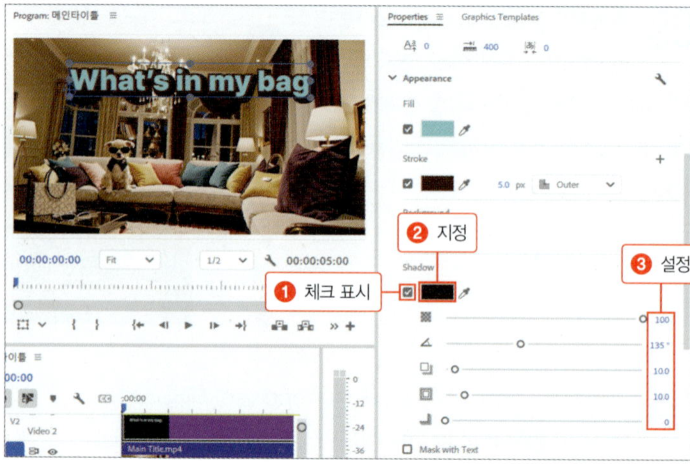

07 텍스트 중 일부만 색상과 크기를 변경하겠습니다. 프로그램 모니터(Program Monitor) 패널에서 텍스트를 더블클릭하고 변경하고 싶은 영역만큼 드래그하여 그림과 같이 선택합니다.

08 속성(Properties) 패널에서 텍스트의 글꼴 크기(Font Size)를 '85', 칠(Fill)을 '흰색(#FFFFFF)'으로 지정합니다.

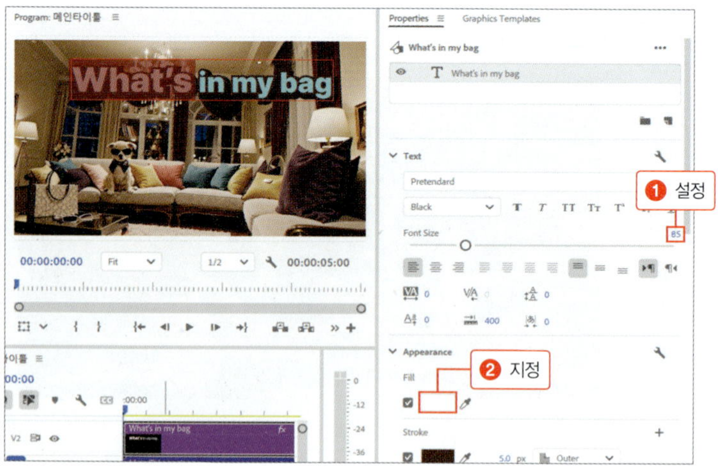

09 정렬 및 변형(Align and Transform) 항목의 정렬(Align)에서 '가로 가운데 맞춤(Align Center Horizontally)' 아이콘( )과 '세로 가운데 맞춤(Align Center Vertically)' 아이콘( )을 클릭하여 화면의 정중앙에 텍스트가 위치하도록 합니다.

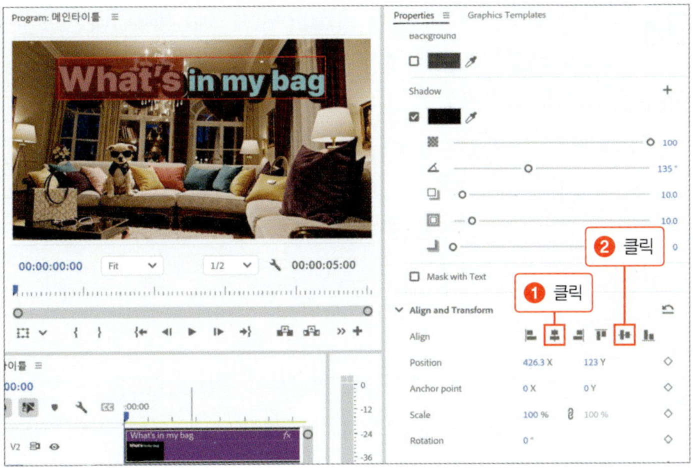

텍스트 추가하고 스타일 설정하기

01 텍스트를 추가하겠습니다. 속성(Properties) 패널에서 '새 레이어(New Layer)' 아이콘( )을 클릭하고 '텍스트(Text)'를 선택합니다.

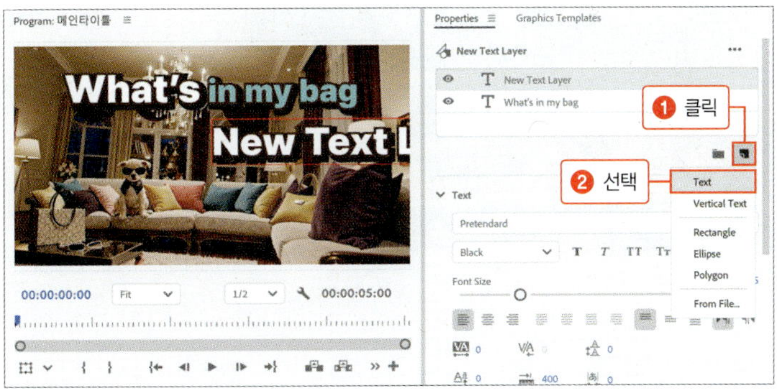

02 새로 생성된 텍스트를 더블클릭하고 '#나의 데일리 아이템'을 입력하여 텍스트 문구를 변경합니다.

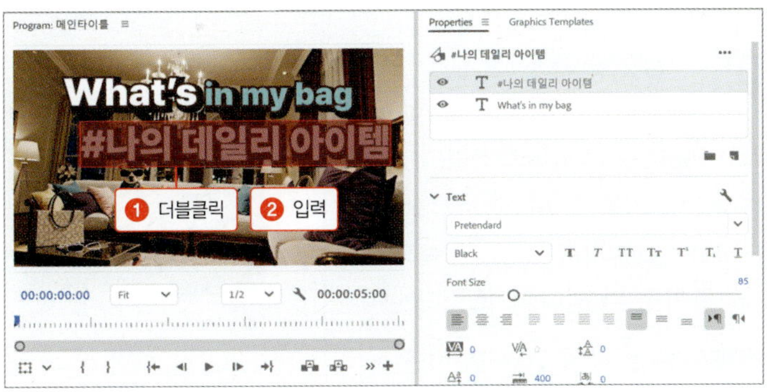

03 속성(Properties) 패널에서 글꼴(Font)을 'pln 세레니티OTF'로 지정하고 글꼴 크기(Font Size)를 '40'으로 설정합니다.

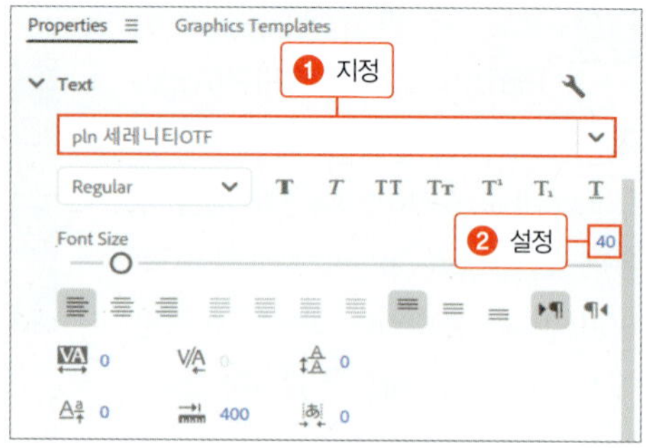

04 칠(Fill)을 '흰색(#FFFFFF)'으로 지정하고 '선(Stroke)'을 체크 표시 해제, '배경(Background)'을 체크 표시합니다. 배경(Background) 색상을 '남색(20377B)'으로 지정하고 불투명도(Opacity)를 '100%', 크기(Size)를 '0.5'로 설정합니다.

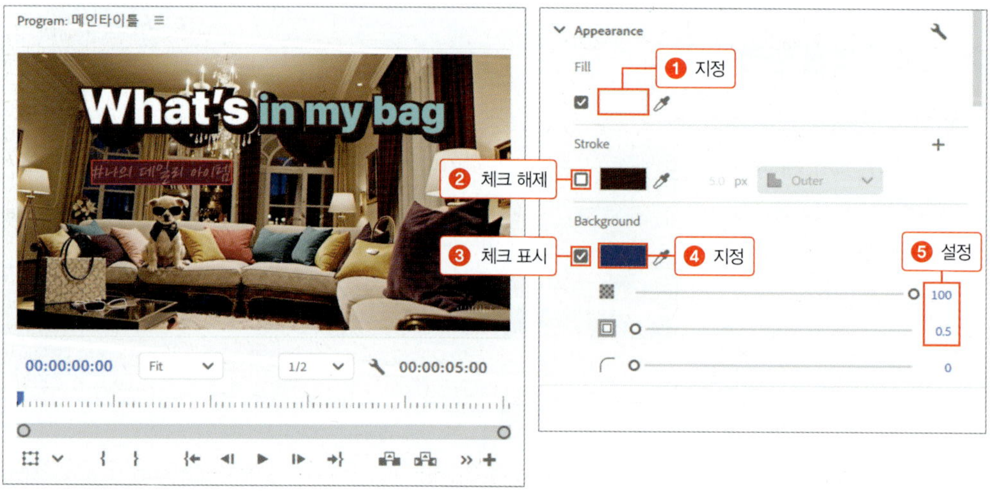

05 '그림자(Shadow)'를 체크 표시 해제하고 정렬 및 변형(Align and Transform) 항목의 정렬(Align)에서 '가로 가운데 맞춤(Align Center Horizontally)' 아이콘()을 클릭하여 글자를 가로로 중앙에 위치합니다.

선택(Selection) 도구()를 이용해 세로의 위치를 잘 조정하여 마무리합니다.

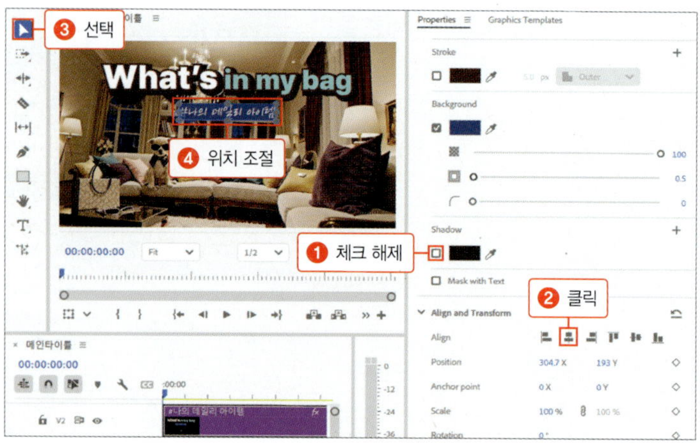

8.3

실습 예제 02

텍스트 길이에 따라 늘어나는 반응형 자막 바 만들기

• **예제 파일** : 08\08_3\반응형자막바.prproj • **완성 파일** : 08\08_3\반응형자막바_완성.mp4, 반응형자막바_완성.prproj

반응형 자막 바를 활용하면 텍스트 길이에 맞춰 자동으로 조정되는 자막을 제작할 수 있습니다. 어도비 파이어플라이(Adobe Firefly)를 이용하여 AI 그래픽을 생성하고 자막 바 디자인까지 단계별로 만들어 보겠습니다.

파이어플라이로 AI 그래픽 생성하기

01 파이어플라이를 이용하여 자막 바에 활용할 그래픽을 생성하겠습니다. 파이어플라이(Firefly) 사이트(firefly.adobe.com/)에 접속하고 로그인합니다.

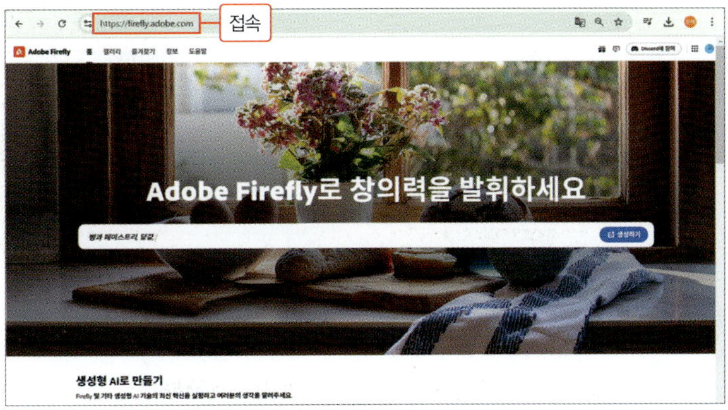

02 귀여운 강아지 일러스트 이미지를 생성하기 위해 프롬프트 입력창에 '강아지 일러스트 이미지, 귀여운 모습의 캐릭터, 플랫 디자인, 꾸밈 요소 추가, 원형 배경, 원형 테두리'를 입력하고 <생성하기> 버튼을 클릭합니다. 결과물과 표현 특성 등을 자세하게 입력하면 좋습니다.

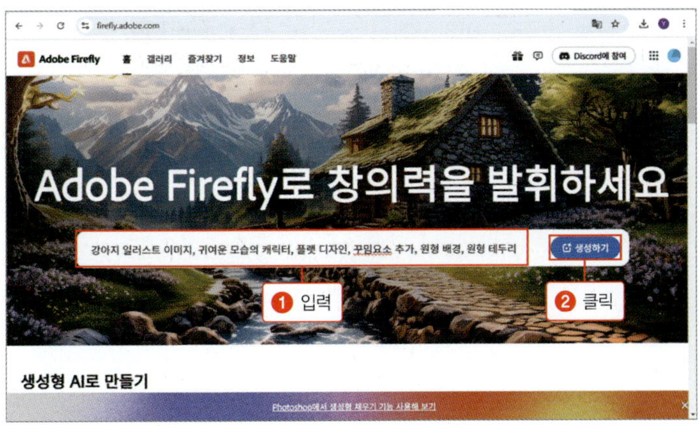

03 그림과 같이 이미지가 생성되면서 작업 환경이 변경된 것을 확인할 수 있습니다. 생성된 이미지 중에서 편집을 원하는 이미지를 선택합니다.

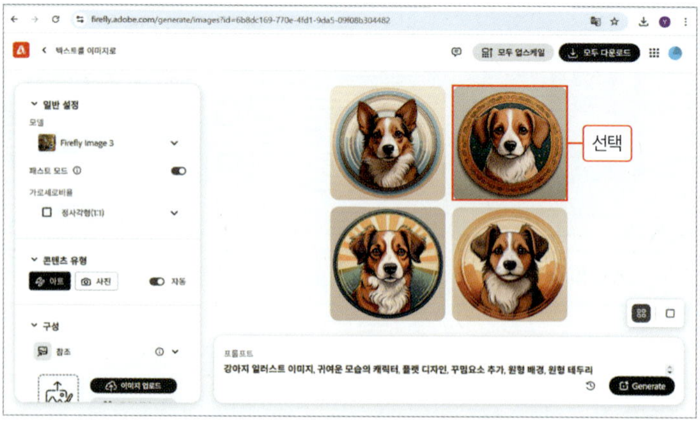

NOTE

마음에 드는 이미지가 없다면 다시 한 번 <생성하기(Generate)> 버튼을 클릭하면 됩니다.

04 다음과 같이 선택한 이미지가 표시되면 <편집> 버튼을 클릭하고 '구성 참조로 사용'을 선택한 다음 오른쪽 상단의 <닫기> 버튼을 클릭하여 이미지를 종료합니다.

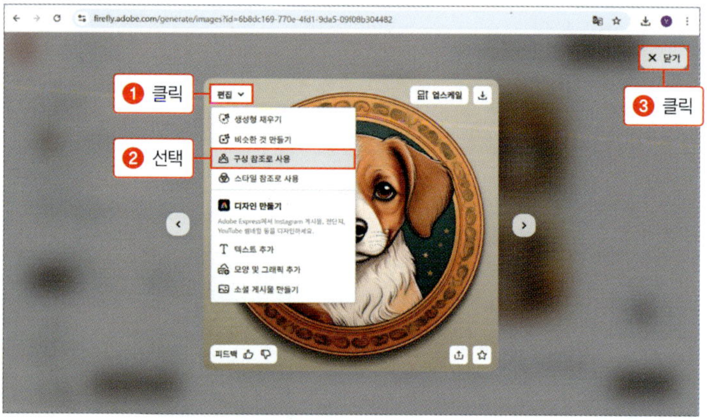

NOTE

'구성 참조로 사용' 기능은 참조 이미지의 구성과 일치하는 이미지를 생성할 수 있습니다.

05 왼쪽 메뉴의 구성 항목에 선택한 이미지가 참조 이미지로 삽입된 것을 확인할 수 있습니다. 스타일 항목에서 원하는 스타일의 이미지를 업로드하거나 아래의 이미지에서 선택한 다음 비주얼 강화, 강도의 슬라이더를 높게 조절하여 설정합니다.

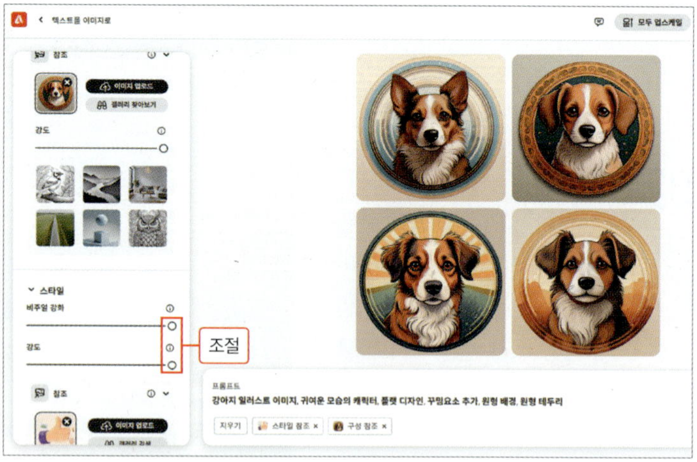

06 왼쪽 메뉴의 아래로 내려가서 효과 항목의 <전체> 버튼을 클릭하여 전체 스타일을 확인하고 원하는 스타일을 선택한 다음 <생성하기(Generate)> 버튼을 클릭합니다. 예제에서는 '미니멀리즘', '벡터모양', '카툰'을 선택하였습니다.

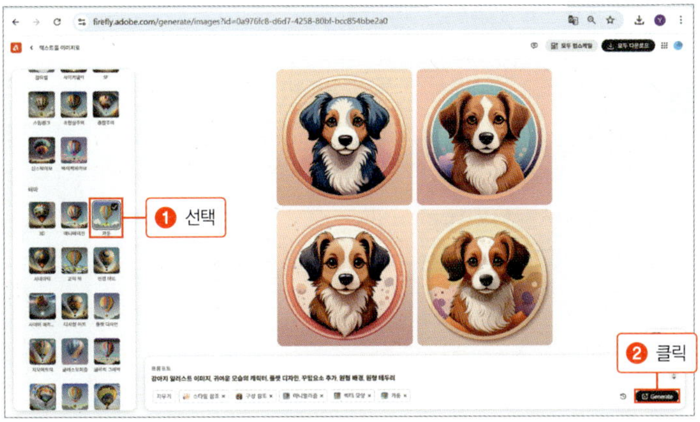

NOTE

프롬프트에서도 선택한 효과가 추가되는 것을 확인할 수 있습니다.

07 생성된 이미지 중 마음에 드는 이미지를 선택하고 오른쪽 상단의 '다운로드' 아이콘(⤓)을 클릭합니다.

08 다운로드 경로로 이미지가 자동 저장됩니다. 이와 같이 생성된 그래픽을 포토샵 등의 프로그램에서 보완하고 수정하면 됩니다.

도형을 활용한 자막 바 생성하기

01 08 → 08_3 폴더에서 '반응형자막 바.prproj' 파일을 더블클릭하여 실행합니다. '반응형자막바' 시퀀스 화면에 텍스트를 입력하기 위해 도구(Tools) 패널에서 문자(Type) 도구(T)를 선택하고 프로그램 모니터(Program Monitor) 패널의 화면을 클릭합니다.

02 빨간색 텍스트 상자가 나타나면 원하는 텍스트("오늘은 즐거운 하루에요.")를 입력하고 도구(Tools) 패널에서 선택(Selection) 도구(▶)를 선택하여 텍스트의 스타일을 변경할 준비를 합니다.

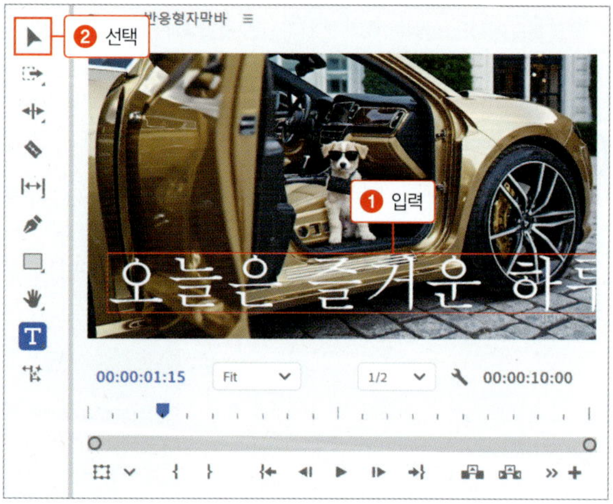

03 텍스트 스타일을 수정하기 위해 텍스트가 선택된 상태에서 속성(Properties) 패널에서 텍스트(Text) 항목에서 글꼴(Font)을 'Pretendard', 글꼴 스타일(Font Style)을 'Regular'로 지정하고 크기(Font Size)를 '30'으로 설정한 다음 모양(Appearance) 항목의 칠(Fill)을 '흰색(#FFFFFF)'으로 지정합니다.

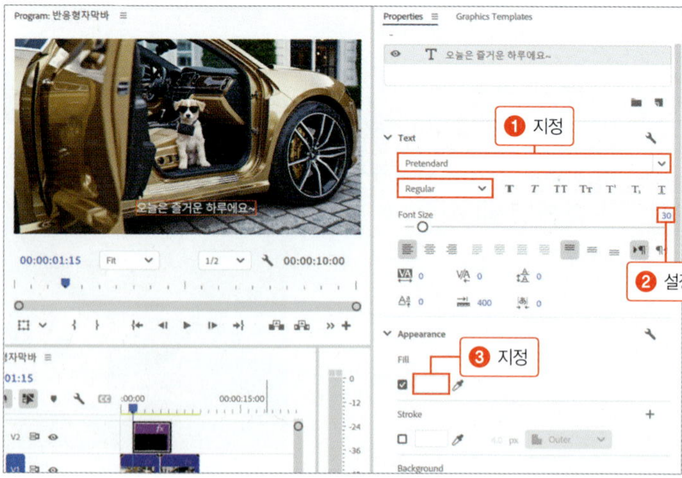

04 자막 바를 만들기 위해 사각형(Rectangle) 도구(□)를 선택하고 텍스트의 크기를 고려하여 텍스트보다 조금 크게 사각형을 그립니다. 텍스트가 잘 보이도록 속성(Properties) 패널의 모양(Appearance) 항목의 칠(Fill)을 '검은색(#000000)'으로 지정합니다.

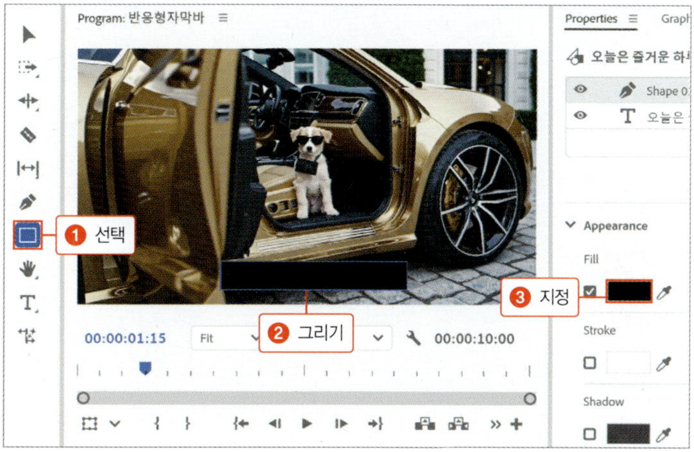

05 사각형이 텍스트 아래에 위치하도록 속성(Properties) 패널에서 'Shape 01' 도형 레이어를 아래로 드래그하여 레이어 순서를 변경합니다.

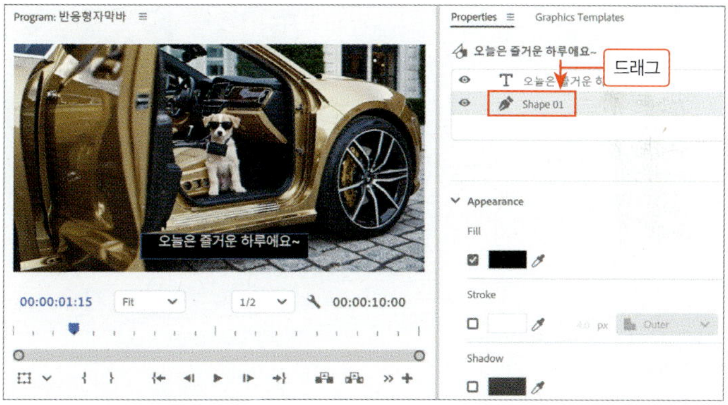

06 자막 바의 선(Stroke)을 '분홍색(#F9D2C1)'으로 지정하고 폭(Stroke Width)을 '3', '외부(Outer)'로 설정하여 텍스트 주변으로 선을 생성합니다. 모서리 반경(Corner Radius)을 '40'으로 설정해 사각형 가장자리의 모서리를 둥글게 만듭니다.

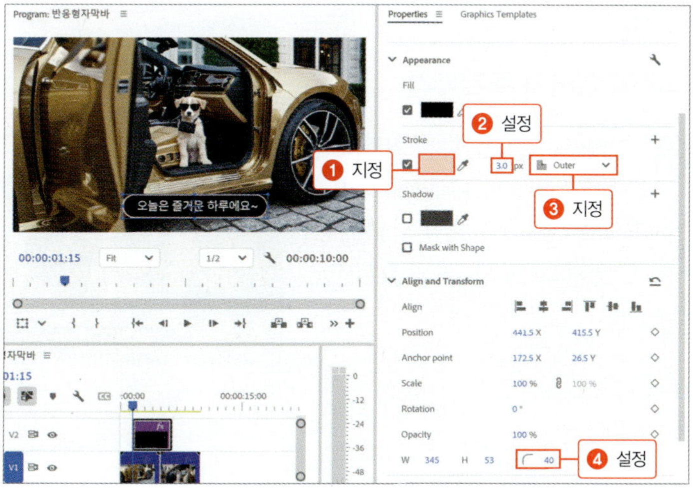

07 텍스트를 하나 더 추가하기 위해 속성(Properties) 패널에서 '새 레이어(New Layer)' 아이콘( )을 클릭하고 '텍스트(Text)'를 선택합니다.

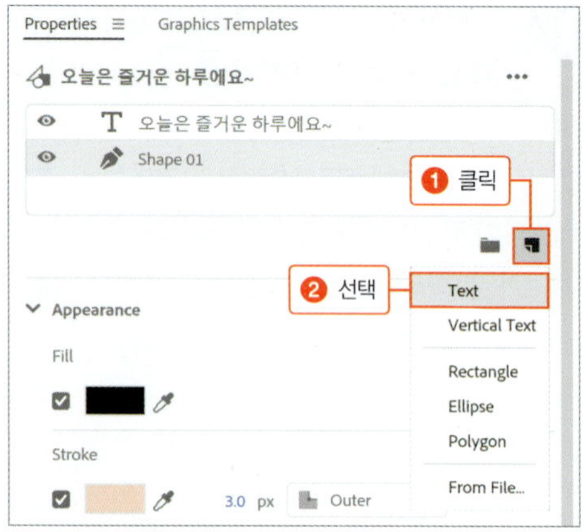

08 추가된 텍스트를 "댕댕이"로 변경하고 칠(Fill)을 '검은색(#000000)', 배경(Background)을 '분홍색(#F9D2C1)'으로 지정합니다. 글자 안에서 Spacebar를 눌러 띄어쓰기를 추가해 배경 크기를 조절합니다.

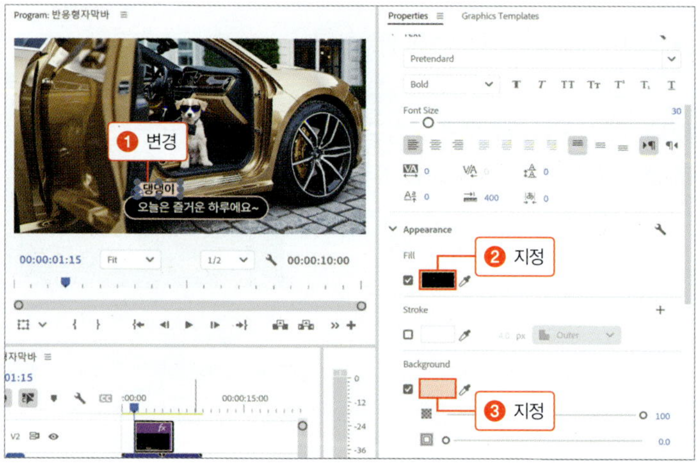

그래픽 이미지 추가하기

01 그래픽 이미지를 추가하기 위해 속성(Properties) 패널에서 '새 레이어(New Layer)' 아이콘( )을 클릭하고 '파일에서...(From File...)'를 선택합니다.

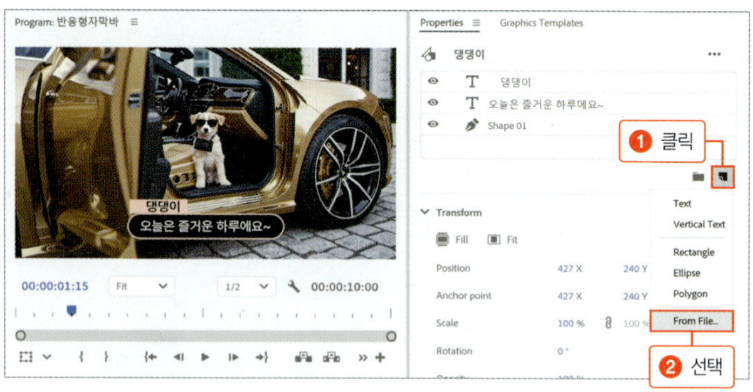

02 가져오기(Import) 대화상자가 표시되면 추가할 이미지를 선택하고 <열기(O)> 버튼을 클릭하여 불러옵니다.

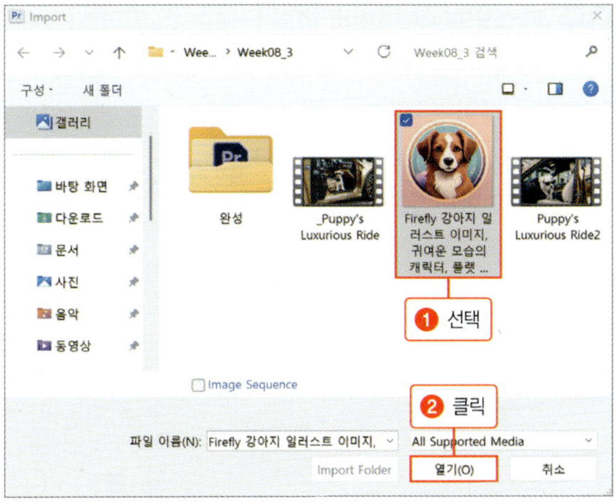

03 불러온 그래픽 이미지가 프로그램 모니터(Program Monitor) 패널 화면에 들어 온 것을 확인할 수 있습니다. 이미지의 배경을 없애기 위해 마스크를 활용하겠습니다.

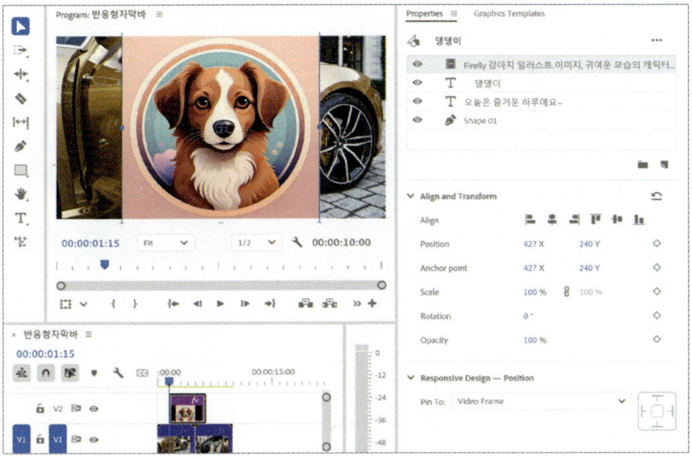

04 도구(Tools) 패널에서 타원(Ellipse) 도구(◯)를 선택하고 이미지를 배경과 분리하고 싶은 영역만큼 원을 그려줍니다.

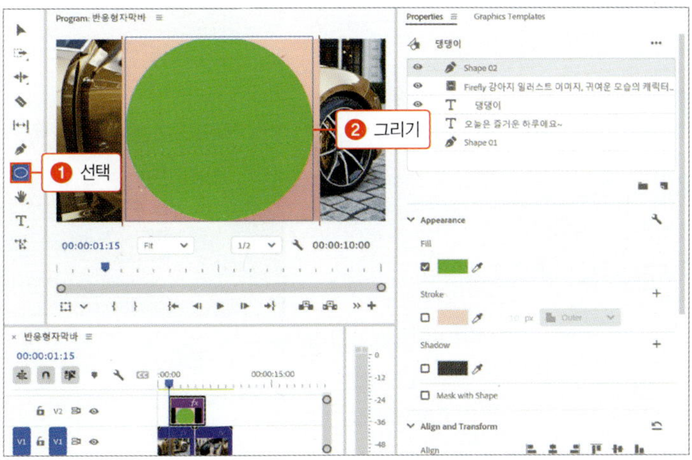

05 속성(Properties) 패널에서 'Shape 02'와 'Firefly 강아지 일러스트' 레이어 2개를 선택한 다음 '그룹 만들기(Create Group)' 아이콘(■)을 클릭하여 그룹으로 만듭니다.

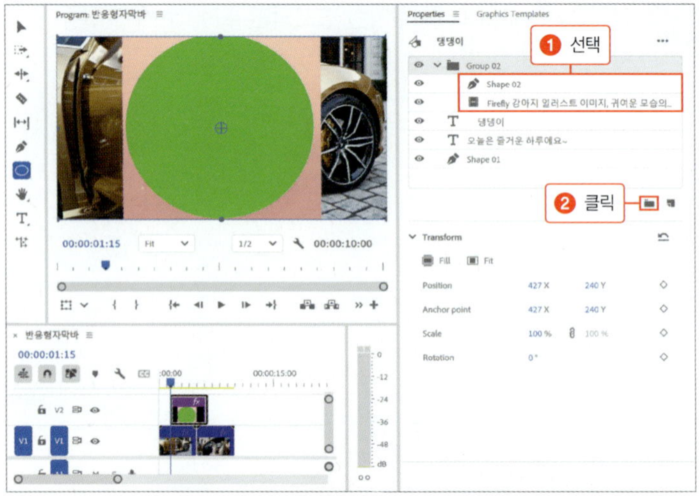

06 'Shape 02' 레이어를 선택하고 모양(Appearance) 항목의 '모양 마스크(Mask with Shape)'를 체크 표시합니다. 그림과 같이 동그라미 모양으로 이미지의 배경이 제거되는 것을 확인할 수 있습니다.

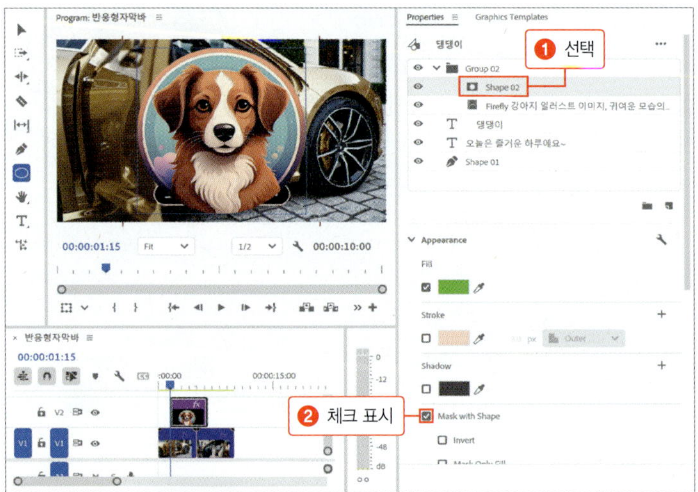

07 'Group 02' 그룹을 선택하고 배경이 제거된 그래픽 이미지 크기를 조정한 다음 자막 바 앞쪽으로 배치합니다. 생성한 글자의 위치 등을 조정하여 자막 바를 완성합니다.

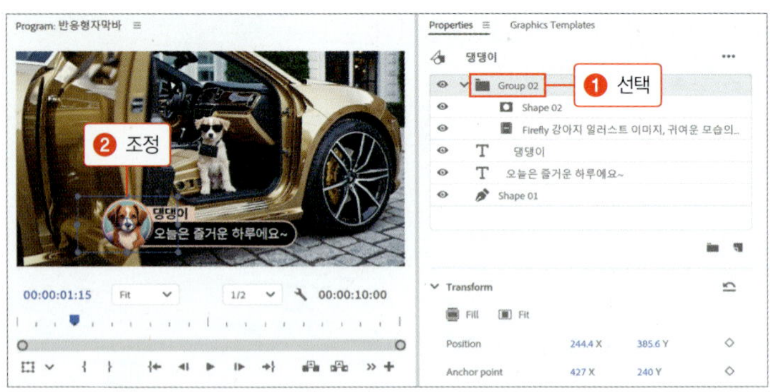

반응형 자막 바 만들기

01 반응형 자막 바를 위해 텍스트를 자막 바에 고정하겠습니다. 효과 컨트롤(Effect Cotrols) 패널이나 프로그램 모니터(Program Monitor) 패널에서 '자막 바(Shape01)'를 선택합니다.

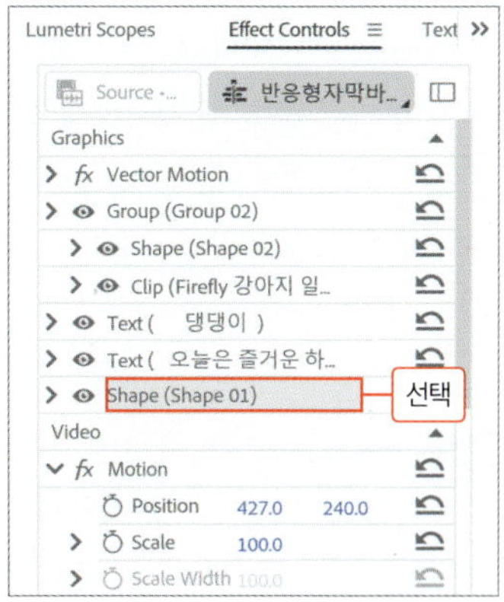

02 속성(Properties) 패널의 반응형 디자인-위치(Responsive Design-Position) 항목에서 고정 대상(Pin to)을 '오늘은 즐거운 하루에요~'로 지정합니다. 텍스트는 자막 바 가운데 위치해야 하므로 고정 대상의 방향은 왼쪽, 오른쪽, 위쪽, 아래쪽을 클릭하거나 가운데 네모 상자를 클릭하여 자막 바의 가운데에 텍스트를 고정합니다.

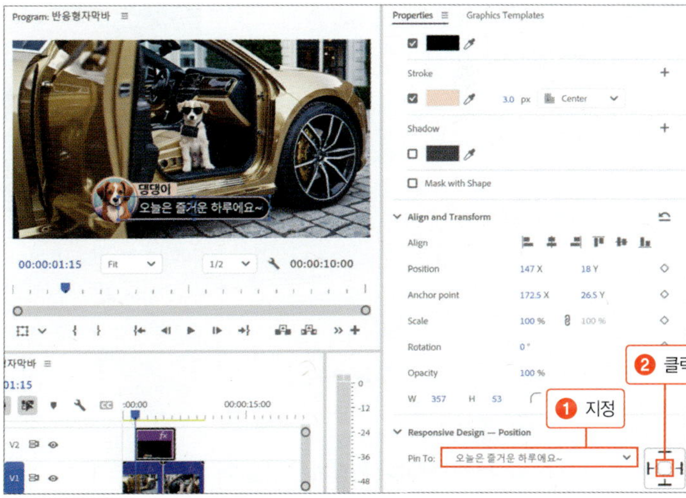

03 '댕댕이' 텍스트도 고정하기 위해 선택한 상태로 반응형 디자인-위치(Responsive Design-Position) 항목에서 고정 대상(Pin to)을 '오늘은 즐거운 하루에요~'로 지정하고 고정 대상(Pin to)의 방향은 왼쪽, 위쪽을 클릭합니다. 같은 방법으로 'Firefly 강아지 일러스트...'도 고정합니다.

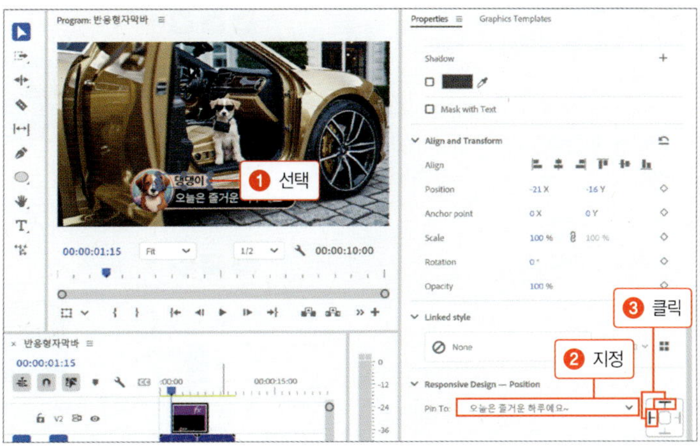

8 타이틀 디자인

04 자막 바를 모두 고정하고 난 후 반응형 자막 바가 잘 되는지 확인해 봅니다. 타임라인(Timeline) 패널에서 Alt를 누른 상태로 드래그하여 자막 바를 하나 더 복제하고 복제한 자막 바를 그림과 같이 재생 헤드(Playhead) '00:00:04:21' 위치에 배치합니다.

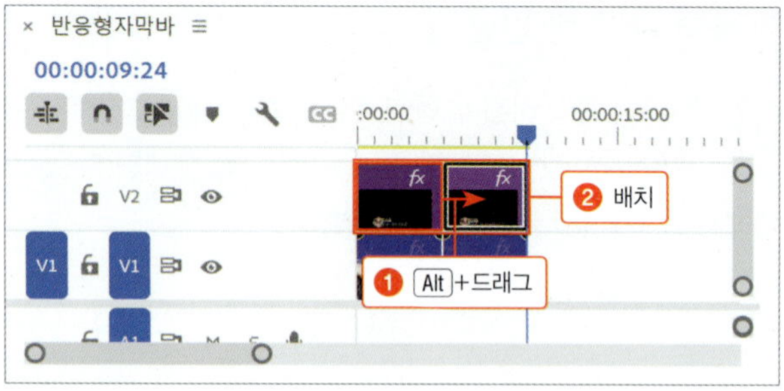

05 도구(Tools) 패널에서 문자(Type) 도구(T)를 이용해 자막 바 안의 텍스트를 "재미있는 곳을 방문하려 합니다~"로 변경합니다. 텍스트의 길이에 따라 자막 바가 늘어나는 것을 확인할 수 있습니다.

TIP 영상 미리 보기 재생이 원활하지 않을 때

작업 중에 타임라인(Timeline) 패널의 재생 표시 바가 노란색일 경우, 미리 보기 재생이 원활하지 않을 수 있습니다. 이때 메뉴에서 [시퀀스(Sequence)] → '시작에서 종료까지 렌더링(Render In to Out)'을 클릭하여 적용하면 바가 초록색으로 변경되며 미리 보기 재생이 부드러워집니다.

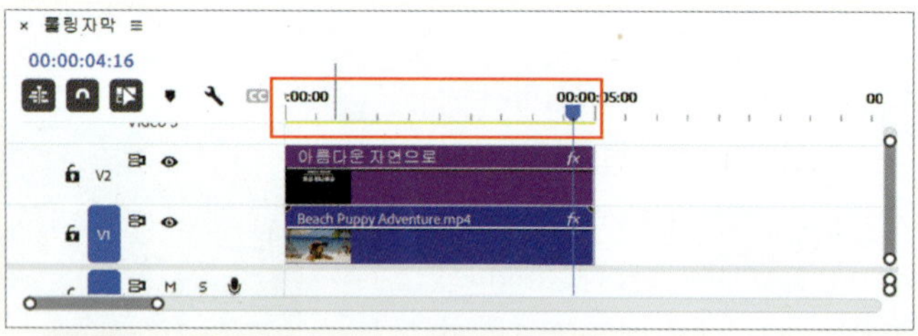

실습 예제 03

8.4 모션그래픽 기법으로 롤링 자막 만들기

• **예제 파일** : 08\08_4\롤링자막.prproj • **완성 파일** : 08\08_4\롤링자막_완성.mp4, 롤링자막_완성.prproj

롤링 자막은 엔딩 크레딧이나 정보 전달에 많이 활용되는 모션그래픽 기법입니다. 키프레임과 그래프 설정을 활용하여 자연스럽게 움직이는 롤링 자막을 만들어 보겠습니다.

키프레임으로 자막 애니메이션 설정하기

01 08 → 08_4 폴더에서 '롤링자막.prproj' 파일을 더블클릭하여 실행합니다. 프로젝트(Project) 패널이나 타임라인(Timeline) 패널에서 '롤링자막' 시퀀스를 선택합니다.

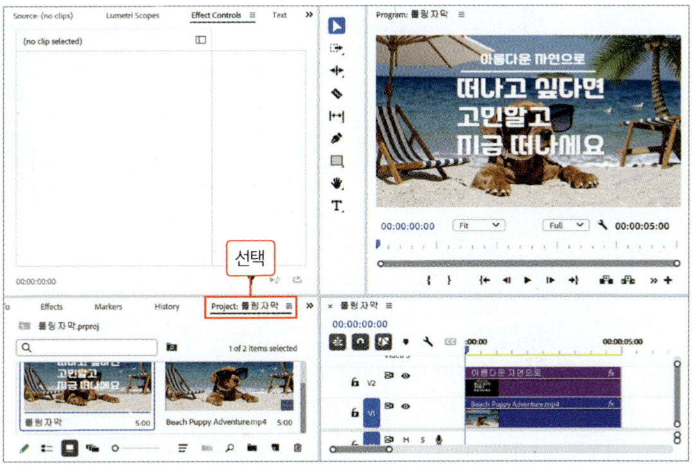

02 타임라인(Timeline) 패널의 텍스트 클립을 선택합니다.

03 효과 컨트롤(Effect Controls) 패널에서 Shape(Line) 항목 → 변형(Transform)의 '균일 비율(Uniform Scale)'의 체크 표시를 해제하고 재생 헤드(Playhead)를 '00:00:01:00'으로 이동합니다.

가로 비율(Horizontal Scale)의 '애니메이션 켜기/끄기(Toggle Animation)' 아이콘(⏱)을 클릭하여 현재 프레임에 키프레임을 추가합니다.

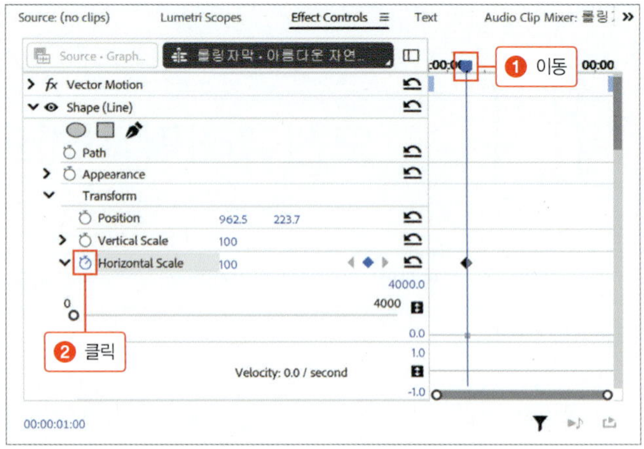

04 재생 헤드(Playhead)를 '00:00:00:00'으로 이동합니다. 가로 비율(Horizontal Scale)을 '0'으로 설정하여 키프레임을 추가합니다.

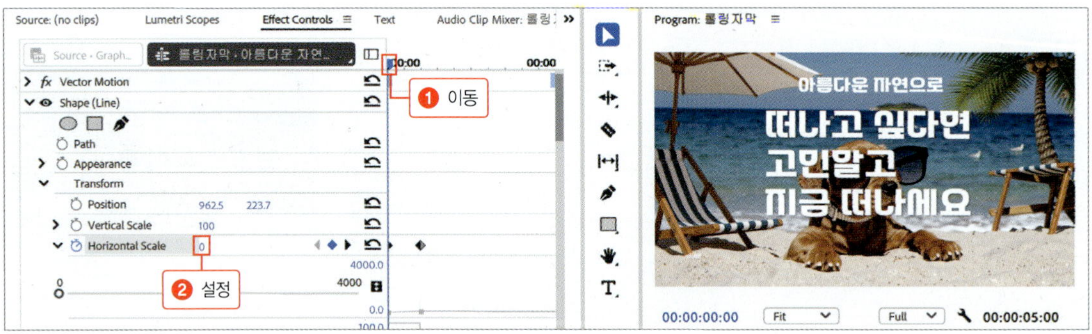

05 효과 컨트롤(Effect Controls) 패널에서 'Text(아름다운 자연으로)' 항목을 선택하고 재생 헤드(Playhead)를 '00:00:02:00'으로 이동합니다. 변형(Transform) 항목의 위치(Position)가 '656.6', '175'로 설정되어 있는 것을 확인하고 '애니메이션 켜기/끄기(Toggle Animation)' 아이콘(⏱)을 클릭하여 현재 프레임에 키프레임을 추가합니다.

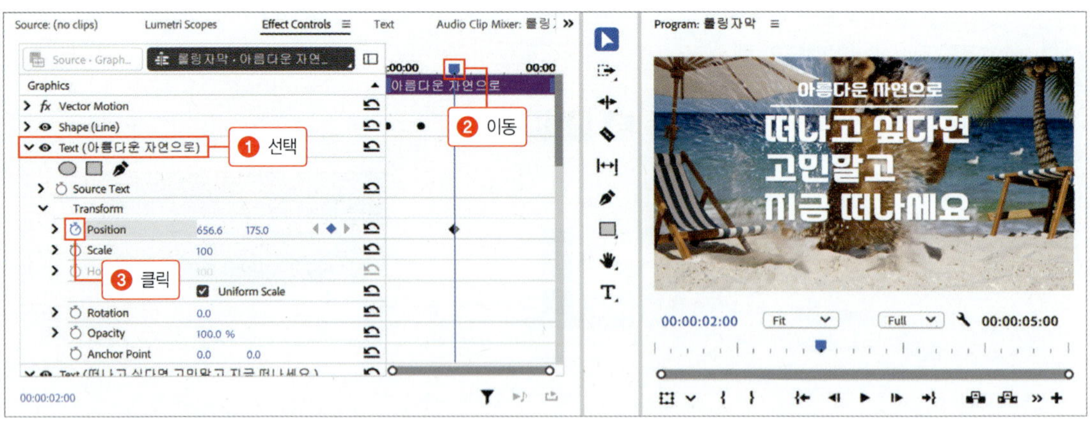

06 재생 헤드(Playhead)를 '00:00:01:00'으로 이동합니다. 변형(Transform) 항목의 위치(Position)를 '656.6', '-12'로 설정하여 현재 프레임에 키프레임을 추가합니다.

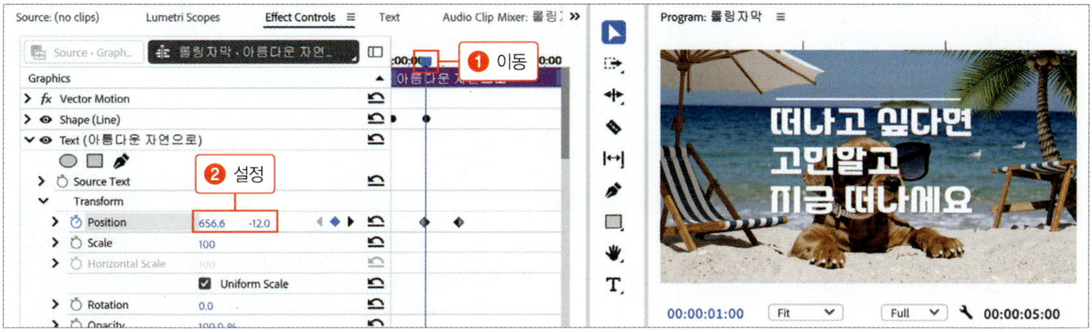

07 효과 컨트롤(Effect Controls) 패널에서 'Text(떠나고 싶다면 고민 말고 지금 떠나세요)' 항목을 선택하고 재생 헤드(Playhead)를 '00:00:03:15'로 이동합니다. 변형(Transform) 항목의 위치(Position)가 '504.6', '390'으로 설정된 것을 확인하고 '애니메이션 켜기/끄기(Toggle Animation)' 아이콘(⏱)을 클릭하여 현재 프레임에 키프레임을 추가합니다.

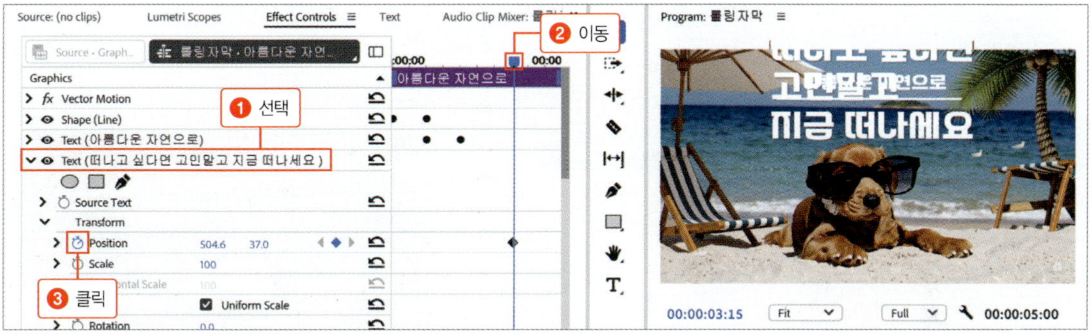

08 재생 헤드(Playhead)를 '00:00:02:00'으로 이동합니다. 변형(Transform) 항목의 위치(Position)를 '504.6', '562'로 설정하여 현재 프레임에 키프레임을 추가합니다.

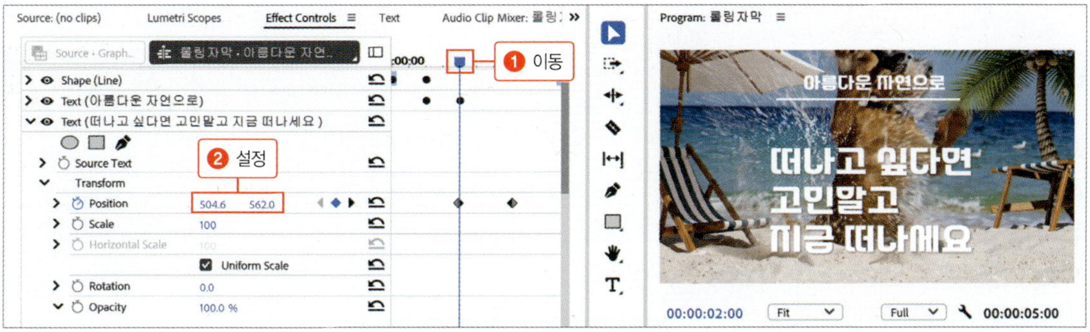

09 글자가 가운데 영역에서만 보이도록 마스크를 설정하겠습니다. 'Text(떠나고 싶다면 고민 말고 지금 떠나세요)' 항목의 '레이어 켜기/끄기(Toggle the Layer on or off)' 아이콘( )을 클릭하여 보이지 않게 하고 'Text(아름다운 자연으로)' 항목 아래 '다각형 마스크 만들기(Create 4-Point Mask)' 아이콘( )을 클릭하여 사각형 형태의 마스크를 생성합니다. 도구(Tools) 패널에서 선택(Selection) 도구( )를 선택하고 글자가 사각형 안에 모두 보이도록 사각형 포인트를 조정합니다.

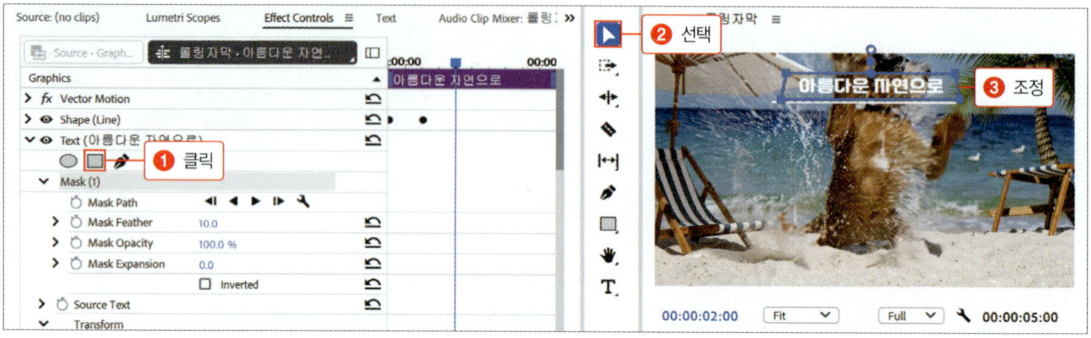

10 같은 방법으로 'Text(떠나고 싶다면 고민 말고 지금 떠나세요)' 항목을 보이게 만들고 항목 아래 '다각형 마스크 만들기(Create 4-Point Mask)' 아이콘( )을 클릭하여 사각형 형태의 마스크를 생성한 후 글자가 사각형 안에 모두 보이도록 조정합니다.

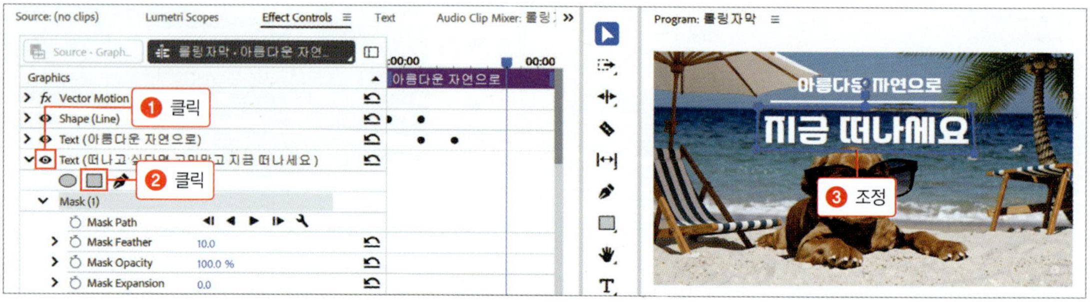

그래프 설정으로 가감속 표현하기

01 'Text(아름다운 자연으로)' 변형(Transform) 항목의 위치(Position)에 설정한 키프레임 중 왼쪽 키프레임에서 마우스 오른쪽 버튼을 클릭한 다음 '시공간적 보간(Temporal Interpolation)' → '느리게 종료(Ease Out)'를 클릭합니다. 그래프 모양이 키프레임을 중심으로 빠르게 변경됩니다.

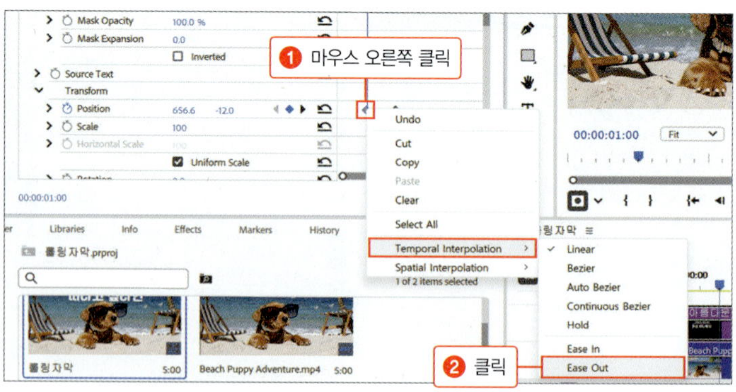

02 'Text(아름다운 자연으로)' 변형(Transform) 항목의 위치(Position)에 설정한 키프레임 중 오른쪽 키프레임에서 마우스 오른쪽 버튼을 클릭한 다음 '시공간적 보간(Temporal Interpolation)' → '느리게 시작(Ease In)'을 클릭합니다. 그래프 모양이 키프레임을 중심으로 느리게 변경됩니다.

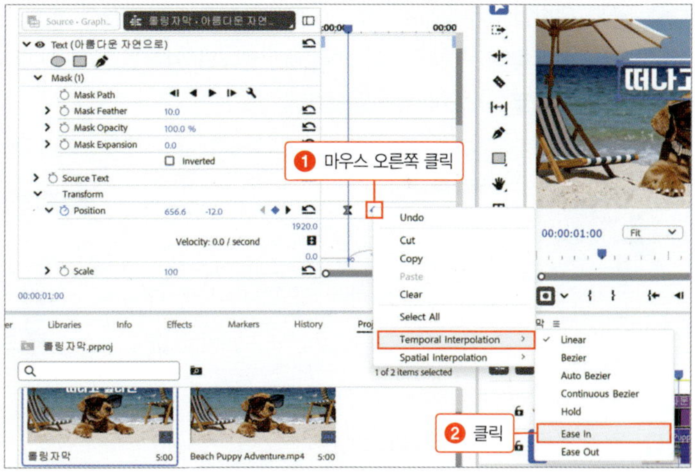

03 그래프의 양쪽 핸들을 조정하여 그래프 모양을 조금 더 급격하게 만들어 움직임의 속도를 변화해 재미있게 표현합니다.

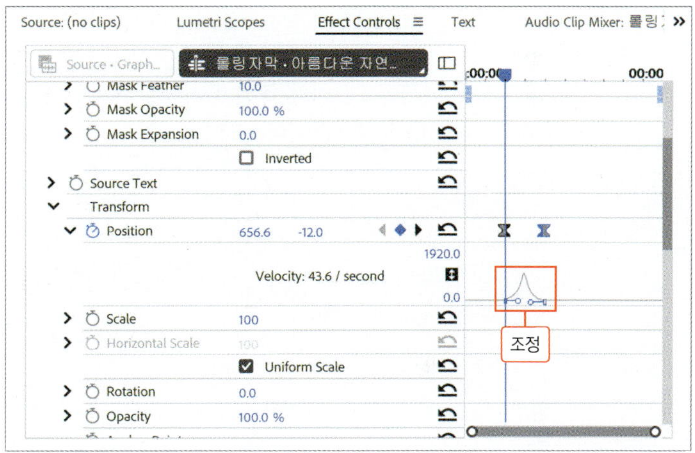

04 같은 방법으로 'Shape(Line)', 'Text(지금 떠나세요)' 항목도 움직임에 가감속을 설정해 봅니다. 설정이 끝나면 재생해 보고 부자연스러운 부분은 수정합니다.

05 글자 움직임에 운동감을 더하기 위해 효과를 추가하겠습니다. 효과(Effects) 패널에서 비디오 효과(Video Effect) → 흐림/선명(Blur & Sharpen) 폴더의 '방향 흐림(Directional Blur)' 효과를 타임라인(Timeline) 패널의 텍스트 레이어로 드래그하여 적용합니다.

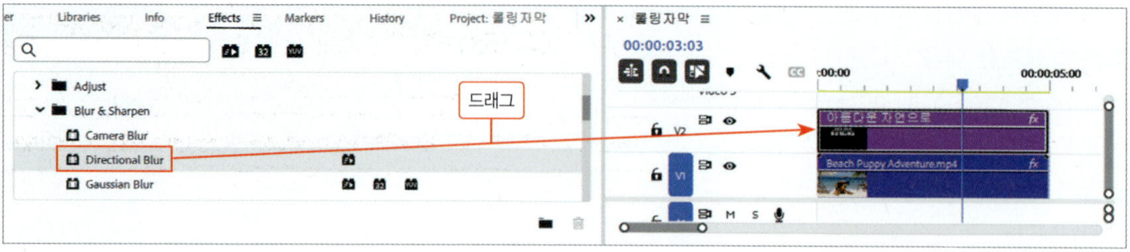

06 효과 컨트롤(Effect Controls) 패널에서 방향 흐림(Directional Blur) 항목을 'Text(아름다운 곳으로)' 항목 아래로 배치합니다.

NOTE

효과는 아래에 배치된 텍스트만 적용됩니다. 효과와 텍스트 항목의 순서에 따라 효과의 적용 범위가 달라집니다.

07 재생 헤드(Playhead)를 '00:00:02:00'으로 이동하고 방향 흐림(Directional Blur) 항목 중 흐림 길이(Blur Length)를 '30'으로 설정한 다음 '애니메이션 켜기/끄기(Toggle animation)' 아이콘(⏱)을 클릭하여 키프레임을 추가합니다.

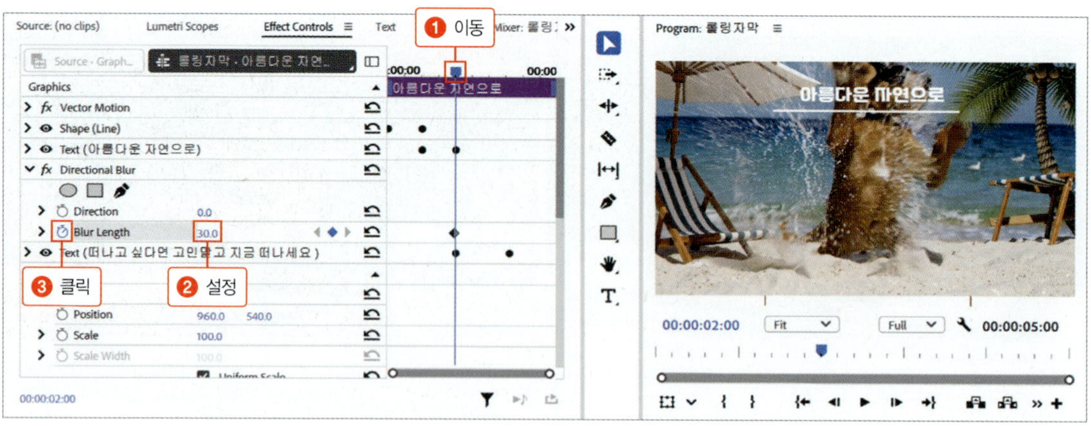

08 재생 헤드(Playhead)를 '00:00:03:15'로 이동하고 방향 흐림(Directional Blur) 항목의 흐림 길이(Blur Length)를 '0'으로 설정하여 키프레임을 추가합니다.

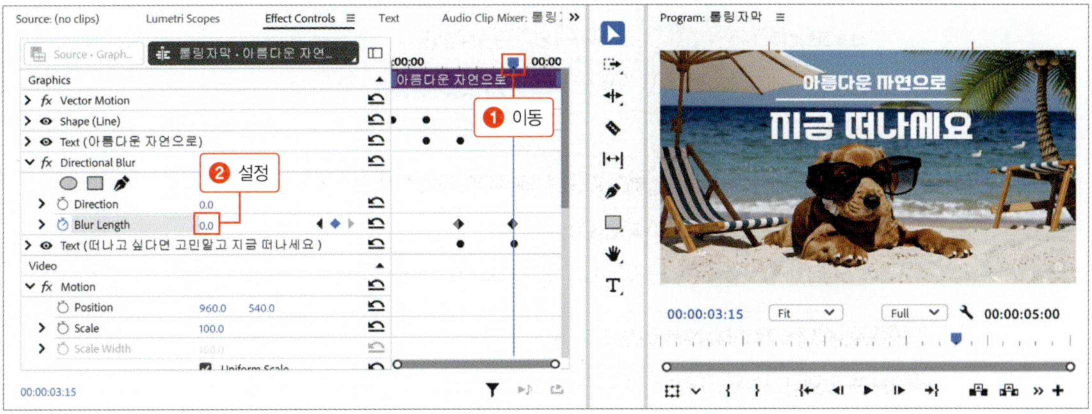

09 영상을 재생해 보면 블러 효과가 적용되어 더욱 역동적으로 연출된 것을 확인할 수 있습니다.

8.5 실습 예제 04 타이핑 애니메이션을 이용한 예능 스타일 자막 만들기

• **예제 파일** : 08\08_5\타이핑자막.prproj • **완성 파일** : 08\08_5\타이핑자막_완성.mp4, 타이핑자막_완성.prproj

타이핑 애니메이션을 활용하면 예능 스타일의 역동적인 자막을 연출할 수 있습니다. 그러데이션 자막 디자인부터 빛 효과 애니메이션까지 만들어 보겠습니다.

그러데이션 자막 디자인하기

01 08 → 08_5 폴더에서 '타이핑자막.prproj' 파일을 더블클릭하여 실행합니다. 프로젝트(Project) 패널이나 타임라인(Timeline) 패널에서 '타이핑자막' 시퀀스를 선택합니다.

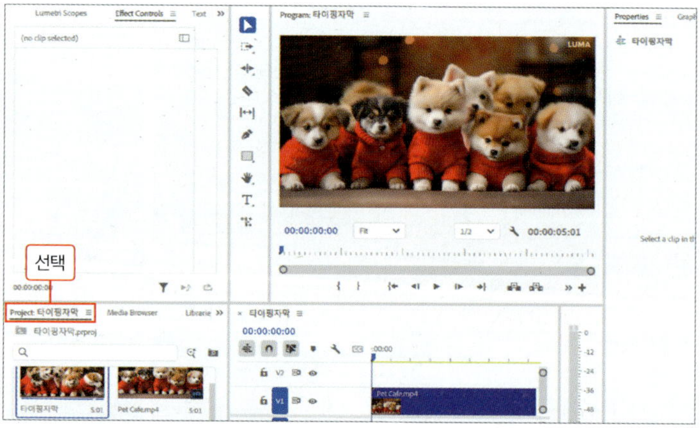

02 텍스트를 입력하겠습니다. 도구(Tools) 패널에서 문자(Type) 도구(T)를 선택하고 프로그램 모니터(Program Monitor) 패널의 화면을 클릭한 다음 'PET CAFE'를 입력합니다.

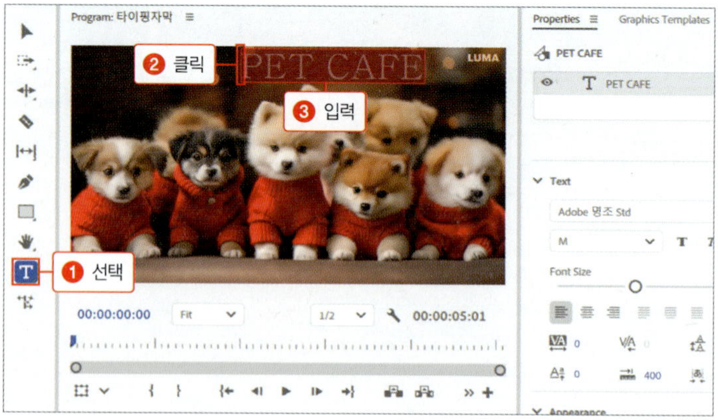

03 도구(Tools) 패널에서 선택(Selection) 도구(▶)를 선택합니다. 텍스트가 선택된 상태로 속성(Properties) 패널에서 텍스트 스타일을 수정하겠습니다.

04 속성(Properties) 패널의 텍스트(Text) 항목에서 글꼴(Font)을 'Cooper Std', 글꼴 스타일(Font Style)을 'Black'으로 지정하고 글꼴 크기(Font Size)를 '100'으로 설정합니다. 정렬 및 변형(Align and Transform) 항목의 정렬(Align)에서 '가로로 가운데 맞춤(Align Center Horizontally)' 아이콘(⬛)을 클릭하여 가운데에 배치합니다.

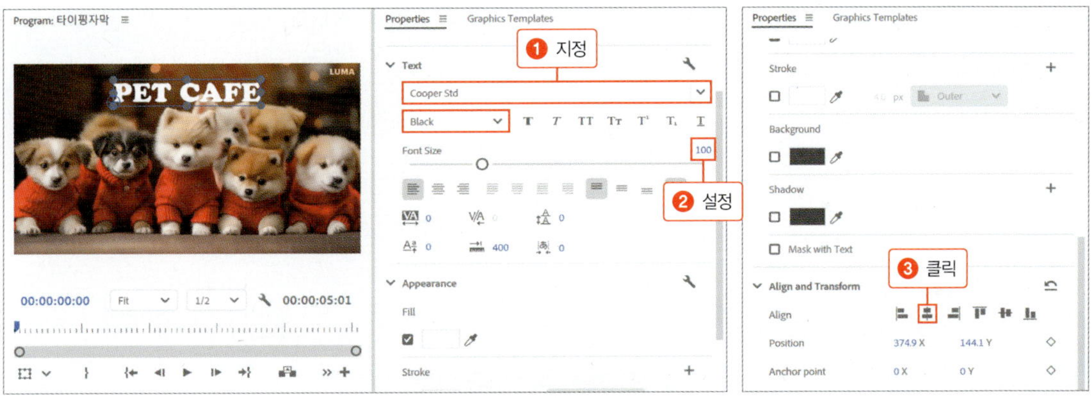

05 텍스트 안에 그러데이션을 추가하기 위해 'PET CAFE' 텍스트가 선택된 상태로 도구(Tools) 패널에서 사각형(Rectangle) 도구(□)를 선택하고 텍스트보다 조금 더 큰 사각형을 생성합니다.

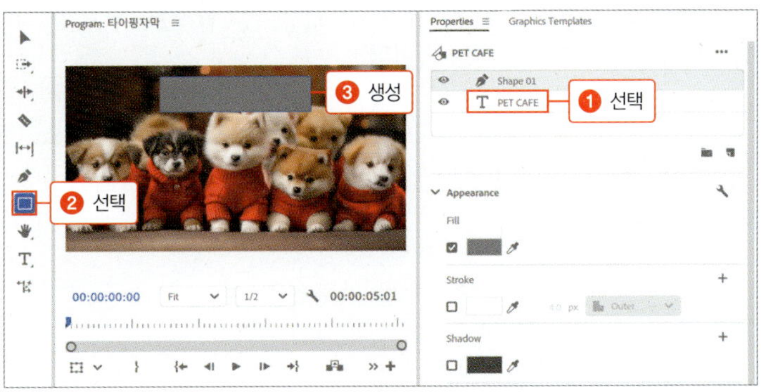

06 모양(Appearance) 항목에서 칠(Fill)의 색상상자를 클릭하여 컬러 피커(Color Picker) 대화상자가 표시되면 '선형 그레이디언트(Linear Gradient)'로 지정하고 그림과 같이 그러데이션 색상을 지정한 다음 <확인(OK)> 버튼을 클릭합니다. 예제에서는 각 피커별로 위치(Location) 0%에서 '청록색(#2FFEE4)', 위치(Location) 100%에서 '연두색(#CAFA6E)'으로 지정하였습니다.

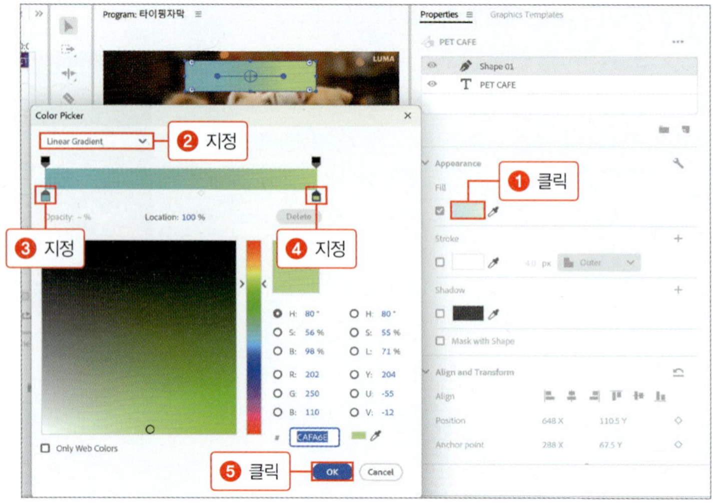

07 속성(Properties) 패널에서 'Shape 01' 레이어를 텍스트 아래로 드래그하여 배치합니다.

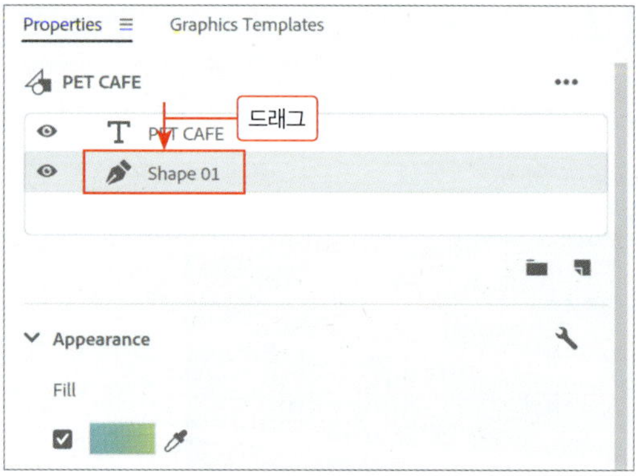

08 'PET CAFE' 텍스트 레이어를 선택하고 모양(Appearance) 항목의 '텍스트 마스크(Mask with Text)'를 체크 표시합니다. 텍스트 안에 그러데이션이 적용된 것을 확인할 수 있습니다.

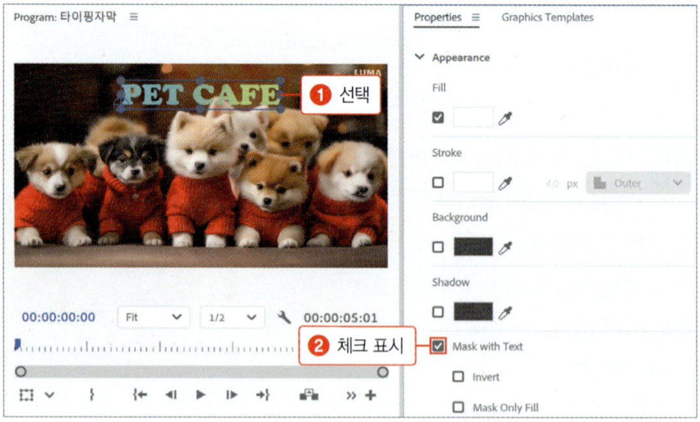

TIP 텍스트 내부에 그러데이션 적용하기

텍스트 자체의 칠(Fill) 기능을 이용하여 그러데이션을 적용할 수 있습니다. 하지만 가로로 그러데이션을 적용하기 위해 각도(Angle)를 변경한다면, 각 텍스트 한 자마다 그러데이션이 적용됩니다. 전체를 하나의 그러데이션으로 적용하고 싶다면 텍스트 마스크(Mask with Text) 기능을 사용하는 것이 좋습니다.

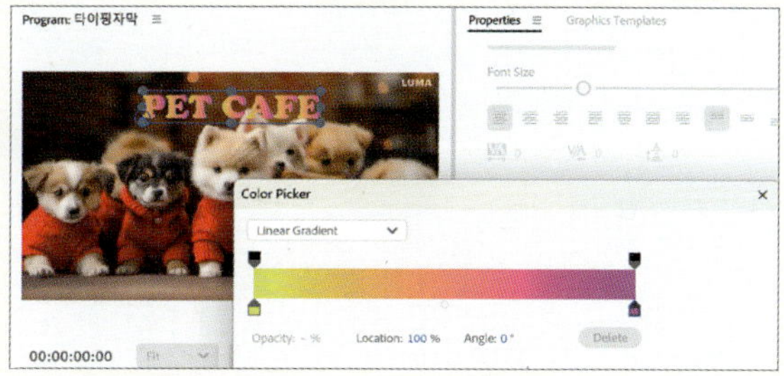

타이핑 애니메이션 만들기

01 타자를 입력하는 애니메이션을 추가하겠습니다. 효과 컨트롤(Effect Controls) 패널이 잘 보이게 영역을 확장하고 시작 프레임을 설정하기 위해 재생 헤드(Playhead)를 '00:00:02:03'으로 이동합니다.

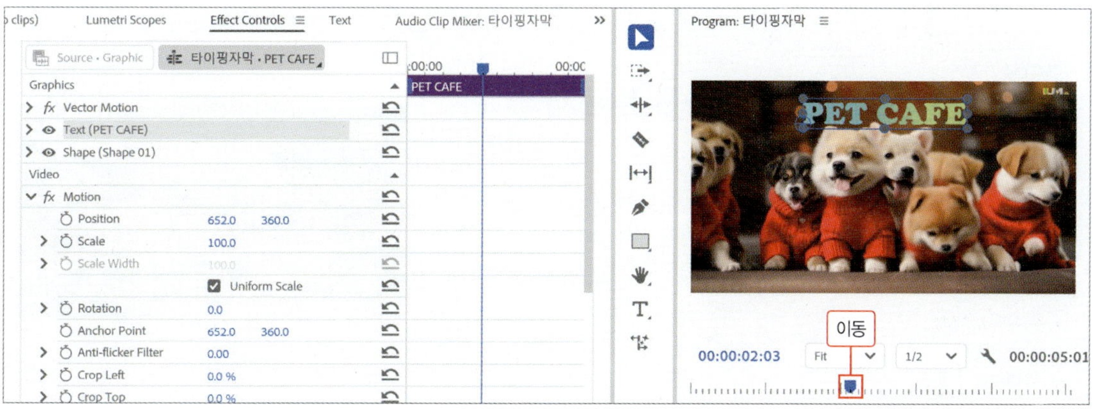

02 효과 컨트롤(Effect Controls) 패널에서 'Text(PET CAFE)' 항목을 확장하고 소스 텍스트(Source Text)의 '애니메이션 켜기/끄기(Toggle Animation)' 아이콘(⏱)을 클릭하여 현재 프레임에 키프레임을 추가합니다.

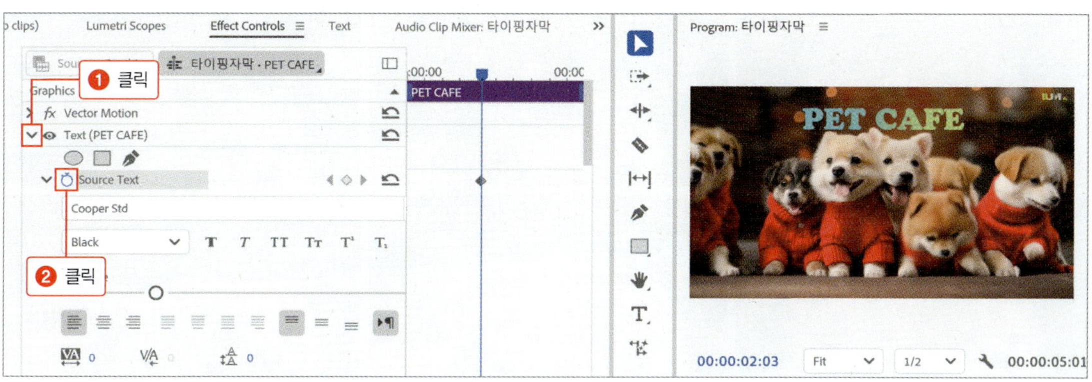

03 ←를 5번 눌러 재생 헤드(Playhead)를 5프레임 앞으로 이동한 '00:00:01:22'에서 도구(Tools) 패널의 문자(Type) 도구(T)를 선택한 다음 텍스트 끝의 'E'를 삭제합니다. 삭제되면서 프레임에 키프레임이 추가됩니다.

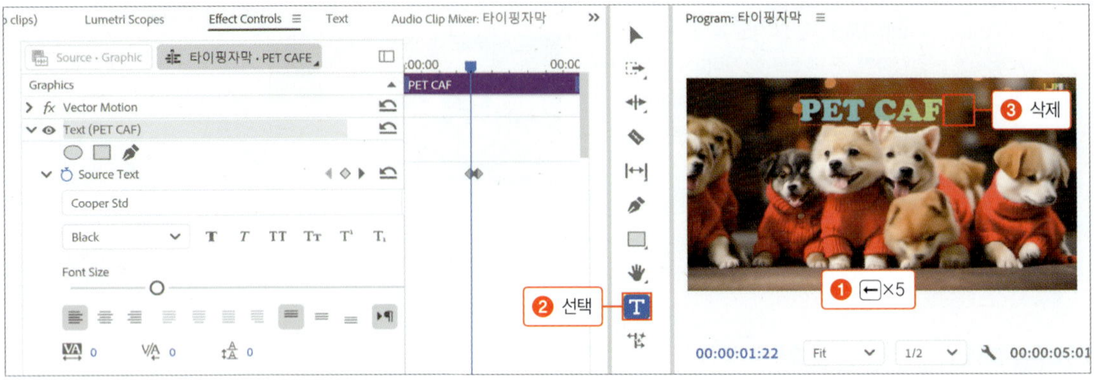

04 같은 방법으로 Shift+←를 눌러 재생 헤드(Playhead)를 5프레임 앞으로 이동한 '00:00:01:17'로 위치하고 텍스트 끝의 'F'를 삭제하여 키프레임을 추가합니다.

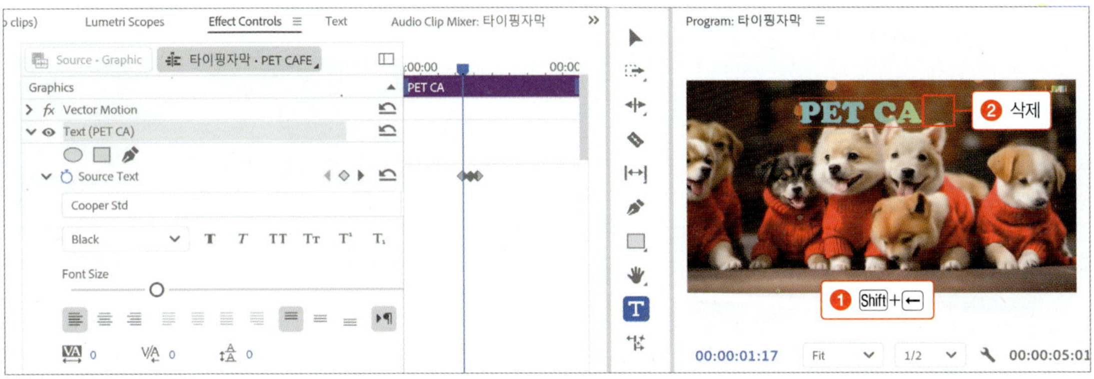

05 같은 방법으로 5프레임씩 앞으로 이동하여 알파벳을 하나씩 삭제해 모든 글자가 다 삭제될 때까지 진행합니다. 완성되면 영상을 재생하여 자연스럽게 타이핑 애니메이션이 연출되는지 확인합니다.

텍스트 마스크를 활용한 빛 효과 애니메이션 설정하기

01 텍스트에 빛이 지나가는 애니메이션을 만들겠습니다. 효과(Effects) 패널에서 비디오 효과(Video Effect) → 생성(Generate) 폴더의 '렌즈 플레어(Lens Flare)' 효과를 타임라인(Timeline) 패널의 V2 트랙의 텍스트 클립에 드래그하여 적용합니다.

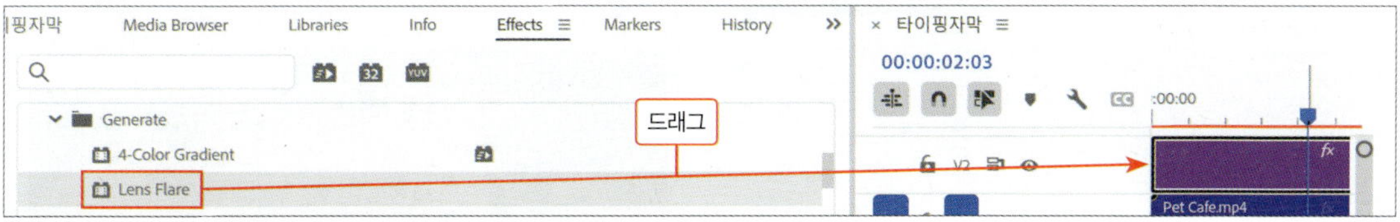

02 재생 헤드(Playhead)를 '00:00:02:15'로 이동하고 효과 컨트롤(Effect Controls) 패널에서 렌즈 플레어(Lens Flare) 항목의 플레어 가운데(Flare Center)를 '307.3', '37.5'로 설정하여 글자의 시작점 밖으로 위치한 다음 '애니메이션 켜기/끄기(Toggle Animation)' 아이콘(⏱)을 클릭하여 현재 프레임에 키프레임을 추가합니다.

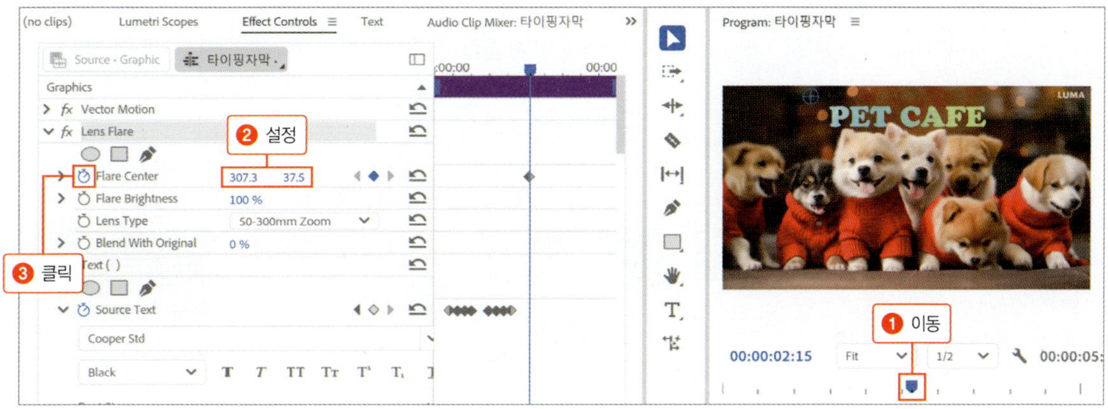

03 재생 헤드(Playhead)를 '00:00:03:15'로 이동하고 효과 컨트롤(Effect Controls) 패널의 렌즈 플레어(Lens Flare) 항목에서 플레어 가운데(Flare Center)를 '921.8', '138.8'로 설정하여 글자의 끝점 밖으로 위치합니다.

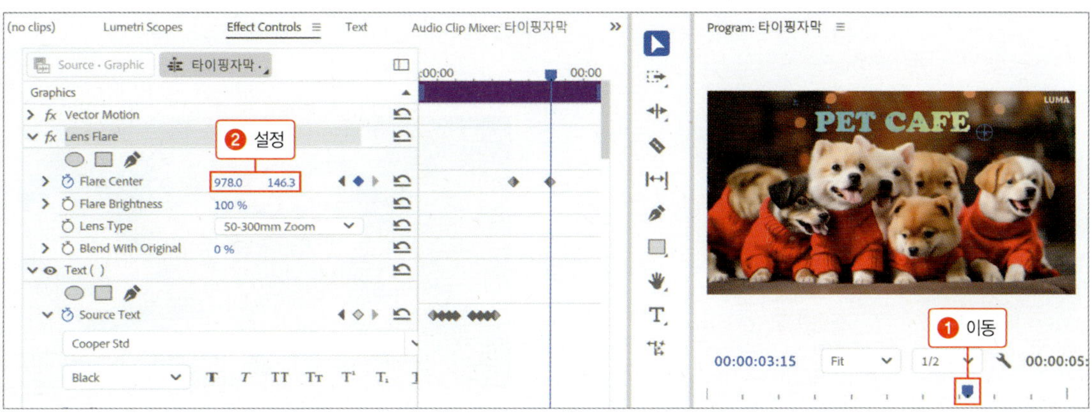

04 재생 헤드(Playhead)를 '00:00:03:20'으로 이동하고 효과 컨트롤(Effect Controls) 패널의 플레어 가운데(Flare Center) 항목에서 생성된 2개의 키프레임을 복사(Ctrl+C)한 다음 붙여넣기(Ctrl+V)합니다. 영상을 재생하면 텍스트 위로 빛이 지나가는 효과를 확인할 수 있습니다.

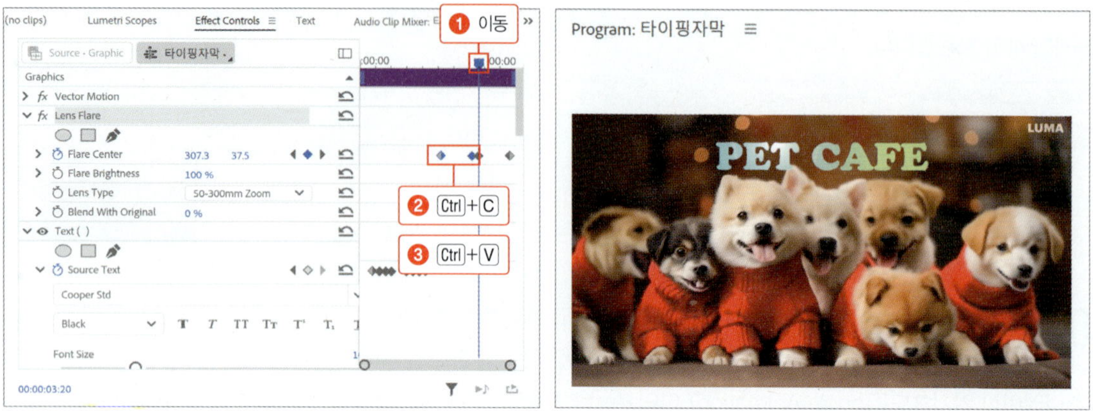

05 프로젝트(Project) 패널에서 'Dreamy Bokeh.mp4' 영상 클립을 타임라인(Timeline) 패널 V3 트랙으로 드래그하여 배치합니다.

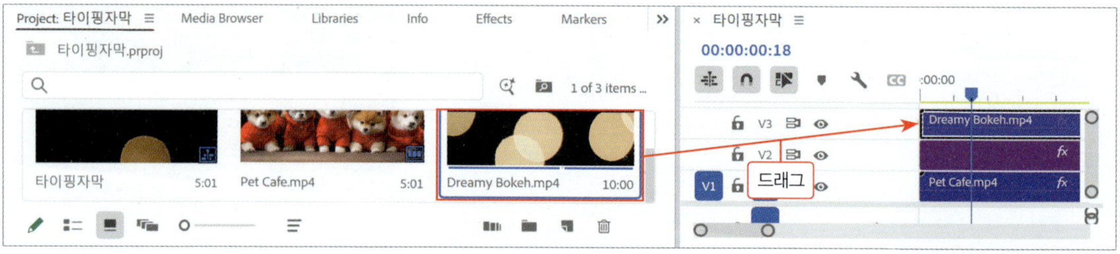

06 'Dreamy Bokeh.mp4' 영상 클립이 선택된 상태로 효과 컨트롤(Effect Controls) 패널의 불투명도(Opacity) 항목에서 불투명도(Opacity)를 '65%'로 설정하고 블렌드 모드(Blend Mode)를 '소프트 라이트(Soft Light)'로 지정합니다. 영상을 재생하면 보케 효과가 영상에 합성된 것을 확인할 수 있습니다.

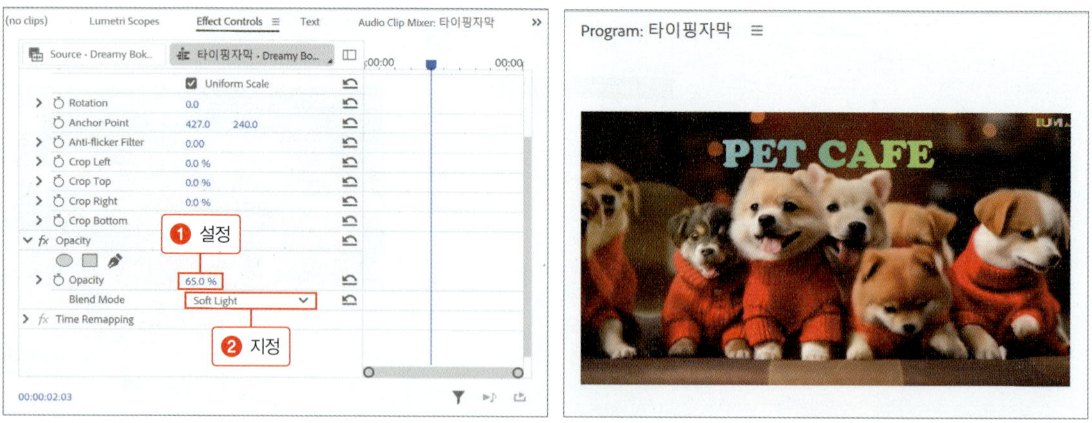

실습 예제 05

8.6 음성 인식 자동 자막 기능 활용하기

• **예제 파일** : 08\08_6\자동자막.prproj • **완성 파일** : 08\08_6\자동자막_완성.mp4, 자동자막_완성.prproj

음성 인식 자동 자막 기능을 활용하면 자막 작업을 더욱 빠르고 효율적으로 할 수 있습니다. 음성을 텍스트로 변환하고 스타일을 적용하는 방법을 알아보겠습니다.

음성을 텍스트로 변환하기

01 08 → 08_6 폴더에서 '자동자막.prproj' 파일을 더블클릭하여 실행합니다. 프로젝트(Project) 패널이나 타임라인(Timeline) 패널에서 '자동자막' 시퀀스를 선택하고 '작업 영역(Workspaces)' 아이콘(□)을 클릭한 다음 '캡션 및 그래픽(Caption and Graphics)'을 선택합니다.

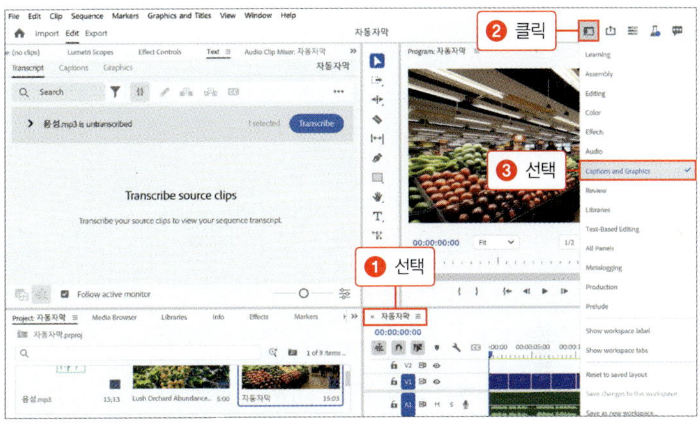

02 텍스트(Text) 패널의 [캡션(Captions)] 탭에서 <대본으로 캡션 만들기(Create Captions from transcript)> 버튼을 클릭합니다.

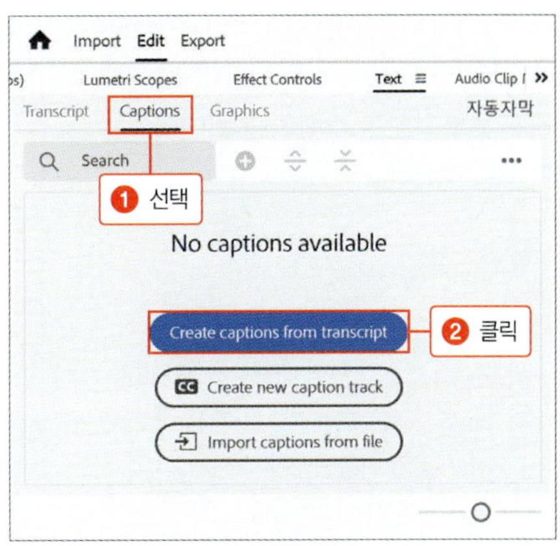

03 캡션 만들기(Create captions) 대화상자가 표시되면 언어(Language)를 '한국어(Korean)'로 지정하고 <받아쓰기 및 캡션 만들기(Transcribe & create captions)> 버튼을 클릭합니다.

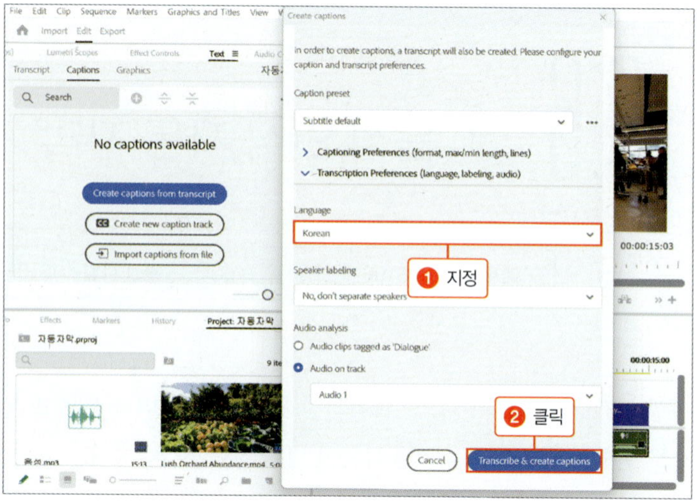

04 [변환(Transcript)] 탭으로 변경되면서 자동 받아쓰기 만드는 중(Creating auto transcription) 설명이 보입니다. 음성이 텍스트로 변환될 때까지 기다립니다.

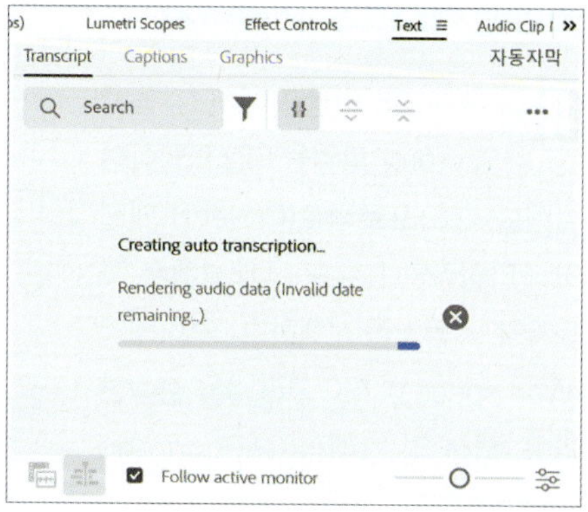

05 음성이 텍스트로 변환이 완료되면 변환된 텍스트에서 수정해야 할 부분이 없는지 확인합니다. 만일 잘못 변환된 부분이 있다면 더블클릭을 해서 부분적으로 수정하면 됩니다.

NOTE

각 단어들을 선택하면 회색으로 표시되며 영상의 해당 프레임으로 재생 헤드(Playhead)가 이동됩니다.

자막 수정하고 글자 스타일 지정하기

01 타임라인(Timeline) 패널에도 자막이 설정되었습니다. 한 번 더 검토하고 생성된 자막이 잘못된 부분이 있으면 문자(Type) 도구(T)를 이용해서 수정합니다.

02 자막을 분리하고 싶은 부분이 있다면 분리할 자막을 선택하고 '캡션 분할(Split Caption)' 아이콘(⇕)을 클릭하여 2개의 자막으로 분리합니다.

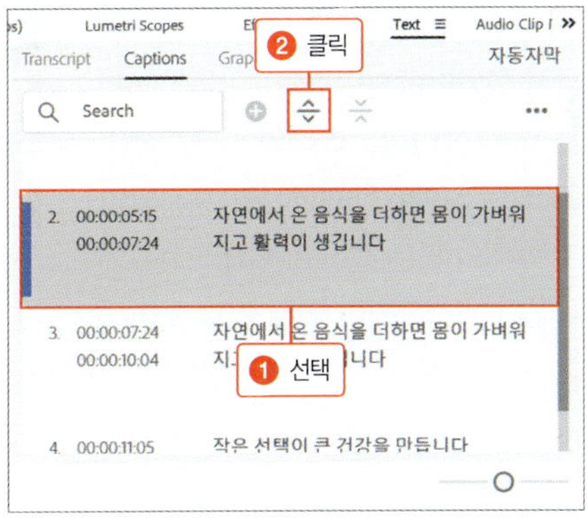

03 자막이 분리되고 나면 각각의 자막에서 지워야 하는 부분을 삭제합니다. "자연에서 온 음식을 더하면"과 "몸이 가벼워지고 활력이 생깁니다."로 분리되도록 필요 없는 텍스트를 각각 삭제하여 수정합니다.

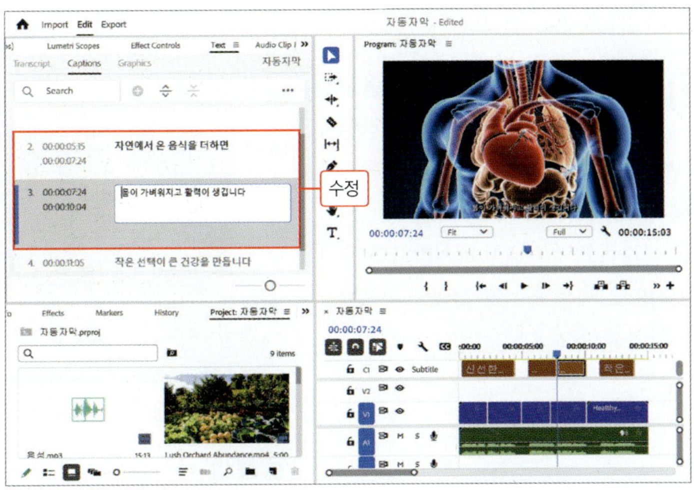

04 첫 번째 자막을 선택하고 속성(Properties) 패널에서 텍스트(Text) 항목의 글꼴(Font)을 'Black Hans Sans', 글꼴 스타일(Font Style)을 'Regular'로 지정하고 글꼴 크기(Font Size)를 '70'으로 설정합니다.

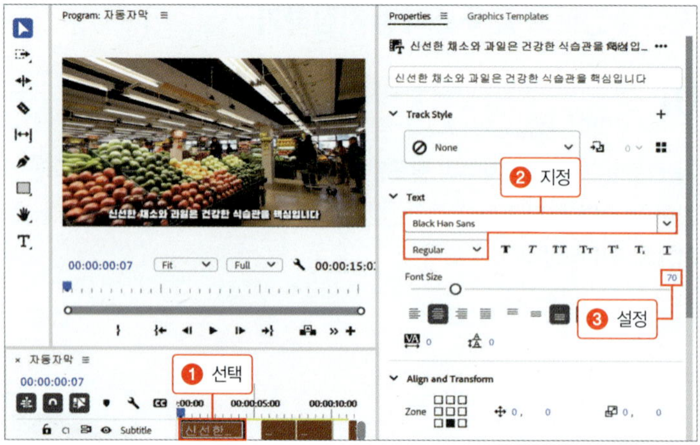

05 설정한 텍스트 스타일을 다른 자막에도 적용하기 위해 트랙 스타일(Track Style) 항목에 '스타일 다시 정의(Refine Style)' 아이콘()을 클릭합니다. 스타일 다시 정의(Refine Style) 대화상자가 표시되면 '트랙 위의 모든 캡션(All Captions on Track)'이 선택되어 있는 것을 확인하고 <확인(OK)> 버튼을 클릭합니다.

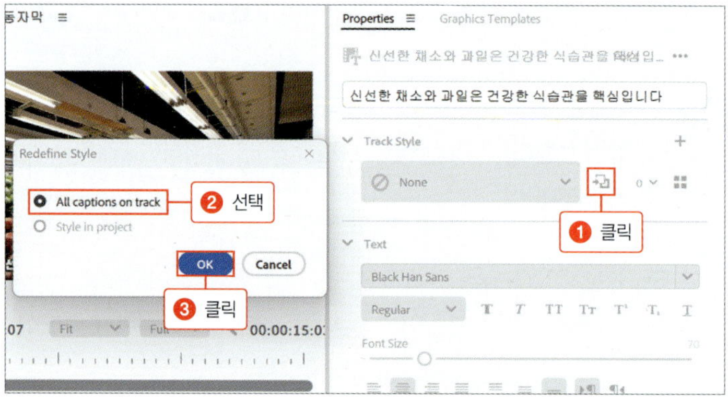

NOTE

미리 등록해 놓은 텍스트 스타일이 있다면 텍스트 스타일 메뉴를 클릭하여 불러올 수 있습니다.

06 모든 자막에 스타일이 적용된 것을 확인할 수 있습니다. 정렬 및 변형(Align and Transform) 항목에서 Set Vertical Position을 '-20'으로 설정해 자막을 위로 배치합니다. 전체적으로 재생해 보며 어색한 곳들을 수정해 완성합니다.

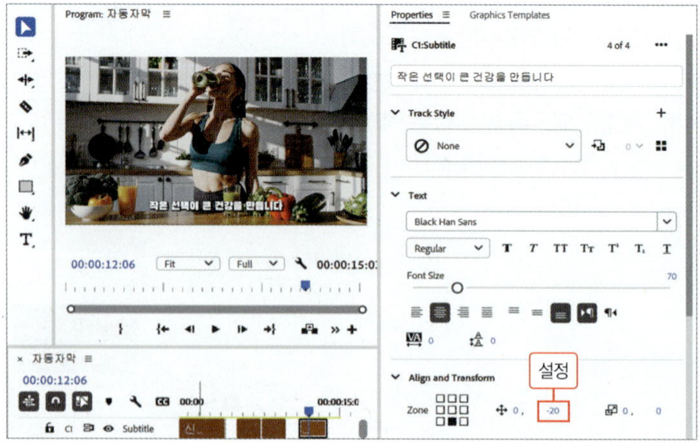

연습 문제 |

01 러닝타임 1분 분량의 브이로그 영상을 제작하기 위한 영상 소스를 소라에서 생성합니다. 생성된 영상을 프리미어 프로로 가져와서 새 시퀀스를 생성하고 컷 편집을 진행합니다. 문자(Type) 도구(T)를 이용해서 영상에 어울리는 타이틀을 디자인해 보세요.

02 01번의 결과에 텍스트 길이에 따라 자동으로 늘어나는 서브 타이틀을 생성하고, 각 장면을 설명하는 텍스트를 입력해 보세요.

03 러닝타임 1분의 자기소개 인터뷰 영상을 제작하기 위해 자신의 모습을 촬영하고 프리미어 프로로 불러와서 새 시퀀스를 생성합니다. '음성을 텍스트로 변환(Create captions from transcript)' 기능을 활용하여 텍스트를 편집하고, 스크립트 텍스트를 서브 타이틀로 만들어 보세요.

WEEK 09

마스크와 트랙 매트를 이용한 합성 기능

학 습 목 표

마스크(Mask)는 영상 또는 이미지 합성에서 특정 영역을 선택하여 해당 부분을 숨기거나 지우고, 다른 이미지를 표시하는 기법입니다. 매트(Matte)는 마스크와 유사하게 클립의 일부를 보이거나 숨기는 기준을 제공하는데, 일반적으로 알파 채널(Alpha Channel) 또는 클립의 밝기(Luminance)를 기준으로 적용됩니다. 이 두 기법은 영상 합성에서 중요한 역할을 하며, 마스크와 트랙 매트 기능을 학습하여 각각의 특징과 활용 방법을 익힙니다. 이를 통해 효과적인 영상 합성을 구현하는 방법을 배우고, 다양한 영상 편집에서 창의적인 기법을 적용할 수 있습니다.

9.1 마스크와 트랙 매트의 이해

마스크

마스크(Mask)는 영상 또는 이미지 합성 과정에서 특정 영역을 선택하여 숨기거나 지워서 다른 이미지를 표시하는 기법입니다. 이미지나 영상의 일부에 특별한 효과를 적용하거나 특정 부분을 제외할 때 사용합니다.

❶ **정적 마스크(Static Mask)**: 특정 형태를 따라 고정된 마스크입니다.

- 예: 영상의 특정 영역만 밝게 처리할 때 사용합니다.

❷ **동적 마스크(Dynamic Mask)**: 시간에 따라 형태나 위치가 변하는 마스크입니다.

- 예: 움직이는 피사체를 따라 트래킹하여 모자이크를 처리합니다.

마스크의 용도

❶ **특정 영역의 모자이크(Mosaic) 또는 블러(Blur) 처리**: 특정 얼굴, 차량 번호판 등 민감한 정보를 가리기 위해 마스크에 블러 효과를 적용합니다. 영상 속의 피사체를 트래킹 하는 마스크 추적 기능을 활용하면 움직이는 피사체에 모자이크나 블러 효과를 정확하게 적용할 수 있습니다.

❷ **영역 가리기 또는 제거**: 영상 프레임에 담긴 특정 영역을 가리거나 흐릿하게 처리하여 시각적 초점을 높이는 데에 사용합니다.

❸ **부분 효과 적용**: 영상 프레임의 특정 영역에만 색상, 채도, 밝기의 변화, 특정 효과 등을 적용할 때 마스크를 사용해서 선택한 부분만 강조할 수 있습니다.

❹ **합성 작업**: 2개 이상의 영상이나 이미지를 자연스럽게 합성하기 위한 도구로, 마스크를 활용하면 특정 영역만 합성하거나 제외할 수 있습니다.

프리미어 프로의 마스크 기능

마스크를 적용하려는 영상 클립을 선택하고 효과 컨트롤(Effect Controls) 패널에서 불투명도(Opacity) 항목에 있는 마스크 도구들을 사용해서 마스크 효과를 적용할 수 있습니다.

❶ **기본 도형 마스크**: 프리미어 프로에서 제공하는 타원(Ellipse), 사각형(Rectangle) 등의 기본 도형 도구를 사용하여 영상의 특정 영역에 마스크를 빠르게 생성합니다.

❷ **펜 도구(Pen Tool)**: 마스크의 모양을 자유롭게 지정할 수 있도록 그리는 도구입니다. 곡선, 직선, 다각형 등 복잡한 형태의 마스크를 펜 도구로 만들어 특정한 윤곽이나 영역을 정밀하게 선택할 수 있습니다.

❸ **마스크 경계선 부드럽게(Feather)**: 마스크의 가장자리를 부드럽게 만들어 자연스럽게 어울리도록 적용합니다. 마스크 페더(Mask Feather) 값을 설정하면 마스크의 경계가 점진적으로 흐려지며 주변 영역과의 차이에서 발생하는 이질감을 줄일 수 있습니다.

❹ **마스크 경로 추적(Mask Path Tracking)**: 움직이는 피사체를 따라 마스크가 함께 이동하도록 추적 기능을 제공합니다. 피사체의 위치(Position), 크기(Size), 회전(Rotation) 등 다양한 속성을 추적할 수 있습니다.

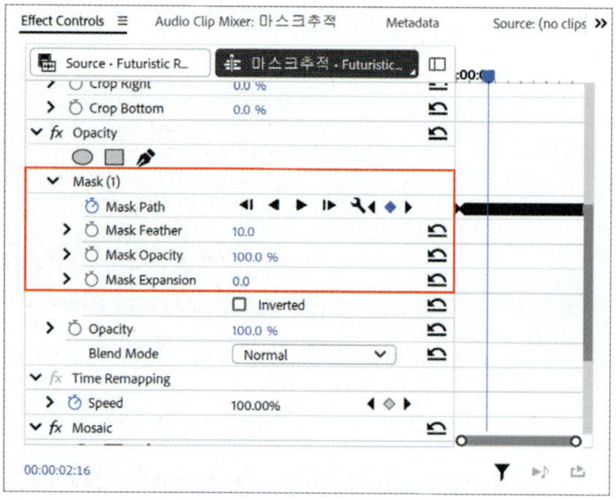

프리미어 프로 효과 컨트롤(Effect Controls) 패널 효과(fx) 탭의 마스크 기능 부분

트랙 매트

타임라인의 특정 트랙(Track)에 있는 영상 클립을 다른 트랙의 영상과 합성할 때 트랙에 있는 영상의 형태나 밝기를 기준으로 합성되는 가시성을 제어합니다. 특정 명도 영역을 합성하거나 가리는 용도 또는 예술적인 효과를 구현할 때 사용합니다. 매트(Matte)는 마스크와 유사하게 클립의 일부를 보이게 하거나 숨기는 기준이 되는데 대체로 알파 채널(Alpha Channel) 또는 클립의 밝기(Luminance)를 기준으로 적용합니다.

❶ **알파 채널 기준(Alpha Matte)**: 매트 클립의 알파 채널 투명도를 기준으로 가시성을 제어합니다.

❷ **밝기 기준(Luma Matte)**: 매트 클립의 밝기 기준을 설정해서 적용합니다.

트랙 매트의 용도

❶ **텍스트 또는 형태 속에 영상 합성**: 특정 텍스트나 도형의 형태 안에만 영상이 표시되도록 합성할 수 있습니다. 독창적인 비주얼 효과를 연출할 때 사용합니다.

❷ **특정 영역 강조**: 타원, 사각형 또는 사용자 정의 모양으로 지정한 특정 영역만 강조하거나 합성 효과를 적용합니다. 시청자의 시선을 특정 피사체나 영역에 집중시킬 수 있습니다.

❸ **애니메이션 마스크**: 움직이는 매트 클립을 사용해 마스크가 동적으로 적용됩니다. 화면에서 특정 영역이 시간에 따라 드러나거나 가려지도록 설정할 수 있습니다.

❹ **트랜지션 제작**: 트랙 매트를 사용하여 새로운 트랜지션 효과를 만들 수 있습니다. 트랙 매트를 활용하면 잉크 번짐 효과와 같은 예술적인 효과를 연출할 수 있는데, 매트 애니메이션에 따라 첫 번째 영상에서 두 번째 영상으로 부드럽게 전환됩니다.

프리미어 프로에서 트랙 매트 기능 적용 순서

❶ **영상 배치**: 상위 트랙에 투명한 영역이 포함된 PNG 이미지, 알파 채널 영상, 흰색과 검은색으로 이루어진 영상 중 하나를 배치합니다.

❷ **하위 트랙 설정**: 하위 트랙에 합성 효과를 적용하려는 영상 클립을 배치합니다.

❸ **트랙 매트 키 적용**: 하위 트랙의 영상 클립을 선택하고 효과(Effects) 패널에서 '트랙 매트 키(Track Matte Key)' 효과를 적용합니다.

❹ **매트 설정**: 효과 컨트롤(Effect Controls) 패널의 트랙 매트 키(Track Matte Key) 항목에서 매트(Matte)로 상위 트랙 번호를 선택하고, 복합 사용(Composite Using)을 '알파 매트(Alpha Matte)' 또는 '루마 매트(Luma Matte)'로 지정합니다.

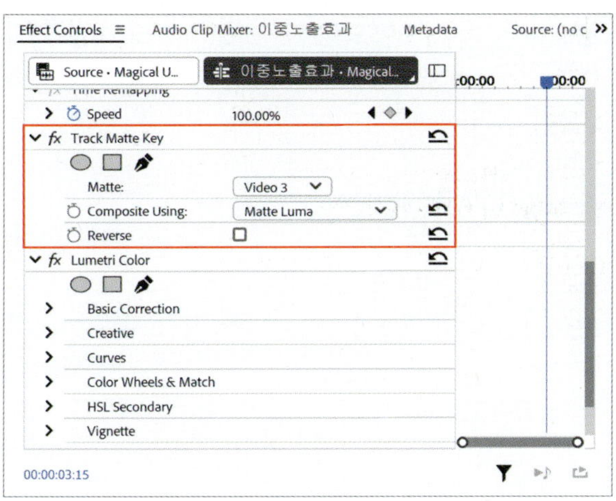

프리미어 프로의 트랙 매트(Track Matte) 적용 부분

트랙 매트 참고 사항

❶ **매트 클립의 품질:** 매트 클립이 저해상도이거나 거칠면 결과물이 깔끔하지 않을 수 있으므로 고해상도 영상 또는 이미지를 사용해야 합니다.

❷ **매트 반전 효과:** 마스크 확장(Mask Expansion) 아래에 있는 '반전(Inverted)'을 체크 표시해서 보이거나 숨기려는 트랙을 반대로 설정해 봅니다.

❸ **키프레임 활용:** 매트 클립의 크기, 위치, 모양 속성에 키프레임을 추가하면 역동적으로 움직이는 효과를 구현할 수 있습니다.

❹ **프리셋 활용:** 흑백 애니메이션 클립이나 텍스트 애니메이션 프리셋을 사용하면 작업 효율을 높일 수 있습니다.

마스크와 트랙 매트의 차이

트랙 매트는 두 트랙 사이의 관계를 설정하여 해당 클립 가시성을 제어하는 방식이고, 마스크는 하나의 클립 안에서 특정 영역을 선택하여 효과를 적용할 때 사용합니다.

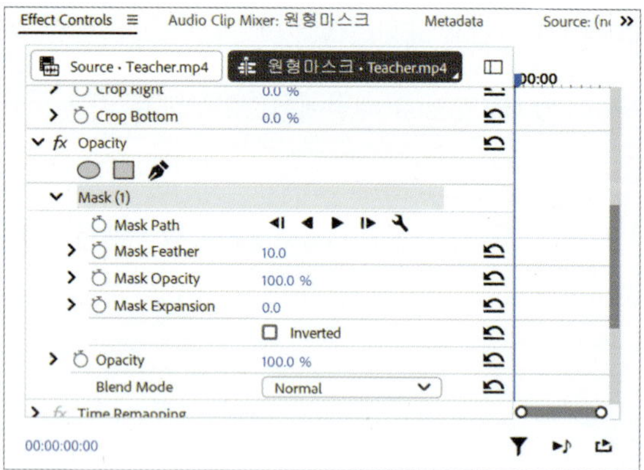

마스크 예시

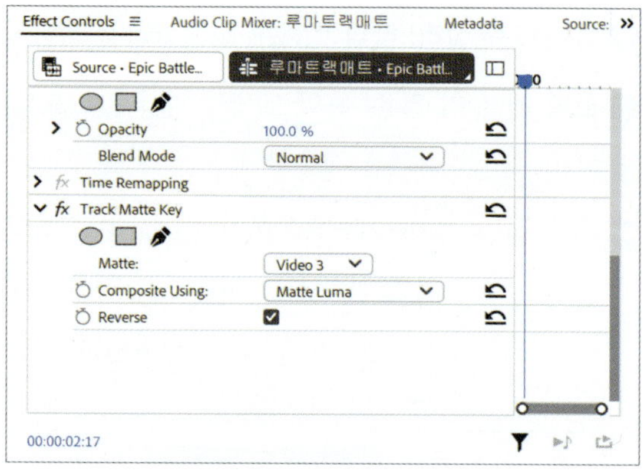

매트 예시

9.2 기본 마스크 기능으로 PIP 영상 만들기

실습 예제 01

• **예제 파일** : 09\09_2\원형마스크.prproj • **완성 파일** : 09\09_2\원형마스크_완성.mp4, 원형 마스크_완성.prproj

기본 마스크 기능을 활용하면 화면 안에 또 다른 영상을 배치하는 PIP(Picture in Picture) 효과를 만들 수 있습니다. 원형 마스크를 적용하여 PIP 영상을 제작하는 방법을 알아보겠습니다.

01 09 → 09_2 폴더에서 '원형마스크.prproj' 파일을 더블클릭하여 실행합니다. 프로젝트(Project) 패널이나 타임라인(Timeline) 패널에서 '원형마스크' 시퀀스를 선택합니다.

NOTE

작업 레이아웃 형태가 그림과 같지 않다면, '작업 영역(Workspaces)' 아이콘(◫)을 클릭한 다음 '편집(Editing)'을 선택하여 레이아웃을 변경합니다.

02 영상 위에 영상을 올리고 마스크를 활용해서 영상의 모양을 변경하겠습니다. 프로젝트(Project) 패널의 'Teacher.mp4' 영상 클립을 타임라인(Timeline) 패널의 V2 트랙으로 드래그하여 배치합니다.

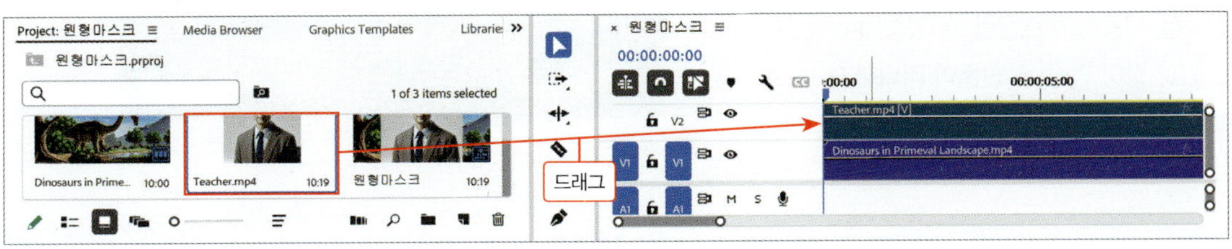

03 타임라인(Timeline) 패널에서 'Teacher.mp4' 클립이 선택된 상태로 효과 컨트롤(Effect Controls) 패널의 불투명도(Opacity) 항목에 있는 '타원 마스크 생성(Create Ellipse Mask)' 아이콘( )을 클릭합니다.

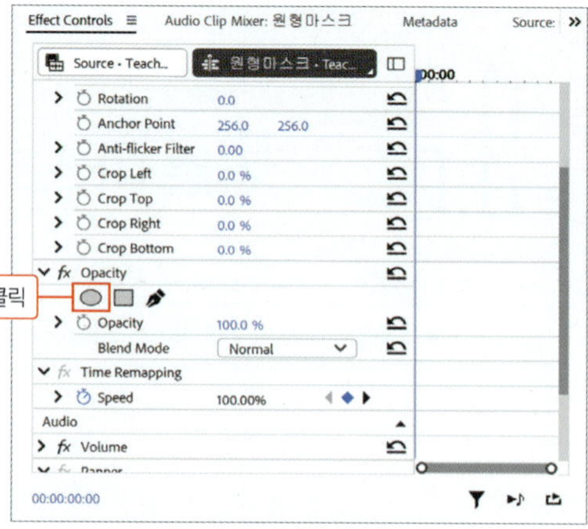

04 효과 컨트롤(Effect Controls) 패널의 불투명도(Opacity) 항목 아래에 마스크 (1)(Mask (1))이 생성됩니다. 프로그램 모니터(Program Monitor) 패널에서 생성된 마스크를 확인하고 원형 마스크 위의 점들을 클릭, 드래그하여 원형의 크기와 모양을 조정합니다.

05 프로그램 모니터(Program Monitor) 패널에서 생성된 마스크의 안쪽 면에 커서를 위치하면 손바닥 모양의 아이콘이 나타나는데, 이 상태로 드래그하면 마스크의 보이는 부분을 이동하여 조정할 수 있습니다. 그림과 같이 영상 속 인물이 머리까지 보이도록 자연스럽게 조정합니다.

06 마스크 페더(Mask Feather)를 '5', 마스크 확장(Mask Expansion)을 '10'으로 설정합니다. 수치를 변경하면 원의 모양이 잘릴 수 있으므로 마스크 안에 커서를 위치하고 드래그하여 마스크 영역 위치를 조정합니다.

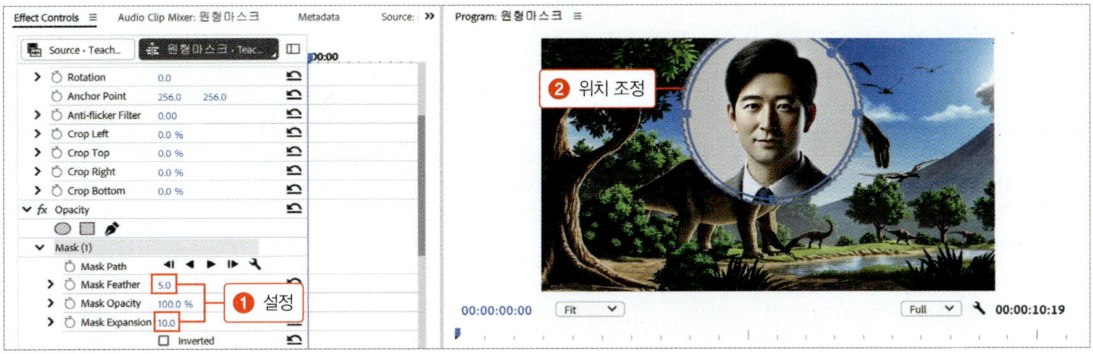

NOTE

마스크 페더(Mask Feather)를 설정하면 마스크 경계가 부드러워지며, 마스크 확장(Mask Expansion)을 설정하면 현재 마스크의 선택 영역을 확장할 수 있습니다.

TIP **마스크 영역 반전하기**

마스크 확장(Mask Expansion) 아래에 있는 '반전(Inverted)'을 체크 표시하면 마스크 영역이 반전됩니다.

07 조정이 완료되면 효과 컨트롤(Effect Controls) 패널에서 모션(Motion) 항목의 위치(Position)를 '710', '400', 비율 조정(Scale)을 '50'으로 설정하여 크기를 줄이고 화면의 오른쪽 하단에 적절하게 배치해 완성합니다.

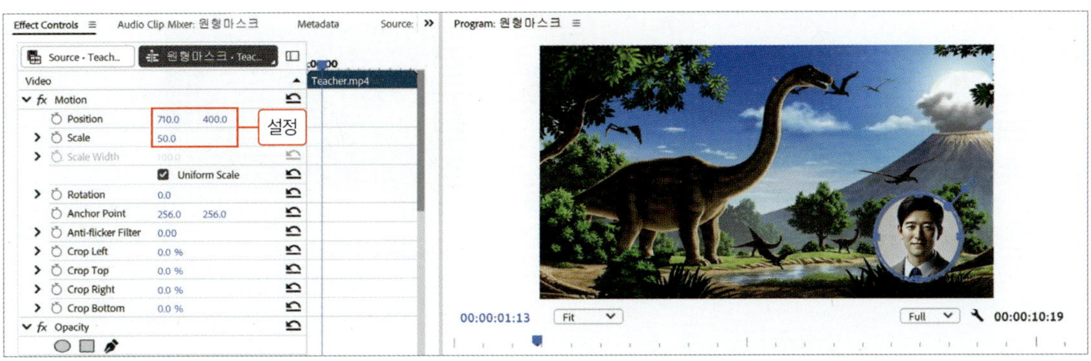

9.3 실습 예제 02 피사체 뒤로 텍스트 나타나게 만들기

• **예제 파일** : 09\09_3\피사체뒤텍스트.prproj • **완성 파일** : 09\09_3\피사체뒤텍스트_완성.mp4, 피사체뒤텍스트_완성.prproj

피사체 뒤로 텍스트가 자연스럽게 숨었다 나타나는 효과를 활용하면 영상에 깊이감을 더할 수 있습니다. 자유 드로우 마스크와 키프레임을 활용하여 이 효과를 만들어 보겠습니다.

자유 드로우 마스크 생성하기

01 09 → 09_3 폴더에서 '피사체뒤텍스트.prproj' 파일을 더블클릭하여 실행합니다. 프로젝트(Project) 패널이나 타임라인(Timeline) 패널에서 '피사체뒤텍스트' 시퀀스를 선택합니다.

NOTE

작업 레이아웃 형태가 그림과 같지 않다면, '작업 영역(Workspaces)' 아이콘(▢)을 클릭한 다음 '편집(Editing)'을 선택하여 레이아웃을 변경합니다.

02 도구(Tools) 패널에서 문자(Type) 도구(T)를 선택하고 프로그램 모니터(Program Monitor) 패널의 화면을 클릭하여 'The dinosaur is here!'를 입력합니다.

03 효과 컨트롤(Effect Controls) 패널의 텍스트(Text) 항목에서 글꼴(Font)을 'Serina'로 지정하고 글꼴 크기(Font Size)를 '70'으로 설정한 다음 색상을 '흰색(#FFFFFF)'으로 지정합니다.

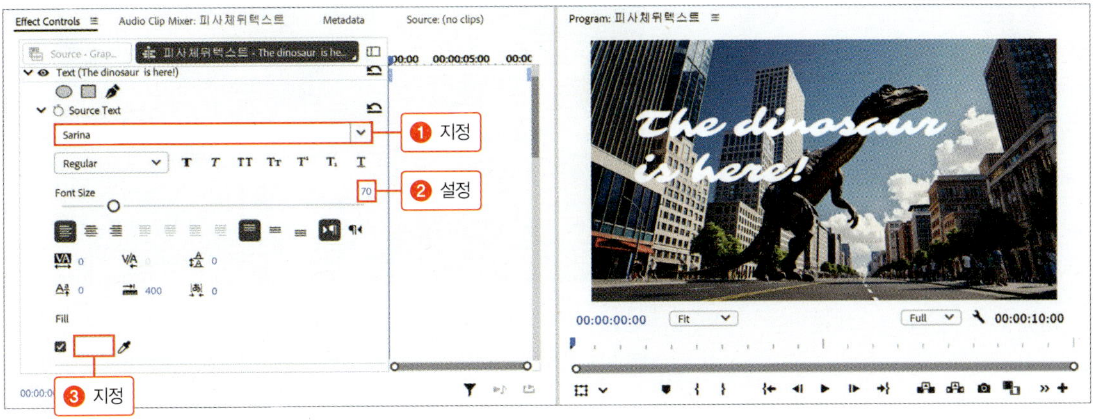

04 타임라인(Timeline) 패널의 V1 트랙에서 'Dinosaur Walks City.mp4' 영상 클립을 선택하고 Alt를 누른 상태로 V3 트랙으로 드래그하여 V1 트랙의 영상 클립을 복제합니다.

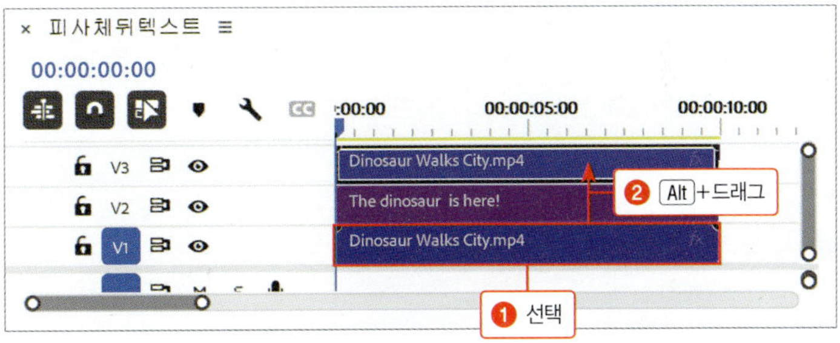

05 복제된 클립이 선택된 상태로 효과 컨트롤(Effect Controls) 패널의 불투명도(Opacity) 항목에서 '자유로운 그리기 베지어(Free draw bezier)' 아이콘(✎)을 클릭합니다. 프로그램 모니터(Program Monitor) 패널에서 공룡의 형태대로 마스크를 지정하고 마스크 페더(Mask Feather)를 '10'으로 설정하여 마스크 경계면을 부드럽게 합니다.

06 프로그램 모니터(Program Monitor) 패널에서 생성된 마스크의 점들과 점들에서 나오는 핸들을 클릭, 드래그하여 마스크 모양을 수정합니다.

NOTE

곡선을 조정할 때 핸들을 조정한다면 좀 더 부드러운 곡선을 만들 수 있어 정교한 마스크 작업이 가능합니다. 또한, Alt를 누른 상태로 핸들을 개별 조정해 정밀한 형태로 수정이 가능합니다.

마스크 키프레임 생성하기

01 영상에서 피사체가 움직이기 때문에 키프레임마다 마스크의 위치를 변경해야 합니다. 타임라인(Timeline) 패널에서 재생 헤드(Playhead)가 '0프레임'에 있는 것을 확인하고 효과 컨트롤(Effect Controls) 패널의 마스크(1)(Mask (1)) 항목에서 마스크 패스(Mask Path)의 '애니메이션 켜기/끄기(Toggle animation)' 아이콘(⏱)을 클릭하여 키프레임을 추가합니다.

02 10프레임 뒤로 재생 헤드(Playhead)를 이동하고 공룡의 형태대로 마스크 패스(Mask Path)를 수정하여 키프레임을 생성합니다.

03 같은 방법으로 10프레임 간격마다 재생 헤드(Playhead)를 이동해 위치한 다음 마스크 패스(Mask Path)를 수정하여 키프레임을 추가합니다.

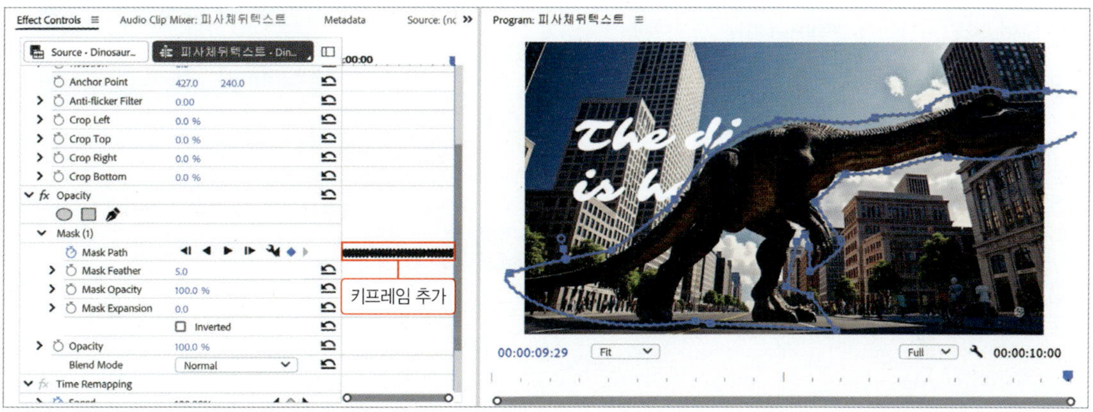

04 영상을 재생하여 확인하고 어색한 프레임은 마스크 패스를 수정해 완성합니다.

9.4 실습 예제 03
마스크 추적 기능으로 움직이는 영역 모자이크 처리하기

• **예제 파일** : 09\09_4\마스크추적.prproj • **완성 파일** : 09\09_4\마스크추적_완성.mp4, 마스크추적_완성.prproj

마스크 추적 기능을 활용하면 움직이는 객체에 정확하게 모자이크 효과를 적용할 수 있습니다. 마스크 추적을 이용해 움직이는 영역을 효과적으로 모자이크 처리하는 방법을 알아보겠습니다.

01 09 → 09_4 폴더에서 '마스크추적.prproj' 파일을 더블클릭하여 실행합니다. 프로젝트(Project) 패널이나 타임라인(Timeline) 패널에서 '마스크추적' 시퀀스를 선택합니다.

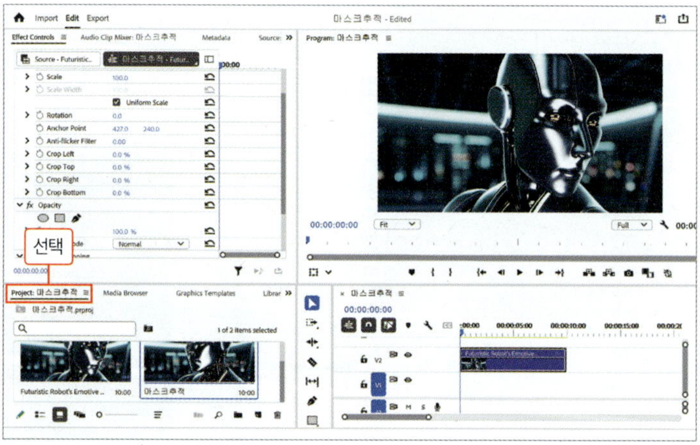

NOTE

작업 레이아웃 형태가 그림과 같지 않다면, '작업 영역(Workspaces)' 아이콘(□)을 클릭한 다음 '편집(Editing)'을 선택하여 레이아웃을 변경합니다.

02 재생 헤드(Playhead)를 '00:00:00:24'로 이동하여 정면을 보는 각도를 표시합니다. 영상 클립이 선택된 상태로 효과 컨트롤(Effect Controls) 패널의 불투명도(Opacity) 항목에서 '타원 마스크 만들기(Create ellipse mask)' 아이콘(◯)을 클릭하여 마스크를 생성하고 프로그램 모니터(Program Monitor) 패널에서 로봇의 얼굴에 적합하게 배치합니다.

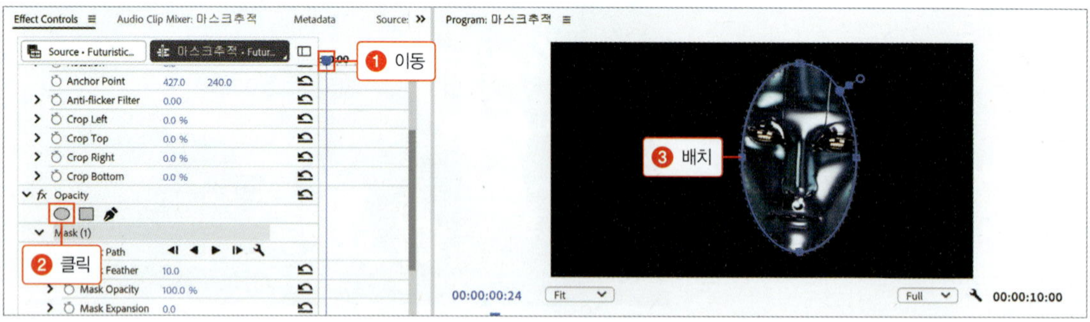

03 효과 컨트롤(Effect Controls) 패널의 불투명도(Opacity) 항목에서 마스크 (1)(Mask (1))이 생성되면 마스크 패스(Mask Path)의 '앞으로 추적(Track selected mask forward)' 아이콘(▶)을 클릭하여 마스크를 추적합니다.

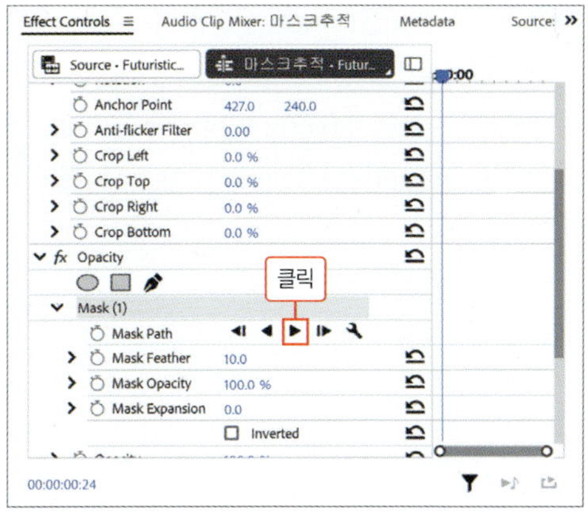

04 추적이 시작되면 트래킹(Tracking) 창이 표시됩니다. 진행 바가 완료가 될 때까지 기다리면 됩니다.

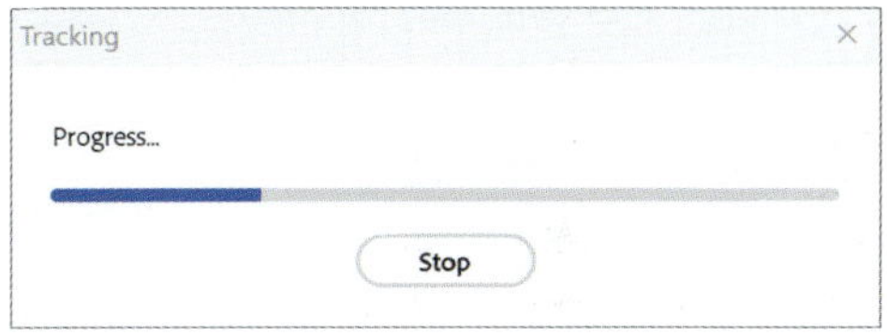

05 Spacebar를 눌러 영상을 재생해 추적이 제대로 이루어졌는지 확인합니다. 추적이 정확하지 않은 프레임의 경우, 마스크 영역을 수동으로 수정합니다.

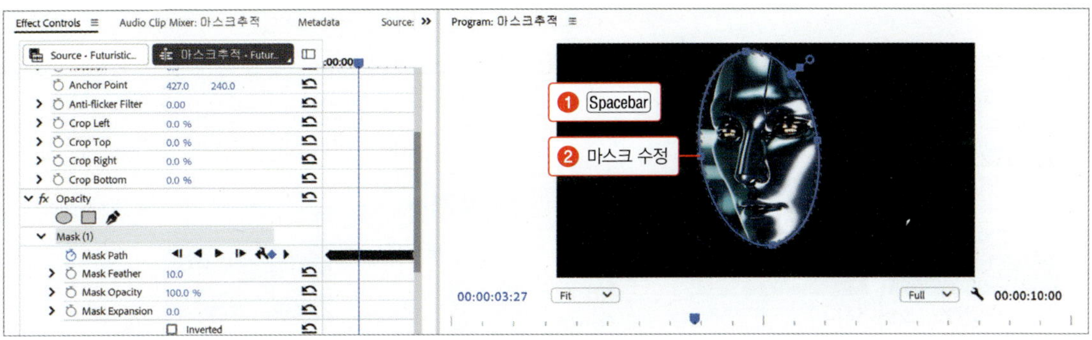

06 마스크 영역에 모자이크 효과를 적용하겠습니다. 효과(Effects) 패널에서 '모자이크(Mosaic)'를 검색하여 표시되는 효과를 V2 트랙의 영상 클립에 드래그하여 적용합니다.

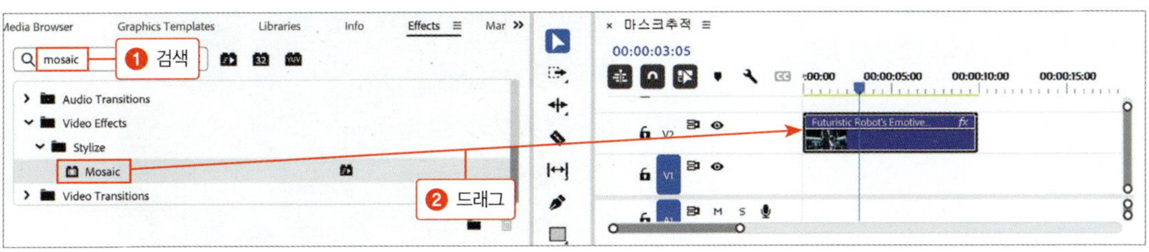

07 효과 컨트롤(Effect Controls) 패널의 모자이크(Mosaic) 항목에서 가로 블록 수(Horizontal Blocks)를 '60', 세로 블록 수(Vertical Blocks)를 '60'으로 설정하고 '선명한 색상(Sharp Colors)'을 체크 표시합니다.

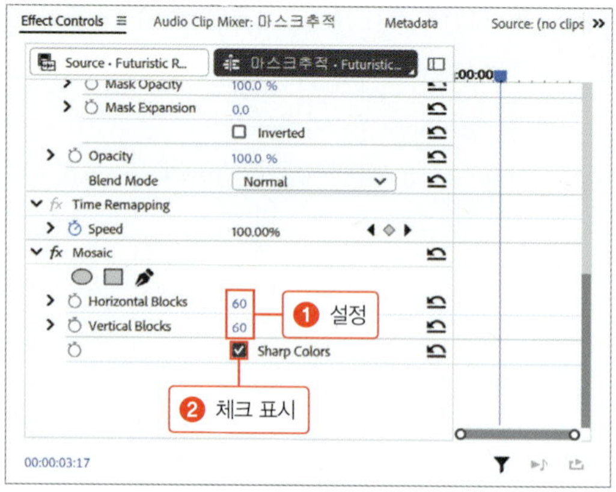

08 가로, 세로 블록 수에 따라 모자이크 픽셀의 크기가 변경되고, 모자이크 처리가 더욱 선명하고 색상이 강조된 상태로 적용되었습니다.

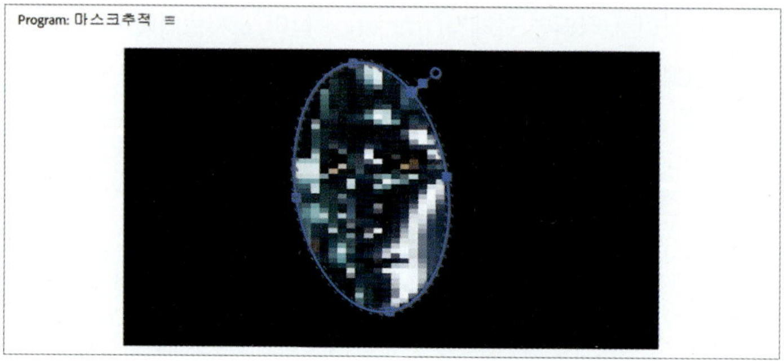

09 프로젝트(Project) 패널에서 'Futuristic Robot's Emotive Gaze.mp4' 영상 클립을 타임라인(Timeline) 패널의 V1 트랙으로 드래그하여 배치해 영상을 완성합니다.

10 프로그램 모니터(Program Monitor) 패널에서 재생하여 얼굴 영역이 잘 추적되었는지 확인합니다.

9.5

실습 예제 04

트랙 매트 키로 텍스트 안에 영상 넣기

• **예제 파일** : 09\09_5\트랙매트.prproj • **완성 파일** : 09\09_5\트랙매트_완성.mp4, 트랙매트_완성.prproj

트랙 매트 키(알파 매트)를 활용하면 텍스트 안에 영상을 삽입하여 독특한 시각적 효과를 연출할 수 있습니다. 트랙 매트 키를 이용해 텍스트 안에 영상을 넣는 방법을 알아보겠습니다.

01 09 → 09_5 폴더에서 '트랙매트.prproj' 파일을 더블클릭하여 실행합니다. 프로젝트(Project) 패널이나 타임라인(Timeline) 패널에서 '알파트랙매트' 시퀀스를 선택하고 '작업 영역(Workspaces)' 아이콘( )을 클릭한 다음 '캡션 및 그래픽(Caption and Graphic)'을 선택하여 레이아웃을 변경합니다.

02 V1 트랙의 영상 클립은 배경으로 사용될 영상입니다. 텍스트를 생성하기 위해 도구(Tools) 패널에서 문자(Type) 도구( )를 선택하고 프로그램 모니터(Program Monitor) 패널을 클릭하여 'DREAM'을 입력한 다음 다시 선택(Selection) 도구( )를 선택합니다.

03 속성(Properties) 패널의 텍스트(Text) 항목에서 글꼴(Font)을 'Black Han Sans', 글꼴 스타일(Font Style)을 'Regular'로 지정하고 글꼴 크기(Font Size)를 '140'으로 설정합니다.

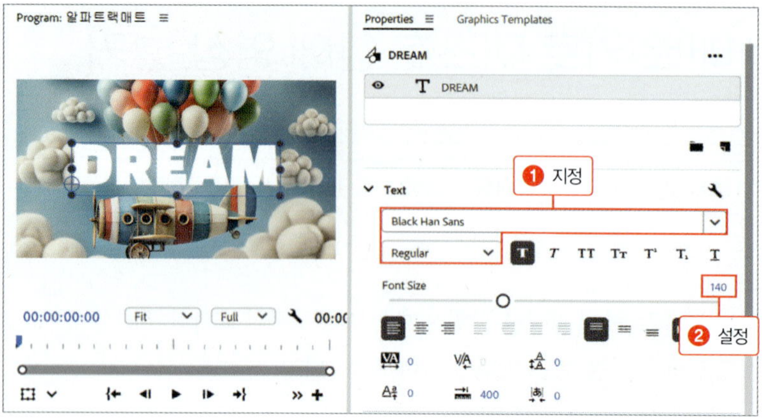

04 효과(Effects) 패널에서 비디오 효과(Video Effects) → 키잉(Keying) 폴더의 '트랙 매트 키(Track Matte Key)' 효과를 타임라인(Timeline) 패널의 V2 트랙 영상 클립으로 드래그하여 적용합니다.

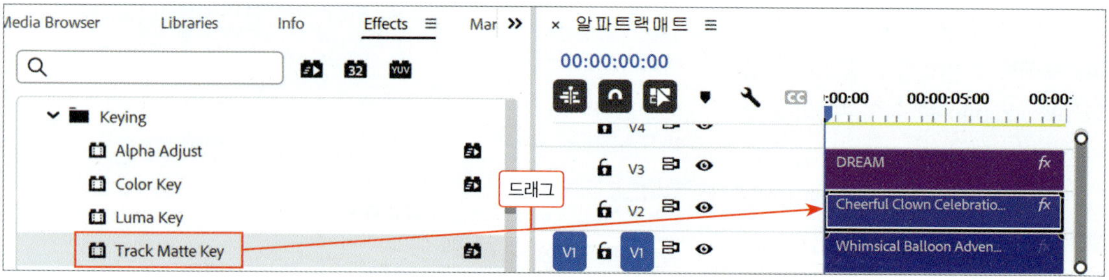

05 V2 트랙의 영상 클립이 선택된 상태로 효과 컨트롤(Effect Controls) 패널의 적용된 트랙 매트 키(Track Matte Key) 항목에서 매트(Matte)를 'Video 3'으로 지정하고 합성 사용(Composite Using)을 '알파 매트(Matte Alpha)'로 지정하여 영상을 확인합니다.

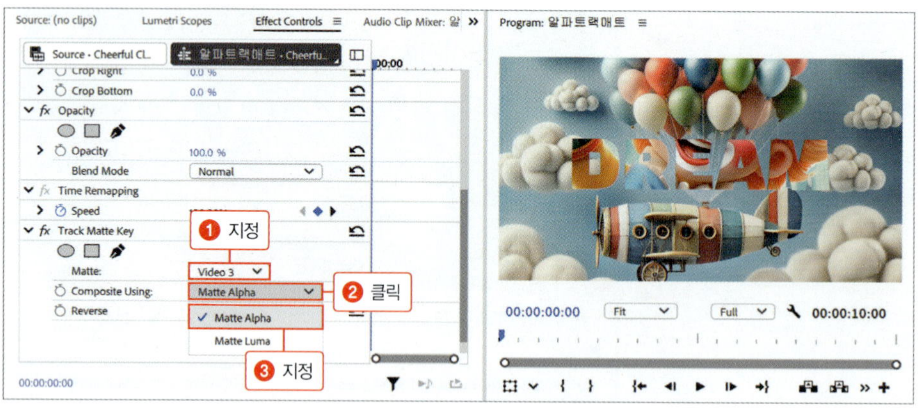

06 텍스트 주변에 선(Stroke)을 추가하기 위해 V3 트랙의 텍스트 클립을 선택하고 Alt를 누른 상태로 V4 트랙으로 드래그하여 텍스트 클립을 복제합니다.

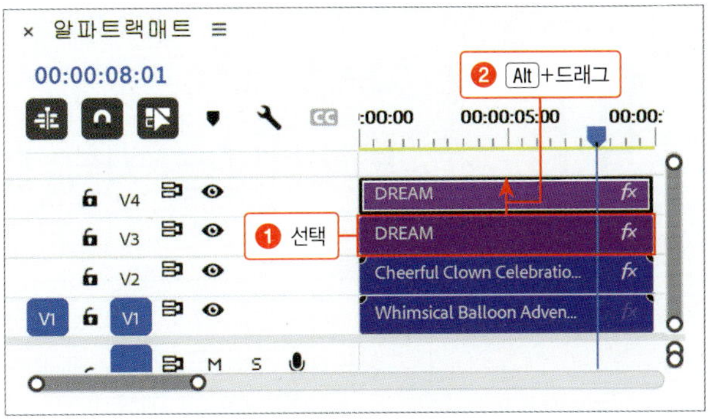

07 속성(Properties) 패널의 표현(Appearance) 항목에서 '칠(Fill)'을 체크 표시 해제하고 '선(Stroke)'을 체크 표시하여 텍스트에 선만 표시되도록 설정합니다.

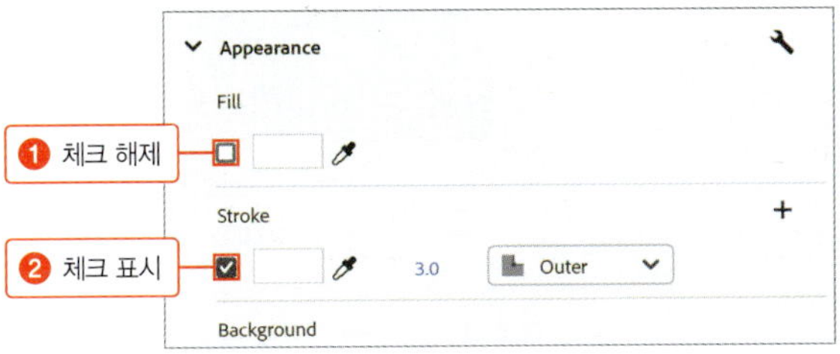

08 완성된 영상을 재생하면 텍스트 내부에 영상이 적용된 것을 확인할 수 있습니다.

9.6 트랙 매트 키로 애니메이션 만들기

실습 예제 05

• **예제 파일** : 09\09_6\알파트랙매트애니메이션.prproj
• **완성 파일** : 09\09_6\알파트랙매트애니메이션_완성.mp4, 알파트랙매트애니메이션_완성.prproj

트랙 매트 키(알파 매트)를 활용하면 다양한 애니메이션 효과를 연출할 수 있습니다. 트랙 매트 키를 이용하여 개성 있는 애니메이션을 만드는 방법을 알아보겠습니다.

분배하여 배치하고 트랙 매트 키 적용하기

01 09 → 09_6 폴더에서 '트랙매트.prproj' 파일을 더블클릭하여 실행합니다. 프로젝트(Project) 패널이나 타임라인(Timeline) 패널에서 '알파트랙매트애니메이션' 시퀀스를 선택합니다.

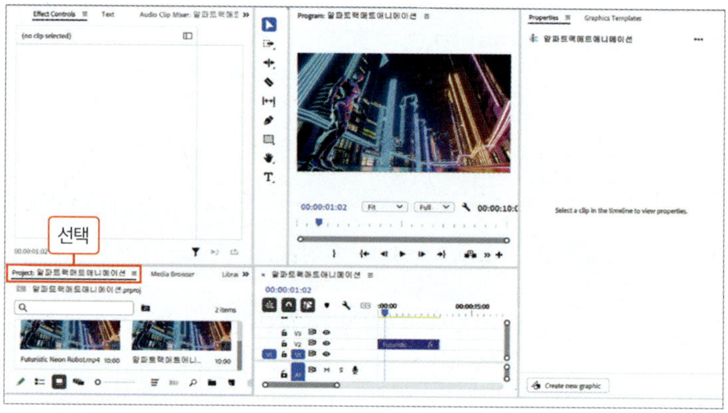

02 매트를 생성하기 위해 도구(Tools) 패널에서 사각형(Rectangle) 도구(□)를 선택하고 프로그램 모니터(Program Monitor) 패널에서 드래그하여 직사각형을 생성합니다.

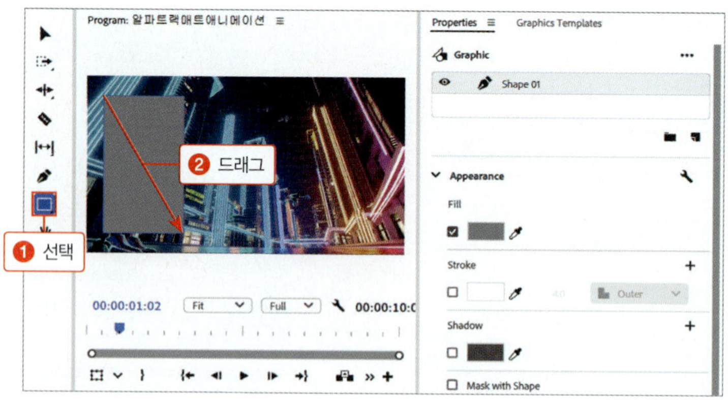

03 효과 컨트롤(Effect Controls) 패널에서 생성된 'Shape (Shape01)'을 선택하고 Ctrl+C를 눌러 복사한 다음 Ctrl+V를 2번 눌러 2개의 직사각형을 더 생성합니다.

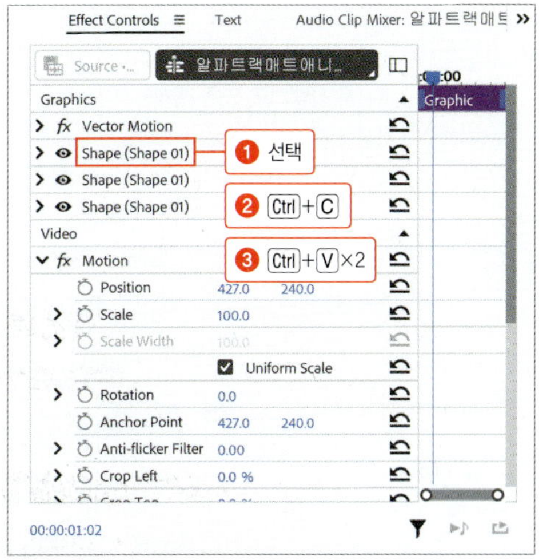

04 도구(Tools) 패널에서 선택(Selection) 도구(▶)를 선택하고 프로그램 모니터(Program Monitor) 패널에서 직사각형을 가로로 나열하듯 배치한 다음 모두 선택합니다.

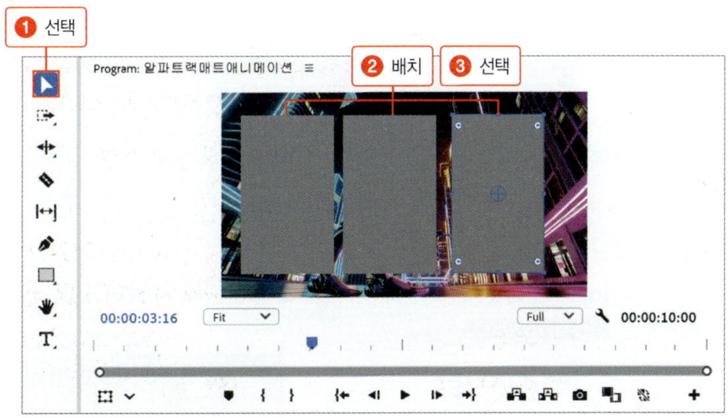

05 속성(Properties) 패널의 정렬 및 변형(Align and Transform) 항목에서 정렬(Align)의 '가로 가운데 맞춤(Align Center Horizontally)' 아이콘(⬛)과 분배(Distribute)의 '가로 분배(Distribute Horizontally)' 아이콘(⬛)을 클릭하여 정렬합니다.

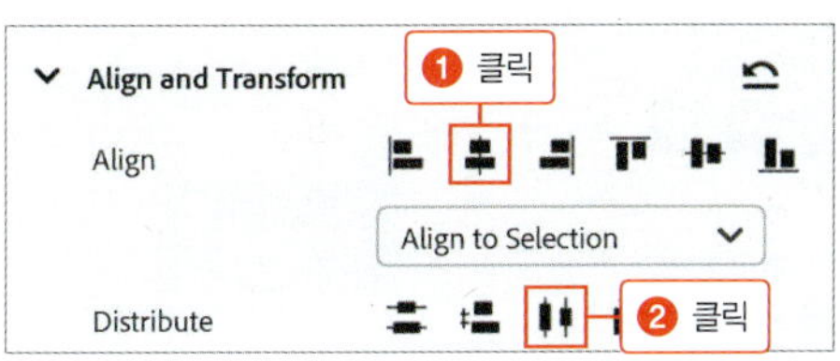

NOTE

분배(Distribute)는 선택되어 있는 객체들의 전체 길이를 기준으로 동일하게 간격을 주어 배치하는 기능입니다. 2개 이상의 객체를 선택했을 때 활성화되며, 3개 이상의 객체를 선택해야 사용할 수 있습니다.

06 효과(Effects) 패널에서 '트랙 매트 키(Track Matte Key)'를 검색하여 표시되는 효과를 타임라인(Timeline) 패널의 V2 트랙에 있는 영상 클립으로 드래그하여 적용합니다.

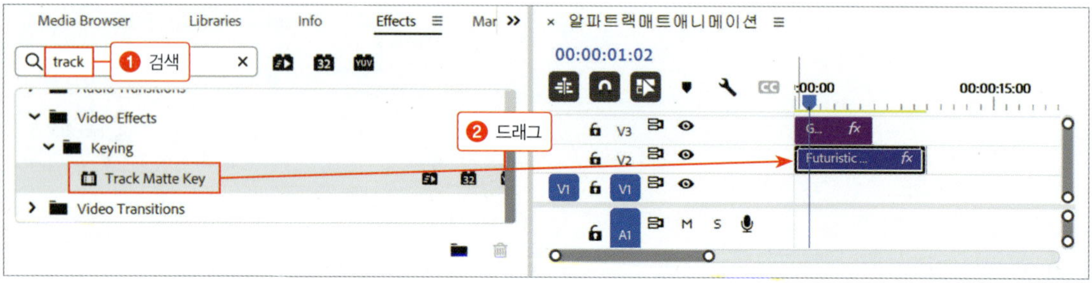

07 V2 트랙의 영상 클립이 선택된 상태로 효과 컨트롤(Effect Controls) 패널의 적용된 트랙 매트 키(Track Matte Key) 항목에서 매트(Matte)를 'Video 3', 합성 사용(Composite Using)을 '알파 매트(Matte Alpha)'로 지정하고 영상을 확인합니다.

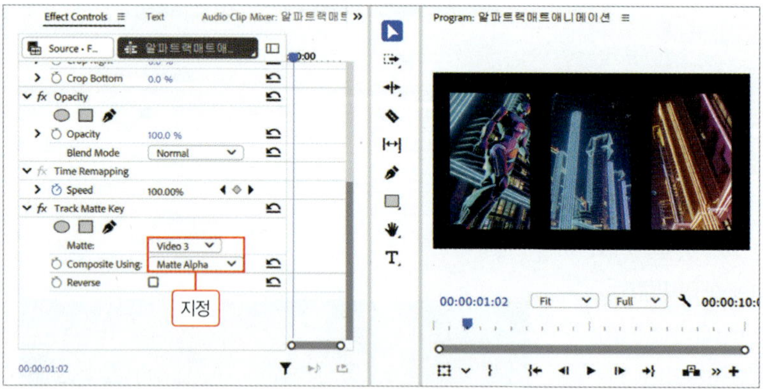

08 타임라인(Timeline) 패널의 V3 트랙에 있는 영상 클립을 V2 트랙에 있는 영상 클립 길이에 맞추어 늘려주고 V2 트랙에 있는 영상 클립을 선택합니다.

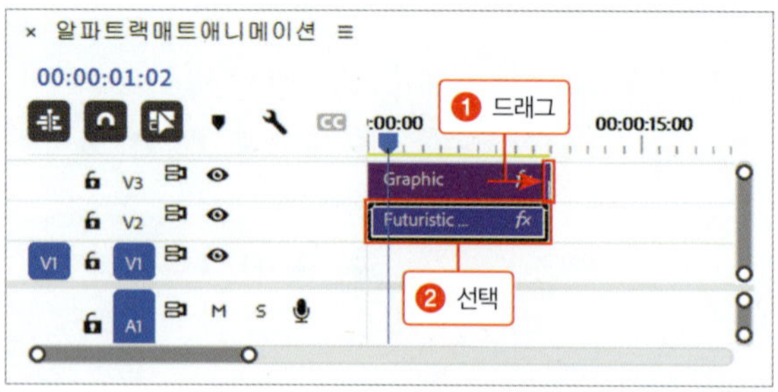

흐림 효과 적용 및 애니메이션 설정하기

01 효과 컨트롤(Effect Controls) 패널에서 두 번째 매트를 확장합니다.

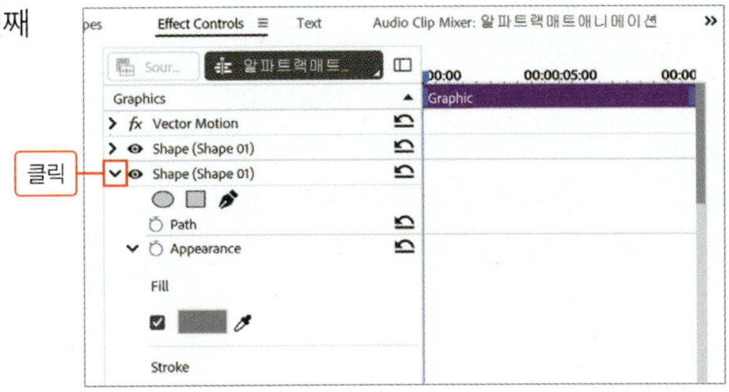

02 재생 헤드(Playhead)를 두 번째 매트에 피사체가 보이기 시작하는 시점인 '00:00:02:15'로 이동합니다. 불투명도(Opacity)를 '100%'로 설정하고 '애니메이션 켜기/끄기(Toggle animation)' 아이콘(⏱)을 클릭하여 키프레임을 추가합니다.

03 재생 헤드(Playhead)를 '00:00:00:00'으로 이동하고 불투명도(Opacity)를 '0%'로 설정하여 키프레임을 추가합니다.

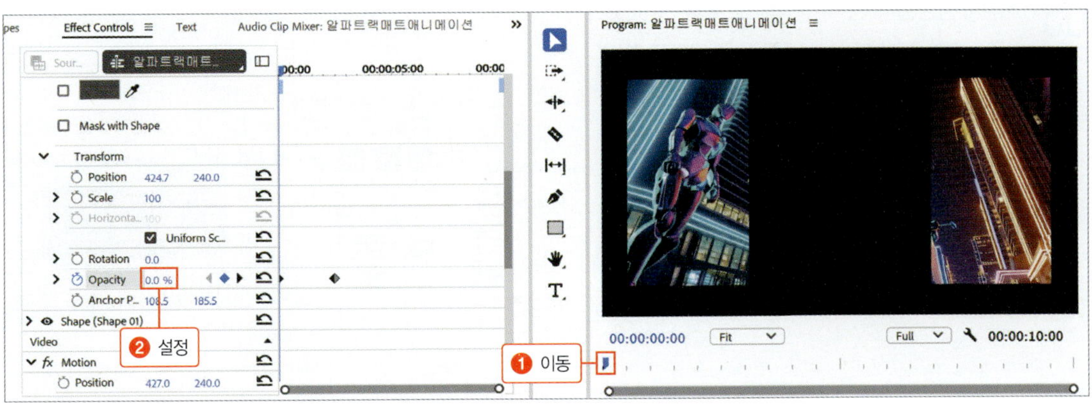

04 0프레임에서 2초 15프레임까지 매트가 서서히 나타나는 애니메이션이 완성되었습니다. 서서히 나타나는 애니메이션이 아닌, 즉시 나타나는 애니메이션을 만들기 위해 키프레임을 모두 선택하고 마우스 오른쪽 버튼을 클릭한 다음 '고정(Hold)'을 클릭합니다.

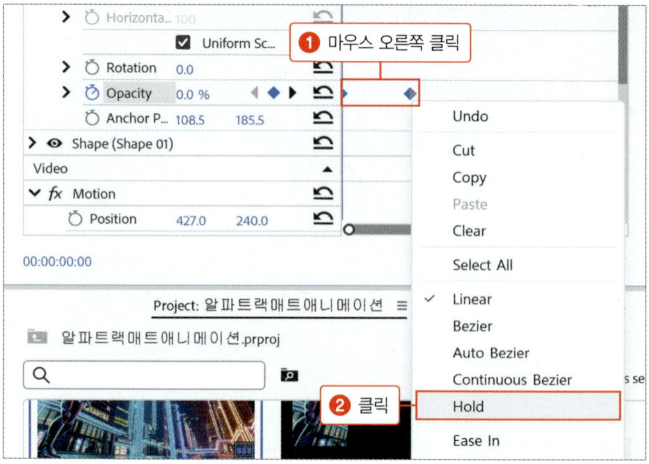

05 같은 방법으로 세 번째 매트의 불투명도(Opacity) 항목의 불투명도(Opacity)를 0초에 '0%', 6초 20프레임에 '100%'로 설정하고 키프레임에 '고정(Hold)'을 적용합니다.

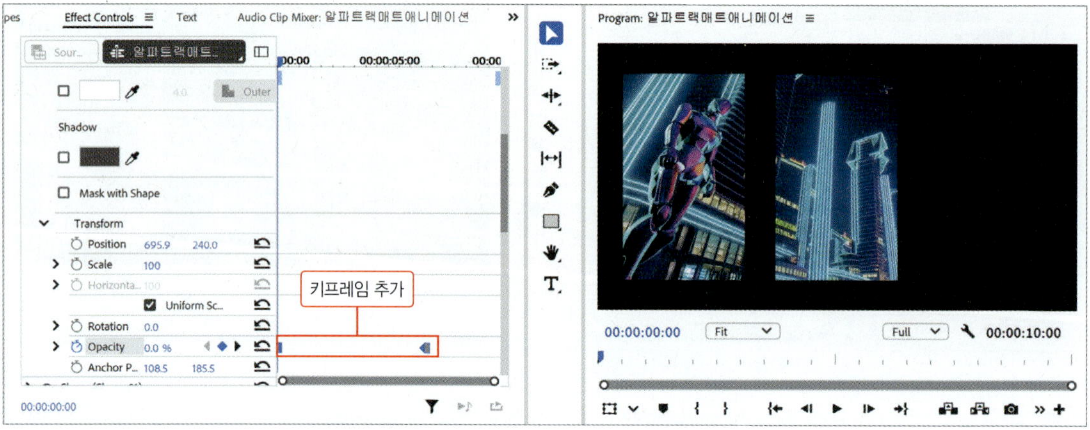

06 배경에 영상을 배치하기 위해 프로젝트(Project) 패널에서 'Futuristic Neon Robot.mp4' 영상 클립을 타임라인(Timeline) 패널의 V1 트랙으로 드래그합니다.

07 V1 트랙의 영상 클립이 선택되어 있는 상태로 효과 컨트롤(Effect Controls) 패널의 모션(Motion) 항목에서 비율 조정(Scale)을 '150'으로 설정하여 크게 만듭니다.

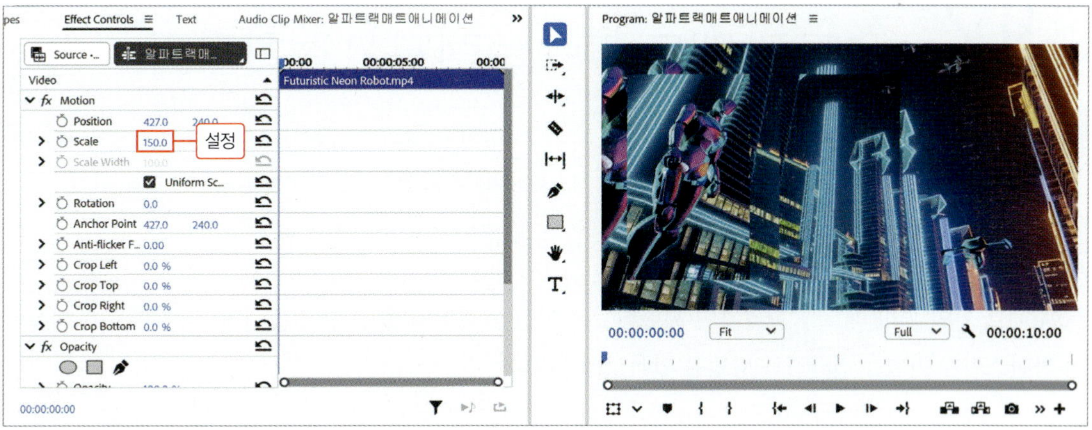

08 효과(Effects) 패널에서 '가우시안 흐림(Gaussian Blur)'을 검색하고 표시되는 효과를 V1 트랙의 영상 클립으로 드래그하여 적용합니다.

09 효과 컨트롤(Effect Controls) 패널에서 가우시안 흐림(Gaussian Blur) 항목의 흐림 정도(Blurriness)를 '20'으로 설정합니다. 재생해 보고 어색한 부분은 수정하여 완성합니다.

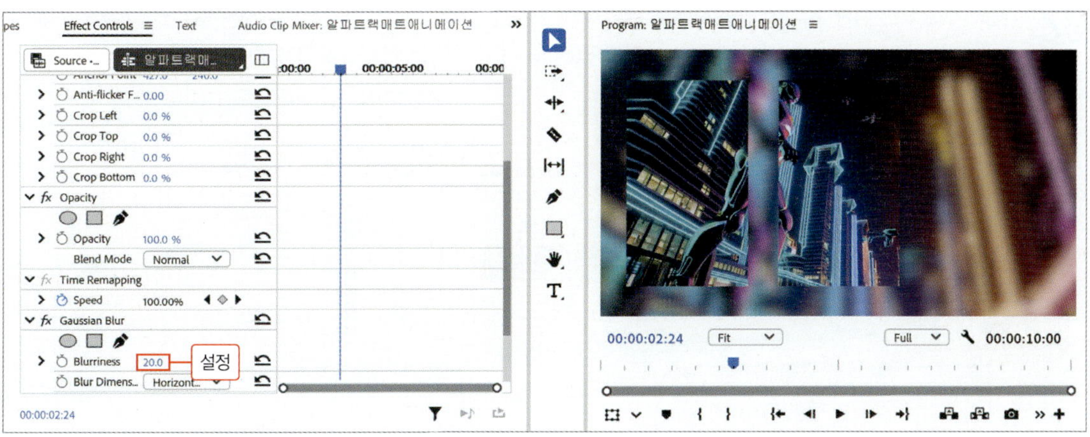

9

마스크와 트랙 매트를 이용한 합성 기능

9.7 실습 예제 06 트랙 매트 키로 트랜지션 전환하기

• **예제 파일** : 09\09_7\루마트랙매트.prproj • **완성 파일** : 09\09_7\루마트랙매트_완성.mp4, 루마트랙매트_완성.prproj

트랙 매트 키의 루마 매트를 활용하면 세련된 트랜지션 효과를 연출할 수 있습니다. 루마 매트를 이용하여 자연스럽게 화면을 전환하는 방법을 알아보겠습니다.

01 09 → 09_7 폴더에서 '루마트랙매트.prproj' 파일을 더블클릭하여 실행합니다. 프로젝트(Project) 패널이나 타임라인(Timeline) 패널에서 '루마트랙매트' 시퀀스를 선택합니다.

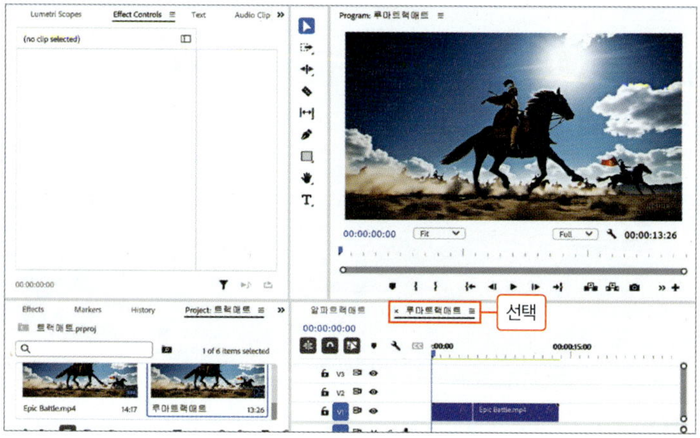

02 V1 트랙에 있는 영상 클립을 트랜지션에 적합하게 배치하겠습니다. V1 트랙의 첫 번째 클립은 그대로 두고, 두 번째 클립을 V2 트랙으로 배치합니다. 그림과 같이 두 클립이 약간 겹치도록 조정합니다.

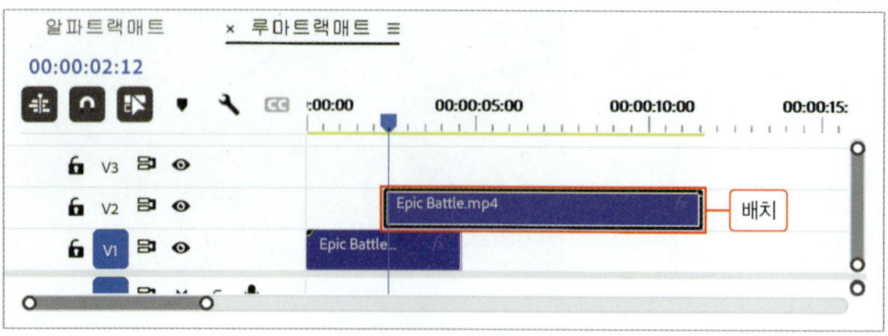

03 프로젝트(Project) 패널에서 트랜지션 용 루마 매트 애니메이션 영상 파일(흑백 영상)인 'Ink.mp4' 영상 클립을 V3 트랙으로 드래그하고 V1, V2 트랙에 있는 두 클립의 겹치는 구간에 맞게 길이를 조정합니다.

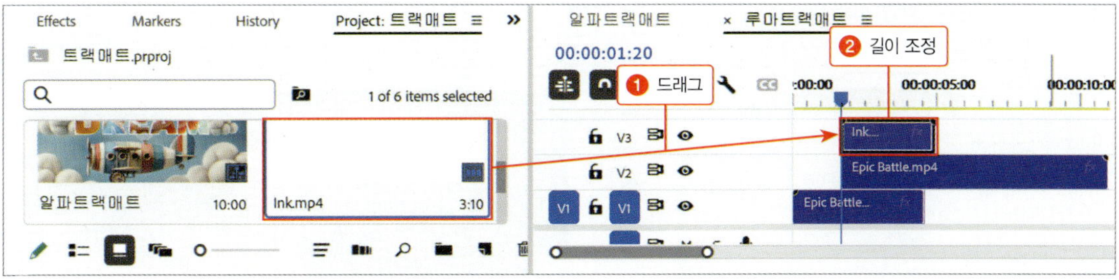

TIP 루마 매트 애니메이션 영상 파일 알아보기

루마 매트 애니메이션 영상 파일인 'Ink.mp4'는 흰색과 검은색으로 이루어진 영상입니다.

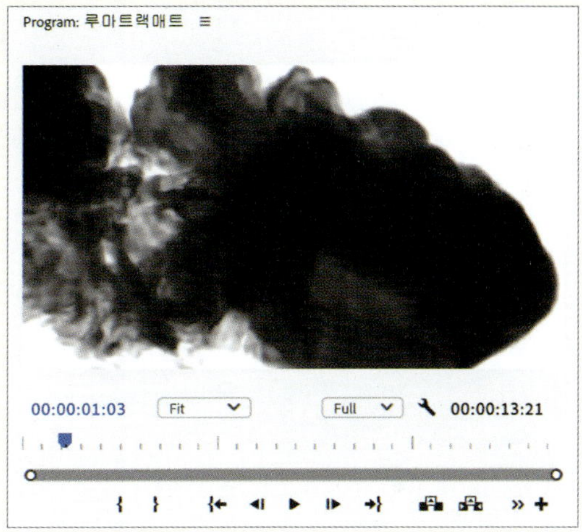

04 이펙트(Effects) 패널에서 '트랙 매트 키(Track Matte Key)'를 검색하여 표시되는 효과를 타임라인(Timeline) 패널의 V2 트랙에 있는 영상 클립으로 드래그하여 적용합니다.

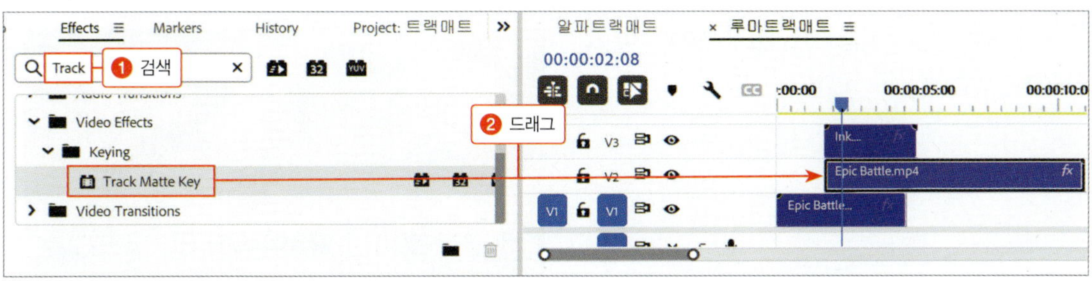

05 V2 트랙의 영상 클립이 선택된 상태로 효과 컨트롤(Effect Controls) 패널의 적용된 트랙 매트 키(Track Matte Key) 항목의 매트(Matte)를 'Video 3', 합성 사용(Composite Using)을 '루마 매트(Matte Luma)'로 지정한 다음 영상을 확인합니다.

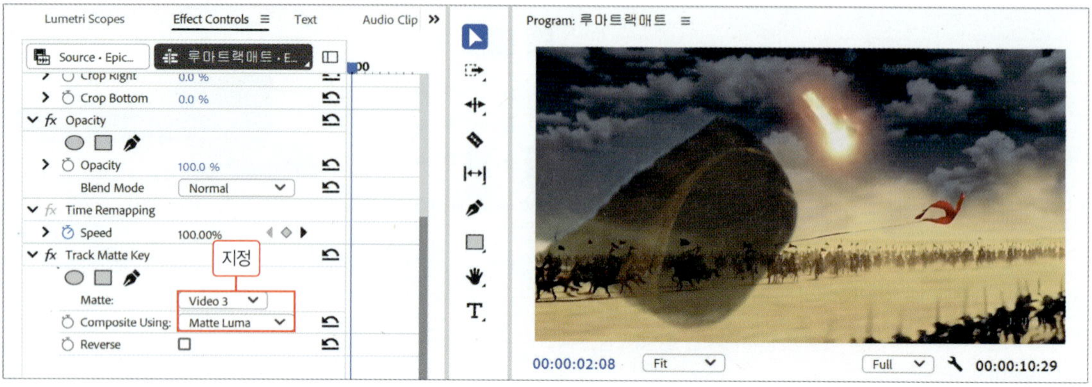

06 반전한 영상이 더 자연스러우므로 '반전(Reverse)'을 체크 표시합니다.

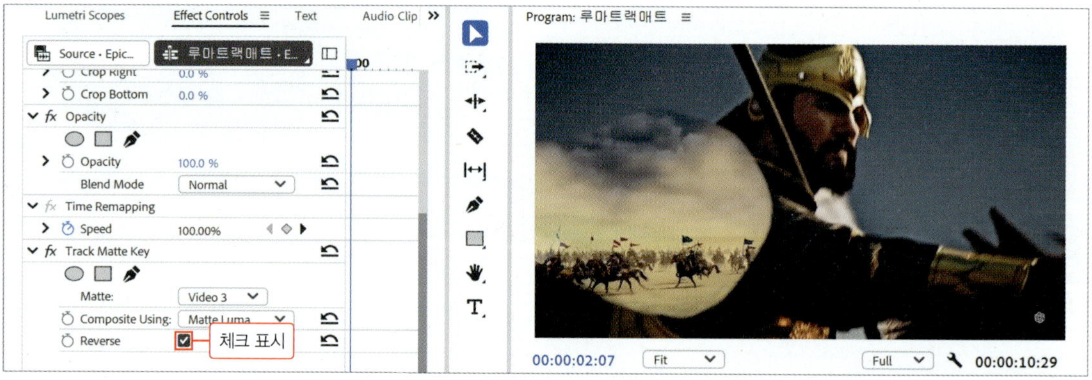

07 완성된 영상을 재생하여 확인하면 루마 매트가 화면 전환 요소로 자연스럽게 적용된 것을 확인할 수 있습니다.

9.8 트랙 매트 키로 이중 노출 효과 만들기

실습 예제 07

• **예제 파일** : 09\09_8\이중노출효과.prproj • **완성 파일** : 09\09_8\이중노출효과_완성.mp4, 이중노출효과_완성.prproj

트랙 매트 키의 루마 매트를 활용하면 감각적인 이중 노출 효과를 연출할 수 있습니다. 루마 매트를 이용하여 2개의 영상을 자연스럽게 합성하는 방법을 알아보겠습니다.

01 09 → 09_8 폴더에서 '이중노출효과.prproj' 파일을 더블클릭하여 실행합니다. 프로젝트(Project) 패널이나 타임라인(Timeline) 패널에서 '이중노출효과' 시퀀스를 선택합니다.

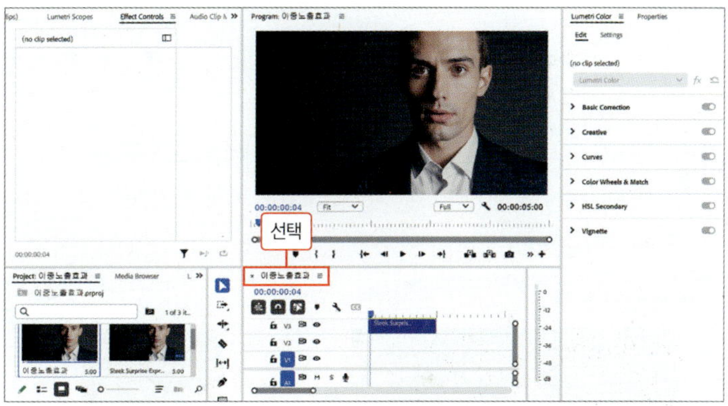

NOTE

작업 레이아웃 형태가 그림과 같지 않다면, '작업 영역(Workspaces)' 아이콘(▣)을 클릭한 다음 '색상(Color)'을 선택하여 레이아웃을 변경합니다.

02 루마 트랙 매트의 활용은 영상의 배경이 단색의 단순한 배경일수록 진행이 잘 됩니다. 영상을 흰색, 검은색에 가깝도록 단순화시키기 위해 효과를 추가하겠습니다. 효과(Effects) 패널에서 '포스터화(Posterize)'를 검색하여 표시되는 효과를 V3 트랙에 있는 영상 클립에 드래그하여 적용합니다.

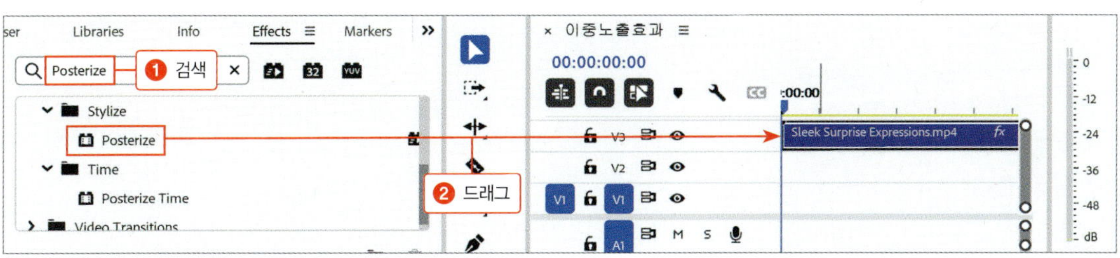

03 효과 컨트롤(Effect Controls) 패널에서 포스터화(Posterize) 항목의 레벨(Level)을 '2'로 설정하여 색 표현을 단순화시킵니다.

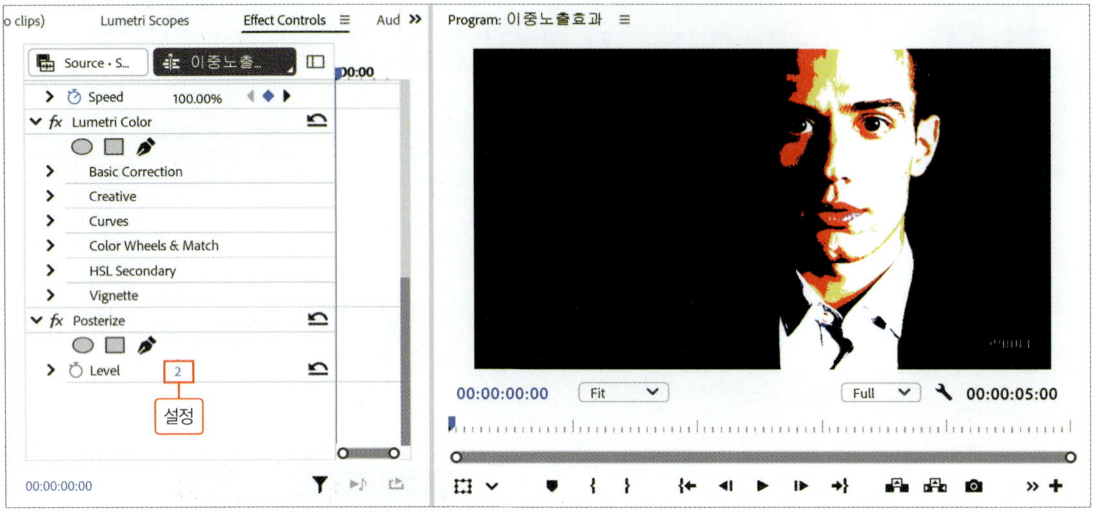

04 Lumetri 색상(Lumetri Color) 패널의 기본 교정(Basic Correction) 항목에서 라이트(Light)의 노출(Exposure)과 하이라이트(Highlights)를 높게 조절하여 밝은 영역을 더욱 강조하고, 대조(Contrast)를 높여 명암의 대비를 강화합니다.

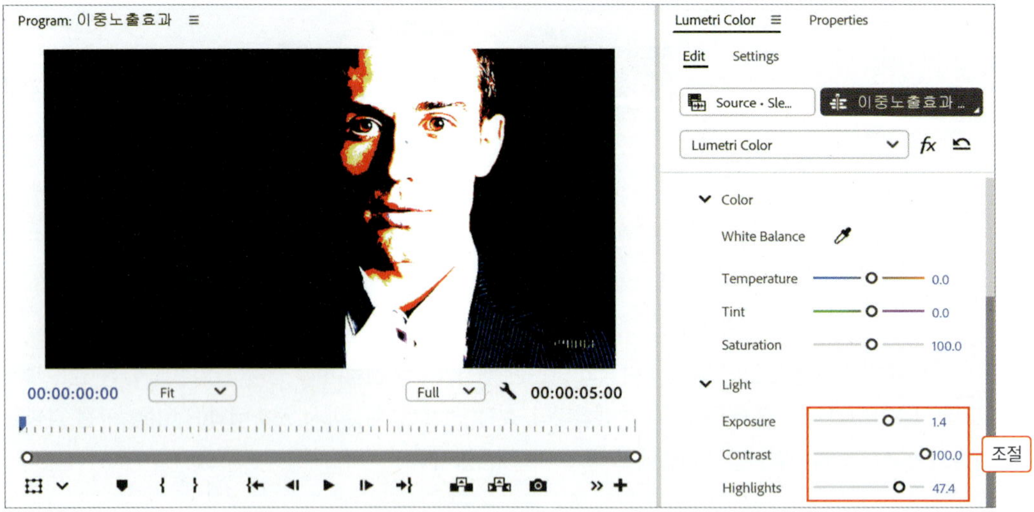

NOTE

루마 매트는 검은색과 흰색의 대비가 뚜렷할수록 효과가 더욱 잘 드러나기 때문에 이러한 작업을 수행합니다.

05 프로젝트(Project) 패널에서 'Magical Unicorn.mp4' 영상 클립을 타임라인(Timeline) 패널의 V2 트랙으로 드래그하여 배치합니다.

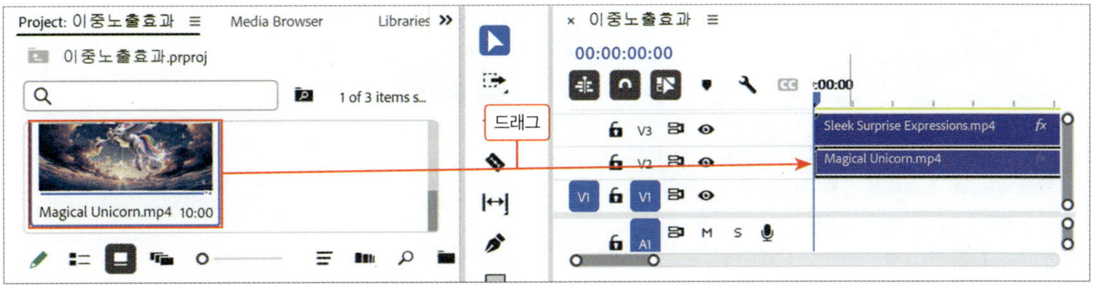

06 효과(Effects) 패널에서 '트랙 매트 키(Track Matte Key)'를 검색하여 표시되는 효과를 타임라인(Timeline) 패널의 V2 트랙에 있는 영상 클립에 드래그하여 적용합니다.

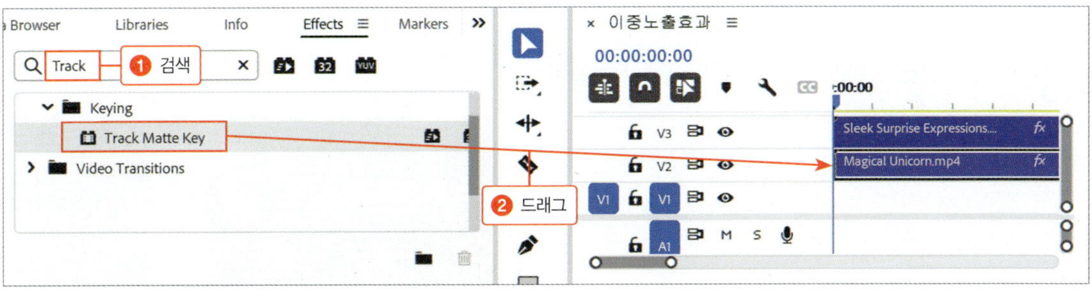

07 효과 컨트롤(Effect Controls) 패널의 트랙 매트 키(Track Matte Key) 항목에서 매트(Matte)를 변형한 영상 클립이 있는 'Video 3', 합성 방법(Composite Using)을 '루마 매트(Matte Luma)'로 지정합니다. 밝은 부분에는 영상이 보이고 어두운 영역에는 영상이 보이지 않는 것을 확인할 수 있습니다.

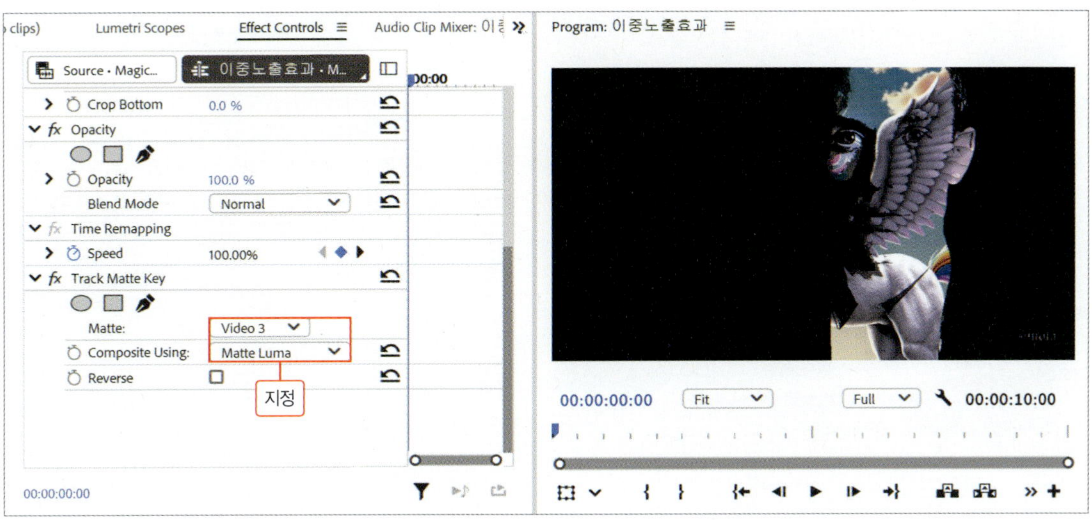

08 프로젝트(Project) 패널에서 'Sleek Surprise Expressions.mp4' 영상 클립을 타임라인(Timeline) 패널의 V1 트랙으로 드래그하여 배치합니다.

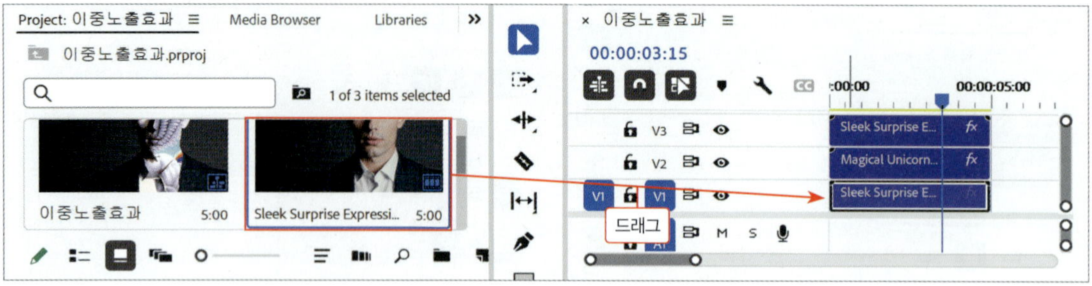

NOTE

이렇게 배치하면 변경된 영상과 원본 영상이 자연스럽게 합성되어 더욱 자연스러운 표현이 가능합니다.

09 완성한 영상을 재생하면 피사체 영역에만 합성이 적용된 것을 확인할 수 있습니다.

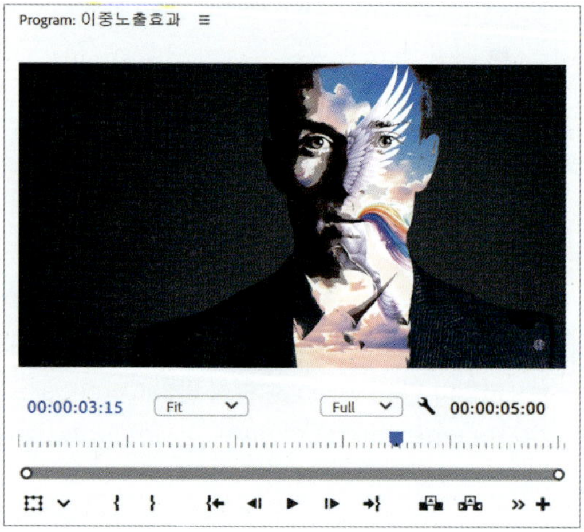

NOTE

이중 노출 효과(Double Exposure Effect)는 서로 다른 2개의 영상을 겹쳐 하나의 프레임에 동시에 노출되도록 하는 기법입니다. 이를 통해 독특하고 예술적인 분위기를 연출할 수 있으며, 초자연적이거나 몽환적인 느낌을 강조하는 데 활용됩니다. 또한, 인물의 내면 심리를 암시하거나 정신세계와 무의식을 표현하는 수단으로 사용되기도 합니다.

연습 문제 |

01 마스크 효과를 적용한 영상 자료를 찾아보고, 그와 유사하게 마스크 효과를 적용할 만한 영상을 구상합니다. 필요한 영상 소스를 소라에서 생성하고 프리미어 프로로 불러와 새 시퀀스를 생성한 다음 마스크 효과를 적용해 보세요.

02 알파 트랙 매트를 효과적으로 활용하기 위한 영상을 구상합니다. 필요한 영상 소스를 소라에서 생성하고 프리미어 프로로 불러와 새 시퀀스를 생성한 다음 알파 트랙 매트 효과를 적용해 보세요.

03 루마 트랙 매트를 효과적으로 활용하기 위한 영상을 구상합니다. 필요한 영상 소스를 소라에서 생성하고 프리미어 프로로 불러와 새 시퀀스를 생성한 다음 루마 트랙 매트 효과를 적용해 보세요.

WEEK 10

다양한 영상 합성과 효과 적용

학 습 목 표

키잉(Keying)은 특정 색상이나 명도를 기준으로 화면 일부분을 투명하게 만들어 배경을 드러내거나 다른 영상과 합성하는 기법입니다. 영상 효과(Video Effects)는 원본 영상에 시각적 변화를 추가하는 기술로, 프리미어 프로의 효과(Effects) 패널을 통해 다양한 효과를 적용할 수 있습니다. 많은 디지털 영상 효과는 아날로그 영상 시대의 기술을 기반으로 발전해 왔습니다. 이를 바탕으로 프리미어 프로에서 키잉 기법과 함께 스트로브, 아날로그, 글리치 효과 등 다양한 영상 효과를 실습합니다.

10.1 키잉을 이용한 합성 기법

키잉(Keying)은 영상 합성 방식 중에서 특정 색상이나 명도를 기준값(Key)으로 설정해서 화면의 일부분을 투명하게 만들어 배경을 드러내거나, 다른 영상과 합성하는 기법입니다. 키 합성은 영화, 방송, 뉴스, 광고, 유튜브 영상 제작 등 광범위하게 사용됩니다. 키 합성의 대표적인 유형으로는 컬러 기준의 크로마 키(Chroma Key)와 명도 기준의 루마 키(Luma Key) 등이 있습니다.

❶ **크로마키(Chroma Key)**: 영상의 특정 색상을 제거해서 투명하게 처리하는 방식으로 녹색(그린 스크린) 또는 파란색(블루 스크린) 배경을 지워서 피사체를 분리하는 기법을 자주 사용합니다. 크로마키는 전면 영상에서 지정된 색상의 픽셀들을 찾아내서 해당 영역을 투명하게 만들어 배경의 영상과 합성하는 방법입니다. 여기서 녹색이나 파란색을 배경으로 촬영하는 이유는 사람의 피부나 의상에서 흔히 사용되지 않는 색상이기 때문입니다.

- **장점**: 배경 색상이 뚜렷하면 합성의 정확도가 높고 실시간 합성에도 적합합니다.
- **단점**: 배경과 피사체의 색상이 비슷하거나 조명이 균일하지 않으면 합성 효과가 어색해집니다.

❷ **루마 키(Luma Key)**: 영상의 특정 밝기(명도)를 제거해서 투명하게 처리하는 방식으로, 배경 영상과 합성합니다. 전면 영상의 특정 밝기를 지정하여 투명 처리하는 기법이며 주로 흑백 영상이나 조명 효과를 합성할 때 사용합니다.

- **장점**: 명도 대비가 클 경우에는 투명한 영역으로 분리하기 편합니다.
- **단점**: 영상의 밝기 정도가 명확하지 않거나 복잡하면 합성의 정확도가 감소됩니다.

키잉 과정에서의 고려 사항

키잉을 활용하기 전에 먼저 고려해야 할 중요한 요소들을 살펴보겠습니다.

❶ **배경 색상의 균일화**: 제거할 배경의 색상이 일정해야 합성에 유리하므로 조명을 균일하게 유지해야 합니다. 강한 그림자나 복잡한 배경은 키 합성의 품질을 저하할 수 있으므로 주의해야 합니다. 생성형 AI로 영상을 생성할 때는 조명과 그림자 관계를 고려하여 배경 색상이 균일하게 나타나도록 프롬프트를 입력해야 합니다.

❷ **키 색상 선택**: 제거할 배경 색상은 주요 피사체와 명확히 구분되는 색상을 선택해야 합니다. 예를 들어, 녹색 배경 앞에서 출연자가 초록색 옷을 입었다면 키잉 적용이 어렵습니다.

❸ **알파 채널(Alpha Channel)**: 키잉 작업을 통해 배경이 삭제되어 투명도 데이터를 포함하는 매트 레이어를 알파 채널이라고 합니다. 영상 합성이 자연스러워 보이도록 경계선 부분을 부드럽게 처리하면 도움이 됩니다.

❹ **색 번짐(Spill) 제거**: 키잉 합성 과정에서 배경 색상이 피사체에 반사되어 가장자리가 번지는 현상을 의미합니다. 추가적인 보정 작업으로 색이 번진 부분을 처리해야 자연스러운 결과물이 완성됩니다.

프리미어 프로에서 활용 가능한 키잉의 종류

프리미어 프로에서 키잉은 효과(Effects) 패널에 있는 비디오 효과(Video Effects) 폴더의 키잉(Keying) 폴더에서 키 합성을 적용할 수 있습니다.

❶ **울트라 키(Ultra Key)**: 프리미어 프로의 대표적인 키잉 효과로 크로마키(Chroma Key) 작업에 주로 사용하며, 녹색(그린 스크린) 또는 파란색(블루 스크린) 배경을 제거하는 데에 적합합니다.

- **설정 옵션**:
  - **키 색상(Key Color)**: 제거할 색상을 선택(녹색 또는 파란색의 배경색 지정)합니다.
  - **매트 생성(Matte Generation)**: 투명도, 대비, 불투명도 등을 조정하여 키잉의 정확도를 향상합니다.
  - **매트 정리(Matte Cleanup)**: 알파 채널 매트의 가장자리를 부드럽게 조정합니다.
  - **번짐 억제(Spill Suppression)**: 피사체 주변의 색 번짐(Spill)을 줄입니다.
  - **색상 교정(Color Correction)**: 전체적인 채도, 색조, 광도를 조정합니다.

❷ **색상 키(Color Key)**: 특정 색상을 지정하여 제거하는 효과로 울트라 키(Ultra Key)보다 간단한 작업에 적합합니다.

- **설정 옵션**:
  - **키 색상(Key Color)**: 제거할 색상 지정합니다.
  - **색상 허용치(Color Tolerance)**: 선택한 색상 범위를 확장 또는 축소합니다.
  - **가장자리 얇게(Edge Thin)**: 가장자리 두께를 조정합니다.
  - **가장자리 페더(Edge Feather)**: 가장자리 부드럽게 처리합니다.

❸ **루마 키(Luma Key)**: 영상의 밝기(명도)를 기준으로 특정 픽셀들을 투명하게 처리하는 기법으로 어두운 부분이나 밝은 부분을 제거하거나 분리할 때 사용합니다.

- **설정 옵션**:
  - **고대비(Threshold)**: 밝기 민감도를 설정합니다.
  - **차단(Cutoff)**: 투명 처리가 시작되는 명도 수준을 조정합니다.

❹ 알파 조정(Alpha Adjust): 알파 채널(투명 매트)을 직접 조정합니다.

- **설정 옵션**:
  - **불투명도(Opacity)**: 투명도를 조절합니다.
  - **알파 무시(Ignore Alpha)**: 기존의 알파 채널(투명도 정보)을 무시하고 전체 영상을 불투명하게 만듭니다.
  - **알파 반전(Invert Alpha)**: 알파 채널을 반전하여 투명 영역을 반대로 설정합니다.
  - **마스크만(Mask Only)**: 알파 채널의 형태만 흰색으로 표시하고 나머지는 검은색으로 보여 주는 방식으로, 마스크 형태를 확인하는 데에 유용합니다.

NOTE

블렌드 모드(Blend Mode)는 2개 이상의 레이어를 합성할 때 픽셀 간의 색상, 명도, 대비 등을 설정하는 유형입니다. 다양한 블렌딩 모드를 적용하면 시각적 효과를 손쉽게 연출할 수 있으므로 사진, 영상, 그래픽 작업에서 널리 사용됩니다. 프리미어 프로에서는 효과 컨트롤(Effect Controls) 패널에서 블렌딩 모드를 설정할 수 있으며, 주요 블렌딩 모드에는 곱하기(Multiply), 화면(Screen), 오버레이(Overlay), 소프트 라이트(Soft Light) 등이 있습니다.

영상 효과

영상 효과(Video Effects)는 원본 영상에 추가적인 조작을 가하여 시각적인 변화를 만들어 내는 기술입니다. 영상의 색상, 움직임, 조명, 텍스처 등의 요소를 변형하거나 조작하여 새로운 시각적 표현을 만들어 냅니다. 프리미어 프로의 다양한 영상 효과는 효과(Effects) 패널에서 적용할 수 있는데, 디지털 효과 중 상당수는 아날로그 영상 시대부터 발전해 온 기술을 기반으로 두고 있습니다. 영상 효과를 적용하는 주요 목적은 다음과 같습니다.

- **연출 강화**: 특정 장면이나 스토리의 감정을 부각합니다.
- **미적 효과**: 영상의 시각적 품질 개선 또는 예술성을 강조합니다.
- **특수 효과**: 실제 구현이 어려운 장면을 시각적으로 연출합니다.
- **정보 전달**: 텍스트나 그래픽 요소로 메시지를 전달합니다.

이번에 진행할 예제들에서는 다음과 같은 효과를 제작합니다.

❶ **스트로브 효과(Strobe Effect)**: 화면이 주기적으로 깜빡이거나 밝아지는 효과로, 빠른 깜빡임을 통해 긴장감이나 리듬감을 강조합니다.

❷ **아날로그 효과(Analog Effect)**: 영화 필름이나 VHS 비디오테이프 등 아날로그 미디어 특유의 거친 질감이나 잡티, 왜곡 등을 표현해서 빈티지 느낌을 연출할 때 사용합니다.

❸ **글리치 효과(Glitch Effect)**: 화면이 깨지거나 왜곡되는 디지털 전송 오류나 결함을 모방하는 효과로, 공상과학(SF), 게임, 기술 표현 장면 등에 적용합니다.

10.2

실습 예제 01

다양한 키잉 효과로 합성하기

• **예제 파일** : 10\10_2\키잉합성.prproj • **완성 파일** : 10\10_2\색상키_완성.mp4, 울트라키_완성.mp4, 키잉합성_완성.prproj

다양한 키잉 효과를 활용하면 배경을 깔끔하게 제거하고 자연스럽게 합성할 수 있습니다. 색상 키(Color Key)와 울트라 키(Ultra Key)로 깔끔하게 녹색 배경을 제거하는 합성 기법을 알아보겠습니다.

색상 키로 합성 기법 적용하기

01 10 → 10_2 폴더에서 '키잉합성.prproj' 파일을 더블클릭하여 실행합니다. 프로젝트(Project) 패널이나 타임라인(Timeline) 패널에서 '컬러키' 시퀀스를 선택하고 작업 영역(Workspaces)은 '편집(Editing)'으로 선택하여 설정합니다.

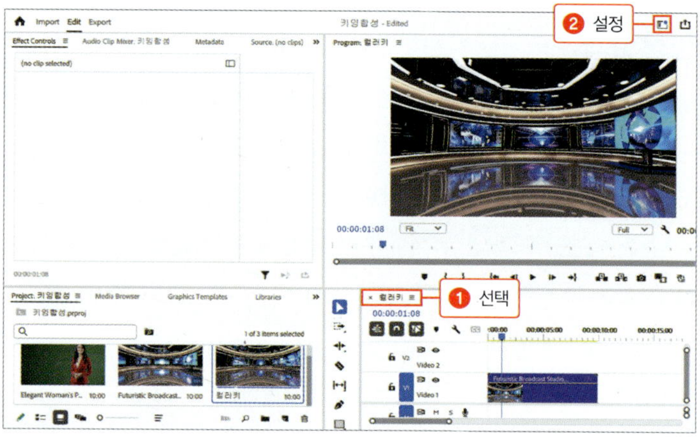

02 타임라인(Timeline) 패널을 확인하면 배경 영상이 될 영상 클립이 V1 트랙에 있는 것을 확인할 수 있습니다. 프로젝트(Project) 패널에서 합성할 그린 스크린 영상인 'Elegant Woman's Presentation.mp4' 영상 클립을 타임라인(Timeline) 패널의 V2 트랙으로 드래그하여 배치합니다.

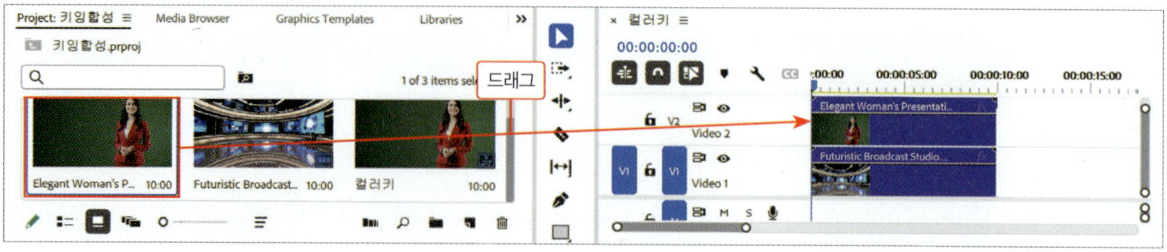

03 효과(Effects) 패널에서 '색상 키(Color Key)'를 검색하고 표시되는 효과를 타임라인(Timeline) 패널의 V2 트랙 영상 클립으로 드래그하여 적용합니다.

04 효과 컨트롤(Effect Controls) 패널의 색상 키(Color Key) 항목에서 키 색상(Key Color)의 '스포이트' 아이콘( )을 클릭하고 프로그램 모니터(Program Monitor) 패널에서 제거할 녹색 부분 클릭합니다.

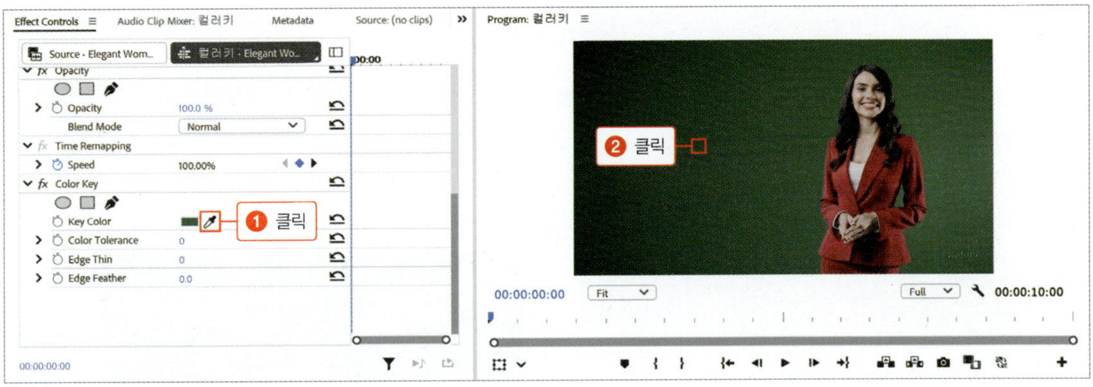

05 키 색상(Key Color)으로 지정된 색상을 제거하기 위해 색상 허용치(Color Tolerance)를 '40' 정도로 설정합니다. 녹색 배경이 최대한 사라질 때까지 조정하되, 영상 속 피사체가 손상되지 않도록 적절한 값으로 미세하게 조정합니다.

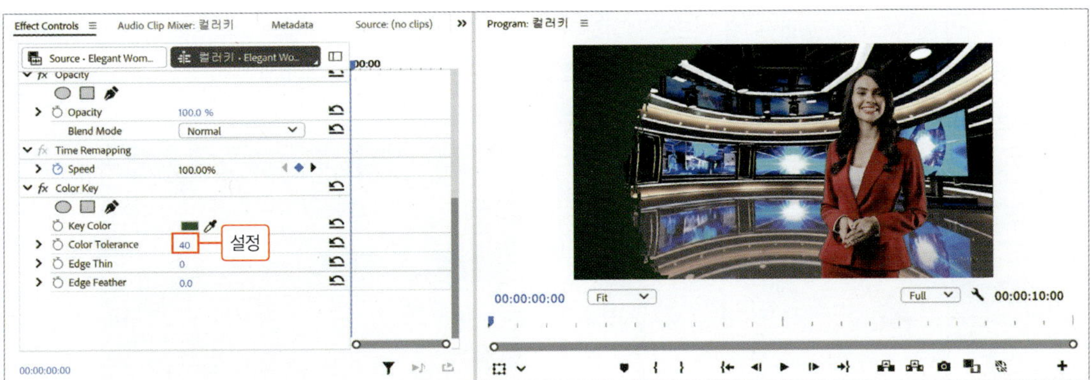

NOTE

재생 헤드(Playhead)를 이동해 보며 다른 프레임도 확인합니다.

06 영상 끝부분의 어두운 녹색은 마스크(Mask)를 활용해 처리하겠습니다. 효과 컨트롤(Effect Controls) 패널의 불투명도(Opacity) 항목에서 '4지점 다각형 마스크 만들기(Create 4-Point Polygon Mask)' 아이콘(□)을 클릭하여 피사체 주변에 마스크를 생성합니다.

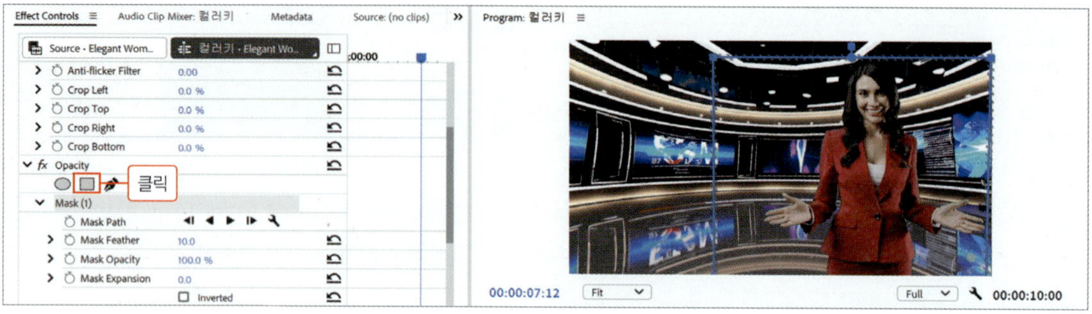

07 색상 키(Color Key) 항목에서 가장자리 얇게(Edge Thin)를 '1'로 설정합니다. 이 기능은 제거된 영역의 가장자리 픽셀을 정리합니다. 값을 과도하게 높이면 피사체의 가장자리가 줄어드는 현상이 발생하므로, 적절한 값으로 조정합니다.

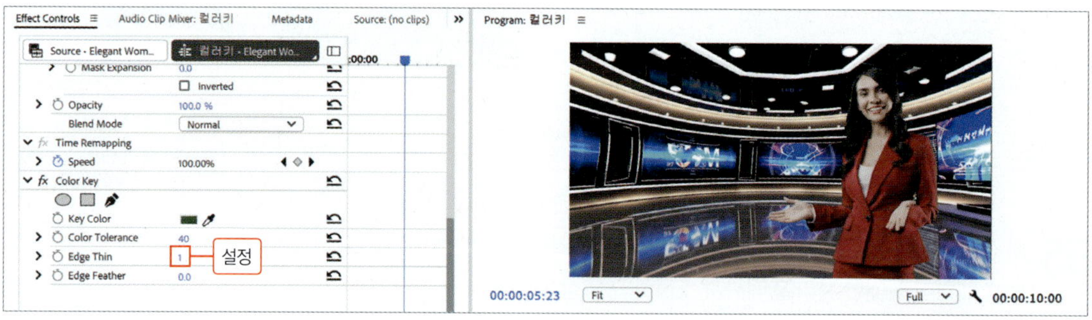

08 가장자리 페더(Edge Feather)를 '3'으로 설정하여 가장자리를 부드럽게 처리합니다. 수치를 너무 많이 높이면 흐릿해져 부자연스럽기에 자연스러운 가장자리 효과가 적용될 때까지만 조정합니다.

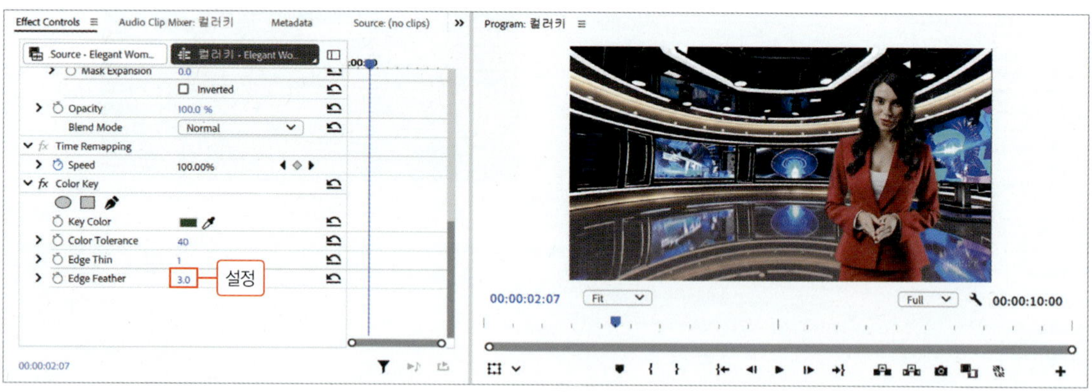

울트라 키로 합성 기법 적용하기

01 이번에는 울트라 키로 합성 기법을 적용하기 위해 프로젝트(Project) 패널이나 타임라인(Timeline) 패널에서 '울트라키' 시퀀스를 선택합니다.

02 타임라인(Timeline) 패널을 확인하면 배경 영상이 될 영상 클립이 V1 트랙에 있는 것을 확인할 수 있습니다. 프로젝트(Project) 패널에서 합성할 그린 스크린 영상인 'Majestic Magical Rabbit.mp4' 영상 클립을 타임라인(Timeline) 패널의 V2 트랙으로 드래그하여 배치합니다.

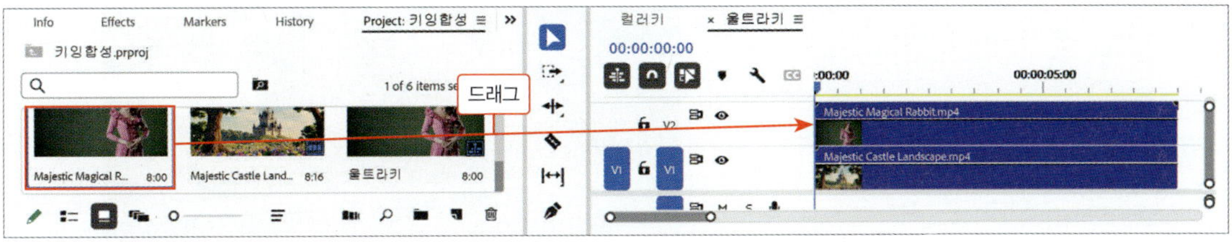

03 효과(Effects) 패널에서 '울트라 키(Ultra Key)'를 검색하고 표시되는 효과를 타임라인(Timeline) 패널의 V2 트랙 영상 클립으로 드래그하여 적용합니다.

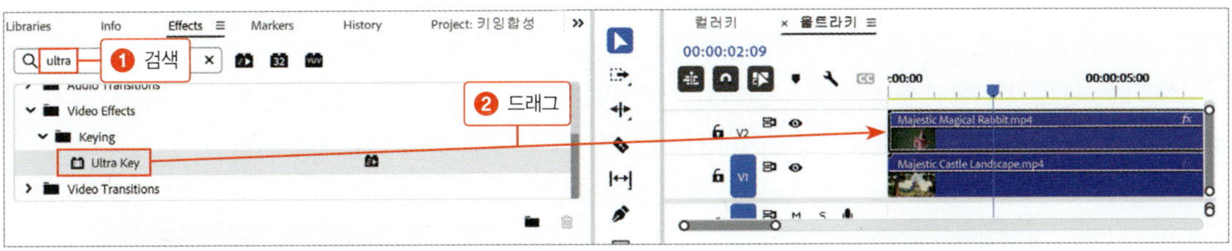

NOTE

울트라 키(Ultra Key)는 알파 채널로 키잉 상태를 확인할 수 있으며, 다양한 미세 조정을 통해 더욱 깔끔하고 자연스럽게 배경을 제거할 수 있으므로 합성 작업에 유용합니다.

04 효과 컨트롤(Effect Controls) 패널의 울트라 키(Ultra Key) 항목에서 키 색상(Key Color)의 '스포이트' 아이콘(🖉)을 클릭하고 프로그램 모니터(Program Monitor) 패널에서 제거할 녹색 부분 클릭합니다.

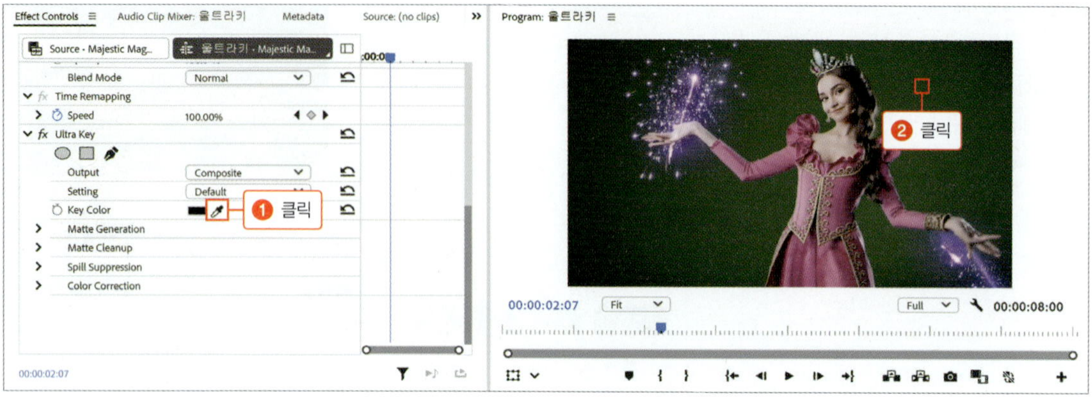

05 만약 녹색이 균일하지 않다면 제일 많이 분포되어 있는 녹색 부분을 클릭합니다. 그림과 같이 녹색이 제거되는 것을 확인할 수 있습니다.

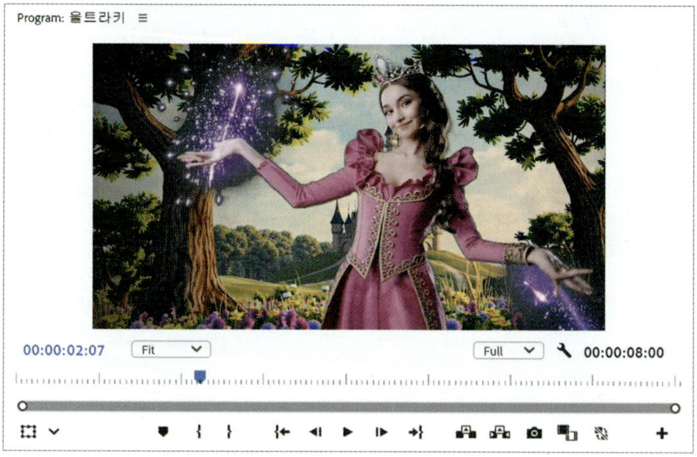

06 색이 잘 제거되었는지 확인하기 위해 울트라 키(Ultra Key) 항목에서 출력(Output)을 '알파 채널(Alpha Channel)'로 지정합니다. 색이 제거된 부분은 검은색, 색이 제거되지 않은 부분은 흰색으로 표현되기 때문에, 배경에서 흰색으로 보이는 부분의 색상이 완전히 제거되지 않았다는 것을 알 수 있습니다.

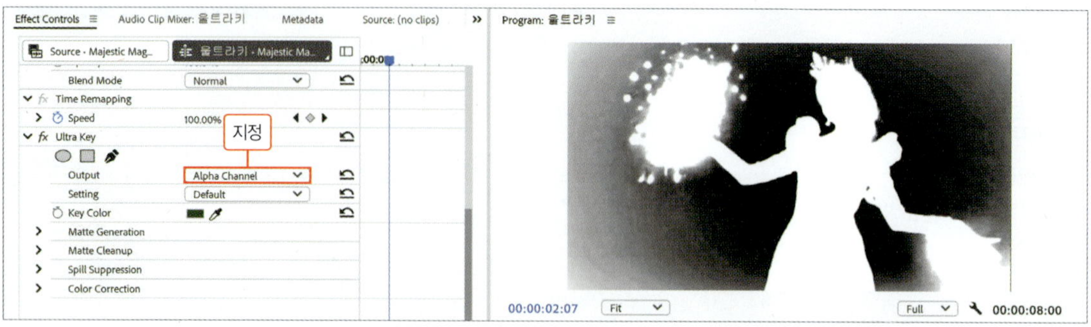

07 울트라 키(Ultra Key) 항목에서 설정(Setting)을 'Aggressive'로 지정하고 키 색상(Key Color)의 '스포이트' 아이콘( )을 클릭하고 프로그램 모니터(Program Monitor) 패널을 클릭합니다. 배경이 검은색으로 균일하고 많은 부분을 차지하는 순간이 올 때까지 여러 번 클릭하며 조정합니다.

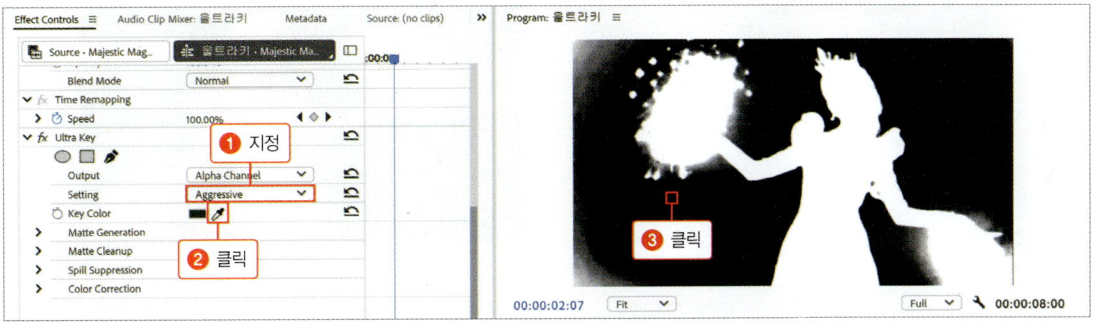

08 울트라 키(Ultra Key) 항목의 매트 생성(Matte Generation)에서 페데스탈(Pedestal)을 '100'으로 설정하여 키가 제대로 빠지지 않은 부분을 모두 깔끔하게 제거합니다. 이 기능은 매트의 검은색 영역(Shadow)을 조정하여, 배경의 불필요한 노이즈(특히 어두운 부분에서)를 제거하고 더욱 깨끗한 키잉 효과를 제공합니다.

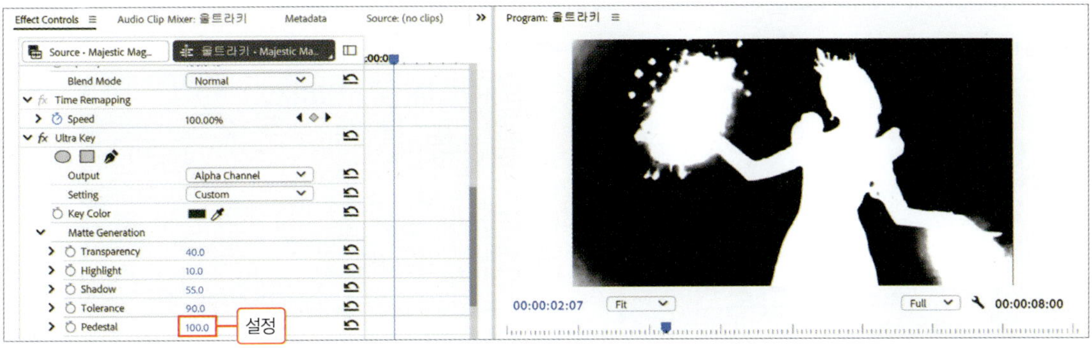

09 이번에는 투명도(Transparency)를 '42'로 설정하여 미세하게 높입니다. 수치를 높이면 흰색 영역이 좁아지며, 배경에 남아있는 녹색이 더 많이 제거할 수 있습니다. 이는 피사체의 투명도를 조정하여 키잉 후 배경에 남아있는 녹색(또는 블루 스크린)의 잔여물을 보다 효과적으로 제거하는 데에 사용되며, 세심하게 조정하여 배경은 깔끔하게 제거하면서도 피사체의 디테일이 손실되지 않도록 해야 합니다.

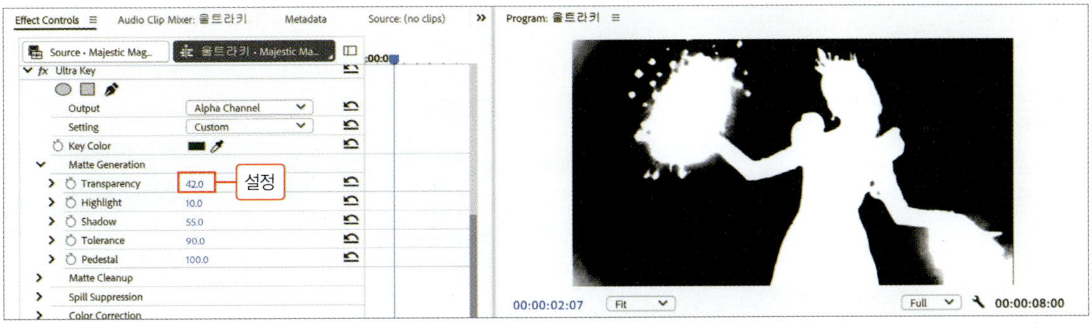

10 밝은 영역(Highlight)을 '0', 어두운 영역(Shadow)을 '30'으로 설정하여 흰색과 검은색 영역을 더욱 선명하게 조정합니다.

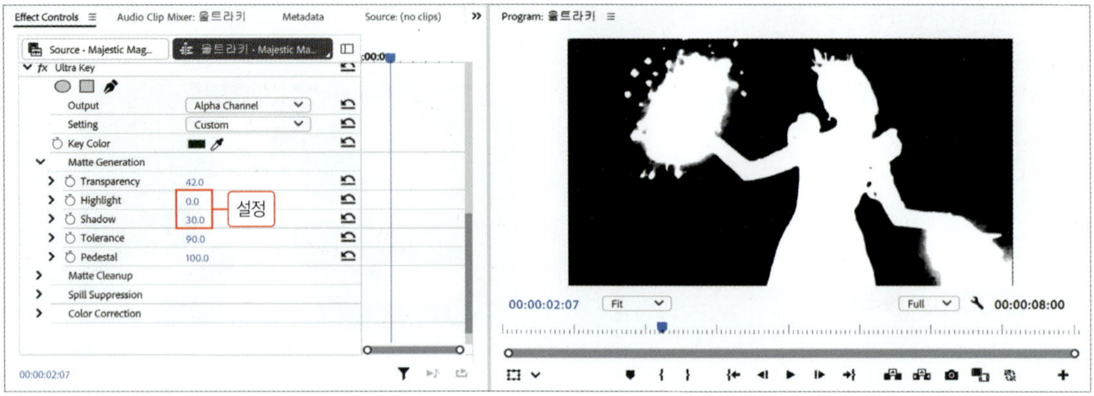

11 출력(Output)을 '합성(Composite)'으로 지정하여 합성된 영상을 확인하고 매트 정리(Matte Cleanup)에서 경계 감소(Choke)를 '10', 부드럽게(Soften)를 '10', 대비(Contrast)를 '10', 중간 점(Mid Point)을 '50'으로 설정해 녹색이 제거되지 않은 부분을 조금 더 깔끔하게 제거합니다.

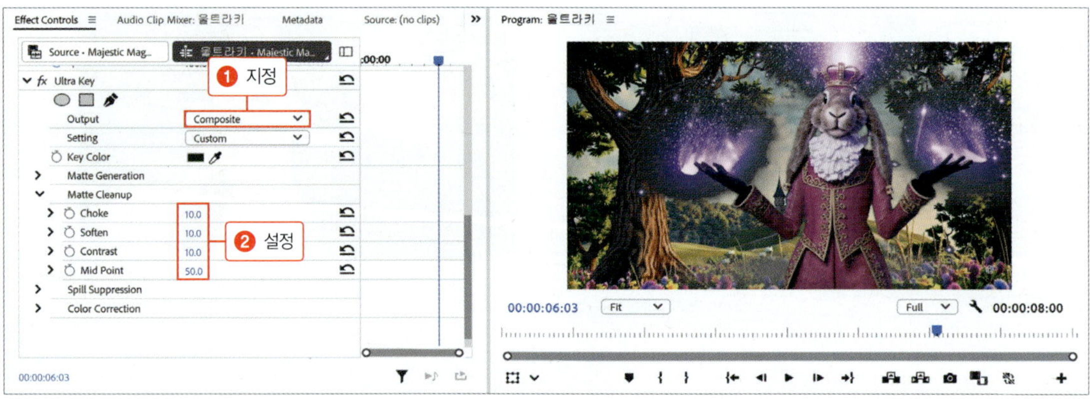

12 어느 정도 이상치에 도달하면 더는 제거되지 않는 한계점이 있기 때문에 토끼의 손 주변 빛에는 아직 녹색이 남아있습니다. 효과(Effects) 패널에서 '울트라 키(Ultra Key)' 효과를 다시 한번 V2 트랙의 영상 클립에 드래그하여 적용합니다.

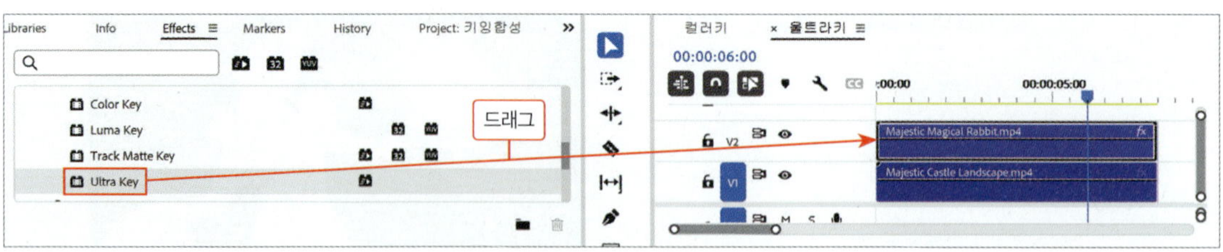

13 효과 컨트롤(Effect Controls) 패널의 두 번째 울트라 키(Ultra Key) 항목에 있는 키 색상(Key Color)의 '스포이트' 아이콘(🖉)을 클릭하고, 프로그램 모니터(Program Monitor) 패널에서 토끼 손의 빛 부분에 삭제되지 않은 초록색을 클릭합니다.

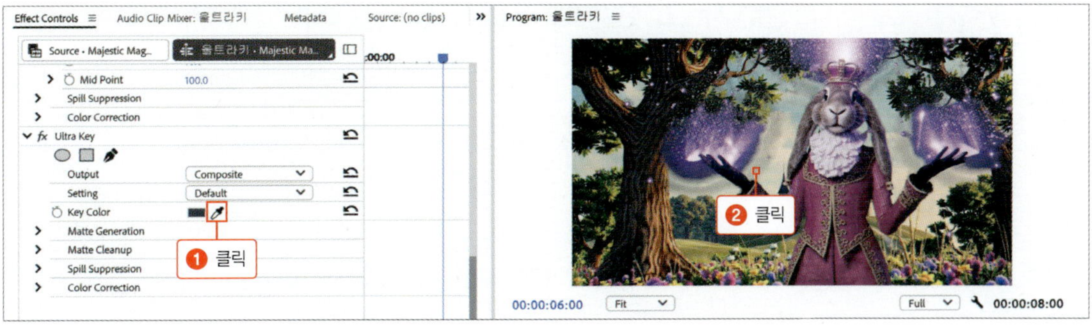

14 두 번째 울트라 키(Ultra Key) 항목의 매트 생성(Matte Generation)에서 투명도(Transparency)를 '40', 밝은 영역(Highlight)을 '10', 어두운 영역(Shadow)을 '55', 허용치(Tolerance)를 '90', 페데스탈(Pedestal)을 '50'으로 설정합니다. 토끼 손 주변의 녹색이 조금 더 제거되었습니다.

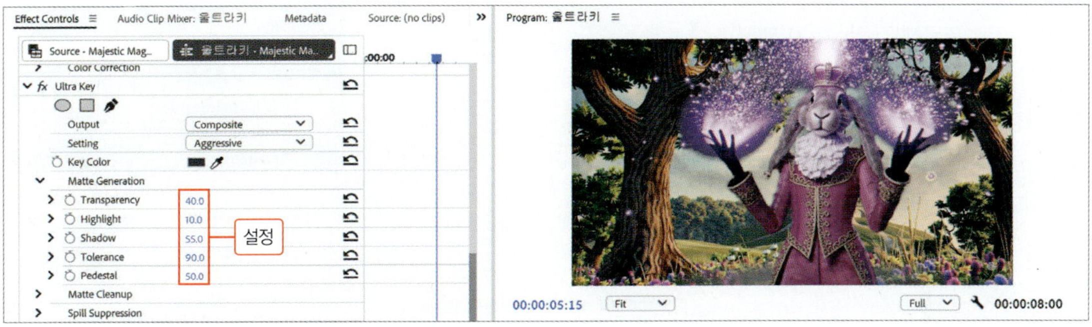

15 매트 정리(Matte Cleanup)의 경계 감소(Choke)를 '10', 부드럽게(Soften)를 '11', 대비(Contrast)를 '69', 중간 점(Mid Point)을 '100'으로 설정하여 조금 더 다듬습니다. 영상을 재생하여 어색한 곳이 없는지 살펴보고 수치들을 조정하여 수정해 완성합니다.

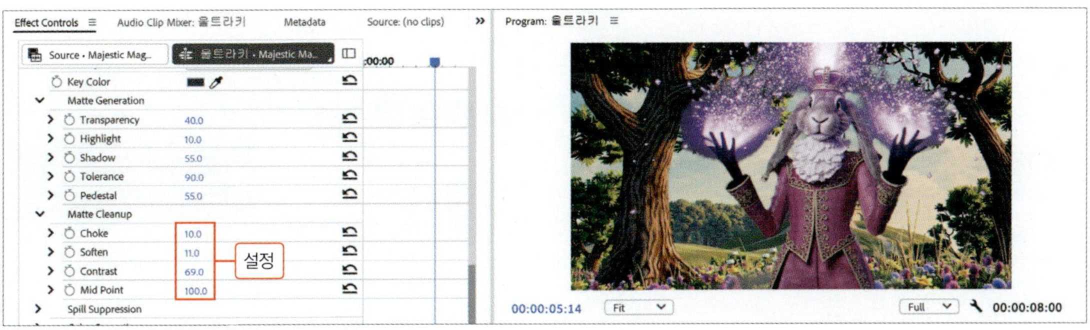

10.3 모퉁이 고정 효과로 합성하기

실습 예제 02

• **예제 파일** : 10\10_3\모퉁이고정.prproj • **완성 파일** : 10\10_3\모퉁이고정_완성.mp4, 모퉁이고정_완성.prproj

모퉁이 고정(Corner Pin) 효과를 사용하면 영상의 4개 모서리를 개별적으로 조정하여 원근감을 조절하거나 특정 화면에 맞게 합성할 수 있습니다. 이를 활용하여 건물 위의 대형 스크린 속 영상을 다른 영상으로 변경하겠습니다.

01 10 → 10_3 폴더에서 '모퉁이고정.prproj' 파일을 더블클릭하여 실행합니다. 프로젝트(Project) 패널이나 타임라인(Timeline) 패널에서 '모퉁이고정' 시퀀스를 선택하고 작업 영역(Workspaces)은 '편집(Editing)'으로 선택하여 설정합니다.

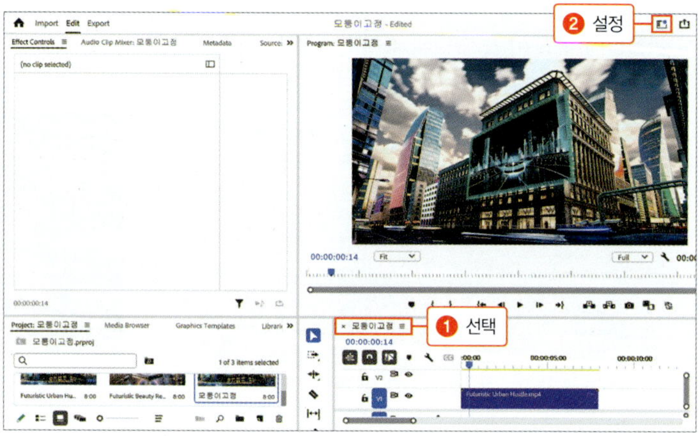

02 대형 스크린 속에 삽입할 영상을 타임라인(Timeline) 패널에 배치하겠습니다. 프로젝트(Project) 패널에서 'Futuristic Beauty Revolution.mp4' 영상 클립을 타임라인(Timeline) 패널의 V2 트랙으로 드래그하여 배치합니다.

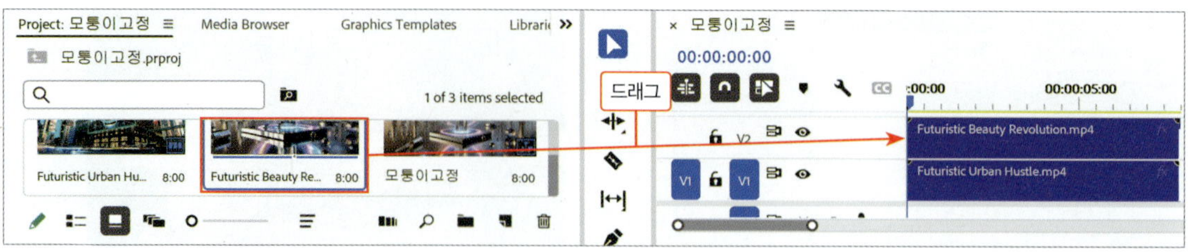

03 'Futuristic Beauty Revolution.mp4' 영상 클립에 주변 배경과 어울리는 스타일을 적용하겠습니다.

효과(Effects) 패널에서 '4 색상 그라디언트(4-Color Gradient)'를 검색하여 표시되는 효과를 타임라인(Timeline) 패널에 있는 V2 트랙의 영상 클립에 드래그하여 적용합니다.

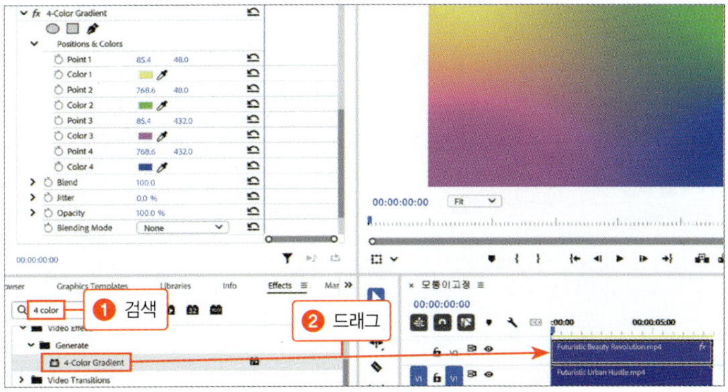

04 효과 컨트롤(Effect Controls) 패널의 4 색상 그라디언트(4-Color Gradient) 항목에서 혼합 모드(Blend Mode)를 '오버레이(Overlay)'로 지정하여 영상에 적용합니다.

05 영상을 더욱 역동적으로 보이기 위해 그러데이션에 움직임을 추가하겠습니다. 재생 헤드(Playhead)가 '00:00:00:00'에 위치한 상태로 위치 및 색상(Positions & Colors)에서 점(Point) 1, 점(Point) 2, 점(Point) 3, 점(Point) 4의 '애니메이션 켜기/끄기(Toggle animation)' 아이콘(⏱)을 각각 클릭하여 키프레임을 적용하고 재생 헤드(Playhead)를 '00:00:06:12'로 이동한 다음 각 수치를 설정하여 총 2개의 키프레임을 적용합니다.

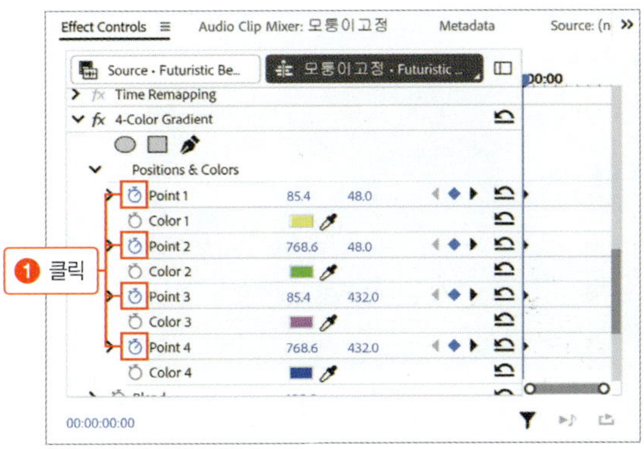

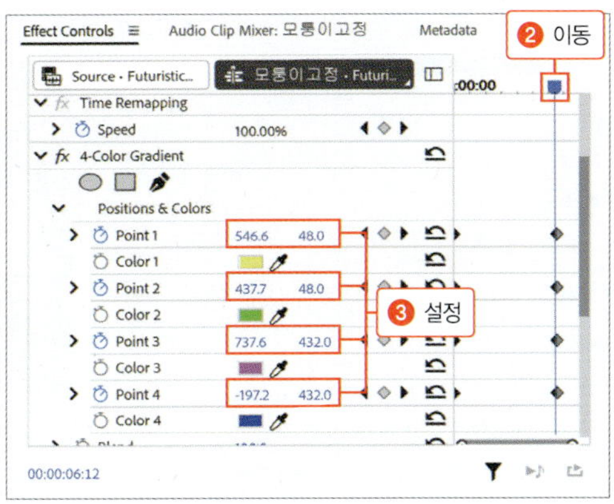

06 해당 영상을 건물의 스크린 모양에 맞도록 변형하기 위해 효과(Effects) 패널에서 '모퉁이 고정(Corner Pin)'을 검색하여 표시되는 효과를 타임라인(Timeline) 패널의 V2 트랙 영상으로 드래그하여 적용합니다.

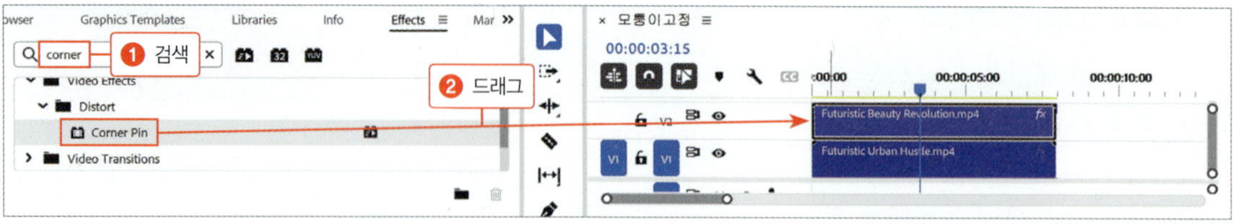

07 효과 컨트롤(Effect Controls) 패널에서 '모퉁이 고정(Corner Pin)' 항목을 선택하면 프로그램 모니터(Program Monitor) 패널의 각 모서리에 4개의 코너 핀이 나타납니다. 건물의 대형 스크린 모양에 맞게 각 코너 핀을 드래그하여 위치를 조정해 모양을 변형합니다.

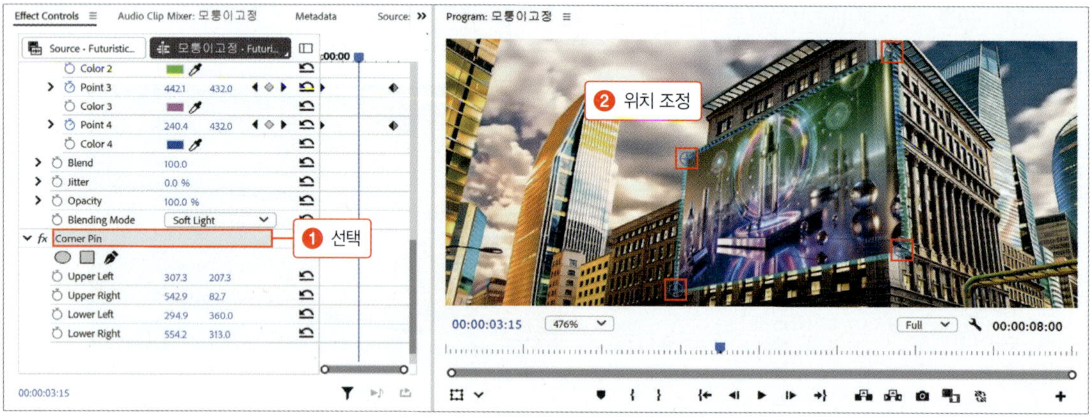

08 영상의 경계면을 부드럽게 하기 위해 효과 컨트롤(Effect Controls) 패널의 불투명도(Opacity) 항목에서 '4지점 다각형 마스크 만들기(Create 4-Point Polygon Mask)' 아이콘(□)을 클릭하여 마스크(Mask)를 생성합니다. 프로그램 모니터(Program Monitor) 패널에서 영상에 맞게 마스크 형태를 지정하고 마스크 페더(Mask Feather)를 '5'로 설정하여 영상의 주변 경계면을 부드럽게 만들어 완성합니다.

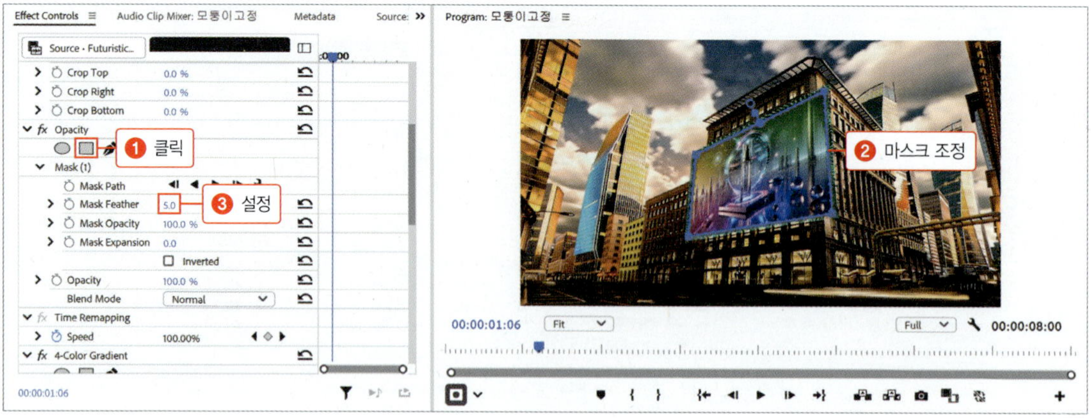

10.4 블렌드 모드로 홀로그램 효과 만들기

실습 예제 03

• **예제 파일** : 10\10_4\블렌딩모드.prproj • **완성 파일** : 10\10_4\블렌드모드_완성.mp4, 블렌딩모드_완성.prproj

블렌드(혼합) 모드를 활용하면 빛이 투과되는 듯한 홀로그램 효과를 만들 수 있습니다. 블렌드 모드로 홀로그램 스타일의 효과를 적용하고 그래픽 템플릿을 추가하여 애니메이션을 연출하는 과정을 진행하겠습니다.

블렌드 모드 설정과 그래픽 템플릿 추가하기

01 10 → 10_4 폴더에서 '블렌딩모드.prproj' 파일을 더블클릭하여 실행합니다. 프로젝트(Project) 패널이나 타임라인(Timeline) 패널에서 '블렌딩모드' 시퀀스를 선택하고 작업 영역(Workspaces)은 '캡션과 그래픽(Captions and Graphics)'으로 선택하여 설정합니다.

02 프로젝트(Project) 패널에서 'Renaissance Hologram Fusion.mp4' 영상 클립을 타임라인(Timeline) 패널의 V2 트랙으로 드래그하여 배치합니다.

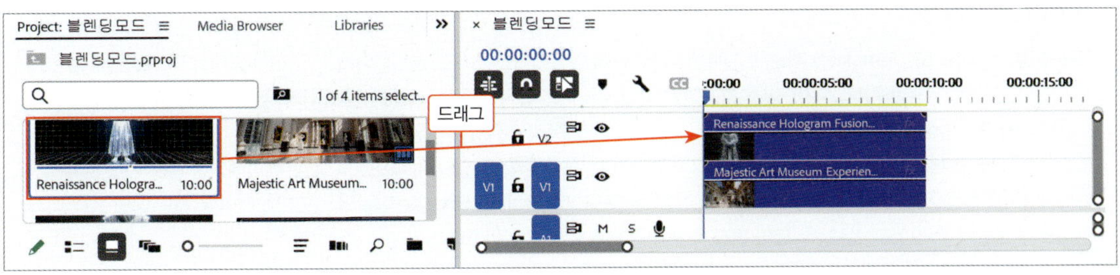

03 효과 컨트롤(Effect Controls) 패널의 불투명도(Opacity) 항목에서 혼합 모드(Blend Mode)를 '화면(Screen)'으로 지정하여 영상 위에 홀로그램을 자연스럽게 합성합니다.

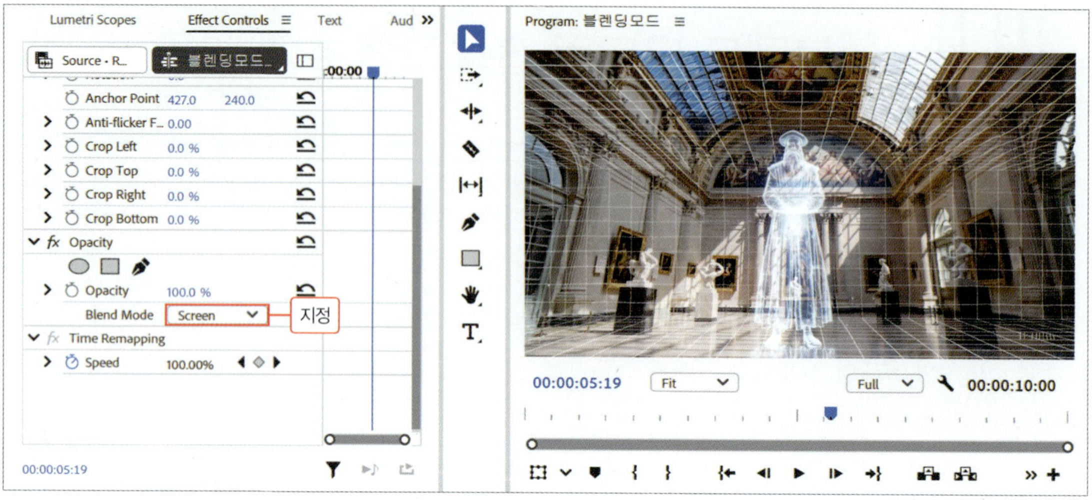

04 애니메이션이 설정되어 있는 텍스트를 추가하기 위해 그래픽 템플릿(Graphics Templates) 패널에서 'Film Title'을 타임라인(Timeline) 패널의 V3 트랙에 드래그하여 배치합니다. 기본 설정이 5초로 지정되어 있으므로, 해당 길이가 유지되도록 합니다.

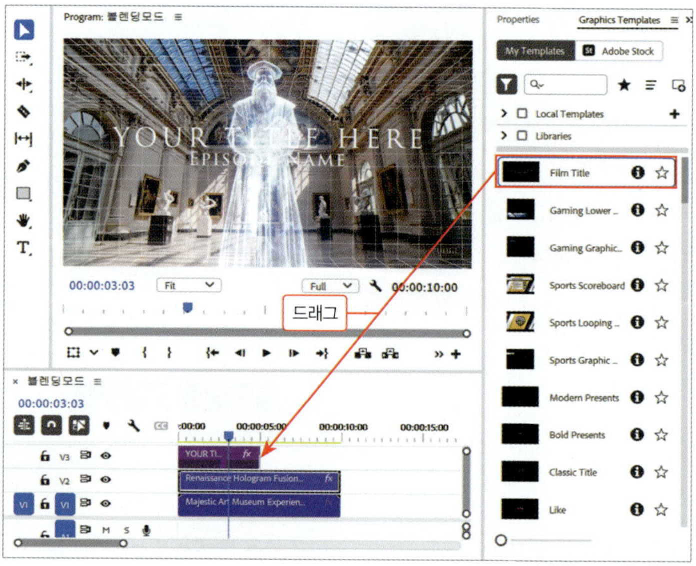

NOTE

그래픽 템플릿(Graphic Template) 패널은 그래픽과 텍스트에 애니메이션이 사전 설정되어 있어 간단히 드래그 앤 드롭만으로 손쉽게 적용할 수 있는 유용한 기능입니다. 이를 활용하면 시간과 노력을 절약하면서도 전문적인 효과를 얻을 수 있으며, 초보자도 쉽게 세련된 디자인을 완성할 수 있습니다.

또한, 모션 그래픽 템플릿(.mogrt) 파일을 불러와 다양한 스타일을 적용할 수 있으며, 텍스트와 색상, 애니메이션 속도 등을 자유롭게 커스터마이징 할 수 있어 영상의 콘셉트에 맞게 조정할 수 있습니다. 특히, 반복적으로 사용되는 인트로, 타이틀, 하단 자막 등의 디자인 요소를 손쉽게 관리하고 적용할 수 있어 편집 효율을 크게 향상시킬 수 있습니다.

05 도구(Tools) 패널에서 문자(Type) 도구(T)를 선택하고 프로그램 모니터(Program Monitor) 패널에서 원하는 내용을 입력합니다.

예제에서는 'MAJESTIC ART MUSEUM'과 'EPISODE SEVEN'을 입력하였습니다.

홀로그램 스타일 그래픽에 애니메이션 설정하기

01 프로젝트(Project) 패널에서 'Text Window.png' 영상 클립을 타임라인(Timeline) 패널의 V3 트랙에 있는 텍스트 클립 뒤(5초 지점)로 드래그하여 배치합니다.

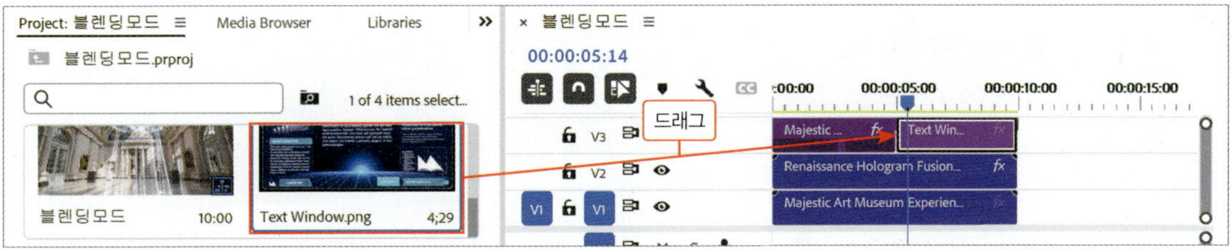

02 효과 컨트롤(Effect Controls) 패널의 모션(Motion) 항목에서 위치(Position)를 '670', '270'으로 설정하여 홀로그램 영상을 적절히 배치합니다.

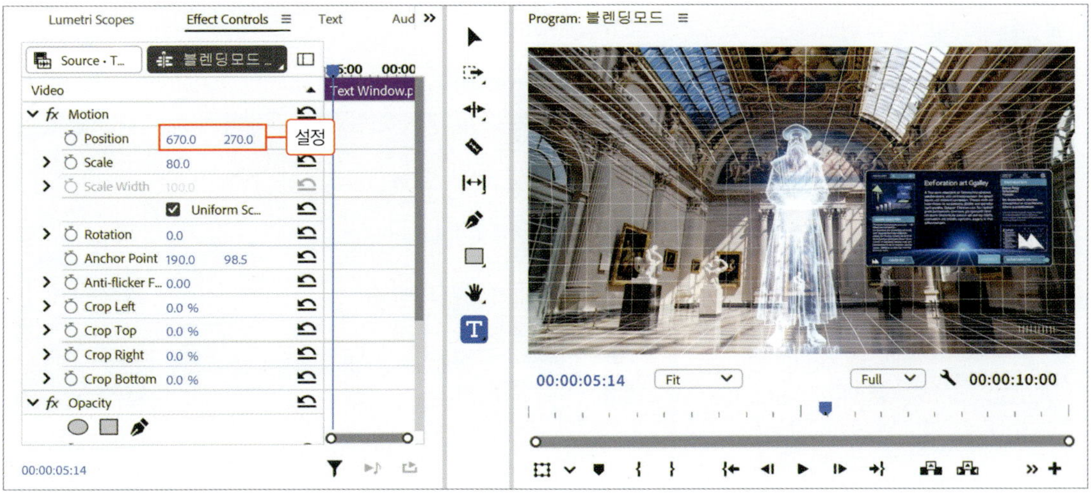

03 불투명도(Opacity) 항목에서 혼합 모드(Blend Mode)를 '화면(Screen)'으로 지정하여 홀로그램 같은 느낌으로 영상 위에 그래픽을 자연스럽게 합성됩니다.

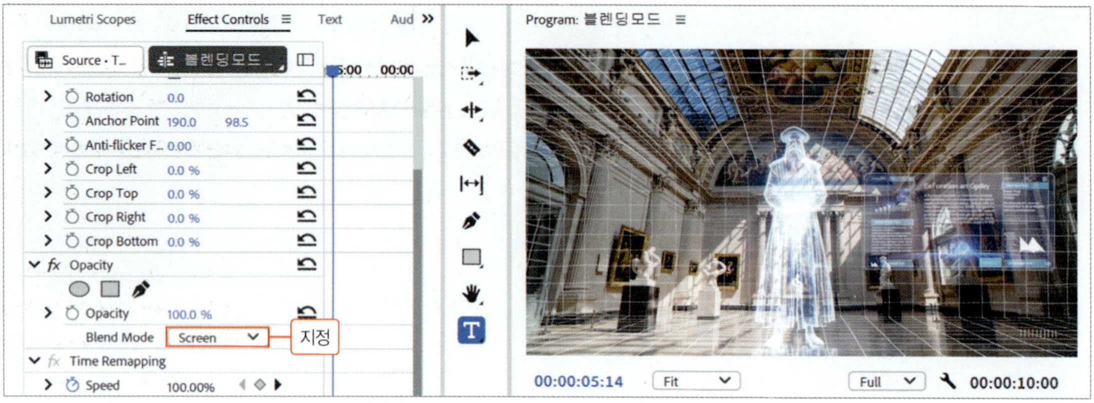

04 효과(Effects) 패널에서 '알파 광선(Alpha Glow)'을 검색하고 표시되는 효과를 타임라인(Timeline) 패널의 V3 트랙에 있는 영상 클립으로 드래그하여 적용합니다.

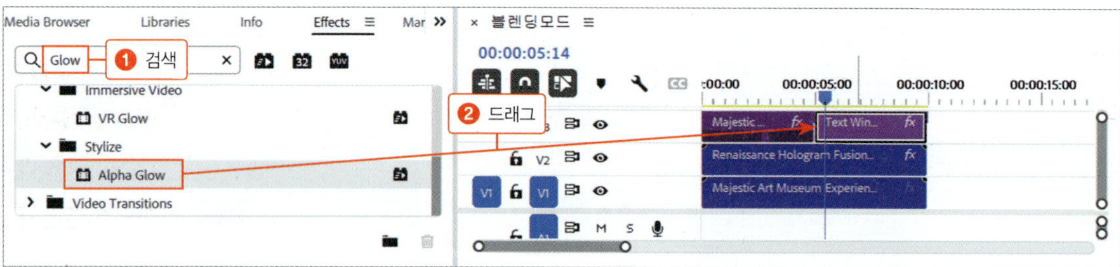

05 효과 컨트롤(Effect Controls) 패널의 알파 광선(Alpha Glow) 항목에서 광선(Glow)을 '25', 명도(Brightness)를 '255'로 설정하고 시작 색상(Start Color)을 '#9FD7F9', 끝 색상(End Color)을 '#FFFFFF'로 지정하여 홀로그램 그래픽이 빛나도록 합니다.

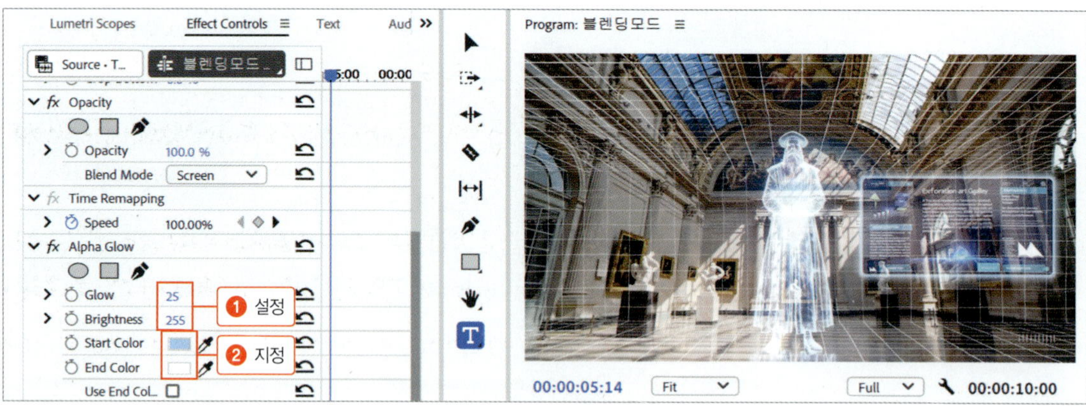

06 그래픽에 애니메이션을 설정하겠습니다. 재생 헤드(Playhead)를 '00:00:06:00'으로 이동하고 모션(Motion) 항목의 비율 조정(Scale)을 '80'으로 설정한 다음 '애니메이션 켜기/끄기(Toggle animation)' 아이콘(⏱)을 클릭하여 키프레임을 설정합니다.

07 재생 헤드(Playhead)를 '00:00:05:00'으로 이동하고 모션(Motion) 항목의 비율 조정(Scale)을 '0'으로 설정하여 5초 지점에 키프레임을 추가합니다. 결과적으로 5초 지점에서는 그래픽이 보이지 않다가 6초까지 점차적으로 그래픽이 커지는 애니메이션이 설정됩니다.

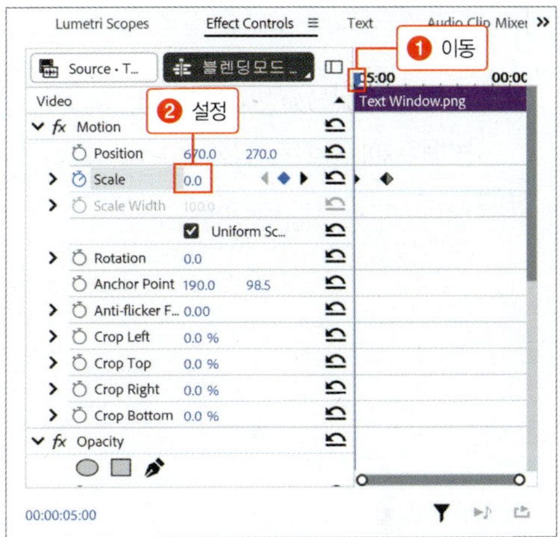

08 애니메이션을 추가하겠습니다. 효과(Effects) 패널에서 '기본 3D(Basic 3D)'를 검색하여 표시되는 효과를 타임라인(Timeline) 패널의 V3 트랙에 있는 영상 클립으로 드래그하여 적용합니다.

09 재생 헤드(Playhead)를 '00:00:07:00'으로 이동하고 효과 컨트롤(Effect Controls) 패널의 기본 3D(Basic 3D) 항목에서 수직축 회전(Swivel)을 '0'으로 설정한 다음 '애니메이션 켜기/끄기(Toggle animation)' 아이콘(⏱)을 클릭하여 키프레임을 설정합니다.

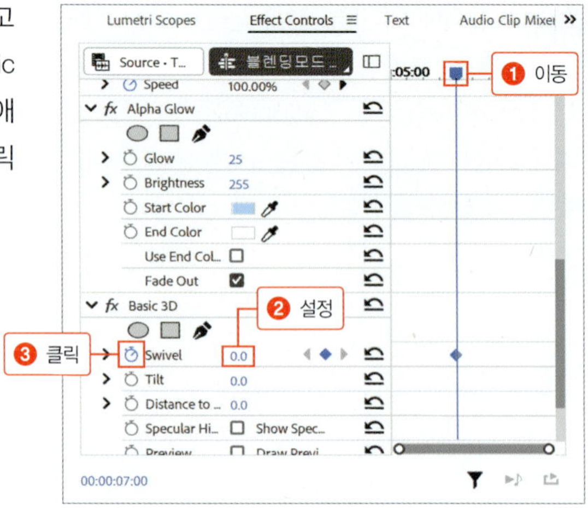

10 재생 헤드(Playhead)를 '00:00:08:00'으로 이동하고 기본 3D(Basic 3D) 항목의 수직축 회전(Swivel)을 '1x0°'로 설정하여 8초 지점에 키프레임을 추가합니다. 결과적으로, 7초 지점에서 8초까지 그래픽이 3D처럼 한바퀴 회전하는 애니메이션이 완성되었습니다.

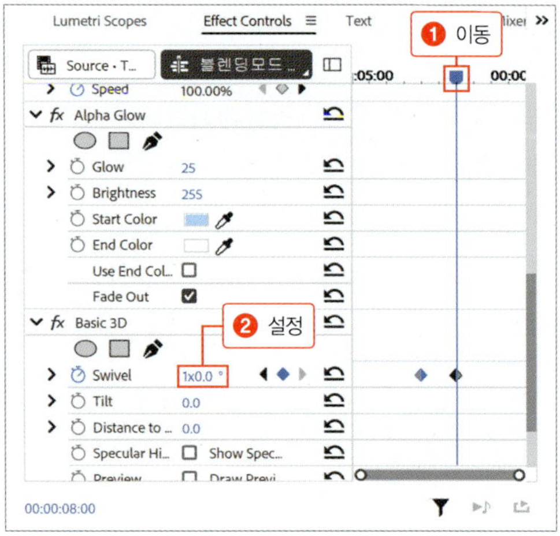

11 7초 지점에서 8초까지 그래픽이 3D처럼 한 바퀴 회전하는 애니메이션이 완성되었습니다.

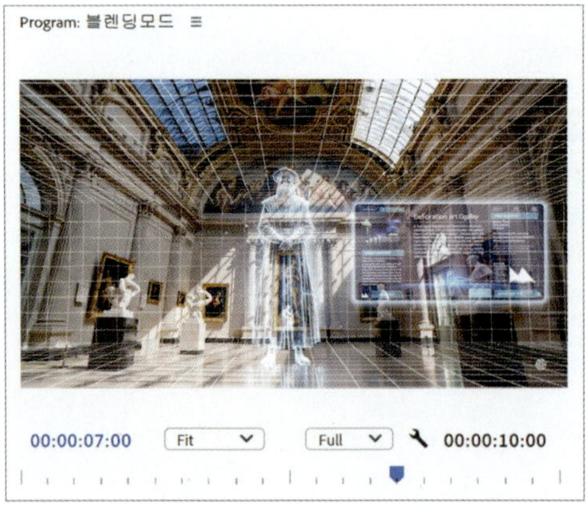

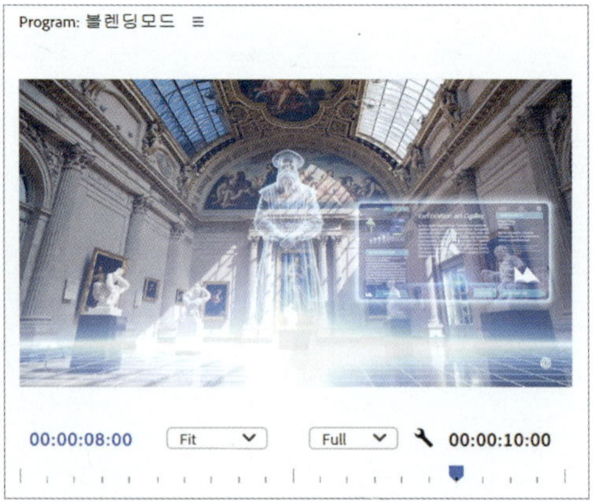

10.5 실습 예제 04 글리치를 적용하고 프리셋으로 저장하기

• **예제 파일** : 10\10_5\글리치효과.prproj • **완성 파일** : 10\10_5\글리치효과_완성.mp4, 글리치효과_완성.prproj

영상에 글리치(Glich) 효과를 추가하면 화면이 왜곡되거나 디지털 오류처럼 보이는 연출이 가능합니다. 원하는 글리치 효과를 적용하고 프리셋으로 저장하여 반복적으로 활용하는 방법을 알아보겠습니다.

01 10 → 10_5 폴더에서 '글리치효과.prproj' 파일을 더블클릭하여 실행합니다. 프로젝트(Project) 패널이나 타임라인(Timeline) 패널에서 '글리치효과' 시퀀스를 선택하고 작업 영역(Workspaces)은 '캡션과 그래픽(Captions and Graphics)'으로 선택하여 설정합니다.

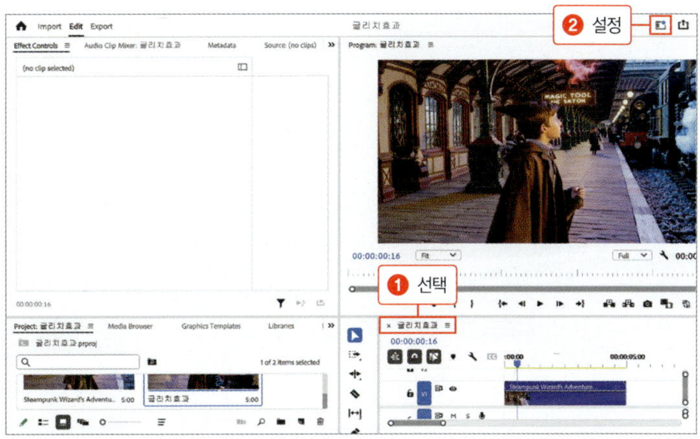

02 효과를 적용하려면 조정 레이어를 생성해야 합니다. 메뉴에서 [파일(File)] → '새로 만들기(New)' → '조정 레이어(Adjustment Layer...)'를 클릭합니다. 조정 레이어(Adjustment Layer) 대화상자가 표시되면 화면 크기와 동일한지 확인하고 <확인(OK)> 버튼을 클릭합니다.

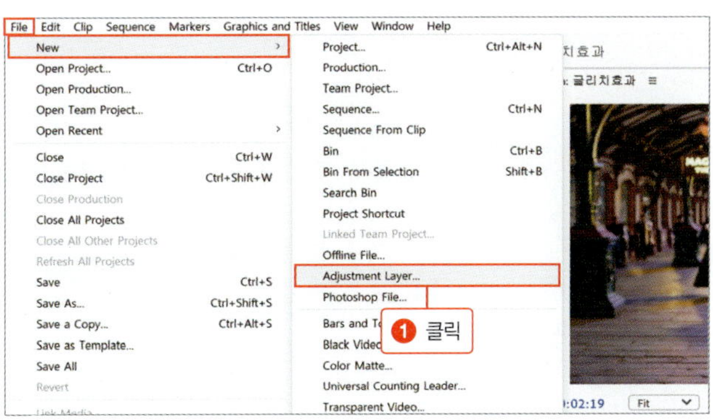

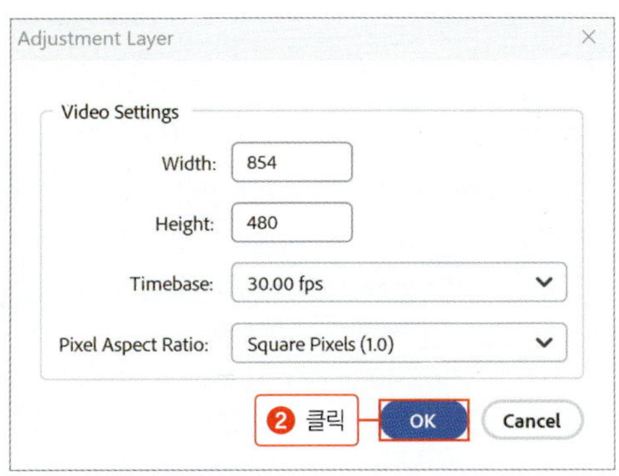

03 프로젝트(Project) 패널에서 생성된 '조정 레이어(Adjustment Layer)'를 타임라인(Timeline) 패널의 V2 트랙으로 드래그하여 배치합니다.

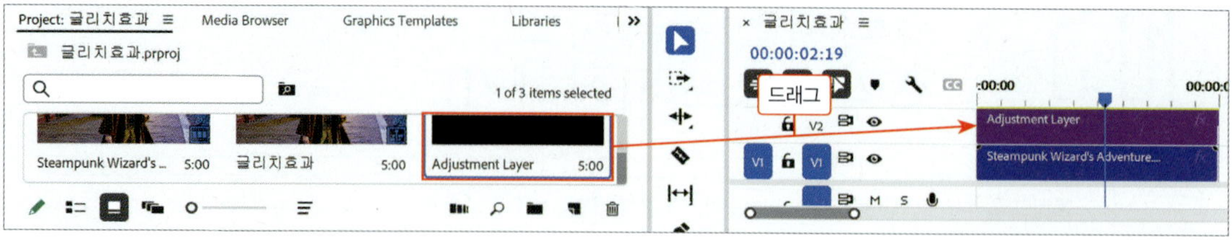

04 효과(Effects) 패널에서 'VR 디지털 글리치(VR Digital Glitch)'를 검색하여 표시되는 효과를 타임라인(Timeline) 패널의 V2 트랙에 있는 '조정 레이어(Adjustment Layer)' 클립에 드래그하여 적용합니다.

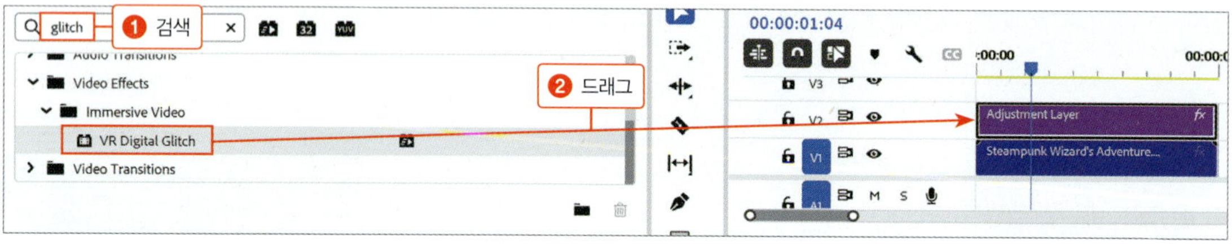

05 효과 컨트롤(Effect Controls) 패널의 VR 디지털 글리치(VR Digital Glitch) 항목에 있는 왜곡(Distortion)에서 색상 왜곡(Color Distortion)을 '70', 왜곡 복잡도(Distortion Complexity)를 '30'으로 설정합니다.

NOTE

VR 디지털 글리치(VR Digital Glitch) 효과는 VR 및 일반 영상에서 디지털 오류(Glitch)와 왜곡(Distortion) 효과를 생성하는 효과입니다.

- **색상 왜곡(Color Distortion)**: 설정을 높일수록 영상에서 빨간색, 파란색, 초록색 채널이 더욱 명확하게 분리되어 보이는 독특한 비주얼 효과를 제공합니다. 예제에서는 '70'으로 설정하여 색상의 RGB 채널 분리 효과를 강조하였습니다.
- **왜곡 복잡도(Distortion Complexity)**: 글리치 노이즈의 복잡도를 제어하는 옵션으로, 글리치 효과의 세부적인 노이즈 양을 조절합니다. '30' 정도로 설정하면 적절한 수준의 글리치 노이즈를 표현할 수 있습니다.
- **난수 시드(Random Seed)**: 글리치 패턴이 매번 동일하게 반복되지 않도록 랜덤한 변형을 적용합니다.

06 글리치 노이즈를 움직이기 위해 재생 헤드(Playhead)를 '00:00:00:00'으로 이동하고 난수 시드(Random Seed)를 '0'으로 설정한 다음 '애니메이션 켜기/끄기(Toggle animation)' 아이콘(⏱)을 클릭하여 첫 번째 키프레임을 추가합니다. 다시 재생 헤드(Playhead)를 '00:00:01:00'으로 이동하고 난수 시드(Random Seed)를 '20'으로 설정하여 키프레임을 추가합니다.

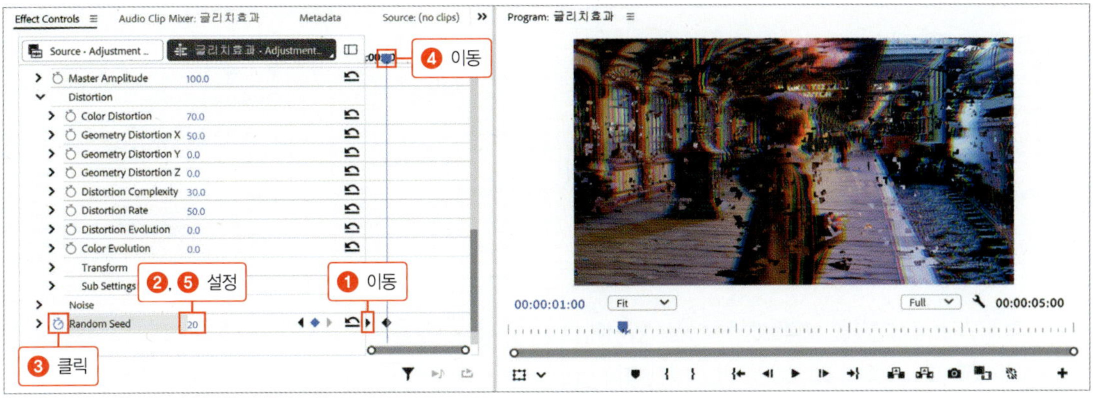

07 글리치와 색상 분리 효과를 더 강조하기 위해 효과 컨트롤(Effect Controls) 패널의 'VR 디지털 글리치(VR Digital Glitch)' 항목을 선택하고 Ctrl+C를 눌러 복사한 다음 Ctrl+V를 눌러 붙여넣어 글리치와 색상 분리 효과를 더욱 강하게 표현합니다.

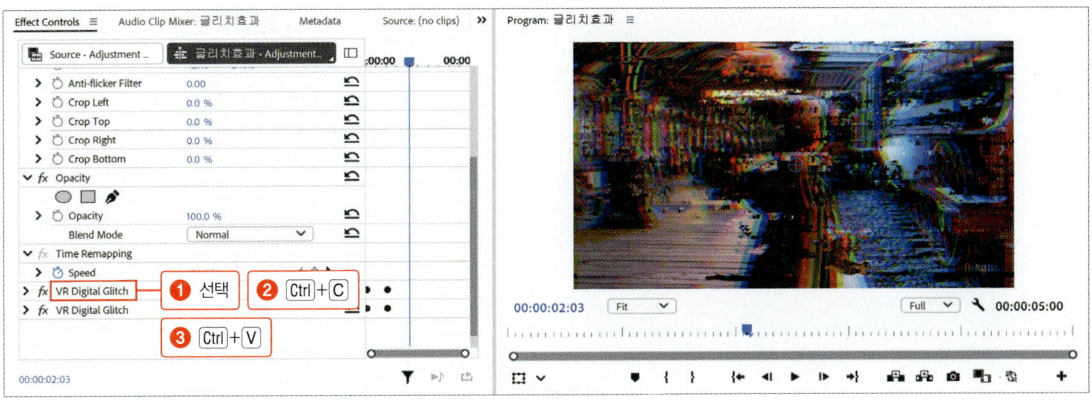

08 이 효과를 프리셋으로 저장하겠습니다. Ctrl을 누른 상태로 효과 컨트롤(Effect Controls) 패널에 있는 2개의 VR 디지털 글리치(VR Digital Glitch) 항목을 클릭하여 다중 선택하고 마우스 오른쪽 버튼을 클릭한 다음 '사전 설정 저장...(Save Preset...)'을 클릭합니다.

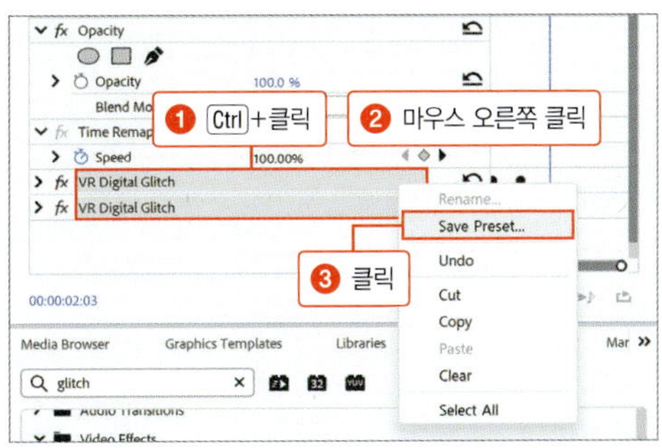

09 사전 설정 저장(Save Preset) 대화상자가 표시되면 <확인(OK)> 버튼을 클릭해 저장합니다.

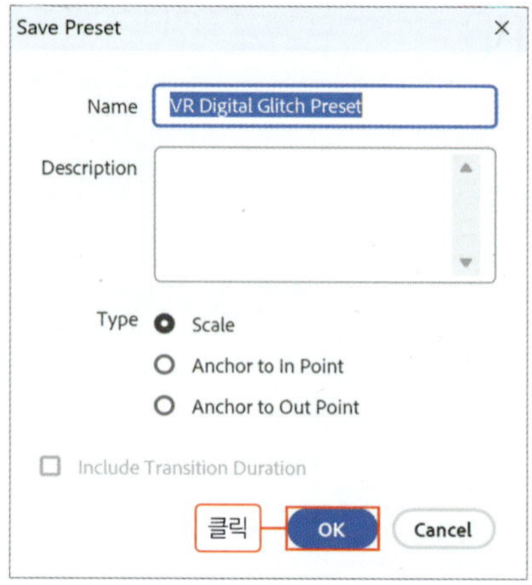

NOTE

효과를 저장할 때 이름(Name)에 직관적인 이름을 입력하여 설정하면 이후에 저장한 효과를 쉽게 찾아서 사용할 수 있습니다.

10 효과(Effects) 패널을 살펴보면 Presets 폴더에 효과가 저장된 것을 확인할 수 있습니다. 기존에 사용한 '조정 레이어(Adjustment Layer)' 클립을 삭제하고 Presets 폴더의 'VR 디지털 글리치(VR Digital Glitch) 사전 설정(Preset)' 효과를 그림과 같이 필요한 타임라인에 드래그하여 배치해 효과를 적용합니다.

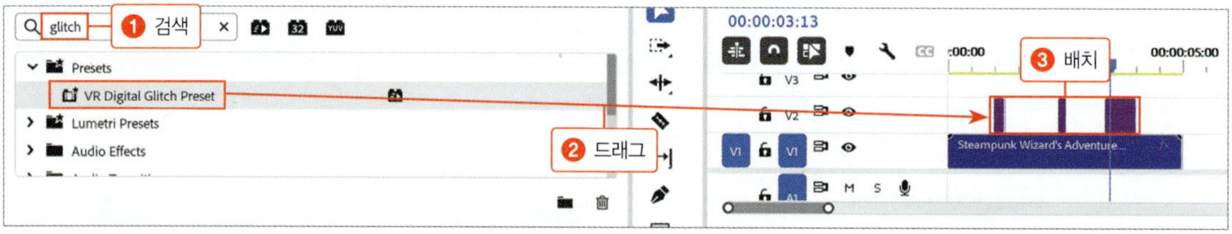

NOTE

프리셋에 단축키를 설정하여 사용할 수도 있습니다. 자주 사용할 프리셋이라면 메뉴에서 [편집(Edit)] → '키보드 단축키(Keyboard Shortcuts, Ctrl+Alt+K)'를 클릭하여 표시되는 대화상자에서 단축키를 지정해 빠르고 반복적으로 사용할 수 있어 작업이 효율적입니다.

11 효과를 적용한 후 영상을 재생하여 결과를 확인하고 필요에 따라 수정해 완성합니다.

10.6 VHS 아날로그 감성 효과 만들기

실습 예제 05

• **예제 파일** : 10\10_6\아날로그효과.prproj • **완성 파일** : 10\10_6\아날로그효과_완성.mp4, 아날로그효과_완성.prproj

VHS 효과는 오래된 비디오테이프 특유의 노이즈, 색 번짐, 스캔 라인 등을 재현하여 레트로한 분위기를 연출하는 기법입니다. 이를 구현하기 위해 블렌드 모드, 왜곡 효과, 노이즈 추가 등을 활용하겠습니다.

01 10 → 10_6 폴더에서 '아날로그효과.prproj' 파일을 더블클릭하여 실행합니다. 프로젝트(Project) 패널이나 타임라인(Timeline) 패널에서 '아날로그효과' 시퀀스를 선택하고 작업 영역(Workspaces)은 '편집(Editing)'으로 선택하여 설정합니다.

02 효과를 적용하려면 조정 레이어를 생성해야 합니다. 메뉴에서 〔파일(File)〕 → '새로 만들기(New)' → '조정 레이어(Adjustment Layer...)'를 클릭합니다. 조정 레이어(Adjustment Layer) 대화상자가 표시되면 화면 크기와 동일한지 확인하고 <확인(OK)> 버튼을 클릭합니다.

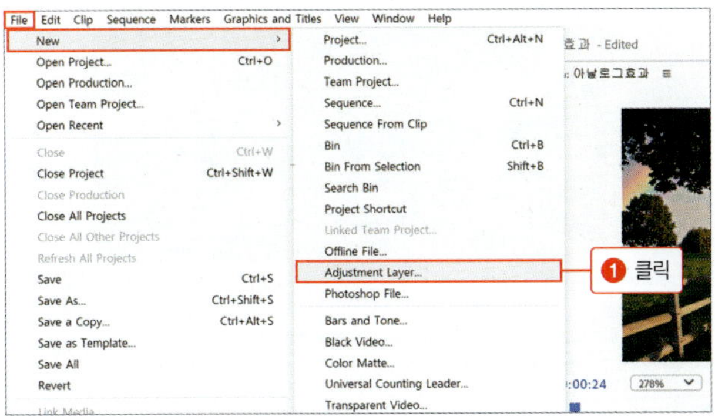

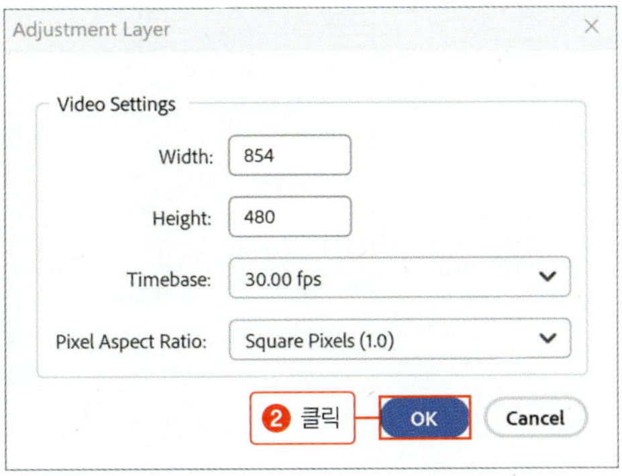

03 프로젝트(Project) 패널에서 생성된 '조정 레이어(Adjustment Layer)'를 타임라인(Timeline) 패널의 V2 트랙으로 드래그하여 배치합니다.

04 효과(Effects) 패널에서 'VR 색수차(VR Chromatic Aberrations)'를 검색하여 표시되는 효과를 타임라인(Timeline) 패널의 V2 트랙에 있는 '조정 레이어(Adjustment Layer)' 클립에 드래그하여 적용합니다.

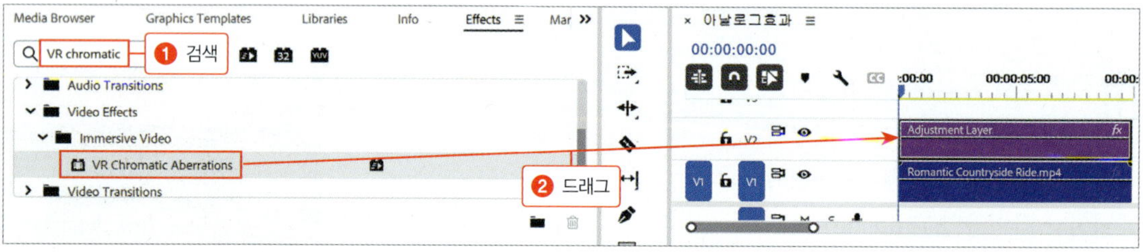

NOTE

VR 색수차(VR Chromatic Aberrations) 효과는 VR 및 일반 영상에서 RGB 채널을 분리하여 색 번짐과 왜곡을 생성하는 효과입니다.

05 효과 컨트롤(Effect Controls) 패널에서 수차(빨강)(Aberrations(Red))을 '-8', 수차(녹색)(Aberrations(Green))을 '0', 수차(파랑)(Aberrations(Blue))을 '8'로 설정합니다. 색상이 비정상적으로 분리되어 빨간색과 파란색이 왜곡된 상태로 보이며, 녹색은 상대적으로 자연스럽게 보이는 형태로 나타납니다. 이러한 설정은 색상이 분리되고 왜곡된 느낌을 만들어 내므로 VHS 효과 재현하기에 활용될 수 있습니다.

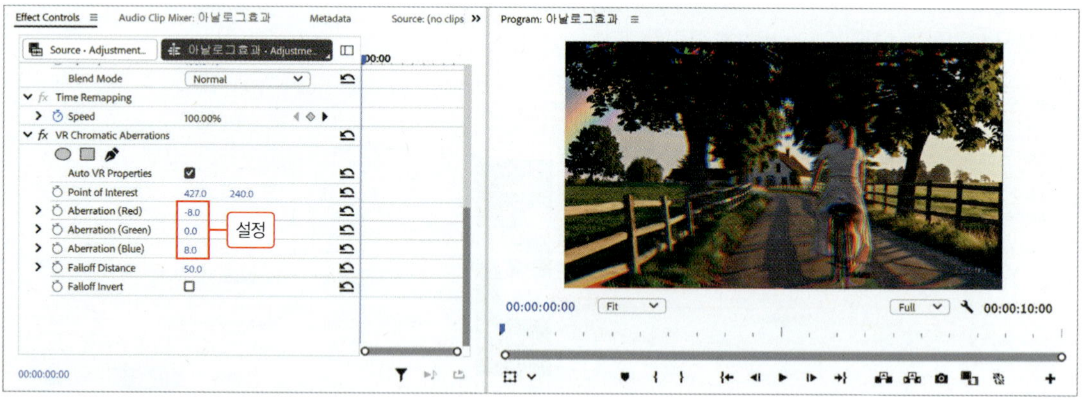

06 가장자리 거칠게 하기(Roughen Edges) 효과를 추가해 감성적인 테두리를 추가하겠습니다. 효과(Effects) 패널에서 '가장자리 거칠게 하기(Roughen Edges)'를 검색하여 표시되는 효과를 타임라인(Timeline) 패널의 V2 트랙에 있는 '조정 레이어(Adjustment Layer)' 클립으로 드래그하여 적용합니다.

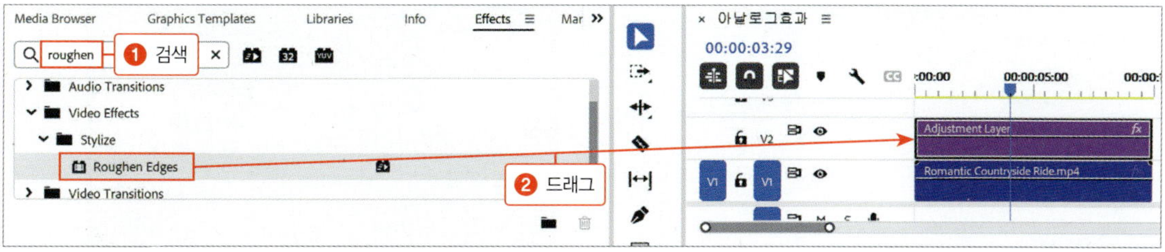

07 효과 컨트롤(Effect Controls) 패널의 가장자리 거칠게 하기(Roughen Edges) 항목에서 가장자리 유형(Edge Type)을 '거칠게 하기(Roughen)'로 지정하고 테두리(Border)를 '158', 가장자리 선명도(Edge Sharpness)를 '0.5', 프랙탈 영향(Fractal Influence)을 '0.2', 비율 조정(Scale)을 '182'로 설정합니다. 프로그램 모니터(Program Monitor) 패널을 살펴보면 그림과 같이 거친 느낌의 둥근 테두리가 추가됩니다.

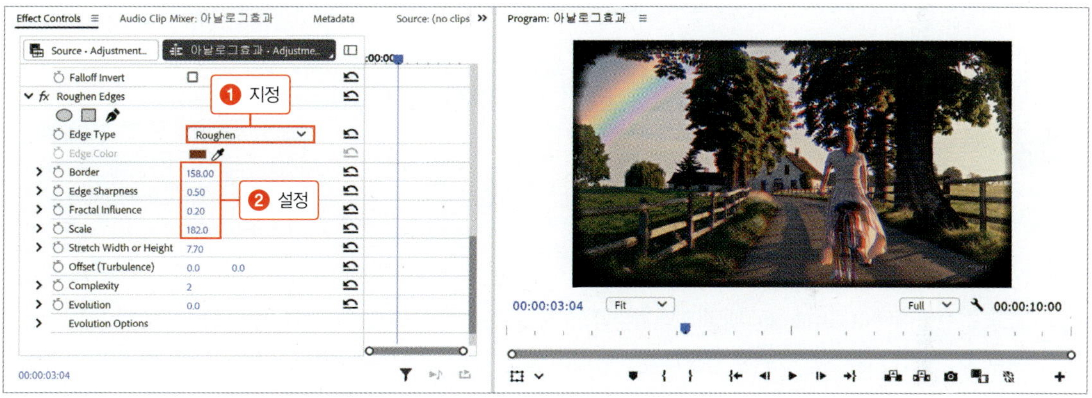

08 아날로그한 느낌을 더욱 표현하기 위해 노이즈(Noise) 효과를 추가하겠습니다. 효과(Effects) 패널에서 '노이즈(Noise)'를 검색하고 표시되는 효과를 타임라인(Timeline) 패널의 V2 트랙에 있는 '조정 레이어(Adjustment Layer)' 클립으로 드래그하여 적용합니다.

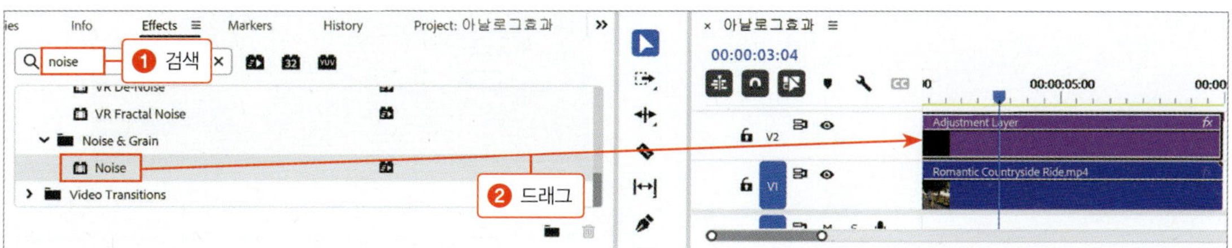

09 효과 컨트롤(Effect Controls) 패널의 노이즈(Noise) 항목에서 노이즈 양(Amount of Noise)을 '30%'로 설정합니다.

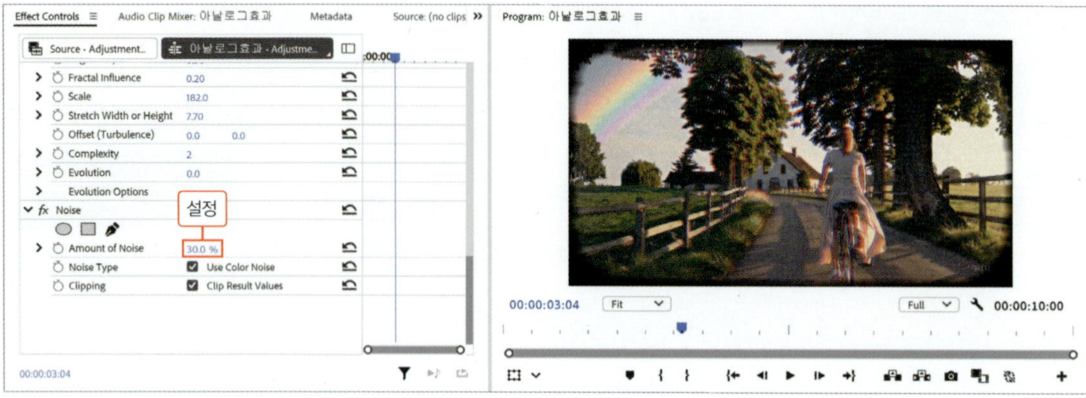

10 영상에 먼지가 낀 듯한 지글거리는 효과를 추가하기 위해 프로젝트(Project) 패널에서 'Film Dust.mp4' 클립을 타임라인(Timeline) 패널의 V3 트랙으로 드래그하여 배치합니다.

11 효과 컨트롤(Effect Controls) 패널에서 불투명도(Opacity) 항목의 혼합 모드(Blend Mode)를 '화면(Screen)'으로 지정하여 자연스럽게 원본 영상과 합성합니다. 이로써 영상에 아날로그 필름의 느낌을 주는 더스트 효과가 추가됩니다.

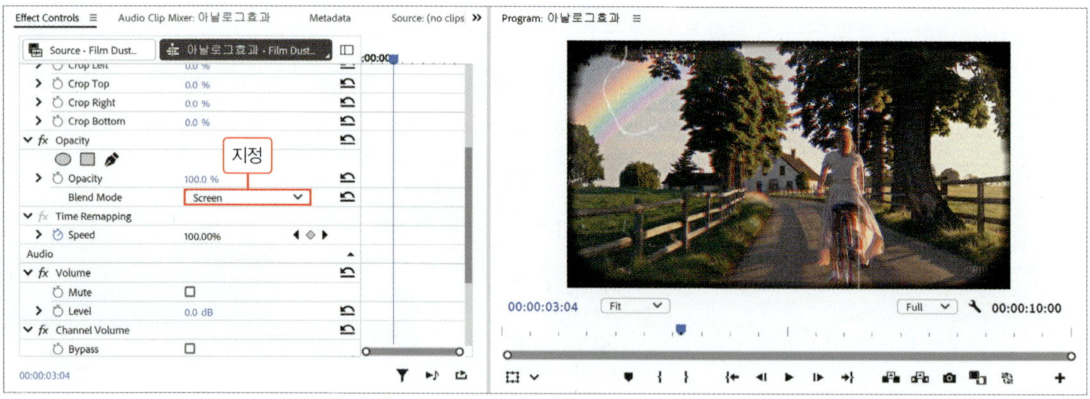

12 VHS 특유의 뒤틀림 효과를 구현하기 위해 효과(Effects) 패널에서 '파도 비틀기(Wave Warp)'를 검색하고 표시되는 효과를 타임라인(Timeline) 패널의 V2 트랙에 있는 '조정 레이어(Adjustment Layer)' 클립으로 드래그하여 적용합니다.

13 효과 컨트롤(Effect Controls) 패널에서 물결 유형(Wave Type)을 '정사각형(Square)'으로 지정하고 물결 높이(Wave Height)를 '5', 물결 폭(Wave Width)을 '300', 파형 속도(Wave Speed)를 '-0.5'으로 설정한 다음 고정(Pinning)을 '모든 가장자리(All Edges)'로 지정하여 화면이 위에서 아래로 왜곡되어 움직이는 VHS 스타일의 뒤틀림 효과를 완성합니다.

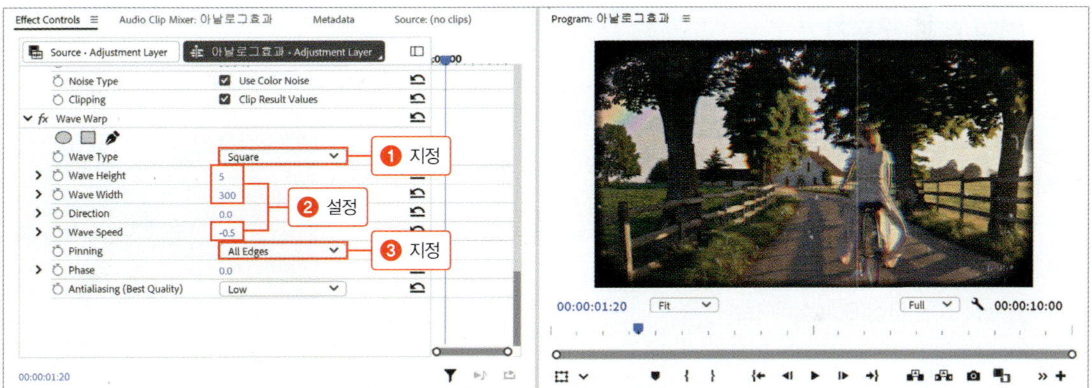

NOTE

파도 비틀기(Wave Warp) 효과는 영상에 물결치는 듯한 변형을 추가하는 효과입니다.

- **물결 유형(Wave Type)**: 파형의 모양을 정하는 옵션입니다. '정사각형(Square)'으로 지정하면 물결이 직사각형 모양으로 왜곡되어 VHS 스타일의 디지털적인 왜곡 효과를 연출할 수 있습니다.
- **물결 높이(Wave Height)**: 물결의 진폭(높낮이)을 조정하는 값으로, 값이 클수록 파도가 더 크고 강렬하게 변형됩니다.
- **물결 폭(Wave Width)**: 물결 간격(파도의 너비)을 조정하는 값으로, 값이 작을수록 촘촘한 파도가 형성됩니다.
- **방향(Direction)**: 물결이 진행하는 방향을 설정하며, 기본값은 0°(수평)이고, 90°로 설정하면 수직으로 변화합니다.
- **파형 속도(Wave Speed)**: 파형의 움직이는 속도와 방향을 결정하는 값입니다. 음수 값(-)은 파형이 아래로 이동하는 효과를 나타내고, 양수 값(+)은 위로 이동하는 효과를 나타냅니다.
- **고정(Pinning)**: 곡선 효과가 화면의 테두리에 미치는 방식을 설정합니다. 모든 가장자리(All Edges)는 화면의 모든 가장자리를 고정하여 왜곡이 화면 밖으로 튀어 나가거나 가장자리가 잘리는 현상을 방지합니다.

10.7 실습 예제 06 섬광을 활용한 강조 효과 연출하기

• **예제 파일** : 10\10_7\섬광효과.prproj • **완성 파일** : 10\10_7\섬광효과_완성.mp4, 섬광효과_완성.prproj

섬광(Strobe Light) 효과는 빠르게 깜빡이는 빛을 사용하여 강렬한 시각적 임팩트를 주는 기법입니다. 이를 활용하면 역동적인 장면을 강조하거나 긴장감을 조성할 수 있고, 색상 변형 효과와 함께 사용하면 더욱 극적인 연출이 가능합니다.

색상 변형 효과 적용하기

01 10 → 10_7 폴더에서 '섬광효과.prproj' 파일을 더블클릭하여 실행합니다. 프로젝트(Project) 패널이나 타임라인(Timeline) 패널에서 '섬광효과' 시퀀스를 선택하고 작업 영역(Workspaces)은 '편집(Editing)'으로 선택하여 설정합니다.

02 교차로 효과를 주기 위해 원본 영상 위에 효과를 줄 영상을 배치하겠습니다. V1 트랙에 있는 영상 클립을 선택하고 Alt를 누른 채 V2 트랙으로 드래그하여 복제해 배치합니다.

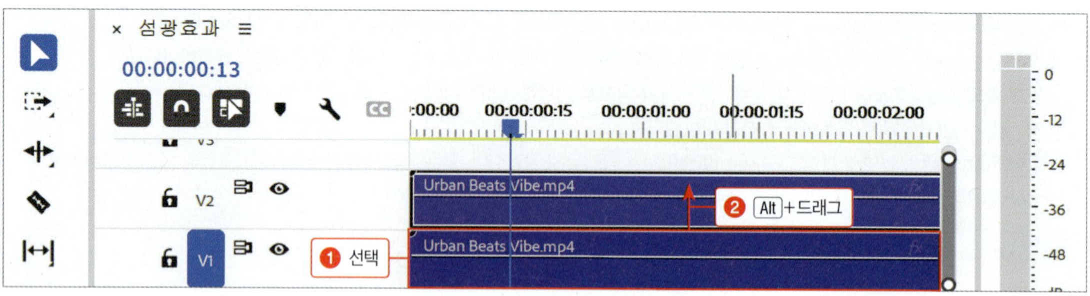

03 그림과 같이 V2 트랙의 영상 클립의 시작과 끝부분을 드래그하여 효과를 적용할 부분 만큼만 잘라 편집합니다.

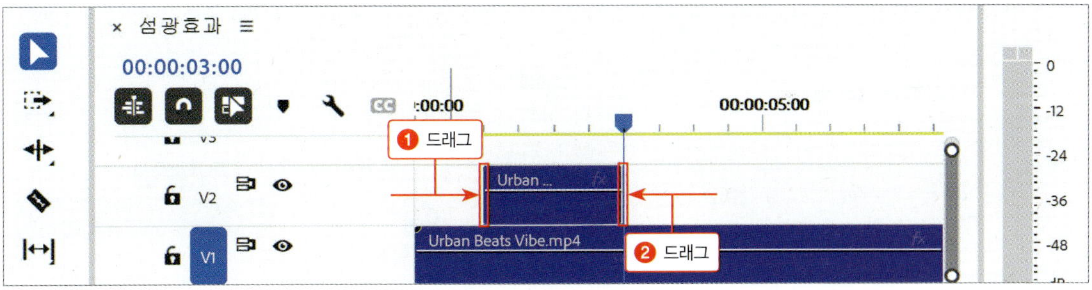

04 V2 트랙 클립에 스타일을 적용하기 위해 효과(Effects) 패널에서 'ASC CDL'을 입력하여 표시되는 효과를 타임라인(Timeline) 패널의 V2 트랙에 있는 클립으로 드래그하여 적용합니다.

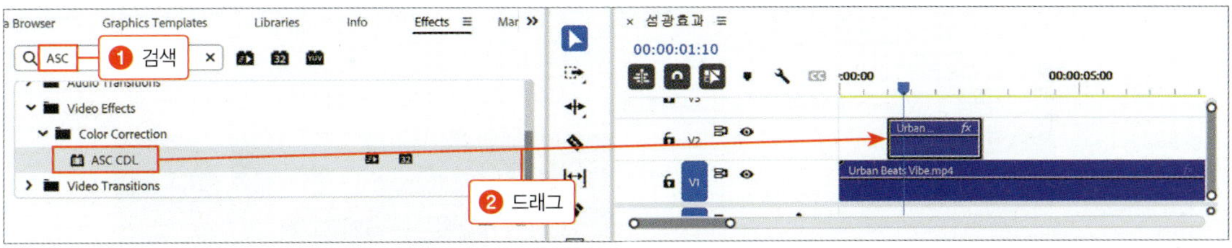

05 효과 컨트롤(Effect Controls) 패널의 ASC CDL 항목에서 빨강(Red), 녹색(Green), 파랑(Blue)의 경사(Slope)와 오프셋(Offset)을 원하는 대로 설정하여 마음의 드는 영상의 색상으로 만듭니다.

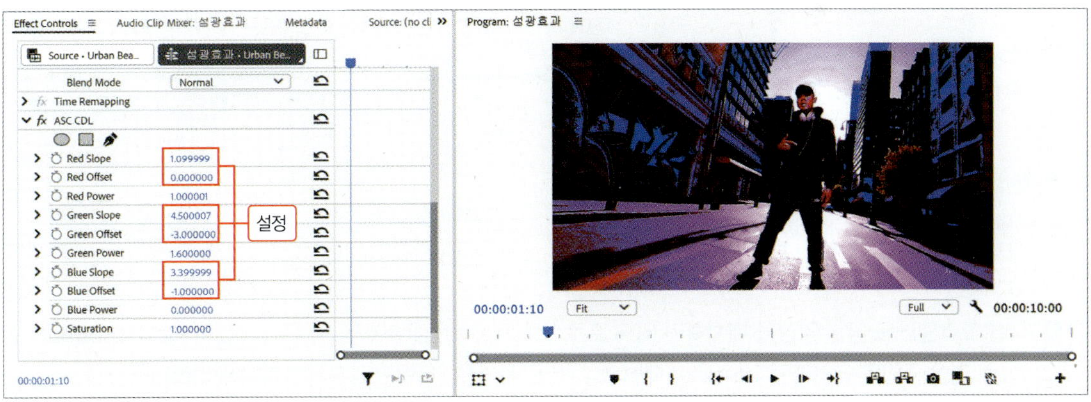

NOTE

ASC CDL 효과는 세 가지 주요 파라미터를 기반으로 간단한 색 보정을 지원합니다.

- **경사(Slope)**: 이미지의 밝기를 조정합니다.
- **오프셋(Offset)**: 이미지 전체의 밝기를 이동(추가/감소)시킵니다.
- **가감속(Power)**: 이미지의 감마 값을 조정합니다.

06 영상에 물결처럼 흔들리거나 일렁이는 효과를 연출하는 '파도 비틀기(Wave Warp)' 효과를 적용하여 초현실적인 분위기를 표현하고 시각적 강조 추가하겠습니다. 효과(Effects) 패널에서 '파도 비틀기(Wave Warp)'를 검색하여 표시되는 효과를 타임라인(Timeline) 패널의 V2 트랙에 있는 클립으로 드래그하여 적용합니다.

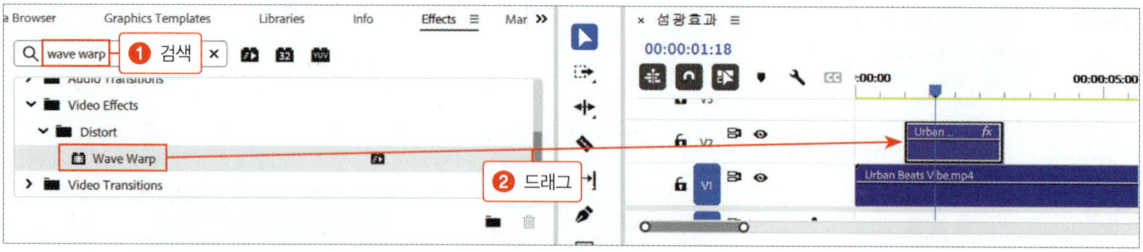

07 효과 컨트롤(Effect Controls) 패널의 파도 비틀기(Wave Warp) 항목에서 물결 유형(Wave Type)을 '부드러운 노이즈(Smooth Noise)'로 지정하고 물결 높이(Wave Height)를 '27', 물결 폭(Wave Width)을 '25', 방향(Direction)을 '0', 파형 속도(Wave Speed)를 '1'로 설정한 다음 고정(Pinning)을 '모든 가장자리(All Edges)'로 지정합니다.

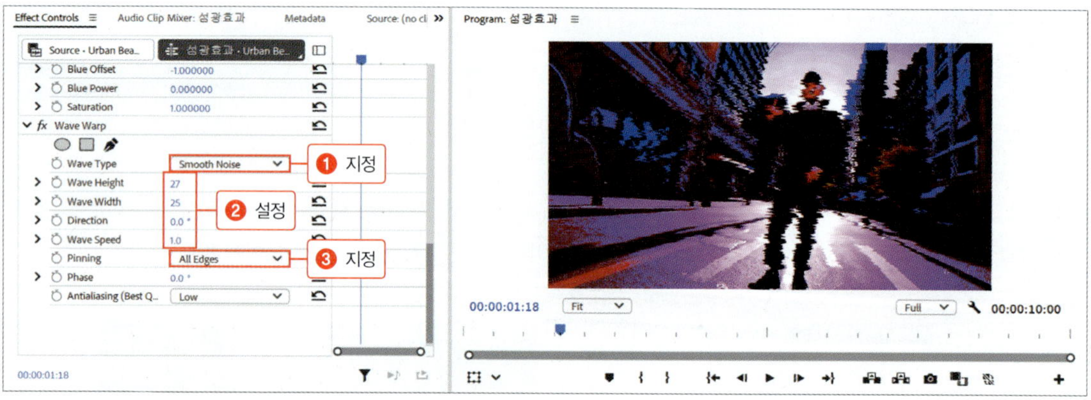

NOTE

파도 비틀기(Wave Warp) 효과의 옵션 설명은 331쪽의 NOTE를 참고하세요.

08 다른 프레임에도 다른 영상을 배치하기 위해 프로젝트(Project) 패널에서 'Synchronized Idol Performance.mp4' 영상 클립을 타임라인(Timeline) 패널의 '4~7초' 사이 V2 트랙으로 드래그하여 배치합니다.

09 효과를 적용하기 위해 효과(Effects) 패널에서 '대체 색상(Color Replace)'을 검색하여 표시되는 효과를 타임라인(Timeline) 패널의 V2 트랙에 있는 'Synchronized Idol Performance.mp4' 클립으로 드래그하여 적용합니다.

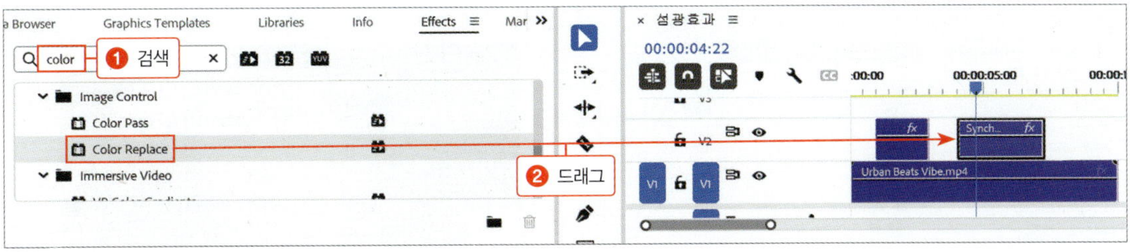

10 효과 컨트롤(Effect Controls) 패널의 대체 색상(Color Replace) 항목에서 유사성(Similarity)을 '17'로 설정하고 '단색(Solid Colors)'을 체크 표시합니다. 대상 색상(Target Color)에 있는 '스포이트' 아이콘(✐)을 클릭하고 프로그램 모니터(Program Monitor) 패널에서 인물의 옷 부분을 클릭하여 색상을 지정한 다음 대체 색상(Replace Color)을 '라임색(#C6FF00)'으로 지정합니다. 그림과 같이 대상 색상(Target Color)의 색상이 대체 색상(Replace Color)으로 변경됩니다.

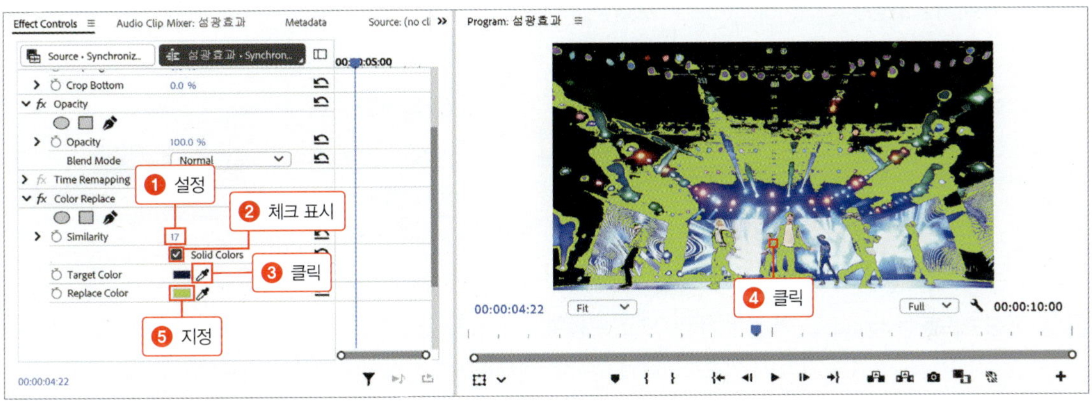

NOTE

대체 색상(Color Replace) 효과는 영상 내 특정 색상을 선택하고 다른 색상으로 변경하는 기능입니다.

- **유사성(Similarity)**: 선택한 색상과 유사한 색상의 범위를 조정하는 값으로, 값이 높을수록 더 넓은 범위의 색상이 변경됩니다.
- **단색(Solid Colors)**: 색상을 변경할 때 색상의 부드러운 전환을 유지할지 또는 단색으로 강하게 적용할지를 결정하는 옵션입니다. 활성화하면 색상이 균일하게 변경됩니다.
- **대상 색상(Target Color)**: 변경할 색상을 선택하는 기능으로, 원본 영상에서 특정 색상을 지정하여 대체할 수 있습니다.
- **대체 색상(Replace Color)**: 대상 색상을 어떤 색으로 변경할지를 설정하는 기능으로, 색상 피커를 사용해 원하는 색상으로 변경이 가능합니다.

11 대상 색상(Target Color)의 '애니메이션 켜기/끄기(Toggle animation)' 아이콘(⏱)을 클릭하여 키프레임을 추가해 색상을 변경하는 애니메이션을 적용하면, 영상의 색상이 변화하며 더욱 역동적인 연출을 완성할 수 있습니다.

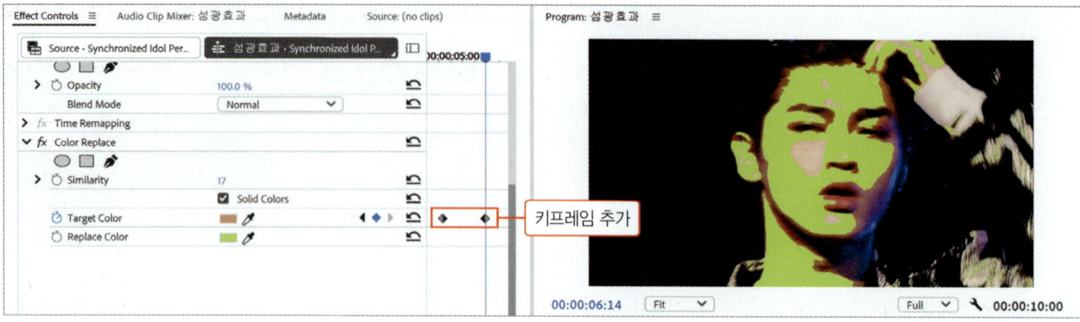

섬광 효과 적용하기

01 효과(Effects) 패널에서 '섬광(Strobe Light)'을 검색하여 표시되는 효과를 타임라인(Timeline) 패널의 V2 트랙에 위치한 조정 레이어(Adjustment Layer)에 적용합니다.

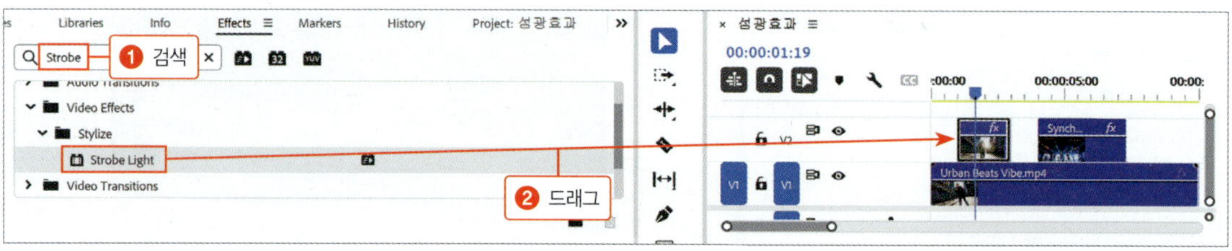

02 재생 헤드(Playhead)를 '00:00:05:00'으로 이동합니다. 효과 컨트롤(Effect Controls) 패널의 섬광(Strobe Light) 항목에서 섬광 지속 시간(초)(Strobe Duration(secs))와 섬광 주기(초)(Strobe Period(secs))의 '애니메이션 켜기/끄기(Toggle animation)' 아이콘(⏱)을 클릭하여 키프레임을 추가하고 섬광(Strobe)을 '레이어를 투명하게(Makes Layer Transparent)'로 지정하여 V1 트랙과 V2 트랙이 교차로 깜빡이는 효과 연출을 합니다.

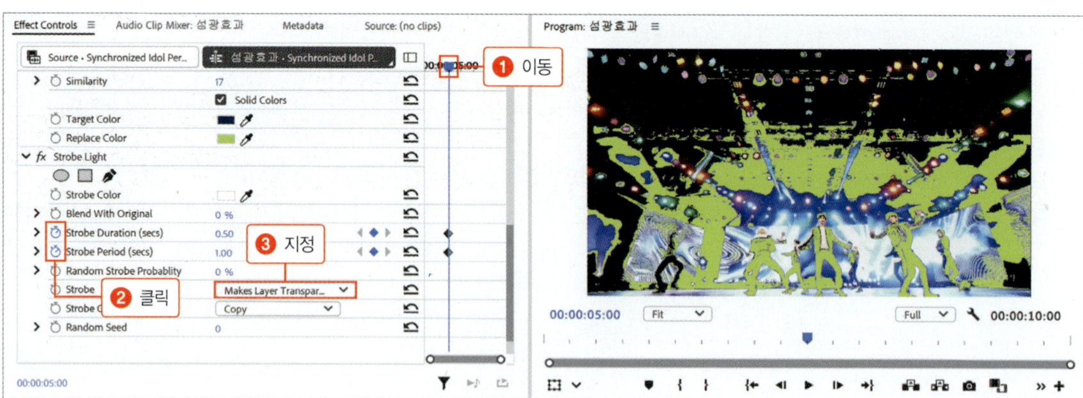

NOTE

섬광 지속 시간(초)(Strobe Period(secs))는 섬광 주기(초)(Strobe Duration(secs))의 2배로 설정해야 합니다. 또한, 섬광(Strobe)을 '레이어를 투명하게(Operates on Color Only)'로 지정했을 때 영상과 단색 레이어가 교차로 나타납니다.

03 재생 헤드(Playhead)를 '00:00:06:10'으로 이동하고 섬광 지속 시간(초)(Strobe Duration(secs))를 '0.02', 섬광 주기(초)(Strobe Period(secs))를 '0.04'로 설정하여 키프레임을 추가합니다. 이를 통해 점점 교차되는 속도가 빨라지는 애니메이션을 완성할 수 있습니다.

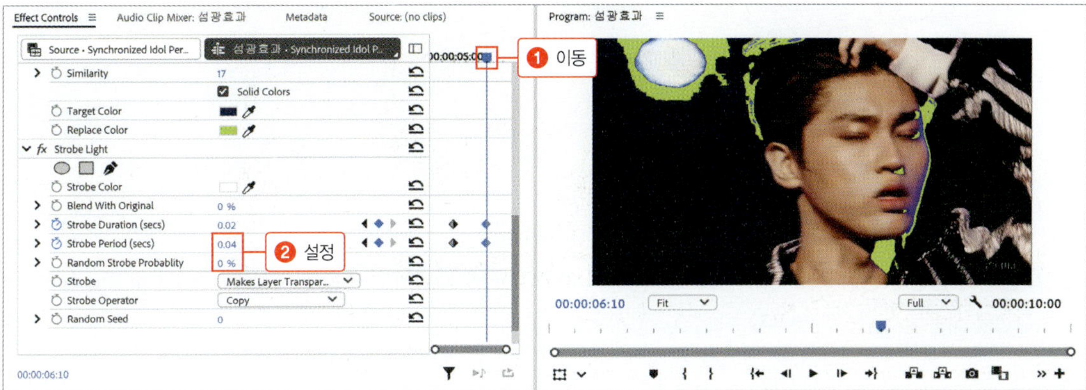

NOTE

섬광 지속 시간(초)(Strobe Duration(secs))와 섬광 주기(초)(Strobe Period(secs))의 값이 작아질수록 영상 교차 속도가 더욱 빨라집니다.

04 영상을 재생해 보면서 리듬감 있게 수치를 변경해 완성합니다.

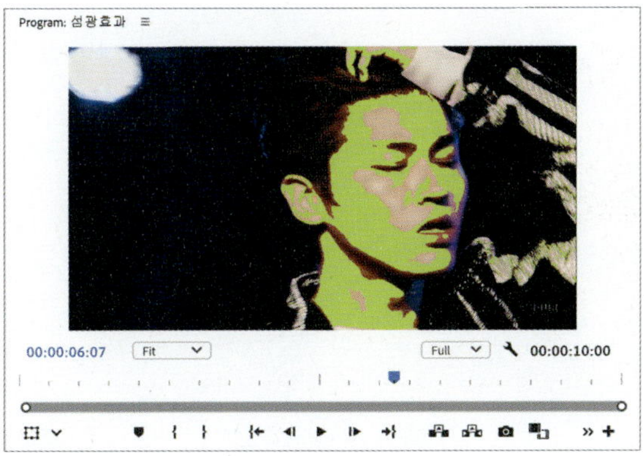

연습 문제 |

01 크로마키 합성 효과를 적용한 영상 자료를 찾아보고, 그와 유사하게 크로마키 영상과 배경 영상을 구상합니다. 필요한 영상 소스를 소라에서 생성해 보세요.

02 01번에서 생성한 영상을 프리미어 프로로 불러와 새 시퀀스를 생성하고 색상 키(Color Key)나 울트라 키(Ultra Key)를 적용해서 합성해 보세요.

03 02번까지 진행한 시퀀스에 'VHS 아날로그' 효과를 만들어 적용해 보세요.

WEEK 11

팀 프로젝트 협업, 에셋, 클라우드, 소셜 미디어 출력

학 습 목 표

개인 프로젝트를 넘어서 팀 프로젝트로 영상 콘텐츠를 제작할 때 필요한 프리미어 프로의 설정과 함께 크리에이티브 클라우드(Creative Cloud), 어도비 스톡(Adobe Stock), Frame.io 등 유용한 협업 기능을 살펴보겠습니다. 프리미어 프로에서 직접 소셜 미디어로 영상을 게시하는 방법과 더불어 전문 업계에서 사용하는 영상 규격은 무엇이 다른지도 알아보겠습니다.

11.1 실습 예제 01

프리미어 프로의 팀 프로젝트 시작하기

어도비 프리미어 프로에서 팀 프로젝트(Team Project)를 시작하려면 먼저 어도비 크리에이티브 클라우드(Adobe Creative Cloud)에 로그인되어 있어야 합니다. 프리미어 프로를 시작할 때 새로운 팀 프로젝트로 설정하고, 함께 프로젝트를 수행할 사용자를 초대하여 프로젝트를 공유하면서 동기화하는 과정을 알아봅시다.

팀 프로젝트 초대하기

01 팀 프로젝트로 시작하려면 먼저 어도비 크리에이티브 클라우드에 로그인되어 있어야 합니다. 크리에이티브 클라우드 앱을 열고 오른쪽 상단 사용자 계정에 로그인되었는지 확인합니다.

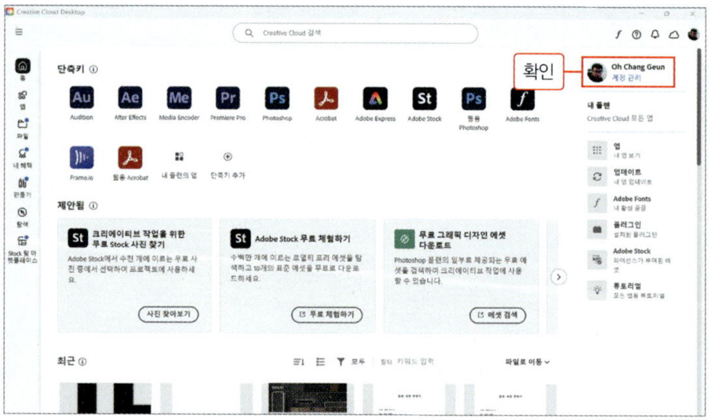

02 프리미어 프로를 실행합니다. 실행했을 때 표시되는 홈 화면에서 '새 팀 프로젝트(New Team Project)'를 클릭합니다.

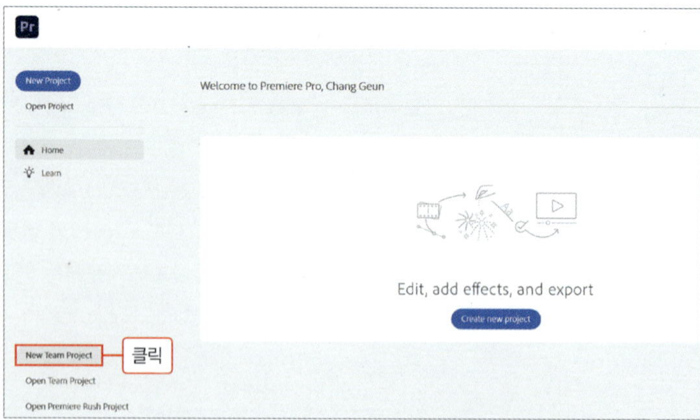

03 새 팀 프로젝트(New Team Project) 대화상자가 표시되면 팀 프로젝트 이름(Team Project Name)과 설명(Description)을 입력하고, 협업자(Collaborators) 항목 아래에 있는 <편집(Edit...)> 버튼을 클릭합니다.

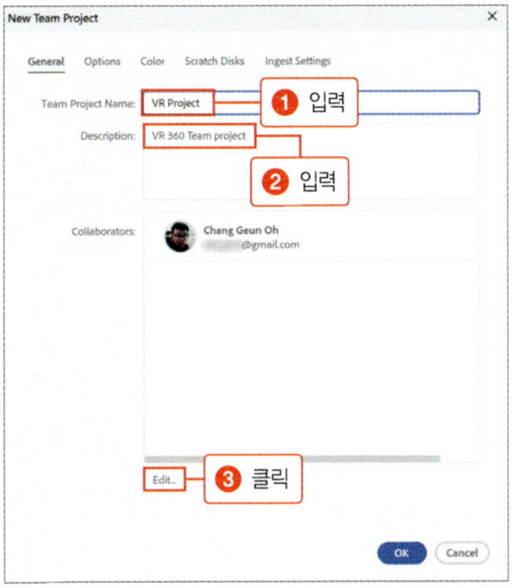

04 협력자 편집(Edit Collaborators) 대화상자가 표시됩니다. 이름 또는 이메일(Name or Email)에 함께 협업할 사용자의 이메일 주소를 입력합니다. 초대할 대상이 설정되면 <초대(Invite)> 버튼을 클릭합니다.

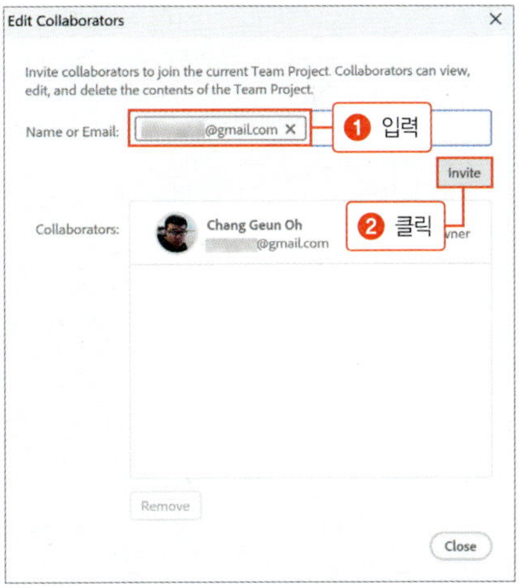

NOTE

등록된 사용자라면 이메일이 팝업 형태로 표시됩니다.

05 초대한 사용자가 협업자(Collaborators) 칸에 추가되면 아래 <닫기(Close)> 버튼을 클릭합니다.

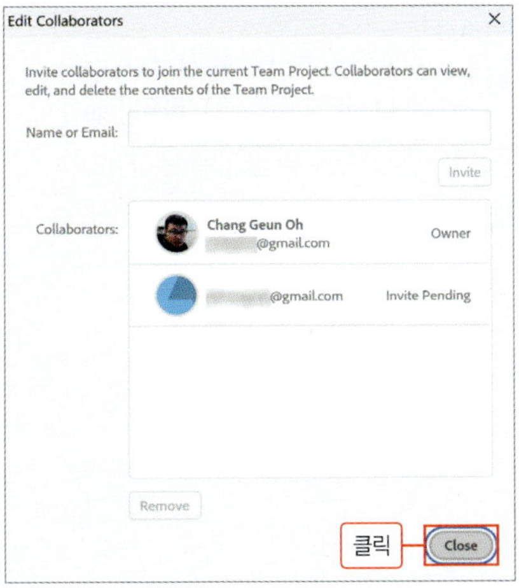

06 새 팀 프로젝트(New Team Project) 대화상자로 돌아가면 아래 <확인(OK)> 버튼을 클릭합니다. 그러면 협업 초대된 사용자에게 알림이 발송됩니다.

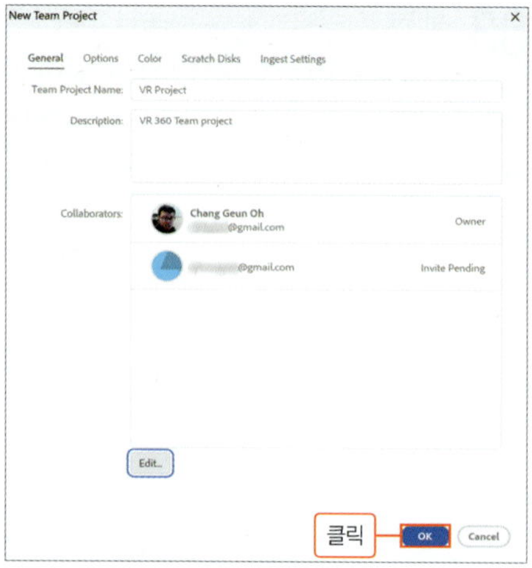

07 새 팀 프로젝트가 시작되면서 오른쪽 상단에 협업자 수가 동그란 회색의 아이콘으로 표시됩니다.

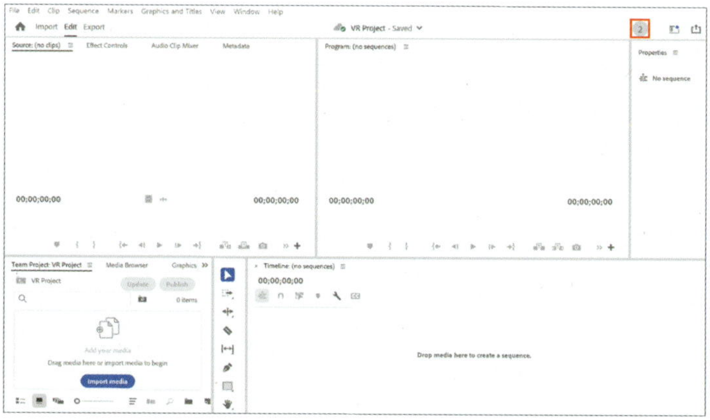

팀 프로젝트 수락하기

01 초대된 사용자는 프리미어 프로를 실행하고 메뉴의 [파일(File)] → '팀 프로젝트 열기(Open Team Project)'를 클릭합니다.

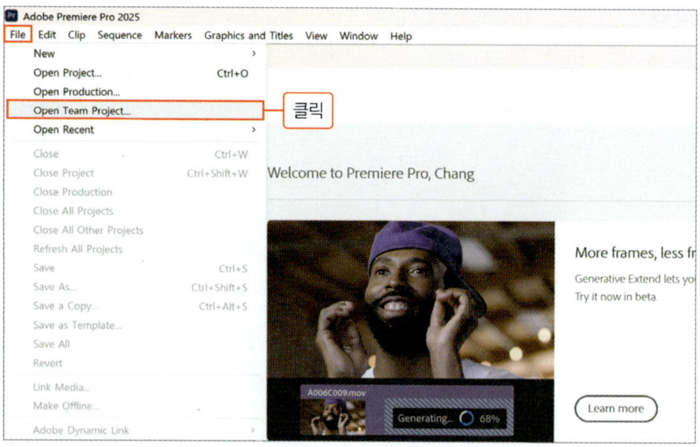

02 팀 프로젝트 관리(Manage Team Projects) 대화상자가 표시되면 〔초대(Invites)〕 탭을 선택합니다. 이 탭에서 초대된 프로젝트가 목록에 나타나는데, 해당 프로젝트 이름을 선택하고 <수락(Accept)> 버튼을 클릭하면 됩니다.

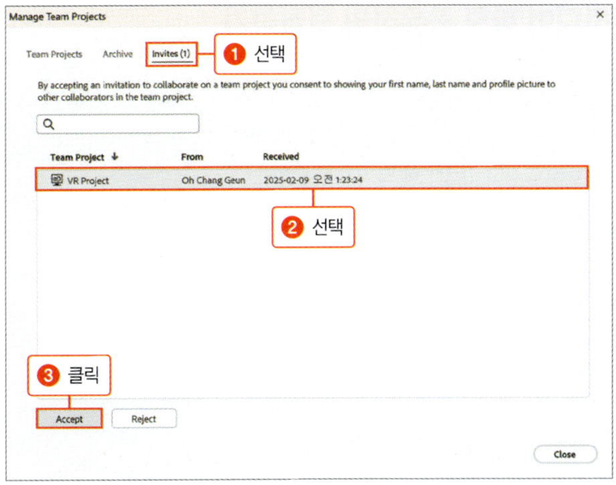

03 <수락(Accept)> 버튼이 <열기(Open)> 버튼으로 변경되면 다시 클릭하여 팀 프로젝트를 엽니다.

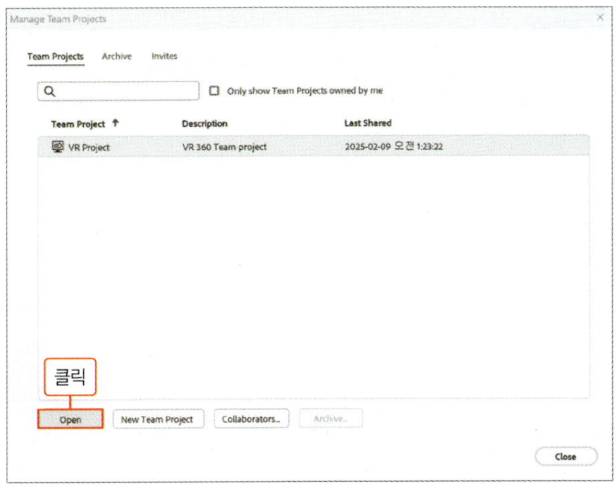

04 팀 프로젝트에 초대된 사용자도 초대한 사용자와 같은 작업 창을 마주하게 되며, 오른쪽 상단에 협업 사용자의 온라인(Online) 상태가 섬네일로 표시됩니다.

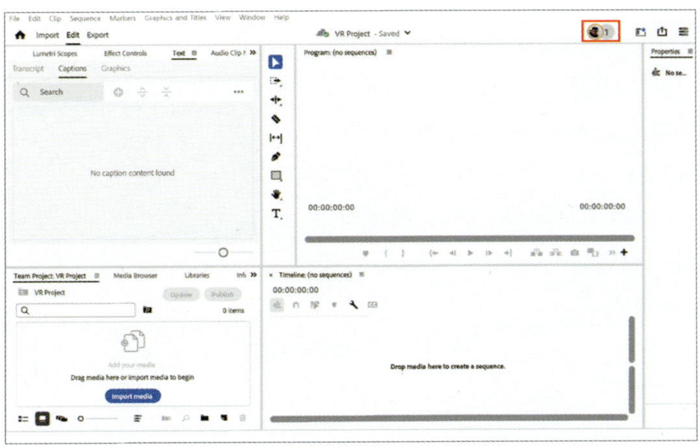

미디어 파일 공유하며 편집하기

01 미디어 파일을 공유하면서 함께 편집하겠습니다. 크리에이티브 클라우드의 [파일] 탭을 선택하고 '내 라이브러리'를 선택한 다음 파일을 업로드합니다. 공유할 파일을 모두 선택하고 오른쪽 상단의 <공유> 버튼을 클릭합니다. 내 라이브러리(으)로 초대 창이 표시되면 협업 사용자의 이메일을 입력하고 <초대> 버튼을 클릭합니다.

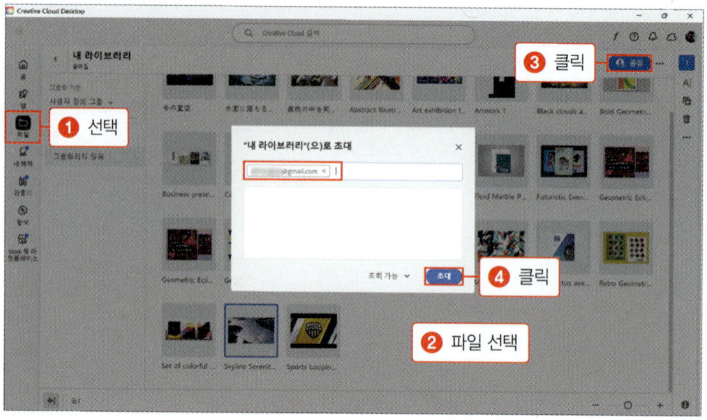

02 팀 프로젝트에 참여하는 사용자는 모두 클라우드 드라이브의 동일한 미디어 파일에 접근 가능하던가 로컬 드라이브의 동일한 경로에 해당 파일을 보유하고 있어야 합니다. 그렇지 않으면 그림과 같이 가져온 미디어 클립이 빨간색의 '미디어 오프라인(Media offline)'으로 나타납니다.

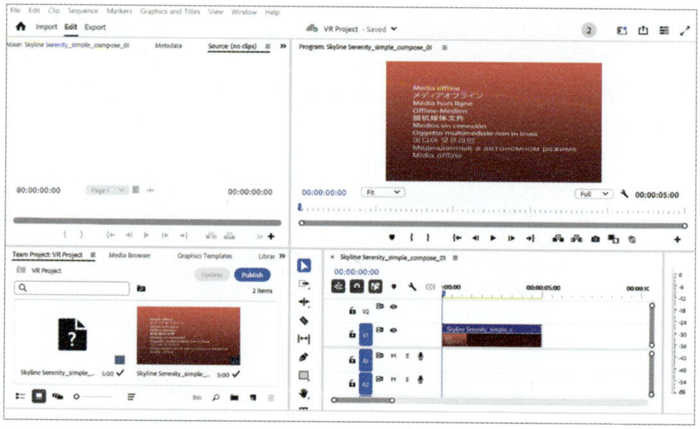

03 사용자의 컴퓨터 드라이브나 로컬 네트워크 드라이브에 각자 동일한 파일을 보유하고 있다면 프리미어 프로 메뉴에서 [편집(Edit)] → '팀 프로젝트(Team Project)' → '미디어 관리(Media Management...)'를 클릭합니다.

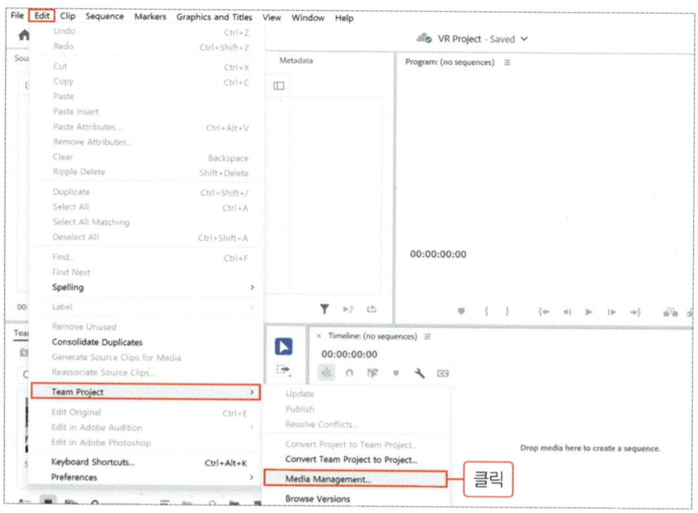

04 그림과 같이 미디어 관리(Media Management) 대화상자가 표시되면 왼쪽에 있는 온라인 경로에서 팀 프로젝트로 편집할 미디어 파일이 있는 경로의 폴더를 선택하고 <닫기(Close)> 버튼을 클릭합니다.

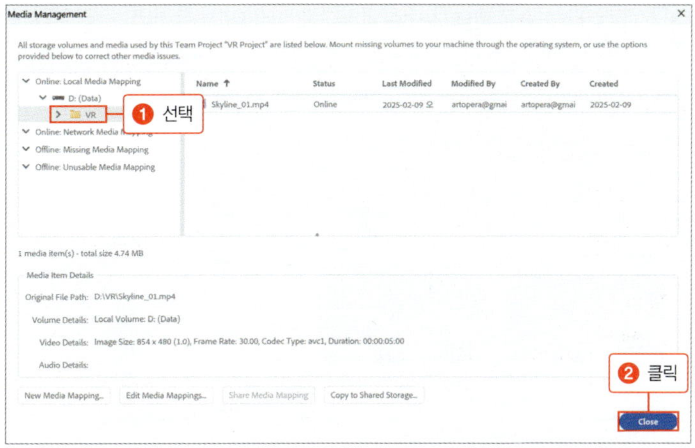

05 팀 프로젝트의 편집자는 공유된 미디어 파일을 프로젝트(Project) 패널에 불러오고, 새 시퀀스를 생성하여 타임라인(Timeline) 패널로 드래그해 클립을 배치합니다. 이렇게 편집 작업을 진행하고 프로젝트(Project) 패널의 <게시(Publish)> 버튼을 클릭합니다.

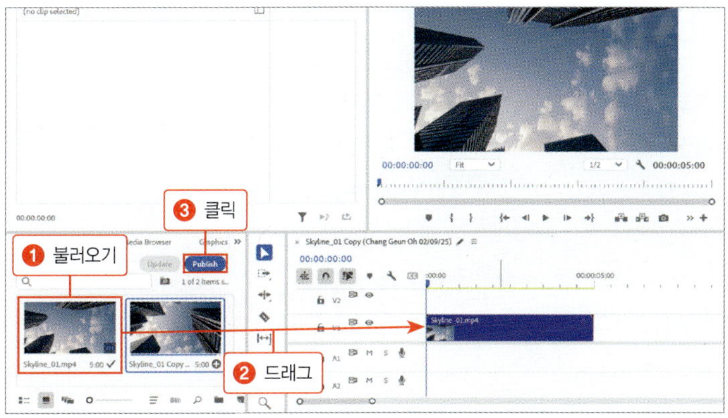

06 팀 프로젝트(Team Projects) 대화상자가 표시됩니다. 필요하다면 변경된 사항을 설명(Comment)에 입력하고 <게시(Publish)> 버튼을 클릭합니다. 크리에이티브 클라우드 앱에서 협업자들에게 알림이 전달됩니다.

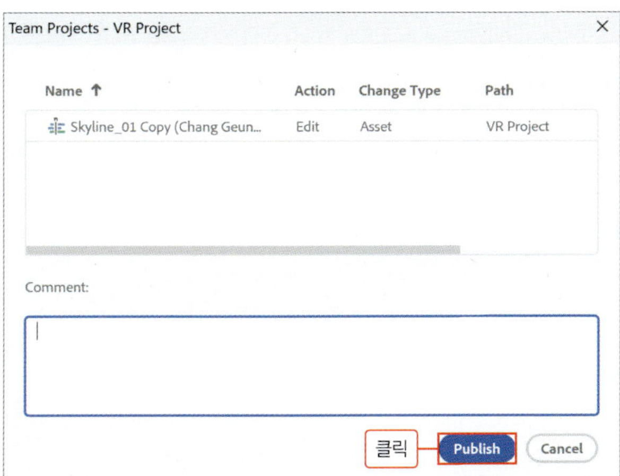

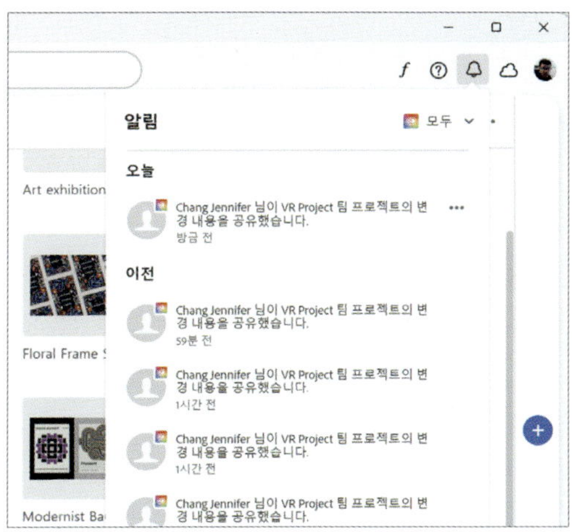

07 협업자는 프로젝트가 수정되었다는 알림이 도착하면, 프리미어 프로의 프로젝트(Project) 패널 상단에 있는 <업데이트(Update)> 버튼이 활성화되는데, 이를 클릭하면 편집자의 작업 내용이 내 화면에 업데이트됩니다. 다만, 시퀀스(Sequence)를 타임라인(Timeline) 패널에 자동으로 펼쳐주지 않으므로 프로젝트(Project) 패널에서 시퀀스를 더블클릭하여 열어야 합니다.

08 변경된 상태에서 협업자도 편집을 수행하고, 변경 사항을 전달할 수도 있습니다. 프로젝트(Project) 패널에서 활성화된 <게시(Publish)> 버튼을 클릭하면 표시되는 팀 프로젝트(Team Projects) 대화상자에서 변경 사항의 히스토리(History)와 함께 설명(Comment)을 입력해서 알릴 수도 있습니다.

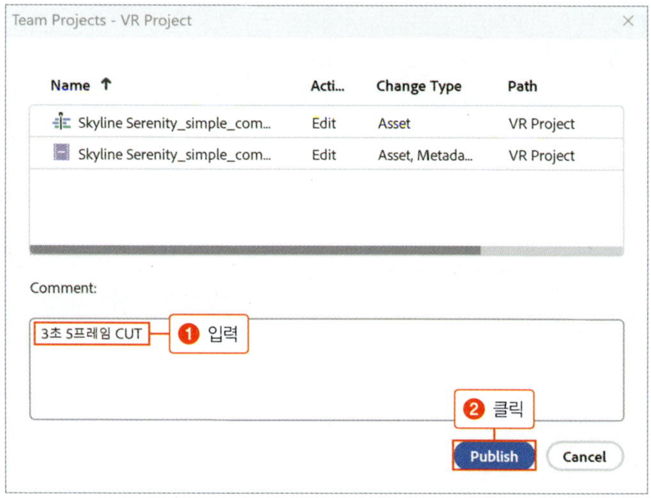

NOTE

팀 프로젝트는 클라우드에 자동 저장되므로 별도의 저장(Save) 과정이 필요 없고, 히스토리 목록에서 이전 과정으로 되돌릴 수도 있습니다.

09 만약 팀 프로젝트의 협업자들이 동시에 서로 다른 방식으로 편집을 진행한다면 충돌(Conflict)이 발생하게 되므로 주의해야 합니다. 프로젝트를 동시에 작업해야 한다면 번갈아 가면서 작업하고 순차적으로 게시(Publish)하면 됩니다. 혹시라도 충돌이 발생하면 어느 사용자의 작업을 보존할지 결정해서 적용하면 됩니다. 가벼운 충돌은 경고 창에서 <확인(OK)> 버튼을 클릭하면 해결됩니다.

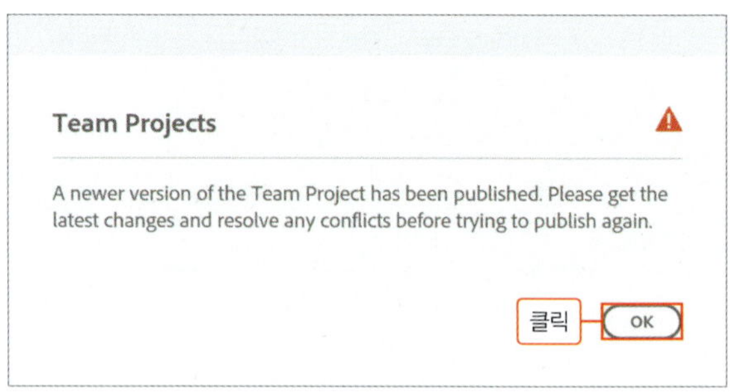

10 팀 프로젝트의 협업 사용자 모두가 미디어 파일을 동일하게 공유하는 것처럼 타이틀(Titles) 작업에서는 사용하는 글꼴(Font)의 설치 상태도 동일해야 합니다. 협업 상대자에게 해당 글꼴이 없다면 경고가 표시된 대화상자가 나타나는데 <확인(OK)> 버튼을 클릭하면 유사한 글꼴로 대체됩니다.

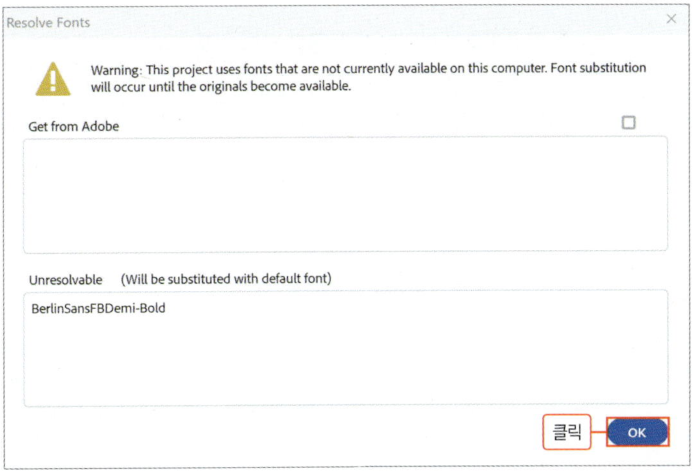

11 만약 어도비 글꼴을 사용한다면 효과 컨트롤(Effect Controls) 패널의 텍스트(Text) 항목 아래에서 소스 텍스트(Source Text)의 팝업 메뉴를 클릭하고 표시되는 '어도비 글꼴 추가(Add Adobe Fonts)'를 클릭합니다.

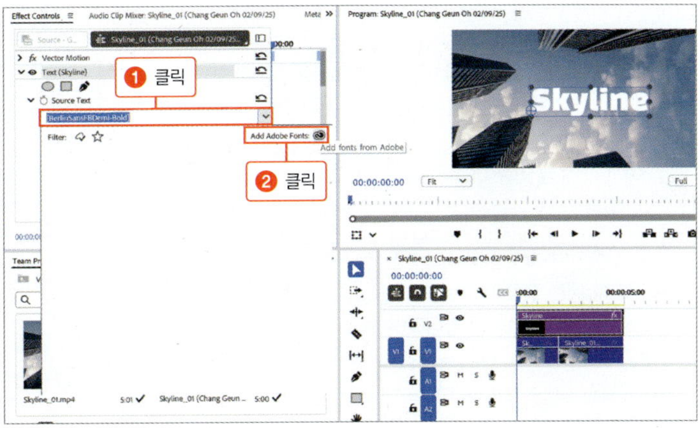

12 자동으로 어도비 폰트(Adobe Fonts) 사이트가 표시되면 해당 글꼴을 찾아서 추가해 작업을 진행합니다.

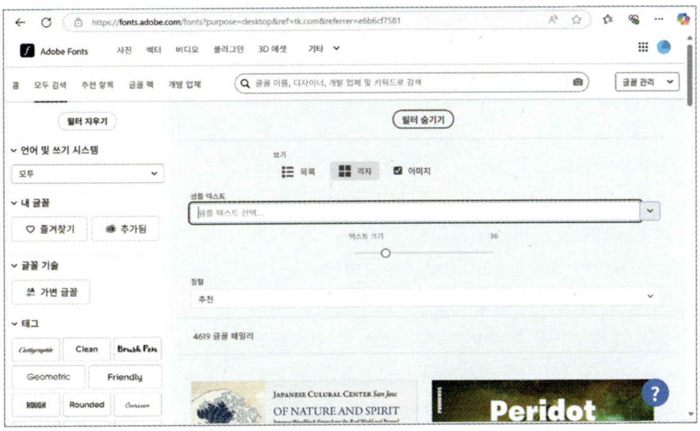

11 팀 프로젝트 협업, 에셋, 클라우드, 소셜 미디어 출력

TIP 팀 프로젝트의 미디어 파일 공유 방법 비교

프리미어 프로의 팀 프로젝트를 위한 미디어 파일 공유 방식으로는 온라인 방식의 클라우드 드라이브 파일과 로컬 드라이브 파일 공유 방식이 있습니다. 프로젝트 환경에 따라 다음과 같이 두 가지 방식을 비교하여 더 적합한 방식을 채택합니다.

구분	클라우드 파일 공유	로컬 파일 공유
용도	• 적은 용량의 소스로 작업하는 소규모 프로젝트 • 모든 협업자가 동일한 클라우드 환경에 접근 가능할 때 • 저용량 프록시 파일을 사용할 때	• 고해상도 대용량 프로젝트 • 고성능 PC에서 로컬 편집을 선호할 때 • 인터넷 전송 속도가 느리나 네트워크 상태가 불안정할 때
장점	• 모든 협업자가 클라우드의 동일한 파일에 접근 가능 • '미디어 오프라인' 오류 발생 가능성 낮음 • 인터넷이 연결된 상태에서 실시간으로 동기화 가능	• 로컬 저장소에서 파일을 불러오기 때문에 편집 속도가 빠름 • 네트워크 상태와 관계없이 작업 가능 • 미디어 파일이 동일하게 공유된다면 팀 프로젝트 동기화가 원활함
단점	• 4K 이상 대용량 영상 파일은 업로드/다운로드 속도가 느림 • 실시간 스트리밍 편집이 불가능하므로 로컬 드라이브로 내려받아야 원활한 편집 가능 • 팀원이 서로 다른 네트워크 환경에서 작업할 때 속도 차이 발생	• 모든 팀원이 동일한 파일을 똑같은 경로에 저장해야 함 • 파일 경로가 변하면 '미디어 오프라인' 오류 발생 가능성 높음 • 새로운 미디어를 추가할 때마다 팀원 모두 수동으로 파일을 공유해야 함
예시	Creative Cloud, Google Drive, Dropbox, OneDrive 등	외장 SSD, 추가 하드디스크 드라이브, NAS, 공유 서버 등

로컬 네트워크에서 파일을 공유하며 팀 프로젝트로 작업할 때는 협업 팀원 모두 동일한 경로에서 똑같은 파일명을 유지해야 합니다(예: D:\Projects\VideoFiles\ 또는 Macintosh HD/Projects/VideoFiles/). 만약 '미디어 오프라인(Media offline)' 오류를 줄이고자 한다면 클라우드 드라이브와 로컬 드라이브에 동일한 소스 파일을 저장하는 혼합 방식이 가장 이상적일 수도 있습니다. 만약 협업 사용자가 특정 파일을 찾지 못하면 메뉴에서 [파일(File)] → '미디어 연결(Link Media)'을 클릭하여 경로를 재설정할 수 있습니다.

대용량 파일로 클라우드 드라이브를 이용하여 팀 프로젝트를 진행해야 한다면 프록시(Proxy) 파일을 활용해서 네트워크 부하를 줄일 수 있습니다. 소스 파일의 용량이 부담스럽다면 메뉴에서 [파일(File)] → '팀 프로젝트 설정(Team Project Settings)'을 클릭하여 대화상자를 표시하고 [인제스트 설정(Ingest Settings)] 탭의 액션(Action)을 '프록시 만들기(Create Proxies)'로 지정한 다음 <확인(OK)> 버튼을 클릭하여 프록시 설정 상태로 진행하면 편리합니다.

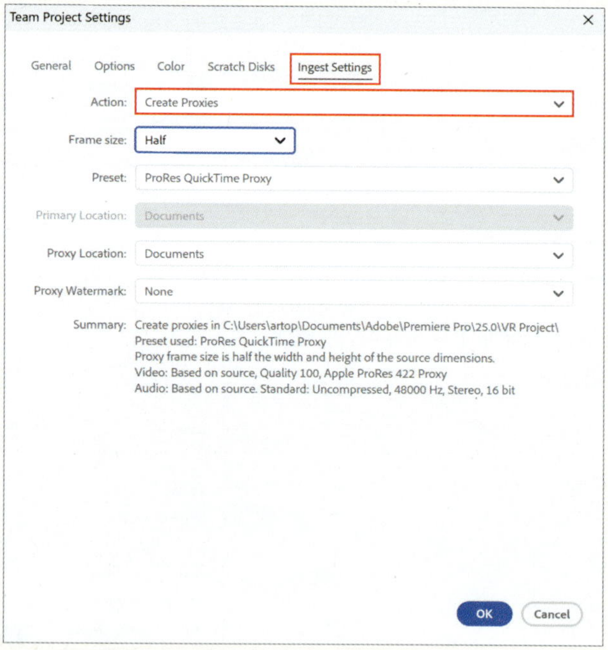

파일 용량을 줄이는 인제스트 설정(Ingest Settings)

11.2

실습 예제 02

Frame.io 기능으로 팀 협업하기

프리미어 프로의 팀 프로젝트는 팀원들의 원활한 협업을 위해 편집 작업의 동기화가 특징입니다. 하지만 프로젝트 관리자나 클라이언트가 진행된 사항을 체크하고 컨펌할 때는 팀 프로젝트가 아닌 Frame.io 기능을 활용합니다. Frame.io는 프로젝트 리뷰와 피드백을 위한 협업 환경입니다.

01 현재 프리미어 프로에서 완벽하게 작동하지는 않지만, Frame.io 리뷰 기능과 플러그인 설치 방법을 알아보겠습니다. 프리미어 프로의 메뉴에서 〔창(Window)〕 → 'Frame.io로 검토(Review with Frame.io)'를 클릭합니다.

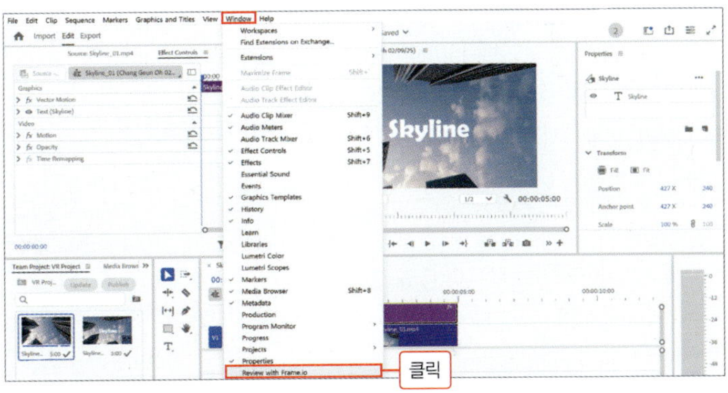

02 소스 모니터(Source Monitor) 패널 위치에 Frame.io 패널이 추가되면서 표시됩니다. 패널 화면 아래의 <Sign in> 버튼을 클릭합니다.

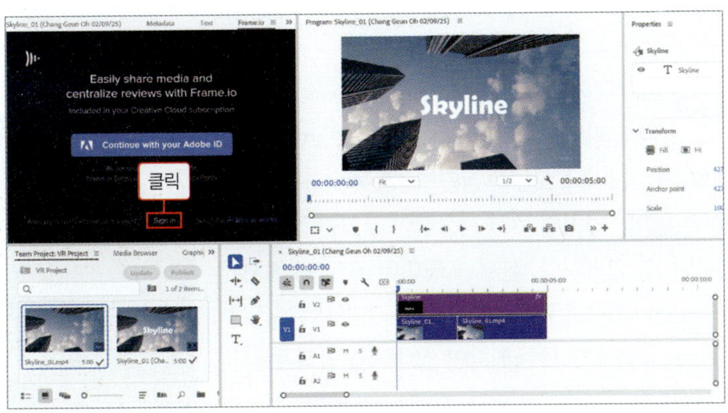

NOTE

WEEK 03의 인터페이스에서 설명한 것처럼 어도비 클라우드 계정으로 Frame.io 계정을 연결할 수 있습니다.

03 Frame.io 패널에 'Authenticating...' 메시지가 나타나면서 웹브라우저에 Login - Frame.io 페이지가 표시됩니다. 크리에이티브 클라우드 앱에 등록한 이메일 주소를 입력하고 <Let's go> 버튼을 클릭합니다.

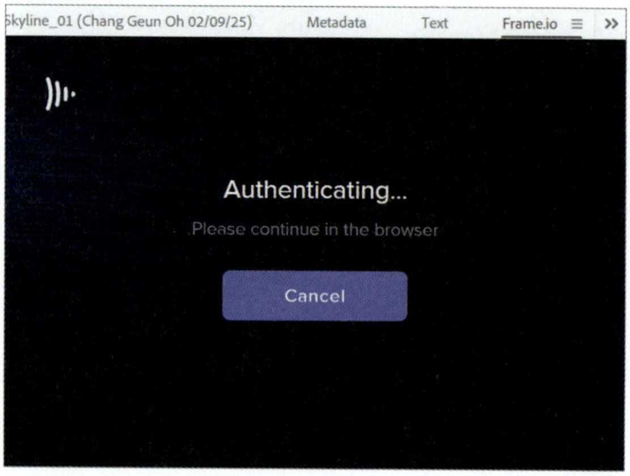

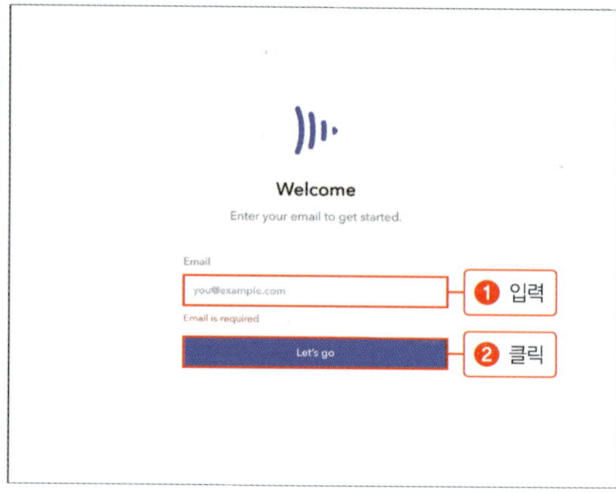

04 웹브라우저에서 확인 화면이 몇 번 바뀐 후 Authentication complete 메시지와 프리미어 프로에 복귀하라는 메시지가 표시됩니다.

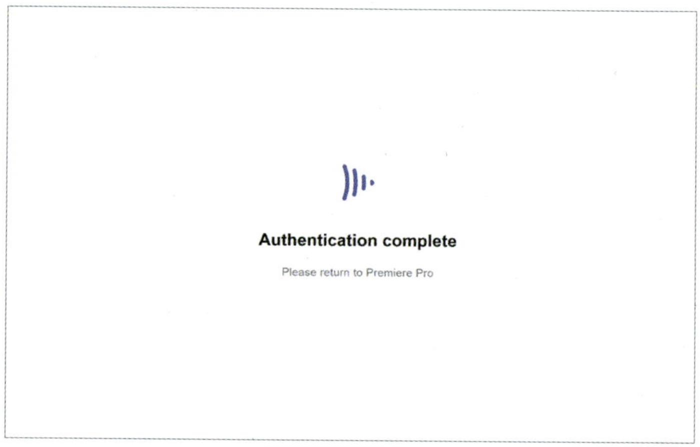

05 프리미어 프로로 돌아가서 Frame.io 패널을 살펴보면 Unsupported Account 메시지가 표시됩니다. 오른쪽 상단의 'My Account' 아이콘(👤)을 클릭해 보면 정상적인 로그인 상태임을 알 수 있습니다. 현재 프리미어 프로 내에서 Frame.io 기능은 원활하지 않지만, 조만간 해결될 것으로 예상하면서 플러그인 업데이트 과정을 살펴보겠습니다.

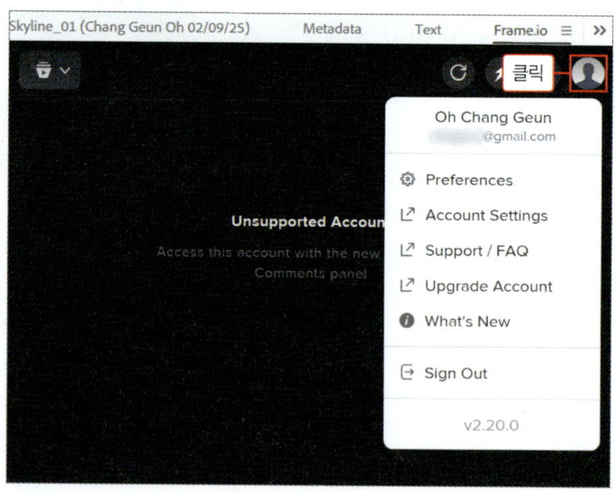

06 Frame.io 패널에는 여전히 Unsupported Account 메시지와 함께 Frame.io V4 버전으로 업그레이드할 것을 요구하고 있습니다. 왼쪽 상단에 있는 '메시지함' 아이콘()을 클릭하면 사용자 계정이 표시됩니다. '>'를 클릭하여 표시되는 Accounts 화면에서 'Frame.io V4 Comments panel' 문구를 클릭합니다.

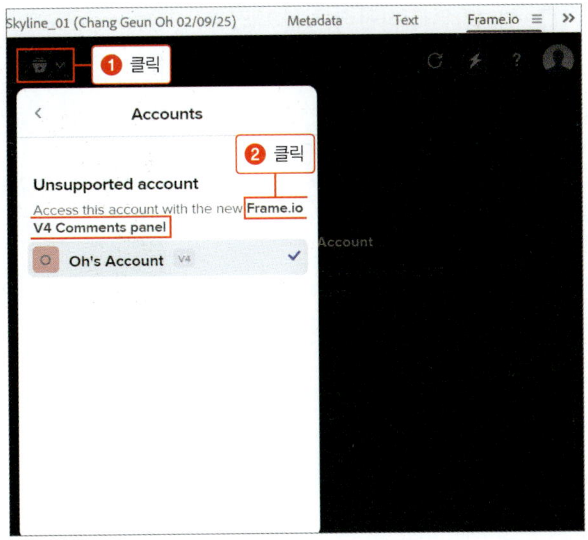

07 웹브라우저에 어도비 익스체인지(Adobe Exchange) 사이트가 자동으로 접속되고 Frame.io V4 Comments 플러그인이 표시됩니다. <Free> 버튼을 클릭해서 설치를 시작합니다.

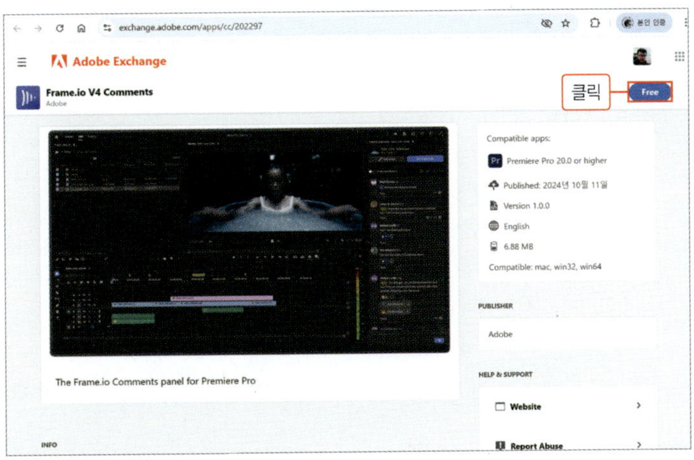

08 Creative Cloud Desktop App 을(를) 여시겠습니까? 대화상자가 표시되면 <Creative Cloud Desktop App 열기> 버튼을 클릭합니다.

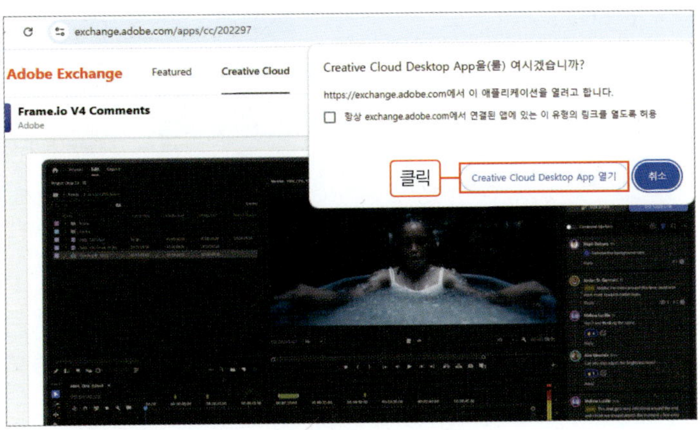

09 웹브라우저 하단에 최신 버전의 크리에이티브 클라우드 앱이 필요하다는 메시지가 표시되면 <Install> 버튼을 클릭해서 Frame.io V4 Comments 플러그인을 설치합니다.

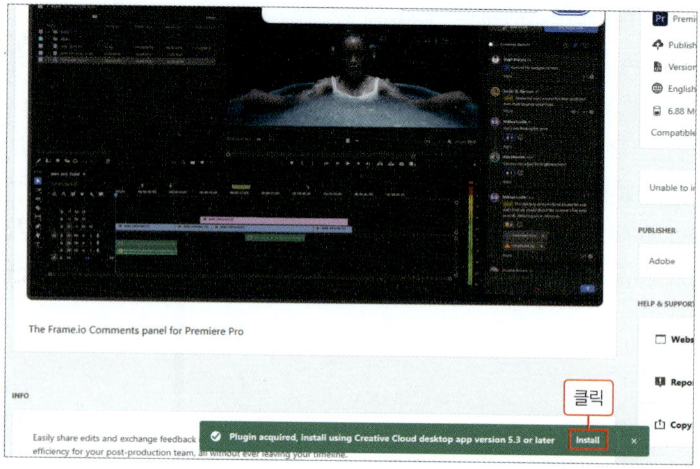

10 크리에이티브 클라우드 앱의 플러그인 관리 화면이 자동으로 표시되면 Frame.io V4 Comments 항목의 <설치> 버튼을 클릭합니다.

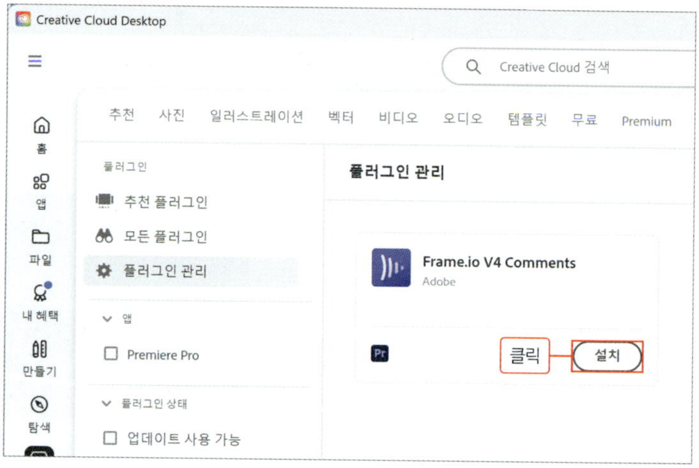

11 프리미어 프로 애플리케이션을 닫으라는 메시지가 표시됩니다. 기존 프로젝트가 저장되었는지 확인하고 프리미어 프로를 종료한 다음 <확인> 버튼을 클릭합니다. 다시 Frame.io V4 Comments 항목의 <설치> 버튼을 클릭합니다.

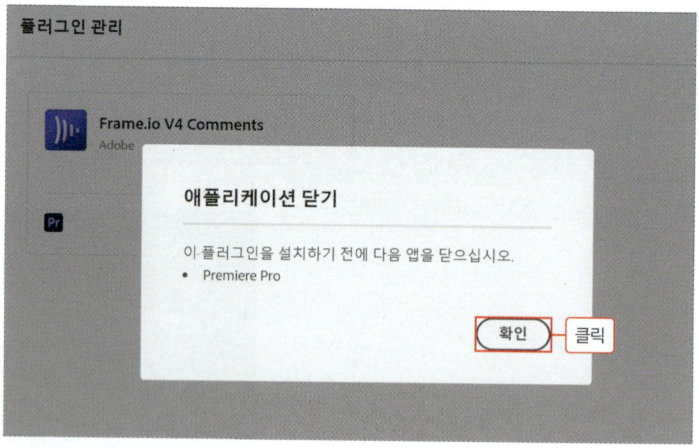

12 "Frame.io V4 Comments" 플러그인 설치 경고 창이 표시되면 <확인> 버튼을 클릭하고 추가로 표시되는 사용자 계정 컨트롤 경고 대화상자에서 <예> 버튼을 클릭합니다.

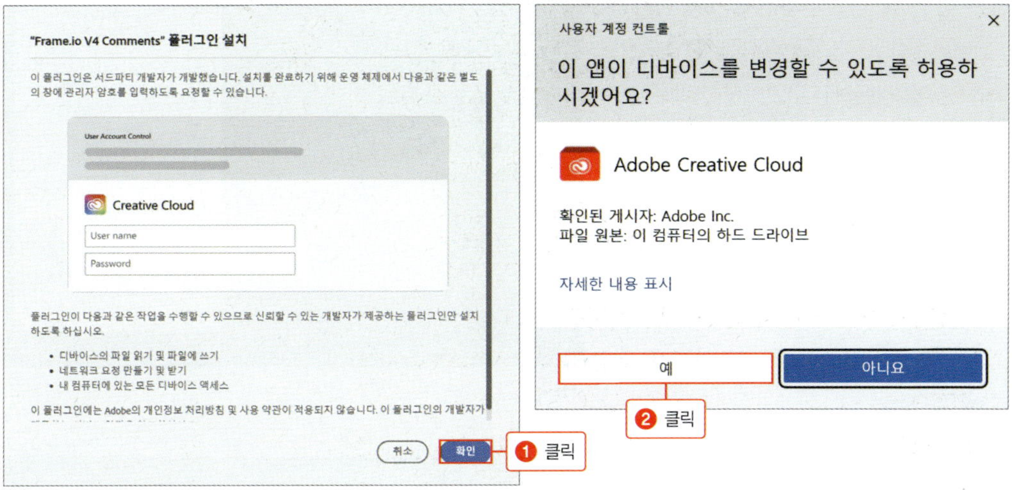

13 <설치> 버튼이 <설치됨> 버튼으로 변경되어 Frame.io V4 Comments의 설치가 완료된 것을 확인합니다. 플러그인 정보 페이지를 확인하기 위해 추가로 표시되는 메시지 상자에서 '찾을 수 있는 장소'를 클릭합니다.

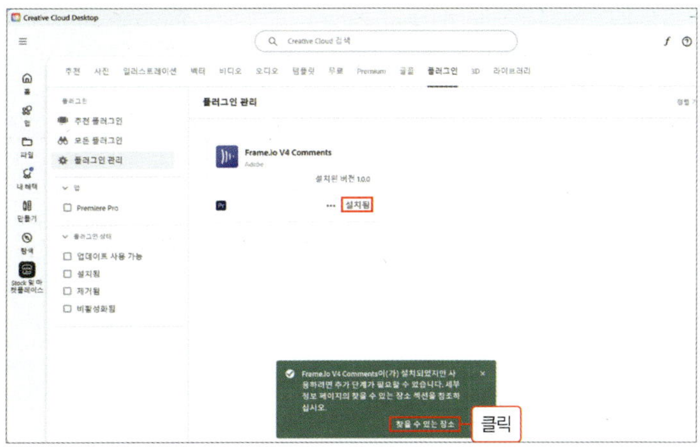

14 Frame.io V4 Comments 플러그인의 상세 페이지에서 사용자 리뷰를 살펴보면 여러 가지 문제점을 피력하고 있습니다. 코멘트가 제대로 표시되지 않는다던가 프리미어 프로의 편집 기능이 지체된다는 의견도 있습니다. 심각한 문제들은 새로운 버전으로 업데이트하면서 개선될 것으로 보입니다.

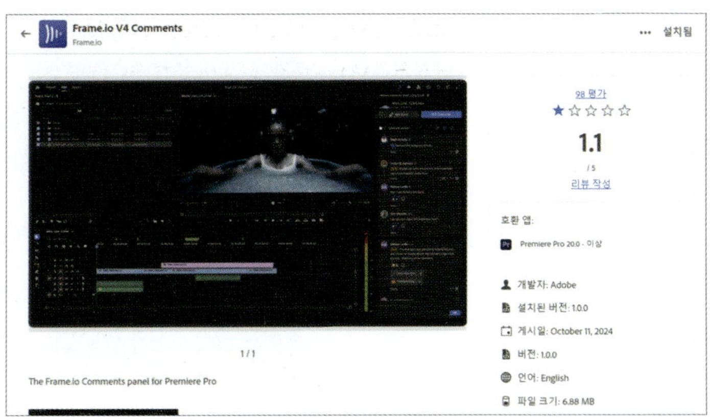

15 새로운 버전의 Frame.io 플러그인을 설치했지만, 현재 버전에서는 프리미어 프로 앱에 반영되지 않고 제대로 작동하지 않습니다. Frame.io 패널의 'My Account' 아이콘()을 클릭하고 'Sign Out'을 선택하여 로그아웃합니다.

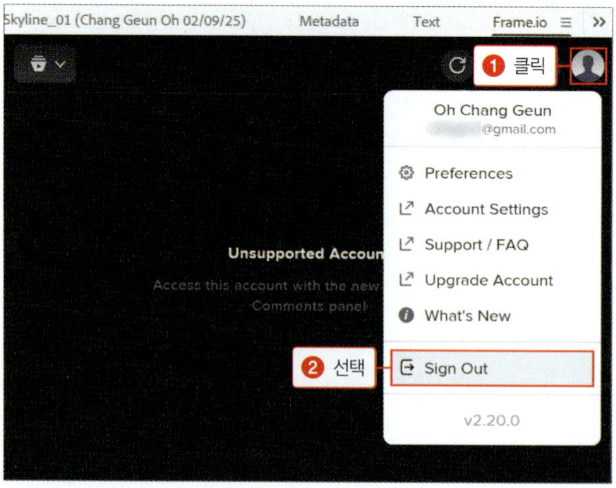

16 프리미어 프로에서 연결이 원활하지 않으므로 Frame.io 웹사이트에서 기능을 살펴보겠습니다. Frame.io 패널의 오른쪽 하단에 있는 'Frame.io works' 문구를 클릭합니다.

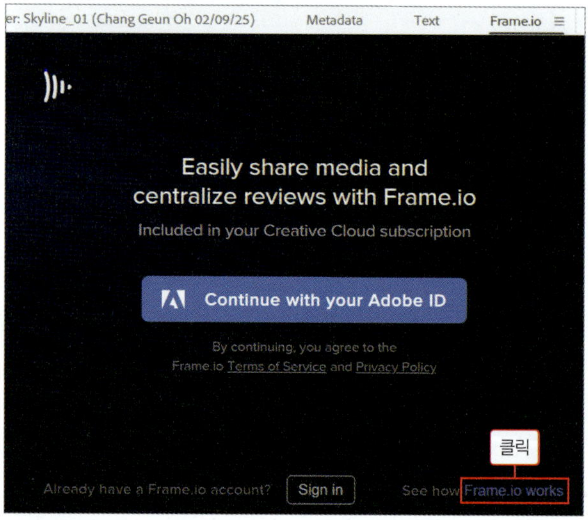

17 웹브라우저에 Frame.io | Creative Cloud 사이트가 자동으로 접속되면 <Sign In> 버튼을 클릭합니다. 이미 크리에이티브 클라우드에 로그인된 상태이므로 자동으로 로그인됩니다.

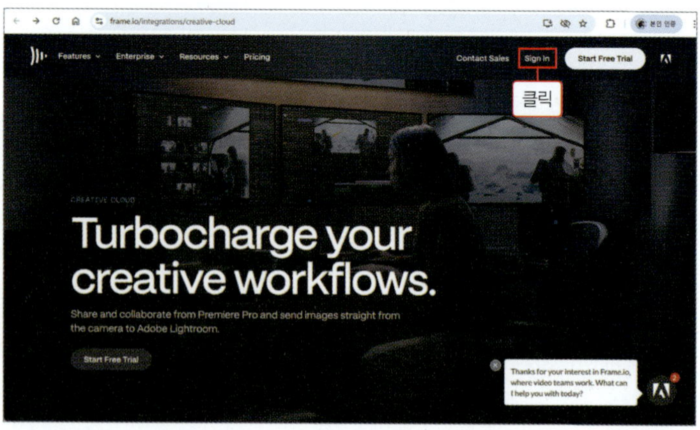

18 사용자 작업 영역(Workspace)에서 새 프로젝트를 등록하기 위해 'New Project'를 클릭합니다.

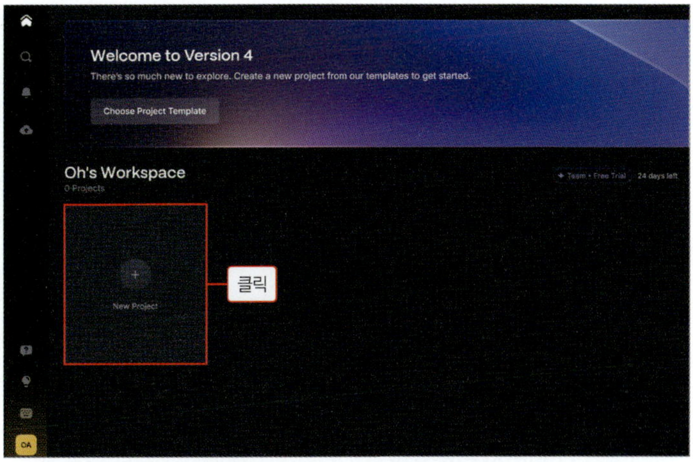

19 Create New Project 설정 창이 표시되면 Templates 항목에서 'Digital Video Production'을 선택하고 오른쪽 섬네일에서 프로젝트 이름을 입력합니다. 초대된 구성원만 열람하도록 제한하는 'Make Restricted'를 활성화하고 <Create New Project> 버튼을 클릭합니다.

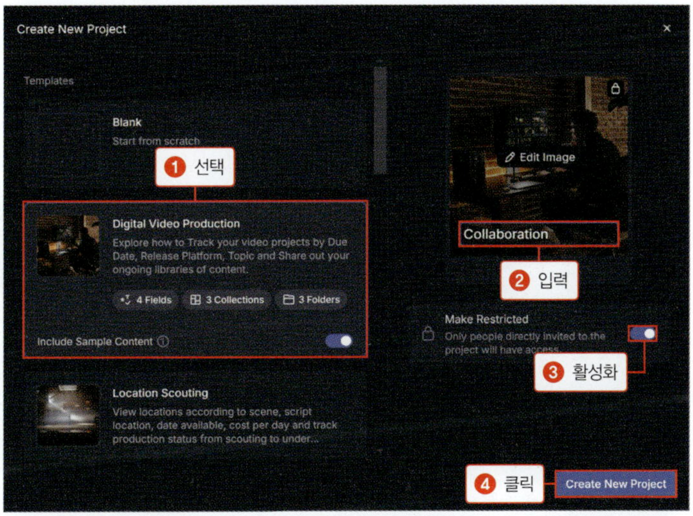

20 Frame.io 협업 프로젝트 이름 아래 Assets, Collections, Shares, C2C Connections 등 메뉴가 나타나며, 오른쪽에는 작업 소스 파일과 편집된 결과들 예시가 나타납니다. 여기에 다른 협업 사용자나 클라이언트를 초대하여 준비된 자료를 함께 검토하고 의견을 나눌 수 있습니다.

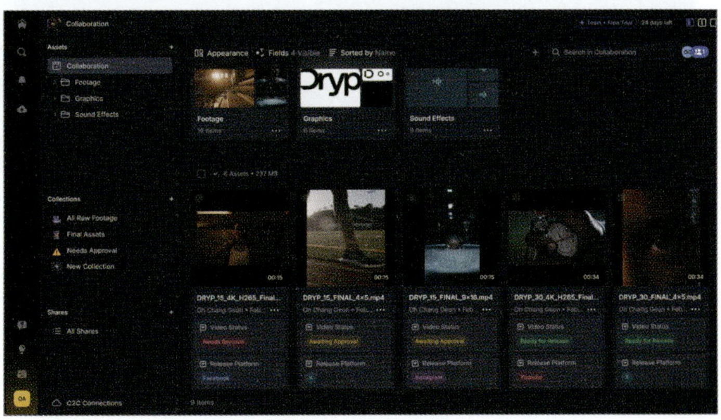

21 새로 설치한 프리미어 프로의 Frame.io 플러그인이 제대로 작동한다면 프리미어 프로 화면에 Frame.io 리뷰 패널이 나타나고, 현재 공유 프로젝트에 대해서 의견을 실시간으로 남기면서 소통할 수 있습니다. 조만간 Frame.io의 문제가 해결되어 협업에 편리한 리뷰 기능을 이용할 수 있기를 기대합니다.

TIP **Frame.io 무료 플랜**

영상 프로덕션 업체에서는 상부 관리자와 클라이언트를 위한 프로젝트 진행 상황의 소통 방식으로 Frame.io 솔루션을 적극적으로 이용할 수 있습니다. 이와 같은 실시간 협업 기능은 어도비의 협력사에서 개발한 솔루션이므로 크리에이티브 클라우드 계정에 연동할 수는 있지만, 별도로 구독 플랜에 가입하고 사용료를 지불해야 합니다.

Frame.io의 플랜은 무료(Free), 프로(Pro), 팀(Team), 기업(Enterprise)으로, 네 가지를 제공합니다. 무료(Free) 플랜에서는 2명의 사용자가 2GB 저장소를 공유하며 2개의 프로젝트만 공유할 수 있습니다. 프리미어 프로로 팀 작업을 처음 학습해 보는 학습자라면 유료 플랜에 가입하기 전에 먼저 무료 플랜으로 기능의 효용성을 탐색해 보는 것을 추천합니다.

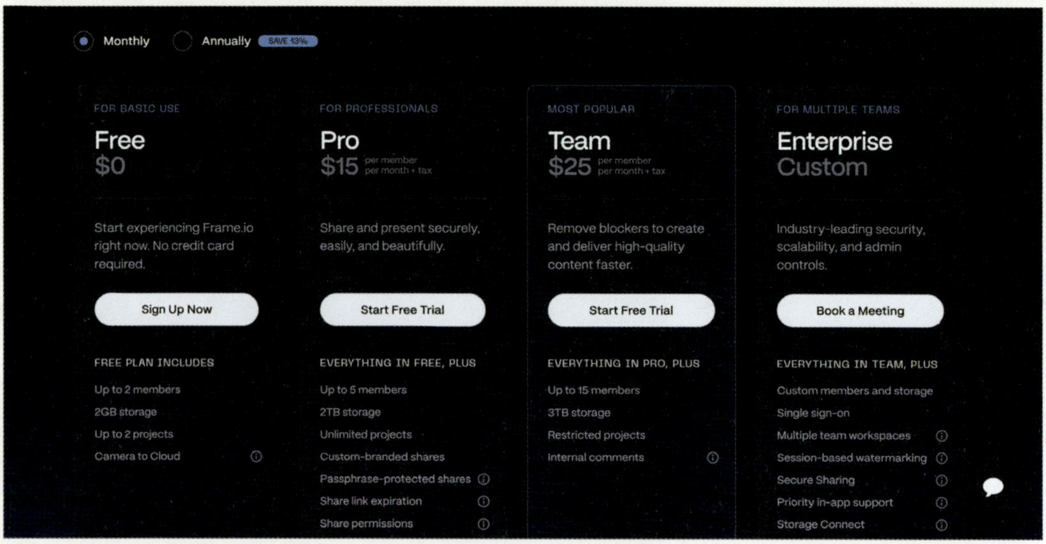

11.3 스톡 에셋 사용하기

실습 예제 03

어도비 스톡(Adobe Stock)은 클라우드 방식으로 영상, 그래픽, 이미지, 오디오 파일 등을 게시하고 구입할 수 있는 서비스입니다. 다른 공유 사이트에 비해 크리에이티브 클라우드 앱에 최적화된 파일들을 구할 수 있으며 프리미어 프로에서도 직접 검색하고 이용할 수 있습니다.

라이브러리에 저장된 미디어 파일 가져오기

01 프리미어 프로를 실행하고 메뉴에서 〔창(Window)〕 → '라이브러리(Libraries)'를 클릭합니다.

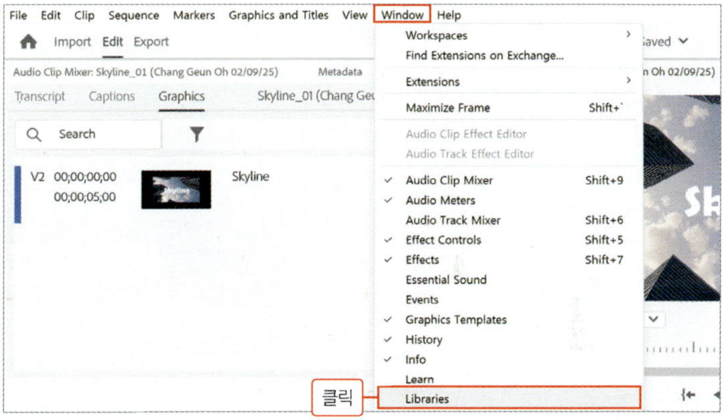

02 프로젝트(Project) 패널 그룹 영역에 라이브러리(Libraries) 패널이 추가됩니다. 어도비 앱에 라이브러리를 추가하라는 메시지가 표시되면 <Done> 버튼을 클릭합니다.

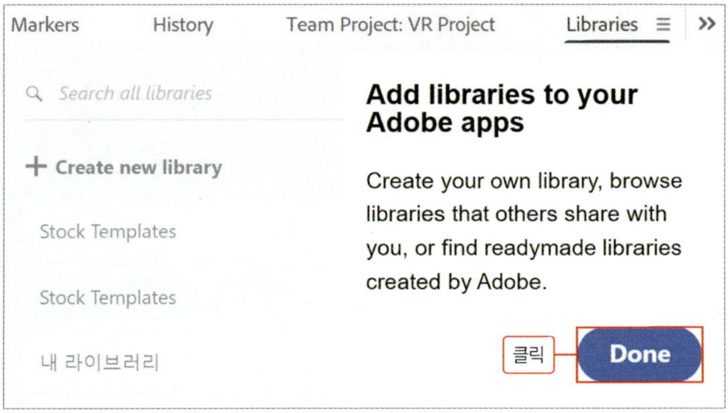

03 크리에이티브 클라우드 앱에서 이미 라이브러리를 생성한 사용자라면 패널 중간에서 내 라이브러리를 클릭해서 표시됩니다. 그래픽(Graphics), 비디오(Video), 모션 그래픽 템플릿(Motion graphics templates), 모델(Models), 템플릿(Templates) 순으로 목록이 표시되는데 '>'를 클릭하면 해당 유형의 에셋들이 표시됩니다.

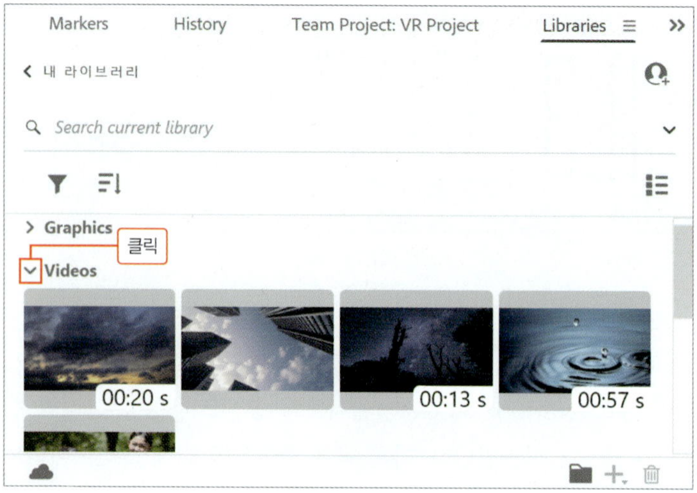

04 라이브러리에 저장된 미디어 파일을 프로젝트로 가져오려면 선택한 클립에서 마우스 오른쪽 버튼을 클릭한 다음 '프로젝트에 추가(Add to project)'를 클릭합니다.

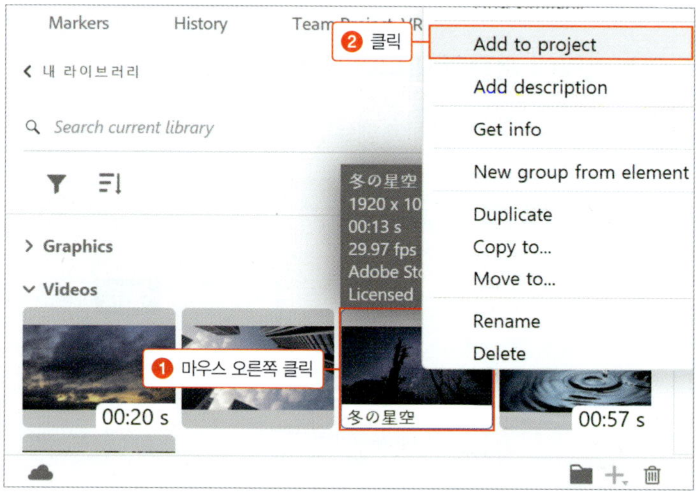

05 선택한 파일이 다운로드되면 프로젝트(Project) 패널에 표시됩니다. 로컬 파일로 내려받은 파일은 C:\Users\사용자명\Documents\Adobe\Premiere Pro\25.0\CC Libraries Downloads 경로에 저장됩니다.

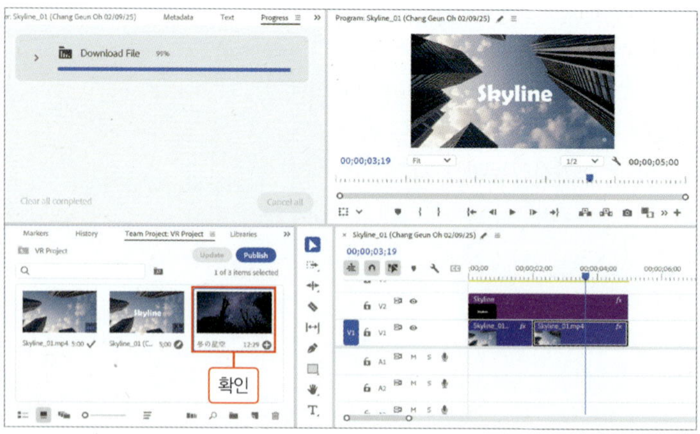

스톡 및 마켓플레이스에서 파일 다운로드하기

01 만약 내 라이브러리에 필요한 미디어 파일이 없다면 라이브러리(Libraries) 패널의 'Stock 및 마켓플레이스로 이동(Go to Stock & Marketplace)' 문구를 클릭합니다.

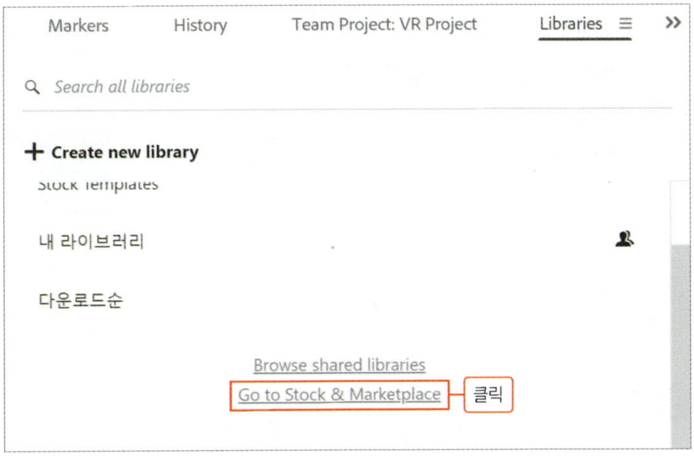

02 크리에이티브 클라우드 앱이 시작되면서 무료 라이브러리 탐색 페이지가 열립니다. 상단 스톡 유형(추천, 사진, 일러스트레이션, 벡터, 비디오...) 중에서 필요한 종류의 탭을 선택할 수 있습니다.

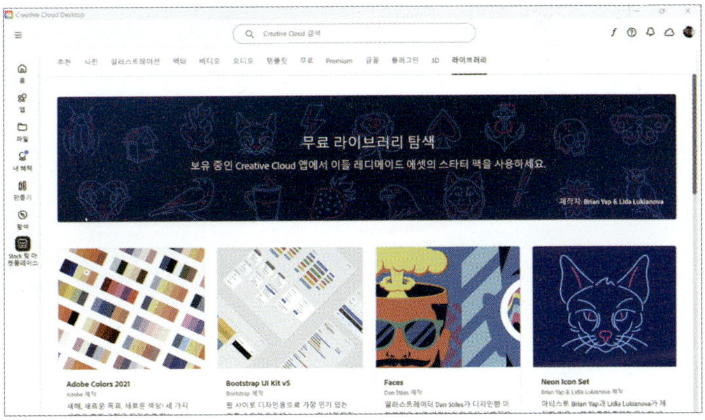

03 [비디오] 탭을 선택하고 검색 칸에 검색어를 입력한 다음 Enter를 누릅니다. 예제에서는 하늘 영상을 다운로드하기 위해 'sky'를 입력하였습니다.

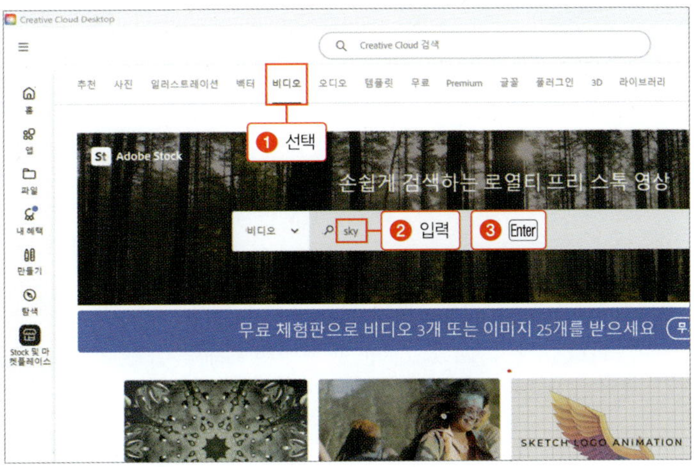

04 웹브라우저가 열리면서 검색한 키워드에 해당하는 동영상 클립들이 나열됩니다. 필요하다면 왼쪽의 〔필터(Filter)〕 탭을 선택하여 원하는 유형을 빠르게 찾아볼 수도 있습니다.

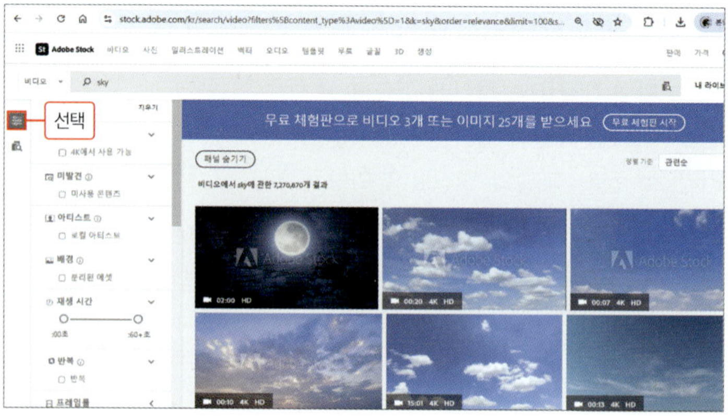

05 스톡 유료 구독 서비스에 별도로 가입하지 않았다면 워터마크가 붙은 파일을 다운로드하여 테스트해 볼 수 있습니다. 원하는 영상에 마우스 커서를 위치하고 표시되는 '미리 보기 다운로드' 아이콘(⬇)을 클릭합니다.

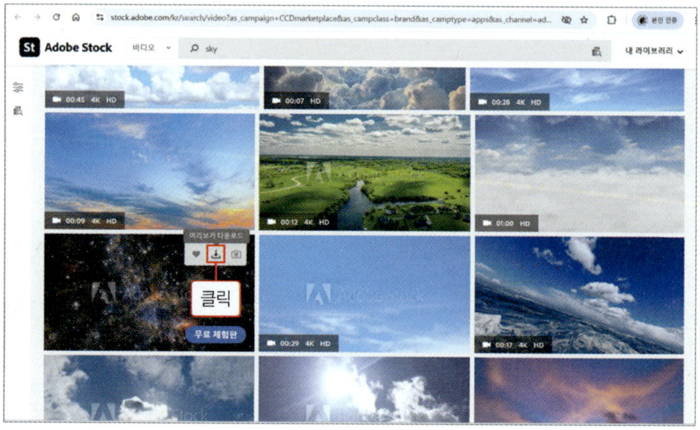

06 두 가지 해상도 중에서 선택하여 저장할 수 있습니다. 원하는 해상도의 <저장> 버튼을 클릭합니다.

NOTE

미리 보기 테스트 후 구입할 계획이라면, 4K 해상도의 영상에는 크레딧이 더 많이 소진된다는 점을 염두에 두어야 합니다.

07 다른 이름으로 저장 대화상자가 표시되면 저장할 위치를 저장할 경로로 지정하고 <저장(S)> 버튼을 클릭합니다. 이와 같은 방식으로 동영상뿐만 아니라 오디오, 이미지, 그래픽 등의 에셋을 시험 사용해 볼 수 있습니다.

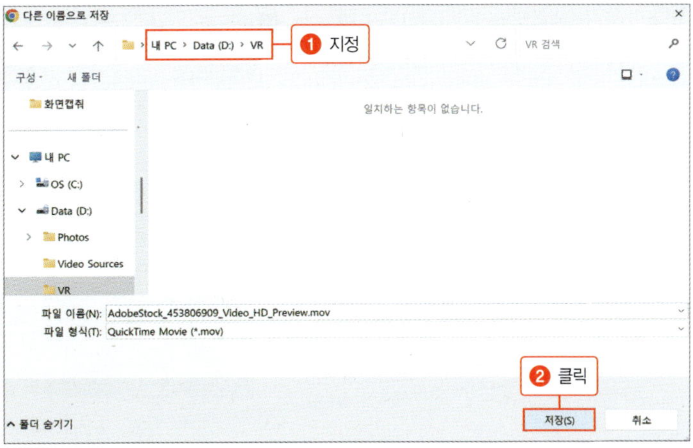

08 프리미어 프로로 돌아가서 프로젝트(Project) 패널의 여백을 더블클릭합니다. 가져오기(Import) 대화상자가 표시되면 다운로드한 미리보기 영상 파일을 찾아 선택하고 <열기(O)> 버튼을 클릭합니다.

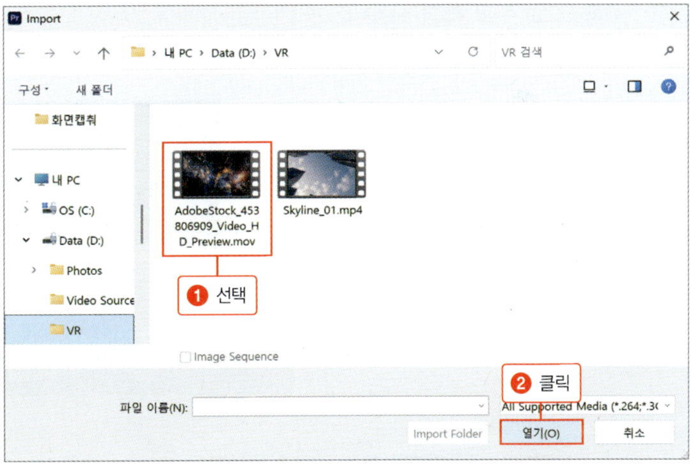

09 프로젝트(Project) 패널에 새로 가져온 미디어 파일이 표시됩니다.

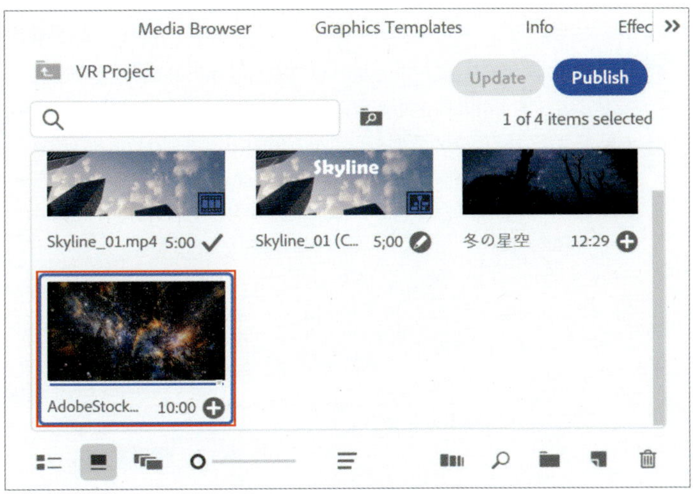

10 만약 테스트한 영상 파일이 마음에 들어 워터마크 없이 필요하다면, 스톡 사이트에서 해당 파일에 마우스 커서를 위치하고 표시되는 <무료 체험판> 버튼을 클릭합니다.

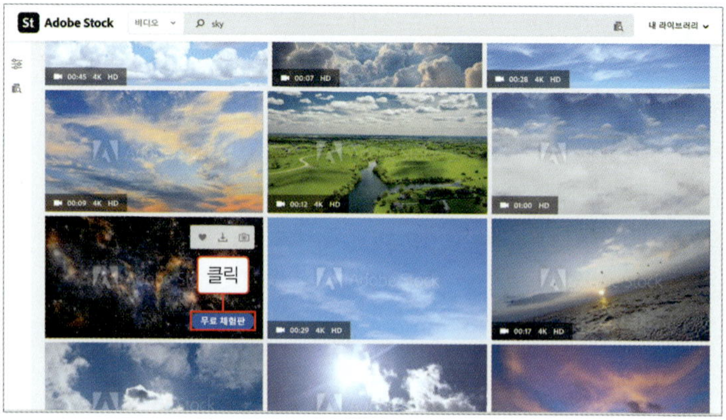

11 선택 확인 창이 표시되면 '연간 구독 30일 무료 체험 사용!'을 선택하고 <계속> 버튼을 클릭하여 결제 페이지에서 동의 및 구독을 완료합니다. 스톡은 30일 이내에 무료로 취소할 수 있으므로 파일을 테스트해 보기에 충분합니다. 정식으로 구매한 에셋은 크리에이티브 클라우드의 내 라이브러리에 자동으로 추가됩니다.

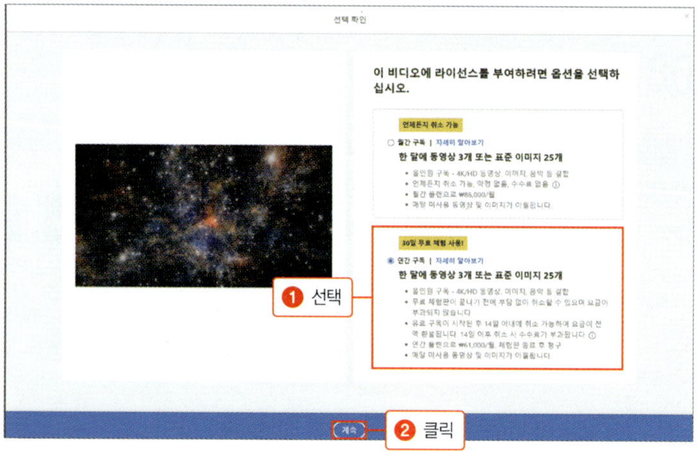

TIP 프리미어 프로의 프로젝트 파일 이동하기

영상 편집 프로젝트를 서로 다른 컴퓨터를 오가며 작업하거나 다른 팀원과 공유하고자 할 때 프로젝트 구성 파일의 누락이나 오류 없이 이동하는 방법이 있습니다. 팀 프로젝트를 일반 프로젝트로 전환해서 데이터를 이동해 보겠습니다.

❶ 팀 프로젝트는 기본적으로 클라우드에 프로젝트가 저장되는데, 이것을 일반 프로젝트로 전환하려면 메뉴에서 [편집(Edit)] → '팀 프로젝트(team project)' → '팀 프로젝트를 프로젝트로 변환(Convert Team Project to Project)'을 클릭합니다. 새 프로젝트(New Project) 대화상자가 표시되면 프로젝트 이름(Project name)을 입력하고 경로(Location)를 지정한 다음 <생성(Create)> 버튼을 클릭합니다.

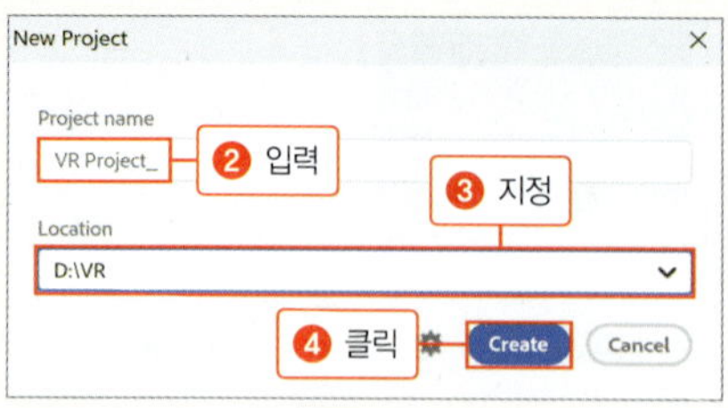

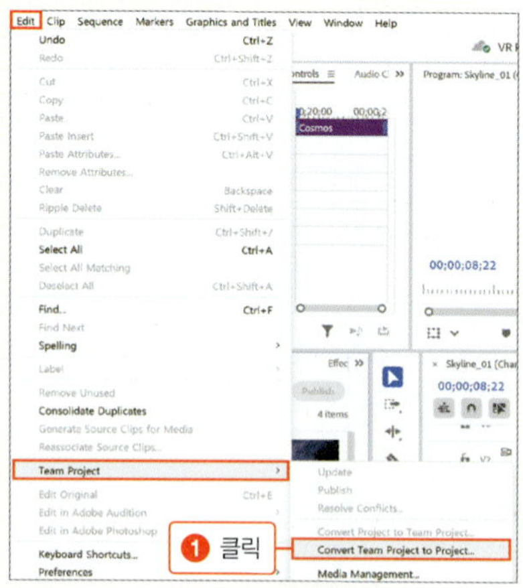

❷ 일반 프로젝트로 전환된 프로젝트가 프리미어 프로에 열리면 메뉴의 [파일(File)] → '프로젝트 관리자(Project Manager)'를 클릭합니다.

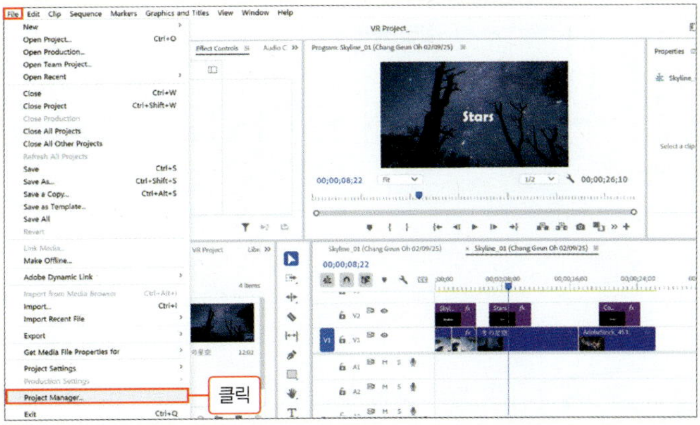

❸ 프로젝트 관리자(Project Manager) 대화상자가 표시되면 선택한 프로젝트 시퀀스를 복사할 경로를 지정하기 위해 외장 메모리를 컴퓨터에 연결하고 대상 경로(Destination Path) 항목에서 <찾아보기(Browse)> 버튼을 클릭하여 저장할 경로를 지정한 다음 옵션(Options) 항목의 사항들을 확인하고 <확인(OK)> 버튼을 클릭합니다.

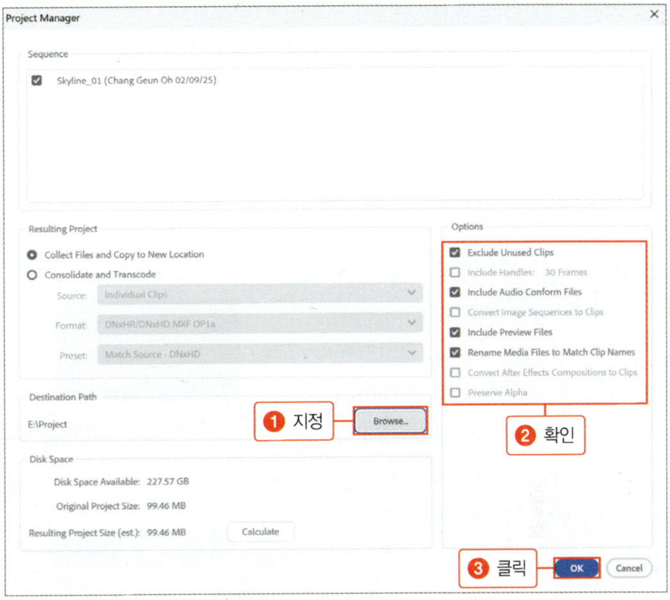

❹ 프로젝트 관리자의 진행 사항이 표시됩니다. 지정한 경로의 폴더를 열어보면 'Copied_프로젝트명' 폴더가 생성되었고, 그 안에 프로젝트 파일과 소스 파일, 프리뷰 파일 등이 모두 제대로 복사된 것을 확인할 수 있습니다.

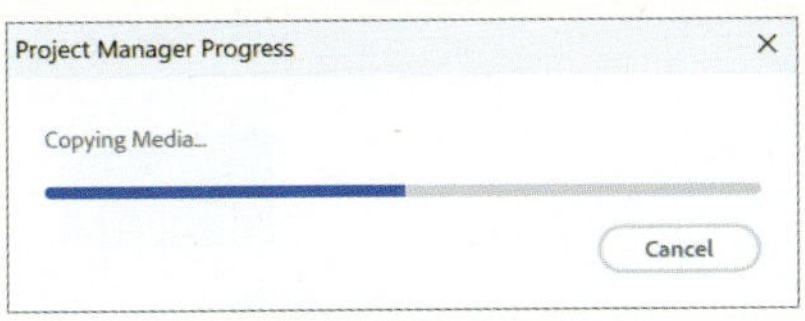

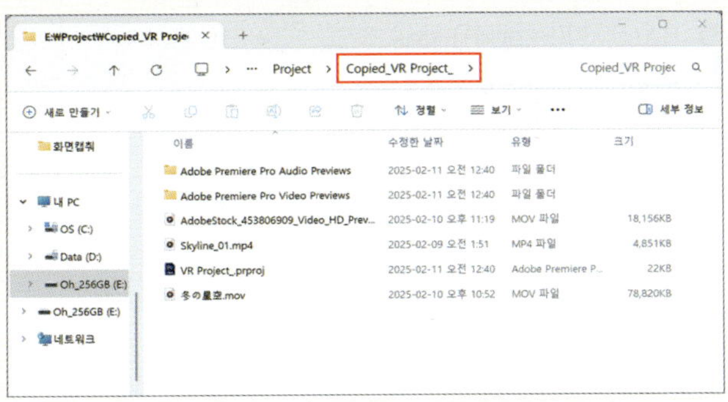

11.4 실습 예제 04 업계 규격으로 파일 출력하기

유튜브 크리에이터나 개인 창작자는 SNS나 스마트 디바이스와의 호환성을 위해 영상 편집의 결과를 MP4 포맷의 H.264 코덱으로 출력하는 것이 일반적입니다. 영상 전문 업계에서는 분업 과정을 위해 각 분야에 적합한 포맷의 미디어를 다루게 됩니다. SNS부터 전문 프로덕션까지 어떤 규격의 미디어를 다루는지 살펴보겠습니다.

소셜 미디어 규격으로 출력하기

01 유튜브나 인스타그램과 같은 소셜 미디어(SNS)에 편집한 영상을 게시하려면 용량이 작고 최적화된 코덱으로 출력해야 합니다. 프리미어 프로의 편집 결과를 출력하기 위해 타임라인(Timeline) 패널의 시퀀스가 선택된 상태로 왼쪽 상단에 있는 〔내보내기(Export)〕 탭을 선택합니다.

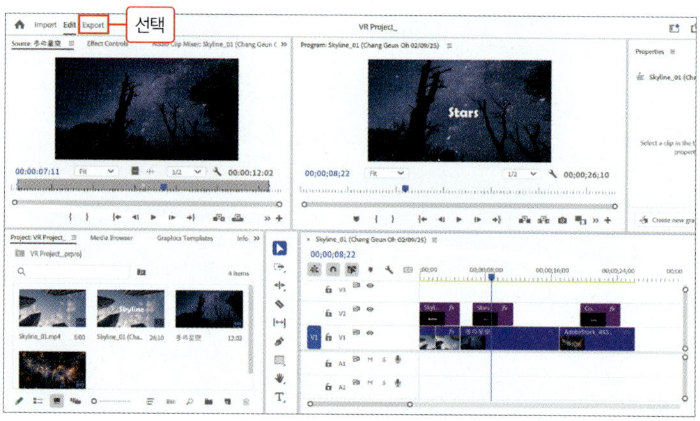

02 〔내보내기(Export)〕 탭의 작업 영역에서 기본 활성화된 출력 방식은 미디어 파일(Media File) 형식으로, MP4 포맷의 H.264 코덱입니다. 이 설정으로도 대부분의 SNS에 게시할 수 있지만, 왼쪽의 게시(PUBLISH) 카테고리에서 플랫폼 프리셋을 선택하면 최적화된 설정을 할 수 있습니다.

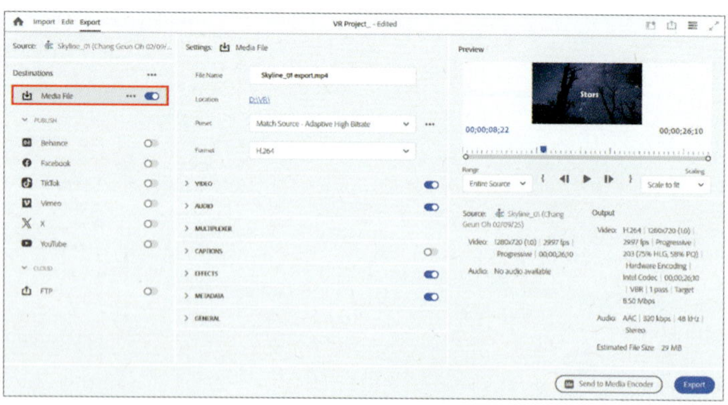

03 왼쪽 소셜 미디어 프리셋 중에서 'YouTube'를 클릭하여 활성화하면 가운데 설정(Settings) 칼럼의 세부 사항이 변경됩니다.

SNS 계정에 바로 영상을 게시할 수도 있습니다. 가운데 있는 게시(PUBLISH) 항목에서 '로그인(Sign In)'을 클릭합니다.

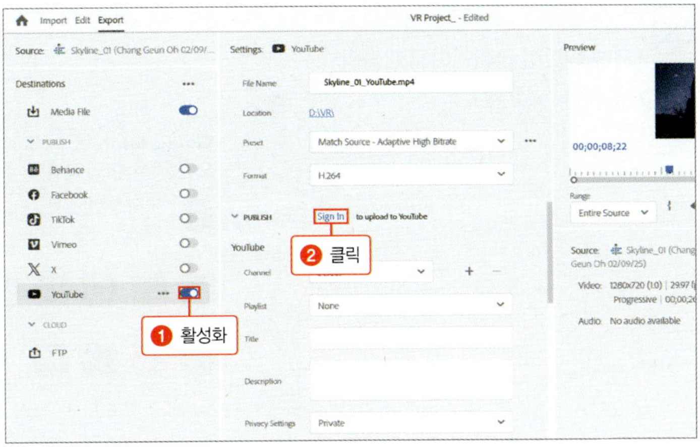

04 로그인(Log in) 창과 함께 웹브라우저가 표시되며, 유튜브(YouTube) 계정에 로그인 페이지가 나타납니다. SNS에 로그인할 계정 정보를 선택하여 로그인합니다.

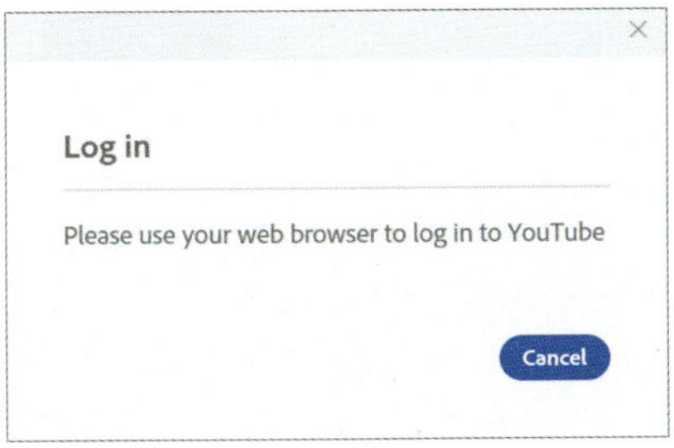

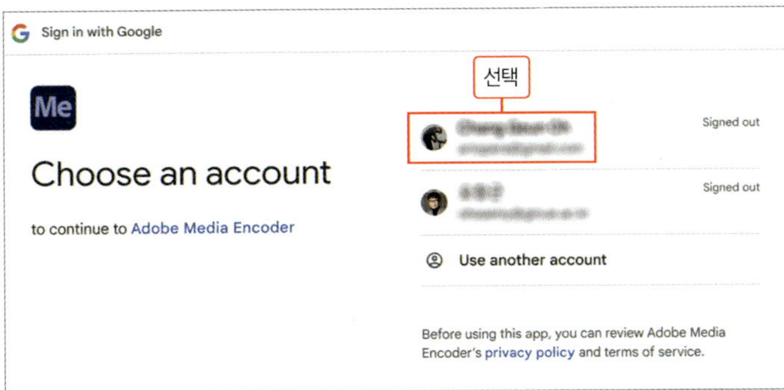

05 어도비 미디어 인코더(Adobe Media Encoder)에서 직접 계정에 접근한다는 메시지가 표시되면 <Continue> 버튼을 클릭해서 허용합니다.

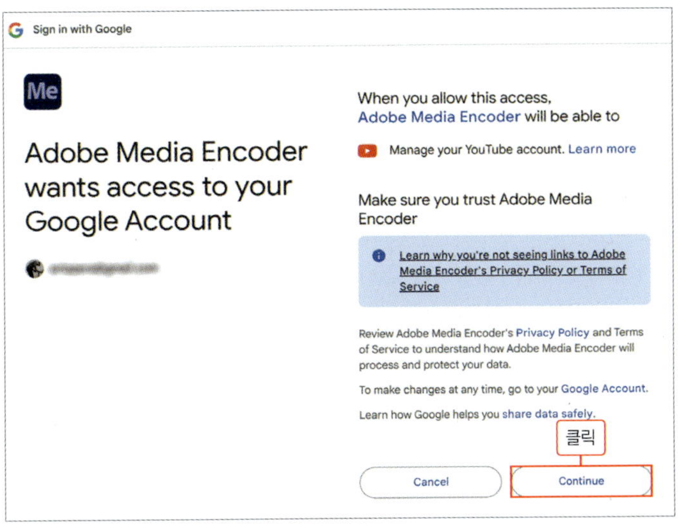

06 직접 연결이 허용되면 웹브라우저에 어도비 크리에이티브 클라우드 사이트가 나타납니다.

07 프리미어 프로의 〔내보내기(Export)〕 탭 작업 영역으로 돌아가 보면 가운데 게시(PUBLISH) 항목에 YouTube 계정이 로그인된 것을 확인할 수 있습니다.

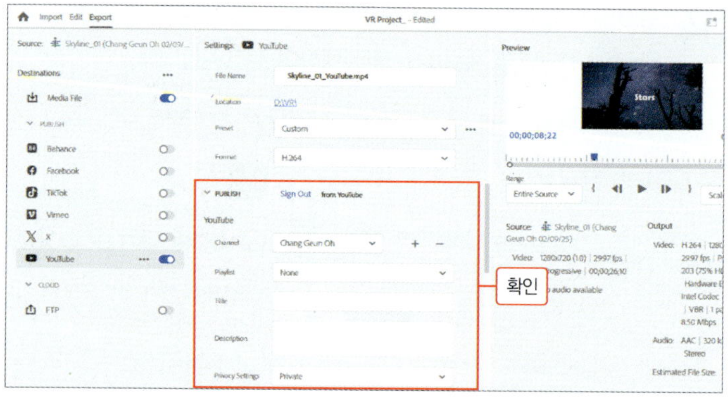

08 YouTube 채널에 게시할 영상의 제목(Title), 설명(Description), 태그(Tags) 등을 입력하고 사용자 정의 축소판(Custom Thumbnail)을 '소스 비디오의 프레임(Frame from source video)'으로 지정한 다음 축소판 시간(Thumbnail at)의 <현재 프레임 사용(Use Current Fram)> 버튼을 클릭하여 미리 보기(Preview)에 보이는 프레임 이미지로 설정합니다. 설정이 완료되면 <내보내기(Export)> 버튼을 클릭합니다.

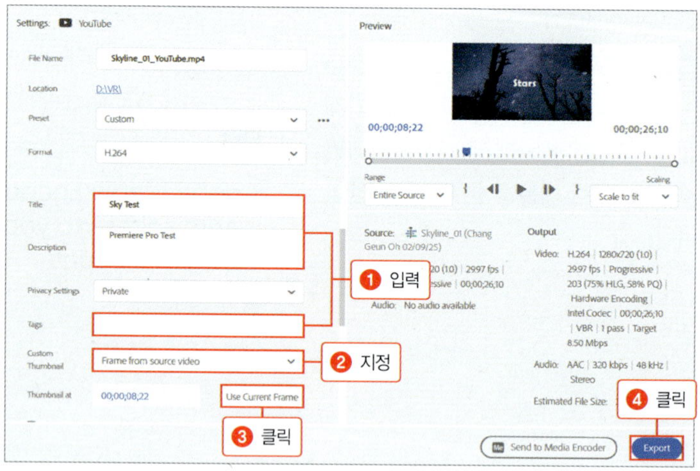

09 프리미어 프로 작업 영역이 〔편집(Edit)〕 탭으로 바뀌면서 게시(Uploading) 과정이 표시됩니다.

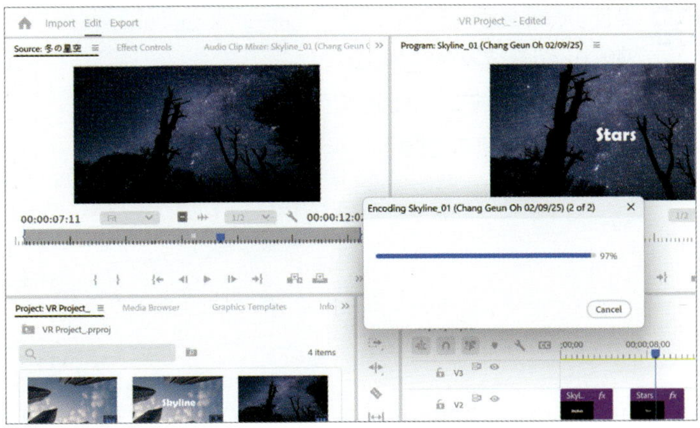

10 업로드 과정이 성공했다는 메시지가 잠시 표시되면, 사용자 계정의 YouTube 스튜디오(Studio)에 접속하여 프리미어 프로에서 출력한 영상이 제대로 게시되었는지 확인합니다.

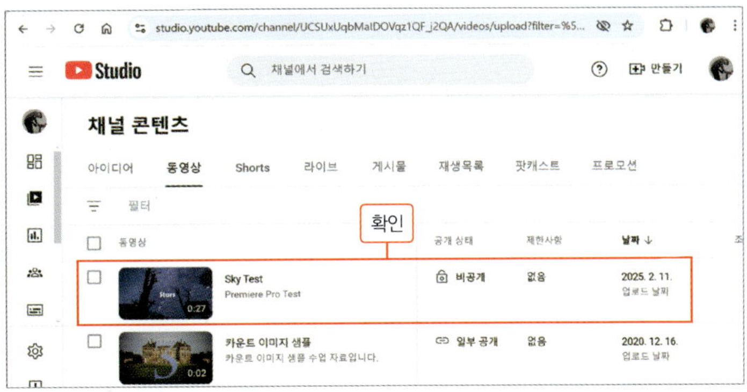

NOTE

프리미어 프로의 〔내보내기(Export)〕 탭 작업 영역에서 SNS 계정 정보를 입력하고 직접 출력하여 게시하려 할 때 시간이 오래 지나면 로그인 정보가 없다는 오류(⚠)가 표시될 수도 있습니다. 이때는 〔내보내기(Export)〕 작업 영역에서 다시 로그인하여 출력하면 해결됩니다.

프로덕션 규격으로 파일 출력하기

01 영상 편집 결과를 프로덕션의 다른 팀으로 보내서 작업용으로 제공하고자 할 경우에는 H.264와 같은 압축 코덱이 아닌 편집용 코덱으로 출력해야 합니다. 〔내보내기(Export)〕 탭 작업 영역에서 설정(Settings) 칼럼의 사전 설정(Preset)을 '사용자 정의(Custom)'로 지정합니다.

02 포맷(Format)을 편집용 중간(Intermediate) 포맷인 'Apple ProRes XMF OP1a' 또는 'DNxHR/DNxHD MXF OP1a'로 지정합니다.

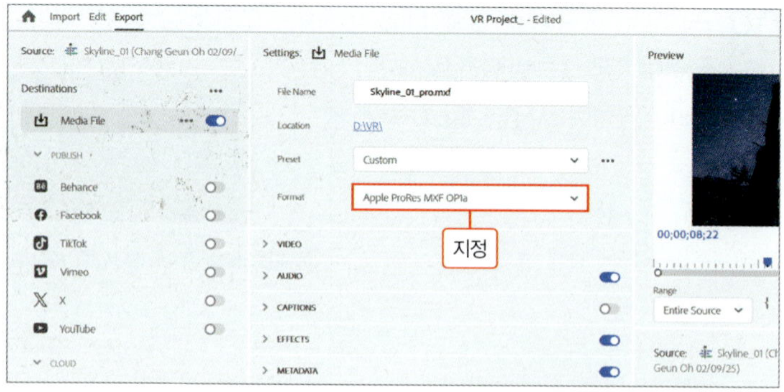

03 비디오(VIDEO) 항목의 '>'를 클릭하여 세부 설정을 표시하고 비디오 코덱(Video Codec)이 'Apple ProRes 422 LT'로 지정된 것을 확인합니다.

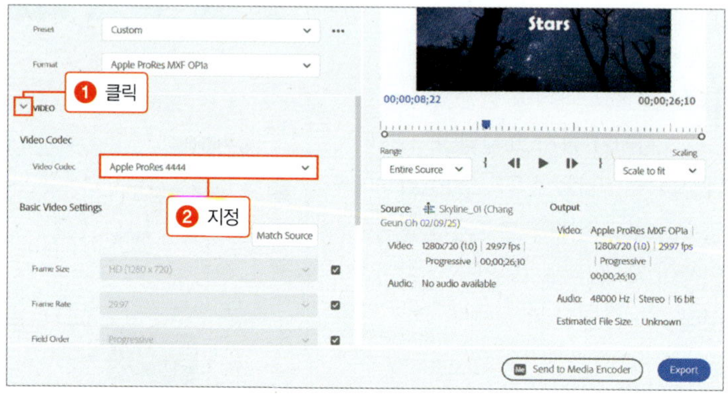

NOTE

색 보정 팀으로 보내는 영상이라면 비디오 코덱(Video Codec)을 'Apple ProRes 4444'로 지정하여 컬러 및 알파 채널 데이터를 보존합니다.

04 오디오(AUDIO) 항목의 '>'를 클릭하여 채널(Channels)이 '2 채널(2 Channel)', 샘플 크기(Sample Size)가 '16비트(16 bit)'로 지정된 것을 확인하고 <내보내기(Export)> 버튼을 클릭하여 편집용 고품질 파일로 출력합니다.

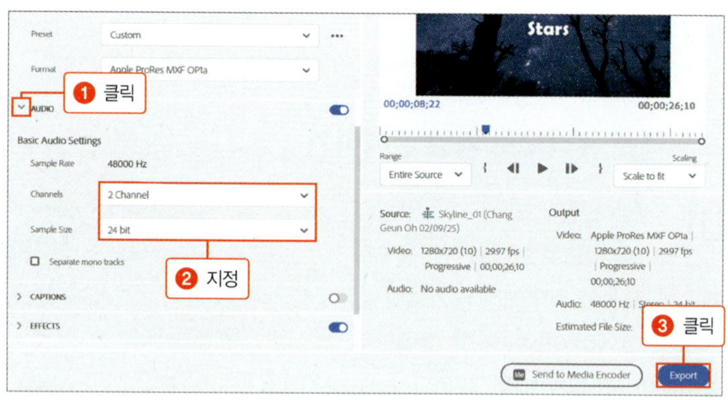

NOTE

오디오 팀으로 보낼 영상이라면 샘플 크기(Sample Size)를 '24비트(24 bit)'로 지정하여 변경합니다.

05 출력 경로에 MXF 포맷의 파일이 생성된 것을 확인합니다. 편집용 고품질 포맷이라 파일 용량이 큰 편입니다.

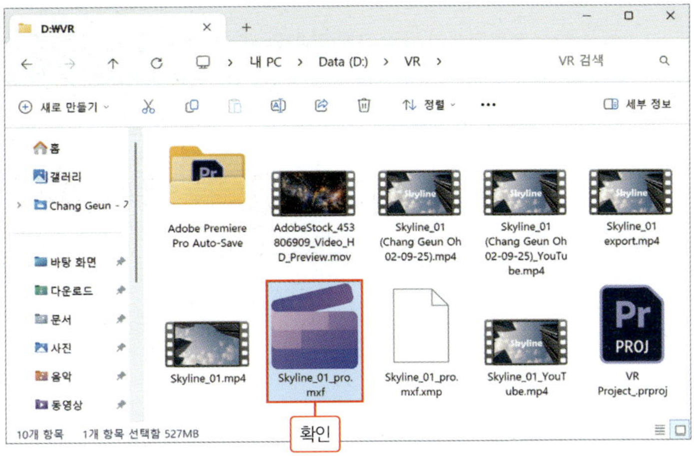

06 파일이 문제없는지 확인하기 위해 더블클릭합니다. 윈도우 11 운영체제에서는 MXF 파일을 실행하면 그림과 같이 마이크로소프트 클립챔프(Microsoft Clipchamp) 프로그램에서 실행됩니다.

07 클립챔프를 닫고 프리미어 프로를 실행한 다음 프로젝트(Project) 패널에서 MXF 파일을 불러오면 정상적으로 열리는 것을 확인할 수 있습니다.

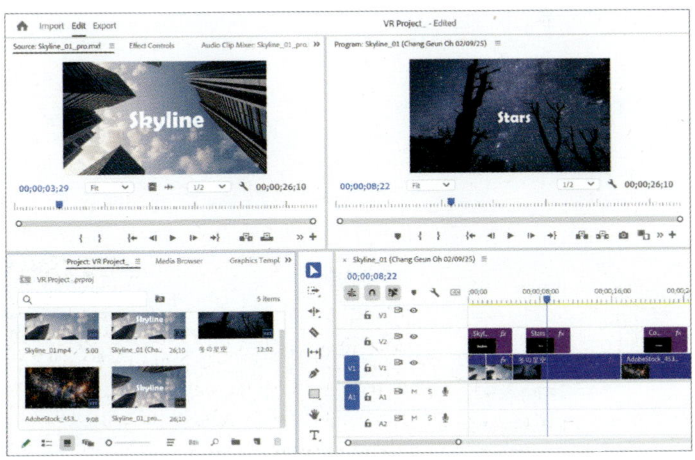

TIP 영상 프로덕션의 파일 교환 및 협업 규격

개인 편집과 달리 팀원 간 파일 공유, 색 보정, VFX, 사운드 작업자 등 다양한 부서와의 협업이 필요하기에 개인 창작자가 아닌 영상 프로덕션에서는 파일 규격, 저장 형식, 워크 플로 등의 통일이 필수입니다. 전문가용 카메라로 촬영한 영상 파일은 고용량 고품질이기 때문에 다루기 어려워서 그대로 보존하고 프록시(Proxy) 파일이나 편집용 중간(Intermediate) 파일을 생성해서 작업하고 공유하는 경우가 많습니다.

• 전문 프로덕션 편집용 포맷

전문 프로덕션에서 주로 사용하는 편집용 포맷은 다음과 같은 유형을 사용하는데, 컬러 심도를 '10 bit'로 지정합니다.

포맷	설명
Apple ProRes 422	Mac 편집 환경
Apple ProRes 4444	색 보정 용도
Avid DNxHD	Windows, Avid Media Composer 호환
GoPro CineForm	Windows＆Mac 호환
Grass Valley HQX	EDIUS 전용 포맷

• 최종 납품용 포맷

최종 납품용 포맷은 다음과 같은 종류가 있습니다.

포맷	용도
MP4(H.264, H.265)	유튜브/SNS(4K, 8K 지원)
MXF(XDCAM, AVC-Intra, DNxHD)	방송국 납품
IMF(Interoperable Master Format)	OTT 서비스(Netflix)

연습 문제 |

01 동료와 팀을 구성한 후 프리미어 프로를 시작하면서 팀 프로젝트(Team Project)를 생성하고 팀원(Collaborators)을 초대합니다. 영상 편집에 사용할 미디어 파일을 공유하면서 동일한 경로에 저장합니다. 주 편집자를 지정해서 미디어 파일을 팀 프로젝트에 가져오고 타임라인(Timeline) 패널의 시퀀스에 배치한 후 <게시(Publish)> 버튼을 클릭해서 편집 상태가 팀원들에게 공유되는지 확인해 보세요.

02 어도비 스톡에서 에셋(Assets)을 검색하고 영상 파일을 하나 다운로드한 후 내 라이브러리(My Library)에 추가합니다. 프리미어 프로 라이브러리(Libraries) 패널의 내 라이브러리 항목에서 해당 파일을 찾아보고 <+> 버튼을 클릭해서 팀원들에게 공유합니다. 공유한 파일을 팀 프로젝트에 추가한 후 <게시(Publish)> 버튼을 클릭하고 모든 팀원과 파일이 공유되고 있는지 확인해 보세요.

03 팀 프로젝트의 편집이 완료되면 〔내보내기(Export)〕 탭 작업 영역에서 사전 설정(Preset)을 통해 편집용 규격인 'Apple ProRes XMF OP1a' 포맷(Format)으로 내보내기하여 출력된 파일을 팀원들과 공유해 보세요. 팀원들 사이에서 어떤 방식의 파일 공유가 더 편리한지 장점과 단점을 토의해 봅니다.

WEEK 12

색 보정과 컬러 그레이딩 기법

학 습 목 표

색 보정은 촬영된 영상의 원래 색상을 사실적으로 정확하게 재현하거나, 특정 분위기와 스타일, 또는 룩(Look)을 연출하기 위해 색상을 조정하는 기법입니다. 컬러 그레이딩은 영상의 분위기와 스타일을 창의적으로 설정하는 작업으로, 영상의 감정을 더 강렬하게 전달하는 중요한 역할을 합니다. 프리미어 프로에서 색 보정과 컬러 그레이딩 기법을 이해하고, 기본적인 색 교정, 정밀 색 보정, LUT를 활용한 스타일 설정, 다양한 영상에 맞는 색 보정 기법 등을 실습합니다.

12.1 색상 조정 관련 기법

색 보정(Color Correction)과 컬러 그레이딩(Color Grading)은 영상의 분위기와 감정을 좌우하는 중요한 과정입니다. 색상의 조정과 관련된 기법들을 살펴보겠습니다.

색 보정

색 보정은 영상으로 촬영된 원래의 색상을 사실적으로 정확히 재현하거나 특정한 분위기와 스타일 또는 룩(Look)을 연출하기 위해 색상(Color), 밝기(Brightness), 대비(Contrast) 등을 조정하는 기법입니다. 색 보정은 영상 제작에서 필수적인 과정이며 최종 결과물의 완성도를 크게 좌우할 수 있습니다. 색 보정의 주요 개념은 다음과 같습니다.

1. **화이트 밸런스 조정**: 영상에서 흰색을 기준점으로 정확하게 설정하여 전체적인 색상을 자연스럽게 만듭니다.
2. **노출(Exposure) 및 명도(Brightness) 조정**: 밝기, 대비, 감마 값을 조정하여 이미지의 세부 디테일을 자연스럽게 드러내고, 하이라이트와 그림자 영역의 계조를 풍부하게 표현합니다.
3. **색조(Tint) 및 채도(Saturation) 조정**: 색상의 톤을 조정하고 채도를 조절하여 자연스러운 색감이나 특별한 분위기를 연출합니다.
4. **컬러 매칭(Color Matching)**: 하나의 프로젝트에 포함된 여러 장면의 컬러 톤을 일관적으로 유지하는 조정 작업입니다.
5. **세부 조정(Fine-Tuning)**: 특정 영역의 색을 미세하게 조정하거나 특정 색상만 강조 또는 감쇄하는 등 세밀하게 조정합니다.

컬러 그레이딩

컬러 그레이딩은 영상의 분위기와 스타일을 창의적으로 연출하는 작업입니다. 색 보정이 완료된 후 특정 장면이나 전체 프로젝트의 정서를 표현하기 위해 특정 컬러 톤을 강조하는 방식으로 조작합니다. 영화나 광고에서 설정한 분위기를 연출할 때 사용됩니다.

❶ **룩(Look) 설정:** 영상의 유형에 따라 스타일을 정하고 적절한 색감을 강조하여 설정합니다.

❷ **색조(Tint) 조정:** 특정 장면에서 붉은 계열의 따뜻한 톤 또는 푸른 계열의 차가운 톤을 적용합니다.

❸ **컬러 매칭(Color Matching):** 설정한 스타일과 룩에 따라 여러 장면의 컬러에 일관성을 유지합니다.

❹ **영역 보정(Making & Tracking):** 특정 피사체의 색상만 변경하거나 특정 효과를 적용할 수 있습니다.

- Masking: 특정 영역(예: 얼굴, 하늘, 옷 등)을 선택적으로 보정합니다.
- Tracking: 움직이는 피사체의 영역을 추적하여 색 보정을 적용합니다.

❺ **색상 분리(Color Separation):** 특정 색상을 강조하거나 배제하여 피사체나 부분을 부각합니다.

❻ **룩업 테이블(Look-Up Table, LUT):** Log 규격의 풍부한 계조로, 촬영한 영상에 특정 스타일로 컬러 그레이딩을 적용하는 설정입니다.

RGB와 HSV 컬러 모델

❶ **RGB 모델:** 빨강(Red), 초록(Green), 파랑(Blue) 세 가지 원색을 가산 혼합하여 다양한 색을 표현하는 디지털 색상 표준 모델입니다.

❷ **HSV 모델:** 색상(Hue), 채도(Saturation), 명도(Value)로 컬러를 표현하는 모델이며 색 보정 작업에서 직관적인 처리에 자주 사용됩니다.

색 보정과 컬러 그레이딩 과정에서 필요한 체크 리스트

화이트 밸런스	자연스러운 흰색을 재현했는가?
색 보정	색상과 채도가 과하지 않은가?
피부 톤 조정	피부 톤이 자연스럽고 실제처럼 보이는가?
컬러 매칭	장면들 사이의 색상이 일관되게 유지되었는가?
노출	하이라이트 영역과 그림자 안의 디테일이 살아 있는가?
모니터 캘리브레이션	정확한 색상을 출력하는 모니터인가?
LUT(Look-Up Table) 사용	LUT 적용 후 세부적으로 조정했는가?

프리미어의 색 보정 기능

❶ **기본 교정(Basic Correction):** 기본 색상 보정입니다.

- 화이트 밸런스(WB): 촬영 당시 조명에 따라 흰색 기준이 틀어졌을 경우 조정합니다.
- 노출(Exposure): 영상이 과노출되었거나 어두운 경우에 전체 밝기 조정합니다.
- 대비(Contrast): 영상의 하이라이트와 그림자 사이의 대비 차이를 조정합니다.
- 채도(Saturation): 색상의 강한 정도인 채도를 조절합니다.

❷ 크리에이티브(Creative): 스타일과 분위기를 설정합니다.

- Look-Up Table(LUT) 적용: 사전 설정된 컬러 프리셋을 통해 특정 톤을 빠르게 적용합니다.
- Faded Film: 영상에 빈티지 필름 룩을 적용합니다.
- Tint: 특정 색조를 추가해서 영상 분위기를 변화합니다.

❸ 곡선(Curves): 커브 조정 설정입니다.

- 밝기와 색상을 커브 방식으로 조정합니다.
- RGB 곡선을 사용해 특정 색상 영역을 연쇄적으로 강조하거나 감소시킵니다.

❹ 색상 휠 및 일치(Color Wheels & Match): 컬러 휠로 영역의 컬러를 조정합니다.

- 하이라이트(Highlight): 밝은 영역의 컬러를 조정합니다.
- 미드톤(Midtones): 중간 톤 영역의 컬러를 조정합니다.
- 섀도우(Shadows): 어두운 영역의 컬러를 조정합니다.

❺ HSL 보조(HSL Secondary): 컬러를 선택 보정합니다.

- 특정 컬러만 선택하거나 범위를 지정하여 보정이 가능합니다(예: 피부 톤 보정).

Lumetri 범위 활용

Lumetri 범위(Lumetri Scopes)는 영상의 색상, 밝기, 채도를 시각적으로 분석하는 도구로, 프리미어 프로에서 패널 형태로 활용할 수 있습니다. 프리미어 프로에서는 사전 설정(Presets)에서 스코프 유형을 선택할 수 있으며, 용도에 따라 스코프를 활용하면 색 보정의 정확도를 높일 수 있습니다.

스코프의 유형	설명	용도
파형 RGB(Wabeform RGB)	영상의 밝기와 노출을 파장 형태로 표시합니다.	밝기 분석
벡터 스코프 YUV(Vectorscope YUV)	색상의 분포와 채도 수준을 원형 파장으로 표시합니다.	색상과 채도 분석
퍼레이드 RGB(Parade RGB)	빨강, 초록, 파랑 색상 채널을 개별적으로 표시합니다.	특정 컬러 비중 분석
막대 그래프(Histogram)	영상의 밝기 분포를 히스토그램 그래프로 표시합니다.	명암의 분포 분석

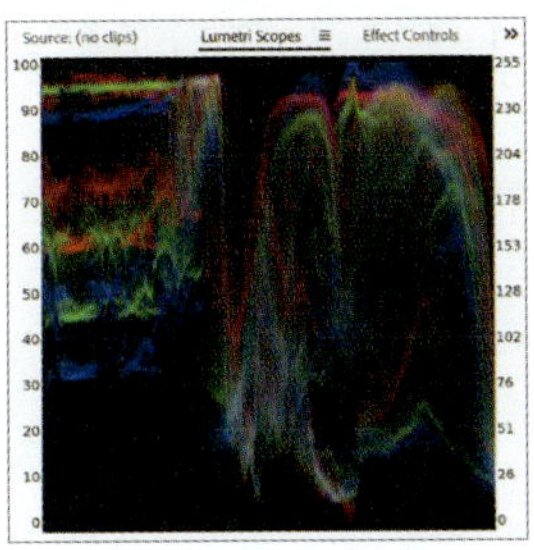
파형 RGB(Wabeform RGB)

벡터 스코프 YUV(Vectorscope YUV)

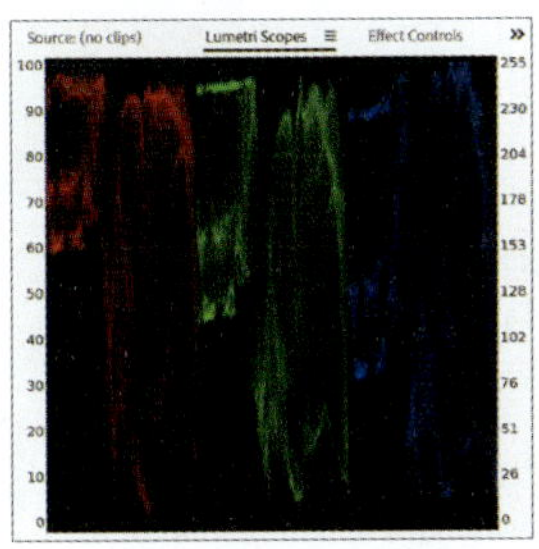
퍼레이드 RGB(Parade RGB)

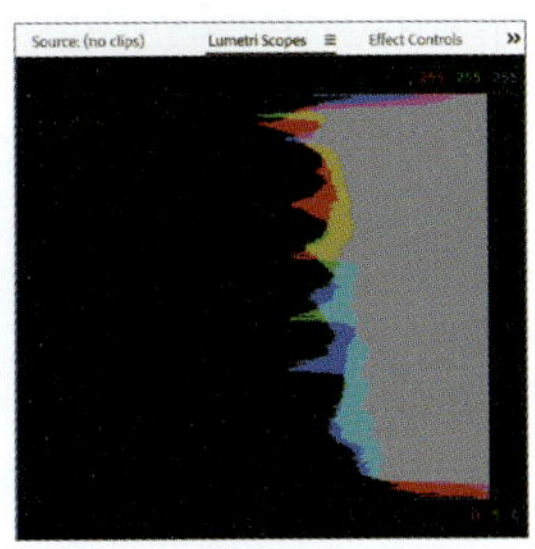
막대 그래프(Histogram)

12.2 실습 예제 01 기본 기능으로 색 보정하기

• **예제 파일** : 12\12_2\기본기능.prproj • **완성 파일** : 12\12_2\기본기능_완성.mp4, 기본기능_완성.prproj

프리미어 프로의 기본 기능인 Lumetri 색상(Lumetri Color) 패널을 활용하여 기본적인 색 보정을 적용하는 방법을 알아봅니다.

01 12 → 12_2 폴더에서 '기본기능.prproj' 파일을 더블클릭하여 실행합니다. 프로젝트(Project) 패널이나 타임라인(Timeline) 패널에서 '기본기능' 시퀀스를 선택합니다.

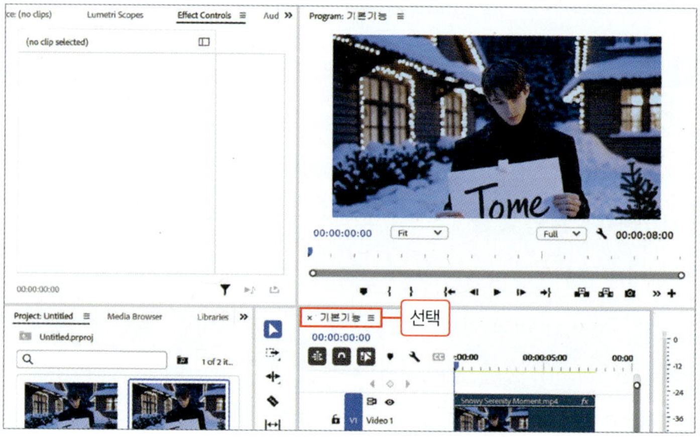

02 왼쪽 상단 패널에서 Lumetri 범위(Lumetri Scope) 패널을 선택하여 표시하고 타임라인(Timeline) 패널에서 'Snowy Serenity Moment.mp4' 영상 클립을 선택합니다.

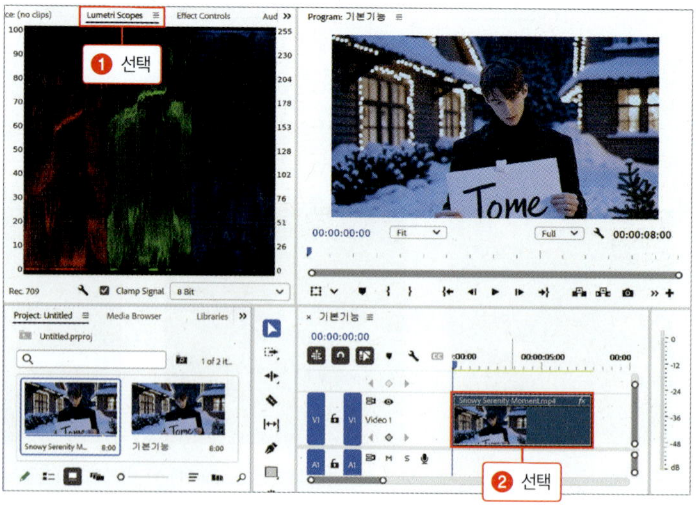

NOTE

Lumetri 범위(Lumetri Scope) 패널에서는 다양한 방법의 색상 값을 확인할 수 있습니다. 만약 그림과 같은 화면의 형태가 아니라면 마우스 오른쪽 버튼을 클릭한 다음 '퍼레이드 유형' → 'RGB'를 클릭하여 보이게 합니다.

03 Lumetri 색상(Lumetri Color) 패널의 기본 교정(Basic Correction) 영역에서 색상(Color) 항목에 있는 흰색 균형(White Balance)의 '스포이트' 아이콘( )을 클릭하고 프로그램 모니터(Program Monitor) 패널에서 영상 속의 흰색 부분을 클릭합니다. 예제에서는 피사체 주인공의 스케치북을 클릭하였습니다.

04 영상에 푸른 느낌이 하얗게 조정되는 것을 확인할 수 있습니다. 보정이 아직 부족하다면 Lumetri 범위(Lumetri Scope) 패널의 RGB 분포가 조금 더 고루 분포되도록 조정해야 합니다. 재생 헤드(Playhead)를 다른 프레임으로 이동하며 색상(Color) 항목에 온도(Temperature)와 색조(Tint)를 미세하게 조절합니다.

TIP 온도(Temperature)와 색조(Tint)를 이용한 분위기 변경하기

온도(Temperature)와 색조(Tint)를 이용하면 다양한 색감과 분위기로 변경하여 연출할 수 있습니다.

12.3

실습 예제 02

정밀 색 보정 기법으로 커브와 속성 제어하기

• **예제 파일** : 12\12_3\커브속성제어.prproj • **완성 파일** : 12\12_3\커브속성제어_완성.mp4, 커브속성제어_완성.prproj

곡선(Curves) 항목의 RGB 곡선(RGB Curves)을 조정하면 더욱 정밀한 색 보정을 구현할 수 있습니다. 이를 통해 영상의 색감을 조정하고 원하는 분위기를 완성하는 방법을 살펴보겠습니다.

01 12 → 12_3 폴더에서 '커브속성제어.prproj' 파일을 더블클릭하여 실행합니다. 프로젝트(Project) 패널이나 타임라인(Timeline) 패널에서 '커브속성제어' 시퀀스를 선택합니다.

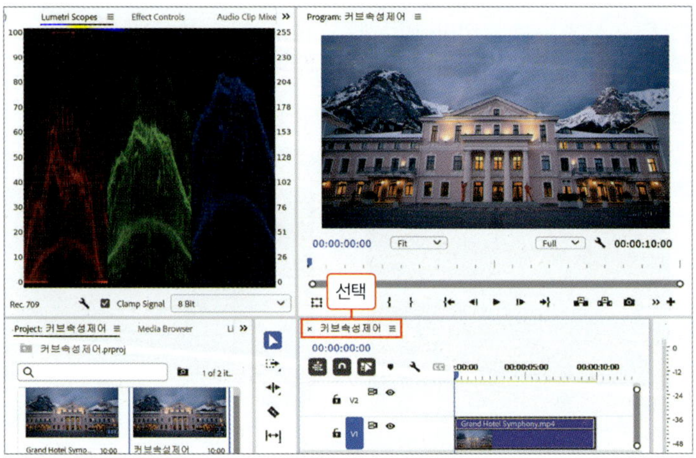

02 Lumetri 색상(Lumetri Color) 패널의 곡선(Curves) 항목에서 'RGB 곡선(RGB Curves)'을 클릭하여 표시합니다.

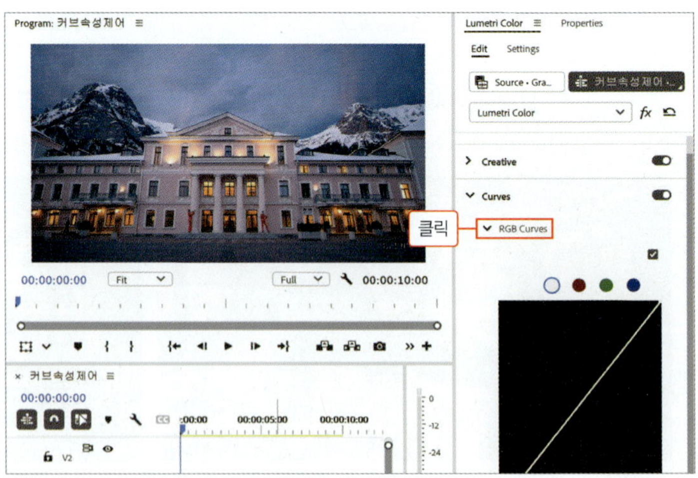

> **NOTE**
>
> Lumetri 색상(Lumetri Color) 패널이 보이지 않는다면, 메뉴에서 [창(Window)] → 'Lumetri 색상(Lumetri Color)'을 클릭하세요.

03 RGB 곡선(RGB Curves)은 영상의 톤을 조절할 수 있는 기능 중 가장 강력한 도구입니다. 곡선 그래프의 가운데 부분은 중간 톤, 왼쪽 하단은 그림자, 오른쪽 상단은 하이라이트를 조정할 수 있습니다. 곡선에 커서를 위치하면 + 모양의 아이콘이 표시됩니다. 그림과 같이 곡선를 세 번 클릭하여 3개의 점을 추가합니다.

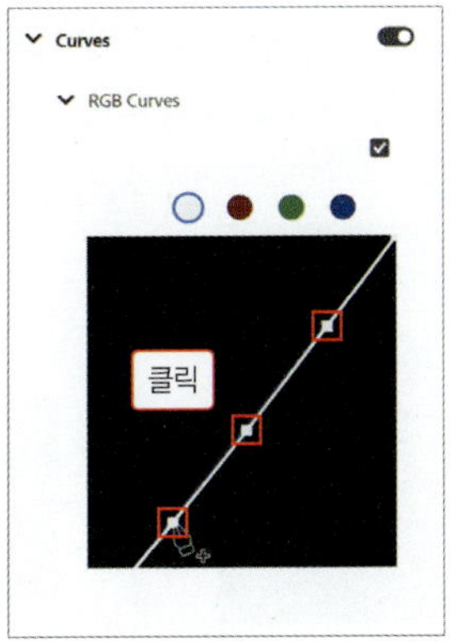

04 RGB 곡선(RGB Curves)을 S자 형태로 조정해 대비를 증가시킵니다.

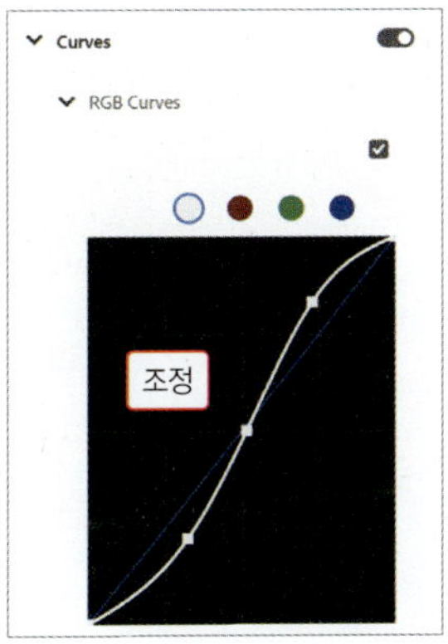

05 중간톤이 너무 어두워 표현이 잘 되지 않으면, 가운데 점을 클릭하고 위로 드래그하여 밝기를 높여줍니다.

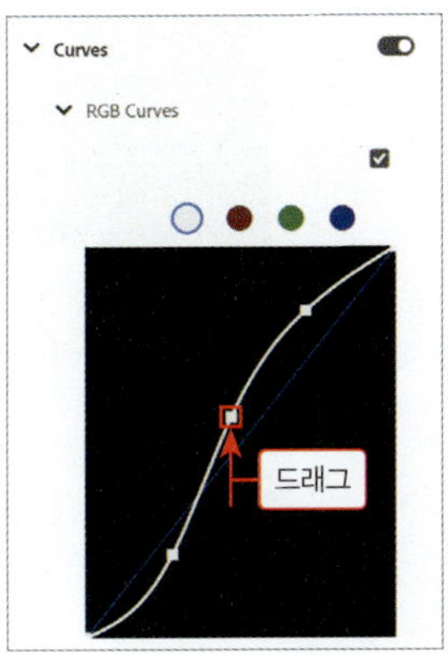

06 Red, Green, Blue 각각의 채널 곡선을 개별적으로 조정합니다. 영상에 청색 톤을 낮추기 위해 'Blue' 채널을 선택하고 곡선의 중간 지점을 살짝 아래로 내려 중간 톤의 파란색을 줄이며, 필요에 따라 하이라이트 영역과 그림자 영역도 함께 낮춥니다.

파란색 톤을 줄였기 때문에 영상이 다소 무채색이나 초록색을 띌 수 있습니다. 이를 보완하기 위해 'Red' 채널을 선택하고 곡선의 중간 지점을 위로 올려 중간 톤에 붉은색을 추가합니다.

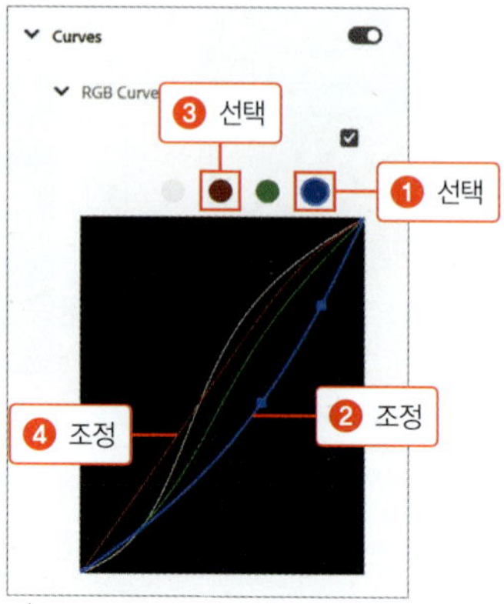

07 Lumetri 색상(Lumetri Color) 패널의 크리에이티브(Creative) 항목을 클릭하여 표시합니다.

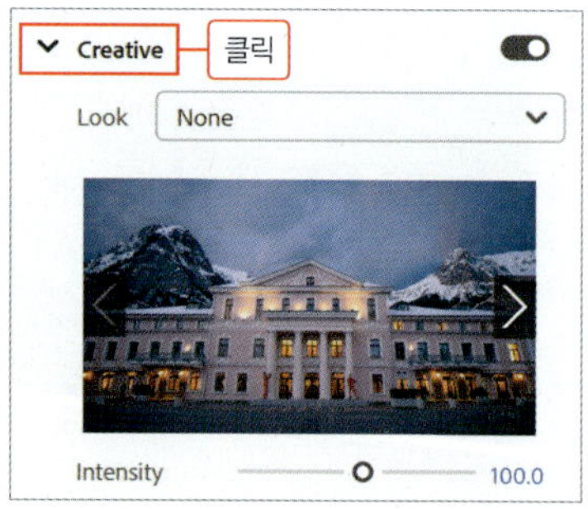

08 빛바랜 필름(Fade Film) 값을 조절하여 영상의 하이라이트와 섀도우 간의 명암 차이를 줄이고, 필름 특유의 부드럽고 자연스러운 톤을 연출합니다.

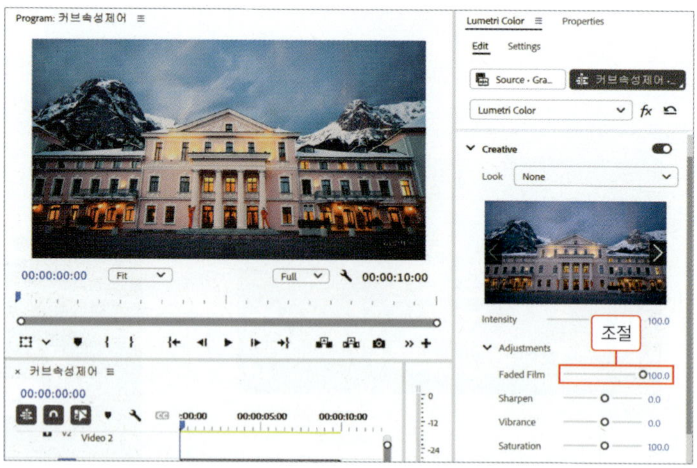

12.4 실습 예제 03 특정 부분의 컬러만 변경하기

• **예제 파일** : 12\12_4\부분컬러변경.prproj • **완성 파일** : 12\12_4\부분컬러변경_완성.mp4, 부분컬러변경_완성.prproj

곡선(Curves) 항목에서 커브 그래프를 이용하면 특정 색상을 선택적으로 조정해 영상에서 강조하고 싶은 색을 부각하거나 분위기에 맞는 색감을 변형할 수 있습니다. 색조 채도 곡선(Hue Saturation Curves)을 이용해 특정 부분의 컬러를 변경하겠습니다.

01 12 → 12_4 폴더에서 '부분컬러변경.prproj' 파일을 더블클릭하여 실행합니다. 프로젝트(Project) 패널이나 타임라인(Timeline) 패널에서 '부분컬러변경' 시퀀스를 선택합니다. 그림과 같이 Lumetri 색상(Lumetri Color) 패널을 선택하여 오른쪽 패널에 표시되게 합니다.

02 Lumetri 색상(Lumetri Color) 패널에서 '곡선(Curves)' 항목을 클릭하여 표시하고 '색조 채도 곡선(Hue Saturation Curves)'을 클릭한 다음 체크 표시하여 활성화합니다.

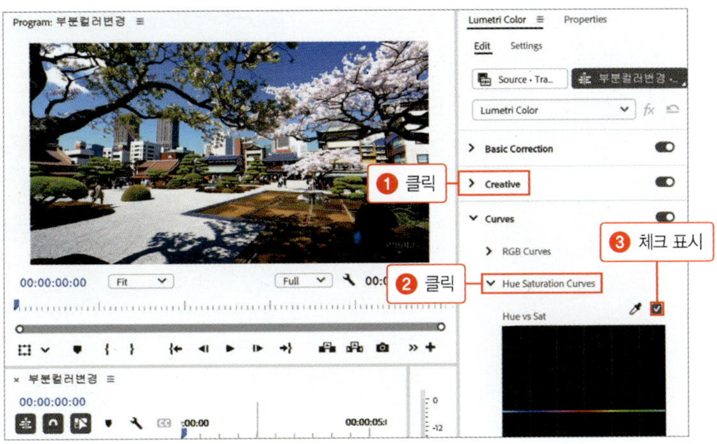

03 색조 및 색조(Hue vs Hue) 곡선 그래프가 보이는지 확인하고 색조 및 색조(Hue vs Hue)에 있는 '스포이트(Eyedropper)' 아이콘( )을 클릭한 다음 영상에서 변경하고자 하는 특정 색상을 선택합니다. 선택한 색상에 따라 곡선 그래프에 포인트가 자동으로 생성됩니다.

NOTE

이 포인트는 선택한 색상을 기준으로 색조를 변경할 수 있는 범위를 나타냅니다.

04 색조 및 색조(Hue vs Hue) 포인트를 클릭하고 위로 드래그하여 하늘 부분을 주황색으로 변경합니다.

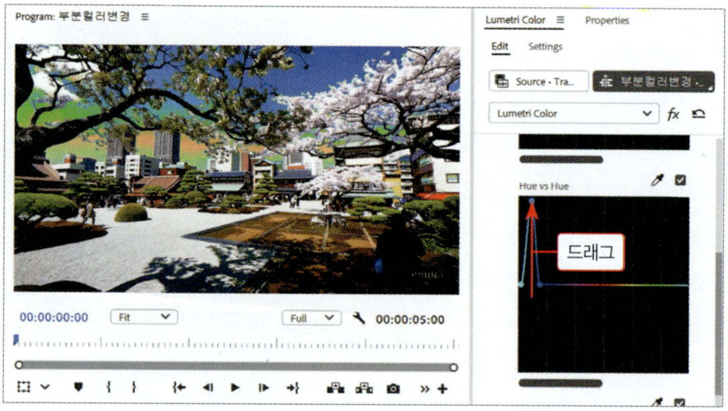

05 같은 방법으로 색조 및 색조(Hue vs Hue)에 있는 '스포이트(Eyedropper)' 아이콘( )을 이용하여 중간색을 클릭하고 드래그하여 하늘 부분을 좀 더 주황색으로 변경합니다.

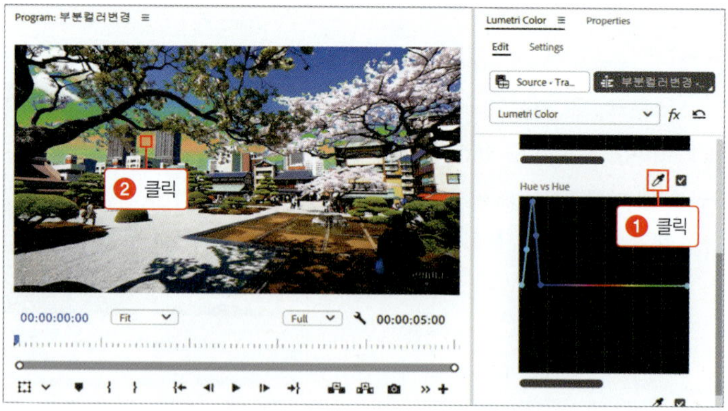

06 두 번째와 세 번째 포인트를 조정해 옆으로 확장하여 하늘 영역을 확장합니다.

07 '스포이트(Eyedropper)' 아이콘(스포이트 아이콘)을 이용하여 제일 진한 하늘색을 클릭하여 색상을 변경합니다.

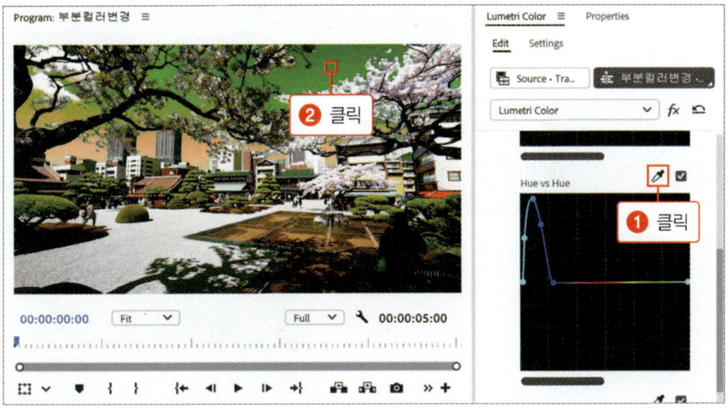

08 제일 진한 색상을 오른쪽으로 드래그하여 확장해 그러데이션을 자연스럽게 만듭니다.

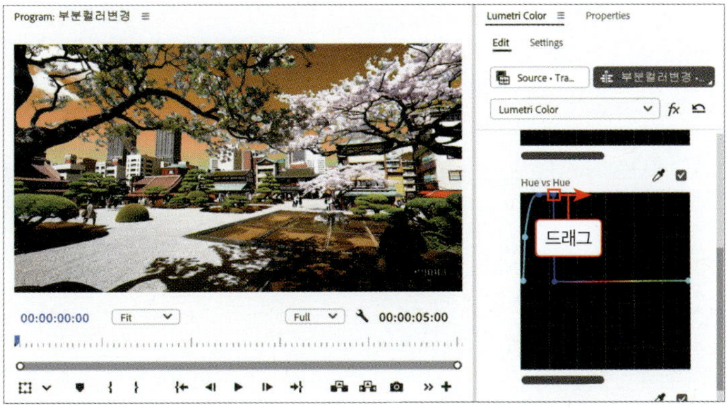

NOTE

색상 톤을 자연스럽게 전환하려면 예제처럼 포인트를 최소 3개 이상 배치하여 부드러운 곡선을 만드는 것이 좋습니다. 또한, 특정 색상만 조절하고 싶다면 조정할 색상의 양쪽에 보정 포인트를 추가해 영향 범위를 제한할 수도 있습니다.

09 같은 방법으로 색조 및 루마(Hue vs Luma)에 포인트를 추가하고 위로 클릭, 드래그하여 조정해 색감을 밝게 만듭니다.

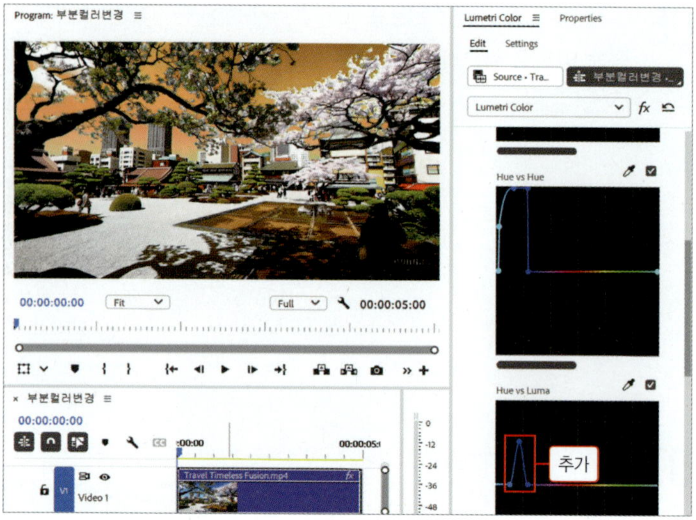

10 같은 방법으로 포인트를 더 추가하여 풀밭과 나무의 색상을 변경해 완성합니다.

NOTE

색조 채도 곡선(Hue Saturation Curves)은 색상을 조정할 수 있는 다섯 가지의 커브 그래프를 제공합니다. 각 그래프의 기능에 따라 활용하면 원하는 색감을 얻을 수 있습니다.

- **색조 및 채도(Hue vs Sat)**: 특정 색상의 채도를 조절합니다(예: 피부 톤 붉은기, 색상 강조).
- **색조 및 색조(Hue vs Hue)**: 특정 색상을 다른 색상으로 변환합니다(예: 푸른색 하늘을 청록색으로 변경).
- **색조 및 루마(Hue vs Luma)**: 특정 색상의 밝기를 조절합니다(예: 피부 톤 밝기, 하늘색 강조).
- **루마 및 채도(Luma vs Sat)**: 밝기에 따라 채도를 조절합니다(예: 어두운 영역 채도 낮추기 또는 밝은 부분 강조).
- **채도 및 채도(Sat vs Sat)**: 원래 채도가 높은 색과 낮은 색의 균형을 조절합니다(예: 너무 강한 색 줄이기 또는 낮은 채도 강조).

12.5

실습 예제 04

LUT를 활용한 스타일 설정하기

• **예제 파일** : 12\12_5\스타일설정.prproj
• **완성 파일** : 12\12_5\컬러풀스타일_완성.mp4, 레트로 스타일_완성.mp4, 스타일설정_완성.prproj

LUT를 활용하면 영상의 색감을 손쉽게 변경할 수 있어 원하는 스타일이나 감성을 연출할 수 있습니다. 크리에이티브(Creative) 항목을 이용해 다채로운 색상을 표현하고, LUT를 활용하여 레트로 스타일을 표현하겠습니다.

컬러풀한 영상의 스타일 표현하기

01 12 → 12_5 폴더에서 '스타일설정.prproj' 파일을 더블클릭하여 실행합니다. 프로젝트(Project) 패널이나 타임라인(Timeline) 패널에서 '컬러풀스타일' 시퀀스를 선택합니다.

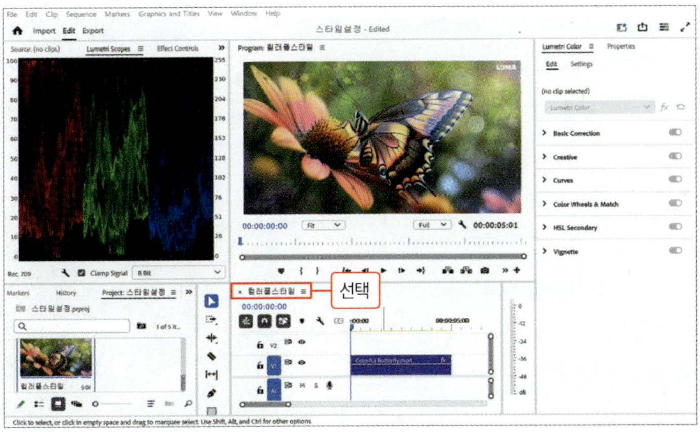

02 색상 교정을 하기 위해 조정 레이어(Adjustment Layer)를 생성하겠습니다. 메뉴에서 [파일(File)] → '새로 만들기(New)' → '조정 레이어(Adjustment Layer)'를 클릭합니다.

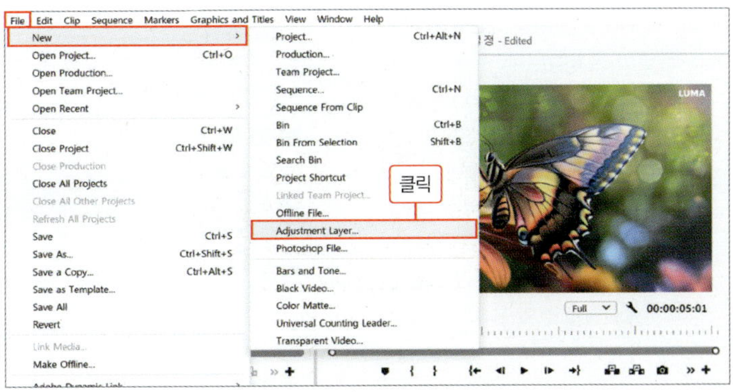

NOTE

조정 레이어(Adjustment Layer)를 활용하면 2개의 영상 클립에 동일하게 효과가 적용되는 장점이 있습니다.

03 조정 레이어(Adjustment Layer) 대화상자가 표시되면 수치들을 확인하고 <확인(OK)> 버튼을 클릭합니다.

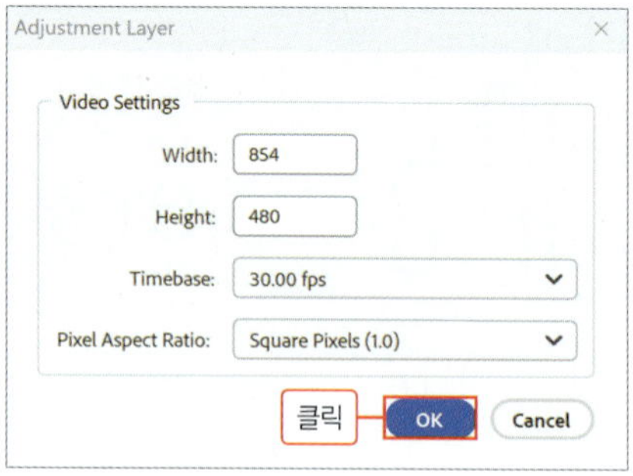

04 프로젝트(Project) 패널에 생성된 조정 레이어(Adjustment Layer)를 타임라인(Timeline) 패널의 V2 트랙으로 드래그하여 배치합니다. 조정 레이어(Adjustment Layer)를 활용하면 조정 레이어 아래의 영상에 모두 효과를 적용할 수 있습니다.

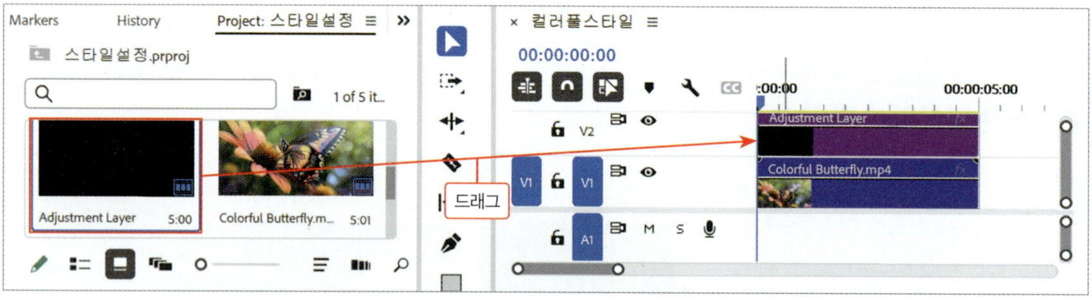

05 Lumetri 색상(Lumetri Color) 패널에 있는 '크리에이티브(Creative)' 항목을 클릭하여 표시하고 생동감(Vibrance) 슬라이더를 조절하여 값을 높입니다.

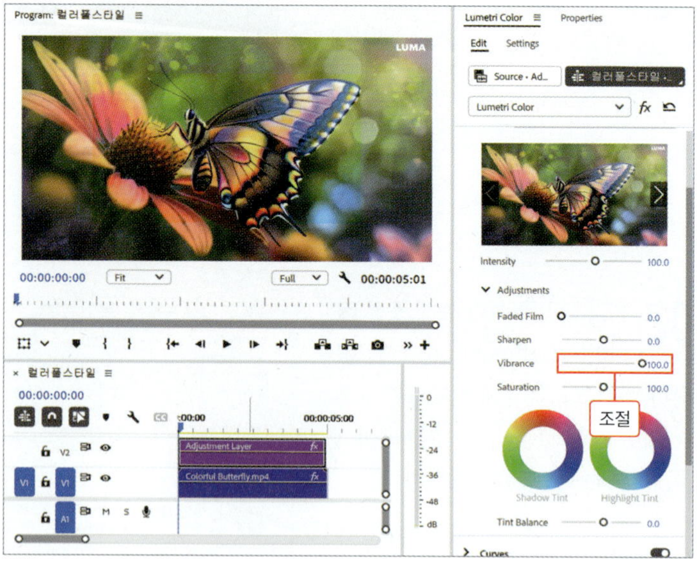

NOTE

영상이 컬러풀 할수록 생동감을 높이는 작업이 중요합니다. 특히 생동감(Vibrance)을 조정하면 채도가 낮은 색상만 선택적으로 강화되어, 전체적인 색 균형이 유지되면서도 부족했던 색감이 보완됩니다. 이를 통해 영상에서 채도가 낮았던 부분, 예를 들어 날개와 같은 디테일한 요소들이 보다 생동감 있게 개선된 것을 확인할 수 있습니다.

06 선명도(Sharpen)의 수치도 높게 조절하여 조금 더 선명하게 보이도록 합니다.

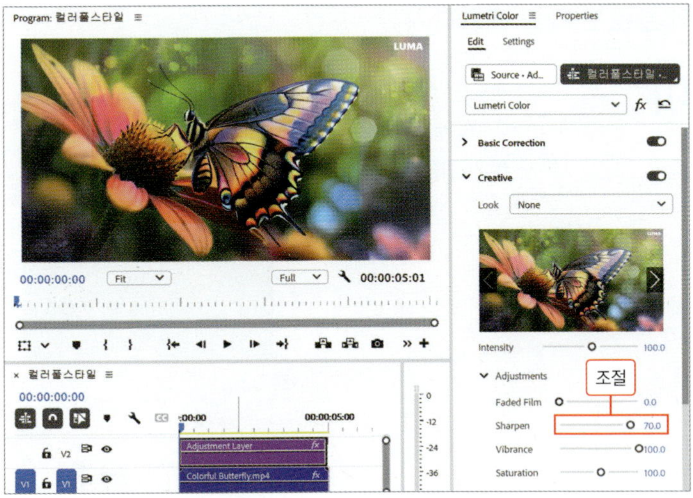

> **NOTE**
>
> 선명도(Sharpen)를 많이 높이면 노이즈(Noise)가 생길 수도 있으니 주의합니다.

07 Look의 드롭다운 메뉴를 활용하여 프리미어 프로에서 제공하는 다양한 LUT를 적용할 수 있습니다. Look을 'SL BLUE ICE'로 지정하면 푸른 계열의 색상 효과가 영상에 적용되어 기존과는 다른 분위기를 연출할 수 있습니다.

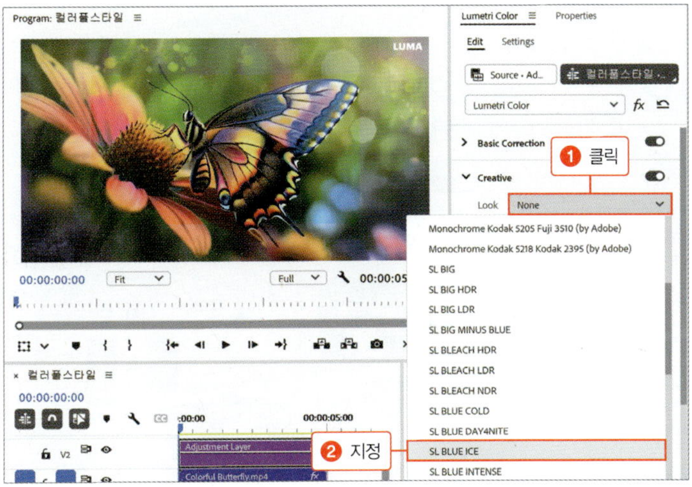

08 이후 강도(Intensity) 슬라이더를 조절하여 효과의 적용 정도를 높이면, 더욱 뚜렷하고 강렬한 색감을 확인할 수 있습니다.

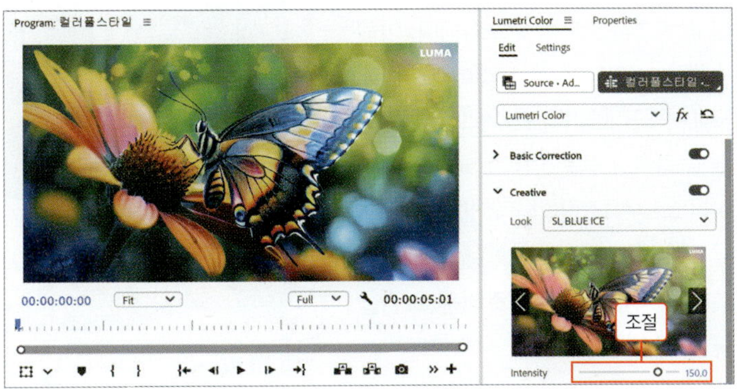

레트로 스타일 표현하기

01 프로젝트(Project) 패널이나 타임라인(Timeline) 패널에서 '레트로스타일' 시퀀스를 선택합니다.

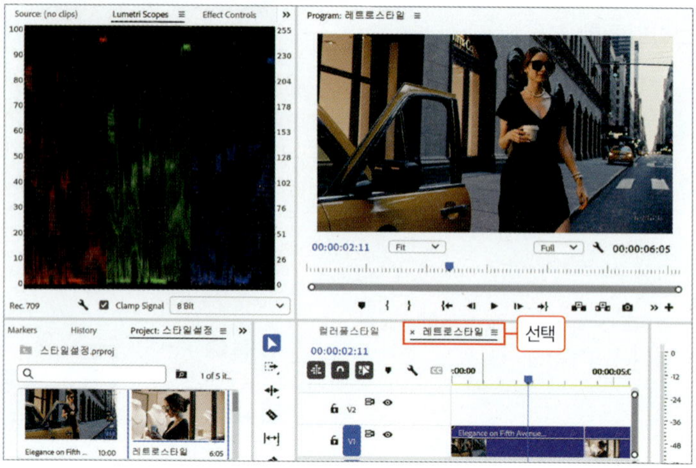

02 프로젝트(Project) 패널에 이전에 생성한 조정 레이어(Adjustment Layer)를 타임라인(Timeline) 패널의 V2 트랙으로 드래그하여 배치합니다.

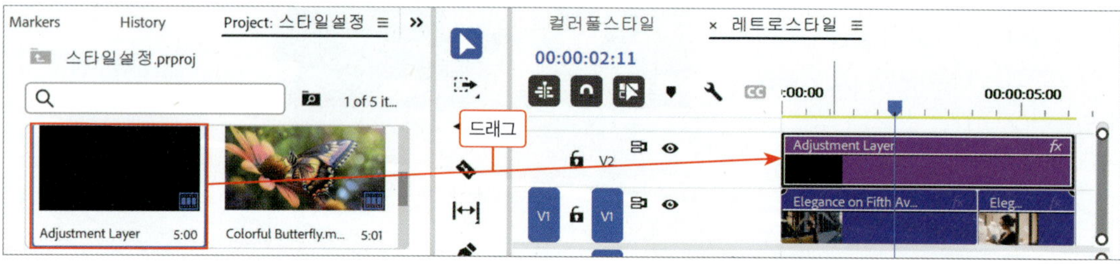

03 레트로 스타일은 과도하게 선명하거나 화려한 색보다는 자연스럽고 누그러진 톤을 강조합니다. 이를 위해 Lumetri 색상(Lumetri Color) 패널에서 '크리에이티브(Creative)' 항목을 클릭하고 생동감(Vibrance) 슬라이더를 낮춰 조절합니다. 생동감 수치를 낮추면 과도하게 포화된 색상을 억제하여 차분하고 자연스러운 느낌을 줄 수 있습니다.

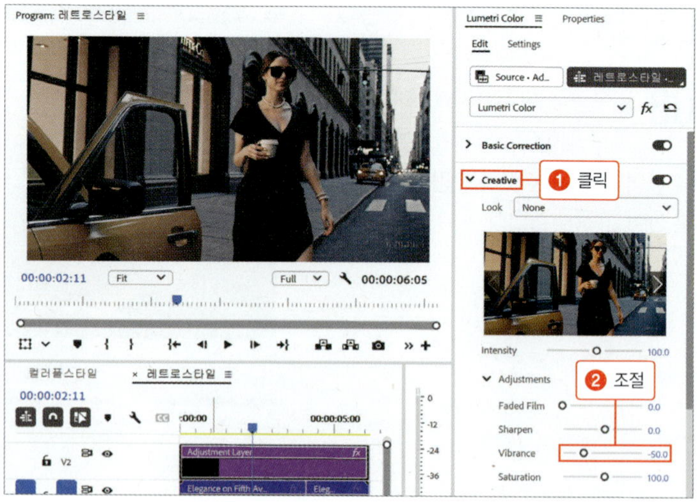

TIP 생동감(Vibrance) 조절하기

생동감(Vibrance)을 지나치게 낮추면 영상이 흐릿하거나 무미건조해 보일 수 있으므로, 적정 수준에서 조정하는 것이 중요합니다. 최적의 레트로 느낌을 위해 다양한 수치를 시도해 보세요.

Vibrance 수치 낮추기 전

Vibrance 수치 낮춘 후

04 채도(Saturation) 슬라이더를 조절하여 영상 전체의 색상 강도를 조정합니다. 생동감(Vibrance)과 함께 사용하면 색상 조정을 세밀하게 컨트롤 할 수 있습니다.

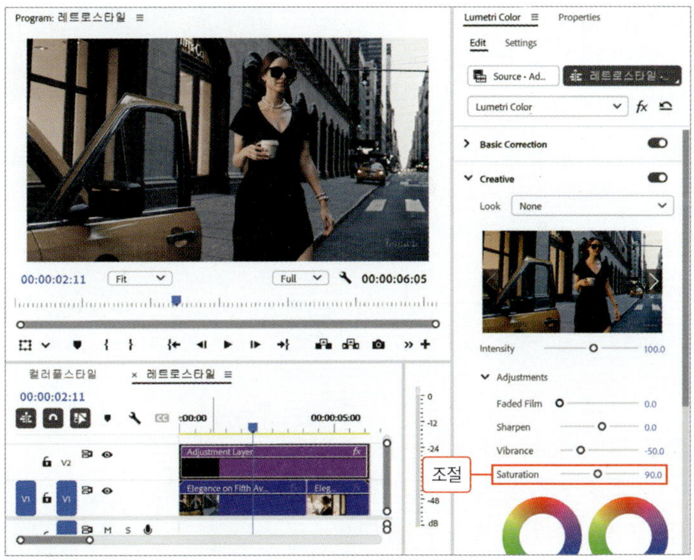

NOTE

채도(Saturation)는 색을 더 선명하게 하거나 흐리게 만들 수 있습니다. 색이 너무 흐리면 값을 올려 선명하게, 너무 강하면 값을 낮게 조절하여 자연스럽게 조정합니다. 예제와 같이 인물이 있을 경우에는 피부 톤이 너무 과장되지 않도록 미세하게 조정하는 것이 좋습니다.

05 필름 페이드(Faded Film) 슬라이더를 높게 조절하여 필름 느낌의 부드러운 페이딩 효과를 추가합니다. 빈티지한 느낌을 주거나 과도한 대비를 줄이고 싶을 때 유용합니다.

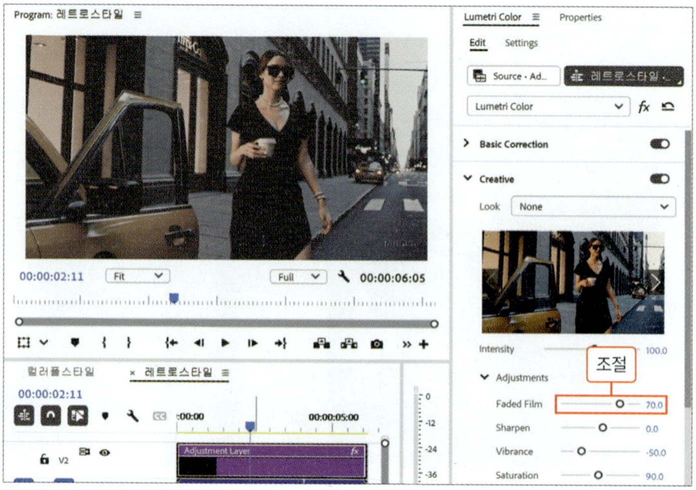

06 Look을 'Fuji F125 Kodak 2395(by Adobe)'로 지정하여 부드럽고 따뜻한 필름 느낌을 강조하며, 대비가 높고 시네마틱한 스타일으로 적용합니다.

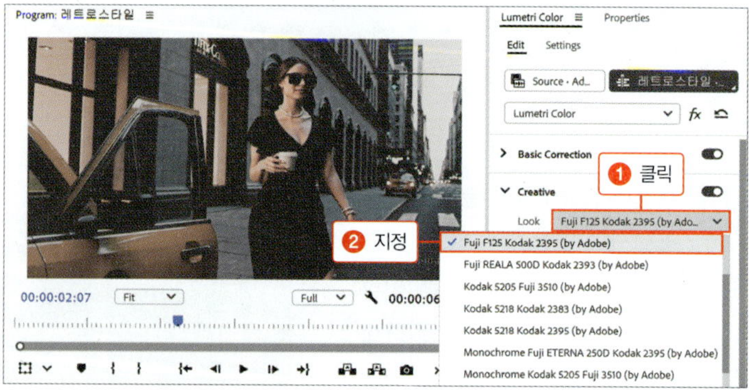

NOTE

Look 드롭다운 메뉴에서 '찾아보기(Browse..)'를 클릭하여 다운로드하거나 가지고 있는 LUT를 적용할 수 있습니다. 좋은 LUT를 적용하였다고 하더라도 영상의 상태에 따라 결괏값이 다를 수 있기 때문에 적용 후 조정이 필요합니다.

07 강도(Intensity) 슬라이더의 수치를 높게 조절하면 LUT 적용 강도를 높일 수 있고, 슬라이더를 더블 클릭하면 초기화됩니다. 원하는 형태로 조정하여 완성합니다.

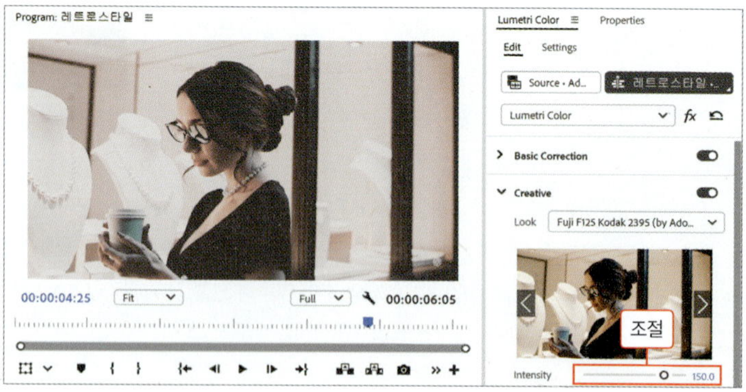

12.6 실습 예제 05 얼굴 뽀샤시하게 보정하기

• **예제 파일** : 12\12_6\얼굴보정.prproj • **완성 파일** : 12\12_6\얼굴보정_완성.mp4, 얼굴보정_완성.prproj

프리미어 프로에서도 피부를 자연스럽게 보정하여 부드럽고 뽀샤시한 효과를 연출할 수 있습니다. 조정 레이어를 생성하고 HSL 보조(HSL Secondary) 항목에서 슬라이더를 조절하여 밝게 보정하고 가우시안 흐림(Gaussian Blur) 효과도 적용하여 자연스러운 보정을 적용하겠습니다.

HSL 보조로 밝은 피부 보정하기

01 12 → 12_6 폴더에서 '얼굴보정.prproj' 파일을 더블클릭하여 실행합니다. 프로젝트(Project) 패널이나 타임라인(Timeline) 패널에서 '얼굴보정' 시퀀스를 선택합니다. 그림과 같이 Lumetri 색상(Lumetri Color) 패널을 선택하여 오른쪽 패널에 표시되게 합니다.

02 색상 교정을 하기 위해 조정 레이어(Adjustment Layer)를 생성하겠습니다. 메뉴에서 [파일(File)] → '새로 만들기(New)' → '조정 레이어(Adjustment Layer)'를 클릭합니다.

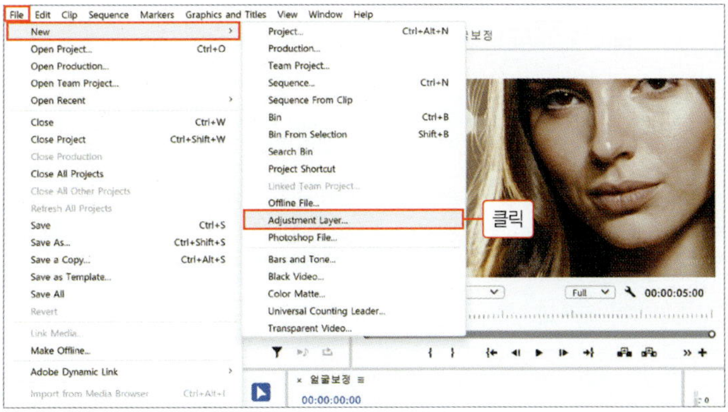

12 색 보정과 컬러 그레이딩 기법

03 조정 레이어(Adjustment Layer) 대화상자가 표시되면 수치들을 확인하고 <확인(OK)> 버튼을 클릭합니다.

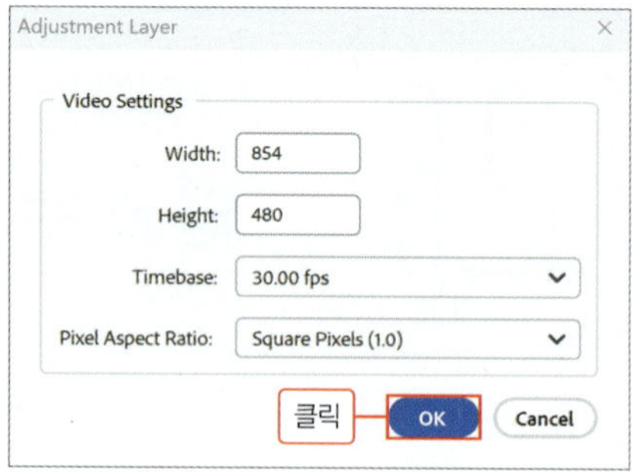

04 프로젝트(Project) 패널에 생성된 조정 레이어(Adjustment Layer)를 타임라인(Timeline) 패널의 V2 트랙으로 드래그하여 배치합니다.

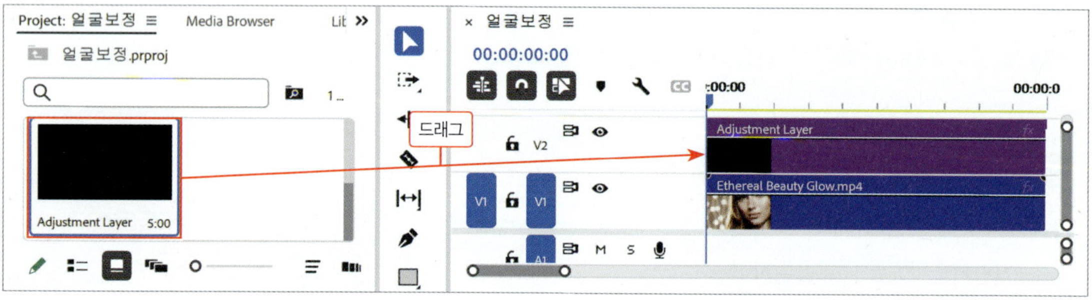

05 Lumetri 색상(Lumetri Color) 패널에서 'HSL 보조(HSL Secondary)' 항목을 클릭하고 '키(Key)'를 클릭하여 확장합니다. 색상 설정(Set Color)에서 '스포이트' 아이콘(🖉)을 클릭합니다.

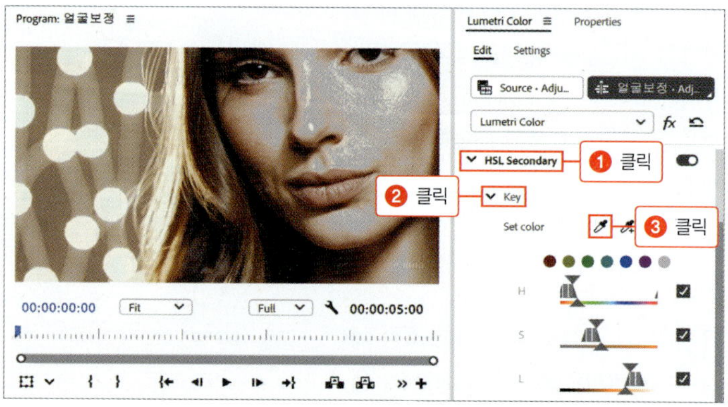

NOTE

HSL 보조(HSL Secondary) 항목에서는 스포이트를 이용하여 원하는 영역을 선택하고 색상, 채도, 명도를 세밀하게 조절할 수 있습니다. 또한, 가장자리를 부드럽게 하고 노이즈를 줄여 자연스러운 보정 효과 연출을 할 수 있어 정교하고 조화로운 색조 조정이 가능합니다.

06 얼굴 피부의 가장 일반적인 부분(볼이나 이마)이나 피부의 중간 톤 영역을 선택합니다.

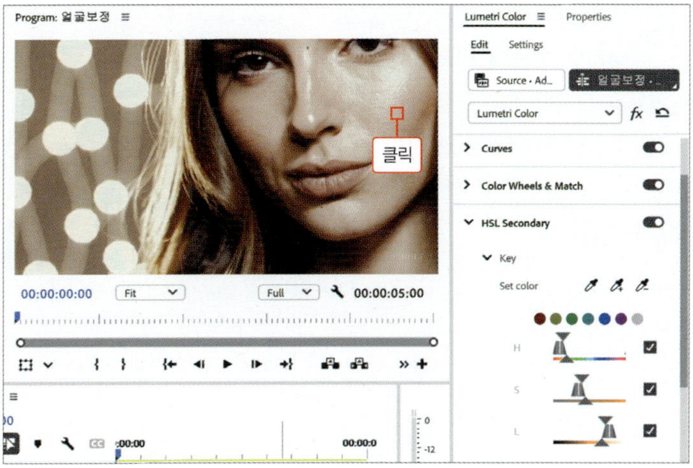

07 컬러/회색(Color/Gray)의 체크 박스를 체크 표시하여 선택 영역이 보이게 합니다.

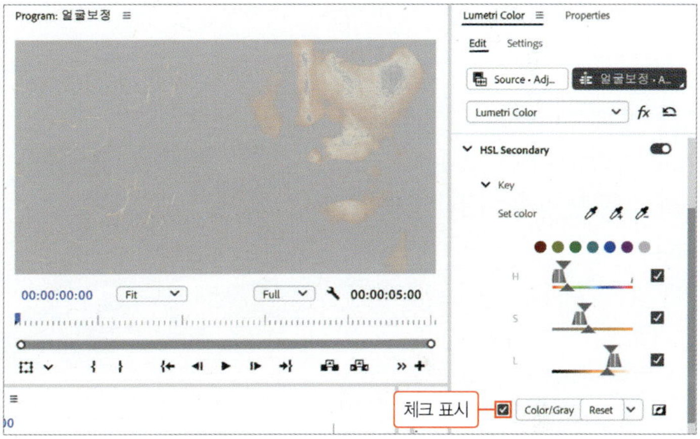

08 ' ' 아이콘을 클릭하여 얼굴과 선택된 영역이 회색 같이 보이게 설정합니다.

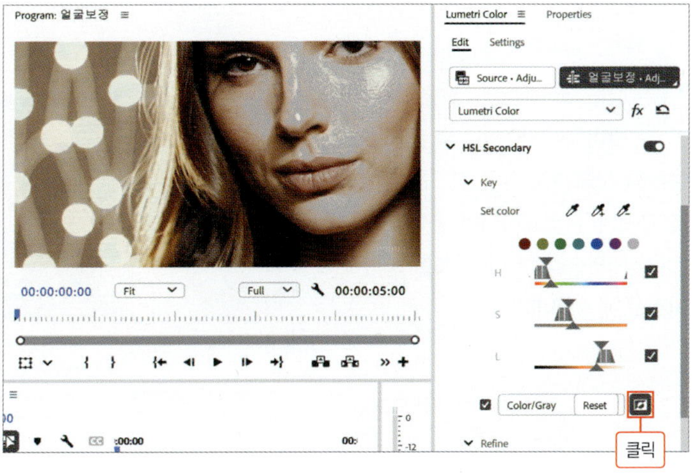

09 '+ 스포이트' 아이콘( )을 이용하여 얼굴에 선택되지 않은 영역들을 클릭합니다. 얼굴 전체가 모두 선택이 될 때까지 '+ 스포이트' 아이콘( )과 인물의 얼굴을 클릭하는 것을 반복합니다.

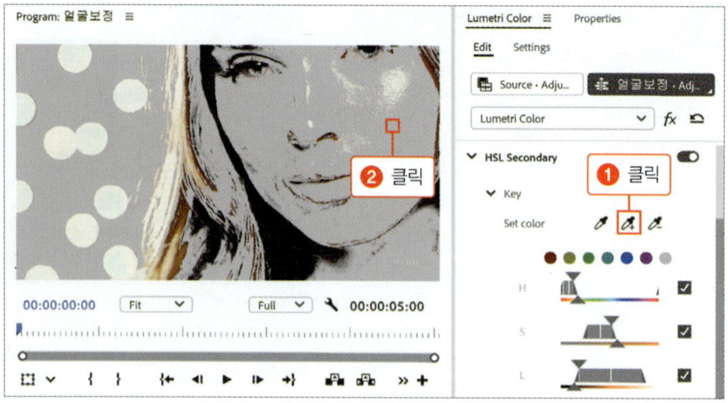

NOTE

색상(Hue), 채도(Saturation), 명도(HSL)(Luma(HSL)) 슬라이더를 조절하여, 피부 영역이 깔끔하게 선택되도록 설정합니다. 색상(Hue)은 피부 톤의 색상 범위를, 채도(Saturation)는 피부 색상의 강도 범위를, 명도(Luma)는 피부의 밝기 범위를 결정합니다.

10 반대로 배경이나 머리카락 등 제외하고 싶은 영역은 '- 스포이트' 아이콘( )을 이용하여 제거합니다.

NOTE

얼굴색과 차이가 나는 배경 부분을 선택하여 제거해야 배경만 제거됩니다. 비슷한 톤의 배경을 선택하면 얼굴 부분도 같이 제거됩니다.

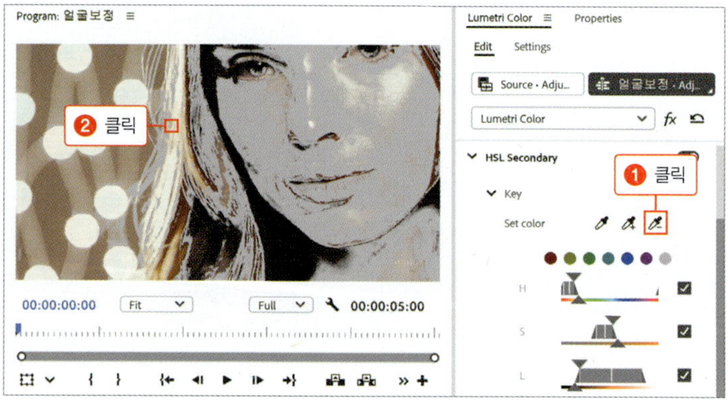

11 다듬기(Refine)의 흐림(Blur) 슬라이더를 '20' 정도의 수치로 조절하여 선택된 영역의 경계를 부드럽게 만듭니다. 필요하다면 노이즈 제거(Denoise) 슬라이더도 수치를 올려 노이즈를 제거합니다.

12 교정(Correction)의 슬라이더를 위로 드래그하여 선택된 영역이 밝아지게 합니다. '컬러/회색(Color Gray)'을 체크 표시 해제하고 '◪' 아이콘을 클릭하여 적용된 영상을 보이게 합니다. 얼굴이 이전 영상에 비해 밝아진 것을 확인할 수 있습니다.

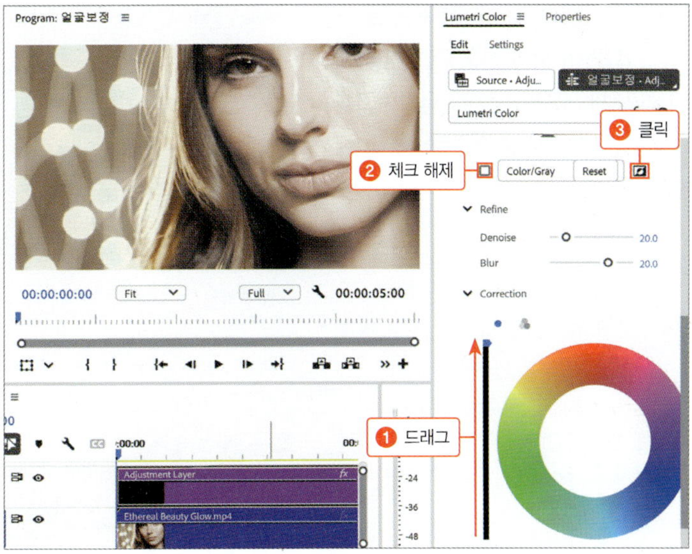

13 교정(Correction)에서 온도(Temperature) 슬라이더를 조절하여 피부 톤을 따뜻하거나 차갑게 만들고, 색조(Tint) 슬라이더를 조절하여 피부색을 자연스럽게 조정합니다.

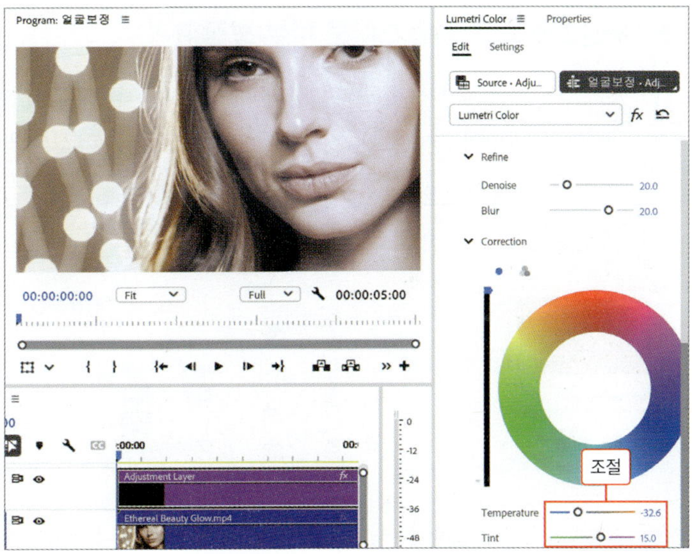

NOTE

교정(Correction)의 슬라이더 항목은 다섯 가지가 있습니다. 각 슬라이드는 다음과 같은 색상 효과를 줄 수 있습니다.

- **온도(Temperature)**: 이미지의 색 온도를 조절하여 따뜻한(노란색) 또는 차가운(파란색) 느낌을 연출합니다.
- **색조(Tint)**: 녹색과 자홍색 사이의 균형을 조절하여 색감의 정확도를 맞춥니다.
- **대비(Contrast)**: 밝은 영역과 어두운 영역의 차이를 조절하여 이미지의 깊이와 강렬함을 강조합니다.
- **선명(Sharpen)**: 이미지의 경계를 더욱 뚜렷하게 만들어 디테일을 강조합니다.
- **채도(Saturation)**: 전체적인 색상의 강도를 조절하여 색을 더 생생하게 하거나 흐리게 만듭니다.

14 대비(Contrast) 슬라이더를 조절하여 피부 톤을 더 선명하게 만들고, 채도(Saturation) 슬라이더를 조절하여 채도(색상 강도)를 좀 더 생생하게 만듭니다.

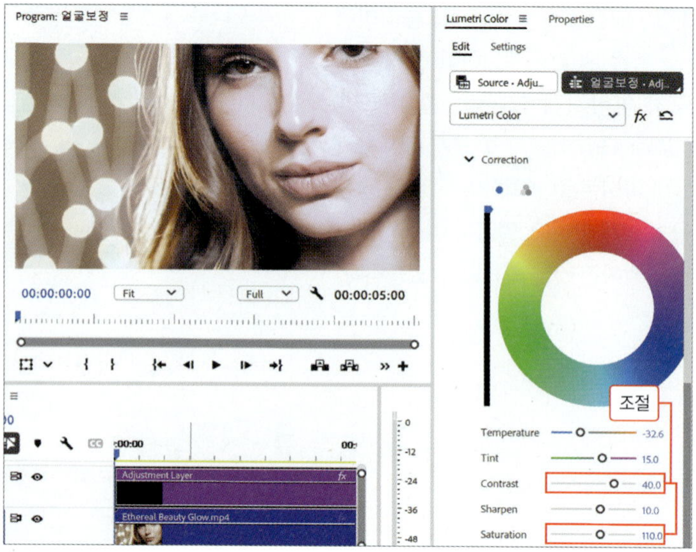

NOTE

기본 교정(Basic Correction) 항목에서 밝은 영역(Hightlights) 슬라이더도 살짝 수치를 올려 조절해 얼굴의 밝은 부분을 강조합니다.

가우시안 흐림으로 자연스러운 피부 보정하기

01 조금 더 얼굴을 하얗게 만들기 위해 다른 방법을 사용하겠습니다. 프로젝트(Project) 패널에서 생성한 조정 레이어(Adjustment Layer)를 타임라인(Timeline) 패널의 V3 트랙으로 드래그하여 배치합니다.

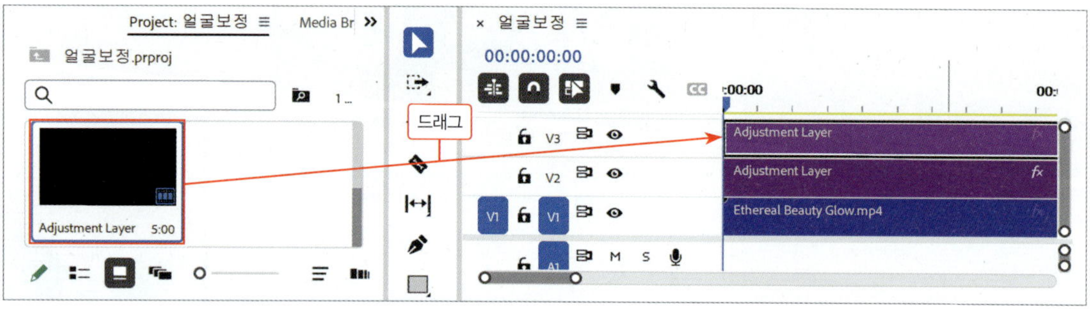

02 효과(Effects) 패널에서 비디오 효과(Video Effects) → 흐림/선명(Bulr & Sharpen) 폴더의 '가우시안 흐림(Gaussian Blur)' 효과를 타임라인(Timeline) 패널의 V3 트랙에 있는 조정 레이어에 드래그하여 적용합니다.

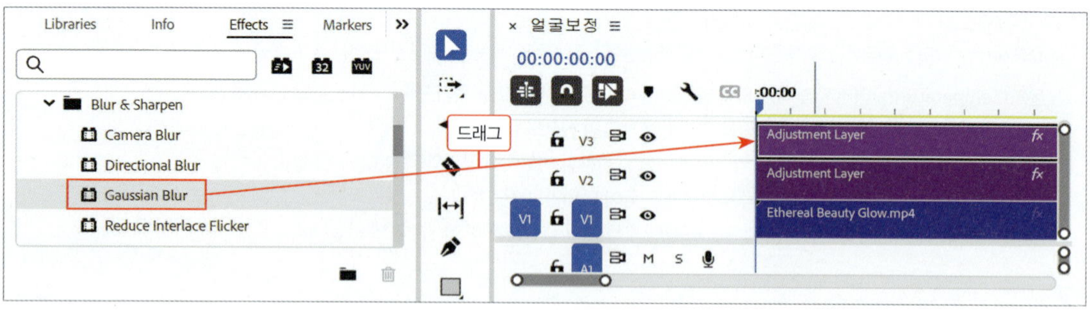

03 효과 컨트롤(Effect Controls) 패널의 가우시안 흐림(Gaussian Blur) 항목에서 흐림(Blurriness)을 '5' 정도로 설정합니다. 너무 높이면 부자연스러워 보이니 피부 상태에 맞게 적당히 조정하세요.

04 효과 컨트롤(Effect Controls) 패널의 불투명도(Opacity) 항목에서 불투명도(Opacity)를 '30%'로 설정하고 혼합 모드(Blend Mode)를 '화면(Screen)'으로 지정하여 합성합니다.

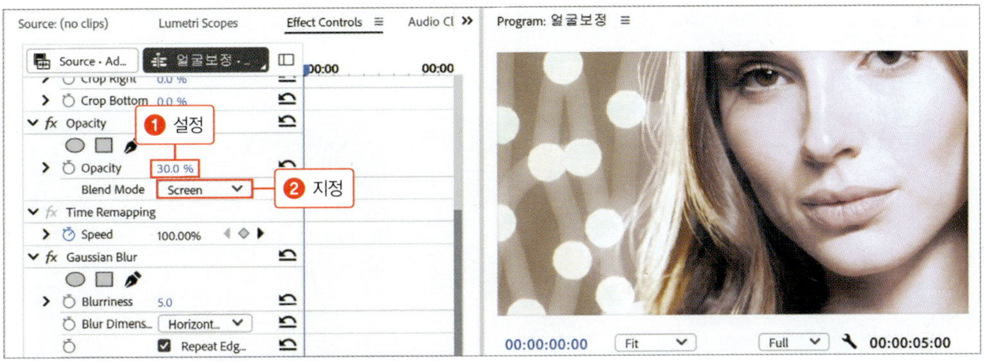

05 인물이 움직이는 부분마다 적용하기 위해 마스크를 적용하겠습니다. 효과 컨트롤(Effect Controls) 패널의 불투명도(Opacity) 항목에서 '타원 마스크 만들기(Create ellipse mask)' 아이콘(◯)을 클릭하고, 프로그램 모니터(Program Monitor) 패널에서 인물 얼굴에 맞게 마스크 영역을 조정합니다.

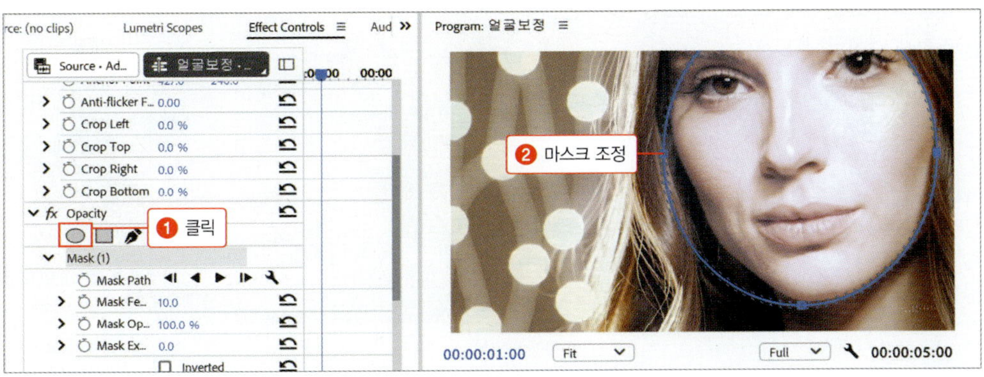

06 효과 컨트롤(Effect Controls) 패널의 불투명도(Opacity) 항목에 있는 마스크 패스(Mask Path)에서 '선택한 마스크 앞으로 추적(Track the selected mask forward)' 아이콘(▶)을 클릭하여 자동으로 움직임 추적을 시작합니다.

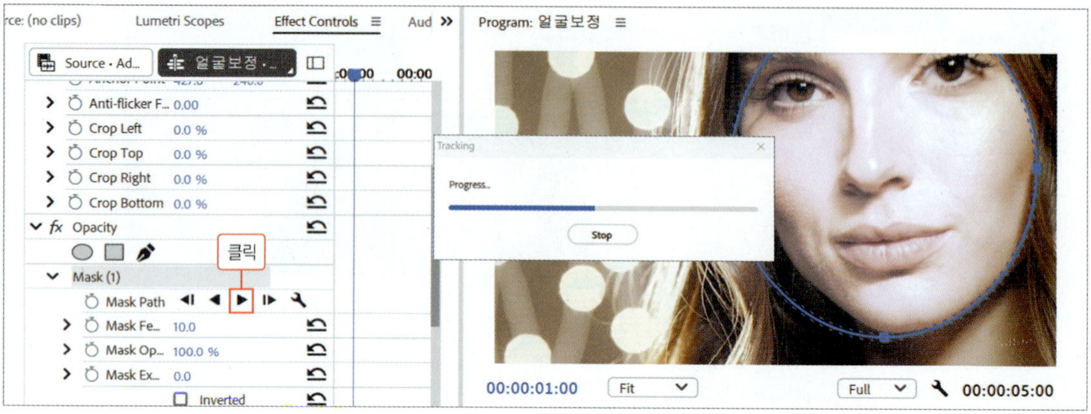

07 추적이 끝나면 효과 컨트롤(Effect Controls) 패널에 키프레임이 자동으로 생성됩니다.

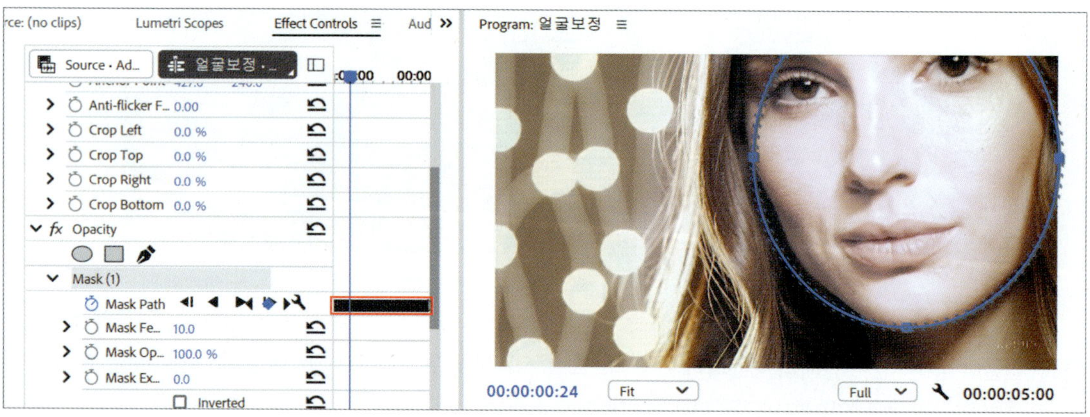

08 전체적으로 어색한 부분이 없는지 재생하며 수치를 조정해 완성합니다.

12.7 서로 다른 영상의 색상 일치 적용하기

실습 예제 06

· **예제 파일** : 12\12_7\색상일치.prproj · **완성 파일** : 12\12_7\색상일치_완성.mp4, 색상일치_완성.prproj

서로 다른 영상을 이어지게 연결해야 할 때 색상을 자연스럽게 맞추어야 하는 경우가 있습니다. 자연스러운 색상 일치를 위해 분할 화면을 사용하여 2개의 영상을 표시하고 색상 휠 및 일치(Color Wheels & Match) 항목을 이용하겠습니다.

01 12 → 12_6 폴더에서 '색상일치.prproj' 파일을 더블클릭하여 실행합니다. 프로젝트(Project) 패널이나 타임라인(Timeline) 패널에서 '색상일치' 시퀀스를 선택하고 그림과 같이 Lumetri 색상(Lumetri Color) 패널을 선택하여 오른쪽 패널에 표시되게 합니다.

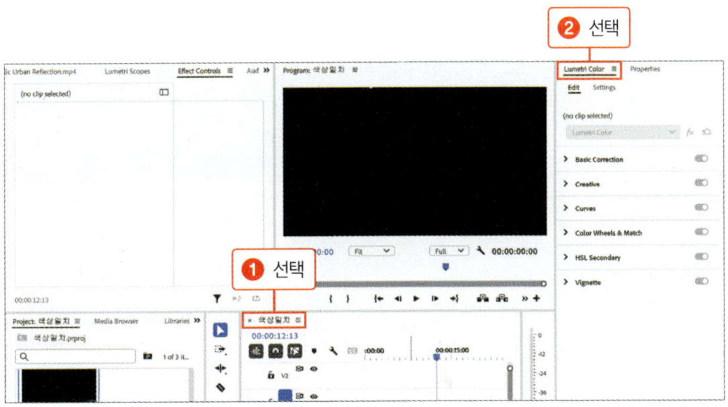

02 프로젝트(Project) 패널에서 레퍼런스 클립인 'Neon Solitude Elegance.mp4' 영상 클립을 타임라인(Timeline) 패널의 V1 트랙으로 드래그하여 배치합니다. 같은 방법으로 배치한 클립 옆에 타깃 클립인 'Melancholic Urban Reflection.mp4' 영상 클립도 배치합니다.

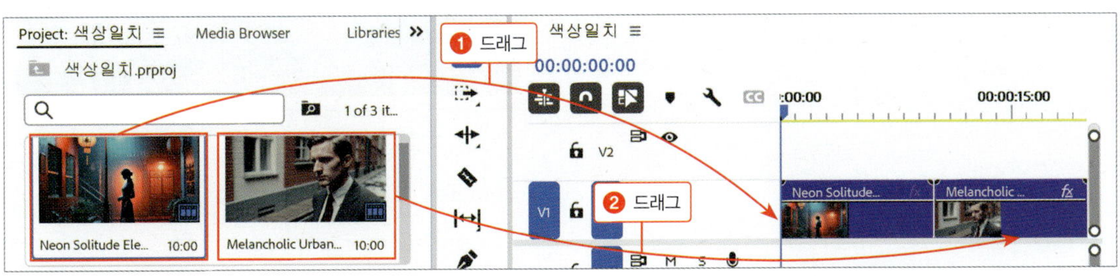

NOTE

레퍼런스 클립은 앞에 위치하고 타깃 클립 영상은 그 뒤로 배치합니다. 타깃 클립(Target Clip)은 색상을 일치시킬 클립이고, 레퍼런스 클립(Reference Clip)은 기준이 되는 클립입니다.

03 Lumetri 색상(Lumtri Color) 패널에서 '색상 휠 및 일치(Color Wheels & Match)' 항목을 클릭하여 표시하고 <비교 보기(Comparison View)> 버튼을 클릭합니다.

분할 화면(비교 보기)으로 전환되어 프로그램 모니터(Program Monitor) 패널에서 왼쪽은 참조(Reference) 영상, 오른쪽은 적용하려는 현재(Current) 프레임 영상이 표시됩니다.

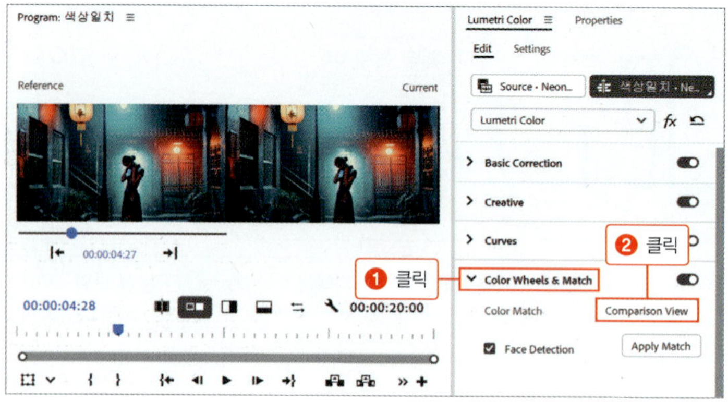

04 색상을 적용하려는 영상 장면이 뒤쪽에 있으므로 재생 헤드(Playhead)를 뒤로 이동하여 현재(Current)에 적용하려는 영상이 보이게 위치합니다.

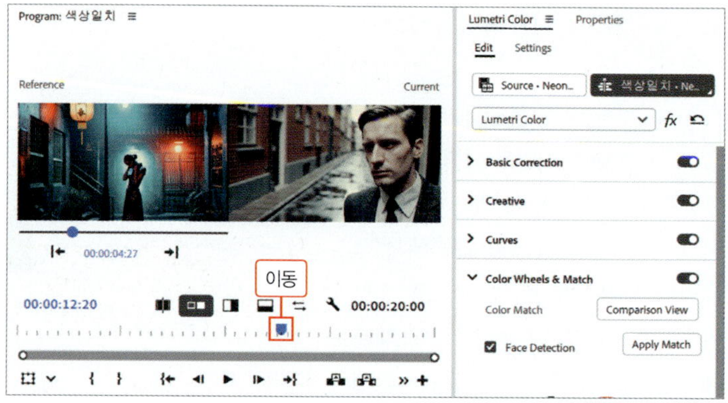

05 참조 프레임(Reference Frame)에서 원하는 레퍼런스 클립의 프레임을 찾습니다. 타임라인을 재생하여 적절한 색감을 가진 프레임을 선택합니다.

NOTE

재생 헤드 위치(Playhead Position)의 오른쪽에 있는 아이콘들은 색 보정 또는 효과 전후 비교 등에 사용됩니다. 왼쪽에 있는 아이콘부터 색 보정 편집 차이를 확인하는 샷 또는 프레임 비교(Shot or Frame Comparison), 화면을 비교하는 나란히(Side by Side), 세로 분할(Vertical Split), 가로 분할(Horizontal Split)입니다.

06 Lumetri 색상(Lumetri Color) 패널의 색상 휠 및 일치(Color Wheels & Match) 항목에서 <일치 적용(Apply Match)> 버튼을 클릭합니다.

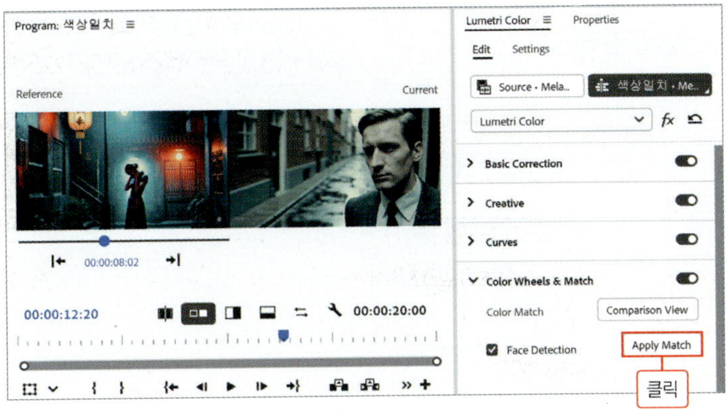

07 어두운 영역(Shadows), 미드톤(Midtones), 밝은 영역(Highlights) 슬라이더를 조절하여 명암과 색감을 세부적으로 조정하고 <비교 보기(Comparison View)> 버튼을 클릭해 조정을 종료합니다.

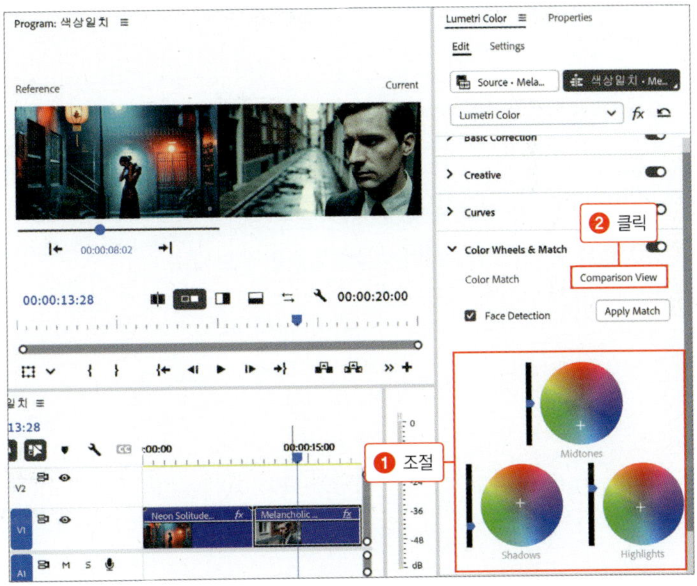

08 현재 영상이 참조 영상의 색상으로 변경되었는지 확인하고 조정이 필요한 부분은 추가로 수정해 완성합니다.

연습 문제 |

01 러닝타임 1분 분량의 감성적인 여행 영상을 제작하기 위해 필요한 영상 소스를 소라에서 생성해 보세요.

02 01번에서 생성한 영상 소스들을 프리미어 프로로 가져와서 새 시퀀스를 생성하고, 컷 편집을 진행합니다. Lumetri 범위(Lumetri Scopes) 패널로 영상의 색상 정보를 확인한 후, 프리미어 프로의 색 보정 기능을 활용하여 영화 느낌(Film look)의 색감으로 표현해 보세요.

03 색감을 참조하고 싶은 이미지나 영상을 다운로드하여 프리미어 프로로 가져옵니다. 참조한 이미지나 영상과 일치하도록 색상 일치(Color Wheels & Match) 기능을 적용하여 생성한 영상 소스의 색감을 표현해 보세요.

WEEK 13

AI 영상 생성부터 편집까지, 프로젝트& 포트폴리오 제작

학 습 목 표

AI를 활용한 영화 트레일러 스타일의 콘텐츠 영상을 제작하며 프로젝트 기반 포트폴리오를 완성합니다. 이 과정에서는 영상 제작의 준비 단계부터 AI를 활용한 영상 기획, 생성, 편집까지 전 과정을 실습합니다. 챗GPT를 이용한 아이템 선정 및 스토리보드 작성, 소라를 활용한 영상 생성 그리고 프리미어 프로를 이용한 편집까지, AI 기술을 결합한 종합적인 영상 제작 기법을 배우고 적용합니다.

13.1 AI로 영화 트레일러 스타일의 콘텐츠 영상 제작

AI 영상 제작 프로세스는 기획부터 편집, 최적화까지 다양한 단계에서 AI 기술을 활용하여 제작 속도를 높이고, 보다 정교한 결과물을 효율적으로 완성하는 과정입니다. 특히, 자동화 기술과 데이터 분석을 통해 맞춤형 콘텐츠를 생성하고, 반복적인 작업을 최소화하여 제작 효율성을 극대화할 수 있습니다. 또한, AI 기반 제작 방식은 기존의 전통적인 영상 제작 프로세스와는 다른 접근 방식을 요구하며, 새로운 워크플로와 기술적 요소를 고려해야 합니다.

단계	AI 역할	설명	활용 프로그램
기획 단계	기획 및 아이디어 생성	AI 트렌드 분석 및 아이디어 생성	ChatGPT, DeepSeek 등
	스토리보드 및 대본 작성	스토리보드 및 대본 작성	ChatGPT, DALL·E, Midjourney, Adobe Firefly, Bing Image Creator 등
촬영 및 제작 단계	AI 기반 영상 생성	AI 기반 영상 생성	Sora, Kling AI, Runway, Luma AI 등
	AI 기반 음성 생성	AI 기반 음성 생성	VOLI, CapCut, Google Text-to-Speech (TTS), Microsoft Azure Speech Studio 등
	AI 기반 그래픽 생성	AI 기반 그래픽 생성	DALL·E, Adobe Firefly, Stable Diffusion, Midjourney 등
편집 및 후반 작업	컷 편집	생성형 확장, 텍스트 기반 편집, 음성 인식 자막 기능, 음성 강화, 색상일치, 개체 추가 및 제거 (향후 예정) 등	Premiere Pro
	색 보정		
	합성		
	음성 강화		

AI 기술과 이를 활용하는 프로그램은 빠르게 발전하며, 시기와 트렌드에 따라 지속적으로 변화합니다. 새로운 알고리즘과 모델이 등장하면서 기존 기술이 빠르게 개선되거나 대체되기도 하며, 다양한 산업 분야에서 AI의 활용 범위가 확대되고 있습니다. 따라서 최신 기술을 효과적으로 활용하기 위해서는 지속적인 정보 업데이트를 확인하고 활용하는 것이 좋습니다.

NOTE

프리미어 프로의 AI 기능은 반복 작업을 자동화해 편집자가 창의적인 작업에 집중할 수 있도록 발전하고 있습니다. 어도비는 프리미어 프로에 소라와 같은 생성형 AI 기술을 포함할 계획을 발표했으며, 출시 일정은 미정이지만 영상 편집의 혁신을 예고하고 있습니다.

기획 단계

AI는 영상 제작의 초기 기획 단계에서도 활용될 수 있습니다.

❶ **아이디어 생성:** AI 기반 콘텐츠 생성 도구(예: 챗GPT)를 활용해 콘셉트 기획, 스토리라인 작성, 대본 구성 등을 자동화할 수 있습니다.

❷ **트렌드 분석:** AI는 유튜브, SNS 등의 데이터를 분석하여 인기 있는 주제나 포맷을 추천해 줍니다.

❸ **타겟 분석:** AI는 데이터를 기반으로 잠재 시청자의 관심사와 행동 패턴을 예측하여 맞춤형 기획이 가능하게 합니다.

촬영 및 제작 단계

AI는 촬영과 영상 생성 과정에서도 중요한 역할을 합니다.

❶ **AI 기반 영상 생성:** 텍스트만 입력하면 AI가 자동으로 영상을 생성하는 기술(예: Sora, Gen-2, Pika)을 활용합니다.

❷ **버추얼 휴먼 및 딥페이크 활용:** AI 아바타나 가상 캐릭터를 생성하여 인터뷰나 프레젠테이션 영상을 제작할 수 있습니다.

❸ **자동 자막 생성:** AI 기반 음성 인식 기술을 이용해 실시간 자동 자막을 생성하여 편집 시간을 단축할 수 있습니다.

편집 및 후반 작업

AI는 영상 편집 과정에서 반복 작업을 자동화하고, 퀄리티를 향상하는 데에 도움을 줍니다.

❶ **컷 편집:** AI는 영상에서 중요 장면을 분석하고, 컷을 편집하여 스토리를 제작합니다.

❷ **음성 및 자막 동기화:** AI를 활용하여 생성한 자막을 프리미어 프로를 통해 자막을 제작하고 음성과 자연스럽게 맞출 수 있습니다.

❸ **색 보정&스타일링:** 프리미어 프로에서 색 보정 및 효과를 추가하여 영상의 스타일과 분위기를 연출할 수 있습니다.

13.2 영화 트레일러 스타일의 콘텐츠 영상 기획

영화 트레일러는 짧은 시간 안에 강렬한 인상을 남기며 관객의 관심을 끌어야 합니다. 콘텐츠 영상에서도 이러한 기법을 활용하면 짧고 효과적인 메시지 전달이 가능합니다.

먼저 핵심 메시지를 명확히 정의하고, 이를 극적으로 전달할 스토리 구조를 설계해야 합니다. 일반적으로 강렬한 도입, 긴장감 있는 전개, 임팩트 있는 클라이맥스, 그리고 여운을 남기는 마무리로 구성됩니다. 또한, 빠른 컷 편집, 강한 음악, 감정을 자극하는 내레이션이나 자막을 활용하면 몰입도를 높일 수 있습니다.

영화 트레일러 스타일을 교육 콘텐츠에 접목하면, 학습자들의 흥미를 유발하고 집중도를 높이는 효과를 얻을 수 있습니다. 이를 위해 강렬한 도입이 중요합니다. 질문, 인상적인 장면, 도전적인 문제 제시 등을 활용해 호기심을 자극해야 합니다. 이번 장에서는 영화 트레일러 스타일의 콘텐츠를 제작하며, 전체 영상 제작 프로세스를 경험하고 이전에 학습한 프리미어 프로 기능들을 적용해 만들어 보겠습니다.

영상 기획 요소 파악

영상 기획은 콘텐츠의 목적과 메시지를 효과적으로 전달하기 위해 영상의 구조와 흐름을 설계하는 과정입니다. 단순히 촬영하는 것이 아니라, 내용을 어떤 형식으로 전달할지 전략을 수립하는 단계입니다. 기획 단계는 다음과 같으며, 이 중 1~2단계를 실습해 보겠습니다.

단계		내용	기획 요소
1. 기획 및 방향 설정	개요 및 목적 설정	영상 제목, 제작 목적, 타깃층 분석, 주요 메시지 정의	• AI 기반 트렌드 분석(ChatGPT) • AI 기반 타깃 분석
	영상 콘셉트 및 형식 결정	콘셉트(감성적, 다큐, 유머 등), 형식(광고, 교육, 애니메이션 등), 러닝타임 설정	• 자동 콘셉트 제안(ChatGPT, Jasper AI)
2. 스토리보드 및 시나리오 작성		스토리 전개 방식, 장면 구성(스토리보드), 대본(스크립트) 작성	• AI 자동 대본 생성(ChatGPT, DeepStory) • AI 기반 스토리보드 제작(Runway, Canva AI)
3. 기술적 요소 및 제작 계획		촬영 방식(실사, 모션 그래픽 등), 장소, 출연진 및 내레이션, 영상 스타일	• AI 가상 출연자 및 음성 합성 계획(Synthesia, Eleven Labs) • AI 기반 영상 생성 계획(Sora)
4. 후반 작업 및 편집 계획		편집 스타일, 자막 및 그래픽 요소, BGM 및 음향 효과 설정	• 컷 편집(Premiere Pro) • AI 자동 자막 생성(Premiere Pro) • AI 음향 효과 및 배경음악 추천(AIVA, LANDR)

1) 기획 및 방향 설정 질문 시 고려 사항

챗GPT를 이용해서 기획 및 방향 설정을 하겠습니다. 질문할 때 중요한 점은 다음과 같습니다.

- **명확한 목표 설정**: AI가 무엇을 해야 하는지 정확히 전달합니다.
- **세부 조건 포함**: 형식, 스타일, 타겟층, 길이 등을 구체화합니다.
- **출력 방식 지정**: 표, 목록, 단계별 가이드 등을 명확히 요청합니다.
- **역할 부여**: 전문가처럼 답변하도록 설정합니다.
- **단계별 요청**: 한 번에 복잡한 질문을 던지지 말고 순차적으로 진행합니다.

2) 아이템 설정을 위한 질문

아이템을 설정할 때는 해당 아이템의 용도와 특징을 구체적으로 정의하고, 세계관과의 연관성을 고려하여 균형 있는 디자인을 구성해야 합니다.

어린이를 타깃으로 하는 교육용 영화 트레일러를 만들려고 합니다. 판타지 요소를 가미하려고 하는데, 기존의 동화를 참조해서 아이템을 5개 추천해 주세요.

GPT

1. 앨리스의 마법 거울(이상한 나라의 앨리스 참조)
마법 거울을 통해 다른 세계로 들어가거나, 거울이 질문하면 올바른 답을 찾아야 문이 열리는 설정입니다.
거울 속 세계에서 논리적 사고, 문제 해결 능력을 배우는 방식입니다.

2. 신데렐라의 시간 마법 구두(신데렐라 참조)
구두를 신으면 특정 시간대로 이동할 수 있어 역사적인 사건을 직접 경험하는 방식입니다.
과거로 가서 역사적 인물을 만나거나 미래를 엿보며 과학적 개념을 배우는 콘텐츠입니다.

3. 피터팬의 별가루 지도(피터팬 참조)
네버랜드처럼 공중을 날아다니며 지도에 숨겨진 미션을 해결해야 하는 설정입니다.
좌표 계산, 지리학 개념, 공간지각 능력을 자연스럽게 익히도록 유도합니다.

4. 헨젤과 그레텔의 마법 과자 퍼즐(헨젤과 그레텔 참조)
마법 과자를 조합하면 새로운 문제를 풀 수 있는 퍼즐 형태의 학습 게임입니다.
논리적 사고력, 수학 개념(패턴 인식, 조합 원리)을 익히는 교육 콘텐츠로 활용 가능합니다.

5. 빨간 망토의 신비한 나무 문(빨간 망토 참조)
숲속에서 여러 개의 마법 문을 발견하고 올바른 선택을 해야 늑대를 피해 목적지에 도달하는 설정을 합니다.
문제 해결 능력, 윤리적 판단(올바른 선택)을 배우는 요소로 활용 가능합니다.

3) 기획서 작성을 위한 질문

기획서를 작성하기 전에는 목적과 대상 독자를 명확히 설정하고, 전달할 핵심 메시지와 구성을 정리해야 합니다.

이상한 나라의 앨리스와 같은 스토리 판타지 교육 영상을 제작하려고 합니다. 환경보호의 메시지도 담아서 영상 기획서를 작성해 주세요.

GPT

영상 기획서: 이상한 나라의 환경 수호자(Fantasy Educational Movie Trailer)

1. 기획 및 방향 설정

- **프로젝트명**: 이상한 나라의 환경 수호자
- **장르**: 판타지 환경 교육 애니메이션
- **대상 연령**: 6~12세 어린이
- **제작 목적**: 어린이들이 환경보호의 중요성을 배우고 실천할 수 있도록 판타지적 요소를 활용한 교육 콘텐츠 제작
- **핵심 메시지**: "작은 행동이 세상을 바꾼다!"
- **주요 학습 요소**: 환경보호, 생태계 복원, 협력과 책임감
- **러닝타임**: 60초~90초(트레일러 기준)
- **플랫폼**: 유튜브 키즈, 교육용 앱, 환경 캠페인 사이트

2. 배경 설정

앨리스는 여전히 호기심 많은 소녀로, 이번에는 그녀의 고양이 다이나와 함께 숲속을 산책하다가 지구의 환경을 지키라는 신비로운 목소리를 듣고 이상한 나라로 빨려 들어가게 됩니다. 이곳은 아름다운 자연과 마법으로 가득하지만, 동시에 환경 파괴로 인해 위기에 처해 있는 세계입니다.

3. 주요 등장인물

- **앨리스**: 새로운 세계에 빠져든 주인공. 환경을 보호하기 위한 사명을 깨닫고 행동합니다.
- **하트 여왕**: 자신의 왕국의 환경이 황폐화되고 있음에도 무관심한 통치자. 하지만 변화를 겪게 됩니다.
- **시간 토끼**: 앨리스에게 이 세계가 처한 위기와 환경보호의 중요성을 알려주는 가이드입니다.
- **모자장수와 도도새**: 이상한 나라에서 앨리스를 돕는 친구들로, 각각 창의적인 아이디어와 자연의 소중함을 상징합니다.
- **쓰레기 마녀**: 자연을 오염시키는 악당으로, 환경 파괴의 원인이며 앨리스가 맞서야 할 주요 적입니다.

4. 스토리 개요

세계의 위기

앨리스는 숲속에서 발견한 마법의 문을 통해 이상한 나라로 들어간다. 하지만 그녀가 도착한 곳은 전보다 훨씬 더 황폐해져 있습니다. 하트 여왕의 무관심과 쓰레기 마녀의 활동으로 인해 자연이 병들고 있다는 사실을 알게 됩니다.

환경보호의 사명

시간 토끼는 앨리스에게 이 세계를 구하기 위해서는 자연의 힘을 되살리고, 하트 여왕과 쓰레기 마녀를 변화시켜야 한다고 전합니다. 앨리스는 이를 위해 모험을 떠나기로 결심합니다.

첫 번째 임무: 숲의 심장

앨리스는 도도새와 함께 숲의 심장을 되살리기 위해 떠납니다. 숲의 심장은 자연의 중심 에너지로, 쓰레기로 인해 약해져 있습니다. 앨리스는 숲의 심장을 정화하고, 동물들과 협력해 생태계를 복원합니다.

하트 여왕의 변화

앨리스는 하트 여왕을 설득하기 위해 그녀의 궁전을 찾아갑니다. 처음에는 환경 문제를 무시하던 여왕이지만, 앨리스가 황폐화된 지역을 보여 주고 어린 동물들의 고통을 전하자 마음이 움직이기 시작합니다.

쓰레기 마녀와의 대결

앨리스와 그녀의 친구들은 쓰레기 마녀가 있는 곳으로 향합니다. 마녀는 공장을 이용해 이상한 나라에 끊임없이 오염을 퍼뜨리고 있습니다. 앨리스는 창의적인 아이디어로 마녀의 공장을 멈추고, 오염을 정화하는 방법을 찾아냅니다.

새로운 시작

쓰레기 마녀를 물리친 후, 하트 여왕과 이상한 나라의 주민들은 함께 자연을 복원하기 시작합니다. 앨리스는 이 과정을 통해 환경보호의 중요성을 배우고, 자신의 세계로 돌아가 실천할 결심을 합니다.

5. 영상 콘셉트

- **비주얼**: 황폐화된 지역과 복원된 자연의 대조를 통해 환경의 중요성을 강조하고, 알록달록한 색감으로 자연의 아름다움을 표현합니다.
- **음악**: 희망적이고 따뜻한 분위기의 오케스트라 음악, 긴장감 있는 대결 장면에는 드라마틱한 효과를 추가합니다.
- **분위기**: 동화적이고 몽환적인 분위기 속에 강렬한 환경 메시지를 담습니다.

6. 메시지

- **환경보호의 중요성**: 작은 행동들이 자연과 생태계를 구하는 데 큰 변화를 만들 수 있음을 보여 줍니다.
- **책임감과 협력**: 앨리스와 친구들이 함께 문제를 해결하는 과정을 통해 모두가 협력해야 환경을 지킬 수 있음을 전달합니다.
- **행동 유도**: 어린이들이 실천할 수 있는 간단한 환경보호 습관을 영상 속에서 제시합니다.

7. 배포 및 마케팅 전략

- **배포 플랫폼**: 유튜브 키즈, 넷플릭스 키즈, 환경 교육용 앱
- **마케팅 요소**:
  - **SNS 캠페인**: #환경수호자챌린지(아이들이 직접 환경보호 활동을 실천하는 영상 공유)
  - **협업**: 유명 교육 유튜버 및 환경 단체와 협력하여 콘텐츠 홍보
  - **AI 기반 A/B 테스트**: 섬네일 및 제목을 최적화하여 조회수 증가 전략

8. 예산 및 일정 관리

- **예산 개요**: 애니메이션 제작비, 음향 제작, 성우 비용, 마케팅 비용 포함
- **일정 계획**:
  - **기획 및 스토리보드 제작**: 2주
  - **애니메이션 제작**: 6주
  - **후반 작업(편집, 성우 녹음, BGM 추가)**: 2주
  - **최종 검토 및 마케팅 배포**: 2주

9. 기대 효과

- 어린이들이 환경보호의 중요성을 자연스럽게 배우고 실천하도록 유도합니다.
- AI 기반 제작 방식으로 비용 절감 및 빠른 제작이 가능합니다.
- 키즈 콘텐츠 시장에서 차별화된 환경보호 교육 영상으로 자리매김합니다.
- 시리즈화 가능성을 고려하여 지속적인 콘텐츠 제작 및 브랜드화가 가능합니다.

10. 결론

이상한 나라의 환경 수호자는 어린이들에게 신비로운 모험을 통해 환경보호의 중요성을 배우게 하는 동시에, 실천적인 행동을 유도하는 강력한 교육 콘텐츠가 될 것입니다.

4) 스토리보드 및 대사 작성

스토리보드를 작성하려고 할 때 어떠한 형식으로 몇 개의 장면이 구성되어 있다는 점을 명시해 주면 좋습니다.

기획서를 기반으로 영화 트레일러를 제작하려고 합니다. 10개의 씬으로 스토리보드를 작성해 주세요.

GPT

10씬으로 간소화한 스토리보드: 이상한 나라의 환경 수호자

1. 인트로: 숲속의 발견
   - **씬 1**: 앨리스가 다이나와 함께 평화로운 숲을 산책하다가 신비한 문을 발견합니다.
   - **컷**: 문을 열고 이상한 나라로 빨려 들어가는 앨리스
   - **음악**: 경쾌한 멜로디에서 긴장감 있는 전환음

2. 세계의 위기
   - **씬 2**: 앨리스가 황폐화된 숲을 둘러보며 충격을 받습니다.
   - **컷**: 쓰레기 더미와 오염된 강, 고통받는 동물들
   - **음악**: 어두운 피아노 선율

3. 시간 토끼의 임무
   - **씬 3**: 시간 토끼가 나타나 이상한 나라의 위기와 쓰레기 마녀의 존재를 설명하며, 앨리스에게 자연을 되살리는 여정을 제안합니다.
   - **컷**: 시간 토끼가 숲의 심장으로 향하는 지도를 건넵니다.
   - **음악**: 희망적이고 잔잔한 선율

4. 숲의 심장 정화
   - **씬 4**: 앨리스와 도도새가 쓰레기로 뒤덮인 숲의 심장을 찾아 정화 작업을 시작합니다.
   - **컷**: 정화 마법으로 숲의 심장이 다시 빛나고, 생태계가 되살아나는 장면
   - **음악**: 웅장하고 따뜻한 오케스트라 효과

5. 하트 여왕과의 대면
   - **씬 5**: 앨리스가 하트 여왕을 찾아가 황폐화된 숲과 동물들의 고통을 보여 줍니다.
   - **컷**: 여왕이 처음에는 무관심하다가 마음이 서서히 움직이는 모습
   - **음악**: 잔잔한 바이올린 선율

6. 여왕의 변화

- **씬 6**: 하트 여왕이 군사들과 함께 숲 복원에 동참하기로 결심합니다.
- **컷**: 여왕이 쓰레기를 치우고 나무를 심는 장면
- **음악**: 밝아지는 희망적인 멜로디

---

7. 쓰레기 마녀의 공장으로

- **씬 7**: 앨리스와 친구들이 쓰레기 마녀의 공장을 발견하고 잠입합니다.
- **컷**: 거대한 기계가 오염을 퍼뜨리는 모습
- **음악**: 긴박하고 강렬한 액션 테마

---

8. 쓰레기 마녀와의 대결

- **씬 8**: 앨리스와 친구들이 마녀와 대결을 펼칩니다. 마녀의 오염 마법을 지혜로 극복합니다.
- **컷**: 공장이 정지되고 하늘이 맑아지는 장면
- **음악**: 클라이맥스의 웅장한 오케스트라

---

9. 자연 복원

- **씬 9**: 하트 여왕과 주민들이 협력해 자연을 복원합니다. 숲이 점점 생기를 되찾습니다.
- **컷**: 동물들이 다시 돌아오는 모습과 푸른 숲 배경
- **음악**: 따뜻하고 밝은 선율

---

10. 앨리스의 귀환

- **씬 10**: 앨리스가 자신의 세계로 돌아와 숲속에서 환경보호를 실천하며 마무리합니다.
- **컷**: 앨리스가 나무를 심고 쓰레기를 치우는 모습으로 엔딩
- **음악**: 평온한 피아노와 새소리 배경음

이렇게 10개의 씬으로 간소화했습니다. 이 구성은 핵심 메시지를 효과적으로 전달할 수 있습니다. 추가 수정이나 의견이 있다면 말씀해 주세요!

5) 스토리보드 보완

기존 동화 형식을 참고하되, 주제를 변경하고 자신만의 이야기로 재구성할 예정이므로 주인공의 이름을 변경해도 좋습니다. 또한, 기존에 생성된 스토리보드에서 주인공의 이름만 변경해달라고 요청할 수도 있습니다.

앨리스를 다른 이름으로 변경하고 싶습니다. 추천해 주세요.

GPT

앨라(Ella): "빛" 또는 "밝은"이라는 의미를 가지고 있어, 환경을 보호하고 세상을 구하는 캐릭터에 잘 어울립니다.

릴리(Lily): "자연"을 상징하는 이름으로, 꽃 이름에서 유래되어 순수함과 희망을 상징합니다.

소피아(Sophia): "지혜"를 뜻하는 이름으로, 현명한 선택과 용기를 가진 주인공에게 어울립니다.

클로에(Chloe): "새싹"이나 "초록빛"을 뜻하는 그리스어에서 유래된 이름으로, 자연의 회복과 연관이 있습니다.

에바(Eva): "생명"을 뜻하는 이름으로, 환경을 되살리는 주제를 잘 반영합니다.

아리아(Aria): "공기"를 뜻하는 이름으로, 자연과 환경을 상징하며 신비로운 느낌을 줍니다.

영화 트레일러 스토리보드를 다시 작성해 주세요. 주인공 이름을 '앨라'로 변경해 주세요.

GPT

영화 트레일러 스토리보드: "이상한 나라의 환경 수호자"

콘셉트: 환경을 테마로 한 판타지 어드벤처 트레일러

(주인공 이름: 앨라 Ella)

 # 인트로(씬 1)

- **영상**:
  - 푸른 숲속에서 앨라와 그녀의 고양이 다이나가 산책하는 장면
  - 카메라가 평화로운 자연을 천천히 훑으며 새소리와 자연의 소리를 강조
  - **화면 전환**: 나뭇가지 사이에서 은은히 빛나는 신비로운 문을 발견
  - 앨라가 호기심에 문을 열자, 강렬한 빛과 함께 화면이 어두워지며 그녀가 빨려 들어감
- **텍스트**: "어느 날, 평화로웠던 숲에서 새로운 모험이 시작된다..."
- **음악**: 경쾌한 멜로디 → 갑작스럽고 긴장감 넘치는 음향 전환

 # 세계의 위기(씬 2)

- **영상**:
  - 앨라가 이상한 나라에 도착하며 황폐한 모습을 보고 놀라는 장면
  - 쓰레기 더미로 뒤덮인 땅, 오염된 강, 고통받는 동물들
  - 앨라의 충격적인 표정을 클로즈업
- **텍스트**: "그곳은 이미 파괴되고 있었다..."
- **음악**: 낮고 어두운 피아노 선율과 긴장감을 주는 음향 효과

시간 토끼의 임무(씬 3)

- **영상**:
  - 시간 토끼가 갑작스럽게 등장해 앨라에게 도움을 요청
  - 숲의 심장이 위험에 처한 이유와 쓰레기 마녀의 이야기를 전하며, 그녀에게 신비로운 지도 전달
  - 토끼의 진지한 표정과 앨라의 결심이 교차되는 장면
- **텍스트**: "희망은 당신의 손에 달려 있습니다."
- **음악**: 잔잔하지만 점점 희망을 더하는 피아노와 현악기 선율

숲의 심장 정화(씬 4)

- **영상**:
  - 앨라와 그녀의 새로운 동료 도도새가 쓰레기로 뒤덮인 숲의 심장을 발견
  - 앨라가 정화 마법을 사용하며, 숲의 심장이 빛나고 쓰레기가 사라짐
  - 생명이 돌아오며 숲이 서서히 회복되는 모습
- **텍스트**: "자연은 다시 살아날 수 있습니다."
- **음악**: 웅장하고 따뜻한 오케스트라 선율

하트 여왕과의 대면(씬 5)

- **영상**:
  - 앨라가 하트 여왕을 찾아가 황폐화된 숲의 모습을 보여 줌
  - 여왕은 처음에는 냉담하지만, 앨라의 진심 어린 설득에 점차 마음이 움직임
  - 여왕의 얼굴이 변화하는 장면이 느리게 클로즈업
- **텍스트**: "변화는 작은 결심에서 시작됩니다."
- **음악**: 잔잔한 바이올린 → 희망적으로 전환되는 오케스트라

쓰레기 마녀의 공장으로(씬 7)

- **영상**:
  - 앨라와 동료들이 거대한 쓰레기 공장에 잠입
  - 연기를 내뿜는 기계, 쓰레기를 끊임없이 처리하는 거대한 설비들
  - 긴장감 넘치는 잠입 액션과 몰래 움직이는 장면들
- **텍스트**: "진실과 마주해야 할 시간..."
- **음악**: 빠르고 긴박한 액션 테마

쓰레기 마녀와의 대결(씬 8)

- **영상**:
  - 쓰레기 마녀가 강렬한 오염 마법을 사용하며 앨라를 공격
  - 앨라와 친구들이 협력해 지혜롭게 마녀를 제압
  - 공장이 정지되고, 하늘이 맑아지며 빛이 돌아오는 장면
- **텍스트**: "악의 끝은 새로운 시작을 알립니다."
- **음악**: 클라이맥스의 웅장한 오케스트라 선율

자연 복원(씬 9)

- **영상**:
  - 하트 여왕과 주민들이 쓰레기를 치우고 나무를 심으며 숲을 복원
  - 동물들이 돌아오고 나무가 다시 자라는 모습을 서서히 확대하며 이상한 나라 전역을 보여 줌
- **텍스트**: "모두의 힘이 모이면 자연은 다시 살아납니다."
- **음악**: 따뜻하고 희망적인 선율

앨라의 귀환(씬 10)

- **영상**:
  - 앨라가 자신의 세계로 돌아와 환경보호를 실천
  - 아이들과 함께 나무를 심고, 쓰레기를 정리하며 웃는 모습
  - 숲속의 평화로운 모습과 함께 밝은 햇빛 아래 미소 짓는 앨라
- **텍스트**: "우리는 모두 환경의 수호자입니다."
- **음악**:
  - 잔잔한 피아노와 새소리
  - 엔딩 카드
- **영상**:
  - "이상한 나라의 환경 수호자" 로고와 함께 출시일 표시
  - 검은 화면 위에 희망적인 메시지로 마무리
- **음악**: 희망적이고 따뜻한 테마 음악

6) 자막 텍스트 생성 및 보완

스토리보드에는 영상에 표시된 자막 등이 포함되어 있지만, 챗GPT가 생성한 내용을 그대로 따르기보다 자신의 생각을 반영하여 의견을 추가하고 보완해 수정하는 것이 좋습니다. 이전에 생성된 자막들을 살펴보고 추가 및 보완을 진행한 후 챗GPT에게 스토리보드에 맞춰 대사를 수정해달라고 요청합니다.

스토리보드에 맞춰 대사를 다음과 같이 변경해 주세요.
"어느 날, 평화롭던 숲에서.. 알 수 없는 문을 발견하고..., 이 문... 대체 어디로 이어지는 거지?"

GPT

스토리보드에 맞춘 대사 수정

1. 인트로
"어느 날, 평화롭던 숲에서…"

2. 세계의 위기
"알 수 없는 문을 발견하고…"
"이 문… 대체 어디로 이어지는 거지?"

3. 새로운 세계로 이어지는 통로 발견
"이상해… 저기 동굴 안에서 빛이 나고 있어!"
"무슨 일이 일어나고 있는 거지?"

4. 시간 토끼와의 만남
"어서 오세요, 앨라. 당신의 도움이 필요합니다."
"여긴 어디지…?"

5. 황폐화된 세계
"이곳은 이미 위기에 처해 있어요."
"황폐해진 숲, 고통받는 동물들…"

6. 시간 토끼의 당부
"모든 생명의 중심, 숲의 심장…."
"희망은 당신의 손에 달려 있습니다."
"숲의 심장을 되살려야 해요!"

7. 한 여행자와의 만남
"그녀를 설득할 사람은 아무도 없었지…"
"변화는 결심에서 시작된다."
"되찾을 방법을 알려주세요!"

8. 한 여행자의 제안

"모두가 하나가 된다면… 가능할지도 몰라."

"지금이 기회야… 가라, 앨라!"

9. 자연 복원

"내가 할 수 있어. 반드시 해낼 거야."

"토끼들의 힘을 모으고, 자연도 다시 살아날 거야."

7) 스토리보드 이미지 작성

챗GPT는 대화의 맥락을 이해하기 때문에, 이전에 생성한 스토리보드를 기반으로 스토리보드 이미지를 작성하도록 요청할 수 있습니다. 이때, 원하는 스타일을 지정하여 이미지 생성을 요청하면 됩니다. 모든 장면의 이미지가 완벽하게 일관되지는 않지만, 참고용으로 활용하기에는 유용합니다.

첫 번째 씬을 스케치 스타일로 생성해 주세요.

GPT

이와 같은 방법으로 10개의 씬을 생성한 후, 원하는 이미지를 선택하여 스토리보드를 구성합니다. 완벽한 일관성을 유지하기는 어려울 수 있지만, 이를 참고하여 직접 그림을 그리거나 보완·수정하면 더욱 완성도 높은 스토리보드를 제작할 수 있습니다.

어느 날.. 평화롭던 숲에서..	알 수 없는 문을 발견하고.. 이 문... 대체 어디로 이어지는 거지?	어서 들어오세요, 앨라. 당신의 도움이 필요합니다.

여긴 어디지..? (검은 화면)	그곳은 이미 위기에 처해 있었다. 황폐해진 숲, 고통받는 동물들...	모든 생명의 중심, 숲의 심장. 희망은 당신의 손에 달려 있습니다. 숲의 심장을 되살려야 합니다.

그녀를 설득한 사람은 아무도 없지.. 변화는 결심에서 시작된다. 되찾을 방법을 알려주세요.	모두가 하나가 된다면 가능할지도 몰라. 지금이 기회야. 가라, 앨라!	내가 할 수 있어 반드시 해낼 거야.

모두가 힘을 모으면, 자연은 다시 살아나는거야.		

NOTE

챗GPT는 가끔 콘텐츠 정책(content policy) 때문에 스토리보드 이미지를 생성할 수 없다는 메시지를 표시하면서 이미지 생성을 실패합니다. 이러한 경우, 프롬프트에 부적절한 단어나 모호한 표현이 포함되지 않았는지 점검하고, 보다 구체적으로 수정하여 다시 요청해 오류를 해결합니다.

13.3

실습 예제 01

영화 트레일러 스타일의 영상 생성하기

• **완성 파일** : 13\13_3 폴더

영화 트레일러 스타일 스토리보드에 맞춰 영상을 생성하겠습니다. 프롬프트를 통해 원하는 장면을 구현하고 다양한 기능으로 영상을 변형, 결합해 새로운 영상을 제작합니다.

프롬프트를 활용하여 장면에 맞는 영상 생성하기

01 스토리보드에 따라 첫 번째 장면을 생성하겠습니다. 소라로 바로 생성하면 원하는 스타일을 완성하는 데에 많은 시도가 필요할 수 있으므로, 먼저 챗GPT 4.0에서 대표 이미지를 생성하는 것이 효율적입니다. 챗GPT(chatgpt.com) 사이트에 접속하여 질문 입력창에 첫 번째 장면 생성을 요청합니다.

1번 장면을 소라로 생성하려고 합니다. 영상의 콘셉트에 맞게 이미지를 생성해 주세요.

GPT

여기 요청하신 1번 장면의 이미지입니다! 이 장면이 만족스러운지 확인해 보세요.

NOTE

챗GPT가 영상 기획과 스토리보드에 맞춰 이미지를 생성하며, 만약 방향성이 마음에 들지 않는다면 다시 요청하여 조정할 수 있습니다.

02 마음에 드는 이미지가 생성되면 이를 활용하여 소라에서 영상을 제작할 수 있습니다. 이때 정확하고 구체적인 프롬프트 작성이 중요하므로 챗GPT의 도움을 받으면 좋습니다.

1번 장면을 소라로 생성하려고 합니다. 프롬프트를 자세히 작성해 주세요.

GPT

소라에서 장면을 생성하기 위한 자세한 프롬프트는 다음과 같습니다.

프롬프트: "낮 시간대의 신비로운 숲, 푸른 나무와 다양한 색의 꽃들이 가득하며, 숲 한 가운데 나무들 사이에 빛나는 마법의 문이 숨어 있다. 문에서 은은한 빛이 퍼져 나오고 주변이 환상적인 분위기로 감싸여 있다. 문 앞에는 호기심 가득한 표정의 소녀가 서 있다. 소녀는 금발 머리에 파란색 드레스와 하얀 앞치마를 입고 있으며, 작은 오렌지색 고양이를 안고 있다. 나뭇잎 사이로 햇살이 부드럽게 내려오고, 숲 전체가 마법과 몽환적인 느낌을 준다. 전체적으로 동화적이고 신비로운 분위기를 연출."

NOTE

챗GPT가 제공한 상세한 프롬프트를 통해 더욱 완성도 높은 영상을 제작할 수 있습니다.

03 이와 같이 프롬프트를 얻으면 소라(sora.com) 사이트에 접속합니다. 챗GPT에서 생성한 참조 이미지를 업로드하기 위해 프롬프트 입력창에서 <+> 버튼을 클릭하고 'Upload image or video'를 선택합니다.

04 열기 대화상자가 표시되면 챗GPT에서 다운로드한 이미지가 있는 폴더에서 이미지를 선택하고 <열기(O)> 버튼을 클릭합니다.

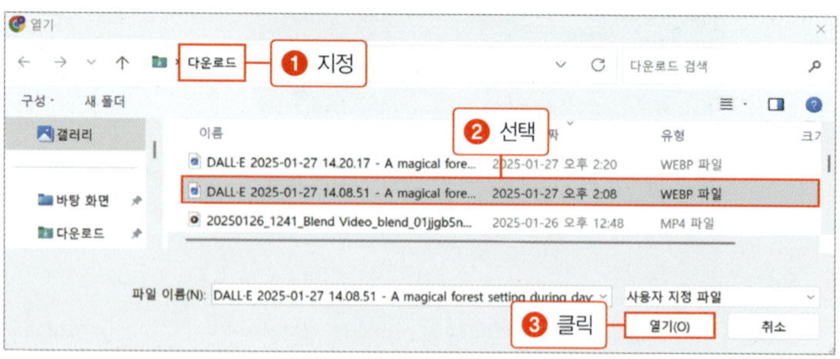

05 이미지가 첨부되면 챗GPT에서 생성했던 프롬프트를 입력창에 입력하고 'Create Video' 아이콘(↑)을 클릭하여 영상을 생성합니다.

06 프롬프트에 맞게 영상이 4개 생성되었습니다.

07 이 중에서 마음에 드는 영상을 선택하고 다운로드합니다. 예제에서는 생성된 4개의 영상 중 두 번째 영상을 다운로드하겠습니다. '...' 아이콘을 클릭하고 'Download' → 'Video'를 클릭하여 다운로드합니다.

NOTE

워터마크가 없는 영상을 다운로드하려면 워터마크(Watermark) 표시가 없는 'Video'를 클릭합니다.

08 이후에 문이 열리는 장면을 생성하기 위해 다시 챗GPT에게 디테일을 추가해서 물어보겠습니다. 이미지를 생성해서 본인이 생각한 방향과 맞는지 확인하는 단계를 거칩니다.

빛을 따라가다 갑자기 마법의 문이 나타나고, 앨리스가 문을 열면서 이상한 나라로 빨려 들어간다. 이미지로 생성해 주세요.

GPT

여기 요청하신 장면의 이미지가 생성되었습니다! 빛을 따라가다가 마법의 문을 발견하고, 문이 열리면서 이상한 나라로 빨려 들어가는 모습을 담았습니다.

09 생성된 이미지가 방향성에 맞으면 챗GPT에게 질문하여 생성을 요청합니다.

소라로 프롬프트를 생성해 주세요.

GPT

소라 프롬프트:"During the daytime in a magical forest, a glowing trail of light winds through lush greenery and vibrant, colorful flowers, leading to a mysterious door hidden among the trees. The door is intricately decorated with ancient patterns and emits a soft, golden glow. A curious blond-haired girl wearing a blue dress and a white apron is standing in front of the door, her hand reaching out to open it. As the door opens, a swirling magical vortex appears, pulling her in. The atmosphere is enchanting and full of wonder, with sunlight filtering gently through the trees, casting a fairytale-like glow over the scene."

NOTE

때에 따라 한글로 질문해도 영어로 생성되는 경우가 있습니다. 사용자가 영어, 혹은 한글로 정확한 결과물 포맷을 원할 경우는 프롬프트에 구체적으로 명시해야 합니다.

10 이전 장면과의 일관성을 위해 첫 번째 장면 이미지를 참조 이미지로 업로드하고 생성된 프롬프트를 사용해서 다시 영상을 생성합니다. 같은 방법으로 스토리보드의 다른 장면 영상들을 모두 생성합니다.

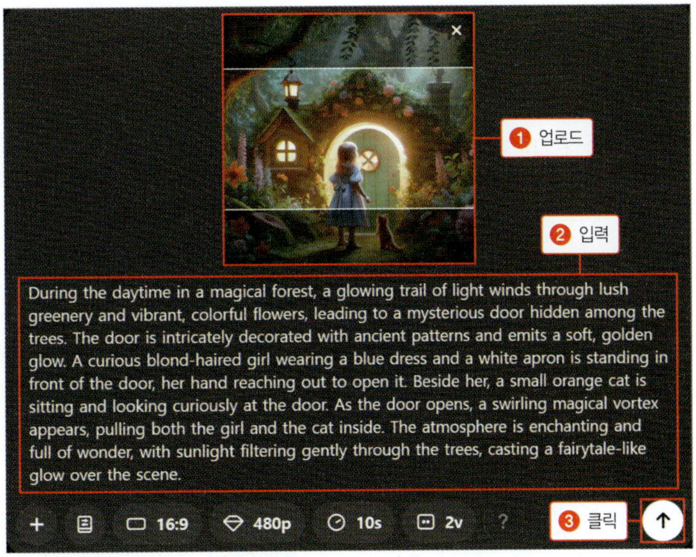

소라의 Remix로 영상 변경하기

01 쓰레기로 황폐화된 자연을 생성하겠습니다. 소라 프롬프트 창에 '황폐해진 숲이 무너지는 영상을 생성해 주세요.'를 입력하고 'Create Video' 아이콘(↑)을 클릭합니다.

02 황폐해진 숲의 모습이 생성되었습니다. 해당 영상에 쓰레기가 더 추가되면 더 좋은 연출이 될 것 같으므로 영상에 쓰레기를 추가하기 위해 'Remix'를 클릭합니다.

03 그림과 같이 화면이 표시되면 Remix의 강조를 설정할 수 있는 옵션이 표시됩니다. 'Strong remix'를 클릭하고 'Strong'을 선택한 다음 <Remix> 버튼을 클릭합니다.

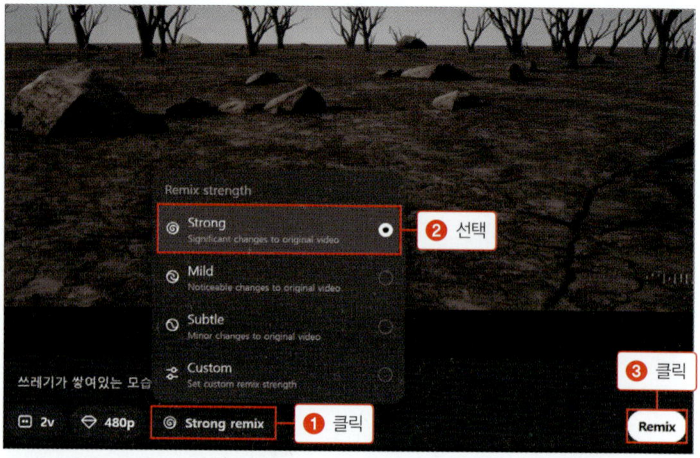

> **NOTE**
>
> Strong, Mild, Subtle, Custom 등의 옵션을 선택하면, 현재 영상을 유지하면서 변경하는 강도를 선택해 조절할 수 있습니다.

04 기존 영상에 쓰레기가 추가되어 새로운 영상이 생성되었습니다.

소라의 Blend로 영상 생성하기

01 영상의 인트로로 사자가 포효하는 영상을 생성하기 위해 사자가 입을 다문 모습과 포효하는 모습을 각각 생성합니다. 하지만 소라에서 사자가 포효하는 모습의 프롬프트를 작성했을 때, 원하는 장면이 정확하게 생성되지 않을 수 있습니다. 이러한 경우 필요한 장면들을 조합하는 방법이 효과적입니다.

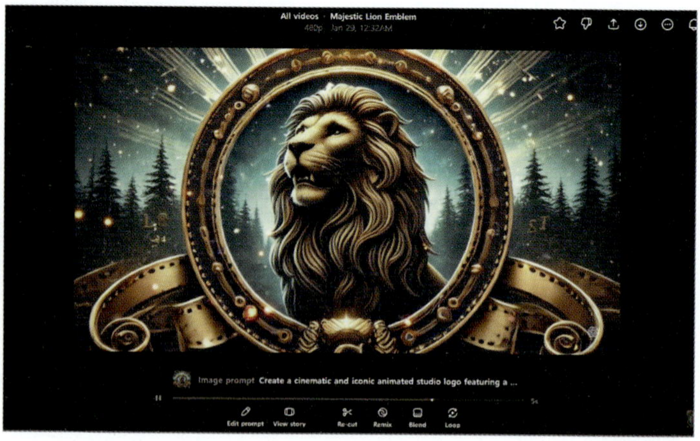

02 사자가 입을 다문 기본 모습에 포효하는 모습을 결합하겠습니다. 사자가 입을 다문 기본 모습의 영상의 메뉴에서 'Blend'를 클릭하고 'Choose from Library'를 선택합니다.

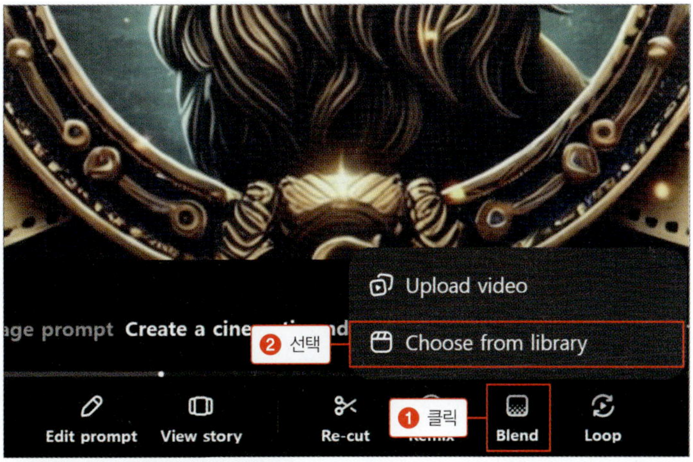

03 그림과 같이 창이 표시되면 생성한 사자가 포효하는 뒷 장면을 선택합니다.

04 그림과 같이 2개의 영상이 표시되면서 Adjust Blended Regions and Influence Curve 옵션이 나타납니다. 그림과 같이 커브를 조정하여 흐름을 자연스럽게 만듭니다.

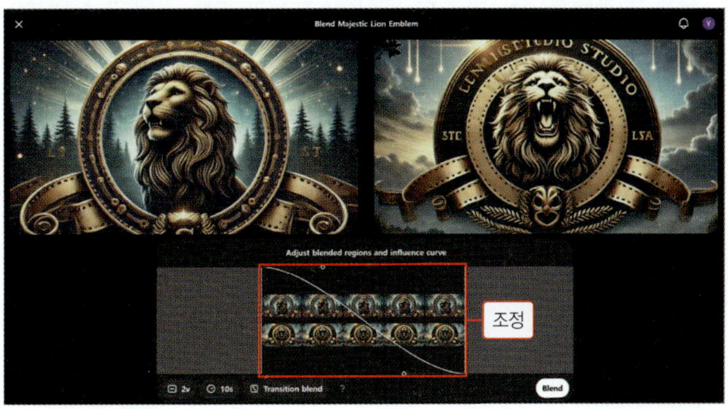

05 커브 조정이 끝나면 'Transition Blend'를 클릭하고 'Transition'을 선택합니다.

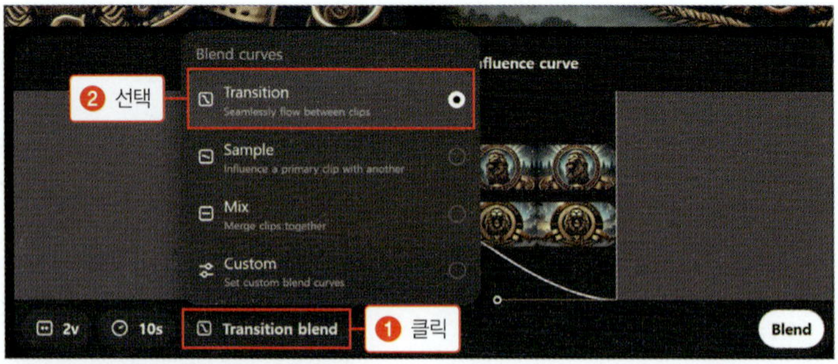

06 2개의 영상이 자연스럽게 섞이며 사자가 포효하는 장면이 영상으로 생성되었습니다.

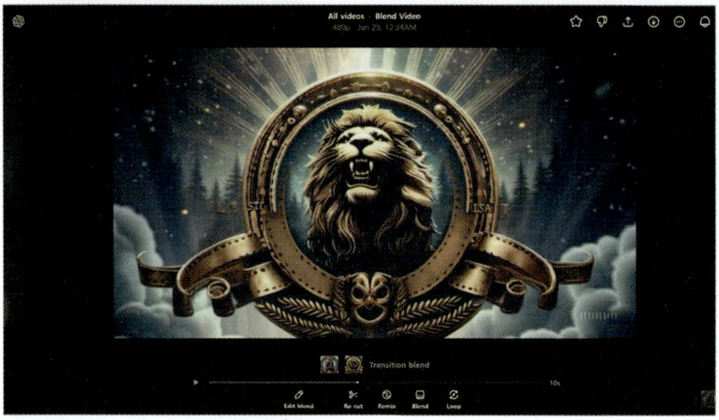

AI 기반의 그래픽 생성하기

01 챗GPT에서 영화 트레일러에 맞는 타이틀 그래픽을 생성하기 위해 다음과 같이 질문합니다.

영화 타이틀을 생성하려고 합니다. 프롬프트를 작성해 주세요.

GPT

프롬프트: "Create a visually striking cinematic movie title design for 'Guardians of the Enchanted Land.' The design should feature a magical and adventurous theme, incorporating elements of nature and environmental protection. The text should have glowing effects, reminiscent of fireflies or bioluminescent light, with a mix of vibrant greens, soft blues, and golden hues. Surround the title with subtle motifs like vines, leaves, and sparkles to evoke a sense of hope and fantasy. The background should be a gradient of twilight colors transitioning into deep, mystical greens to symbolize the connection between nature and magic. Ensure the font is elegant, slightly whimsical, and easily readable, reflecting the enchanting tone of the story."

02 이 이미지를 시각적으로 확인하기 위해 이미지를 생성하겠습니다. 챗GPT에게 다음과 같이 질문합니다.

프롬프트에 맞는 이미지를 보여 주세요.

GPT

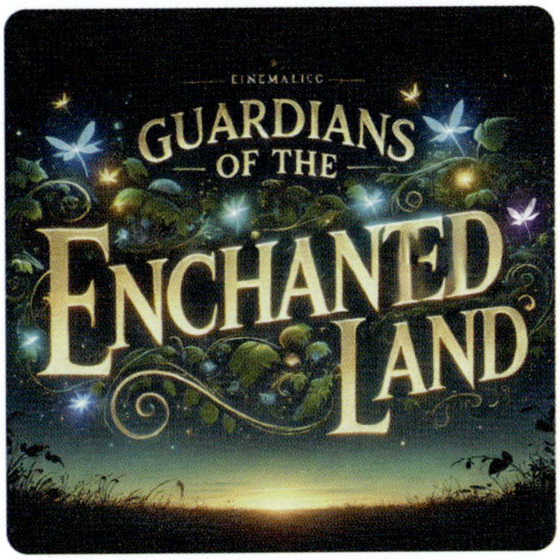

여기 요청하신 영화 타이틀 이미지가 생성되었습니다. “Guardians of the Enchanted Land”라는 제목이 빛나는 효과와 자연적인 디자인 요소로 표현되어 있습니다.

03 프리미어 프로에서 합성하기 위해 이미지를 수정하겠습니다. 그래픽을 조금 더 3D 느낌으로 수정해달라고 요청합니다.

텍스트에 3D 효과를 강조해 주세요.

GPT

여기 3D 스타일로 생성된 “Guardians of the Enchanted Land” 타이틀 이미지입니다. 글자에는 입체감이 강조되었고, 마법적인 입자와 빛나는 숲 배경이 조화를 이루며 환상적인 분위기를 더합니다.

04 프리미어 프로에서 합성하기 위해 이미지를 수정하겠습니다. 그래픽을 합성을 편리하게 진행하기 위해 뒷배경을 검은색으로 변경하겠습니다.

3D 텍스트만 검은색 단색 배경에 배치해 주세요.

여기 검은 단색 배경으로 변경된 3D 텍스트 디자인의 "Guardians of the Enchanted Land" 타이틀 이미지입니다. 텍스트와 마법적인 효과가 강조되어 더욱 선명하게 보입니다.

05 타이틀 뒤에 고정된 이미지를 생성하기 위해 배경 이미지만 추가로 생성합니다.

이 타이틀 뒤로 사용할 배경 이미지를 생성해 주세요.

여기 "Guardians of the Enchanted Land" 타이틀에 적합한 마법적이고 신비로운 배경 이미지입니다. 빛나는 숲과 부드러운 파티클 효과가 조화를 이루며 텍스트와 완벽하게 어울립니다.

06 텍스트는 필요 없이 배경 이미지만 필요하므로, 텍스트를 제거해 달라는 입력을 추가로 입력하여 배경 이미지를 얻습니다.

이미지에서 텍스트는 삭제해 주세요.

GPT

여기 텍스트가 제거된 마법적이고 신비로운 배경 이미지입니다. 숲의 아름다움과 빛나는 요소가 강조되어 있습니다.

07 만든 배경 이미지를 기준으로 소라를 이용해 배경 영상을 만들기 위해 프롬프트를 요청합니다.

배경 이미지를 영상으로 만들려고 합니다. 프롬프트를 입력해 주세요.

GPT

소라 배경 영상 프롬프트:

"Create a magical and mystical animated background for Guardians of the Enchanted Land. The scene features a glowing enchanted forest with lush greenery, softly illuminated blue and golden flowers, and subtle firefly-like particles floating gracefully in the air. Twilight hues of deep greens, purples, and blues dominate the atmosphere, while beams of sunlight gently filter through tall, ancient trees, casting dynamic light and shadow patterns.

The animation should include soft movements: the trees and foliage swaying slightly as if touched by a gentle breeze, the fireflies flickering and darting around, and the flowers pulsing softly with light. The forest floor should glow faintly, with small magical particles rising like ethereal mist. The overall tone should be enchanting, calming, and adventurous, creating a vivid and immersive fantasy world perfect for a cinematic title sequence or background."

08 챗GPT에서 배경 이미지로 만든 이미지를 소라에 참조 이미지로 업로드하고 생성된 프롬프트를 입력한 다음 'Create Video' 아이콘(↑)을 클릭합니다.

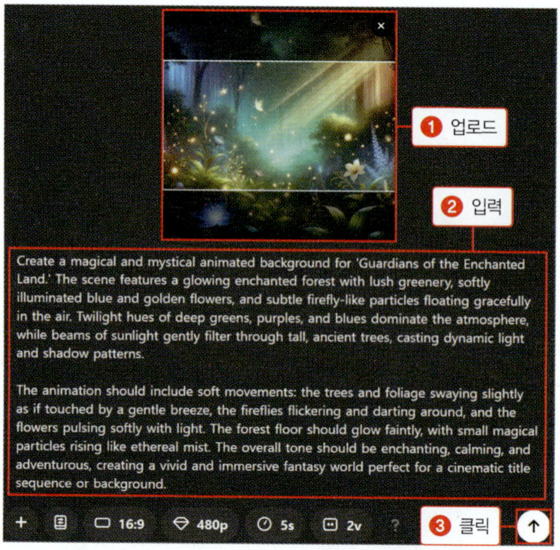

09 배경 영상이 생성되었습니다. 추가로 더 필요한 부분이 있다면 같은 방법을 통해 영상을 생성합니다.

TIP **문자 요소를 정확하게 표현하지 못하는 소라**

소라는 영상 속 문자 요소를 생성하는 과정에서 오류가 발생할 수 있으며, 화면에 표시되는 텍스트가 국적이 불분명한 문자로 나타날 수도 있습니다. 따라서 생성된 영상에 문자 요소가 포함된 경우, 스펠링이나 글자 모양 등의 오류를 꼼꼼히 확인하는 것이 중요합니다. 텍스트가 부정확하게 표시될 수 있으므로, 필요 시 영상을 다시 생성하거나 이후 프리미어 프로의 합성 기능 등을 활용하여 수정 및 보완해야 합니다. 또한, 로고나 국기와 같은 특정 요소도 실제와 다르게 생성될 수 있으므로 주의가 필요합니다.

13.4 실습 예제 02 영화 트레일러 영상 컷 편집하기

• **예제 파일** : 13\13_4\컷편집.prproj

컷 편집을 통해 주요 장면을 효과적으로 배열하고, 화면 전환을 설정하여 자연스럽게 흐름을 연결하며, 영상의 속도를 조절하여 긴장감과 몰입감을 극대화할 수 있습니다. 챗GPT와 소라로 생성한 영상들의 전체적인 편집 작업을 시작합니다.

전체적인 컷 편집하기

01 13 → 13_4 폴더에서 '컷편집.prproj' 파일을 더블클릭하여 실행합니다. 프로젝트(Project) 패널이나 타임라인(Timeline) 패널에서 '컷편집' 시퀀스를 선택하고 작업 영역(Workspaces)은 '편집(Editing)'으로 선택하여 설정합니다.

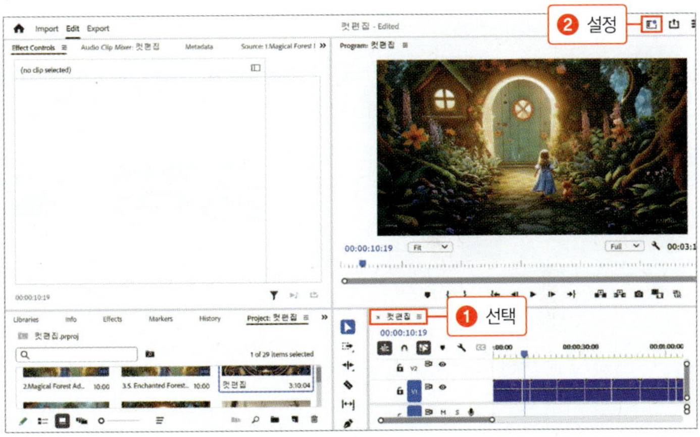

02 타임라인(Timeline) 영상 클립들이 순서대로 배치되어 있습니다. 도구(Tools) 패널에서 잔물결 편집(Ripple Edit) 도구(⊣+⊢)를 선택하고 각 영상 클립의 앞뒤를 드래그하여 편집합니다. AI로 생성된 영상 클립에서 필요 없는 부분은 동일한 방법으로 잘라서 편집합니다.

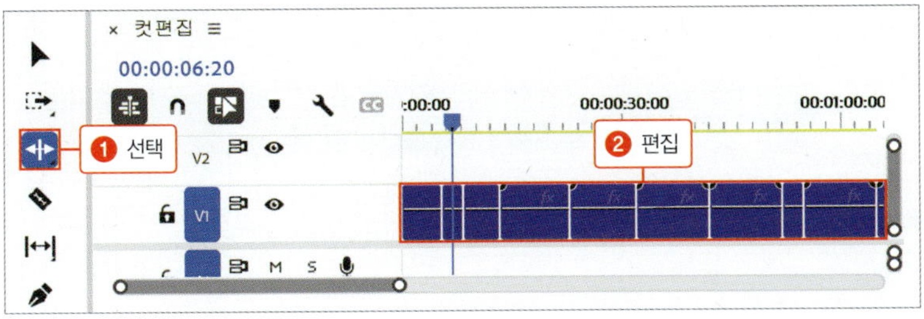

NOTE

잔물결 편집(Ripple Edit) 도구(⊣+⊢)를 사용하면 여러 개의 영상 클립을 배치하고 편집할 때 빈 공간이 생기지 않아, 러프 컷 편집을 효율적으로 진행할 수 있습니다.

13 AI 영상 생성부터 편집까지, 프로젝트&포트폴리오 제작

03 '11.Mystical Forest Encounter' 영상 클립을 자르기 위해 재생 헤드(Playhead)를 나누고 싶은 부분의 위치로 이동하고 Ctrl+K를 눌러 자릅니다. 이와 같이 나누고 싶은 영상 클립이 있으면 분할하여 편집합니다.

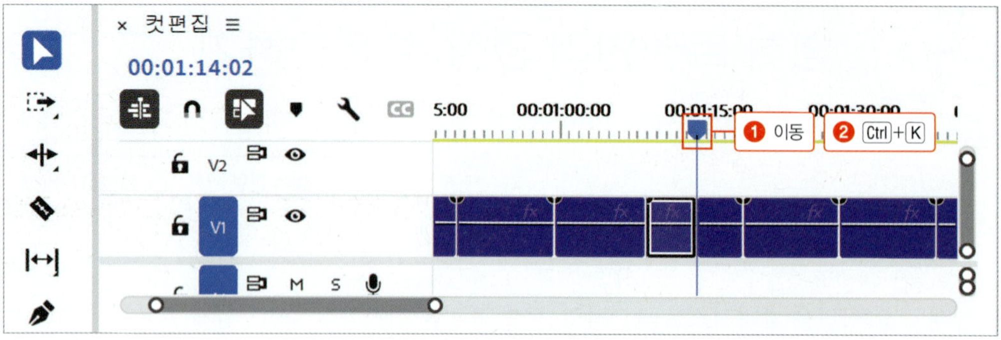

04 도구(Tools) 패널에서 앞으로 선택(Track Select Forward) 도구()를 선택하고 인트로인 첫 번째 클립 이후의 두 번째 클립부터 모든 영상 클립을 선택한 다음 드래그하여 7초 이후로 배치합니다. 이렇게 하면 첫 번째 클립이 끝난 후 잠시 검은 화면이 나타난 뒤, 두 번째 클립이 시작되도록 구성할 수 있습니다.

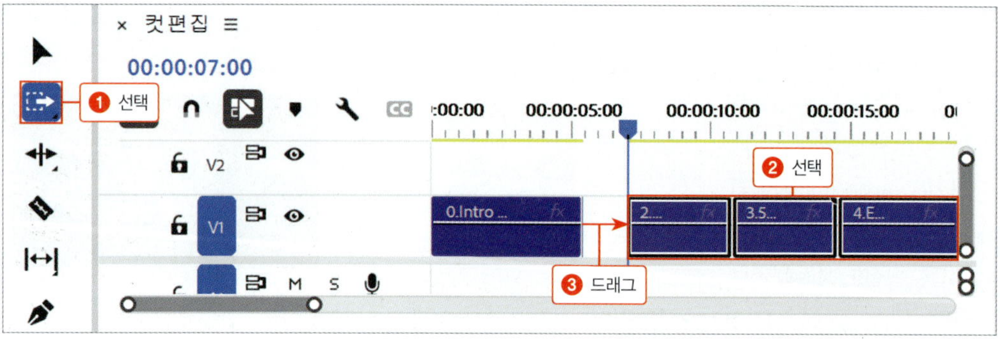

05 영상의 흐름이 자연스럽게 진행되도록 모든 클립을 편집하고, 움직임이 자연스러운 지점에서 편집 점을 설정하여 뒤의 클립과 매끄럽게 연결되도록 조정합니다.

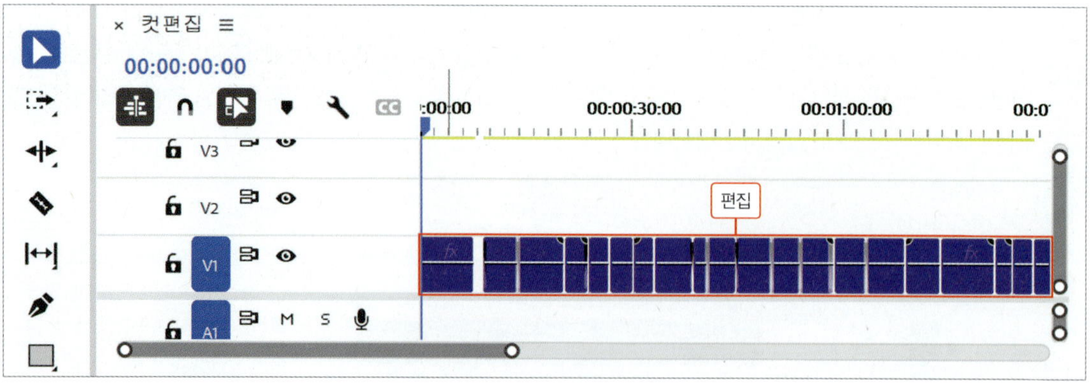

화면 전환 설정하기

01 프로젝트(Project) 패널이나 타임라인(Timeline) 패널에서 '화면전환' 시퀀스를 선택합니다.

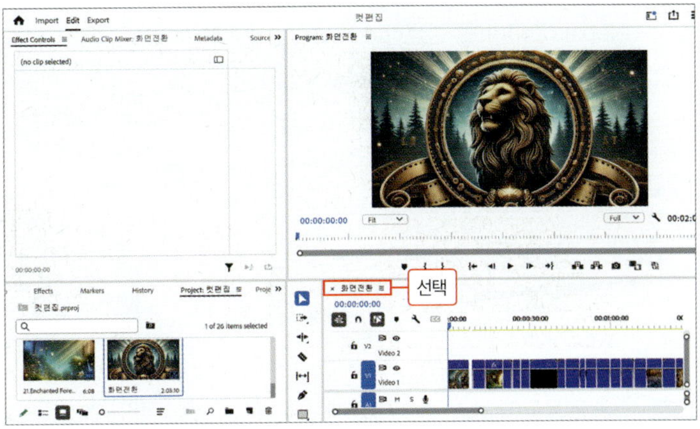

02 영화 트레일러의 경우 각 장면마다 임팩트를 주기 위해 화면이 서서히 밝아지거나 어두워지며 다음 장면으로 전환되기도 합니다. 효과(Effects) 패널에서 비디오 효과(Video Transition) → 디졸브(Dissolve) 폴더의 '검정으로 물들이기(Dip to Black)' 효과를 타임라인(Timeline) 패널에 있는 두 번째 클립의 시작 부분으로 드래그하여 적용하고 트랜지션이 적용된 부분을 선택합니다.

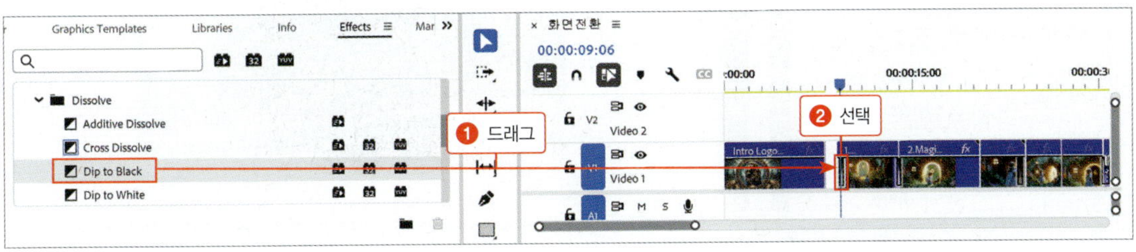

03 효과 컨트롤(Effect Controls) 패널에서 지속 시간(Duration)을 '00:00:00:25'로 설정합니다. 같은 방법으로 검정으로 물들이기(Dip to Black)가 필요한 부분들에 모두 적용하고 조정합니다.

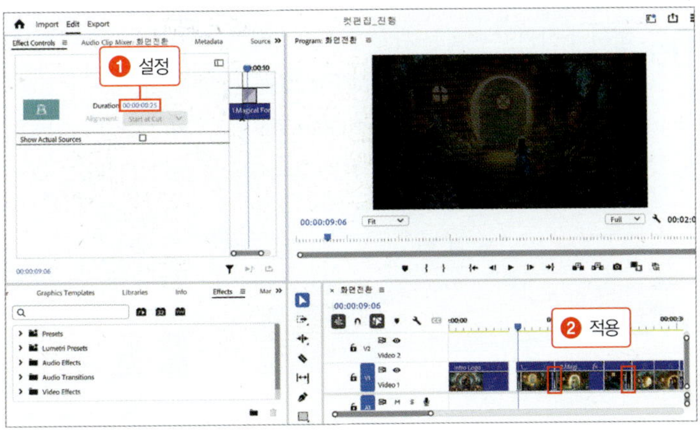

04 동굴로 들어가는 장면을 자연스럽게 연출하기 위해 '3.5. Enchanted Forest Portal.mp4'와 '6. Radiant Orange Glow.mp4' 사이에 화면 전환 효과를 적용하겠습니다. 효과(Effects) 패널에서 'VR Mobius 확대/축소(VR Mobius Zoom)'를 검색하고 표시되는 효과를 두 영상 클립 사이로 드래그하여 적용한 다음 전환을 더욱 자연스럽게 연출하기 위해 적용된 부분을 선택합니다.

05 효과 컨트롤(Effect Controls) 패널의 VR Mobius 확대/축소(VR Mobius Zoom) 항목에서 축소 레벨(Zoom Out Level)을 '26', 확대 레벨(Zoom In Level)을 '100', 관심 영역(Point of Interest)을 '427', '240', 페더(Feather)를 '1'로 설정합니다.

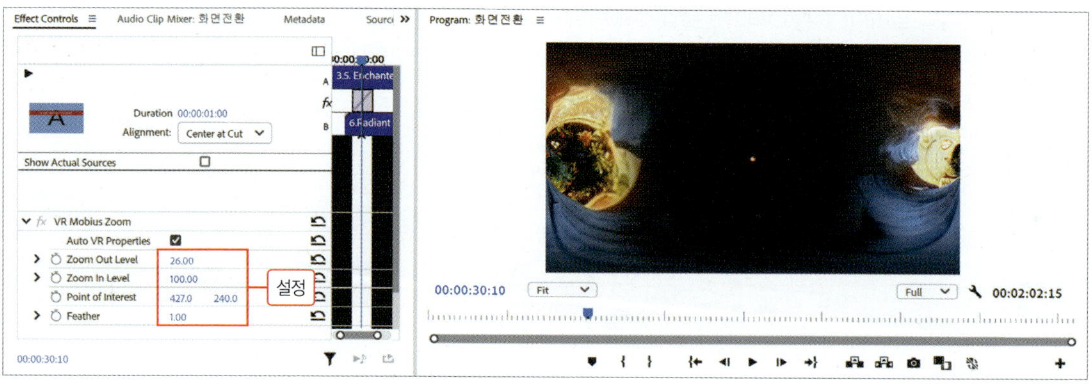

06 마지막 장면인 변화된 자연에서 원래 세계의 동굴로 빠져나오는 장면을 연출하기 위해 효과(Effects) 패널에서 'VR 조명 광선(VR Light Rays)'을 검색하고 표시되는 효과를 타임라인(Timeline) 패널의 '19.Change Nature.mp4'와 '20.Magical Forest Gateway.mp4' 영상 클립 사이로 드래그하여 적용합니다. 동굴에서 빛이 나오는 것처럼 잘 맞춰 수정하기 위해 적용된 효과 부분을 선택합니다.

07 효과 컨트롤(Effect Controls) 패널의 VR 조명 광선(VR Light Rays) 항목에서 광선 길이(Ray Length)를 '70', 노출(Exposure)을 '50', 디졸브 길이(Dissolve Length)를 '100'으로 설정합니다. 영상을 재생하여 다른 세계에서 원래 세계로 돌아오는 표현이 잘 연출되었는지 확인하고 필요한 부분이 있다면 수정합니다.

영상의 속도 조절하기

01 동굴 안쪽으로 빠르게 들어가는 느낌을 표현하기 위해 시간을 조절하겠습니다. 타임라인(Timeline) 패널에서 '6.Radiant Orange Glow.mp4' 영상 클립을 선택하고 영상 클립의 fx 부분에서 마우스 오른쪽 버튼을 클릭한 다음 '시간 다시 매핑(Time Remapping)' → '속도(Speed)'를 클릭합니다.

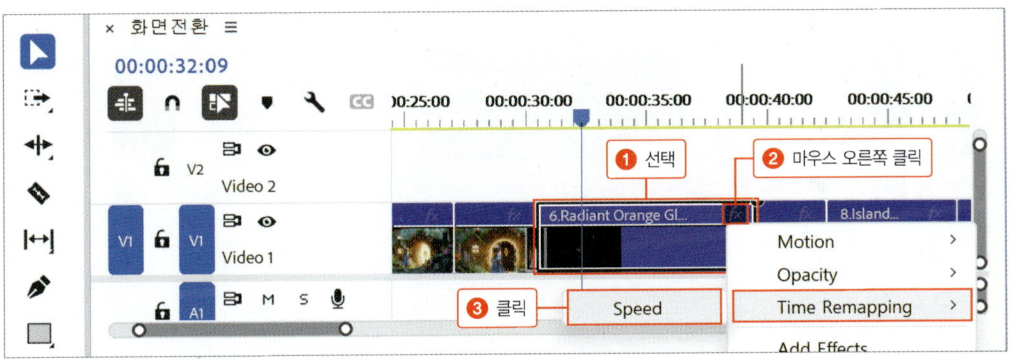

02 재생 헤드(Playhead)를 이동하여 영상에서 빛이 화면에 가득한 부분에 위치합니다. 타임라인(Timeline) 패널에서 Ctrl을 누른 채 커서를 선 위로 이동하여 커서 모양이 + 표시로 바뀌면 클릭해 키프레임을 추가합니다.

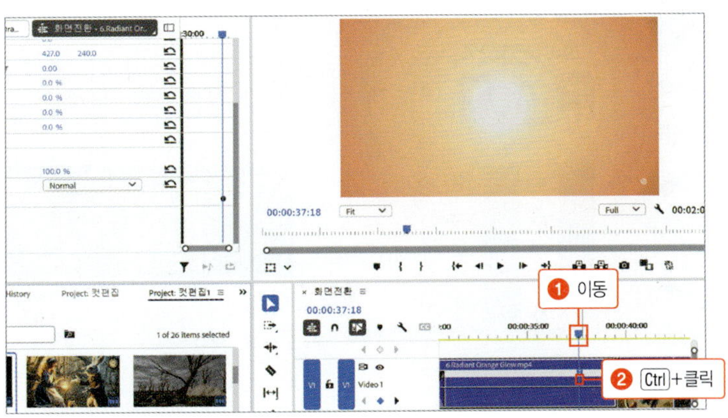

03 키프레임 앞쪽 속도 선을 '500%'가 될 때까지 위로 드래그하여 속도를 빠르게 만듭니다.

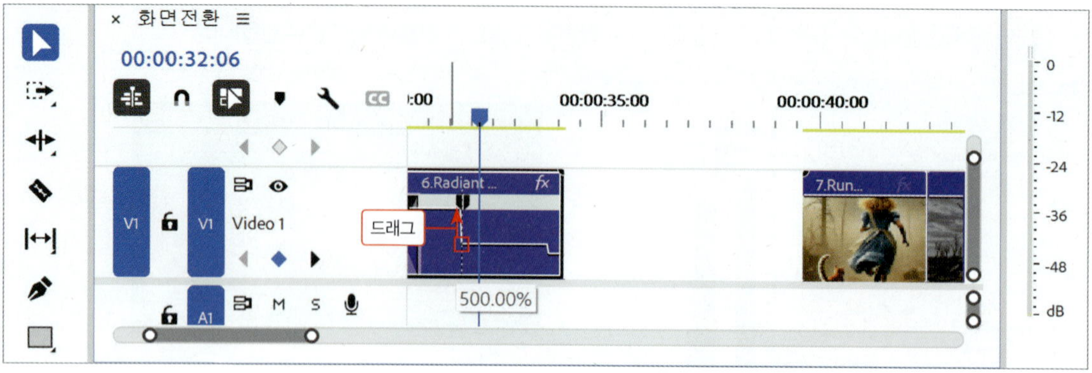

04 키프레임 중 왼쪽 키프레임을 왼쪽으로 드래그하여 급격하게 변하는 그래프가 점진적으로 변화하도록 조정합니다. 가운데 핸들도 조정하여 그래프를 더 완만하게 만듭니다.

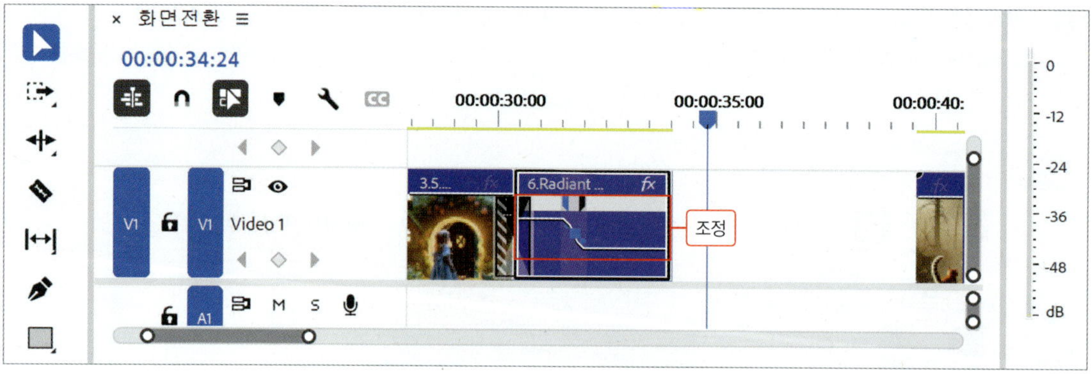

05 영상을 재생해 보며 흐름을 자연스럽게 조정하여 마무리합니다. 뒤에 있는 영상 클립과 생긴 공백을 삭제하기 위해 공백에서 마우스 오른쪽 버튼을 클릭한 다음 '잔물결 삭제(Ripple Edit)'를 클릭하여 완성합니다.

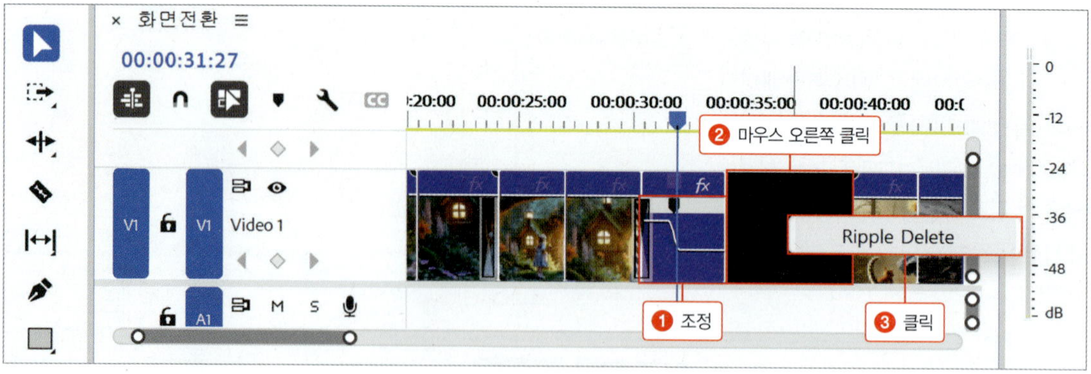

13.5 실습 예제 03

영화 트레일러 캡션 및 타이틀 구성하기

• **예제 파일** : 13\13_5\캡션및타이틀.prproj, 자막.txt

영화 트레일러에서는 캡션을 삽입하여 주요 메시지를 강조하고, 애프터 이펙트를 활용한 텍스트 애니메이션을 적용해 다이내믹한 연출을 더할 수 있습니다. 추가 타이틀 구성을 통해 영상의 분위기와 주제를 효과적으로 전달해 보겠습니다.

캡션 자막 삽입하기

01 13 → 13_5 폴더에서 '캡션및타이틀.prproj' 파일을 더블클릭하여 실행합니다. 프로젝트(Project) 패널이나 타임라인(Timeline) 패널에서 '캡션및타이틀' 시퀀스를 선택하고 작업 영역(Workspaces)은 '캡션 및 그래픽(Captions and Graphics)'으로 선택하여 설정합니다.

02 도구(Tools) 패널에서 문자(Type) 도구(T)를 선택하고 첫 번째 장면에 '어느 날, 평화롭던 숲에서..'를 입력합니다. 속성(Properties) 패널에서 글꼴(Font)을 'YoonA 내가그린기린고딕'으로 지정하고 글꼴 크기(Font Size)를 '40'으로 설정합니다. 텍스트는 화면의 가로 중앙, 하단에 배치하여 가독성을 높입니다.

03 다른 장면들에서 글자들을 추가하기 위해 타임라인(Timeline) 패널에서 생성된 텍스트 클립을 선택하고 Alt를 누른 채 오른쪽으로 드래그하여 복제합니다.

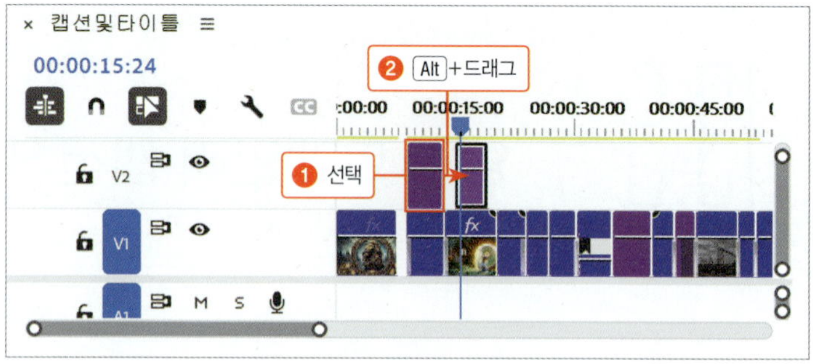

04 복제된 텍스트 클립의 문구를 '알 수 없는 문을 발견하고'로 변경합니다.

05 같은 방법으로 이후 장면마다 다음과 같이 텍스트를 모두 추가합니다.

이 문... 대체 어디로 이어지는 거지?	어서 들어오세요, 앨라. 당신의 도움이 필요합니다.	여긴 어디지..?

그곳은 이미 위기에 처해 있었다.	황폐해진 숲, 고통받는 동물들...	모든 생명의 중심, 숲의 심장.

희망은 당신의 손에 달려 있습니다.	숲의 심장을 되살려야 합니다.	그녀를 설득한 사람은 아무도 없지..

변화는 결심에서 시작된다.	되찾을 방법을 알려주세요..	GO~~~!!!!!
	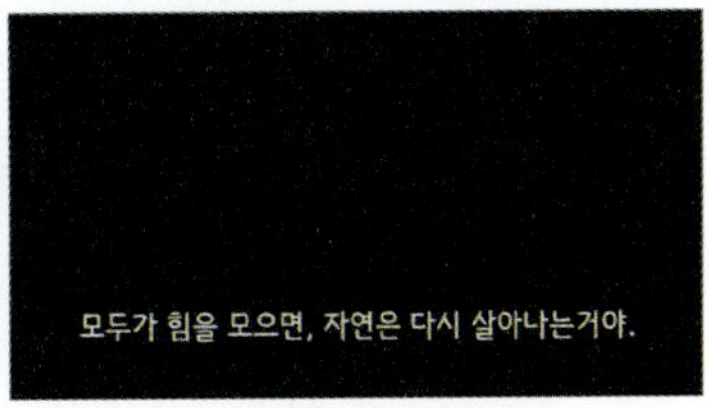	
내가 할 수 있어. 반드시 해낼 거야.	모두가 힘을 모으면, 자연은 다시 살아나는 거야.	

NOTE

캡션 자막은 13.2에서 챗GPT로 생성한 캡션 자막들을 정리하여 활용합니다.

애프터 이펙트로 텍스트 애니메이션 만들기

01 타임라인(Timeline) 패널의 '7.Running Through Ruins.mp4'과 '8.Island of Desolation.mp4' 영상 클립 사이에 움직이는 제목 타이틀을 삽입하겠습니다. 도구(Tools) 패널에서 앞으로 선택(Track Select Forward) 도구( )를 선택하고 '8.Island of Desolation.mp4' 영상 클립 이후의 영상 클립과 캡션 클립들을 모두 선택한 다음 오른쪽으로 드래그하여 5초 정도 빈 공간을 생성합니다.

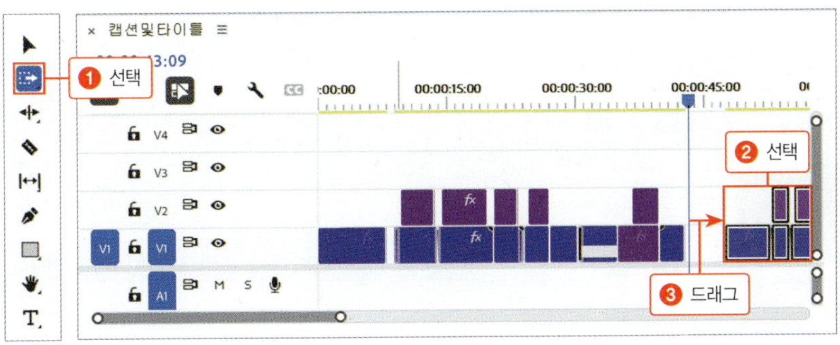

02 메뉴에서 〔파일(File)〕 → '새로 만들기(New)' → '색상 매트(Color Matte)'를 클릭합니다.

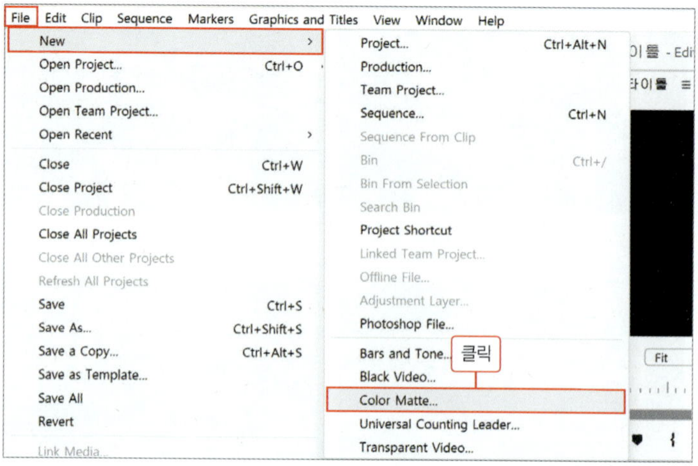

03 색상 피커(Color Picker) 대화상자가 표시되면 색상을 '검은색(#000000)'으로 지정하고 <확인(OK)> 버튼을 클릭합니다. 이름 선택(Choose Name) 대화상자가 표시되면 <확인(OK)> 버튼을 클릭합니다.

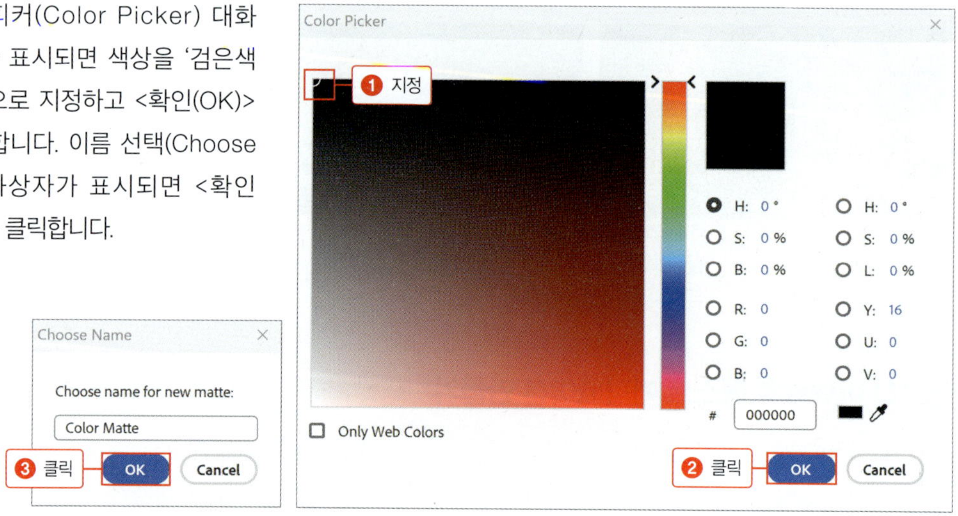

04 프로젝트(Project) 패널에서 생성된 '색상 매트(Color Matte)'를 타임라인(Timeline) 패널의 '6.Radiant Orange Glow'과 '7.Running Through Ruins' 영상 클립 사이로 드래그하여 배치합니다.

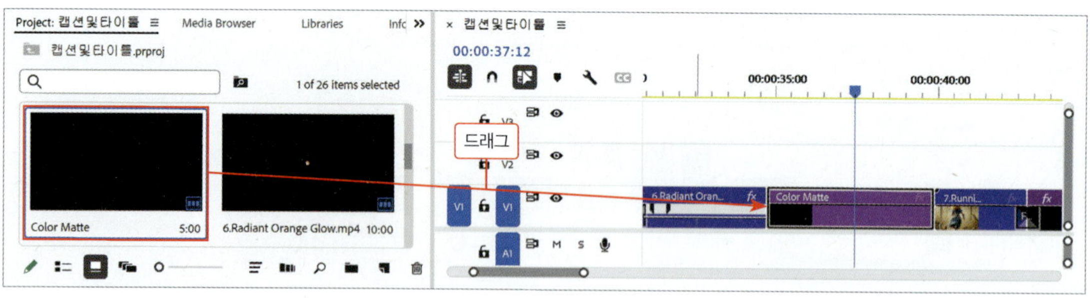

05 이 색상 매트(Color Matte)를 애프터 이펙트로 내보내기 위해 '색상 매트(Color Matte)' 영상 클립에서 마우스 오른쪽 버튼을 클릭한 다음 'After Effects 컴포지션으로 바꾸기(Replace with After Effects)'를 클릭합니다.

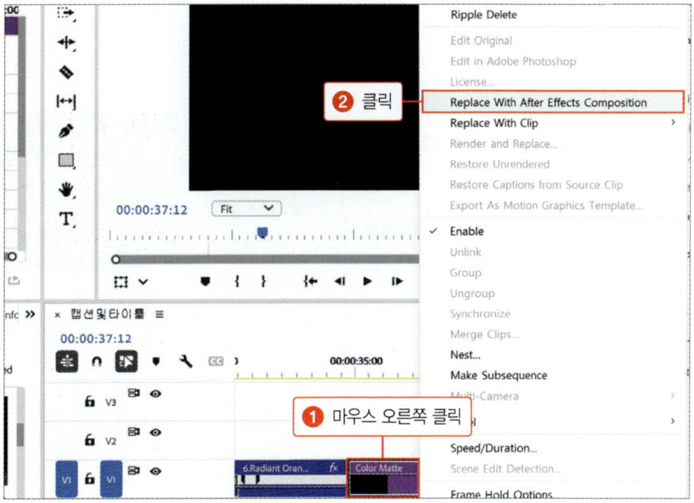

NOTE

이 기능을 사용하기 위해서는 프리미어 프로와 같은 버전의 애프터 이펙트를 다운로드해야 합니다.

06 애프터 이펙트가 실행되면서 저장(Save as) 대화상자가 표시됩니다. 파일 이름에 'Title'을 입력하고 <저장(S)> 버튼을 클릭합니다.

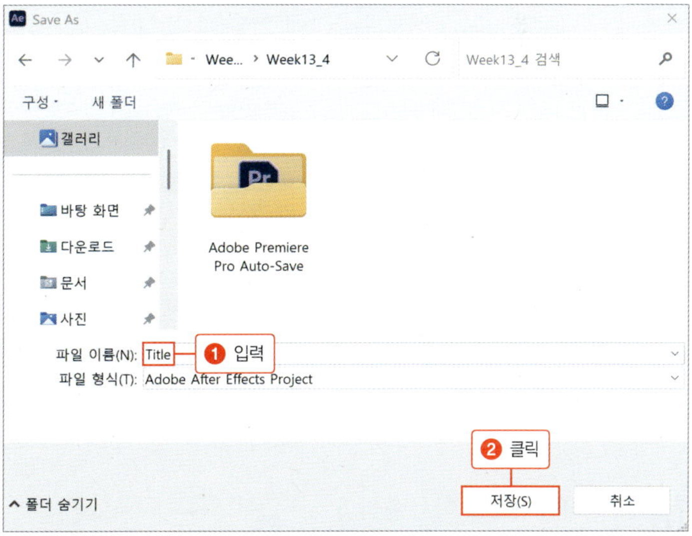

07 애프터 이펙트의 도구(Tools) 패널에서 문자(Type) 도구(T)를 선택하고 컴포지션(Composition) 패널에 'Guardians of the Enchanted Land'를 입력하여 문구를 작성합니다. 캐릭터(Character) 패널에서 글꼴(Font)과 글꼴 크기(Font Size) 등을 조정합니다.

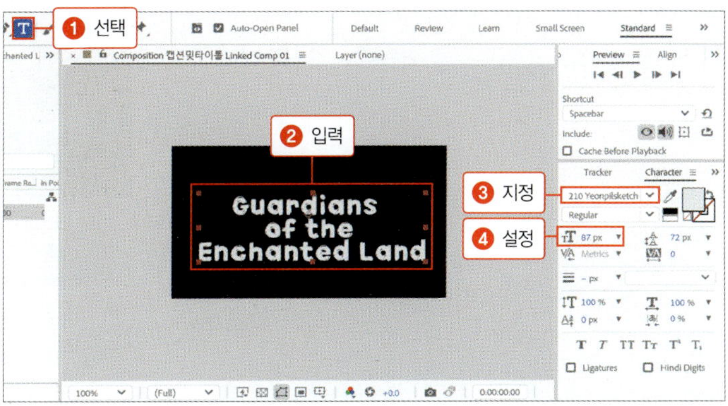

08 효과와 사전 설정(Effect & Presets) 패널에서 애니메이션 사전 설정(Animation Preset) → 문자(Text) → 흐림(Blurs) 폴더의 '흐림 글리치(Blur Glitch)' 효과를 타임라인(Timeline) 패널의 텍스트 레이어에 드래그하여 적용합니다.

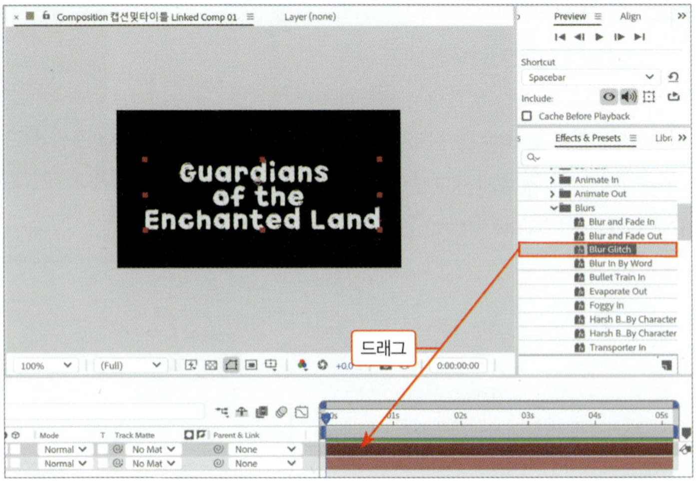

NOTE

효과를 적용할 때 재생 헤드(Playhead)는 '0프레임'에 위치해야 합니다.

09 메뉴에서 〔파일(File)〕 → '저장(Save)'을 클릭하여 저장합니다.

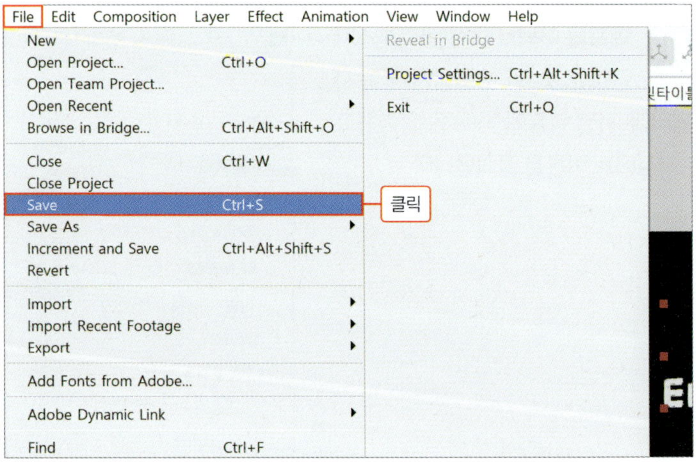

10 프리미어 프로로 다시 돌아와 영상을 재생해 보면 애프터 이펙트에서 적용한 효과가 색상 매트(Color Matte)에 적용된 것을 확인할 수 있습니다.

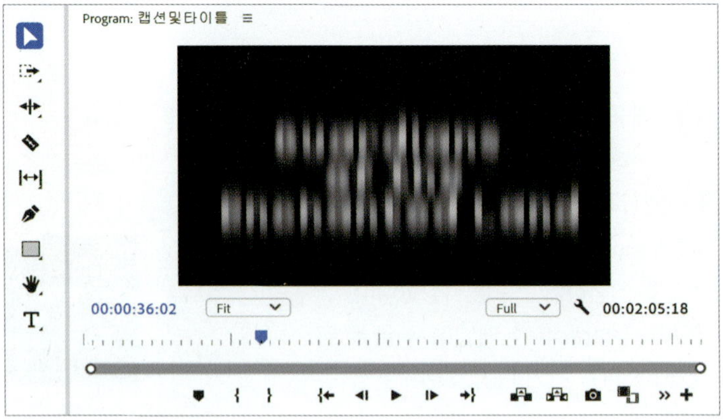

타이틀 구성하기

01 챗GPT를 통해 생성했던 타이틀 이미지인 'Title.webp' 파일을 프로젝트(Project) 패널에 가져오기(Import) 합니다.

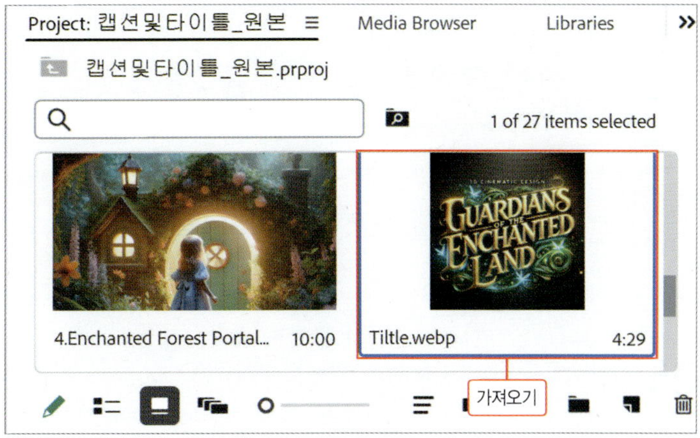

02 불러온 파일을 타임라인(Timeline) 패널의 V1 트랙에 있는 마지막 클립 위인 V2 트랙으로 배치합니다. 그림과 같이 5초 정도 길이로 배치합니다.

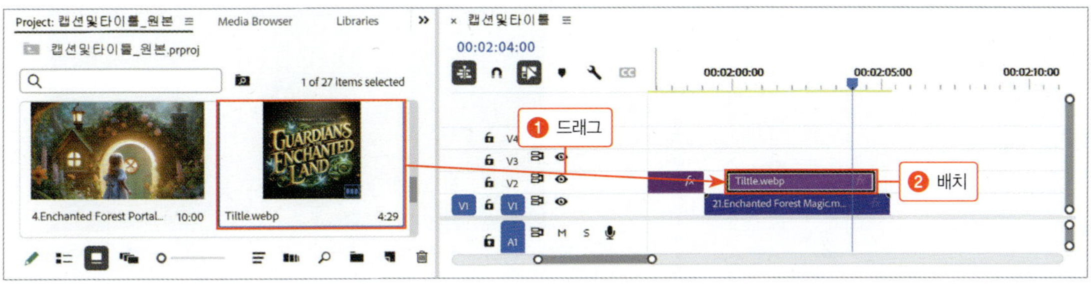

03 효과 컨트롤(Effect Controls) 패널의 모션(Motion) 항목에서 비율 조정(Sacle)을 '45'로 설정하고 프로그램 모니터(Program Monitor) 패널의 중앙에 오도록 위치를 조정해 배치합니다.

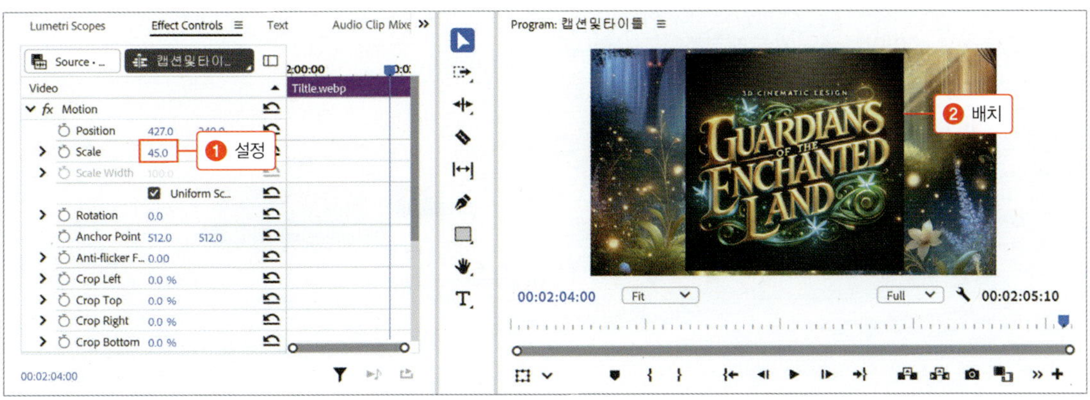

04 검은색 배경을 삭제하기 위해 효과(Effects) 패널에 '색상 키(Color Key)'를 검색하고 표시되는 효과를 타임라인(Timeline) 패널의 'Title.webp' 이미지 클립에 드래그하여 적용합니다.

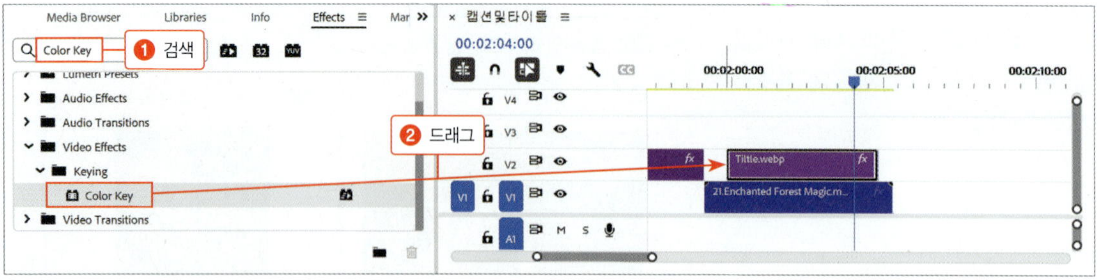

05 효과 컨트롤(Effect Controls) 패널의 색상 키(Color Key) 항목에서 키 색상(Key Color)에 있는 '스포이트' 아이콘( )을 클릭하고 프로그램 모니터(Program Monitor) 패널의 배경 색을 선택한 다음 색상 허용치(Color Tolerance)를 '200', 가장자리 얇게(Edge Thin)를 '-5', 가장자리 페더(Edge Feather)를 '5'로 설정합니다.

06 효과(Effects) 패널에 '그림자 효과(Drop Shadow)'를 검색하고 표시되는 효과를 타임라인(Timeline) 패널의 'Title.webp' 이미지 클립에 드래그하여 적용합니다.

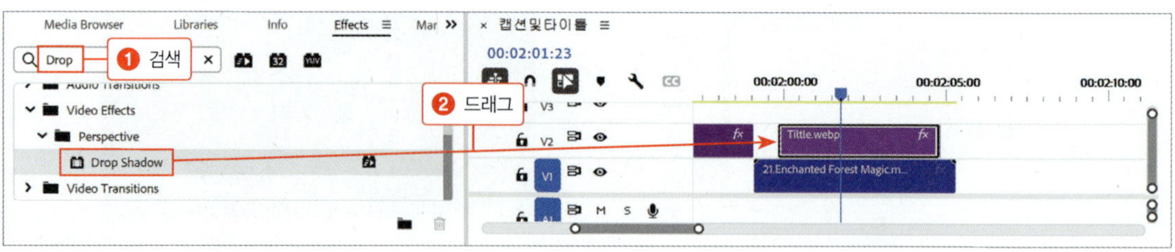

07 효과 컨트롤(Effect Controls) 패널의 그림자 효과(Drop Shadow) 항목에서 불투명도(Opacity)를 '60%', 방향(Direction)을 '152', 거리(Distance)를 '10'으로 설정합니다.

08 타이틀 나타났다 사라지는 연출을 추가하기 위해 효과(Effects) 패널에서 효과를 드래그하여 추가합니다. 클립의 시작 부분은 'VR 조명 누출(VR Light Leak)', 끝나는 부분은 'VR 조명 광선(VR Light Rays)' 효과를 적용하여 나타났다 사라지게 만듭니다.

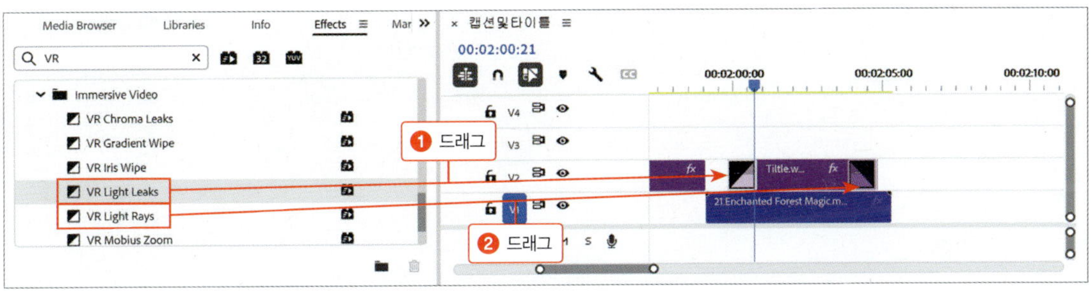

09 추가로 빛이 퍼져나가는 효과를 연출하기 위해 효과(Effects) 패널에서 'VR 광선(VR Glow)' 효과도 'Title.webp' 이미지 클립에 드래그하여 적용합니다.

NOTE

몰입형 비디오(Immersive Video) 폴더는 VR 콘텐츠에 적합한 다양한 효과들을 제공합니다. 각 효과는 몰입감을 높이거나 독특한 시각적 경험을 제공합니다.

- **VR Mobius 확대/축소(VR Mobius Zoom)**: 비디오에 확대/축소 효과를 주어 몰입감을 증대시킵니다.
- **VR 구형 흐림(VR Spherical Blur)**: 구형 영역에 흐림 효과를 적용하여 깊이감을 제공합니다.
- **VR 그라디언트 지우기(VR Gradient Wipe)**: 그레이디언트를 사용해 비디오 전환 효과를 생성합니다.
- **VR 임의 블록(VR Random Blocks)**: 임의의 블록 모양으로 화면을 분할하거나 변형시킵니다.
- **VR 조리개 지우기(VR Iris Wipe)**: 조리개 형태로 화면을 지우며 전환 효과를 제공합니다.
- **VR 조명 광선(VR Light Rays)**: 비디오에 광선 효과를 추가해 조명 연출을 강조합니다.
- **VR 조명 누출(VR Light Leaks)**: 빛이 새어나오는 효과를 적용해 빈티지 느낌을 줍니다.
- **VR 크로마 누출(VR Croma Leaks)**: 크로마키 효과를 활용해 색상 누출 효과를 적용합니다.

10 효과 컨트롤(Effect Controls) 패널의 VR 광선(VR Glow) 항목에서 루마 임계값(Luma Threshold)의 '애니메이션 켜기/끄기(Toggle animation)' 아이콘( )을 클릭하고 그림과 같이 '0.8', '0', '0.8'로 변하는 키프레임을 설정합니다.

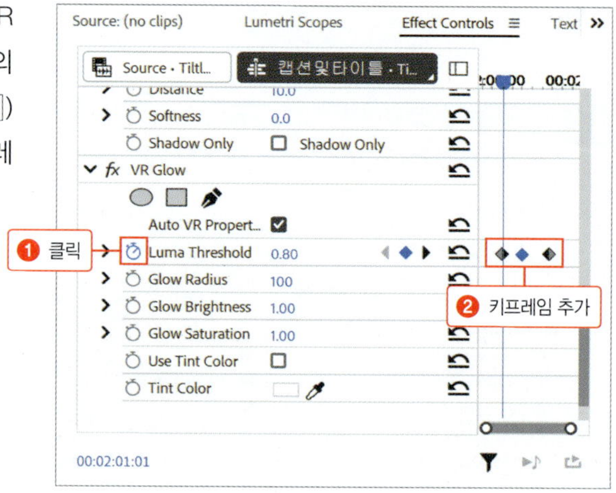

11 빛이 퍼져나가는 타이틀 효과가 완성되었습니다.

13.6

실습 예제 04

장면에 어울리는 효과 추가하기

• **예제 파일** : 13\13_6\효과추가.prproj • **완성 파일** : 13\13_6\영화트레일러_완성.mp4, 영화트레일러_완성.prproj

장면의 분위기를 강조하기 위해 레터박스를 활용하여 시네마틱한 연출을 만들고, 카메라 흔들림 효과를 추가하여 긴장감이나 몰입감을 높일 수 있습니다. 각 장면에 어울리는 장면 효과를 추가하여 영상을 완성하겠습니다.

레터박스 연출하기

01 13 → 13_6 폴더에서 '효과추가.prproj' 파일을 더블클릭하여 실행합니다. 프로젝트(Project) 패널이나 타임라인(Timeline) 패널에서 '효과추가' 시퀀스를 선택하고 작업 영역(Workspaces)은 '효과(Effects)'로 선택하여 설정합니다.

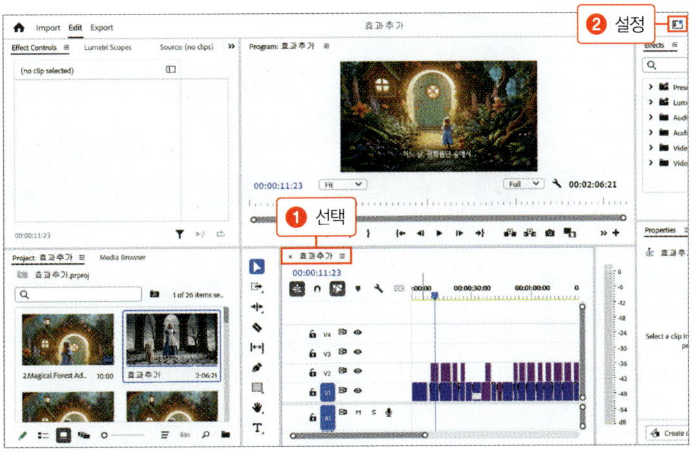

02 메뉴에서 [파일(File)] → '새로 만들기(New)' → '조정 레이어(Adjustment)'를 클릭합니다.

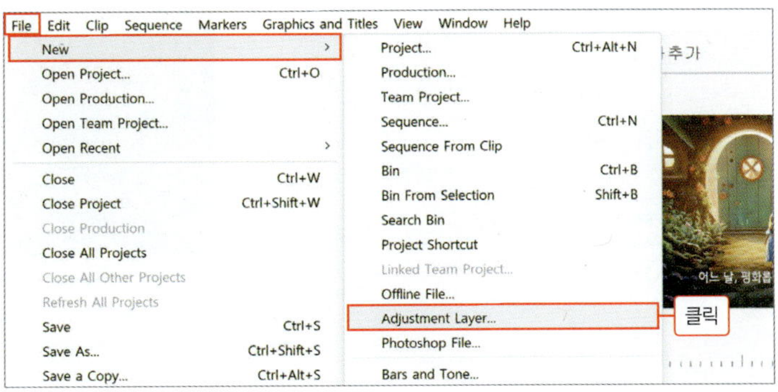

03 프로젝트(Project) 패널에 추가된 '조정 레이어(Adjestment)'를 타임라인(Timeline) 패널의 V4 트랙으로 드래그하여 배치합니다.

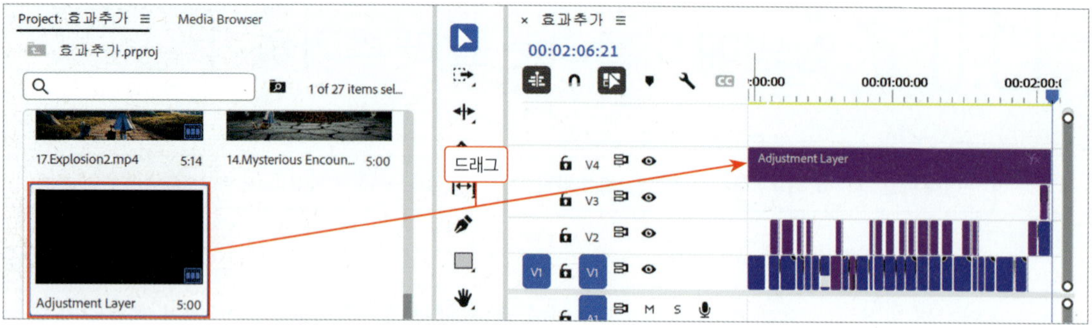

04 타임라인(Timeline) 패널에서 재생 헤드(Playhead)를 V2 트랙에 있는 두 번째 클립 시작 프레임 위치로 이동하고 V4 트랙에 있는 '조정 레이어(Adjustment Layer)' 클립을 선택합니다.

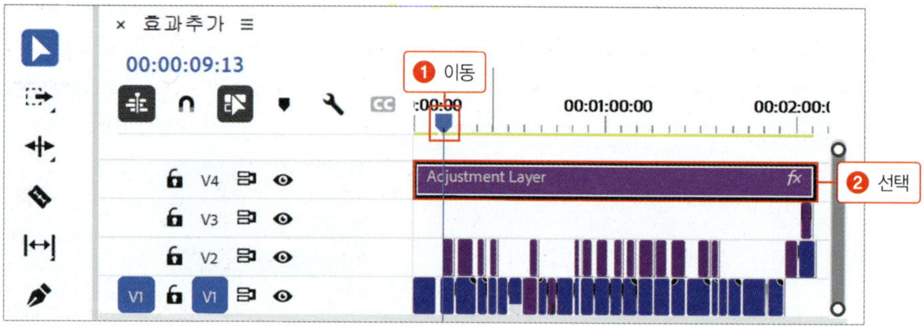

05 효과 컨트롤(Effect Controls) 패널의 모션(Motion) 항목에서 자르기(Crop) 기능이 모두 '0%'로 설정된 것을 확인하고 위쪽 자르기(Crop Top)와 아래쪽 자르기(Crop Bottom)의 '애니메이션 켜기/끄기(Toggle animation)' 아이콘( )을 클릭하여 키프레임을 추가합니다.

06 재생 헤드(Playhead)를 '00:00:13:13'으로 이동하여 3초 뒤로 이동합니다. 효과 컨트롤(Effect Controls) 패널의 모션(Motion) 항목에서 위쪽 자르기(Crop Top)를 '10%', 아래쪽 자르기(Crop Bottom)를 '10%'로 설정합니다. 위아래에 검은색 영역이 생기고 영상 화면 비율이 변경되어 보입니다.

흔들리는 카메라 효과 표현하기

01 여왕이 소리 지르는 장면은 강조가 필요한 부분입니다. 재생 헤드(Playhead)를 '00:01:30:10'으로 이동하고 프로젝트(Project) 패널에서 '조정 레이어(Adjustment Layer)'를 V3 트랙으로 드래그하여 추가로 배치합니다.

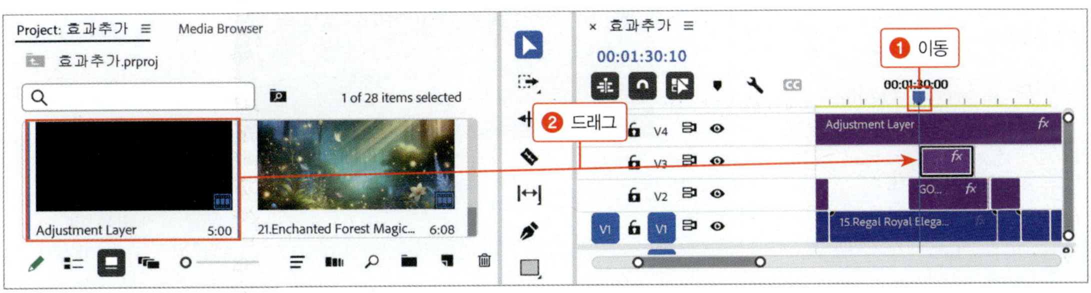

02 효과(Effects) 패널에서 '파도 비틀기(Wave Warp)'를 검색하고 표시되는 효과를 타임라인(Timeline) 패널의 V3 트랙에 있는 '조정 레이어(Adjustment Layer)' 클립으로 드래그하여 적용합니다.

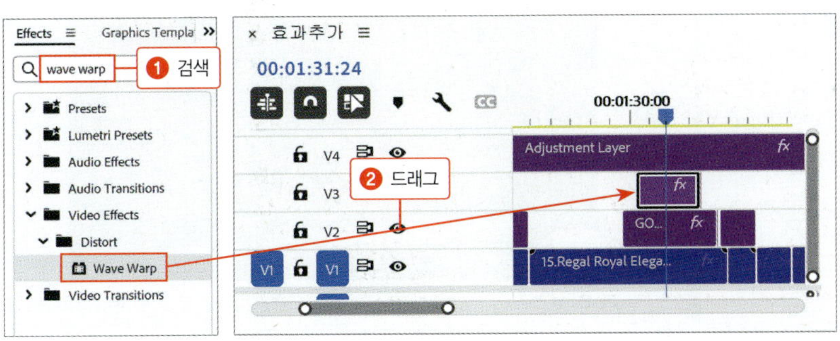

03 효과 컨트롤(Effect Controls) 패널의 파도 비틀기(Wave Warp) 항목에서 물결 유형(Wave Type)을 '부드러운 노이즈(Smmoth Noise)'로 지정하고 물결 높이(Wave Height)를 '10', 물결 폭(Wave Width)을 '1000', 파형 속도(Wave Speed)를 '10'으로 설정한 다음 고정(Pinning)을 '모든 가장자리(All Edges)'로 지정합니다.

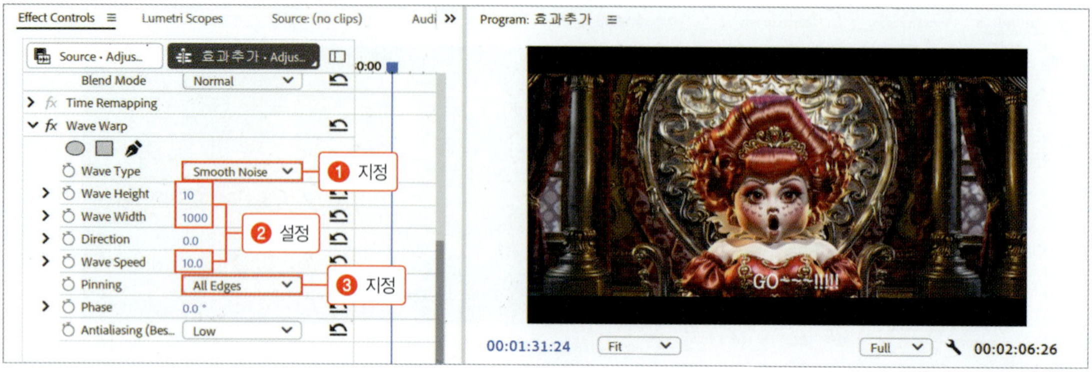

04 조금 더 강조하기 위해 크기를 변경하겠습니다. 효과(Effects) 패널에서 '변형(Transform)'을 검색하고 표시되는 효과를 효과 컨트롤(Effect Controls) 패널로 드래그하여 추가합니다.

05 재생 헤드(Playhead)를 '00:01:33:00'으로 이동하고 효과 컨트롤(Effect Controls) 패널의 변형(Transform) 항목에서 비율 조정(Scale)의 '애니메이션 켜기/끄기(Toggle animation)' 아이콘(⏱)을 클릭하여 키프레임을 추가합니다.

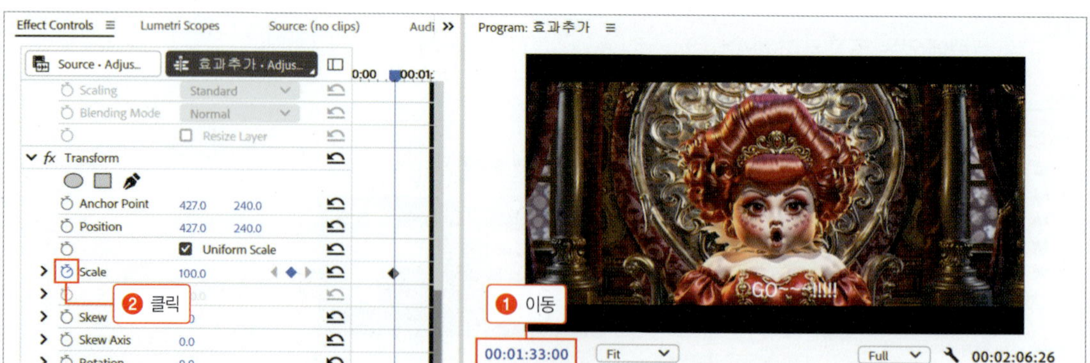

06 다시 재생 헤드(Playhead)를 '00:01:34:24'로 이동하고 비율 조정(Scale)을 '500'으로 설정하여 키프레임을 추가합니다.

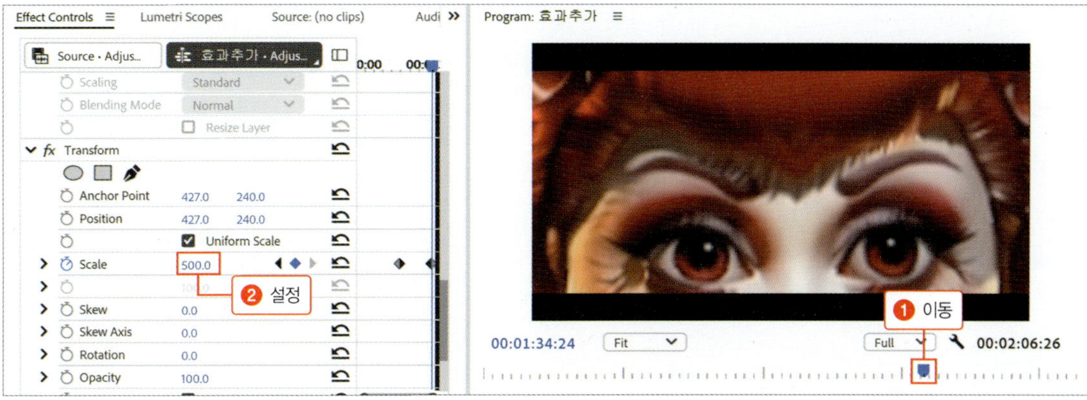

07 키프레임에 속도를 설정하기 위해 생성된 2개의 키프레임을 모두 선택하고 마우스 오른쪽 버튼을 클릭한 다음 '가속 프레임(Ease In)'을 클릭합니다.

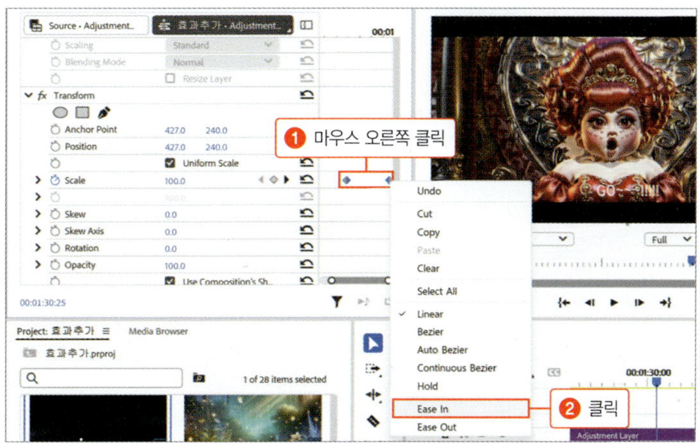

08 그래프를 더 조정하기 위해 변형(Transform) 항목에서 비율 조정(Scale)의 '>'를 클릭하여 확장해 그래프를 보이게 만듭니다. 그래프 핸들을 그림과 같이 조정하여 움직임을 만들어 완성합니다.

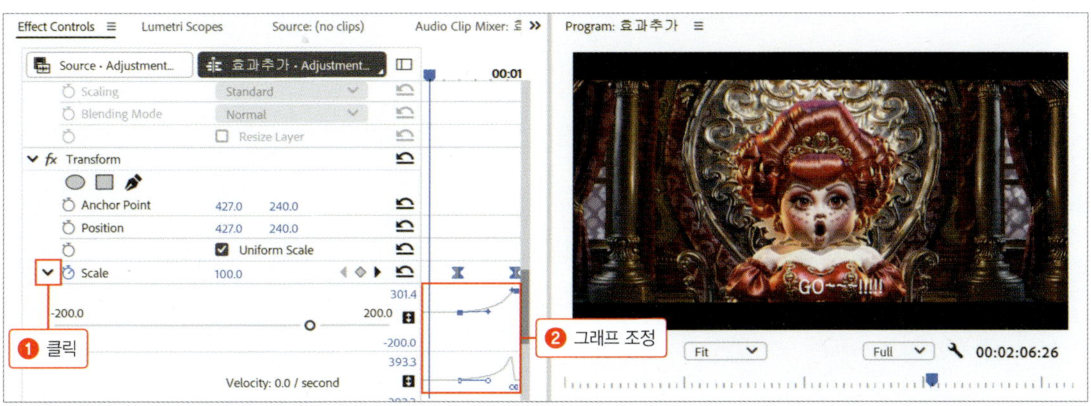

연습 문제

01 AI를 활용한 영화 트레일러 스타일의 영상을 제작하기 위해 아이템과 스토리보드 초안을 생성하고 보완해 보세요. 챗GPT 등 생성형 AI 서비스를 활용해도 됩니다.

02 01번에서 작성한 스토리보드에 따라 소라에서 순차적으로 영상을 생성해 보세요.

03 02번에서 생성한 영상을 프리미어 프로로 가져와서 편집하고 후반 작업 과정을 거쳐 완성해 보세요.

찾아보기